D1672739

Karsten Witte
SCHRIFTEN ZUM KINO
Europa, Japan, Afrika nach 1945

hg. v. Bernhard Groß, Connie Betz

VERLAG
VORWERK 8

Bibliografische Information der Deutschen Nationalbibliothek
Die Deutsche Nationalbibliothek verzeichnet diese Publikation
in der Deutschen Nationalbibliografie; detaillierte bibliografische Daten sind im Internet unter http://dnd.d-nb.de abrufbar.

Diese Publikation wurde gefördert von:
Freunde und Förderer des Filmmuseums Berlin e.V.
DEFA-Stiftung

Cover- Abb.: © Ulrike Ottinger

© 2011 Vorwerk 8 | Berlin
www.vorwerk8.de

Gestaltung | Veruschka Götz | götz typographers[T616]
Satz | Nils Merkel | Vorwerk 8 | Berlin
Druck, Weiterverarbeitung | Interpress | Budapest

ISBN 978-3-940384-21-8

Inhalt

II. ZUR THEORIE VON FILMKRITIK
UND FILMGESCHICHTSSCHREIBUNG

EINLEITUNG

Minenspiel
Karsten Wittes Schriften zum Kino

Bernhard Groß

>»Aber schlimmer als jede Taube ist,
>wer nicht hören will und sehen.«
>W. I. Lenin

Ästhetische Theorie

In seinem Essay *Das Erfinden einer neuen Schönheit. Pasolini – Körper/Orte* beschrieb Karsten Witte ein Buch über Pasolini folgendermaßen: »Diesem Buch fehlt noch der Sinn. Man muss ihn investieren, ihm eine Lesart unterstellen, dann ist es sehr nützlich.« Diese Einleitung zu den Kinoschriften Wittes will versuchen, eine solche Lesart plausibel zu machen, indem sie die Auswahl begründet.

Witte gehört zu den wichtigsten deutschsprachigen Filmkritikern und -wissenschaftlern der siebziger und achtziger Jahre des vorigen Jahrhunderts. Sein Werk ist so vielfältig wie weit verzweigt. Er gehörte zu einer in der heutigen ausdifferenzierten Medienlandschaft fast undenkbaren Spezies, die im Tagesgeschäft des Kritikers ebenso zu Hause war wie im universitären Zusammenhang; in der Filmproduktion wie als international gefragter Film-, Literatur- und Kulturexperte. Seine Arbeiten erstrecken sich über die ganze Breite der kinematographischen Entwicklung; er ist Herausgeber der Schriften Siegfried Kracauers und (film-)historischer Anthologien, Übersetzer und Kritiker internationaler Literatur; die Liste ließe sich fortsetzen.

Ansinnen der Edition ausgewählter Schriften zum Kino ist es zu zeigen, dass diese Vielfalt sich auch im sprachlichen, methodischen und analytischen Zugang Wittes zum »Gesamtkunstwerk« Film niederschlägt. Mit der Zusammenstellung von etwa achtzig einzelnen Artikeln und Essays soll aber auch sichtbar werden, dass es sich bei aller Mannigfaltigkeit um ein konsistentes Werk handelt, das durch die einzelne Film- oder Buchbesprechung, durch Interview und Essay hindurch eine ästhetische Theorie des Kinos entfaltet, die Witte über 25 Jahre filmpublizistischen Schaffens ausbuchstabiert hat.

Es handelt sich um eine ästhetische Theorie, die die kulturelle Funktion des Films auf der Basis seiner sinnlichen Strukturen, seiner auditiven und visuellen Elemente darstellt, die auf eine spezifische Art und Weise eine ästhetische Wahrnehmung organisieren. Dies ist ein stets offenes, unabgeschlossenes Projekt, das einerseits der »Errettung der äußeren Wirklichkeit« (Siegfried Kracauer) und andererseits dem »cinéma impur« (André Bazin) verhaftet ist: Kracauers Formel steht hier als Chiffre für eine

Filmgeschichtsschreibung, die Ästhetik und Soziologie in dem Ansinnen verbindet, Film als Möglichkeit zu verstehen, verschüttete Zusammenhänge von Welt gerade durch das Kino erst begreifen zu können: ein pragmatisches Verständnis von der Notwendigkeit des Kinos, das ebenso wie Bazins »Theorie« an eine bestimmte historische Konstellation gebunden ist, nämlich an die kulturelle und gesellschaftliche Situation Europas nach dem Zweiten Weltkrieg, nach Shoah und Völkermord. Bazins Position findet sich in Wittes Schriften in einer die Genres und Gattungen, die Begriffe und Epochenzuschreibungen sprengenden Filmanalyse, die zugleich die Modi der anderen Künste mit einbezieht.

›Filmkritiken als Filmgeschichtsschreibung‹
Witte in der Tradition Kracauers und Bazins (und in dessen Hintergrund die französische Phänomenologie nach 1945, v.a. bei Merleau-Ponty) zu beschreiben, also in der Tradition der Kritischen Theorie und der französischen Phänomenologie, bedeutet – davon geben die Artikel und Aufsätze beredtes Zeugnis –, dass wir es bei der Besprechung und Analyse einzelner Filme, stets auch mit einer theoretischen Position zu tun haben, die von den Filmen selbst herausgefordert wird: Das ist kein Kampf mehr um die Anerkennung des Films als Kunst, aber auch kein Versuch der ideologischen Indienstnahme des Films oder dessen ideologiekritischer Entlarvung. Vielmehr ist die ästhetische Wahrnehmungsorganisation jedes einzelnen Films und sein spezifisches Verhältnis zum Zuschauer Grundlage aller kinotheoretischen Überlegung Wittes, sei es in Richtung psychoanalytischer oder feministischer Filmtheorie, *Gender* oder *Postcolonial Studies*, Sozialwissenschaften oder *New Film History*.
Die Crux des Bezugs auf Bazin und Kracauer liegt darin, dass sie als Kronzeugen eines neuen Denkens des Kinozuschauers nach dem Zweiten Weltkrieg gelten können, das Witte sich strukturell zu eigen macht; nämlich einen Zuschauer zu *denken*, der nicht mehr als Masse agitiert wird, sondern der sich individuell und sozusagen demokratisch orientieren kann, indem er im Kino eine leibliche Seh- und Hörerfahrung macht. Diese ästhetische Erfahrung ermöglicht dann die Erschließung und das Verstehen einer anderweitig undurchdringlichen, »per se fragmentierten Welt« (Kracauer).
Der Film ist auf der anderen Seite ein »demokratisches« Medium, weil er selbst eine »unreine Mischform« darstellt: »Musikalischer« Rhythmus, Struktur und Organisation des Bildes, »literarische« Erzählformen, alle diese Elemente vereinen sich im Film zu einer Art Polyphonie. Dazu gehören das Alternieren, die Parallelität, der Antagonismus oder die Verschmelzung von Bild und Ton; dazu gehört eine Musikalität, die nicht nur Metapher ist, sondern konkret bedeutet, dass in jedem Bild eines Films wie in jedem Ton einer Partitur jedes vorherige und folgende Bild, jeder vorherige und nachfolgende Ton, das Ganze des Films also immer schon enthalten

ist. Deleuze hat in seinen beiden Kinobüchern die damit verbundene spezifische Zeitlichkeit des Films und seiner Raumkonstruktion ausgearbeitet. Wittes Kritiken und Essays arbeiten an und auf dieser Grundlage; dies bedeutet zum einen, dass die »polyphone Analyse« der Filme selbst erst zu ihrer »theoretischen« Struktur vordringt, während im Gegensatz dazu eine Analyse, die ihre Ergebnisse deduziert, den Gegenstand verfehlte. Dies wiederum ist aber kein abstraktes überzeitliches Analysemuster, sondern unterliegt in dem Maße, in dem Filme Ausdruck kultureller Formationen sind, einem historischen Wandel.

Wenn man deshalb von ›Filmkritiken als Filmgeschichtsschreibung‹ sprechen will, so meint das eine Filmanalyse, die an der audiovisuellen Struktur des einzelnen Films wie an deren Modulation über viele Filme hinweg die Modellierung kulturellen Bewusstseins und dessen historische Veränderung beschreiben kann.

Dieser Kern in Wittes publizistischem Schaffen erschließt sich durch eine exemplarische Auswahl an Texten zum deutschen, italienischen, japanischen, französischen und westafrikanischen Kino[1] sowie einem Kapitel mit programmatischen Texten zur Theorie und Geschichte des Kinos. Mit seiner Studie zum NS-Film (*Lachende Erben, Toller Tag. Filmkomödie im Dritten Reich*, Berlin 1995), die auch das Weimarer Kino einbezieht, ist ein wesentlicher Schwerpunkt von Wittes Arbeit publiziert. Ein Band zu Pasolini (*Die Körper des Ketzers*, Berlin 1998), der ebenfalls noch greifbar ist, bildet den Ausgangspunkt für einen zweiten Schwerpunkt: das europäische Kino nach 1945. Die hier gesammelten Texte zeigen zum einen, dass der intensiven Beschäftigung mit Pasolini eine umfassende Auseinandersetzung mit dem italienischen und französischen Kino nach 1940 zugrunde liegt. Die Aufsätze zum (west-)deutschen Kino nach 1945 führen die Verhandlung des NS-Films und des Weimarer Kinos fort. Und schließlich ergibt sich auf diese europäische Formation ein neuer Blick durch die Analyse des japanischen und westafrikanischen Kinos.

Damit liegt nun ein repräsentativer Überblick über Wittes Schriften zum Kino vor; dies bedeutete aber auch – rein aus Platzgründen – einzelne Texte zum US-amerikanischen, britischen und schwedischen Kino vor und nach 1945 sowie eine Vielzahl an Arbeiten zu Literatur und Theater auszuschließen. Innerhalb der geographisch gegliederten Kapitel sind die Texte jeweils chronologisch angeordnet. Unsere Auswahl orientierte sich daran, das Spektrum der Themenfelder und Textsorten aufzufächern; entsprechend gibt es zum west- und außereuropäischen Kino Texte, die von der »klassischen« Filmkritik zur Erst- oder Wiederaufführung eines Films über Interviews mit bedeutenden Regisseuren wie Duras, Oshima und Rosi bis hin zum Essay zu einem Autor oder übergeordneten Thema reichen; letztere nehmen meist die Thesen und Anspielungen der Filmkritiken auf und führen sie im Rahmen einer komplexeren Fragestellung weiter. Die Filmkritiken wurden als Beiträge in Tageszeitungen oder in Fachzeitschriften veröffentlicht, die längeren Essays oder Interviews sind meist Buchbeiträge, aber auch Radiofeatures oder Vorträge, die bisher weitgehend unzugänglich waren. Einige Texte werden im vorliegenden Band zum ersten Mal veröffentlicht.

Überwiegen in den siebziger Jahren die kurzen Texte, so mehren sich im Laufe der achtziger Jahre die längeren, essayistischen Formen. Das kann man auch ›produktionstechnisch‹ mit dem wachsenden Einfluss Wittes als Filmkritiker erklären. Interessanter für diesen Zusammenhang ist aber, dass diese Essays auch immer wieder zu neuen Einschätzungen des zuvor Erarbeiteten kommen; sei es in Bezug auf Autoren und deren spezifische Poetik, sei es in Bezug auf Epochenzuschreibungen, Kategorisierungen von Nationalkinematographien usw. Bemerkenswert ist dabei – und dies ist, wie oben angedeutet, eine Sache ums Ganze seines Projekts –, dass Witte quer zu bestehenden Ordnungssystemen neue Perspektiven auf das Kino entwirft: Das meint den Kampf gegen eine positivistische Filmgeschichtsschreibung wie gegen eine verkürzende Filmphilologie, die auf unterschiedliche Weise ihrem Gegenstand ein theoretisches Raster überstülpen.

Auf thetische Weise kann man diesen Prozess an den Texten zur Theorie der Kritik und Filmgeschichte ablesen. Nicht umsonst weist Witte Ende der achtziger Jahre auf die Kurzsichtigkeit der Filmkritik der »neuen Empfindsamkeit« hin; geht es doch weniger um die Unappetitlichkeit der Veröffentlichung privater Erlebnisse denn um die theoretische Position: Wenn es bei Witte um ästhetische Erfahrung im Kino geht, dann ist damit zwar auch eine körperliche Erfahrung gemeint, aber als theoretische Position von Empfindung, von Subjektivität, von Genießen, die auf die Erfindung des modernen Individuums in der Aufklärung zurückgeht und die Grundlage, die Form für unser Verständnis dieser Phänomene überhaupt erst bildet. Die »Schriften zum Kino« erfassen also über die Poetik des einzelnen Films hinaus das Verhältnis von Film und Zuschauer, von Film und Gesellschaft, von Film und Geschichte.

Modus: traverse Kritik

Damit ist eine Position benannt, die sich nicht auf Autorenintention (hinter der Kamera oder vor der Leinwand), auf Etikettierung oder Epocheneinordnung der Filme und damit auf die Einsargung geschichtlicher Prozesse beschränkt. Das meint auch eine Position, die quer zu den Segmentierungen des Kulturbetriebs steht, die sich also nicht schert um die gerade in Deutschland scharfe Abgrenzung von Feuilleton, Wissenschaft und Historiographie. Diese Haltung aber spielt sich ab im Schreiben, genauer in der Transformation vom »Bild« zur »Schrift«, die versucht, beschreibend und analysierend den Film intelligibel zu machen. In diesem Ansinnen scheinen die Kritiker Bazin und Kracauer im Hintergrund auf. Witte unterläuft mit seiner »Politik der Form« nominell anwesende Kategorien wie Autor, Gattung, Epoche oder »Welle« und befragt sie so immer wieder neu: Es lassen sich für diese über die einzelnen Texte gerade hinausgehende Entwicklung (eine Entwicklung also, die der vereinzelten Lektüre der verstreuten Texte eher entgehen dürfte) vier besonders prägnante Beispiele nennen:

1.) Es ist Wittes ›späte‹ Auseinandersetzung mit dem (west-)deutschen Nachkriegskino der vierziger und fünfziger Jahre, die dazu führt, dass er in den achtziger Jahren seine bis dahin breite Beschäftigung mit dem *Neuen Deutschen Film* einer Revision unterzieht. Über das Verhältnis des *Neuen Deutschen Films* zum deutschen Nachkriegskino schreibt Witte in einem Portrait Wolfgang Staudtes bündig: »Der *Junge Deutsche Film* hat, zeit seines kurzen Lebens, von Wolfgang Staudte nichts wissen wollen. Das sieht man ihm auch an.« Mit dieser scharfen Abgrenzung beginnt eine neue Sicht auf den *Neuen Deutschen Film*, die zugleich eine neue Sicht auf das Nachkriegskino wirft (die bis heute allenfalls von der US-amerikanischen Forschung geteilt wird). Denn was »Neuen Filmemachern«, Filmkritik wie Filmgeschichtsschreibung am (west-)deutschen Nachkriegskino entgeht, sind die *visuellen* Strategien einer immer wieder unspektakulär genauen Alltagsbeobachtung, eines »mittleren Realismus« (Witte) der verachteten oder ignorierten »Opas« wie eben Staudte, aber auch Pewas und v.a. Käutner – deren ästhetische Signatur Witte als Einziger präzise herausarbeitet. Wittes Kritik der Kritik gilt Filmemachern und Filmhistorikern zugleich, da beide den Mangel einer Auseinandersetzung offenbaren, die »an den Dialogen klebt, den Sinn sich aus Wörtern anstatt aus Bildern zusammensucht« (aus Wittes »Pewas-Portrait«). Das Dilemma, das so aufscheint, ist eine nach dem Krieg geborene Generation professioneller Kritiker und Filmemacher, der eine elementare Seh- und Hörschule fehlt – die also, wenn man so will, noch in ihrer kritischen Haltung, den blinden Fleck vergrößert, der durch die Zerstörung des Filmlebens in Deutschland durch den Nationalsozialismus entstand. Das ›Scheitern‹ der Generation der »Oberhausener« wäre dann darauf zurückzuführen, dass ihnen Hören und Sehen buchstäblich vergangen ist (vgl. Wittes systematische Auseinandersetzung in dem Essay »*Filmkritik und Junger Deutscher Film*«): In seiner seit den frühen siebziger Jahren andauernden Beschäftigung mit dem *Neuen Deutschen Film* beklagt Witte denn v.a. auch die fatale Vermischung von staatlicher Filmförderung und dem daraus resultierenden Hang zur Literaturverfilmung (bspw. in der Kritik zu DIE VERLORENE EHRE DER KATHARINA BLUM), die Diskurse zum Verhältnis von Film und Kunst/Literatur hervorbringt, die bei den Filmkunst-Diskussionen der 1910er Jahre stehen geblieben zu sein scheinen.

Es ist deshalb auch nicht verwunderlich, wenn Witte in seinen Texten zur Theorie und Geschichte der Filmkritik seine Kronzeugen in den Feuilletons der Weimarer Republik findet: denn dort wird der Kampf um die Anerkennung des Mediums mit offenem Visier geführt; dort sind die Instrumente dieses Kampfes – Augen, Ohren, Stift – besonders scharf gespitzt. Und genau diese Kritiker fehlen durch Ermordung oder Exil nach dem Krieg für den ›kulturellen Neuaufbau‹. Andererseits beschäftigt sich Witte gerade mit den Filmemachern des *Neuen Deutschen Films*, die sich der eigenen Tradition nicht verschließen, sondern mit ihr arbeiten und mit diesen Zwischentönen auseinandersetzen: das sind v.a. Reitz und Fassbinder, und auf eine andere Art auch Werner Schroeter.

In Schroeters Filmen verbinden sich »Tränen und Tatsachen« (N. Ginzburg): Strukturprinzip ist also die Mischform aus melodramatischen Formen und der Darstellung von Alltäglichkeit, die Witte schon am italienischen Neorealismus ausmachte. Als Pate dieses Prinzips steht Visconti ein, dessen »unreiner« Poetik ein spezifisches Geschichtsverständnis eignet: die Geschichte nicht in den großen Ereignissen, sondern in den »Zwischenräumen« aufzusuchen, wie er Kracauers geschichtsphilosophischen Überlegungen entnimmt. Diese Verbindung von Schroeter und Visconti ist eine der Nähe von Poetiken, in der die gleichen ästhetischen Probleme, die hier auch grundlegend die Frage nach einer schwulen Ästhetik berühren, in ihrer jeweiligen konkreten Ausformung und doch als aufeinander bezogen erscheinen; die unterschiedlichen Nationalitäten, die unterschiedlichen Epochen, die unterschiedlichen Schulen, denen man die Regisseure zuordnen kann, spielen dann keine Rolle mehr. Vielmehr öffnet sich hier der beschriebene »Transitraum« (Witte), der auf eine Genealogie eines ›Denkens in Bildern und Tönen‹ zielt.

2.) Noch prägnanter zeigt sich dieses genealogische Denken in Wittes Auseinandersetzung mit dem japanischen und italienischen Kino – und zwar in Bezug auf die Notwendigkeit, permanent die Kategorisierung nach Nationalitäten zu befragen. Denn sofort denkt man bei Japan, Italien, Deutschland an die den Blick präfigurierenden faschistischen Achsenmächte. Und so könnte man sich vorstellen, dass die Bemühung der Filmhistoriker nach dem Krieg, alle diese Verbindungen zu kappen, noch ein Effekt des Achsendenkens und der Kontaminierung mit dem Faschismus ist. In der Wahrnehmung des japanischen Nachkriegskinos führt das zu der seltsamen Situation, dass das japanische Kino in Europa als Kino des ›Fremden‹ eingeordnet wird und nur aus Ozu, Kurosawa und Mizoguchi zu bestehen scheint. Diese Eindeutigkeit aber gibt es nur um den Preis rigiden Ausschließens, sowohl von europäischer als auch von japanischer Seite: von anderen Regisseuren (wie Naruse) oder anderen Filmen, die nicht in das Schema passen. Wittes Erforschung des japanischen Kinos bezieht sich gerade vergleichend auch auf die nicht kanonisierten Filme. Und so kommt, jenseits der faschistischen, eine ästhetische Achse des japanischen, deutschen und italienischen Kinos in den Blick, die alle drei Kinematographien in der Nachkriegszeit verbindet (anstatt sie diskret zu unterscheiden): nämlich Mischformen aus Genrekino und Realismus zu schaffen – was einfach die theoretische Übersetzung der »Tränen und Tatsachen« bedeutet.

3.) Ab Ende der achtziger Jahre hinterfragt Witte die inhaltlichen und zeitlichen Abgrenzungen des italienischen Neorealismus. Er bestimmt dabei dessen für ganz Europa paradigmatische Fragen – wie wollen, wie können wir zusammenleben und ein egalitäres, demokratisches Land schaffen? – als unausgesetzte Verhandlung sozialer Verwerfungen und neuer Möglichkeiten Italiens von 1945 bis in die Gegenwart hinein. Für Witte sind – mit Cavell gesprochen – diese Fragen genau so weit entwickelt, wie es Filme gibt, die sie stellen; und da das italienische Kino diese Fragen immer wieder bis in die achtziger Jahre hinein gestellt hat, dauert der »Neorealismus« als »Realismus«, so Witte, auch bis dahin an. Dabei handelt es sich um die Ausdifferenzierung unterschiedlicher Poetiken, die sich an den ästhetischen Grundpositionen der Nachkriegszeit, nämlich de Sica, Visconti und Rossellini anlagern und eben bis hin zu Rosi, Bertolucci oder den Tavianis, sowohl andauern als auch weiterentwickelt werden. Witte stellt sich damit implizit gegen die gängigen Einschätzungen und Abgrenzungen vom Neorealismus der vierziger, italienischen Mainstreamkino der fünfziger und dem Autorenfilm ab den sechziger Jahren. (So gesehen stellen diese Filme das glatte Gegenteil zum »Bruch« des *Neuen Deutschen Films* mit seinen Vorgängern dar.) Den neorealistischen Poetiken gemein ist die Verschmelzung von Gattungen wie Literatur und Film, von Genres und von Inszenierungsformen. Witte weist nicht nur auf die Bezüge zum sogenannten *französischen poetischen Realismus* der dreißiger Jahre hin, sondern eben auch auf den Einfluss US-amerikanischer Literatur und des US-amerikanischen Genrekinos der dreißiger und vierziger Jahre. Insbesondere für Bazin und Kracauer ist es aber wiederum dieses Kino, das den Zuschauer als einen demokratischen Zuschauer neu denkt, der dann im Nachkriegskino und v.a. im Neorealismus »das Recht auf eine Welt als Möglichkeitsform« (Witte) buchstäblich realisieren kann.

4.) Wittes Beschäftigung mit dem französischen Kino kommt von den Rändern her, von denen aus betrachtet die in der Filmgeschichtsschreibung zementierten Abgründe zwischen dem »Cinéma de papa« (Truffaut), der *Nouvelle Vague* und der *Nouvelle Nouvelle Vague* als Passagen erscheinen. Die Ränder, das meint zunächst die Besprechung der ›marginalisierten‹ oder ›kleinen‹ Filme der großen Regisseure wie Melville (bei dem es *nicht* um die berühmten Gangsterepen geht) oder Godard – bei dem Witte *nicht* mit jedem neuen Film die Chronik von A BOUT DE SOUFFLE (F 1960) bis NOUVELLE VAGUE (F 1990) aufmacht; das meint aber auch die Besprechung ›marginalisierter‹ Filmemacher v.a. der Generation nach Godard, wie Doillon, Denis oder Chéreau; und das meint schließlich auch die Betrachtung der *Grande Nation* von ihren Rändern und d.h. auch von ihren Kolonien aus. Zeigt Witte an Claire Denis CHOCOLAT noch die Bildraumstrategie auf, die die schwarzen Bediensteten ›eliminiert‹, indem sie sie aus den Blickregimen des Films ausschließt und darüber als das schlichtweg Andere markiert, so ist es in der Folge Wittes Beschäftigung mit dem westafrikanischen Kino, die die ästhetische Signatur der Alterität zu ergründen sucht. Gerade dieser ›außereuropäische Standpunkt‹ erlaubt dann noch einmal einen neuen Blick auf das französische und übrige europäische Kino.

Immer geht es dabei – seien es die frühen Filmen Melvilles, Godards oder des »unbekannten« Doillon – um die Frage nach einer »Chronik des Individuums«; und man hat den Eindruck, dass diese Suche und fortwährende Untersuchung ihre Erdung erst in der Auseinandersetzung Wittes mit dem westafrikanischen Kino bekommt, wenn er hier als differente Position die Ästhetik eines Kinos der »Kollektivität in Realzeit« beschreibt. Und so steht am Ende des Kapitels zum westafrikanischen Kino, buchstäblich im letzten Satz des letzten Textes, exemplarisch die durch die Erarbeitung der kulturellen Eigenheiten eines Kontinents gegangene *ästhetische* Analyse der Filme, die deren spezifische audiovisuelle Konstruktion zu beschreiben sucht und dabei zugleich den europäischen Blick nicht leugnet, sondern als Basis für die Möglichkeit eines veränderten Blicks auf die eigenen Konventionen nutzt. Denn das ist die Lektion: in der Erfahrung des Anderen zu erkennen, dass die eigenen Seh- und Hörgewohnheiten nicht »natürlich« sind, sondern selbst Ergebnis kultureller Aushandlungsprozesse und Verständigungsarbeit, die in den ersten Jahrzehnten nach dem Zweiten Weltkrieg paradigmatisch vom Kino bestimmt werden.

Editorische Notiz

Für die Edition aus dem rund 1.000 Texte umfassenden Nachlass Wittes, der sich in der Deutschen Kinemathek befindet, haben wir – soweit wie möglich – auf seine originalen Typoskripte zurückgegriffen und diese mit der gedruckten Textversion verglichen. Die edierten Texte sind in einer möglichst vollständigen Fassung, in alter Rechtschreibung und unter Berücksichtigung der sprachlichen Eigenheiten des Autors (die von manchen Redaktionen ›angepasst‹ wurden) ediert worden. Das gilt etwa auch für Titel von Aufsätzen oder Kritiken, die von Redaktionen geändert wurden. Dies lässt sich im Abgleich der Aufsatztitel im Buch mit den Titeln der Erstveröffentlichungsnachweise ausmachen. Sie finden sich am Ende jedes Textes. Einige Beiträge sind hier erstmals veröffentlicht; viele sind Hörfunkbeiträge, von denen einige in leicht veränderter Form auch in Printmedien erschienen sind. In Ausnahmefällen haben wir diese Textformen miteinander kombiniert. Am Ende zweier Texte sind – thematisch immer auf die vorangehenden Artikel bezogen und graphisch abgesetzt – kurze Ausschnitte aus nicht vollständig ausgearbeiteten Vortragsmanuskripten Wittes eingefügt.[2]

Verzichtet haben wir auf Einzelkritiken, wenn die Werkessays diese noch verdichten bzw. einfach doppeln; wir können Entwicklungen in Wittes Rezeption von filmischen Œuvres nur exemplarisch aufzeigen: das Beispiel Straub/Huillet sticht heraus. Eine solche Entwicklung hätte man auch anhand anderer Autoren aufzeigen können, wir haben das prägnanteste Beispiel gewählt. Schließlich wurde die Auswahl auch von der Rechtslage der Texte bestimmt. Insbesondere bei Interviews wurde uns von den Gesprächspartnern oder deren Erben die Abdruckgenehmigung nicht immer erteilt (Bresson, Bertolucci). Das ist v.a. bei Bresson sehr zu bedauern, konnte das Interview auch seinerzeit wegen Bressons fehlender Autorisierung (und der Ablehnung durch den Verlag) nicht gedruckt werden.

Handschriftliche Korrekturen Karsten Wittes in Typoskripten und Druckfassungen, Übertragungsfehler vom Typoskript in die Druckfassung sowie offensichtliche Fehler in Orthographie und Interpunktion wurden stillschweigend korrigiert. Nichtbelegte Zitate haben wir ergänzt, um die Erschließung der Texte – gerade auch in Bezug auf heute nicht mehr unbedingt geläufige Anspielungen auf Tagesaktualitäten – zu erleichtern. Bekannte literarische Werke, Opern, Gemälde etc. sind mit dem Ersterscheinungsdatum versehen, aber nicht weiter ausgewiesen. Die originalen Filmtitel wurden – soweit keine deutschen Verleihtitel oder gebräuchlichen deutschen Titel existieren – möglichst wortgetreu übersetzt. Die Schreibweise der japanischen Namen ist der europäischen angepasst: der Familienname steht hinter dem Vornamen.

Den Apparat rundet ein Film- und Personenregister ab, das es erlauben soll, über die hier gezogenen Verbindungslinien hinaus Querverweisen und Zusammenhängen, die die Zusammenschau der verstreuten Arbeiten bietet, nachgehen zu können.

[Anm. s. S. 468].

I. (WEST)DEUTSCHES KINO

Zwei Gretchen im Glück?

Reitz' DIE REISE NACH WIEN

Der deutsche Nachkriegsfilm kennt drei Phasen der Beschäftigung mit dem Dritten Reich. Die erste Phase, zur Zeit der Währungsreform, baute auf einen humanistischen Antifaschismus. Wolfgang Staudtes DEFA-Produktionen DIE MÖRDER SIND UNTER UNS (D 1946) und ROTATION (D 1948) stehen für jene Trümmerfilme, aus denen abstrakt die Läuterung zur Besinnung erwachsen sollte. Die zweite Phase bestritt die Bundesrepublik, parallel zu Wiederbewaffnung und ihrem Eintritt in die NATO. Offiziersfilme wie ES GESCHAH AM 20. JULI (BRD 1955, Georg Wilhelm Pabst) oder HAIE UND KLEINE FISCHE (BRD 1957, Frank Wisbar) strichen den heroischen Antifaschismus heraus, der es auf eine Stärkung des Wehrwillens absah.

Damit schien die Arbeit der Vergangenheitsbewältigung getan, wenngleich nicht geleistet. Jetzt ist die Berührungsscheu der Antiphase überwunden, jetzt zeigt der Film in Vergegenwärtigung der Vergangenheit den alltäglichen Widerstand gegen den gewöhnlichen Faschismus. Die ästhetischen Mittel dämonisieren nicht mehr das Dritte Reich, sondern zeigen die Kehrseite in Parabeln komischer List und Formen der Farce. Reinhard Hauffs Verfilmung der ZÜNDSCHNÜRE (BRD 1974)[1] ist ein Beispiel; DIE REISE NACH WIEN (BRD 1973, Edgar Reitz) ein zweites, das den Mut hat, »fröhliche Geschichten von lebendigen Zusammenhängen zu erzählen, die die Leute auf gute Ideen bringen«, wie der Regisseur in einem Interview erklärte.[2]

Wie ist die List gelungen? Edgar Reitz und Alexander Kluge, Ko-Autor des Drehbuchs, erzählen von zwei Frauen im Krieg eine sehr private Geschichte, die aufgrund ihrer Authentizität Anspruch auf öffentliches Interesse hat. Ein Jahr lang brachten die Autoren den Jargon der Zeit zur Sprache, indem sie bei deutschen Müttern über Familienalben Erinnerungen wachriefen, deren spezifische Mischung aus Brutalität und Leichtsinn sich im Dialog niederschlug.

Großdeutsches Reich, im Frühjahr 1943. Während sich der Krieg nach Stalingrad schon als verloren abzeichnet, klammern sich zwei attraktive Strohwitwen der Wehrmacht (Elke Sommer und Hannelore Elsner) im Hunsrück an die Illusion, der Provinz durch eine Vergnügungsreise in die Traumstadt Wien zu entrinnen. Ihr Verhalten wird von der rücksichtslosen Devise bestimmt: Genießen wir den Krieg, der Friede wird fürchterlich. Dieser Genuß aber wird schal, verplempert durch ein erzwungenes Vorliebnehmen, das ihre erotische Raffsucht als Lebenshunger aus emotionaler Unterernährung aufdeckt. Der Ritterkreuzträger im Heimatort ist schon vergeben, die Männer an der Front sind abgestumpft, der Ortsgruppenleiter der Partei (Mario Adorf) spielt sich auf als Vertreter der kriegführenden Männlichkeit und glaubt, die Heimatfront im Bett zu halten. Also verlassen die Freundinnen die Heimat, um das Abenteuer, das ihnen vorenthalten wird, in Wien einzulösen. Statt wie ersehnt Fliegerhelden zu treffen, müssen sie sich mit älteren Offizieren – der eine siech, der andere lahm – arrangieren. Mit dem Verlust an Vorurteilen trifft sie der Verlust ihres Vermögens, von dem sie Bruchstücke wohl wiedergewinnen, diese aber wie Hans im Glück Zug um Zug wertmindernd einlösen. Sie lernen zwar, sich schamlos ihrer Haut zu wehren; ihre verlorenen Illusionen aber werden zu leicht verschmerzt – d.h.: sie werden ausgetauscht, nicht abgelegt.

Reitz inszeniert diese Geschichte als tragikomischen Beitrag zur Subgeschichte des banalen Nationalsozialismus mittels Formen des populären Kinofilms. Diese Haltung mögen besorgte Filmerzieher für bedenklich halten; ich finde sie legitim und in der Realisierung gelungen. Denn daß den Bedürfnissen des Publikums nach unterhaltsamen Schauwerten im Kino stets einseitig von der Branche, nie vom Autorenfilm entsprochen wurde, zeitigte genug verhängnisvolle Konsequenzen in der Zollaufteilung des Marktes: mein Kommerz, deine Kunst. Reitz und Kluge nutzen dies Dilemma und setzen die Phantasie des Zuschauers in Gang durch bewußten Einsatz von Starschauspielern, nicht kärglicher Ausstattung und den Witz ihrer lakonischen Dialoge.

Die Kamera, von Robby Müller geführt, nimmt durch visuelle Gags den bloßen Blick der Sympathie gefangen, gibt aber durch ein Prinzip der Einstellung des zweiten Blicks eine Distanz zwischen Blick und Angeblicktem zu erkennen. So wird Adorfs Blick (der Parteileiter ist im Zivilberuf Turnlehrer) auf gegrätschte Mädchenbeine aus der Untersicht als geil fixiert und danach in Augenhöhe als Vertuschung seiner Geilheit ausgegeben. Wie das Frauenduo selbst geht die Kamera militant auf die Männer zu (so den rumänischen Betrüger: nah auf seine Schuhe, nah auf sein eitles Haarnetz), um deren Schwachheit aus der Nähe festzuhalten.

Die Solidarisierung der Frauen klappt nur als Rache an den Männern. Dann erlischt der Widerstand. Den Aufbau der Zukunft übergaben diese Frauen nach dem Krieg den Männern. Und die errichteten aus jenen Grundsteinen Fassaden der Restauration. Reitz greift diesem Prozeß filmisch vor, indem er die Schlußeinstellung – amerikanische Panzer in dem Hunsrückstädtchen – einfriert und, als die resignative Absage im Schriftbild erscheint, ihr jede Farbe austreibt.

Erstveröffentlichung: Zwei Gretchen im Glück? DIE REISE NACH WIEN von Edgar Reitz in Zusammenarbeit mit Alexander Kluge, *Frankfurter Rundschau*, 6.12.1974 [Anm. s. S. 468].

Dekonstruktion
MOSES UND ARON von Straub/Huillet

Weil ein Schönberg-Jahr zu feiern ist, macht das Fernsehen einen Schönberg-Film. Weil der Film von Straub/Huillet ist, wandert er ins dritte Programm. Weil ein Bibel-Stoff behandelt ist, wird die Sendung auf Ostern terminiert. Alles paßt. Nun zerreißt eine Widmung dies sorgsam geknüpfte Legitimationsnetz. Da taucht im Vorspann handschriftlich der Titel auf: »Für Holger Meins. J.M.S. und D.H.« Unverkennbar ist die persönliche Reverenz der Filmautoren an den toten Freund und Kollegen. Meins war Kameramann, ehe er sich der RAF anschloß. Straub/Huillets Filme in der Untersuchungshaft zu sehen, war ihm verwehrt. Zur Kenntnis genommen haben diese Widmung nur das Publikum der Uraufführung in Rotterdam und – mehr vom Hörensagen als vom Augenschein – Programmdirektoren der ARD. Einstimmig befanden diese, den Namen des Toten zu tilgen. Die Widmung, sagen sie, könne als politische Demonstration verstanden werden.

Immerhin ist das Verständnis für eine Demonstration so weit entwickelt, daß man den Demonstranten vor dem Mißverständnis schützen will. Und zwar durch die taktvolle Maßnahme, ihn gleich durch Demonstrationsverbot mundtot zu machen. In wessen Namen darf der Name eines Toten, der juristisch ohne Urteil unschuldig gestorben ist, eigentlich nicht mehr genannt sein? Die Programmdirektoren untersagen die Nennung und demonstrieren damit selbst unmißverständlich ihr Interesse, die herrschende Tendenzwende zu verschärfen. Was die Spruchkammer versäumte, holt eine öffentlich-rechtliche Anstalt willfährig nach. Der Häftling Meins wird posthum verurteilt und zudem in die Anonymität exiliert. Straub erklärte auf der Pressekonferenz zu diesem beispiellosen Eingriff: »Wenn es nicht möglich ist, einem Freund, der tot ist und der ein Mensch war und nicht das Monstrum, das man einzig in ihm sehen soll, einen Film zu widmen, dann bestehen wir darauf, daß auch unsere Namen als Autoren des Films aus dem Vorspann entfernt werden.« Das Fernsehen hat diesem Verlangen, befremdet zwar, doch einsichtig, entsprochen. Der Kader, der den für Produktionsleitung, Schnitt und Regie Verantwortlichen gilt, ist geschnitten. Der Film kennt keinen Macher, nur noch seinen Sender. Um einen Vorschlag Brechts zu variieren: Wäre es da nicht besser, der Sender löste sich auf und suchte ein anderes Publikum?

Ist die Sprengkraft dieses Zweisekundenkaders damit entschärft? Wird das Vergnügen einer Opern-Verfilmung der klassischen Moderne an Ostern ungetrübt sein? Ich glaube nicht. Die Radikalität steckt nicht in einem Transparent, das man zerreißen kann. Sie ist längst Teil von Straub/Huillets ästhetischer Materie. Wollte man diesen Film vor dem intendierten Mißverständnis bewahren, müßte der Sender radikal genug sein, bei

Schönbergs Musik den Ton abzudrehen und die Bilder von Straub/Huillets Film zu löschen. So bleibt die Sendung des Films, beschnitten, doch nicht entstellt, ein kulturelles Alibi. Es besteht allerdings ein Zusammenhang zwischen Widmung und Werk, der nicht von außen aufgeklebt ist. Er besteht zum einen in Straub/Huillets konsequenter Handhabung filmischer Mittel, also auf der Ebene der Werkentfaltung seit der CHRONIK DER ANNA MAGDALENA BACH (BRD/I 1968), seit OTHON[1] und GESCHICHTSUNTERRICHT (BRD/I 1972). Zum anderen wird der Zusammenhang im Werk MOSES UND ARON (BRD 1975) selbst auf drei Ebenen verklammert: 1. des biblischen Stoffes, 2. der Entstehungszeit von Schönbergs Oper und 3. der Produktion des Films.

Auf stofflicher Ebene geht es im biblischen Bericht um nichts anderes, als an Moses und Aron den Streit zweier politisch divergenter Ansichten einer Verfassung zu demonstrieren. Wer soll das Volk führen? Führt der Weg ins Land, »worinnen Milch und Honig fleußt«[2], oder in die Wüste Sinai? Welchem Prinzip folgt das Volk, den Gesetzestafeln oder dem Goldenen Kalb? Zur Entstehungszeit der Oper, 1932, griff Schönberg diesen Stoff musikalisch auf, um an ihm exemplarisch eine Handlungsanleitung zu demonstrieren. Denn die Zeit der falschen Verheißungen zog auf. Der Faschismus kündigte sich als pervertierte Utopie der Versöhnung an. 1974 erkannten Straub/Huillet die Aktualität des Stoffes, d.h. sie ließen zu diesem Zeitpunkt in der Realisierung erkennen, was im Stoff angelegt war. Ihr Film stellt sich der akuten Lage. In dieser Lage beschwören Unions-Politiker die Katastrophen um das Goldene Kalb, konkurrieren um die bessere Verfassungstreue, um ihre Gesetzestafeln durchzusetzen. Auch die FSK (»Freiwillige Selbstkontrolle der Filmwirtschaft«) will MOSES UND ARON erst nach Tilgung von Meins Namen freigeben. Mit der Begründung, daß in ihm ein offensichtlicher Gegner der freiheitlich-demokratischen Grundordnung verherrlicht werde. Es wäre an der Zeit, daß sich die FSK näher mit Aron befaßt. Wie stand es denn um dessen Unbedenklichkeit?

Resultat der Untersuchung ist, daß der Konflikt um die politische Führung, das Urteil über gangbare Wege, sie durchzusetzen, aus dem Film nicht herauszulösen ist. Denn die Handhabung der ästhetischen Mittel dient eben dazu, den Konflikt des Stoffs der Materie unauslöschlich einzutreiben. So wie der Inhalt Kritik der herrschenden Zustände ist, ist seine Artikulationsform Kritik des herrschenden Ausdrucks jener Zustände. Und die besteht bei Straub/Huillet in der »systematischen Dekonstruktion gängiger Formen des filmischen Ausdrucks.«[3] In diesem Begriff der Dekonstruktion eingeschliffener Wahrnehmungsformen, in deren Zerfall schon die Anleitung zur neuen Konstruktion liegt, liegt die Radikalität der ästhetischen Technik beschlossen. Dieses Verfahren bleibt nicht folgenlos. Es entstammt nämlich einer armen, minimalen Ästhetik, die in jeder

Form bedenkt, wieviel Phantasie – den Wahrnehmungsverhältnissen der Zuschauer entsprechend – sie einsetzen kann. Die Konsequenz heißt: Beschränkung der ästhetischen Ressourcen. »Meine Filme werden immer unfilmischer werden«, erklärte Straub, »weil die Filme, die man zu sehen bekommt, immer filmischer werden.«[4] Dem Oppositionsprinzip in der Organisation seiner Filme entspricht eine Dialektik in der Struktur, die sich erst durch Reduktion der Mittel materiell entfalten kann. Dieses Verfahren der Dekonstruktion versuche ich anhand einiger Einstellungen aus MOSES UND ARON zu beschreiben.

Der Film eröffnet mit einer Einstellung auf Moses. Die Kamera, in erhöhter Perspektive, hält ihn in der Rückansicht fest, nimmt über seiner Schulter die Blickrichtung zum Volk auf, ohne sie zu verfolgen. Solange Moses zu singen hat, steht die Kamera und richtet sich von allem, was im Bild zu sehen ist, auf die Worte, die zu hören sind. So tritt nach gewisser Zeit der Ton ins Bild. Noch eine geflüsterte Antwort des Chors ist von strahlender Klarheit. Der in den Studios der ORF vorproduzierte Orchesterteppich ist glänzend mit dem Originalton des Schauplatzes gemischt. Während in üblichen Filmen die Musik, unterlegt, auf die Dramaturgie des Bildes einstimmt, besteht die Dekonstruktion in dieser Einstellung darin, die Wahrnehmung vom Bild auf den Ton zu lenken, und zwar noch ohne unser Auge in einem Kamerawirbel mitzureißen. Danach hebt die Kamera vom Amphitheater in Alba Fucense ab. Sehr gemessen vollführt sie einen Rundschwenk, der den Blick spiralenförmig aus der Arena in die Landschaft, die Abruzzeser Berge, in den Himmel schraubt. In der Dauer, die dem neuen Schauplatz zugemessen wird, malt die Kamera kein Stimmungsbild, sondern erfaßt die Landschaft, die sich in Gürtel aus Licht und Farben zerteilt, analytisch. Ähnlich der Einstellung auf die Baumwipfel in OTHON herrscht die Natur für einen Augenblick, in dem als Gegenbild aber noch die Auseinandersetzung zwischen Moses und dem Volk haftet. Der Kader ist zwar menschenleer, vibriert aber noch von Spuren des vorigen Bilds.

Als Moses und Aron zusammen, aber nicht vereint, vor das Volk treten, zeigt dies die Kamera in leichter Aufsicht, die Figuren angeschnitten. Die Bildführung rückt langsam zu den Stationen des Schauplatzes vor. Die Sprünge zwischen den Stationen entstehen dabei nicht aus der Erwägung, das Erzählte zu raffen. Die Dekonstruktion verweigert sich dem Kunstgriff der Ellipse und setzt an ihre Leerstelle einen Ort der Reflexion. Und d.h. daß in dieser Situation die Kamera nicht über Moses und Aron herfällt und in entfesselter Bewegung einkreist. Das wäre das filmische Mittel gängigster Art, das durch die Gegend wirbelt, um möglichst viele Schauplätze raffgierig aufzulesen. Hier zeigt die Kamera, was zu zeigen ist, dann, wenn die Notwendigkeit es gebietet. »Ein Schwenk von 180 Grad, das ist eine Bewegung von 180 Grad Moral«, sagt Rossellini.[5] Straub/Huillet sind, neben Dreyer, die einzigen Filmemacher, die diesen moralischen Rigorismus teilen. Zwei Fahrten werden, um 180 Grad, jetzt um Moses und Aron vollzogen, sehr langsam hin und zurück zum Ausgangspunkt. Beide Sänger bleiben stets im Bild. Sie werden weder im Schuß-Gegenschuß erledigt, noch drängt das Volk in Zwischenschnitten ein. Denn das Volk ist präsent in der kollektiven Ansicht, die abwägt, wer im Streit der Argumente überzeugt: Moses oder Aron? Also nimmt die Kamera die Wahrnehmung des Volkes auf, das vor den beiden steht und keinen aus dem Auge verliert, selbst wenn sich der Winkel ändert.

Die drei Verwandlungen, Moses Beweis der göttlichen Zeichen, werden bei Straub/Huillet nicht durch Überblendungen oder gar Tricks vollzogen, sondern als vollzogen ins Bild gesetzt: Der Stab ist die Schlange, das Wasser ist das Blut, das Blut ist der Fluß. Die filmische Konvention stellte dies als synthetisch her, was Straub/Huillet erst in der Materialität entfalten. Der Vorgang des Zeigens wird zerlegt in sein Zeichen, in sein Bedeutetes, ohne jetzt filmische, d.h. pseudomagische Wirkung zu tun. Die Schnitte zwischen den Einstellungen sind derart auf die Dramaturgie der Musik hin rhythmisiert, daß die Schönbergs Musik innewohnende Bewegung sichtbar aus ihr heraustritt. Das ist deutlich, wenn synchron zum musikalischen Crescendo ein visuelles Crescendo aufgebaut wird wie in der 30. Einstellung, in der bei Assuan und Luxor die Steigerung des Wasserlaufs zum Nilstrom erfolgt.

Wie eingangs die Dekonstruktion des gewohnten Sinns die Sinne vom Bild auf den Ton hinlenkte, und zwar durch die minutenlang gehaltene Einstellung, erfährt dies Mittel jetzt eine Radikalisierung im Material selbst. Der Chor singt: »Wo ist er?«, und im Bild ist Schwarzfilm eingeschnitten. Die Dekonstruktion des Filmischen scheint vollkommen. Aus ihr jedoch ersteht eine neue Konstruktion. Konventionellerweise stünde nun das Volk / der Chor im Off. Da aber das Bild selbst gelöscht im Off ist, muß folgerichtig der Ton im On erklingen. Ähnlich bei der Stelle, als Aron das Volk auffordert: »Bringt das Gold herbei!«, und Straub/Huillet Weißfilm einlegen. An den Peripetien des illusionistischen Kinos setzt gewöhnlich die Musik aus, daß wir den Atem anhalten. Straub/Huillet dekonstruieren dieses Prinzip, indem sie das Bild ausschalten, um die Musik zu zeigen. Nie läuft Schönbergs Komposition neben dem Bild. Sie füllt in Wahrheit das Bild, die Menschen zeigen Straub/Huillet neben ihr. Entsprechend hält die Kamera auf Distanz, tabuisiert die Großaufnahme des Gesichts und macht den Blick nur nah an Händen, die mit Objekten hantieren, fest.

Wo im herkömmlichen Kino ein gerissener Schwenk uns gierig macht auf das, was da Neues im Bildfeld nachrückt, vermißt man bei Straub/Huillets Filmen traurig das, was durch einen reflektiert gezogenen Schwenk aus dem Kader schwindet. Die Gegenläufigkeit, wie man die Dekonstruktion als dynamischen Begriff auch fassen könnte, bietet der blinden Bewegung Einhalt, um die Augen für den Rahmen der Bewegung zu öffnen. Die

Befremdung, die uns im scheinbar Vertrauten trifft, hat Hartmut Bitomsky anhand des OTHON so erklärt: »So viel Respekt sind wir nicht gewohnt, so wenig Willkür wird fast schon als unerträglich empfunden. Wir beginnen, in dem befremdlichen Zusammenhang der Dinge unsere eigene Ungeduld zu sehen.«[6]

Erstveröffentlichung: MOSES UND ARON, medium 4/1975 [Anm. s. S. 468].

Schlöndorffs DIE VERLORENE EHRE DER KATHARINA BLUM

Es ist bezeichnend für unser ursprungsfixiertes Denken, daß wir Verfilmung sagen, wenn ein Drehbuch auf Literatur beruht. In allen Medien soll das geschriebene Wort als Maß der Dinge gelten. Schon die Vorstellung, Britten etwa habe Thomas Manns Tod in Venedig (1912) veropert, wie man in der U-Musik einen Bach verjazzt, erweist die absurde Hierarchie der Medien, in der die Literaturvorlage unangefochten oben an steht. So waren denn Verfilmungen der Vergangenheit stets vom Versuch geprägt, mit dem Prestige der Literatur das Kino zu erobern – das in den Anfängen seinen Ruf noch zu erringen hatte. Mit dem Tonfilm und der Ausprägung filmischer Kunstmittel diente das Kino fortan dem Versuch, mit der Verfilmung die Literatur populär zu machen. Das hat heute seinen Markt. Als Ausdruck modernster Medienverflechtung gilt die Praxis amerikanischer Konzerne, sämtliche Rechte eines Stoffes an sich zu reißen, um auf allen Kanälen der Kommunikation aus ihnen Kapital zu schlagen.

Der Autor Heinrich Böll, dessen realistisches Werk für den Film ein gefundenes Fressen wäre, hat ein gespaltenes Verhältnis zur Verfilmung seines Werks. Und zwar seitdem die jungen Straub/Huillet sich kompromißlos des Romans Billard um halbzehn (1959) annahmen und dessen Zeitkritik in ihrem Film NICHT VERSÖHNT – ODER ES HILFT NUR GEWALT WO GEWALT HERRSCHT (BRD 1965) durch schroffe Formen radikalisierten. Jeder Künstler hält seine Ausdrucksform für unveräußerbar, neigt dazu, sein Werk in Übersetzungen für halb verloren zu geben und alle Hoffnung abzuschreiben, wenn der Film an ihn herantritt. Böll sieht, so erklärte er kürzlich, das Problematische in der »Verfilmung an sich«[1], da eine solche bildhaft sei und Personen in Bildern darstellen müsse. Freilich, ein Film muß sich in Bildern ausdrücken. Drei Projekten hat Böll seine Zustimmung nun länger nicht verweigert: der jugoslawische Regisseur Petrović bereitet das Gruppenbild mit Dame (1971) vor,[2] und der Exiltscheche Jasný will die Ansichten eines Clowns (1963) verfilmen.[3] Volker Schlöndorff und seine Frau Margarethe von Trotta legen nun – »nach einer Erzählung von Heinrich Böll«, wie der Vorspann sagt – ihren Film DIE VERLORENE EHRE DER KATHARINA BLUM (BRD 1975) vor.

Was ging dem Buch von Böll verloren, was wurde durch Schlöndorffs Film gewonnen? Bölls Erzählung traf 1974 den Nerv einer Verfolgungshysterie, die bundesweit um die Anarchistengruppe Baader-Meinhof tobte. Böll wählte aus der Gruppe eine zufällige Randfigur, deren Menschenrecht, durch das Meinungsklima angeheizt, bedroht war. Die Erzählung fingiert Dokumentarität; unter dem Überdruck tatsächlicher Ereignisse waren Parallelen zu Personen und Zeitungen unvermeidlich. Berichte, Zitate, Protokolle der Staatsmaschinerie, satirische Passagen wurden von Böll nach Sprechebenen zusammengestellt. Seine Erzählung montiert ein Dossier zur Verteidigung der Katharina Blum; Schlöndorffs Film erstellt daraus ein Plädoyer des Verteidigers. d.h. der Film schneidet die Montage um. Das Material wird zur dramatischen Erzählung, die Perspektive aufs Ziel gerichtet, der Blick der Kamera stellt menschliche Zusammenhänge und unmenschliches Zerreißen nachvollziehbar her.

Schlöndorff gewinnt Bölls Buch ein breites Publikum und so die Basis einer neuen Öffentlichkeit. Der Kritiker, der jetzt die Veränderungen vom Buch zum Film bemäkelt, geht von der – soziologisch falschen – Vermutung aus, ein Film ziele auf das gleiche, homogene Publikum der Buchvorlage. Jeder Film ist aber, wie der Mediensoziologe Herbert J. Gans formulierte, eine »ausgehandelte Synthese« verschiedener Publikumsbilder.[4] Öffentlich wird im Film nicht nur die Begünstigung der Blum eines vermeintlichen Anarchisten, der Hetzjournalismus der BILD-Zeitung, nein: öffentlich wird auch der mutige Widerstand der Blum, ihre starke Empörung, ihre private Gegengewalt, kurz ihr Weg zur Radikalisierung aus bürgerlicher Notwehr. So nimmt das sinnlose Opfer des Rufmords – selbst von Sinnen gemacht – Rache an der Meinungsmache.

Bölls Bedenken, eine Verfilmung verstelle die Person in Bildern, sind durch die außerordentlich intensive Kraft der Hauptdarstellerin Angela Winkler wie ausgelöscht. Der Weg, auf dem sie von der Verstörtheit zur Zerstörung getrieben wird, ist ablesbar aus ihrer Haltung, die sie sichtlich einnimmt: ihren eingezogenen Schultern, mit denen die Wehrlose sich nach innen schützt, ist so unvergeßlich eingeprägt wie ihr Gesicht, das unbeirrbar offen, schutzlos staunend seinen Blick nach außen richtet. So viel Verletzlichkeit und Stärke, so viel Erfahrungsgehalt und Sättigung an politischer Brisanz haben wir im deutschen Film seit dem großen Realisten Staudte nicht erlebt.

Erstveröffentlichung: *Hessischer Rundfunk*, 11.10.1975 [Anm. s. S. 468].

Reitz' STUNDE NULL

Als im vorletzten Jahr des 30. Jahrestages der Befreiung vom Faschismus gedacht wurde, die in unserer öffentlichen Meinung noch immer als »Zusammenbruch«, d.h. eine Art nationaler Volkstrauertag beschworen wird, grub das Fernsehen eine Serie sogenannter Trümmerfilme zum Gedenken aus. Diese Produktionen verstanden die Nachkriegszeit umstandslos als Friedenszeit, die den politischen Konflikt rein aus moralischer Kraft lösen könne.

Drei dieser Filme: IRGENDWO IN BERLIN (D 1946, Gerhard Lamprecht), UND FINDEN DEREINST WIR UNS WIEDER... (D 1947, Hans Müller) und die ARCHE NORA (D 1948, Werner Klingler) kreisen um das Problem der Jugenderziehung und das der Umerziehung der Lehrer.

Ihre Antwort auf den Sieg über den Faschismus war der Marschbefehl ins Reich der Innerlichkeit, die Abstinenz von Politik und der Entwurf idyllischer Gegenwelten. Diese Antwort lag nahe, waren die Filmemacher doch zum größten Teil die gleichen Regisseure, die schon im Dritten Reich die Illusionsmaschine Kino mit Fluchtentwürfen beliefert hatten. Erich Kästner hat 1946 benannt, warum die Trümmerfilme sich in der Idylle niederließen: »Wer jetzt Luftschlösser baut, statt Schutt wegzuräumen, gehört vom Schicksal übers Knie gelegt.«[1]

Die STUNDE NULL (BRD 1977) von Edgar Reitz, nach den Drehbuch von Peter Steinbach, ist kein Trümmerfilm, sondern – nach dreißig Jahren Abstand und der Blickverschärfung auf den Zeitpunkt – ein Film, der Schutt abräumt, indem er anhand einer authentischen Erfahrung aktiv Erinnerungsarbeit leistet. Die STUNDE NULL steht zwischen Ende und Anfang, im Übergang von Faschismus zur Demokratie, wählt eine Zwischenzeit, die in Wirklichkeit an vielen unbemerkt vorüberstrich.

Was diesen Film auszeichnet, ist die Wahl des präzisen historischen Augenblicks, der aus dem Zentrum der »Zweiten Befreiung« (dies ein erster Arbeitstitel) lebt, aus dem intensiven Gemisch von frisch zerstörten und neu erwachenden Hoffnungen. Reitz ist als Filmemacher weniger an einer Idee als vielmehr an der Spur interessiert, die diese Idee im menschlichen Handeln zieht. Was bleibt, im Juli 1945, im Arsenal faschistischer Versprechungen, an Erwartung durch demokratische Erneuerung, sei es durch laxe Bekundung der Amerikaner, sei es durch den entschlossenen Willen zum Sozialismus durch die Rote Armee.

Der Film baut nicht auf Abziehbilder für politische Ideen, die lupenrein und orthodox in den Figuren der Handlung faßbar wären. Im Gegensatz zum Genre Trümmerfilm trennt die STUNDE NULL moralische Qualifikation zum Führungsanspruch nicht nach Generationen auf, sondern zeigt vielmehr, daß die Spuren des Fortschritts wie des Rückschritts ungetrennt im gleichen Kopf auftreten.

Joschie, der jugendliche ›Held‹ zum Beispiel, kreist in allen Aktionen um seine Vorstellung vom »Paradies« (auch dies ein verworfener Arbeitstitel), das er in Amerika vermutet und die die Amerikaner selbst ihm schmerzhaft austreiben. Grund seiner Bewunderung für die Sieger aber ist die Faszination für eine Kriegstechnologie, die ihm als Hitlerjunge eingedrillt wurde. Diese Energie überträgt er in sein Lebensprogramm, läuft seiner fixen Idee von der besseren, d.h. einer materiell unerschöpflichen Welt nach und gerät erst an Widerständen (durch seine Freundin Isa, durch den Altsozialisten Mattiske) ins Schleudern.

In Joschie ist keine Identifikationsfigur angelegt, der ungebrochen unsere Sympathie gilt, sondern nichts als die Möglichkeit konkret geworden, in der STUNDE NULL ein neues Lebensprogramm zu entwerfen. Der Film verklärt nicht den heroischen Aufbau nach 1945, das tatkräftige und so rohbeherzte In-die-Hände-Spucken einer sehnsüchtigen Erinnerung: Er ist eher eine Bilanz der verspielten Möglichkeiten, exemplifiziert in der Jugend unserer heutigen politischen Führungsschicht.

Geschichte heißt in der STUNDE NULL nicht: der große Atem, das Abenteuer, sondern: Windstille und nüchterne Bewegung des Banalen. Schließlich spielt die Handlung nicht in den Metropolen, sondern in der Vorstadt von Leipzig. Das ist ein Ort zwischen Stadt und Land, eine Randzone, wo die politischen Erfahrungen viel später und auch zäher in den Privatbereich eindringen. In diesem Augenblick, in dem die US-Army abrückt und die Rote Armee einrückt, ereignet sich – nach Staatsauflösung und Selbstzerfall, der momentanen Richtungslosigkeit zwischen Anarchie und Paradies – die Chance des Neubeginns. Und doch wird sie von den Personen nach dem Motto wahrgenommen: Alles ist möglich, aber nichts können wir ändern.

Was einzig veränderbar daran ist, bezieht sich auf unsere retrospektive Wahrnehmung der »Stunde Null« zwischen Apathie und Aufschwung. Wo die alte Gesellschaft keine mehr ist und keine neue werden kann, konzentriert sich der Blick dieses Films auf überschaubare Bewegungen des Zusammenlebens. Die Figuren der Handlung samt ihrer verqueren Hoffnungen sind allemal ernst genommen. Wenngleich sich in Franke der politische Opportunismus inkarniert, verkommt er nie zur Karikatur. Ob Mattiske, der Eisenbahner und Altsozialist, von Widerstandsaktionen schwärmt oder Motek, der Fremdarbeiter, von zukünftigen Geschäften träumt – immer deutet der Film auf bedingte Schwächen hin, die nicht vom Tisch zu fegen sind. Denn mit ihnen wurde bis 1945 die Politik gemacht und nach 1945 die Politisierung verpasst.

Die STUNDE NULL behauptet nicht, zeitenthoben zu sein, sondern versteht als seinen Auftrag, einen Vortag unserer Geschichte zu datieren, der gewöhnlich schon als gelöscht gilt.

Unveröffentlichtes Manuskript, 1976 [Anm. s. S. 468].

STROSZEK von Werner Herzog

Am Filmwerk von Werner Herzog läßt sich ablesen, wie schnell ein Autor, der als Außenseiter zum Erfolg findet, sich selber mißverstehen kann, den Zuschreibungen der Kritik anheimfällt und den ausländischen Hymnen auf den Leim geht. Deutlich wurde dies an seinem letzten Film HERZ AUS GLAS (BRD 1976), der den großen Erfolg des Kaspar-Hauser-Films – JEDER FÜR SICH UND GOTT GEGEN ALLE (BRD 1974) – in Cannes und New York bei uns bestärkend wiederholen sollte. Die Kritik, die Herzog als den Botschafter des deutschen Irrationalismus, der abgründigen Romantik und der tiefgefühlten Seele auf die Reise um die Welt schickte, hat diesem Regisseur, der schließlich glaubte, was er las, keinen Gefallen getan. HERZ AUS GLAS war die Antwort: eine blendend schöne, zerfallene Sammlung von Privatmythologien, kostbare Scherben, in Vitrinen zur Bewunderung aufbewahrt. Nun hat Herzog aus dieser Sackgasse des Ästhetizismus herausgefunden, sich unterdessen an zwei Dokumentarfilmen über Viehauktionen und Vulkanausbruch versucht, und in seinem jüngsten Spielfilm STROSZEK (BRD 1977) zu seinem eigenen Ton, seiner Liebe zu den Außenseitern im lockeren, balladesken, fast heiteren Erzählkino zurückgefunden.

Stroszek, dem seine Jugend in Heimen und Anstalten gestohlen wurde, gerät als ›unverbesserlich‹ ins Gefängnis, wo er nach Jahren der gutangepaßten Führung entlassen wird. Der Gefängnisdirektor gibt ihm noch eindringliche Mahnworte auf den Weg ins Zivilleben mit, aber Stroszek schlittert in alte Bahnen, nimmt alte Bekanntschaften in rührender Treue auf. In seiner Stammkneipe trifft er auf die Prostituierte Eva, die gerade von ihren Zuhältern auf allerbrutalste Weise verstoßen wird. Daheim hat der alte Nachbar Scheitz die Wohnung für Stroszek bereitgehalten, in die Eva aufgenommen wird. Mit dem seltsamen Vogel Beo, einem sprechenden Star, richten sie sich auf eine häusliche Idylle ein, die jäh durch Evas alte Zuhälter zerschlagen wird, deren gemeine Quälereien sich Stroszek und Eva nicht zu erwehren wissen. Ihr freundlicher Nachbar hat einen Neffen in Amerika, und so beschließen die drei, von Berlin nach Amerika auszuwandern, ihre Haut zu retten, um ein neues Leben zu beginnen.

Im winterlichen Wisconsin nahe der Grenze zu Kanada finden sie eine Bleibe. Stroszek arbeitet als Automechaniker, Eva als Kellnerin, während der freundliche alte Nachbar seinem Gespinst des tierischen Magnetismus nachläuft und allerorten merkwürdige Messungen vornimmt. Aber wie soll das leichte Glück von Dauer sein? Die Raten für den Wohnwagen sind fällig, keiner kann sie bezahlen. Die Bank versteigert das fahrbare Haus, Eva brennt mit einem Fernfahrer durch, der alte Nachbar wird von der Polizei festgenommen nach einem Überfall auf die klägliche Kasse eines Friseurs, und Stroszek, der mit brennendem Wagen in die Berge fährt, flieht auf einen Sessellift, ißt sein letztes Sandwich und erschießt sich.

Eine Geschichte aus vielen Geschichten, von einem Erzähler, der eine große Reiseschachtel ausschüttet und zuhause sichtet, was er auf den Straßen unterwegs eingeheimst hat. Darunter sind Momente von großer geduldiger Beobachtung, Szenen der Hinterhofwirklichkeit in Berlin, der trostlosen Öde amerikanischer Straßen im Niemandsland, immer mehr Vorgefundenes als Inszeniertes.

Stroszek wird von Bruno S. dargestellt, der schon die Hauptrolle im Kaspar-Hauser-Film spielte: ein Fremdkörper, der sich inmitten unter Menschen nie erwärmt, weil ihm die Wärme stets entzogen wurde, einer, der einen stumpfen Blick hat, dessen Sorte einen aber um so eindringlicher anblicken, einer, der andauernd Sätze sagt, die neben ihm stehen bleiben, die er wie Steinbrocken um sich türmt, die das angesprochene Gegenüber ins Stolpern bringen.

Die Zerbrechlichkeit der längst Zerbrochenen, die Krise im Alltäglichen als wirkliche Weltkatastrophe, das dürftige Glück der stets im Schatten Stehenden: Das sind die Grundsituationen einer überschaubaren Erfahrung, denen Herzog nie den anheimelnden Kleineleuteton anhängt, sondern in der zutiefst pessimistischen Schlußsequenz der gigantischen Kreisbewegung auf Stroszeks Tod hin die eigene Sprache der Verkümmerung, des Verstummens beläßt.

Erstveröffentlichung: *Hessischer Rundfunk*, 27.6.1977.

Wie sich der deutsche Film den Mustergatten wünscht

Die Ehe ist komisch. So will es jedenfalls der Film, der, wenngleich nicht immer als Verführer, so doch als ein Erzieher der Nation auftritt. Zwar steuert er unser Verhalten nicht, aber er lenkt es mit. Der Film verstärkt den einen Wunsch und schwächt den anderen ab. Der Spaß, den wir daran haben, zehrt von unserer Bereitschaft, sich den allgemeinen Wünschen schließlich doch zu fügen. Ehekomödien lachen immer den Dummen aus, der sich nicht anpassen will: den, der an der Eigenwilligkeit krankt, sich mit seinen Wünschen querzustellen.

Wenn nun die Liebenden, trotz aller Widerstände, wenigstens am Schluß des Films zusammenfinden, kann die Welt so schlecht nicht sein, wie sie vor dem Kino aussah. Deshalb kriegt das Publikum, so mies es seine Ehen führen mag, mit dem Happy End eine Freifahrt in die Hoffnung ausgestellt. Das ist aber für das Eheglück oft nur ein Notausgang, den uns der Film öffnet, nachdem er unseren Wünschen einen Weg gewiesen hat.

Wie wünschten unsere Mütter ihre Männer sich? Im Film DER MUSTER-GATTE (D 1937, Wolfgang Liebeneiner) steckt eine mögliche Antwort darauf, was sie sich von ihren Männern wünschten und was nicht. Heinz

Rühmann, der Nationalheld der Bravheit und des Muckertums, spielt diesen Mustergatten, der seine Ehe wie sein Bankhaus führt: nach soliden Grundsätzen. Als Mann von Welt läßt er sich nicht beim Tennis stören, als seiner Firma der Bankrott droht. Er bleibt überlegener Wirtschaftsführer, der brenzlige Situationen spielend meistert. Natürlich ist diese Haltung ein bißchen komisch, Rühmann ist ja festgelegt auf die Rolle des kleinen mauligen Spießers. Das Kostüm des Gentleman ist diesem Hänfling zu weit. Das Publikum erwartet den Umschwung.

Er kommt. Der Mustergatte verliebt sich, beendet sein solides Vorleben, heiratet und wird, was er verspricht: jeder Zoll ein Pantoffelheld, den seine Frau widerstandslos zähmen kann, weil er ihr längst vorher aus der Hand fraß. Ein ziemlich fader Typ, kaum noch komisch, finden wir heute. Bis der Ex-Verlobte seiner Frau aufkreuzt, offen mit ihr flirtet und ihr mit Avancen auch die Hoffnung macht, dieser soliden, aber reizlosen Ehe zu entrinnen.

Was tun? Ein Freund von Rühmann rät, eine künstliche Eifersucht zu entfachen, um der Frau klar zu machen, daß »wir Männer polygam sind.« Dieses Würstchen ginge aber lieber angeln, Kreuzworträtsel auf dem Hausboot lösen, als seine Frau durch männliche Eroberungsarbeit zu gewinnen. Schließlich spielt er den Herrn im Haus, und die Frau unterwirft sich, ihrem Mustergatten ganz ergeben.

Was an diesem Ehemann ein Muster abgibt, ist seine Sehnsucht, in der die Harmonie konfliktfrei zu haben ist. Nicht der Mann, sondern die Frau hat die Versöhnungsarbeit, kommt es zum Krach, zu leisten. Sie ist der Motor, der den Mann mit Takt in Schwung hält. Sie hingegen muß den Weg von der Auflehnung zur Unterwerfung gehen, damit die Herrschaft der Männer – und auch der Hampelmänner – ungefährdet bleibt.

Kann dieser Mustergatte der Mann sein, den unsere Mütter sich erträumten? Kaum, denn was in ihm steckt, ist ein unverhohlen männlicher Wunsch, der die Existenz der Frau eher abwehrt als erwünscht und sie an den Rand seines Daseins schiebt, anstatt mit ihr ein neues Zentrum und Phantasie im Zusammenleben zu begründen. Mögen die Vertreter der Komödie noch so komisch sein – mit der Ehe muß es ernst bleiben.

Aber schon gibt es Anzeichen, daß sich gegen Ende des Krieges die Rollenklischees nicht mehr so ungebrochen halten lassen wie noch in der Friedenszeit. Bemerkenswert, daß immerhin ein Mangel an Frauenbildern bemerkt wird. In der Wochenzeitung Das Reich wurde Anfang 1945 die Klage geführt: »Die dominierende Frau – wie wir den dominierenden Mann haben – fehlt. Oder sollte unsere Zeit noch so männlichkeitshingegeben sein, daß sie das gar nicht wünscht?«[1]

Stark war der Wunsch nie, er sollte auch nach der Niederlage wenig Hoffnung haben, sich zu stärken. Die Botschaft mannbezogener, wenngleich nie sehr männlicher Filme wurde auch nach dem Krieg weiter verbreitet.

Spielten in den deutschen Ehekomödien der Kriegszeit Kinder – unbegreiflich – keine Rolle, so sind sie in der Zeit des Wiederaufbaus sehr gefragt. Da werden sogar Konflikte wie Scheidung, Partnerverlust, Ehebruch und Seitensprünge, wenngleich zaghaft, zugelassen. Doch nie so, daß man ernsthaft über diese Filme lachen könnte, und d.h.: die Lektion, die sie erteilen, annimmt.

Der Mustergatte von einst hatte nun, da die Trümmerfrauen beherzt in die Hände spuckten, ausgedient. Der Nachkriegsmann mußte schon etwas realitätstüchtiger sein, sich mit Beruf, mit schulpflichtigen Kindern und eheverrückten Frauen herumschlagen. Die fünfziger Jahre kennen eine ganze Serie von Vater-Filmen, die den Typ »Mustergatte« ablösten: VATER BRAUCHT EINE FRAU (BRD 1952, Harald Braun), VATI MACHT DUMMHEITEN (BRD 1953, Johannes Häussler), VATER MACHT KARRIERE (BRD 1957, Carl Boese), VATER, UNSER BESTES STÜCK (BRD 1957, Günther Lüders) – das waren die Titel jener Filme. Sie verraten, daß die Kinder dieser Väter plötzlich mitreden durften. Oft bestimmten sie, welche Frau ihres Vaters ihre neue Mutter werden sollte. Wobei die Stimme des Blutes natürlich mit der Stimme des Herzens in Einklang stand.

Aber die Vater-Filme verraten noch mehr: daß die selbstbewußte Frau, geschieden, berufstätig, eventuell mit Kindern, insgeheim die Herrschaft der Kriegsheimkehrer im eigenen Haus zu gefährden drohte. Die Frauen, ohne die das Wirtschaftswunder so wunderbar nicht denkbar wäre, werden in den Vater-Filmen der fünfziger Jahre wieder fest an die Hand genommen. Am besten: vor den Traualtar geschleppt, damit die Zähmung der Widerspenstigen ihre gesetzliche Form findet. MEIN MANN, DAS WIRTSCHAFTSWUNDER (BRD 1961, Ulrich Erfurth) ist ein Film, der das Verschweigen der gesellschaftlichen Leistung der Frauen in der Produktion der Aufbauphase besiegelt.

Danach wird sich einiges ändern. In den sechziger Jahren sagen sich die Frauen los vom Gesellschaftsvertrag mit ihren Mustergatten. Ganz unfreiwillig wird diese Auflösung bestätigt durch eine Klage des einstigen Familienministers Wuermeling, der dem Film die Schuld an der Zerrüttung zuschob, die in den Verhältnissen zu suchen war: »Vor allem ist es der Film, den wir für die Zerstörung von Ehe und Familie mitverantwortlich machen müssen. Menschen, die verantwortungslos Würde und Anstand des anderen Geschlechts ihrer unbeherrschten Begierde opfern, sind oft Hauptgestalten der Filmhandlung.«[2]

Ersetzen wir in diesem Vorwurf die schuldigen *Menschen* durch *Männer*, so kommen wir der Wahrheit und den Frauen schon näher. Die Ablösung von der Autorität der Männer ist gerade ein Versuch, ihre Würde wiederzugewinnen. Alexander Kluges Film ABSCHIED VON GESTERN (BRD 1966) ist ein heute dafür programmatischer Entwurf. Die Männer, mit denen die Heldin des Films Anita G. auf ihrer Odyssee durch die Bundesrepublik zusammentrifft, sind weder Muster an Männlichkeit noch an Ehefreudigkeit.

Die Ehe ist seit diesem Aufbruch der Frauen im Film der späten sechziger Jahre kein Komödienstoff mehr. Die Männer aber, die nicht verheirateten, werden es, sobald die Frauen ihre eigenen Wünsche im Umgang mit ihnen durchsetzen, und zwar emotional wie sexuell. DIE REISE NACH WIEN (BRD 1973, Edgar Reitz) zeigt, wie unternehmungslustig Frauen sein können, die allen Mustergatten, die sich ihnen andienen, eine lange Nase drehen. Schließlich verschwindet der Mann aus der Zentralperspektive der Filme, so wie in einem der jüngsten deutschen und gewiß wichtigsten Frauenfilme REDUPERS – DIE ALLSEITIG REDUZIERTE PERSÖNLICHKEIT (BRD 1977, Helke Sander). Die Fotografin Edda hat ihren Beruf und ihre Tochter. Da bleibt für einen Mann wenig Zeit. Sie findet aber einen, der sie nicht stört, der lieb ist, ihr im Bett Gutenachtgeschichten erzählt und sich ebenso zärtlich ihrem Kind widmet, dessen Vater er nicht ist. Dieser Mann ist der Antityp des alten Mustergatten.

Er ist wie ein anschmiegsamer Teddybär, der nie mehr Liebe beansprucht, als die Frau für ihn übrig hat. Ja, dieser Mann verspricht ihr rührend, einen Knopf ans Nachthemd anzunähen. Solche Männer, die um die Frauen sind, ohne bei der Liebe an ihre Herrschaft über das Verhältnis zu denken, sind selten.

Sie kommen auch in einem Film, der der Wirklichkeit vorgreift, selten vor. Sie sind auch in unseren Köpfen noch sehr klein. Sie könnten aber in zehn Jahren, wenn mehr Frauen solche Filme machen, in denen die Mustergatten keine Hauptrolle mehr spielen, viele werden. Dann werden wir sehen, daß es nicht um den Mustergatten ging, nicht mehr um ein Muster zum Eheverhalten, sondern um ein Beispiel unter vielen, das sich als ein neuer Entwurf des Zusammenlebens ohne Schadenfreude behauptet.

Unveröffentlichtes Manuskript, 1978 [Anm. s. S. 469].

Berliner Geisterbahn
DIE ALLSEITIG REDUZIERTE PERSÖNLICHKEIT von Helke Sander

Dies Berlin, wie es selber »[...] ohne Boden zu sein scheint, stößt von jedem ab. Die vielen Häuser [wie] über Nacht aufgeschossen: so plötzlich, meint man, können sie auch wieder verschwinden. Sie werden nicht alt, sondern zerfallen bloß«[1], beschrieb Ernst Bloch »Berlin aus der Landschaft gesehen« (1932), und sein Eindruck von der Bodenlosigkeit und dem Zerfall der Stadt hielt stand. Wie soll man in ihr Fuß fassen, wo die Stadt selber auf so schwachen Füßen steht? Helke Sander meint im Titel ihres ersten Spielfilms REDUPERS – DIE ALLSEITIG REDUZIERTE PERSÖNLICHKEIT (BRD

1977) nicht nur die Fotografin Edda Chiemnyjewski. Ich glaube, sie meint mit diesem Titel in gleichem Maß die Stadt Berlin, allseitig reduziert, die ihre Einwohner zwangsläufig in der Entfaltung ihrer Freiheit einschränkt. Der Film ist ein Essay über die Bedingungen, unter denen eine Frau sich heute von der Stadt ein Bild machen kann. Ein Bild, das nicht dem Stücklohn-Zwang der freien Medienarbeiter unterliegt, der das eigene Interesse der Edda, ihr Stadtbild zu verändern, als unverkäuflich ansieht. Edda steht frühmorgens frierend mit konkurrierenden Kollegen an einer Brücke, um ein Bild der letzten Dampflok von Berlin nach Hamburg zu schießen. Sie fotografiert den damaligen Bürgermeister Schütz bei einer betulichen Ansprache »Wir sind alle eine große Familie« auf dem Seniorenball, aber dann redet und tanzt sie mit den Alten. Reine Zeitverschwendung – weil sie ihre Zeit nicht sinnvoll füllen darf, von der Zerrissenheit und der organisierten Zerstückelung des Alltags lebt.

Abends liest sie ihrer Tochter, schuldbewußt: zu wenig Zeit für sie, Märchen vor und läßt sich von ihrem Freund, der noch verspricht, einen Knopf an ihrem Nachthemd anzunähen, mit harmlosen Geschichten in den Schlaf reden. Schafft sie morgen einen besseren Tag? Sie beginnt ihn mit Frühgymnastik (Beschluß mit 34 Jahren, für ihren Körper etwas zu tun, bald aufgegeben), und ihre entschlossene Kämpferpose zur Frontstadtmusik ironisiert nicht nur die Musik, sondern auch die eigene Haltung, sich gegen die aus jedem Sender triefende Berlin-Ideologie spielerisch zu wehren. Die Ton-Montage gleich zu Beginn des Film gibt ein schönes Beispiel: Alle Sender plärren durcheinander, Edda mokiert sich, aber sie hängt von Nachrichten ab.

Dieser Film schneidet aus dem Alltag keine Rollenbilder aus, um sie den Figuren anzuhängen. Edda ist Fotografin, Mutter, Freundin, Mitglied einer Frauengruppe. Aber noch in dieser Zerrissenheit entwickelt sie ein Mangelbewußtsein (heitere Geistesblitze), keinem Anspruch jederzeit voll zu genügen, weil ihre Arbeit zu der Aufteilung zwingt. So wie sie mit der Gruppe von Kolleginnen (Senatsauftrag, ein Bild von Berlin zu erstellen) nicht nach dem Trennenden sucht, sondern nach dem, was an Verkehrsformen in Ost und West sich gleich geblieben ist, so versucht sie in allem, was sie aufgreift, sich gleich zu bleiben. Ihr Thema ist die Durchlässigkeit. Der Mauer zum Beispiel, aber auch: der eigenen Erfahrung in der Arbeit wie in der Gruppe: eine andere Arbeit. Dazu üben die Frauen Taktik.

Ihre Taktik dient dazu, ihre Anschauung der Dinge durchzusetzen. Gegen die Auftraggeber, die von Frauen nur Bilder über Frauen erwartet hatten. Der von Helke Sander eingesprochene Kommentar leistet sich eine ironische Distanzierung von Eddas Fehlern. Wir wissen, sie wird sie wiedergutmachen, und zwar nicht zuletzt durch bessere Bilder. Edda nimmt sich der offenen Wunden in der Stadt, der Straßen längs der Mauer, an. Ihre

Bilder hängen an den Werbeflächen, mitten unter den Ruinen, und sichern die Spuren vom Viertel, ehe es unbewohnbar wird. Das Prinzip des Films sind seine kleinen Aufmerksamkeitsverschiebungen: auf die Brüche zwischen Bild und Abbild, zwischen behauptetem und realem Verhalten. Die Summe dieser lockeren Bewegungen auf bodenlosem Terrain addiert sich zu einem Essay über Westberlin und die Möglichkeiten einer Frau, in jener Stadt anders zu leben, mit einem veränderten Blick. Aus dem scheinbar Nebensächlichen organisiert er die Hauptsache: die Einladung zu einer Rundfahrt durch den Alltag in der Geisterbahn, die uns seine Schrecken vor Augen führt und doch nicht bange macht.

Erstveröffentlichung: *Die Zeit*, 31.3.1978 [Anm. s. S. 469].

Die Kontingenz von Kraut & Rüben: DEUTSCHLAND IM HERBST

Geschichtsunterricht und Monokultur
Einer Lehrerin, die versucht, die Dinge in ihrem Zusammenhang zu sehen, wird vorgehalten, ihre Auffassung von Geschichte sei wie Kraut & Rüben. Ein Durcheinander, fast schon chaotische Mißwirtschaft droht im Garten der Wissenschaft. Die Geschichte klettert aber nicht am Spalier der Sonne, der Vernunft entgegen, noch gedeiht sie auf dem Feld der Monokultur sonderlich gut. Im Gegenteil führt die Monokultur – noch immer im Bild der Agrarökonomie – leicht zur Ermüdung des Bodens, und wie das Lexikon belehrt: zur Vermehrung von Schädlingen. Die vielseitige Fruchtfolge hat sich längst durchgesetzt.
Gaby Teichert, eine Figur, die Kluge durch diesen Film schickt wie weiland Anita G. mit ihren Koffern durch Frankfurt, begibt sich im Unterricht auf die Suche nach den Grundlagen der Geschichte, wird zur Anhörung zum Direktor zitiert und steckt eine Rüge ein. Eine Rüge, die das System der Monokultur stützt und erhält. Verlassen wir die Perspektive eines Gutsherrn über seine Ländereien und sehen die Organisation der fünfzehn Beiträge von neun Regisseuren zu diesem Film, fällt auf, daß alle Einwände gegen ihn aus jener Ecke kommen. Denn die Monokultur behauptet weiterhin ihre Perspektive, die Dinge im Zusammenhang der Hierarchie zu sehen. Geschlossene Form, Dramaturgie, Kohärenz, Einheit des Stils, der Fabel usw. sind die Pfeiler klassischer Ästhetik, die immer dann mit ihren Normen antritt, wenn diese zu zerbrechen drohen. Die Gefährdung droht aber von innen, kommt aus dem Raubbau, der Ermüdung eigener Substanz. Aus diesen Elementen des zerbrochenen Kunstwerks montiert sich eine neue Form des Stückwerks, das seine Brüche, offenen Enden und seine Inkohärenz nicht leugnet.

Politische Wochenschau?
DEUTSCHLAND IM HERBST (BRD 1978, A. Brustellin, R.W. Fassbinder,
A. Kluge, M. Mainka, E. Reitz, K. Rupé / H.P. Cloos, V. Schlöndorff, B.
Sinkel)¹ ist ein Film, der Kraut & Rüben zum Organisationsprinzip erhebt
und mit der Perspektive, die jede Wahrnehmung auf einen Nenner – den
Fluchtpunkt – bringt, bricht. Der Vielfalt der Ereignisse, der Urteile, der
Wahrnehmungen wird mit der Vielfalt von Formen, aus verschiedenen
Köpfen erdacht, entsprochen. Nicht von ungefähr greift der Titel auf die
Naturmetaphorik zurück, die eine Veränderung des politischen Klimas
seit jenem Oktober konstatiert. Hier werden, von ganz verschiedener
Warte, meteorologische Messungen des Klimas vorgenommen, die anzeigen, was keiner bisher angab, aber jeden prägte: die Gefühle und Stim-
mungen, scheinbar vorpolitisch, aber schon Wolken bildend in der Groß-
wetterlage der Nation. Dieses Verfahren der Regisseure kann eher eine
approximative als akkurate Messung ergeben. Aber die »Subjektivität,
alles andere als ein Hindernis, ist in Wahrheit unabdingbar zur Analyse
der Materialien, die vor unseren Augen sich in Nichts auflösen, wenn man
sie irrtümlich für tote Materialien hält.«²
Kein Einzelkünstler war am Werk, aber auch kein Kollektiv, das über jeden
Zentimeter Zelluloid, jeden Kommentarton abgestimmt hätte. Der Vorspann gilt für den ganzen Film. Dem Publikum ist eine Identifizierung der
Autoren nach ihren Beiträgen schwer möglich. Dieses Vorgehen will die
Konkurrenzlosigkeit im Angebot der Bilder bekunden. Neun Regisseure,
vom Filmverlag der Autoren vorgeschlagen und ohne Absegnung der Gre-
mien frei finanziert, taten sich im Herbst 1977 in permanenter Konferenz
zusammen und übertrugen die Endmontage ihrer Beiträge Beate Mainka-
Jellinghaus. Der Gewinn soll, wenn die Kosten des Films (ca. 600.000 DM
mit Rückstellungen und Gagenverzicht) eingespielt sind, in einen Fond
fließen, aus dem Fassbinders Vorschlag entsprechend eine Fortsetzung
des Films finanzierbar wird.
Die politische Wochenschau im Rhythmus der Jahreszeiten – da ist vermutlich jetzt das *Deutsche Wintermärchen* fällig. Schon wollen die Regisseure
W. Herzog, H. Bohm, R. Hauff und U. Brandner mit einem zweiten Teil
›nachziehen‹. Wo bleiben die Berliner Regisseure? C. Ziewer z.B., hört man,
sei aufgefordert worden, warum aber blieb DEUTSCHLAND IM HERBST
im Pool der Münchner Filmer?
Eingeladen zum Berlinale-Wettbewerb, errang der Film keine Auszeich-
nung; eine ehrende Erwähnung (jetzt auch vom BMI, »Bundesministe-
rium des Inneren«) blieb ihm nicht erspart. In Übereinstimmung mit den
betroffenen Regisseuren wurden zwei Episoden nach der Uraufführung
für den Kinoeinsatz noch um fünfzehn Minuten gekürzt. Ich kenne keinen, der sie vermißt, aber viele, die eher fragen: Was ist von dem abgedrehten Material gar nicht erst montiert worden? So hat Schlöndorff auf

der Pressekonferenz in Berlin erzählt, sein Team habe in den Werkshallen bei Daimler-Benz nach der Ermordung Schleyers Gespräche mit Arbeitern aufgezeichnet, die zu montieren ihm zu riskant erschien. »In der jetzigen Lage« – war das nicht immer das Argument, vielmehr die taktische Schutzbehauptung der Zensoren zur Vertagung riskanter Stoffe, Themen und Filme? Schlöndorff selbst macht ja daraus nach einer Vorlage von Böll[3] eine Satire, die das Argument zur jetzigen Lage erledigen soll. Wir müssen die Entscheidung der Regisseurskonferenz respektieren, denn die Bilder, die wir sehen, sind bestürzend genug, auch wenn über den Morden im Herbst schon der Schnee vom Weihnachtsfrieden liegt und das Gras der Beschwichtigung üppig aufkam. Diese Bilder legen die wunden Stellen wieder offen: Sie reißen nicht, sie entlarven nicht, sie decken auf, achtsam, weil sie den Schmerz schon kennen. Der Film durchbricht die Erlebnisstruktur jener Ereignisse, die das Fernsehen für uns prägte. Das mag den ungewöhnlich großen Publikumszulauf – und gerade auch von atypischen Kinogängern über Dreißig – erklären. Zu Kraut & Rüben gehört das Augenmerk auf die Gleichzeitigkeit des Verschiedenen, und dieser Film räumt dem Zuschauer hinreichend Autonomie ein, auf dem Feld der Erinnerung planlos zu schlendern, sich voll der Kontingenz anheimzugeben.

Zwei Arten Trauerarbeit

Dieser Weg läuft durch den Aufbau der Episoden kreuz und quer. Er wandert durch die Ereignisse so wie in der eindrucksvollsten Einstellung, der Beerdigung der Stammheimer. Da ziehen die Trauernden nicht im Zug, nicht wohl formiert zum Grab, sondern schieben sich gelassen, in natürlicher Gangart über den Rasen, die Ränder, streifen- und strahlenförmig vom Hintergrund allmählich in den Vordergrund; Männer, Frauen, Kinder, bunt durcheinander gewürfelt. Dagegen: der Staatsakt für Schleyer. Das Requiem von Mozart. Eine Trauergemeinde, ein formierter Zug in Schwarz, bewacht von einem Zug in Grün, dessen Arbeit nicht Trauer, sondern Schutz der Trauer ist. Aufsicht der Kamera, Schwenk im Zick-Zack über die Köpfe der Staatslenker, der Leidtragenden. Ein beherrschter Blick, der sich an die Mercedes-Fahnen heftet, das Blau, mit schwarzem Flor bestückt, eine sprechende Kamerafahrt um das glänzende Oldtimer-Modell im Fahrzeugmuseum, währenddessen Mozart fortklingt. Die Schweigeminuten in den Werkshallen. Das sind zwei Formen des Gedenkens, zwei Arten, Trauer zu demonstrieren, zwischen denen eine Welt liegt. Die Erstarrung steht schroff neben der Bewegung. Das sind zunächst nur die Bilder, in denen doch die physische Präsenz politischer Formen steckt, die hier unaufdringlich, aber unabweislich zum Vorschein kommen.

Reichtum und Radikalität

Das Augenfälligste des Films ist sein formaler Reichtum. Da kann das Fernsehen alle Programmschienen zusammenlegen und doch nie mit einer explosiven Vielfalt frei rangieren wie DEUTSCHLAND IM HERBST. Fassbinder liefert mit seinem Beitrag eine radikale Studie zur Entstehung von Angst, die schamlos die Schwelle zum Exhibitionismus überschreitet. Hier nimmt sich einer zum Verzweifeln ernst und läßt den Betrachter perplex und indigniert zurück. Niemand bleibt indifferent, und ich habe bei verschiedenen Vorführungen ›hysterisches Lachen‹ notiert, wenn Fassbinder zum Schluß von soviel Angst erschöpft zusammenbricht. Ist das Lachen Protest gegen die nicht bloß physische Nacktheit? Gegen die rücksichtslose und wirre Haltung der Mutter, dem Freund gegenüber? Die vermeintliche Scheinheiligkeit wird am ehesten von Pharisäern durchschaut, bei denen insgeheim doch Einverständnis herrscht. Hört man in diese Gespräche sich offen ein, muß man an ihrer brutalen Banalität erkennen, daß in dieser Form des Stockens, des Verschweigens doch viele Diskussionen ›liefen‹; wo einem 1977 das Wort im Halse stecken blieb. Erst Abschreckung, dann Identifikation – vielleicht: eine jedenfalls provokante Einladung zur Selbstverständigung, die im Bereich der Vagheit, wie Fassbinder sie demonstriert, steckenblieb.

Ich sollte den Reichtum der Formen erwähnen: inszenierte Szenen, improvisierte Dialoge neben ausgefeilten Drehbüchern, dokumentarisches Material auf Video, auf 16 mm Farbe, alte Wochenschauen aus dem Zweiten Weltkrieg (in bisweilen zu verschlüsselter Form montiert) von den Rommels, Vater und Sohn; der moralisch aufrechte Gang des Generals, des Oberbürgermeisters; naive Moritatenmalerei in Standkopierung, Schubert, Joan Baez und das Lied der Deutschen, Walter Scheel (im Vorspann ungenannt) wirkt mit wie Horst Mahler, Schrift-Inserts wie im stummen Film, 8 mm-Amateuraufnahmen vom Spatzen auf dem Ast, hochästhetische Fahrten einer Winterreise, kostbar möblierte Interieurs der Angst und nackte Außenwelt, die Macht repräsentiert.

Im Dickicht der Bilder

Das Dickicht im Herbst wird nicht lichter, es verdichtet sich gegen Ende des Films. Würde nicht Gaby Teichert, die Geschichtslehrerin, die nach den Grundlagen der Geschichte mit einem Spaten gräbt (eine Pointe, die wie oft bei Kluge ihren Witz vom Wort gewinnt und im Bild verschenkt wird, zum redundanten Kommentar mißrät), hin und wieder wie beim Parteikongreß der SPD in Hamburg auftauchen, wo sie Wehner am Videoschirm zu Füßen sitzt, hätten wir niemanden, der im Film noch den Zusammenhang der Dinge vorspiegelt.

Allerorten werden Bilder und Einstellungen sichtbar, auf denen Fernsehbilder abgebildet sind. Schleyers Konterfei wird zur Trauerfeier auf Video gleich massenhaft ins Werk übertragen. Da hängt eine Batterie von Apparaten perspektivisch unter der Decke des Fahrzeugmuseums, den gleichen Kopf reproduzierend. Eine Pianistin, die einen Verletzten wahnhaft für einen Terroristen hält, imaginiert sein Gesicht ins Raster der Fahndungsfotos. Einer Touristin wird an der Grenze scherzhaft eine fremde Identität nahegelegt: Der Zöllner pocht aufs Bild und prüft sadistisch ihr Gesicht. Ein Regisseur führt seine Inszenierung der Antigone einem Fernseh-Rat in drei Versionen vor, in denen er die Kraft des Einspruchs selbst abwiegelt, usw. Immer haben die Bilder eine Beweislast auszuhalten, an der nur der Wahn einer vermeintlichen Identität bewiesen wird.

DEUTSCHLAND IM HERBST – das ist auch ein Diskurs über die Bilder, der zwei verschiedene Wahrnehmungsinteressen vorführt: den Blick der Verdächtigung (das Terrain der Realität) und den Blick der Verteidigung (das Terrain der Fiktion). »Auf Polizeifotos sieht jeder aus, als weile er nicht mehr lange unter den Lebenden, als sei er schon zum Tode verurteilt. Der Polizeifotograf tut, als würde er ein Foto herstellen. In Wirklichkeit erfaßt er das Lebendige als das zum Tode Verurteilte.«[4]

Unmöglich, auf alles einzugehen, hier Mängel in den Szenenanschlüssen zu rügen, da Lob für die Szenenauflösung zu erteilen. Wolf Biermann fragt: »Was wird aus unseren Träumen?«, und der Film zeigt Bilder, in denen die Vernichtung unserer Träume greifbar wird. Ich erinnere mich auch, daß Biermann in der Urfassung, nach der Selbstkritik Horst Mahlers an den Interviewer Griem gewandt, die Frage stellt: »Warum muß der Junge erst in den Knast, um auf den Teppich zu kommen?« Warum fiel diese Frage, scheinbar hochfliegend, flach?

Erstveröffentlichung: Die Kontingenz von Kraut & Rüben. Subjektivität als Aneignung von Wirklichkeit. DEUTSCHLAND IM HERBST, *medium* 5/1978 [Anm. s. S. 469].

Hans Jürgen Syberberg: *Hitler, ein Film aus Deutschland*

Der Regisseur Hans Jürgen Syberberg hat sich seinen Namen mit Dokumentationen über Fritz Kortners Theaterarbeit, über bayrische Landgrafen, die wie Könige herrschen, über Sexfilmproduzenten und zuletzt über die in Hitlers Repräsentanz tief verstrickte Chefin des Hauses Wahnfried: Winifred Wagner gemacht.[1] Dem breiteren Publikum wurde Syberberg bekannt durch die Fernsehausstrahlung seines KARL MAY (BRD 1974) und durch seinen legendentreuen Film über Ludwig II., LUDWIG – REQUIEM FÜR EINEN JUNGFRÄULICHEN KÖNIG (BRD 1972). Mythische Weltrevuen nennt der Autor seine Filme, in denen er spezifisch deutsche Geschichtsmythen auf die allertrivialste und bunteste Weise inszeniert. Von den »neuen deutschen« Regisseuren ist er der einzige, der ein ungebrochenes Verhältnis zu den Kräften des Irrationalismus hat, ja: diese unverhohlen als die Wurzel und Antriebskraft seiner Filme reklamiert. Schon am Ende von KARL MAY tauchte der junge Hitler in einem Wiener Männerheim auf, jetzt hat ihm Syberberg in einem vierteiligen Film von gut sieben Stunden Länge sein Hauptwerk gewidmet.[2] Hitler erhebt er in diesem schwierigen, labyrinthischen in Nebel und Tiefsinn eintauchenden Film zum Inbegriff des Bösen, zum Antichrist schlechthin, der beispielhaft für die Leiden der Menschheit alle Schuld auf sich genommen habe. Syberberg erklärt nun in seinem Buch *Hitler, ein Film aus Deutschland* (Reinbek 1978; alle ff. Zitate stammen aus diesem Buch; Seitenangaben in Klammern am Ende des Zitats) zum Film:

Kann und darf, gerade und ausgerechnet, ein Film über Hitler und sein Deutschland hier erklären, Identitäten wiederfinden, heilen und erlösen? Aber, so frage ich, wird man je wieder freiwerden vom bedrückenden Fluch der Schuld, wenn man nicht ins Zentrum der bohrenden Krankheit kommt. Ja, nur hier, in einem Film der Kunst unserer Zeit, über gerade diesen Hitler in uns, aus Deutschland, wird Hoffnung kommen dürfen. Für unsere Zukunft müssen wir ihn und damit uns überwinden, besiegen, und nur hier kann eine neue Identität durch Anerkennung und Trennung, Sublimierung und Arbeit an unserer tragischen Vergangenheit gefunden werden. Hitler selbst ist das Thema und Zentrum, wo wir immer wieder hineinmüssen, verwundet und schmerzhaft, identifizierbar. Wie aber wird das anders darzustellen sein als in der persönlichsten und zugleich allgemeinen Form des Risikos der Kunst, und wie wird es anders aufgenommen werden können von diesem betroffenen Deutschland und seiner geistig und gefühlsbedingt immer noch tiefverstrickten neuen Generation als durch äußersten Widerstand notwendigerweise? (S. 9f.)

Damit sind die Themen benannt, die Syberberg in unendlichen Variationen, Verflechtungen, einem Gemisch aus knallbunter Revue und philosophischem Essay anschlägt: Ihm geht es 1. um den »Hitler in uns« (so lautete auch der Arbeitstitel seines Films) und 2. den Widerstand gegen diese These. Grob vereinfachend kann man sagen, Syberberg hat den Blick des Erben, genauer gesagt: des Sohnes auf den deutschen Faschismus geworfen, der sich mit Hitler in einen nicht enden wollenden Dialog einspinnt, wie um die Abrechnung mit einem Vater zu führen. Ein gewaltiger ödipaler Kampf und ganz Deutschland ist die Bühne dieses Kampfes.
Syberberg hebt sich ausdrücklich ab von anderen Filmen, die er eindimensional antifaschistisch nennen würde, etwa den russischen Montagefilm OBYKNOWENNYJ FASCHISM (DER GEWÖHNLICHE FASCHISMUS,

SU 1965, Michail Romm) oder auch den Film HITLER, EINE KARRIERE (BRD 1977, Joachim Fest), dem er schlichtes Scheitern bescheinigt. Syberberg – und genau das ist das anhaltende Skandalon – schert sich wenig um Absicherung durch die antifaschistische Intention. Seine Absicht ist nicht aufklärerisch, sein Film hätte kaum Chancen wie der von Fest, an bayerischen Schulen zum Unterricht zugelassen zu werden. Dennoch ist dieser Hitler-Film aufklärend im radikalen und gefährlichen Sinn. d.h.: mehr in einem Syberbergs Absicht gefährdenden Sinn, der ungeschützt vor Mißverständnissen und deutschen Geschichtstabus dasteht. Um die Irrationalität, die bei Hitler zu einem Herrschaftsprinzip avancierte, aufzudecken, bedient sich Syberberg selbst dieser Mittel. Dafür ist er von der Kritik heftig angegriffen worden, woraus er sich den Widerstand gegen seine These vom »Hitler in uns« erklärt. Wie er in einer versteckten Regieanweisung mitteilt, hat er in einem riesigen Studio der Bavariaproduktion eine »Rumpelkiste der Historie« (S. 139) aufgebaut, aus der die Regie Versatzstücke, Dekorationen und Gewänder, Puppen und Figuren hervorzaubert, um mit ihnen in einen imaginären Dialog zu treten.

> Dieser Film, der sich HITLER nennt, bewegt sich zwischen den Axiomen von Chaos und Ordnungssystemen, Göttern und Unterwelt, Gott und Hölle, Tod und Unsterblichkeit, Opfern, Liebe, Kriegen, Schöpfung und Sternkosmos. Bausteine mythischer Welten. In Worten, Bildern, Musik, mit Hilfe der Trivialität oder was man so nennt. [...]
> Die Banalität des Bösen wird ernstgenommen, mythologisiert auf moderne Weise, aber auch das Böse der Banalität. Denn im Kitsch, im Banalen, in der Trivialität und deren Volkstümlichkeit ruhen die letzten Rudimente und Keimzellen verschwundener Traditionen unserer Mythen, heruntergekommen und latent wirksam. Märchenglaube und verschüttete Wünsche sind hier zu finden, und Hitler verstand, das zu aktivieren. (S. 17f.)

»Die Banalität des Bösen«, die Syberberg in Hitler und seinen Anhängern aufspürt, ist ein Zitatsplitter, den er dem Buch (1963) der Philosophin Hannah Arendt entnahm, die den Eichmann-Prozeß in Jerusalem mit dieser Formel zu erklären suchte. An anderer Stelle beklagt der Autor die deutsche »Unfähigkeit zu trauern«, eine These, die er von den Frankfurter Psychoanalytikern Alexander und Margarete Mitscherlich übernahm. In der visuellen Gestaltung seines Films verfährt er ebenso eklektisch. Sein Stil wäre am ehesten dem des barocken Welttheaters zu vergleichen, das die gleiche Faszination für die Maschinerie und den Welterlösungsgedanken, das gleiche Pathos mit allegorischen Figuren und schließlich den Anspruch auf Modellhaftigkeit des vorgeführten Spektakels teilt. Nur kommt bei Syberbergs Hitler-Film am Schluß nicht mehr der *deux ex* machina vom Schnürboden auf die Bühne, sondern bei ihm ist es die allegorische Figur der *felix culpa*, der glücklichen Schuld, worin – für ihn – die historische Leistung Hitlers sich summiert. Syberberg schleudert gewaltige, maß- und grenzenlose Flüche gegen Hitler, den Antichristen; nie aber ist eindeutig klar, ob sich die fortlaufende Rollenprosa zu einer entschiedenen Haltung des Autors zuspitzt. Mit anderen Worten: ist der »Hitler in uns«, oder wie es auch heißt: »der Bruder Hitler« (S. 96) der Alleinschuldige am heutigen Elend der Welt, Märtyrer und Projektionsfigur für den politischen und geistigen Verfall des Universums? Syberberg scheint dies zu vermuten und formuliert seine Anklage des Erben an den gescheiterten Über-Vater wie folgt:

Du bist der Exekutor des Abendlandes, demokratisch selbstgewählt, freiwillig mit dem Siege des Geldes, des Materialismus über uns. Die Pest unseres Jahrhunderts. Der erbärmliche Künstler als Henker zum Politiker heruntergekommen, freiwillig, umjubelt wie nie ein Mensch zuvor. Wie soll ich das dir klarmachen und mir, und mir und all den Kindern und Enkeln, die das alles nicht gekannt, dieses Leben zuvor, das sie heute schon alle vergessen haben, vergiftet vom neuen Erbe deiner Zeit. Der neue alte Spießbürger. [...]
Das ist alles [...] unmöglich gemacht. Das Wort Magie und Mythos und Dienen und Herrschen, Führer, Autorität ist kaputt, ist weg, verbannt auf ewige Zeit. Und wir sind ausgelöscht. Da wächst nichts mehr nach. Ein ganzes Volk hat aufgehört zu existieren, in der Diaspora des Geistes und der Elite. Die Neuen wurden entworfen, entwickelt, der neue Mensch ist da. Die Pest des Materialismus hat gesiegt in Ost und West. Ich gratuliere! (S. 269)

Verletzte Würde, tiefe Trauer, die Unwiederbringlichkeit der Republik von Weimar, der Einheit des Volkes: – das sind letztlich konservative Wünsche, mit einer hemmungslosen Pathetik vorgetragen. Dazu tritt Syberbergs Gespür für Katastrophen, die er rund um den Globus einläutet. Seine Anrufung Hitlers ruft das Gespenst, nicht um es zu bannen, sondern: um der Vernunft, und der – in seinen Augen hoffnungslos – gescheiterten Aufklärung bange zu machen und in einer apokalyptischen Vision mit in den Abgrund zu reißen. »Die Grenze zwischen Aufarbeitung und Anerkennung ist hauchdünn«, sagte der Soziologe Peter Gorsen jüngst zur antifaschistischen Arbeit in den Medien. Diese Grenze überschreitet Syberberg nicht heimlich, sondern mit fliegenden Fahnen, wie um das Feuer auf sich zu ziehen. Und eingeschossen hat sich die deutsche Filmkritik auf ihn zweifellos. Das erklärt die Verve, mit der er in seinem Buch und der Vorrede seinen Kritikern entgegentritt. Leider aber nicht, um sie zu widerlegen, was oft ein Leichtes wäre, sondern um sie als »sogenannte« Kritiker in die Verdammung zu schleudern, die er »die Kulturhölle um uns« (S. 116) nennt. Wer da Syberbergs Filme der intellektuellen Schwächen und filmischen Längen zeiht, wird auf der schwarzen Tafel im ersten Höllenkreis aufgeschrieben: ein ziemlich denunziatorisches Verfahren, zudem von typisch deutscher Übervergeltung. Viel bedenklicher als diese hochgespielte Privatfehde scheint die öffentliche Konsequenz zu sein. Zunächst hatte der Regisseur sich nach dem Debakel mit seinem Film in Cannes 1977 entschlossen, diesen Film HITLER – EIN FILM AUS DEUTSCH-LAND (BRD 1977) der deutschen Öffentlichkeit vorzuenthalten und ihn nur in die Londoner und Pariser Kinos zu geben. Dort ist er in diesem Sommer mit beachtlichem Erfolg gelaufen.

Erst jetzt, nachdem der Film nur zweimal in fachinternen Tagungen zum Faschismus gezeigt und diskutiert wurde, hat Hans Jürgen Syberberg seinen Film in eigenen Verleih genommen und anläßlich der Buchmesse in Frankfurt zum ersten Mal einem deutschen Publikum vorgeführt, bevor er ihn ab Mitte November 1978 über die Stadt- und Staatstheater in verschiedenen Städten zeigen will. Die Dokumentation seines Films, die Syberberg nun gleichzeitig vorlegt, enthält auch jene Szenen, die im Film nicht realisiert wurden, und ist gerade für jugendliche Leser durch das knapp gefaßte Register, das Namen, Daten und Begriffe aus dem deutschen Faschismus erläutert, leicht zugänglich. Von der barocken Fülle des Films, seiner ästhetisch durchaus radikalen Lösung, seinen über die Grenzen des ›guten‹ Geschmacks getriebenen Bildern und seiner raffinierten Montage auf der Tonspur kann man sich freilich auf gedrucktem Papier kein Bild machen. Der Film aber, vom WDR koproduziert, wird wohl im nächsten Jahr auch vom Fernsehen ausgestrahlt.

Erstveröffentlichung: *Hessischer Rundfunk*, 26.10.1978 [Anm. s. S. 469].

Fassbinders IN EINEM JAHR MIT 13 MONDEN

Frankfurt am Main, ein Tag im August im Morgengrauen. Die Kamera steht am Nizza-Ufer, das erste Licht fällt auf die Großbanken der Innenstadt, die ihre Türme in den Himmel bauen. Dann ein vertikaler Schwenk zum Mainufer, der Zone zwischen Fluß und Straße. Männer in Ledermontur und Stiefeln und junge Stricher umkreisen sich lautlos. Ein Freier wird zusammengeschlagen. Der Freier in der Lederjacke, stellt sich heraus, war ein Mann, bevor er sich operieren ließ. Diese Szene im Morgengrauen eröffnet den jüngsten Film von Fassbinder, der genau dieser Zwischenzone von Nacht und Tag, dem Dunkelbereich gefährdeter Grenzgänger sich widmet. Dann rollt der Vorspann ab und erklärt den rätselhaften Titel des Films: »Jedes 7. Jahr ist ein Jahr des Mondes, besonders Menschen, deren Dasein hauptsächlich von ihren Gefühlen bestimmt ist, haben in diesen Mondjahren verstärkt unter Depressionen zu leiden. Und wenn ein Mondjahr gleichzeitig ein Jahr mit 13 Neumonden ist, kommt es of zu persönlichen Katastrophen.« Für Fassbinder ging diesem Film unmittelbar eine persönliche Katastrophe voraus, doch beweist der Film in seiner Wut und Härte, daß in ihn keine Spur einer künstlerischen Krise eingeht, wie einige Kritiker vermuten, die immer noch nach dem realistischen Abbild von Werk und Leben fahnden. Fassbinder hat hier seinen Film in allen denkbaren Phasen der Produktion selbst in die Hand genommen und zeichnet für: Idee, Buch, Ausstattung, Schnitt, Kamera und Regie alleinverantwortlich. Abgesehen davon nimmt er noch die Nebenrolle eines Ko-Produzenten sowie die eines Synchronsprechers (für den Auftritt des Regisseurs Walter Bockmayer) ein. Dieser Film, der die Arbeitsteilung von Kopf und Hand für den Macher aufhebt, ist der persönlichste und zugleich radikalste Film, der Fassbinder je gelungen ist. Wovon handelt er?

Der Freier, der in der Eröffnungsszene von den Strichern zusammengeschlagen wird und sich jämmerlich und doch würdevoll in seine Wohnung schleppt, ist ein Transsexueller, der für einen sehnsuchtsvollen Augenblick sich durch die Lederkluft in einen Mann zurückverwandeln wollte und für diesen Wunsch bestraft wird. Zuhaus unterwirft ihn der Mann, mit dem er zusammenlebt, einem brutalen Verhör, nur um ihn dann zu verlassen. Seine ehemalige Frau, mit der Elvira Weishaupt, so der Name der Hauptperson, als ehemaliger Erwin Weishaupt eine erwachsene Tochter hat, tritt auf: empört und verletzt durch ein Interview, das Elvira einem Schriftsteller gewährte. Einzig die Prostituierte Zora schert sich wenig um die zerrissene und verstümmelte Identität von Elvira, die in den fünf Tagen, wo wir ihren Weg verfolgen, verzweifelt dem Wunsch nachläuft, wieder als Mann Liebe und Arbeit zu finden.

Wo immer Elvira und Zora auftreten: ob im Kloster oder im Spielsalon, ob im Schlachthof (Elvira war als Erwin ein Metzger mit sehr zerbrechlichem Innenleben) oder im Hochhaus des Baulöwen – immer stoßen sie auf Ablehnung, Spott und Hohn. Wer das Kostüm seiner gesellschaftlichen Rolle freiwillig aufgibt, weil sich sein Körper eine neue Identität suchen muß, ist schon verloren. Diese Erfahrung von Vorurteil bestimmte Fassbinders Filme von Anfang an, seit KATZELMACHER (BRD 1969), wo der »Griech aus Griechenland« unter der bayerischen Dorfbevölkerung zu leiden hatte, seit ANGST ESSEN SEELE AUF (BRD 1973), wo die mutige Allianz von jungem Arbeitsemigranten und älterer Frau an der Dummheit und Niedertracht der kleinbürgerlichen Familie zerbrochen wird und scheitert. Fassbinder zeigt in immer klarer werdender Konsequenz, daß die Summe der alltäglichen Vorurteile sich summiert zum gesellschaftlichen Todesurteil, zum Gefühlstod der unschuldig Angeklagten. Oft sind es die sprachlosen Versager, gesellschaftliche Randexistenzen, denen Fassbinder in seinem Panorama der Außenseiter nachforscht: Aber von dieser Peripherie schaut es sich unbestechlicher ins Zentrum der Beziehungen. Der Dialog der Figuren klammert sich kaum an das, was sich etwa im Kleinen Fernsehspiel als mittlerer Realismus eingebürgert hat. Der Dialog zwischen Elvira Weishaupt und den lemurenhaften Vertretern der Frankfurter Geisterbahn ist schrill, laut und auch weinerlich. Der Originalton, mit dem der Film hastig in nur einer Woche Drehzeit aufgenommen wurde, kennt keine Aussteuerung. Die Wörter, oft unterlegt und unterbrochen von Musikfetzen von Mahler bis zu Roxy Music, werden als physisches Material behandelt. Das ungeheure Maß an Mißverständnissen und Leiden, das schließlich tödlich endet, wird nicht durch gestochene Artikulation verständlicher. Der Film verletzt auch hier die Spielregeln. Die Bilder, die Fassbinder als Kameramann verantwortet, zeichnen selbst die heftigen Gefühlsbewegungen der Protagonisten nicht nach, sondern stellen sie in einen schmucklosen, fast unsichtbaren Rahmen.

Die Darstellung des Transsexuellen ist Volker Spengler, der oft in Fassbinder-Filmen zur grellen Klamotte abrutscht, hervorragend gelungen. Und zwar durch eine sehr leise Kontrolle und beherrschten Einsatz seiner Mittel, die hier nie larmoyant und aufgetragen wirken. Gottfried John spielt den infantilen Baulöwen, der böse und makaber gezeichnet ist: hier ist ein Teilportrait aus dem jüdischen Unternehmer des Romans von Gerhard Zwerenz über Frankfurt: Die Erde ist so unbewohnbar wie der Mond (1973) wieder aufgenommen – ein Roman, dessen Verfilmung seinerzeit Fassbinder nicht ermöglicht wurde. IN EINEM JAHR MIT 13 MONDEN (BRD 1978) räumt auf mit der ängstlichen Angewohnheit, die den deutschen Film des letzten Jahres bestimmte, und setzt ein so mutiges wie betroffenes Zeichen.

Erstveröffentlichung: Hessischer Rundfunk, 17.11.1978.

»Manchmal hilft auch dieser eine Tag«
Praunheims ARMY OF LOVERS

Jedes Jahr feiern die Homosexuellen in den USA, ob organisiert oder nicht, ihre »Gay Pride Parade«, eine Massendemonstration, die an die legendäre Auseinandersetzung von 1969 erinnern soll, als alles anfing: dadurch, daß die Tunten – ja, die – den Polizisten, die ihre Bar stürmten, eine heiße Schlacht lieferten. Aus dieser Begegnung entstand das Wechselbalg der Schwulenbewegung. Rosa von Praunheim präsentiert nun als Buch[1] und als Film ARMY OF LOVERS OR REVOLT OF THE PERVERTS (DIE ARMEE DER LIEBENDEN – AUFSTAND DER PERVERSEN, BRD 1972-79) eine Dokumentation dieser Bewegung.

Seine Frage an einen Demonstrierenden: »Warum machst du hier mit?« Antwort: »Für viele Leute ist das der einzige Tag, an dem sie ihr Schwulsein offen zeigen können.« Einwand: »Aber das ist eben nur ein einziger Tag.« Behauptung: »Naja, manchmal hilft auch dieser eine Tag.«

Der Zeitraum, den Rosa dokumentiert, hat viele Tage, umschließt die Jahre des Aufbruchs 1972 bis hin zum letzten Strohfeuer durch die Anti-Anita-Bryant-Kampagne, um mit einem flammenden Appell, die Fackel, die zu verlöschen droht, weiterzugeben. Das Schwulentheater sorgt für politisches Entertainment, streut Szenen der Geschichte ein, kokettiert mit Songs aus CASABLANCA (USA 1942, Michael Curtiz), um drohend mit dem Horst-Wessel-Lied zu schließen. Das ist ein ambivalentes Signal, das einerseits dem alltäglichen Faschismus gelten dürfte, andererseits aus der Beschwörung sich Mobilisierung dagegen erhofft. Die Fahne hoch?

Fest geschlossen sind die Reihen keineswegs. Man rechnet mit der (wie berechneten?) Zahl von zwanzig Millionen Schwulen in den USA, von denen etliche in den immerhin 2.000 Gruppen organisiert sind. Da ziehen die Liberalen der »Gay Task Force« gegen die Radikalen der »Gay Activists Alliance« zu Felde, werden die Blinden, die lesbischen »Töchter von Bilitis«, die Vertreter aus der ›Dritten Welt‹ befragt, stellen sich die Eltern von Schwulen vor, die Teenager, die Altengruppen, ganz zu schweigen von den religiösen Sekten. Eine schwärmende Armada von Sektierern, kaum eine schlagkräftige »Armee der Liebenden«. Dieser Ausdruck – vom Filmkritikerkollegen Vito Russo, selbst Dienender in jener Armee, geprägt[2] – weist auf die unerhörte Ekstase des Tages, auf das überwältigende Gemeinsamkeitsgefühl, das sich auf einer Massendemonstration, einem Love-In im Central Park einstellt. Bilder einer knallbunten, flirrenden Gegenkultur. Ein Karneval von New York bis zum »Mardi Gras« in New Orleans. Da wird posiert, stolziert und mit jedem Flitter Rad geschlagen. Das ist grotesk und deformiert, im theatralischen Sinn geschmacklos, was in der Kostümparade dort vorüberrauscht. Aber nicht zufällig bezeichnet, bei uns, »Klamotte« ein triviales Schaustück in seiner exzessiven Veräußerlichung: mittels Kleidern. Hier tobt die Lust an der exzentrischen Form, sich aus, die gemeinhin nur Frauen zugestanden wird. Bachtin, der die karnevalistische Kultur untersuchte,[3] hat die Kleiderriten der Homosexuellen, in denen sich die gesellschaftlich zugeschriebene Form des Grotesken niederschlug, unterdrückt.

Das heterogene Filmmaterial von neun Kameraleuten, das einen bizarren Querschnitt durch alle Grüppchen der Bewegung gibt, hat Rosa nicht ohne Witz montiert. Bei ihm gibt es keinen Kamerastil außer dem des mit der Handkamera geschriebenen Arbeitsjournals. Aber der senkrechte Schwenk von den Stiefeln bis zum Fleischermesser-Scheitel des schwulen Nazis verrät mehr über dessen Haltung als die militanteste Dummheit, die man ihm entlockt. Die Sequenzen sind auf selbstironische Distanz geschnitten. Auf den schwulen Bischof, der im Umzug durch die Straßenschluchten von New York auf Pappzinnen thront, folgt der Karneval in New Orleans, ein Dickerchen, das als Marienkäfer auf Rollschuhen läuft. Als die Kamera in der Christopher Street das Schild »Come!« entdeckt, das für die Bewegung mobilisieren soll, deliriert sie in einem Zoom, als gelte es, die sexuelle Dimension des Wortes zu demonstrieren. Und das ist in diesem Umfeld nicht einmal unangemessen.

Das mag aufdringlich wirken, ist aber spielerisch gehandhabt, manchmal zu verspielt. Hier darf man ohne Schadenfreude lachen, weil, noch wo keine Selbstkritik der Gruppen herrscht, Rosa kraß kommentierend in den Film eingreift. Er wirkt, was die Kritiken beschämt verschwiegen, auch selbst mit. Vor Studenten seiner Filmklasse in San Francisco stellt er mit einem ›Model‹ dar, wie es die Homosexuellen tun. Eine Lektion in Sexualkunde, so beiläufig wie klinisch sauber. Erstaunlich nur, daß die Studenten so teilnahmslos mit der Technik hantieren, als sollten sie das Liebesleben der Mikroben aufnehmen. Erst die Auflösung in das Bild zweier kosender Hände im Wasser lädt diese Szene erotisch auf.

Bedeutsamer scheint mir eine andere Szene aus dem Straßentheater des New Yorker Alltags. Da wird eine Wagenladung Schwuler, inszeniert, vor die Bar »Meat Rack« gekarrt. Die Jungens posieren als weiche Seelchen. Der Door-Man packt sie an Schultern und Armen, um sie zu rechtwinkligen Männern zurechtzubiegen, bevor sie Einlaß finden. Hier erhält der Macho-Sexismus einen maliziösen Kick in die Kniekehle.

In den Interviews fällt bei einem Altradikalen das Stichwort vom »Heteromarxismus« der KP/USA; aber was einige Veteranen der Bewegung in dieser Dokumentation an strammer Haltung vorführen, ist kein Pappenstiel. Keine Frage, daß der Faschismus gerade viele Homosexuelle fasziniert.[4] Wie eisern, fragt man sich, muß der Panzer sein, um die Libidoschlacht allnächtlich zu bestehen.

Die eine Fraktion stellt Dreiräder im Vorgarten auf, um ein Familienleben vorzutäuschen, die andere: schwere Motorräder, um Männlichkeit zu markieren. Selbst die Bezeichnung gay, die die Fraktionen als identisch verklammert, ist noch Tarnung, eine Verschönerungsarbeit. »How gay is gay?« fragte vor kurzem das Time Magazine, und diese Frage gilt auch Rosas Film: wie lustig ist das Schwulsein eigentlich?

Folgt man mal amüsiert, mal betroffen seinen Bildern, von Demo zu Demo auf Rollschuhen durch den ganzen Kontinent gehetzt, scheint die Bewegung in den USA ein immerwährendes Blumenfest, eine gigantische, groteske Show in Glanz und Glitter zu sein. Einzig die wütenden Ausbrüche weiblicher Militanz ›überschatten‹ die Show. Eine lesbische Aktivistin liest Rosa die Leviten: »Wir haben die Schnauze voll, für euch die Mütter der Bewegung zu spielen!«, und eine achtzigjährige, die ihren schwulen Sohn durch ›Freitod‹ verlor, äußert eine Kampfbereitschaft für die Bürgerrechte, die manchen jungen Aktivisten in den Schatten stellt.

Es tut gut zu sehen, wie Anita Bryant, die einen Kreuzzug gegen Schwule entfesselte, bei einer Fernsehdiskussion eine Tuntentorte ins Gesicht fliegt. Da fließt plötzlich die Scheinheiligkeit ihrer Argumente ab; da tritt zutage, daß Anita Werkzeug politischer Gruppen ist, die den Minderheiten verbriefte Grundrechte verweigern. Dieser Kreuzzug gegen die Ungläubigen, so werden sie klassifiziert, gewinnt an Boden. Und da feiert die Schwulenbewegung, die doch fest in der Stagnation steckt, eine Tortenschlacht als Sieg. Das Buch, das parallel zum Film erscheint, gibt ein breiteres Panorama. Hier kann man die Interviews, die im Film oft nur als Statement dastehen, ausführlich finden. Da ist mehr Platz für Zweifel und Kritik, ja auch die Resignation ist da. Da bleiben Fragen in den Zwischenräumen, die kein revolutionärer Besen auskehrt. Für den Abschwung in die Apathie gibt es keine bunten Bilder.

Die *Süddeutsche Zeitung* hat dies Buch unter »Varia und Kuriosa« angezeigt, und ein Detail mag andeuten, in welchem Maße dieses Buch verdrängte Subgeschichte dokumentieren wird. Eine abfällige Bezeichnung für Schwule im Englischen ist »faggot«, d.h.: Holzbündel, und einst wurden Schwule paarweise an jene Scheiterhaufen angebunden, auf denen man Hexen verbrannte. Sie waren, scheint es, guter Zunder. Bei uns geben sie keinen Zündstoff ab. Das Pulver der Bewegung ist verschossen.

Erstveröffentlichung: »Manchmal hilft auch dieser eine Tag«. Rosa von Praunheims (Dokumentar-)Film aus den USA: die ARMEE DER LIEBENDEN – AUFSTAND DER PERVERSEN, *Frankfurter Rundschau*, 21.6.1979 [Anm. s. S. 469].

Portrait des Filmemachers Edgar Reitz

Er zählt zu den bekanntesten Regisseuren des deutschen Films: Edgar Reitz gehört zu den Mitunterzeichnern des Oberhausener Manifestes und ist einer der wenigen, die seit jenem Aufbruch des damals sogenannten *Jungen Deutschen Films* kontinuierlich weiterproduzieren. Im Oberhausener Manifest, anläßlich der Kurzfilmtage 1962, erklärten die jungen Regisseure den alten deutschen Film, der allerdings nicht sterben wollte, für tot, um publizistisch Platz zu schaffen für den neuen Film. Zu Reitz' bekanntesten Filmen zählen MAHLZEITEN (BRD 1967) und STUNDE NULL (BRD 1977). Reitz, 1932 geboren, stammt aus dem Hunsrück. Von dort aus ließ er auch die lebenslustigen Frauen in seinem Spielfilm DIE REISE NACH WIEN (BRD 1973) aufbrechen. Dort, in den Hunsrück, kehrte er vor kurzem zurück, um im Rahmen einer breitangelegten Fernsehserie unter dem Titel »Made in Germany«' die Sozialgeschichte eines Dorfes seit der Jahrhundertwende aufzurollen. »Made in Germany«, an dessen Drehbuch Reitz noch arbeitet, wird die Entwicklung einer Großfamilie erzählen, die sich aus dem Idyll der Abgeschiedenheit an die Hauptstraßen der Politik, die Autobahn anschließen muß, die sie in unsere Gesellschaft transportiert. 1973 gab Reitz eine allgemeine Selbsteinschätzung zu sich und seinen Filmen; verhalten, aber hoffnungsvoll, das Credo eines vorsichtigen Utopisten. Was Theorie ist, wird faßlich übersetzt, wobei die Übersetzung mehr Platz beansprucht als die Theorie. Zu Recht, denn ein Filmemacher drückt sich sinnlich aus, in Bildern. Reitz sät aber Zweifel in die Bilder. Er ist der Sohn eines Uhrmachers. Die Radikalität seiner filmischen Formen bemißt er an der Präzision, mit der deren Einzelteile ineinandergreifen.

> Wie man ist, meine ich, geht aus der Summe dessen hervor, was man tut. Ich mache mir nicht sehr gern in dem Sinn ein Programm, weil bei jedem Programm die Substanz dahingeht. Alles, was ich im Kopf denken kann, ist immer nur abgeleitet von dem, was das wirkliche Leben ist. Man kann nicht von der Theorie her leben. Man kann nur etwas, was man sich denkt, probieren. Indem man es aber probiert, ist es schon nicht mehr genau die Umsetzung der Theorie, das wäre eine Täuschung. Man kann nur Versuche machen, und wenn der Versuch gelingt, dann geht etwas von der Theorie in die Praxis ein, ins eigene Verhalten. Ich versuche ein paar Sachen, bin aber jederzeit bereit, die Theorie zu ändern, wenn ich merke, daß die Praxis mich eines besseren belehrt. Mir ist jede Form des dogmatischen Verhaltens verhaßt. Darum komme ich auch mit dogmatischen Linken nicht zurecht: die kommen mir vor wie Köche, die Salatblätter in Quadrate schneiden. Aber ich bin überzeugt, daß die Revolution die unaufhaltsame Tendenz in der Gesellschaft ist. Da sie aber alle Lebensgebiete verändert, dauert die Revolution sehr lange, und die Wahrheit erscheint nie plötzlich. Man muß immer nachsteuern, immer sich korrigieren: niemals denken, daß es ein fertiges Weltbild gibt.[2]

Reitz' Weg zum Film war, wie typisch für seine Generation, die der Krieg als Halbwüchsige entließ, mühsam, nur auf Umwegen erreichbar. Reitz studierte Theater- und Zeitungswissenschaft, gründete in München eine Studiobühne und war schließlich bei diversen Filmfirmen als Produktionsassistent, Dramaturg und Kameramann tätig. Nach dieser Allround-Ausbildung ist er ab 1957 kontinuierlich mit Kurzfilmen befaßt. Das Handwerkszeug erlernte er beim Industriefilm, der seine Schüler vom Experiment hin zum Kommerz verlockt. An diesem Punkt verließ Reitz die Auftragsproduktion von Filmen über EXPERIMENTELLE KREBSFORSCHUNG (BRD 1959), über die BAUMWOLLE (BRD 1960) oder über POST UND TECHNIK (BRD 1962). 1962 gründet er, gemeinsam mit Alexander Kluge, das Institut für Filmgestaltung an der Hochschule für Gestaltung in Ulm, die mit amerikanischem Stiftungsgeld den Formgedanken des alten Bauhauses aufgreifen wollte. Reitz unterrichtet in Ulm Kameraführung, Dramaturgie und Montage. In jenen Jahren war das Ulmer Institut sozusagen die erste Filmhochschule in der Bundesrepublik. Die Gründung der Filmakademien in Berlin und München erfolgte erst Ende der sechziger Jahre. Zu den bedeutendsten Schülern des Ulmer Filminstituts zählen die Filmemacherinnen Ula Stöckl und Claudia von Alemann sowie der Filmemacher Günther Hörmann.

Man muß sich nur kurz die Filmtitel der etablierten Altbranche in den sechziger Jahren in Erinnerung rufen, um sich genau Rechenschaft über den Riß zu geben, der seit der Gründung des Ulmer Filminstituts und seit dem Oberhausener Manifest durch die deutsche Filmproduktion ging. Der deutsche Film schwelgte noch in Heimatfilmen, Serien zu Edgar Wallace oder Karl May und fabrizierte am laufenden Band Kalte-Kriegs-Filme wie DIE GRÜNEN TEUFEL VON MONTE CASSINO (BRD 1958, Harald Reinl) oder U 47 – KAPITÄNLEUTNANT PRIEN (BRD 1958, H. Reinl); man labte sich an ALMENRAUSCH UND EDELWEISS (BRD 1957, H. Reinl) oder versprach dem Publikum: WIR WOLLEN NIEMALS AUSEINANDER-GEHN (BRD 1960, H. Reinl). Damit räumte Alexander Kluges Film AB-SCHIED VON GESTERN (BRD 1966) auf. Reitz erinnert sich an die Anfänge des *Jungen Deutschen Films*:

Ende der fünfziger Jahre [hat man] eine weltweite Gegenbewegung gegen das traditionelle Kino geschaffen [...], und wir sind Bestandteil dieser Gegenbewegung gewesen [...]. Da ging es einmal um das Bedürf-nis: raus aus den Studios, an Originalschauplätze in den Straßen, weg-werfen des großen Equipments, Erleichterung der Technik, Sponta-neität gewinnen im Drehablauf und weg vom schwerfälligen, großen Szenario und hin zum Dichten mit der Kamera. Ich gehöre zur Ober-hausener Gruppe. Für uns war das große Vorbild der französische Film, die »neue Welle« Anfang der sechziger Jahre. Das improvisierte Drehen, das aber gleichzeitig noch eine Kinoatmosphäre herstellt. Es ist also noch lange nicht so wie beim Fernsehen oder halbdokumentarisch, was da entstand, es hatte eine Kinoatmosphäre mit so einem gewissen anin-tellektualisierten französischen Romantizismus, was für diese Zeit be-herrschend war. Wir hatten mehr die Tendenz bei uns, gesellschafts-kritisch etwas ruppiger umzugehen mit den Dingen als die Franzosen. Das war, was wir gesucht haben, und die deutsche Filmbranche hat da nicht mitgezogen. Wir haben uns isoliert. Es entstand dann im Laufe der sechziger Jahre bei uns allen eine Anti-Kino-Stimmung, die aber nicht das war, was wir ursprünglich wollten, sondern wir haben uns in eine Polarisierung mit der Branche hineinmanövriert und darin, im Gegensatz zu dem, was man bis dahin Kino nannte, das Heil gesucht.

Das hat sich als Fehler erwiesen, der sich an uns ausgewirkt hat. Wir haben das, was wir ursprünglich wollten, selber eingebüßt. Wir sind schließlich aus Liebe zum Kino herangewachsen, und wir sind zu Feinden des Kinos geworden, weil Feindschaft herrschte in der Welt des Kinos.[3]

In Kluges Spielfilmdebüt ABSCHIED VON GESTERN führte Edgar Reitz die Kamera. Diese Arbeit war ein Programm. Kein traditionelles Erzählen im Ufa-Stil, der den deutschen Film noch bis zu diesem Datum 1966 im Griff hatte, sondern: Bruch mit dieser überlebten Tradition. Die Heldin, Anita G., ist keine Heldin. Sie ist eine Arbeitslose, ein Flüchtling aus der DDR, scheinbar asozial, in Wirklichkeit beiden politischen Systemen in Deutschland gleich entfremdet. Sie hat keine zusammenhängende Geschichte, nur Momente, die aber kein sinnvolles Ganzes ergeben, wie ja auch die Zeitgeschichte, durch die sie wie ein Medium, desorientiert, schwimmt, weder Ziel noch Sinn ergibt. Anita G. ist auf der Suche. Ebenso ist der Film auf der Suche: nach der sozialen Wirklichkeit der Bundesrepublik. Die Kamera von Reitz sammelt die Bruchstücke an jenem Ort auf, wo die Zerstörung des Zusammenhangs menschlichen Lebens am krassesten sichtbar wird: in Frankfurt am Main. ABSCHIED VON GESTERN, der erste wirklich *Neue Deutsche Film* und bis heute sein radikalster Erneuerer der Form, wirkt wie ein Lumpensammler bundesdeutscher Realität.

Reitz ist der einzige deutsche Autorenfilmer, der die Kamera professionell beherrscht, fast völlig mit dem Auge denken kann. Das wird klar, wenn man die Spielfilme mit seinen früheren Arbeiten KOMMUNIKATION (BRD 1961) und GESCHWINDIGKEIT (BRD 1963) vergleicht. Diese Montagefilme sind nach Prinzipien gemacht, wie sie die Neue Musik der Wiener Schule anerkennt. Bildkonzentrate menschlicher Erfahrung, aber Erfahrungen, die das Auge nur mit Hilfe der Kamera macht. Die Zeitverzerrungen im Film GESCHWINDIGKEIT (wie z.B. ein Insekt, das mit 5.000 km pro Sekunde fliegt, ›sehen‹ würde) sind die radikalste Strapazierung filmischer Ausdrucksmittel, die ich kenne. An diesem Punkt ist Film Wissenschaft, wenn nach Marx »Sinnlichkeit die Basis aller Wissenschaften« ist. Für mich ist Reitz seit dem Film ABSCHIED VON GESTERN, für den wir gemeinsam zeichnen, der konsequenteste deutsche Filmer und zugleich derjenige, der sich am rücksichtslosesten auf die Ambivalenz des sinnlichen Bewußtseins einläßt. Solcher Umgang mit sinnlichem Material widersteht der Einordnung in die Raster der eindeutigen Aussage. Der gekonnte Manierismus von Fassbinder oder der moralische Akademismus von Straub, das sind die Gegenpole zu Reitz: Ordnung durch Weglassen, ein sicher kritikerfreundliches Verfahren. Reitz würde das nicht befriedigen. Wenn er nicht das ganze Maul voll Film bekommt, reagiert er verhalten. Ich schreibe das subjektiv. Ich bin von Beruf kein Kritiker – und einem Freund gegenüber schon gar nicht.[4]

Was Kluge hier über das Verfahren der Filme von Reitz formuliert, ist eine Beschreibung ihrer Wirkungsweise, also: ihrer Theorie. Diese mit einem sinnlichen Bewußtsein zu verzahnen, bedient den Zuschauer nicht mehr mit Bewußtlosigkeit und Überwältigung. Was Kluge »Ambivalenz des sinnlichen Bewußtseins« nennt, ist eine Forderung. Die Bilder im Film haben mehr als eine Aussage. Sie sind nicht eindeutig. Ihre Bedeutung ist aber nie zufällig oder beliebig. Sie wird vom Regisseur vorgesteuert. Er macht Vorschläge im Vorwärts- wie im Rückwärtslesen der Bilder. Je mehr Blickrichtungen der Zuschauer auf die ihm gebotenen Filmbilder einschlägt, desto mehr Ambivalenzen wird er im Film und folglich: an sich selbst wahrnehmen. Das ist ein produktives Verfahren, und wenn man will: für Kluge und Reitz ein Programm. In ihrem gemeinsamen Film IN GEFAHR UND GRÖSSTER NOT BRINGT DER MITTELWEG DEN TOD (BRD 1974) werden diese Filmautoren ihre Theorie des sinnlichen Zusammenhangs für den Zuschauer noch deutlicher entwickeln. Was Kluge hier für Reitz ausspricht, ist der Rest, der nicht aufgeht, der Mehrwert gleichsam, den der Zuschauer sich im Film aneignet. Für diese Aneignung, die sich zusammensetzt aus Erfahrungsgehalt und Vergnügungsinteresse, gibt es kein Schema. Sie widersteht der Ordnung. Das trifft auch für Reitz' eigenes Spielfilmdebüt 1966 zu: sein Film MAHLZEITEN folgt dem Prinzip der Nichtanknüpfung an ein vorgegebenes Thema. Reitz erzählt eine Liebesgeschichte so, daß der Hunger nach Liebe tödlich ausgeht und doch subjektiv im größten Unglück als Happy End erlebt wird. Realistisch ist er darin, daß er zur Umarmung den Kinderreichtum gesellt, der die Liebe dieses Paares aber wieder auffrißt. Reitz fand dafür eine offene Form. Fragen und Zweifel, Kommentare und Umkehrungen traditioneller Erzählweisen gehen hier Hand in Hand. Ein Film muß nicht mehr unerbittlich dadurch Schicksal spielen, daß er Anfang und Ende erzählt. Er wählt sich, frei heraus, Punkte, Kreuzungen, an denen Menschen sich begegnen und wieder auseinanderfallen. Gerade weil dieses Formprinzip die Interessen der Figuren nicht vom Kopf her lenkt, hat es Hand und Fuß. Es tastet aber noch und stolpert auch. Das ist jedenfalls sympathischer, als einem Weltmeister der Gemütsbewegungen gleich eine Kür der perfekten Beziehung vorzuturnen, wie der alte Film es liebte. 1967 montierte Reitz das Material, das im Filmkoffer der MAHLZEITEN keinen Platz mehr fand, zu einem zweiten Film FUSSNOTEN (BRD 1967). Auch das ist ein neues Verfahren. Der alte Film behauptet den Zusammenhang durch Geschichten, die immer wieder von vorn anfangen; während der neue Film den Zusammenhang dadurch herstellt, daß er an die Fragmente der Geschichte anknüpft. In MAHLZEITEN geht

[...] ein junges Paar mit vorgegebenen Vorstellungen in eine Liebe und Ehe. Die Vorstellungen leiden auch nicht darunter, daß die Realitäten ihnen widersprechen. Der Mann bringt sich um. Die Frau heiratet wieder und sieht, obwohl sie immer noch nichts gelernt hat, eine neue Zukunft vor sich. [...] Rolf und Elisabeth folgen einem Mythos der Gemeinsamkeit, den sie nicht selbst erfunden haben, sondern mit dem in unserer Gesellschaft eine Menge von Verheißungen verbunden ist. [...] Aber Rolf und Elisabeth sind in keiner Weise ein Leib, sondern sie beschäftigen sich nur mit sich selbst. Sie sind geschaffen von einer Erziehungstradition, die den Menschen nicht objektiv, sondern subjektiv glücklich machen will, und das geschieht, weil sie nicht wirklich glücklich machen will, sondern ruhig oder gehorsam oder ›beherrscht‹. [...] Mein Lieblingsfilm ist Louis Malles ZAZIE DANS LE MÉTRO (ZAZIE IN DER METRO, F/I 1960) – ich habe ihn vielleicht zehn Mal gesehen. Ich liebe auch ganz besonders François Truffauts LA PEAU DOUCE (DIE SÜSSE HAUT, F 1964), – alles Filme, für die eine sichere Gattungsbezeichnung sich nicht angeben läßt, es sei denn, man sagt überhaupt: Film. Das gemeinsame Gattungsmerkmal ist negativ die Nichtanknüpfung an ein vorgegebenes Thema oder eine vorgegebene Sehweise. Der Film selbst geht neugierig vor, wie er im Zuschauer Neugierde voraussetzt.[5]

Reitz denkt in seiner Selbstkritik zu MAHLZEITEN, wie er sie 1967 dem Regisseur Johannes Schaaf einräumte, über Strukturen nach. Nach der Theorie des sinnlichen Zusammenhangs von Ohr und Auge, kann man »Salatblätter nicht in Quadrate schneiden«. Man sollte die Form, von der man ausgeht, zu erkennen geben, so wildwüchsig sie erscheinen mag. In MAHLZEITEN – schon der Filmtitel verweist auf den Zusammenhang von Essen und Denken, dessen Vergnügen aus der gleichen Wurzel kommt – mißfiel Reitz die Eindeutigkeit des eigenen Kommentars zum Filmgeschehen. Die Sprache im Film sollte nur Bestandteil der körperlichen Erscheinung sein, fordert er. Das ist eine doppelte Bewegung: zum einen wird die Dimension der Bedeutung, des Sinns von Sprache eingeschränkt, zum anderen wird der ihr zugrundeliegende Sinn freigesetzt, der sich in der Sprache des Körpers verrät. Diese Errungenschaft haben die jungen Regisseure damals dem französischen Film abgeschaut, der Neuen Welle von Godard und Truffaut. Da wurde das beiläufige Sprechen geübt, das ungeordnete Denken, das Nicht-Artikulierte dennoch ausgedrückt. Schauspieler sprechen, um den Gedanken der Figuren zu verbergen. Ihr Körper lügt, mit Vorsatz, dafür bietet jeder Hitchcock-Film ein gefundenes Fressen. In Reitz' MAHLZEITEN ist es schon angerichtet. Da herrscht bei dem Liebespaar ein nicht enden wollendes Gerede vom Glück, was nur deshalb nicht verstummt, weil der Sprechende das Unglück hinter ihm nicht sieht. Der Zuschauer aber: umso besser. Ihm wird die Ambivalenz von Behauptung und Wahrheit sichtbar.

In der Literatur ist die Sprache immer zugleich Material und Träger der Gedanken. Film hat die Möglichkeit, Sprache sozusagen fotografisch abzubilden, als Begleiterscheinung der Körperlichkeit von Menschen. Man kommt an das heran, was die Literatur seit Proust und Joyce als Trivialsprache zu erfassen sucht. Sprache als Bestandteil der Trivialität der körperlichen Erscheinung. Die Literatur und der Film können das offenbar nur mit äußerster Schwierigkeit, es bleibt ein riesiges Terrain für den Film. Man kann synchron oder asynchron arbeiten. Und schon wenn die Sprache asynchron eingesetzt wird, hat sie fast die Funktion eines Kommentars. Man spricht immer von der Alternative: Dialog oder neutraler Sprecher wie im Dokumentarfilm. Es gibt aber fünfzig weitere Möglichkeiten, die sich genau so stark unterscheiden wie diese beiden. Mich interessiert, diese Möglichkeiten zu erarbeiten. Mich stört an meinem eigenen Film, daß der Kommentar nur in der einen, allzu naheliegenden Form eingesetzt ist.[6]

Nach der berühmten Erzählung *Das Fräulein von Scuderi* (1819) von E.T.A. Hoffmann richtet Reitz seinen Film CARDILLAC (BRD 1969) aus. Doch wird die Geschichte jenes besessenen Goldschmieds, der seine Kunst-Stücke, seinen Schmuck durch Mord an seinen Kunden wieder an sich rafft, nicht erzählt. Reitz versuchte, in beständiger, zermürbender Auseinandersetzung mit dem Film-Team, eine Reflexion über das Thema: die soziale Verantwortung des Künstlers in der Gesellschaft. Diese Frage wird aufgerollt an einem extremen Gegenbeispiel: der absoluten Verantwortungslosigkeit eines Künstlers, der vollkommen dem eigenen Fetischismus und Wahn ergeben ist. Sicher trägt der Film Spuren der Zerrissenheit, der in unversöhnliche Meinungen zersplitterten Gruppe, die den Film trug. Man sieht CARDILLAC sehr deutlich an, daß er ein Produkt der Aufbruchstimmung von 1968 ist. Aber im Gegensatz zu den folgenden Zielgruppenfilmen, die ihre Wahrheit immer stärker auf ein Dogma verengten, blendet CARDILLAC keine Meinung, und sei sie noch so verfahren, aus dem Spektrum aus. Hier herrscht kein Revolutionspathos. Mit einem Künstler wie Cardillac kann auch eine Rätedemokratie nur schlecht Staat machen. Dem Film mangelt die politische Perspektive. Dafür entschädigt sein chaotisch ausufernder Reichtum. Was die Schauspieler über sich und ihre Rolle denken, ist gleichrangig wie die Darstellung jener Rolle. Was an Hierarchien in Bezug auf die Geschichte und ihren Rahmen herrschte, ist eingerissen vom Geist der bohrenden Erforschung, der radikalen Skepsis. CARDILLAC portraitiert ein Scheitern. Der Film reflektiert ein Produkt, noch ehe uns ganz die Produktionszusammenhänge sichtbar würden. Er ist gezeichnet vom Hochmut der Verweigerung, von der Selbstauflösung einer Gruppe in einem Film, den der Regisseur gleichwohl furchtlos retten wollte.

Cardillac ist eine Figur, die die Beziehung zwischen Arbeit und Macher zum Thema hatte. Da suchte ich auch in meiner eigenen Arbeit eine Parallele. Der Autorenfilmer in noch weiter verfeinerter Teamstruktur hätte so ähnlich gearbeitet wie der Goldschmied. [...] Wir wollten einen Mann beschreiben, der eine Sensibilität in einer scheinbar spielerischen Art entwickelt. Auf der anderen Seite zeigt sich an seiner Brutalität gegenüber Menschen, insbesondere in Bezug auf seine Tochter, wo die Brutalität sogar noch lieb aussieht, daß er das Gefühl für andere Menschen verliert. Das sollte dann zu gleicher Zeit eine Kritik an dem Kunstmachen sein. Die beste Idee im Film ist, daß Cardillac seine Schmucksachen in ganz ordinären Pappschachteln aufbewahrt. Schon bei der Schachtel hört er auf, überhaupt die Welt um sich wahrzunehmen. Da ist der tiefste Bruch zwischen Tun und Umwelt. Das hat man im Team herausgefunden.[7]

1969-1971 folgt die Produktion der GESCHICHTEN VOM KÜBELKIND (BRD). Diesen Spielfilm in 23 Episoden, mit einer Spieldauer von knapp vier Stunden, im leicht handhabbaren Schmalformat gedreht, hat Reitz in Zusammenarbeit mit der Filmemacherin Ula Stöckl realisiert. Sie zeichnet ebenfalls für Buch und Regie. Die GESCHICHTEN VOM KÜBELKIND wirken, heute gesehen, wie Märchenfilme zur anti-autoritären Erziehung. Das ist kein abfälliges Urteil: Wo die Filmer der APO und Studentenbewegung ganz auf die schiere Abbildung und Verdopplung von Wirklichkeit versessen waren, mit der Kamera rasch durch die Kinderläden fegten, als hätten sie eine Schaufel in der Hand, waren die Phantasieentwürfe für das, was besser werden sollte, bitter nötig. Das KÜBELKIND von Reitz und Stöckl hat viele Vorschläge dazu gemacht. Es ist ein gutes Kind, das von den Bürgern schnell ein böses Kind geschimpft wird. Das Kübelkind lebt in der Tonne. Sein sozialer Ort ist dem Abfall nahe. Die Endstation der Wegwerfprodukte ist seine Heimat. Aus dieser Perspektive trennt die Unterschicht von der Untersicht nur eine Nuance. Das Kübelkind fühlt sich an Randzonen wohl in seiner Haut. Es dreht dem Hochmut der besseren Leute eine lange Nase. Es speist bei den Zigeunern abgeschnittene Ohren aus der Pfanne. Die GESCHICHTEN VOM KÜBELKIND sind mit Lust und List erzählt. Sie sind frech und gewagt. Sie machen Spaß und stiften, nicht nur Kinder, zum Überdenken des Blickpunkts an. Sie sind ein praktischer Versuch zum Traum, den Reitz vom ›freien Film‹ träumte. Vom Film, den man sich einverleiben sollte. Vom Film als einem Lebensmittel, das die Sinne der Zuschauer anreizt und befriedigt. Die Serie vom KÜBELKIND lief seinerzeit im Münchner Kneipenkino. Der Film verließ die Kultstätte Kino. Er kehrte zum Publikum zurück, an einen Ort, der den Film in seinen Anfängen zu schnell verlassen hatte. Was wir Kintopp nennen, bezeichnete ursprünglich die alten Kneipenkinos am Berliner Alexanderplatz der 1910er und 20er Jahre: Topp war ein Schnapsmaß, das der Zuschauer, den Film vor Augen, zur Brust nahm.

Das KÜBELKIND, das wir da machen, das ist ein Film, der nie fertig wird, der auch nie fertig werden kann und der jetzt schon zwei Stunden lang ist. Das ist eine Kette von kurzen und längeren Kurzfilmen, also von einer Minute Länge bis eine halbe Stunde Länge. Das ist eine Figur, ein bestimmtes Mädchen, in einem bestimmten Kleid, mit einer bestimmten Perücke. Die steht immer im Mittelpunkt, und insofern paßt immer alles zueinander. Aber weil man sich vollkommen immer nur auf den jeweiligen Moment konzentriert, entsteht niemals so etwas wie eine große Dramaturgie. Das kann nachher so eine Art Baukasten werden [...] für einen Kinoabend. Wo man sich aus dieser Kiste aus Titeln Programme zusammenstellen kann, die von der jeweiligen Publikumssituation her als gewünscht erscheinen.[8]

Im Mai 1968 hatte Reitz schon die Filmkollegen gescholten, sie gingen an der Entwicklung des Films vorbei, wenn sie auf ›richtige‹ Spielfilme fixiert blieben. »Der Film verläßt das Kino!« hieß die Forderung des Tages. Anstatt mit einer schwerfälligen 35mm-Filmausrüstung sollten die Filmer den revolutionären Ansatz im Gebrauch des Super-8-Formats erkennen.

Die wenigsten Filmleute, die sich zur Zeit zwischen *Jungem Deutschem Film* und »Underground-Kino« zu orientieren versuchen, bemerken eine Entwicklung, die sich unabhängig von beidem anbahnt und eine Chance zu revolutionären Veränderungen des Films überhaupt hat. [...] Der freie Film kann alles andere als arm sein, er muß nur seine eigenen Methoden erkennen und entwickeln. Man stelle sich vor, man kauft einen Film wie ein Buch: Was im Kino als kommerziell gilt, wird jetzt uninteressant. Den 90-Minuten-Film mit durchgehender Handlung wird sich niemand privat kaufen. Er ist zu teuer, weil man ihn beim zweiten Ansehen langweilig findet. Er ist bekannt und zu überschaubar. Er gehört weiter ins Kino oder Fernsehen. Was würde man sich privat zulegen? Vielleicht einen 500-Minuten-Film mit romanartiger Handlung von wirklich epischen Dimensionen, eine Gattung, die das Kino nie hervorbringen kann. Sachdarstellungen von zehn Stunden Länge oder 3-Minuten-Filme, die der plötzlichen Befreiung dienen wie der Knall eines Flaschenkorkens. Filme, die man sich in geeigneten, physiologischen Portionen einverleibt, wann man will. Diese Filme würde man vielleicht wieder und wieder sehen, weil die unzähligen Einzelheiten und die unendlichen Verzweigungen der Handlung auch beim zweiten Mal nicht langweilen können. Es öffnen sich Perspektiven, wie sie jede wirkliche Erneuerung des Spielfilms seit langem nicht mehr möglich machte. Wenn der Film das Kino verläßt, dann bedeutet dies, daß er dieses Gehäuse in jeder Hinsicht verläßt.[9]

In Gemeinschaftsproduktion mit Ula Stöckl, Alf Brustellin und Nikos Perakis drehte Reitz DAS GOLDENE DING (BRD 1971). Mit seinen Ko-Regisseuren – Ula Stöckl drehte zuletzt den viel beachteten Fernsehfilm EINE FRAU MIT VERANTWORTUNG (BRD 1978), Alf Brustellin und Nikos Perakis haben sich auf erfolgreiche Filmkomödien spezialisiert – arbeitete Reitz in einem Produktionsbüro zusammen, der »U.L.M.«. Die Abkürzung bedeutet »Unabhängige Lichtspiel Manufaktur« und verweist, als Wort gelesen, natürlich auf das Institut für Filmgestaltung in Ulm. Film als Manufaktur, im erklärten Gegensatz zur Industrie, das war einmal Programm der »U.L.M.«. Mit dem saloppen Titel DAS GOLDENE DING ist das Goldene Vlies der Argonauten gemeint, die unter Anstiftung von Jason, der gleich Medea mitbrachte, das Goldene Vlies in Kolchis raubten. Diese griechische Sage schilderten die Regisseure um Reitz nicht als Abenteuer göttergleicher Helden. Noch Pasolini verfiel in seinem Film MEDEA (I/F/BRD 1969) darauf, den Mythos durch die Weihen des Schönen und Starken, im Schauspiel der Befremdung zu erhöhen. DAS GOLDENE DING dagegen erzählt die Argonauten-Sage als Streifzug von Halbwüchsigen, die gerade der Kindheit entronnen waren. Kinder spielen auch die Helden in diesem Film, der dadurch nicht harmloser, sondern überzeugender in seiner Phantastik wirkt. Was uns fremd daran ist, wird noch fremder durch die Wahl der Schauplätze: in Bayern. So wird aus dem GOLDENEN DING ein Heimatfilm, der das Unheimliche erfahren will, der das Archaische durch Masken und Kampfmaschinen sichtbar macht. Das ist ein sehr erwachsener Film der neuen deutschen Produktion: weil er die Begrenztheit seiner Mittel nicht peinlich verbirgt, sondern spielerisch einsetzt.

> Bei diesen griechischen Sagen ist ganz klar: sie zielen auf die sofortige Befriedigung der Erwartungen, der Wünsche. Wenn es heißt: wir gehen jetzt auf die Fahrt, dann kommt die Fahrt; und wenn es heißt: und traf eine wunderbare Frau, dann gehen sie sofort ins Bett miteinander; wenn einer jemanden haßt, dann schlägt er sofort drauflos. Also die Antriebe und die Tat sind unmittelbar gekoppelt miteinander. Es ist nichts von der Ausgestaltung von Wartezuständen da. Das ist das Schöne. Es sind wirkliche Volksstücke, und man muß einfach vergessen, daß das mal ursprünglich in altgriechischer Sprache abgefaßt war. Solche Geschichten nachzuerzählen mit literarischen Mitteln, würde einen in die Lage bringen, nach einer adäquaten Sprache zu suchen, die etwas von dem Bilderreichtum wiederbringt, den das in den alten Vorlagen hatte. Aber Film ist von vornherein Bild, bilderreich. Da braucht man gar keine Erklärung dafür.[10]

1973 dreht Edgar Reitz mit Elke Sommer, Hannelore Elsner und Mario Adorf DIE REISE NACH WIEN. Alexander Kluge hat am Drehbuch mitgeschrieben. Der Film eckte bei der Kritik wie beim Publikum, ungeachtet seines breiten Erfolgs, an. Er stach ins Wespennest, denn den Mythos von der unbeirrt tapferen, kleinen deutschen Soldatenfrau greift man nicht ungestraft an. Reitz hat es getan. Er wirft einen schrägen, aber: realistischen Blick auf das Kriegsjahr 1943. Zwei attraktive Strohwitwen der Wehrmacht klammern sich im Hunsrück an die Illusion, der öden Provinz durch eine Vergnügungsreise in die Traumstadt Wien zu entrinnen. Reitz inszeniert diese Geschichte, die übrigens authentisches Material verarbeitet, als tragikomischen Beitrag zur Geschichte des banalen Nationalsozialismus. Er greift dafür zu populären Kinoformen. Reitz und Kluge übersprangen die Zollaufteilung des Marktes in Kunst und Kommerz mit bewußtem Einsatz von Schauspielerstars, üppiger Ausstattung und dem Witz ihrer Dialoge. Wie Reitz sich eine sinnvolle und produktive Auseinandersetzung mit dem Dritten Reich vorstellt, hat er im Mai 1979 formuliert. Als er in die hitzige Debatte um HOLOCAUST – THE STORY OF THE FAMILY WEISS (HOLOCAUST – DIE GESCHICHTE DER FAMILIE WEISS, USA 1978, Marvin J. Chomsky) eingriff, den er »als eine Station ästhetischer Marktbereinigung« verstand. Die Forderungen an Filmemacher und Zuschauer, die HOLOCAUST galten, dürfen auch als Kommentar zu seinem Film DIE REISE NACH WIEN verstanden werden. »Erinnerungen aufarbeiten!« war seine Devise.

Wenn es eine sinnvolle Auseinandersetzung mit dem Dritten Reich und seinen Greueltaten in unserem Lande geben soll, so kann diese sich nur in der gleichen Art abspielen, in der wir täglich uns Aufschluß verschaffen müssen über die Welt, in der wir leben. Wir leiden unter einem hoffnungslosen Mangel an aufbereiteter, strukturierter und ästhetisch vermittelter Erfahrung. Das hat zur Folge, daß unsere Reflexe verkümmern, daß wir böse Ereignisse nicht mehr riechen, den Neo-Nazi nicht mehr an kleinen Gesten identifizieren, daß wir die Angst der Mitmenschen nicht mehr körperlich empfinden, daß so etwas wie reales Mitleid nicht mehr spontan und im einfachen persönlichen Kontakt stattfindet. Das Verkümmern der Reflexe ist sehr ernst zu nehmen. Wir verlieren das einzige Mittel, positiv und qualitativ etwas zu verändern. Man sollte Schluß machen mit dem Schubladendenken, auch was diesen schlimmen Teil unserer Geschichte angeht. Wir müssen soviel wie irgend möglich Aufarbeitung von *Erinnerungen* betreiben. Denn so entstehen Filme, literarische Produkte, Bilder, die unsere Sinne aufklären und die Reflexe heilen.[11]

1974 knüpfen Reitz und Kluge am Schauplatz Frankfurt am Main bewußt an ihren frühen Film ABSCHIED VON GESTERN an. Ausgangspunkt sind die schweren Auseinandersetzungen zwischen der hessischen Polizei, die Interessen von Hausbesitzern schützt gegen Hausbesetzer, die ihren Anspruch auf Wohnraum politisch durchsetzen. Diese Kämpfe sind nur ein Teil dessen, was der Film IN GEFAHR UND GRÖSSTER NOT BRINGT DER MITTELWEG DEN TOD als »Redeweise öffentlicher Ereignisse« erfaßt und untersucht. Reitz führte die Kamera und Kluge erhielt einen Bundesfilmpreis für die Musikdramaturgie zum Film. Als der hessische Ministerpräsident sich unters Volk mischt, wird seine Leutseligkeit durch einen Cha-Cha-Cha unterlaufen; als die Kamera die Bankhochhäuser von Frankfurt abtastet, klingt Musik aus Wagners Rheingold (1869) an. Im folgenden Zitat von Reitz und Kluge ist der zentrale Punkt ihres Selbstverständnisses formuliert:

Filmpolitik ist keine Ersatzpolitik für Sektierergruppen. Sie ist auch kein Andienen bei den politischen Parteien, sondern vor allem Förderungspolitik: eine Bündnispolitik mit dem Zuschauer, mit dem Anspruch, seine fünf Sinne, die die Welt wahrnehmen, herauszufordern. [...] Was fangen Zuschauer mit so einem Film an? [...] Wir können hier die Wirkungsweise des sogenannten Erziehungsbewußtseins, das selbstverständlich desto stärker entwickelt ist, je mehr einer Bildungsprozessen ausgesetzt war, ziemlich deutlich verfolgen. Es geht uns darum, den Scheinfrieden dieses sogenannten Bewußtseins, das wie ein Produktionsverhältnis auf der selbsttätigen Arbeit des Sinnenapparates, z.B. Augen, Ohren, Assoziationen, Erinnerung liegt, nachhaltig zu strapazieren. Darin liegt unsere ›parteiliche Auffassung‹ darüber, was im Kino geschieht. Die Auffassung, gerade von politisch Organisierten, daß ausgerechnet Kino-Autoren im Film Auswege weisen sollen, die die Gruppen in ihrer täglichen Praxis nicht finden, ist absurd. Es kann ja nicht darum gehen, daß auf der Leinwand ersatzweise für die Realität Politik gemacht wird. Etwas ganz anderes kann durch die Film-Wahrnehmung erprobt werden: die Sinnlichkeit des Zusammenhangs, komplexe Wahrnehmung, die allerdings kräftige Voraussetzung für eine Umformung von Politik zu einem Produktionsinstrument in der Alltagspraxis ist. Dies wird auch nicht durch einen einzelnen Film geschehen, sondern durch Film-Genres, die sich dem sinnlichen Umgang mit antagonistischer Realität widmen. Diese Genres werden aber nie entstehen, wenn nicht in Einzelfilmen der Versuch dazu gemacht wird. Machen wir aber diesen Versuch und verstoßen wir dabei gegen den eingefuchsten Real-Blick, dann ist es richtig, wenn wir zunächst nicht auf Zustimmung in der Diskussion rechnen, sondern mit vehementer Auseinandersetzung.[12]

1976 dreht Reitz, nach einem Drehbuch von Peter Steinbach, seinen Film
STUNDE NULL (BRD 1977), für den er den Bundesfilmpreis erhielt. Hier
zeigte sich Reitz weniger an einer Idee als vielmehr an der Spur interessiert, die diese Idee im menschlichen Handeln zeigt. Was blieb im Juli
1945 – in einem Vorort von Leipzig, wo die Amerikaner gerade auszogen,
um das besetzte Sachsen den Russen zu räumen – an faschistischen Versprechungen lebendig bei der Bevölkerung? Was am Willen zur demokratischen Erneuerung, was an Hoffnung für den Sozialismus? Die Vorstellungen von Joschie, dem jugendlichen Helden, kreisen um das ›Paradies‹
Amerika, aber die Amerikaner bewundert er nur deshalb als bessere Menschen, weil sie zum Sieg besser gerüstet waren. Der Film STUNDE NULL
verklärt auch nicht den Wiederaufbau nach 1945, er zieht die Bilanz: der
verspielten Möglichkeiten im Nachkriegsdeutschland. Leise, unaufdringlich beobachtet der Film das Handeln in der momentanen Windstille zwischen Apathie und Aufschwung. Er versteht als seinen Auftrag, einen Tag
unserer Geschichte zu datieren, der schon als gelöscht galt.
1977 engagiert sich Reitz in der Kollektivproduktion der bundesdeutschen Filmemacher DEUTSCHLAND IM HERBST[13]. Dies ist die Reaktion
der Regisseure auf die grundsätzliche Verschlechterung des politischen
Klimas im Lande seit der Ermordung von Schleyer, den Selbstmorden von
Stammheim und dem Coup von Mogadischu. Die Betroffenheit von allge-
genwärtiger Überwachung, das Klima der totalen Verdächtigung fing
Reitz in einer Episode an der Grenze ein: eine junge Frau muß sich der
gespielten Verdächtigung des Zöllners aussetzen, sie könnte eine gesuchte Terroristin sein.
1978 dreht Edgar Reitz, in Zusammenarbeit mit Petra Kiener, ein seit vielen Jahren vorbereitetes Projekt: DER SCHNEIDER VON ULM (BRD 1978).
Da wird die Geschichte des Schneiders am Ende des 18. Jahrhunderts
erzählt, der den Traum vom Fliegen träumte, privat auch in die Tat um-
setzte, öffentlich aber scheitern mußte: an der Kleinmütigkeit seiner
Freunde, der Unterdrückung durch die Obrigkeit und der Ausbeutung
durch falsche Freunde, die seine Erfindung militärisch nutzen wollen.
Politisch wird die Geschichte der Vibrationen der Französischen Revolution im deutschen Kleinstaat Schwaben erzählt. Das alte Thema aus dem
Film von 1968 – CARDILLAC – ist hierin aufgehoben: Wie passen Revolution und Handwerk zusammen? Zudem setze sich Reitz dem Dilemma
aus, daß ein öffentlich scheiternder Held wie sein Schneider von Ulm für
den Zuschauer kein Held mehr sei. Das ist nicht fair. Bei Intellektuellen –
nicht nur jener Zeit – wird das Scheitern nur nicht deutlich sichtbar. Sie
träumen sich ans Ende der reinen Vernunft, und im Lande herrschen Gottes Gnade und die Faust, wie Heinrich Mann einmal die hoffnungslose
Lage der deutschen Intellektuellen faßte. Der Schneider von Ulm fiel in
die Donau. Gut; fiel Kant in Königsberg nicht auch ins Wasser? Die kriti-

sche Vernunft ging unter, aber der Schneider rettete sich und erfand das Periskop.

Erstveröffentlichung: *Norddeutscher Rundfunk*, 8.1.1980 [Anm. s. S. 469f.].

Politik am eigenen Leib
Lilienthals LA INSURRECCIÓN

Peter Lilienthal ist bekannt für leise, intensive Filme, die Beziehungen unter Menschen entdramatisiert darstellen. Sie schaffen Raum für kleine Gänge und Gesten. Sie werfen einen Blick auf die Besonderheiten, die an einer Figur nicht nur typisch, sondern auch einmalig sind. Lilienthal macht ein Kino der minimalen Bewegung, das, ohne Theatralik und extrovertierte Psychologie, sich auf ein Konzept der Politik am eigenen Leib bewegt. Das meint nicht die Abstraktion von Geschichte in dramatischen Geschichten zu erzählen, sondern die Sedimentierung, das, was sichtbar übrig bleibt, die Spuren der Geschichte am Körper derer nachzuzeichnen, die sie erleiden. Nicht die Helden sind Protagonisten, sondern jene, die in ihrem Schatten unsichtbar agieren. Ob in seinen Filmen JAKOB VON GUNTEN (BRD 1971) oder HAUPTLEHRER HOFER (BRD 1975), wenig Licht herrscht da und ein leerer Raum, in dem Gesten dadurch bedeutsam werden, daß sie silhouettenhaft aus dem Umfeld herausgeschnitten scheinen. Nach landläufig geschulter Wahrnehmung, durchs Fernsehen dekultiviert, passiert auf diesen abgeräumten Schauplätzen nicht viel. Andererseits eröffnet sich dem bewußt dekultiviert-verrohten Blick nicht weniger als die Physik der psychischen Bewegungen. Sie wird in Lilienthals Filmen vorgeführt, mit dem Risiko, daß der Laborwert erkalteter Gefühle die Zuschauer indifferent läßt. Der Zuschauer bleibt mit sich allein im Wartezimmer, in dem die Anamnesen sich auf ihren Auftritt vorbereiten.

Lilienthals jüngster Film hat mit den schwebenden Reizen kleiner Implosionen nichts gemein. Er ist laut, er ist roh. Er greift ein Stück Geschichte auf, ohne deren Gewalt im Netz der Melancholie zu filtern. LA INSURRECCIÓN (DER AUFSTAND, Costa Rica/BRD 1980) ist grell und explosiv. Er scheint kunstlos, weil seine Form sich jeder Prätention entäußert. Was sich als Stil verhärten könnte, ist in Erfahrung aufgelöst, was sich als Alltag naturalistisch gebärdet, ist dessen strenge Reduktion. Ein Aufstand, das ist die extremste physische Bewegung, die denkbar ist, deren Motiv die Hoffnung ist.

Am 19. Juli 1979 endete in Nicaragua die Diktatur des Somoza-Regimes mit dem Sieg der Nationalen Befreiungsfront der Sandinistas, so benannt nach Sandino, dem legendären Rebellen gegen den Vater des letzten Diktators, der ihn umbringen ließ. Im Juni 1979 wurde der Stützpunkt der

Nationalgarde in der Universitätsstadt León – ca. neunzig Kilometer von der Landeshauptstadt Managua entfernt – erobert. Die letzte Bastion, in der das Regime politische Gefangene hielt, fiel. Im November 1979 begann Peter Lilienthal – (der in Uruguay aufwuchs und 1973 einen Film über die chilenische Volksfront, LA VICTORIA (BRD 1973), und 1975 einen Film über die Repression der Junta in Chile, ES HERRSCHT RUHE IM LAND (BRD/A 1975), drehte, zusammen mit dem chilenischen Autor Antonio Skármeta, der auch wieder für den AUFSTAND das Drehbuch schrieb) – mit den Dreharbeiten in León. Er wurde unterstützt von Filmemachern aus Costa Rica und Nicaragua; Michael Ballhaus stand an der Kamera.

Die Geschichte Nicaraguas ist, seit der Befreiung vom spanischen Mutterland 1821, kurz gesagt die einer permanenten Einmischung, Intervention und die auferzwungener Schutzbündnisse der USA, die erst ganz zuletzt, als der Sieg der Sandinistas abzusehen war, den Diktator, mit dem sie vierzig Jahre lang gigantische Geschäfte gemacht hatten, fallen ließen. Schon 1855 versuchte der Abenteurer William Walker Nicaragua an die USA anzuschließen. Er wurde erschossen. Somoza weilt zum Frühstück der Generäle in Miami.

»Es ist wieder eine ›Generationsgeschichte‹«, erklärt Lilienthal, »der Sohn ist Soldat und dazu gezwungen, in einem faschistischen Heer mitzumachen. Der Vater erkennt das, will es verhindern und schafft es auch, daß der Sohn desertiert. Bei dieser Geschichte interessiert mich besonders die Figur des Soldaten, wie man erreicht hat, daß er sich gegen sein eigenes Volk wendet.«[1] Nicht die Söhne tragen das Banner der Hoffnung vorwärts, sondern die Väter, denen es schon aus der Hand gewunden schien, mit diesem Perspektivwechsel beginnt der Film.

Agustin ist ein Elitesoldat, der in der Armee neben Essen, Gehalt und schneidiger Uniform noch eine Ausbildung zum Kommunikationstechniker erhält. Zu seinem Vater unterhält er eine manchmal gespannte, manchmal spielerische Beziehung. Dessen Gewalt entronnen, läuft er umso williger in die Arme der Macht. Sein Hauptmann wird ihm der stärkere Vater, dessen brutaler Führungsstil ihn zudem emotional unterwirft. Die Verführung zur Gewalt gleitet auf der Schiene der Faszination zum Funktionsträger der Gewalt. Die Uniform, die Menschen zu deren Trägern depraviert, enthemmt die individuelle Scham und sichert die kollektive Gewalt. Faschismus nicht als die Inkarnation des Bösen, sondern als unberechenbare Verfügungsgewalt über Körper, das war schon Lilienthals Thema in ES HERRSCHT RUHE IM LAND.

An den Hauptmann hält sich der Soldat, aber der Hauptmann hält sich den Soldaten wie ein Objekt, das in seinem Zivilleben vielleicht ein Rassehund wäre. Eine wechselseitige Verklammerung beherrscht Vorgesetzten wie Untergebenen. Der Hauptmann wünscht ein Bier. Der Soldat holt ihm eine Flasche, und als der Hauptmann danach greift, umklammert er die

Flasche und die Hand, die sie ihm reicht. Noch hat er sie fest im Griff, aber er lockert sie schon, womöglich um beim ›drohenden‹ Sieg der Sandinistas einem Sohn des Volkes die Hand zu drücken. Agustin setzt sich, angesichts der brutalen Massaker der Nationalgarde an der Bevölkerung von León, ab, kämpft auf seiten der Aufständischen, während sein Ex-Hauptmann einen ganzen Stadtteil erpreßt, um seine Auslieferung zu erzwingen. Die Wege aber gehen auseinander.

Der Zuschauer erfährt dies physisch als zwei Arten der Bewegung. Die Söldner der Nationalgarde dringen stets in Längsrichtung in die Straßen ein, während die Bevölkerung, die Stadtguerilla sich stets quer ihren Weg durch die Häuser bahnt. Die große Bewegung setzt sich zusammen als Summe unscheinbarer kleiner Bewegungen. Metapher der allumfassenden, allumspannenden Solidarität ist ein Feuerwehrschlauch. Er wird am Schluß des Films von einem eroberten Feuerwehrwagen entrollt und über die Höfe, durch die Wände, über Mauern gezogen. Wohin er auch gereicht wird, gibt es schon eine Hand, die ihn ergreift und weiterreicht, bis er sein Ziel erreicht hat: den Kommandostützpunkt, in dem die Nationalgarde politische Gefangene verschleppt hält.

Durch den Schlauch wird Benzin geleitet, mit dem das Gefängnis in Brand gesetzt wird. Die Garde flieht in Panik. Dabei treibt sie vor dem Jeep des wahnsinnigen Hauptmanns die Geiseln der Guerilla entgegen. Orgelmusik aus den zerschossenen Kirchen der Stadt suggeriert, dieser Marsch der Fliehenden sei eine Prozession der Opfer. Die Frequenz der Bildschnitte steigert sich, der Schauplatz deliriert in heftigen Bewegungen, als würde eine Spirale unausweichlich sich nach innen wenden. Der Hauptmann und der Soldat werden in dieser Konfrontation getötet. Die Siegesfeier, die nun die Spiralenbewegung nach außen: triumphierend auf den Platz, den Raum des Befreiungsjubels wendet, konkurriert mit der Trauer des Vaters um seinen Sohn. Ein Feuerwerk, ein Freudentaumel, ein junger Guerillero lehrt die Kinder tanzen. Das Kämpfen und das Singen gehören zusammen. Das Ungetrennte, das ist die Revolution.

Erstveröffentlichung: *Filme* Nr. 3, Juni 1980 [Anm. s. S. 470].

Fassbinders BERLIN ALEXANDERPLATZ: eine Zwischenbilanz

Als Döblins Roman *Berlin Alexanderplatz* 1929 erschien, sprang die sinnliche Vielschichtigkeit dieses ersten deutschen Großstadtromans so ins Auge, daß man sogleich unter Mitwirkung Döblins die Verfilmung in Angriff nahm. Heinrich George war damals Darsteller des strafentlassenen Transportarbeiters Franz Biberkopf, dessen Leidensgeschichte im Malstrom der Metropole Döblins Roman so sachlich wie visionär bilanziert. Jetzt hat Rainer Werner Fassbinder den Roman als 14-teilige Serie plus einem sehr persönlichen Epilog im Auftrag des WDR und unter Beteiligung des italienischen Fernsehens für die Montagsschiene der ARD verfilmt: BERLIN ALEXANDERPLATZ (BRD 1979/80). Diese Serie ist Fassbinders Summe seiner filmischen Philosophie. Sechs Folgen sind unterdessen im Fernsehen gelaufen; da stellt sich die Frage nach einer Zwischenbilanz. Was leistet Fassbinders Film für Döblins Buch, was leistet das Buch für den Film?

Wer solche Fragen aufwirft, geht in der Regel davon aus, daß sich der gleiche Stoff in zwei Medien auch an das gleiche Publikum wende. Der Kritiker aber, der die Veränderungen verurteilt, die an einem Roman vom Autor der Filmversion vorgenommen wurden, fällt mit der inhaltlichen Kritik zugleich ein Werturteil darüber, welches Publikum angesprochen wurde. Kraß gesagt, zielen solche Bilanzen oft darauf ab, den Verlust an Kunst – im Medium der Literatur – mit dem Zuwachs an Unterhaltung – im Medium des Fernsehens – zu beklagen. Was wenigen gehörte, soll nun vielen gehören. Was sich nur Kennern erschloß, wird nun einem Massenpublikum erschlossen. Daß sich dabei Reibungsverluste an Differenziertheit zugunsten der Popularität ergeben, ist selbstverständlich. Ebenso, daß sich eine wechselseitige Durchdringung der Medien ergibt: Wer den Film sieht, greift danach oft zum Buch.

Im Fall von Fassbinders Verfilmung des *Berlin Alexanderplatz* scheint sich dagegen beim Publikum eine Enttäuschung über den Stoff anzubahnen, die dem Filmemacher angelastet wird. Die Ergebnisse der ersten Umfragen zur Zuschauerbeteiligung sprechen von einem abnehmenden Interesse. Während bei der ersten Folge zum Start der Serie im Oktober noch 27 Prozent aller Fernsehgeräte eingeschaltet waren, sank ab der vierten Folge die Einschaltquote auf elf Prozent. Daraus ist einerseits zu schließen, daß die Verfilmung nicht populär genug ist, um ein kontinuierliches Zuschauerinteresse wachzuhalten. Andererseits ergibt sich auch der Schluß, daß die Verfilmung so eng am Original bleibt, daß die Filmform, von der man sich schnellfristige Einsichtigkeit als Ersatz der Lektüre erwartet, eben nicht populär, sondern so differenziert ist wie das Buch.

Seit langem faszinierte Fassbinder Döblins Roman. In vielen seiner Filme gibt es Anspielungen und Querverweise auf *Berlin Alexanderplatz*. Allen seinen filmischen Versuchen, erklärte der Regisseur vor kurzem, läge der Protest gegen die Ausbeutbarkeit von Gefühlen zugrunde. Das mag eine der vielen Motivationen sein, die Fassbinder zu Döblin zog, der anhand der Figur des Transportarbeiters Biberkopf ein wütendes, ein engagiertes Pamphlet zum Verlust der menschlichen Würde schrieb. In einem sehr persönlich gehaltenen Essay zum Döblin-Roman schrieb Fassbinder in der *Zeit-Bibliothek der 100 Bücher*:

In *Berlin Alexanderplatz* wird auch den objektiv kleinsten und ganz einfach mittelmäßigen Emotionen, Gefühlen, Glücksmomenten, Sehnsüchten, Befriedigungen, Schmerzen, Ängsten, Bewußtseinsdefiziten gerade der scheinbar unscheinbaren, unwichtigen, unbedeutenden Individuen zugestanden: Den sogenannten »Kleinen« wird hier die gleiche Größe zugebilligt, wie sie in der Kunst gemeinhin nur den sogenannten »Großen« zugebilligt wird.[1]

Das ist in den Worten Fassbinders eine Parteinahme, die Döblin und seiner Haltung nicht oktroyiert wurde. Die herumgestoßenen Proleten, deren Passion die Gestalt des Franz Biberkopf stellvertretend auf sich nimmt, stürzen sich weder in den Selbstmord noch in die Weltrevolution. Sie existieren, bei Döblin wie bei Fassbinder, als amorphe, scheinbar objektive Masse Mensch, die ihr Leben in brutaler Versachlichung der Triebgewalt leben. Wie nun lassen sich praktisch die immensen Probleme der ästhetischen Umsetzung vom Buch zum Film beschreiben?

Der frühe Tonfilm BERLIN ALEXANDERPLATZ (D 1931, Phil Jutzi) hielt sich, noch an den originalen Schauplätzen gedreht, an Döblins Panoramablick auf die Großstadt. Fassbinder, dem diese Schauplätze unwiderruflich verloren gingen, mußte sein Berlin in den Filmateliers der Bavaria-Gesellschaft in München rekonstruieren. Er legte aber wenig Wert und Sorgfalt auf die historische Rekonstruktion und schwelgte – im Gegensatz zu den Ausstattern anderer Filme wie DIE BLECHTROMMEL (BRD/F 1979, Volker Schlöndorff) oder FABIAN (BRD 1980, Wolf Gremm) – nicht im Detailfetischismus. Fassbinder setzte vielmehr ästhetische Zeichen im sparsamen Dekor. Insofern greift er bewußt die vermeintlich längst entrückte Tradition des expressionistischen Stummfilms wieder auf, dessen Straßen- und Triebfilme – ein Genre, wie es Siegfried Kracauer definierte – die dumpfe Gewalt sozialer Kräfte der zwanziger Jahre widerspiegelten.[2]

Fassbinder verengt also Döblins Blick und vertieft ihn zugleich. An die Stelle des Panoramas tritt die Großaufnahme, an die Stelle der öffentlichen Plätze ein enger Raum, in dem sich das soziale Handeln umso explosiver entfaltet. Der Alexanderplatz, einst Schnittpunkt brodelnder Bewegungen einer handeltreibenden Masse, mußte bei Fassbinder im wörtlichen Sinne in den Untergrund: in die U-Bahnstation verlegt werden.

Fassbinder begleitet seine Figuren und entläßt sie nicht in ein episches Geschehen, in dem sie untergingen. Was bei Döblin an moralischen Leitsätzen, an wissenschaftlichen Kommentaren und politischen Essays in den Romantext eingewoben wird, löst der Regisseur für seinen Film wieder heraus und unterlegt es seinen Bildern als im Off gesprochenen Kommentar. Aber eine so sachliche Distanz kann Fassbinder zu einem Roman, dem er schon früh verfiel, nicht einnehmen. Was er während des Films mit Döblins Worten mal zärtlich, mal wütend oder traurig über die Figur des

Franz Biberkopf und seine elende Blindheit in sozialen Fragen sagt, hört sich an wie ein warnender Brief, den er einem Freund schreibt und auf Tonband spricht. Fassbinder selbst liest diese Monologe der Parteinahme, die wie Döblin versuchen Sympathie noch für bedingte Schwächen zu wecken und ein Mitleiden, das an keiner Stelle larmoyant und folgenlos bleibt. Die Vibrationen, die in der Verfilmung eines historischen Romans nicht abzubilden sind, macht Fassbinder hörbar: in einem polyphonen Tongeflecht, dessen Kunstfertigkeit im deutschen Film seinesgleichen sucht. Da mischt sich ein Tango mit der Internationalen, da überlappen sich Händlerrufe mit Tenören der Filmoperette, da breitet die sinfonisch angelegte Musik von Peer Raben Klangteppiche aus, auf denen sich die Schieber und Nutten, die Arbeitslosen und Kriegsgewinnler traumwandlerisch bewegen. Leider wird die Vielschichtigkeit des Tons, der auf musikalischem Weg oft einen akustischen Nebenschauplatz abbildet, durch die Mono-Gleichrichtung des Tons im deutschen Fernsehen abgeflacht. Döblins sprachliche Assoziationsmontagen, aus denen die Großstadt mit vielen Zungen, von allen Wassern gewaschen spricht, hat Fassbinder nicht in hektisch montierte Bilder übersetzt, sondern im eigentlichen Medium Döblins belassen und zudem: hörbar gemacht.

Dafür hat er das Innenleben der Figuren sparsam möbliert. Was Panorama war, wird hier Kammerspiel, in dem eine Truppe durchweg hervorragender Darsteller agiert, allen voran Günter Lamprecht als Franz Biberkopf, der den Alptraum eines in der Großstadt herumgetriebenen Stehaufmännchens manchesmal mit einer pfiffigen Verschlagenheit ausdrückt, die wie ein Blitz durch seine Dumpfheit fährt.

Diese Fernsehserie verliert im Augenblick an Zuschauerinteresse, weil Fassbinder sich sehr genau an den schwierigen Originalstoff hielt. In der Regel spult eine Verfilmung Romane wie Tolstojs *Krieg und Frieden* (1869) ja in neunzig Minuten ab: Diesem Zwang unterliegt die Serie nicht, die in einer zunächst gedrosselten dramatischen Kurve erst jetzt, nach der sechsten Folge, ihren Konflikt voll austrägt, wenn Franz Biberkopf sich auf die verhängnisvolle Freundschaft mit Reinhold einläßt. Hier erst, scheint mir, steigt Fassbinder ungleich radikaler als im schleppenden Anfang auf das moralische Prinzip der Romanvorlage ein: Wie Gutsein in einer Welt, in der der Stärkere die Schwachen frißt?

Daß bei der Umsetzung vom Buch zum Film aus den Begriffen Bilder werden, ist nicht der Reibungspunkt der Literaturkritik: sondern daß in diesen Bildern eine Begrifflichkeit des anschaulichen Denkens beschlossen liegt, die Döblins Roman, ohnehin schon von der zerstreuten Wahrnehmung visuell geprägt, ohne Verluste in der Substanz zu retten vermag.

Erstveröffentlichung: *Hessischer Rundfunk*, 12.11.1980 [Anm. s. S. 470].

Tafelbild für die Commune
TOUTE RÉVOLUTION EST UN COUP DE DÉS von Straub/Huillet

Dieser Film hat keine Handlung. Er fabriziert seine Handlung aus Bildern, einem tönenden Text und Untertiteln. Wer sie liest, tauscht ihren Sinn in Klang, wer ihn hört, tauscht seinen Klang gegen Bilder. Dieser Film erzählt ein Gedicht und kein Drama. Er zitiert ein fremdes Gedicht, ohne es zu illustrieren. Dieser Film will, im Gegensatz zu so vielen Filmen, nicht mit seinem Drehbuch, seiner Vorlage identisch werden.[1] Er will bloß ein Film sein. Das macht ihn so unverschämt. Er ist kurz, er ist arm, aber er bettelt nicht. Er behauptet nicht wie jene Kunst, die man armselig nennen könnte, einen Glanz von innen. »Was wir versuchen, sind Filme«, sagte Huillet, »wo man verstehen kann, was passiert, auch wenn man diesen Code nicht kennt.«[2] Was dieser Film sei, ist am ehesten in den Fragen aufzulösen: Was passiert, was kann man verstehen, worin besteht der Code?

Der Titel des Films erscheint als Insert. Er ist ein Zitat und nennt seinen Urheber. Ihm folgt eine handgeschriebene Widmung der Filmemacher an verschiedene Leute. Die Namen tun, jedenfalls vorläufig, zur Sache der Bilder nichts.

Baumwipfel gegen den Himmel, die Kamera in extremer Untersicht. Eine Totale und ein Bildausschnitt zugleich auf eine Kastanie, durch deren Blätter der Wind fährt. Sattsehen kann man sich daran nicht, denn nach dieser fest kadrierten Einstellung erfolgt ein Panoramaschwenk nach rechts, der die Wipfel zunächst entschwinden läßt. Dann tritt der blanke Himmel ins Bild. Das ist ein Punkt, der die Sinne täuscht. Ein Baumbild wie von Magritte gemalt, mit einer Tür in der Rinde, die den Betrachter in den Tagtraum einläßt. Himmel einerseits, andererseits ein Weißfeld, wie es Straub/Huillet in ihren Filmen als Zäsur einblenden an jenen Stellen, wo eine Überfülle der Objekte die Einstellung zu beherrschen scheint. Material und Natur, Belichtetes und Unbelichtetes verschmelzen hier und lösen sich in dem behutsam gleitenden Schwenk wieder auf, der sodann wieder auf einem Kastanienwipfel hält. Noch immer im Zuge der ununterbrochenen Plansequenz taucht die Kamera nun in einem Vertikalschwenk an diesem Baum ab. Warum? Im Hintergrund zeichnet sich der Hof eines Mietshauses ab. Die Kamera streift eine Mauer, von Efeu überwuchert, kaum ist die verwitterte Inschrift lesbar: »le mur des fédérés«, die Mauer der Föderierten. Sie steht da, wofür sagt nicht das Bild, sondern der deutsche Untertitel. Die Mauer der erschossenen Kommunarden. Ich ergänze: vom Mai 1871. Pariser Norden, 20. Arrondissement.

Noch immer ist die Einstellung nicht unterbrochen, schwenkt die Kamera bis zum Boden ab, wo der Stamm der Kastanie im Erdreich verschwindet. Das ist, bildhaft und nicht bildlich gesprochen, eine Bewegung bis zu den Wurzeln, die auch dort nicht innehält, nach links gleitend einen Fußweg aufnimmt, das Tempo der Bewegung jetzt mal beschleunigt, mal verzögert, dem Weg ein Stück nachgeht und schließlich wieder aufwärts schwenkt zu einem kleinen Hügel.

Neun Leute sitzen hier im Halbkreis. Sie tragen bunte Kleider und behaupten sich im satten Grün als sehr verschieden voneinander. Sie rezitieren ein Gedicht, und die Art und Weise, wie sie dies tun, ist als Methode im Schriftbild des Abspanns benannt. Sie sind »(ré-)citants«, was man übersetzen könnte mit dem Wort, sie wiederholen ein Gedicht, indem sie es wieder holen. Sie befinden sich zu dieser kollektiven Anstrengung auf einem öffentlichen Platz, dem Friedhof Père Lachaise.

Unter den Rezitierenden erkenne ich deutsche Filmkritiker und Filmemacher; die anderen sind, vermute ich, französische Kulturarbeiter. Alles Freunde und Komplizen von Straub/Huillet.

Eine Frau trägt den Löwenanteil an der Rezitation. Sie versucht die Klangstruktur des Gedichts plastisch zu entfalten, euphonische Momente dabei nicht verschenkend. Es klingt so fremd, aber wiederum auch schön. Zwischen diese wohltemperierten und gezügelten Rezitationsblöcke, hörbar von einer Französin gesprochen, platzen zwei Männer mit einem harten Akzent. Vorzugsweise mit den Interjektionen »mais« oder »quand« oder der Wendung »si« oder »comme si«. Das fällt wie ein Hemmschuh in den Fluß der Bewegung. Diese Männer werden als einzige frontal von der Kamera erfaßt, während die Frau im Profil kadriert wird. Später habe ich das Gedicht gelesen und am Schriftbild gesehen, daß jene Blockaden, mit denen die Männer in den Text hineinplatzen, in Versalien gesetzte Stokkungen im Text des Dichters sind. Die Frau, die hier liest, ist Danièle Huillet, die Männer sind Helmut Färber und Manfred Blank.

Selten signalisiert die Körperhaltung der dort auf dem Rasen Versammelten eine Öffnung auf den Zuschauer hin. Ihre Blicke scheinen meditativ, in den Text, vielmehr: in das Klangbild des Textes versunken. Die Arme bleiben verschränkt, unter das Knie geklammert und eng den Schenkeln angepreßt. Keine Spur von Entspannung, sommerlicher Frische. Färber ist die Anstrengung ins Gesicht geschrieben. Seine Stirn wirft Falten, bevor er mit dem Anfang des Gedichts, »Un coup«, explodiert. Jeder nimmt hier eine strenge Haltung ein, keiner nimmt sie an. Sie zeigen gemeinsam etwas vor, aber sie verschenken es nicht. Ihr Gestus scheint zu sagen: Wir zeigen euch etwas, was euer Auge wohl erfaßt, euer Ohr aber so bald nicht begreift. Ein Zeugnis der Erstarrung, der Versteinerung ist der Preis dafür, sich auf Gräbern niederzulassen. Die Toten leben noch, in unserer Nähe.

Zum Schluß des Films eine Panoramaeinstellung über die Stadt, die sehr lange stehen bleibt. Nachdem man glaubt, die Zeit stünde still, sei hier im Gedenken an die Toten zum Tafelbild erstarrt, fliegt eine Schwalbe durch das Bild. Unten am Horizont ist eine Mauer zu sehen, links alte Häuser, rechts Neubauten. Milde brodelnder Verkehrslärm, der aus der Schüssel an den Rand der Stadt gelangt. Jetzt ist das Bild kein Panorama mehr, sondern ein *Tableau parisien*.

Vor dem technischen Abspann, der die Mitwirkenden nennt, eine alte ,sepiagetönte Fotografie. Ein Mann blickt uns, *en face*, ins Gesicht. Ein Plaid wärmt seine Schulter. Er sitzt an einem Tisch und schreibt. Das ist ein Bild von Stéphane Mallarmé. Er hat 1914 ein Gedicht »Un coup de dés« geschrieben, das in diesem Film rezitiert wird.

Im Vorwort zu diesem Gedicht schrieb er: »Tout se passe, par raccourci, en hypothèse; en évite le récit.«[3] d.h.: Alles spielt sich in der Abbreviatur als Hypothese ab. Vom Erzählen rückt man ab. Das ist sein poetisches Manifest und ein poetologisches Programm. Abbreviatur zielt auf die Verdichtung, auf den flüchtigen Verweis, die Hypothese auf die Welt als Möglichkeitsform, und der Verzicht auf das Erzählen ist die normensprengende Kraft, mit der Baudelaire die Ästhetik des 19. Jahrhunderts – die in der deutschen Filmästhetik heute noch herrscht (ich kürze hier ab: Realismus als Berliner Klappstulle) – zum Alteisen warf.

Das, was Mallarmé in seinem Vorwort sagt, darf auch als Programm und Manifest von Straub/Huillet gelten. Daher sei hier an die zweite Frage aus dem Eingang der Kritik erinnert: Was kann man verstehen? Und schließlich, was hat dieser Film mit dem Code von Straub/Huillet zu tun? Bei dem Baumbild habe ich mich an deren Kurzfilm DER BRÄUTIGAM, DIE KOMÖDIANTIN UND DER ZUHÄLTER (BRD 1968) erinnert, der damit schließt, daß die Komödiantin gegen das Rauschen des Regens und gegen die Bewegung des Baums im Wind ein Liebesgedicht spricht. Als hier die Kamera den Baum bis auf die Wurzeln abschwenkt, habe ich mich an den Film OTHON[4] erinnert, in dem die Kamera auf dem römischen Hügel mit einem langsamen Zoom auf eine Höhle im Baum zielt, die einst den Antifaschisten als Waffenversteck diente.

Als ich dem stockenden Sprechen der Rezitierenden mit fremden, gemischten Akzenten lauschte, habe ich mich an den Straub/Huillet-Film EINLEITUNG ZU ARNOLD SCHÖNBERGS BEGLEITMUSIK ZU EINER LICHTSPIELSCENE (BRD 1972) erinnert, in dem Günter Peter Straschek, stoßend skandiert, einen Brief von Schönberg liest. Aber als ich die verstockte Haltung der Lesenden auf dem Friedhof Père Lachaise sah, die in der Nähe der Toten selber zu Statuen erstarren, habe ich lieber an den Film GESCHICHTSUNTERRICHT (I/BRD 1972, Straub, Huillet) gedacht. Dort herrschte das Statuarische als ironischer Gestus, der immer wieder von Ambivalenz durchtrieben wurde. Die scheint in diesem Film TOUTE RÉVOLUTION EST UN COUP DE DÉS (JEDE REVOLUTION IST EIN WÜRFELWURF, F/BRD 1977) verflogen. Der Titel selber ist Zitat, das sich an ein anderes knüpft. Es geht auf Jules Michelet zurück, den liberalen Historiker und Verfasser einer Geschichte der Französischen Revolution, der drei Jahre nach Niederschlagung der Commune verstarb.

»Die Tage der Commune, das war die größte Niederlage seit den Bauern-
kriegen und die größte Niederlage vor der Abschlachtung der Spartaki-
sten. Wir haben schon längst an einen Film über die Pariser Commune
gedacht«,[5] sagte Straub im Interview. In seinem Film EINLEITUNG ZU
ARNOLD SCHÖNBERGS BEGLEITMUSIK ZU EINER LICHTSPIELSCENE
war ein Stehkader von Fotos erschossener Kommunarden, in Särgen auf-
gebahrt, zu sehen. »Und wenn auch alle gemordet, / Die kühn für die Freiheit gekämpft, / Man hat doch die Sehnsucht nach Freiheit / Im Herzen
des Volks nicht gedämpft«,[6] besang Max Kegel in einem wenig bekannten,
deutschen Zeugnis 1872 das Martyrium der Kommunarden und damit: die
Idee, die sie wachhält.

Der Titel des Films verknüpft eine Aussage eines politisch tätigen Historikers mit einem ästhetischen Manifest. Drei historische Wendepunkte:
1789, 1871 und 1914 sind ihm eingeschrieben: Aber, von welchem Standpunkt aus? Drückt dieser Titel, über die Äquivokation von politischer und
ästhetischer Revolution, nicht Fatalismus aus? Besagt er nicht eine Absage
an die selbst geschichtsmächtig gewordene Überzeugung, die Geschichte
entfalte sich gemäß einem dem Fortschritt sich annähernden Weltplan?
Darauf keine eindeutige Antwort zu wisse, ist einem Film, der diese Fragen aufwirft, vor denen so viele Filme Augen und Nasen verschließen,
nicht anzulasten. Unzweideutig daran ist, daß er Mallarmé näher steht als
Marx, eine Radikalisierung der kinematographischen Mittel für zwingen-
der hält als jene, die sich mit Inhalten und Handlung bescheidet. Um die
tiefgreifende Wahlverwandtschaft zu Mallarmé nicht als bloßes Manifest
zu behaupten, möchte ich hier einen Hinweis von Hugo Friedrich zum
Spätstil Mallarmés zitieren:

Der charakteristische Spätstil Mallarmés [...] [vermag] mit seinem
Sprechen in fluktuierenden Konnotationen, mit seinen vielfach ellipti-
schen Sätzen, seiner verwinkelten Syntax, mit seinen ironisch schil-
lernden Preziositäten eine suggestive Wirkung auszuüben [...]. Ein
solcher Stil will Schutz gegen den Ursprünglichkeitsschwund der
Sprache sein.[7]

Übersetzt auf das Filmwerk von Straub/Huillet hieße das: einen Schutz
gegen den vernutzten Kinocode zu schaffen, die Waffen der Kritik zu schär-
fen, wo die Anstrengung, Kunst zu produzieren, mühsamer wird. Kein
Rückzug ins bloß Suggestive, sondern Selbstbeschränkung auf die Freunde, die ein gleiches Ziel vor Augen haben. Der Film ist Frans van Staak, Jean
Narboni, Jacques Rivette gewidmet. Und einigen anderen. Das nächste
Filmprojekt von Straub/Huillet gilt einem Brief, von Engels an Marx.

Erstveröffentlichung: Tafelbild für die Commune. JEDE REVOLUTION

IST EIN WÜRFELWURF von Jean-Marie Straub und Danièle Huillet, Filme Nr. 11, 1981 [Anm. s. S. 470].

Der Regisseur Peter Pewas

19 Filme hat Peter Pewas hinterlassen, von denen drei zu den ganz wichtigen der deutschen Filmgeschichte gehören, die dennoch so gut wie unbekannt geblieben sind: DER VERZAUBERTE TAG (D 1944), STRASSENBEKANNTSCHAFT (D 1948) und VIELE KAMEN VORBEI (BRD 1956). Peter Pewas, der als Peter Walter Schulz 1904 in Berlin geboren wurde, Schlosserlehrling und Schüler des Bauhauses gewesen ist, bevor er Ende der dreißiger Jahre an die Filmakademie in Berlin-Babelsberg kam, starb im Alter von achtzig Jahren kürzlich in Hamburg. Ihm widerfuhr noch die Genugtuung, für sein »langjähriges Wirken im deutschen Film«[1] im Juni 1984 mit einem Bundesfilmpreis ausgezeichnet zu werden. Lange währte dieses Wirken schon, aber hatte es auch eine Wirkung? Kaum.
Peter Pewas tat sich schwer. Er bevorzugte den Schatten, wo andere sich ins Licht drängten. Er liebte die problematischen Naturen im Film, die Schwierigen, die Benachteiligten. Er zeichnete lieber die unerfüllten Wünsche als die greifbaren Belohnungen. Er blieb und produzierte im Abseits. Der Schuhmachersohn hatte viele Hindernisse zu überwinden, ehe ihm Anerkennung als Künstler zuteil wurde. Das Dritte Reich lud ihn nicht gerade ein zur schöpferischen Tätigkeit. Pewas hatte eine proletarische Vergangenheit. Früh wurde man auf seine zeichnerischen Fähigkeiten aufmerksam. Pewas kam in der Filmindustrie unter. Er entwarf Filmplakate, in denen er technologische Momente neben visionären in eins faßte. Das fiel auf. Besonders an der Berliner Filmakademie, deren künstlerischer Direktor zu jener Zeit der bekannte Regisseur Wolfgang Liebeneiner war. Pewas begann die Filmarbeit als Liebeneiners Assistent. Und hier muß man die Filme nennen, bei denen er das Handwerk lernte, ehe er sich selber ganz anderen Stoffen und Ideen zuwandte. Es waren die Propagandafilme Liebeneiners wie BISMARCK (D 1940) und der Euthanasiewerbefilm ICH KLAGE AN (D 1941). Liebeneiner vermittelt Pewas dann ins Nachwuchsstudio der Tobis-Produktion, und so kommt es, daß Pewas einen Übungsfilm, EINE STUNDE (D 1941), drehen kann.
Dieser Debütfilm von Pewas von 23 Minuten ist ein kleines Meisterwerk, das viele jener Regisseure in den Schatten stellt, die damals zu den Meistern zählten: wie Veit Harlan, Karl Ritter oder Wolfgang Liebeneiner. Pewas verriet eine persönliche Handschrift, die den opportunistischen Großregisseuren des Großdeutschen Reichs längst abhanden gekommen war. Einzig Helmut Käutner und Werner Hochbaum sind die bedeutenden Ausnahmen und Vorbilder, die man für Pewas finden könnte.

Vorbilder also, die bei den Franzosen in die Schule gingen, die ihre Lektion nicht im nationalistischen Spektakel lernten, sondern im kleinen Alltagsdrama wie die Regisseure René Clair oder Marcel Carné. EINE STUNDE ist von Pewas nicht als Personenkonflikt konzipiert, sondern als Schauplatz. Man könnte sagen, der Schauplatz – eine Berliner Kneipe am Abend – ist der Held, und die Personen, die wie zufällig hineinschwappen und wieder herausspülen, sind nur Requisiten, Material der Alltagsmasse wie Tisch und Stuhl. Nie werden Konflikte aufgebauscht und dramatisch ausagiert. Sie werden impressionistisch angedeutet. In einem Bild verschenkt Pewas die Möglichkeit zu vielen Geschichten. Man ahnt sie; er erzählt sie nicht. Das macht die Verdichtung in seinen Filmen aus, ihren Realismus. Ein Büromensch wird Vater und kann die Nachricht nicht fassen. Die Kamera muß im Augenblick, wo sie auf sein Gesicht hält, seine Vorgeschichte, seine Entwicklung plausibel machen; mehr Zeit hat sie nicht. Dann huscht sie fort zu einer mondänen Dame, die ein verirrtes Bürgersöhnchen zum Raub bei seiner eigenen Mutter aufhetzt. Kein Ausbruch, sie zischelt bloß: kein Melodram bei der kranken Mutter im Bett – nur das Echo auf die emotionale Bewegung im Inneren, dann stellt sich der Dieb. Aufregend an diesem kurzen Film ist das quasi Dokumentarische und gleichzeitig Hochgeformte. Die Kamera macht einen Streifzug, sie schlendert durchs Milieu, sie baut sich nicht zur Feierstunde der Erbauung auf. Pewas hat sich mit dieser Etüde den Auftrag zu einem großen Spielfilm holen können, für den er wieder keine Öffentlichkeit findet: DER VERZAUBERTE TAG.

Die Nazis verboten den Film, der erst 1947 in Zürich wieder auftauchte und uraufgeführt werden konnte. 1981, als die Berliner Stiftung Deutsche Kinemathek Pewas eine Retrospektive seiner Filme widmete, war DER VERZAUBERTE TAG eine große Entdeckung für die Zuschauer und Filmhistoriker. Der Regisseur erhielt nach der Vorstellung eine enthusiastische Ovation des Publikums.[2]

Nach einer Testvorführung 1944 gab die Reichsfilmintendanz als Gründe an, Pewas Film zu verbieten: seine »gefährliche Tendenz« in der Bloßstellung deutschen Beamtentums, das »Halbweltmilieu« und die »Koketterie«[3] der jungen Mädchen, von Eva-Maria Meinecke und Winnie Markus ganz ungewohnt autonom dargestellt. Das war reine Dekadenzabwehr, wie sie die Kunstpolitik der Nazis bezeichnete. Die vermeintliche Dekadenz war aber für Pewas die künstlerische Notwendigkeit, die Auflösung der Sitten darzustellen. 1944 strebte sowieso alles auseinander. Pewas übte ästhetische Opposition gegen das Kleinbürgerkino des frischen, frommen, staatstragenden Optimismus.

Der erstaunliche Reichtum der Formen im Film DER VERZAUBERTE TAG deutet auf die Fluidität angeknüpfter und wieder fallengelassener Beziehungen der jungen Mädchen zu Männern. Dieser Film beschreibt den

Protest der Frauen gegen das traditionelle Versorgtsein. Der Protest äußert sich in Form von Sehnsucht nach dem Unbekannten, nach den Zügen in die Ferne. In die dumpfe Enge der deutschen Wohnstube dringt unablässig das Pfeifen der Lokomotiven. Nach der Kriegswende in Stalingrad gedreht, bekundet DER VERZAUBERTE TAG den Zuschauerwunsch nach Geborgenheit und bietet dennoch einen Ausblick. Wohin? In die Zukunftslosigkeit, in den Verlust der Gegenwart und in das Überrollen durch Vergangenheit. Die Zeit schien stillzustehen in diesem Film, und doch entsteht aus diesem Moment der Sog einer Bewegung, in eine andere Zeit aufzubrechen.

Mit Abstand der bedeutendste, wenngleich unbekannteste Film des Dritten Reiches ist Pewas' DER VERZAUBERTE TAG eine vollkommen durchästhetisierte Elegie, in der die Frauen zwar zu Märtyrern werden, der Film aber dennoch für ihren Protest plädiert. Max Ophüls und dessen Sehnsucht, festgefügte Systeme zu liquidieren, standen hier Pate.

Nach dem Krieg war Pewas eine Zeitlang Bürgermeister von Berlin-Wilmersdorf und nahm aktiven Anteil am neuen Kulturleben der Stadt. Er gehörte auch zu den Gründungsmitgliedern der in Ostberlin ansässigen Produktionsfirma DEFA, in der sich damals die demokratischen Regisseure sammelten. Pewas' drehte den DEFA-Film STRASSENBEKANNTSCHAFT. Pewas Vorschlag, ein Projekt über den deutschen Widerstand gegen Hitler zu realisieren, zerschlug sich. Die DEFA verlangte ausschließlich Arbeiter im Widerstand zu zeigen; Pewas bestand darauf, die bürgerlichen und kirchlichen Kreise einzubeziehen. Schließlich läßt er sich auf den Kompromiß ein, ein schon fertiges Drehbuch über Geschlechtskrankheiten zu verfilmen. So entsteht STRASSENBEKANNTSCHAFT: Pewas scherte sich weniger um die Dimension der Aufklärung, als um die psychologische Zeichnung der Verzweifelten. Seine Gesichter werden hier auf Schattenlinien reduziert. Häufig treffen sich Personen, die sich im Krieg aus den Augen verloren, über Brücken wieder, eben: Straßenbekanntschaften. Scheinbar vereint, werden sie sogleich im Rauch der Lokomotiven, die unter den Brücken brausen, aufgelöst. Das ist eine für Pewas typische Einstellung, die Zerbrechlichkeit, den Zufall und den Substanzverlust in den menschlichen Beziehungen nach dem Krieg zu charakterisieren. Pewas ist ein Regisseur des Halbschattens, nicht des Lichtes. Der Hunger nach Leben ist immer größer als die Sattheit am Licht.

Enttäuscht zieht Pewas sich von der DEFA zurück, dreht im Auftrag der Bundesbahn in München den Dokumentarfilm MENSCHEN, STÄDTE, SCHIENEN (BRD 1949), schlägt sich mit kleineren Beiträgen zum Werbefilm, Thema Mode, durch. Weitere Filmpläne zerschlagen sich. Man müßte Pewas Laufbahn als die gescheiterter Projekte erzählen. Der Meister des italienischen Realismus Roberto Rossellini kommt nach Berlin, um seinen Film GERMANIA ANNO ZERO (DEUTSCHLAND IM JAHRE NULL, I/D 1948) zu drehen. Pewas lernt ihn kennen, soll eine Rolle spielen, das zerschlägt sich. Ein Kindermörderfilm mit Klaus Kinski – zerschlägt sich. Zu viel ging schief, bevor es richtig mißlingen konnte. Immer stand Pewas dazwischen.

Auch mit seinem westdeutschen Spielfilm über einen Autobahnmörder, den er Mitte der fünfziger Jahre dreht: VIELE KAMEN VORBEI (BRD 1956). Ein überragender Film, eine bestürzend realistische Kamera, die atmosphärisch arbeiten kann, aber ein grauenhaft dilettantisches Drehbuch, vom gleichen Mann verfaßt, der den Film produziert.[4] Pewas mußte das in Kauf nehmen, und sein Preis war hoch. Zu Unrecht fiel der Film durch bei der Kritik, die – das alte Übel – an den Dialogen klebt, den Sinn sich aus Wörtern, anstatt aus Bildern zusammensucht. Stoff und Stil passen sich nicht der Restauration an. Pewas hielt an den Schatten der Geschichte fest.

Erstveröffentlichung: Der Text ist eine Kompilation aus dem Manuskript *Berliner Filmfestspiele, Retrospektive: Der Regisseur Peter Pewas*, Norddeutscher Rundfunk, 26.2.1981, und dem Manuskript *Nachruf auf den Filmregisseur Peter Pewas*, Norddeutscher Rundfunk, 20.9.1984 [Anm. s. S. 471].

Ein deutscher Traum vom Realismus: Wolfgang Staudte

Ich stelle mir vor: Ein Münchner Verlag kündigt ein vierhundert Seiten starkes Interviewbuch an, das erlebter und erkämpfter deutscher Filmgeschichte gilt. Der Gesprächspartner ist Wolfgang Staudte, einer der letzten Zeugen und Zeitgenossen deutscher Filmproduktion aus vier verschiedenen politischen Systemen. Dieser Mann schriebe keine Erinnerungen, erzählte aber kantig von seinen Erfahrungen zur Weimarer Republik, zum Faschismus, zur DDR und zur Bundesrepublik. Eine Fundgrube wäre dieses Buch, ein spannender Werkstattbericht und keine Sammlung eitler Anekdoten, bestimmt ein Gegenentwurf zum geborgten Leben der abgetakelten Ufa-Nostalgie. Soviel ich weiß, wird dieses Buch nie erscheinen. Stattdessen kündigt der Filmbuchmarkt des Herbstes *Liebespaare der Leinwand* an.[1]
Staudte, der ewige Querkopf und spät erst mild gewordene Melancholiker, der starrsinnig an deutschen Themen hängt und dann, allmählich, der passionierten Filme müde wurde, ist für deutsche Verlage kein Thema. Immerhin gibt es ein Werkbuch der Stiftung Deutsche Kinemathek.[2]
Eine kritische Würdigung, die Staudtes Standort nicht gleich als einen Platz in der Filmgeschichte vermißt, ist schwer. Die Verlegenheit rührt daher, daß man einzig als Kriterium der Staudte-Filme ihr Engagement

gelten ließ, entweder als Schutzschild oder als Brandmal. Das findet seine Entsprechung in dem sehr deutschen Dilemma, die Botschaft der Filme auf Kosten der Form zu überschätzen – ein linkes Dogma – oder die Form der Filme auf Kosten der Botschaft – eine rechte Sehnsucht. Wie jeder andere Regisseur, der eine Anschauung zu eigen hat, erfuhr Staudte den Widerspruch, dem sich der Engagierte in der Filmindustrie – und heute: im Fernsehen – aussetzt. »Es sei schwer«, sagt Staudte, lakonisch wie der Realismus ist, »die Welt verbessern zu wollen mit dem Gelde von Leuten, die die Welt in Ordnung finden.«[3]

Dieser Mühsal ist er nie ausgewichen. Im Gegenteil, er hat sich vielen Fronten ausgesetzt und dabei Fehler, Illusionen nicht gescheut. Er litt an den Deformationen der Politik, die ihn doch mitprägten. Wenigstens stand er immer für sie, und für sich: grade. Die Bemerkung von Lichtenberg, ihm täten viele Sachen weh, die anderen Leuten bloß leid tun, könnte Staudtes moralische Devise sein. Ich gehöre »einem Typus Mensch an, der lebhaften Anteil nimmt am Alltag [...] am öffentlichen Leben, an der Politik [...] der protestiert gegen das, was er für Unrecht hält – oder für Bedrohung.«[4] So stellte sich Staudte selber vor, in einem Vortrag, den er 1959 für die Internationale Rundfunk-Universität hielt. Triebfedern seiner Arbeit sind Protest und Anteilnahme. In wechselnden Graden – worauf es ankommt.

Die Energie, die sich aus dieser Haltung speist, ließ Staudte zum Verfechter antifaschistischer Kunst werden und, als ihre Formen der Konvention verschlissen waren, zu deren Spiegelfechter. Der Faschismus wurde bei ihm schließlich zur bloß historischen Gewalt und ihre Hoheitsträger zu Lemuren, denen keine kritische Quittung, sondern höchstens noch ein Leichenschein zu präsentieren war. Wer sich in der Filmindustrie als unbequemer Anwalt der Vergangenheitsbewältigung erwies, wer den Mut hatte, für Rationalität und Humanismus einzutreten, der durfte nicht auf den Beifall der Banken zählen. An deren Widerstand hat sich Staudtes Energie, mehr konzentriert auf die Hauptwörter der Reaktion als auf ihre Nebensätze, oft genug zerrieben.

Angefangen hatte alles ganz anders. Staudtes Karriere begann als Schauspieler in Inszenierungen von Max Reinhardt und Erwin Piscator. Diese Namen standen für Gleichzeitigkeit und für eine Polarität, die auch für Staudtes Filme gilt. Weder ruhen sie sich auf Reinhardts opulentem Pathos aus, noch sind sie ganz auf die agitatorische Durchschlagskraft Piscators zugespitzt. 1931 gibt Staudte sein Filmdebüt als Straßenmusikant in GASSENHAUER (D 1931, Lupu Pick), einer hübschen Komödie zur Weltwirtschaftskrise. 1933 erhielt er, zunächst, Berufsverbot. Er kam als Rundfunksprecher für Märchen und Werbung unter. Für den Industriefilm drehte er über hundert Streifen, Reklame für Seifen und Volkssparen. Im großdeutschen Film war plötzlich sein markantes Gesicht gefragt, unbeschadet der Gesinnung, die dahinter stand. In POUR LE MÉRITE (D 1938,

Karl Ritter) spielte Staudte einen Leutnant, in DREI UNTEROFFIZIERE (D 1939, Werner Hochbaum) einen Hauptfeldwebel, in DAS GEWEHR ÜBER (D 1939, Jürgen von Alten) einen Unteroffizier namens Schmidt. Andererseits war er in JUD SÜSS (D 1940, Veit Harlan) als stummer Soldat zu sehen und im antisemitischen Melodram PETTERSON UND BENDEL (S 1933, Per-Axel Branner), das Goebbels aus Schweden importierte, zu hören: wenngleich bloß als deutscher Synchronsprecher. Immerhin, eine öffentliche Protestdemonstration der Aachener Juden gegen die Aufführung dieses Films gab es noch.

Man wußte, was man tat, auch: was man unterließ? Hatte, wer sein Gesicht verkaufte, es verloren? Wer retuschierte die Narben nach dem Krieg und gab die Parole aus, die Eingang in die Filmgeschichte fand, Staudte sei der Nachkriegsregisseur, der Realist der ersten Stunde? Er war es. Aber um welchen Preis wurde er es? Durch Einübung der Sklavensprache, um mit Brecht zu reden, der mit vielen nicht-faschistischen Künstlern der faschistischen Filmmaschine zusammenarbeiten sollte.

1942 drehte Staudte seinen ersten Spielfilm, AKROBAT SCHÖ-Ö-ÖN (D 1943). Ein Clown war engagiert, der Stoff gekauft, politisch scheinbar nichts zu verderben. Diesen mehr als bloß dünnen Revue-Film schlug man den Ablenkungskomödien zu, wie Goebbels sie befahl. Zu Unrecht, denn Staudte gelang in der heiteren Zersetzung der Illusionsmaschine, die sein Film thematisiert, einer der wenigen Beiträge zur ästhetischen Opposition in jener Zeit. Noch in der größten Realitätsferne schlägt bei ihm Realismus durch. In dem folgenden Film ICH HAB VON DIR GETRÄUMT (D 1944), der durch seinen Fatalismus den herrschenden Fanatismus nicht beförderte, sieht man an den Scheinwerfern der Taxis Verdunklungsschlitze. So drang Alltag in die Kinos.

Im August 1945 gehörte Staudte zu den Gründungsmitgliedern des Filmaktivs, aus dem die DEFA sich entwickeln sollte. Er kletterte in die noch überfluteten Schächte der Berliner U-Bahn und drehte die ersten Filmaufnahmen nach Kriegsende. Den Plan zum Film DIE MÖRDER SIND UNTER UNS (D 1946) hatte er schon im Frühjahr 1945 entwickelt. Als Staudte dem amerikanischen Kulturoffizier in Berlin – das war Peter van Eyck – später den Stoff anbot und eine Drehgenehmigung erbat, lehnte dieser ab. So wurde der erste deutsche Trümmerfilm schließlich mit Hilfe der sowjetischen Militäradministration produziert. Einen weiteren Stoff bot Staudte in Hamburg an. Dort waren die Studios aber verstopft mit der Produktion eines Zarah-Leander-Films. Das gab's nicht nur einmal, das kam jetzt wieder.

DIE MÖRDER SIND UNTER UNS ist eine persönlich inspirierte Abrechnung mit einem alten Nazi, der, nach dem Krieg, aus Stahlhelmen das Geschäft mit Kochtöpfen macht. Ursprünglich angelegt auf das Rache-Motiv, schließt der Film mit dem Appell an die Vernunft: »Wir haben nicht das Recht zu richten, aber die Pflicht, Anklage zu erheben!« Wie in vielen Staudte-Filmen ist es hier eine Frau – Hildegard Knef in ihrer ersten großen Rolle –, die kriegsverbitterte Männer zur Vernunft, d.h.: zur Einsicht in die friedliche Lösung zwingt. Damit ist auch Staudtes Handlungsmuster vorgegeben. Provoziert von der ungeprüften, bruchlosen Integration der Nazi-Würdenträger in die Nachkriegsdemokratie, löst Staudte diesen politischen Konflikt des Opportunismus, die Anpassung anklagend, nicht analytisch. Aber wie sollte der moralische Appell, auf so schwachem Resonanzboden, nicht gleich verhallen? Wie soll man dem Rufer vorwerfen, er riefe zu leise, wo kaum einer zuhört?

Das Mitläufertum war kein Privileg der Mittelklasse. In ROTATION (D 1949) beleuchtet Staudte das apolitische Verhalten der Arbeiterfamilie Behnke im Faschismus. Rotation meint hier zunächst die Druckmaschine der Zeitung, symbolisch aber den Wiederholungszwang, unter dem geschichtliche Abläufe stehen. Die Geschichte ist eine fatale Kreisbewegung. Für diese Einstellung fand Staudte viele Bildmetaphern, die sich durch alle seine Filme ziehen. Das Karussell in SCHICKSAL AUS ZWEITER HAND (BRD 1949) und in CISKE DE RAT (CISKE – EIN KIND BRAUCHT LIEBE, NL/BRD 1955), Drehorgeln in ROSEN FÜR DEN STAATSANWALT (BRD 1959) und in KIRMES (BRD 1960). Das Riesenrad auf dem Hamburger Dom in FLUCHTWEG ST. PAULI – GROSSALARM FÜR DIE DAVIDSWACHE (BRD 1971). Die Botschaft der Filme wird bei Staudte gern in überhöhten Bildsymbolen mitgeteilt. Wo in ROTATION das alte Arbeiterehepaar seinen Weg nach rechts in den Faschismus einschlug, geht das junge Paar der Nachkriegszeit nach links aus dem Bild. Im Off beginnt dann der reale Sozialismus.

Eine andere, gar nicht signifikante Einstellung reißt diesen Film aus dem braven Durchschnittsrealismus. In meiner Erinnerung beginnt damit der Film: Eine leere Straße bei Kriegsende. Die Kamera hockt auf dem Asphalt. Eine Frau eilt aus einer Bäckerei über die Straße. Sie läuft, in Furcht vor feindlichem Feuer, aus dem Bild. Im Off hört man Schüsse. Dann fällt das Brot – aus dem Off – ins Bild zurück, gefolgt von einem unerhörten Bild: auch die Hand der – getöteten – Frau schlägt aufs Pflaster zurück. Als ich das Drehbuch[5] lese, finde ich diese Einstellung nicht. Sie war nicht vorgesehen.

Könnte man für einen Abriß der Filmgeschichte nur zwei seiner Filme nennen, würde ich neben AKROBAT SCHÖ-Ö-ÖN Staudtes berühmtesten Film, DER UNTERTAN (DDR 1951), nennen. Die Kunst der Sklavensprache: wie unter Druck die Wahrheit sagen? bewährt sich hier. Nie hat Staudte sich in solcher Freiheit, Fülle und gleichzeitiger Ökonomie seiner Mittel entfalten können. Der Film, dessen Drehbuch er gemeinsam mit seinem Vater, dem Schauspieler Fritz Staudte schrieb, geht auf Heinrich Manns gleichnamigen Roman zurück. Aus dem Klassenschicksal der Kleinbürger im Kaiserreich wird eine Studie über den autoritären Charakter, wie ihn der Prototyp Diederich Heßling verkörpert. So brillant die formale Meisterschaft von Fotografie und Montage war, so ätzend die ideologische Analyse gelang, kam dieser Film nicht auch zu spät? Ist die Verfilmung dieses Stoffes nicht immer noch dem Nachholen der Weimarer Republik verpflichtet? Auch ein Zeugnis deutscher Verspätung?

Siegfried Kracauer beklagte, als Sternberg DER BLAUE ENGEL (D 1930) drehte, daß die Ufa auf den vergleichsweise harmlos individualistischen Charakter des Professors Unrat zurückgriff, anstatt sich dem Klassenschicksal der Kleinbürger, der Angestellten Weimars zu stellen.[6] Hätte es, in den Anfängen der DDR, nicht auch Anlaß gegeben, einen Heßling als Zeitgenossen zu finden? Ich frage ja bloß, weil die Erwartung bei Staudtes Talent nicht abwegig ist. Es ist traurig genug, daß DER UNTERTAN erst fünf Jahre später für die Bundesrepublik, mit Zensurauflagen, freigegeben wurde. Ein zusätzlicher Vorspann versuchte zudem Staudtes Gesellschaftsanalyse als Einzelschicksal abzuwiegeln. – Andererseits ging Staudtes Aneignungsinteresse an dem Stoff so weit, einen Denkanstoß zur Kontinuität des deutschen Untertanengeistes zu erwirken.

Wo Heinrich Mann seine Leser in den Ersten Weltkrieg entließ, weiht Staudtes kläglicher Protagonist ein Denkmal ein. Sturm zieht auf. Die Musik intoniert die typische Fanfare der NS-Wochenschau. Der Film überblendet vom Denkmal auf die Trümmer des Zweiten Weltkriegs. In der Musik: eine Tonblende von »Lieb Vaterland...« zu »Die Fahne hoch, die Reihen fest geschlossen...«. Das war ein glänzender Vorgriff und eine visuelle Arbeit, die mit Schockmomenten operiert. Daß Staudte einer der ganz wenigen Regisseure ist, die Großartiges in der Synchronarbeit geleistet haben, wird oft unterschlagen. Schließlich hat er nicht nur Stanley Kubricks A CLOCKWORK ORANGE (GB/USA 1971), auf ausdrücklichen Wunsch des Regisseurs, synchronisiert, sondern, 1946 bereits, die nicht minder bedeutsame Arbeit an Sergej M. Eisensteins IVAN GROSNYJ (IWAN DER SCHRECKLICHE, UdSSR 1945) geleistet.

Nach DER UNTERTAN war Staudte gebrandmarkt. Die westdeutsche Kritik verhöhnte ihn als »Nestbeschmutzer«, als »Seiltänzer« zwischen Ost und West.[7] Der scharfe Wind des Kalten Krieges fiel ihn an. Unerschrocken drehte Staudte in Hamburg wie in Berlin/DDR. Selbst dem Bundesinnenministerium gelang es nicht, den Regisseur zu zwingen, der DEFA abzuschwören. Man entzog ihm die damals übliche Ausfallbürgschaft – eine Produktionsgarantie des Bundes, mit deren Hilfe die Filme, als es noch kein Wirtschaftsförderungsgesetz gab, ideologisch gefördert wurden.

Warum scheiterte der Plan, Brechts *Mutter Courage und ihre Kinder* (1941) zu verfilmen? Immerhin waren im Herbst 1955, als das Projekt platzte, schon sechshundert Meter in Farbe und Cinemascope abgedreht. In der Brecht-Literatur liest man, das Material sei kürzlich – aus Versehen – in den

Archiven der DEFA vernichtet worden. Eine einzige Abbildung ist überliefert. Simone Signoret, die die Rolle der Lagerhure Yvette spielte, schrieb darüber in ihren *Ungeteilten Erinnerungen*[8]. Warum schweigen sich die Hauptbeteiligten über die Umstände aus?

Als die DEFA Staudte für das Filmprojekt vorschlug, besprach sich der, im Zweifel, mit den befreundeten und Brecht näheren Regisseuren Engel und Kortner. Engel warnte: »Brecht schlägt dich tot!« Kortner ergänzte: »Das ist das Mindeste!«[9] Brecht akzeptierte Staudtes Drehbuch. Doch die Differenzen wuchsen. Staudte erzählte, und nicht nur mir, in einer Kölner Kneipe: Frau Weigel habe, weil sie Waschtag hatte, einen wichtigen Drehtag platzen lassen. Andere erzählen, die Komparserie sei unstimmig gekleidet gewesen, *Zar und Zimmermann* (1837) näher als Brecht. Wie immer, Staudte hatte seine Schuldigkeit getan, wurde von Brecht & Erben zum Mohren gemacht und mit dem Makel der Industrie belegt, wo Kunst zu produzieren war. Staudte verließ die DEFA und arbeitete fortan in der Bundesrepublik.

DER MAULKORB (BRD 1956) ist ein schwacher Aufguß von DER UNTERTAN. O.E. Hasse spielte den Staatsanwalt, der in eigener Sache gegen sich, wegen Majestätsbeleidigung, ermitteln muß. Das wurde im Film ein schaler Herrenwitz, dem unter ungleich schwierigeren Produktionsbedingungen Erich Engel 1938 bereits mehr Schärfe abgewonnen hatte.[10] Das Innewerden seiner Schuld spricht O.E. Hasse, der die Rolle hauptsächlich mit seiner Stimme auskleidete, durchaus als kritischen Moment. Ein Herrenmensch nimmt Abschied von sich, rettet sich aber in triefend deutsche Rührung, wenn diese Selbstbegegnung als Zwiesprache mit dem Hund des Staatsanwalts inszeniert wird. Die Schuld tritt nie zutage. Augenzwinkernd wird sie vertuscht.

Erst mit den Filmen ROSEN FÜR DEN STAATSANWALT, und KIRMES konnte Staudte sein angeschlagenes Ansehen wieder reparieren. Er ließ sich jetzt rückhaltlos auf die Gegenwart ein, wobei er sich, wie gewohnt, als Einzelkämpfer an vielen Fronten behaupten mußte. Aus dem authentischen Fall des Studienrats Zind, der, wegen antisemitischer Schmähungen verurteilt, sich ins Ausland absetzen konnte, formte Staudte den Fall des Oberstaatsanwaltes Zörgiebel, der einst im Kriege unerbittlich martialische Urteile fällte, ungesühnt. »Was damals Recht war, kann heute kein Unrecht sein...«, dieser schreckliche Satz könnte aus dem Film stammen. Er fiel aber bekanntlich später, in jenem Drehbuch, das Hochhuth mit Filbinger als Protagonist veröffentlichte.[11] Am interessantesten ist Staudtes Filmarbeit an jenen Punkten, wo nicht die große Politik ins Spiel kommt. Wo er sich aus den Klauen der Vergangenheit löst und den Alltag, als Politik der Nebenhandlung, ins Spiel bringt. DER LETZTE ZEUGE (BRD 1960) ist ein solcher Film. Ein sehr gut gemachter Krimi. Staudte versteht sein Handwerk und betreibt es immer

virtuoser, je stärker er auf diesen Bereich festgelegt wird. Sein Handwerk umfaßt ja mehr als Technik. Er ist nicht bloß Ankläger. Er ist auch ein guter Geschichtenerzähler. Im Vorspann zu diesem Film hat Staudte sich selber unauffällig unter die Passanten gemischt, die am Kempinski-Hotel über den Kurfürstendamm eilen. Jetzt beginnt ein Film, der in jede den fünfziger Jahren gewidmete Retro gehört, so typisch sind hier die trostlosen Zwänge und leisen Frechheiten jener Jahre getroffen.
Ein guter Krimi ist auch eine gute Lektion. Zum ersten Mal greift Staudte hier keinen Sozialcharakter auf, sondern – bloß – eine soziale Leidenschaft, das Vorurteil. Es trifft eine ledige Mutter, die – vor allen Männern, die in Frage kommen – des Mordes an ihrem eigenen Kind verdächtigt wird. Hier sieht Ellen Schwiers aus wie Dawn Addams. Sie ist leichtfertig, also verdächtigt, und schwankt zwischen einem Direktor (Martin Held) und einem Arzt (Jürgen Goslar), den Standard-Traumberufen des deutschen Films seit den ersten Tonfilmen. Hanns Lothar ist der junge Anwalt, der die Verdächtige aus dem Untersuchungsgefängnis holt und Martin Held als Täter entlarvt. Staudte erzählt das ganz leicht, fast vorsätzlich undeutsch, mit einem Tempo, das er den amerikanischen Serienfilmen jener Zeit abguckte. Als der Film kürzlich im Fernsehen lief, habe ich unentwegt auf den Bildschirm gesehen und nachträglich bedauert, daß ich die Beiträge Staudtes für den TATORT verpaßte.
Der *Junge Deutsche Film* hat, zeit seines kurzen Lebens, von Wolfgang Staudte nichts wissen wollen. Das sieht man ihm auch an.

Erstveröffentlichung: Ein deutscher Traum vom Realismus. Wolfgang Staudte wird 75 Jahre, *Die Zeit*, 9.10.1981 [Anm. s. S. 471].

Geglückte Lösung
Lilienthals DEAR MR. WONDERFUL

Dieser Titel klingt wie der Anfang eines ungelenken Kinderbriefes, gerichtet in Verehrung an einen Mann, der den Traum vom Glück verkörpert. Der Film ist eine Sympathieerklärung an den Hauptdarsteller, der hier seinen Kinderwunsch zerstört und so sich von der selber auferlegten Last befreit. »Sing doch einfach. Du mußt doch nicht berühmt sein«, sagte ihm seine Freundin. Ermunterungen zur Alltäglichkeit, gewaltlose Bewegung aus der Bahn, Aufbruch in heiterer Hoffnung, das sind die Energien, die Lilienthals Film durchströmen.
Nicht mehr die Politik, von höheren Instanzen gemacht, ist sein Zentrum, sondern deren Auflösung in diverse ›Politiken‹, die von unten wahrnehmbar werden: im kleinen Radius, unscheinbar, aber folgenreich. Keine Kreisbewegung mehr im Fatalismus, sondern das Verrücken von einem Punkt

zum anderen, ins Licht gelockt. Lilienthal, dessen Aufmerksamkeit sich auf die Befreiungsbewegung in Lateinamerika richtete, der zuletzt den AUFSTAND' der Sandinisten in Nicaragua im Stil des fingierten Dokumentarismus inszenierte, hat sich nun ins Dickicht der Städte begeben, nach New York, und gleichzeitig der Frage gestellt, wie eine Befreiungsbewegung in der Mikrostruktur einer Familienfiktion aussehen mag.

Paula lebt mit ihrem Sohn Raymond und ihrem Bruder Ruby zusammen, getrennt von ihrem Mann. Ruby muß die Vaterstelle vertreten. Er ist »Mr. Wonderful« und betreibt in der Provinz, gegenüber von New York, eine Bowlingbahn. Dort tritt er als Sänger auf. Mit Toupet, Whiskyglas und Zigarette, gezwängt in einen Anzug, der seiner Figur nicht mehr angemessen ist.

Niemand bleibt in seiner Form. Paula, die sich gern um die ganze Welt kümmert, geht davon. Sie sucht sich eine Ersatzfamilie unter den verlorenen Hispanos, die sie aus sozialer Verpflichtung, nicht familiärer, betreuen kann. Ruby, von einem Bauspekulanten bedroht, gibt seinen schäbigen Schauplatz auf. Lieber tingelt er mit seiner nicht singen könnenden, aber heftig übenden Freundin durch die Vorstädte. Raymond, das Opfer einer verfehlten Vaterschaft, bleibt auf der Strecke. Er nährt sich vom Kleinraub, noch ohne zu wissen, welche Phantasien mit dem Geld der Hehler einzulösen wären.

Dieser Junge, nicht im Mittelpunkt eines politisch-didaktischen Eros – wie noch der Soldat in LA INSURRECCIÓN, der für seine Entscheidungsschwäche mit dem Heldentod bestraft wurde –, geht der Geschichte abhanden. Die Selbstverwirklichung, wie sie der amerikanische Traum unaufhörlich propagiert, geht wie stets auf Kosten der zur Autonomie noch nicht Befähigten. Die Erwachsenen machen ihren Weg, und der Nachwuchs schlägt sich in die Büsche.

Ein Film der Seitenpfade, denen er mit hartnäckiger Neugier und abruptem Interessenwechsel nachgeht, je nachdem, was er unterwegs aufspürt. Eine jüdische Familie, die mittags einen stummen Gast beköstigt der mit sparsamen Gesten seine Leidensgeschichte des Exils erahnen läßt. Ein selbstbewußter Amerikaner, der umstandslos Dialoge führt, ohne den Kopfhörer seiner kleinen Musikbatterie von den Ohren zu nehmen. Ein abgetakelter Sänger, der gut als Vater sein will. Eine engagierte Frau, die Fremden eher als sich selbst helfen kann.

Ein schönes Durcheinander herrscht da in der Art, wie Szenen sich beiläufig durchkreuzen. Der Vordergrund sagt: ja, der Hintergrund: nein. Die Körper dazwischen signalisieren eine Rhetorik der Direktheit, die von der Sprache des Verschweigens dementiert wird. Das hält eine Spannung offen, aus der es Lilienthal gelingt, eine soziale Tiefenschärfe zu gewinnen, die konsekutive Räume zu einem verdichtet.

Zufall, übersehene Äußerungen und stille Katastrophen machen die Kontingenz des Alltags aus. Davon handelt der Film. Folgerichtig arbeitet er mit Nebendarstellern erster Klasse, die weniger auf ihre Rollen als auf das Netz verweisen, wie bedingt von anderen sie abhängen. Joe Pesci ist Mr. Wonderful. Wir kennen ihn aus Martin Scorseses RAGING BULL (WIE EIN WILDER STIER, USA 1980), in dem er an der Seite von Robert de Niro spielte. Geld ist sein Realismusprinzip, an dem er festhält, bis ihn der Mißerfolg aus der falschen Haut fahren läßt. Er unterschreibt den Scheck des Spekulanten. Dabei trägt er statt eines Haarteils eine religiöse Kopfbedeckung. Nähert er sich offen seiner jüdischen Identität?

Ben Dova spielt den Baulöwen, dessen Rollkommandos in der Bronx die Ärmsten der Armen auf die Straße treiben. Diesen kleinen alten Mann, mit seinem eigenen Namen eingeführt, kennen wir als den gewitzt-verschlagenen Taxifahrer, der Michel Piccoli bei seiner mühseligen Recherche ohne Rücksicht auf Verluste hilft, in Hans Noevers Film DER PREIS FÜRS ÜBERLEBEN (BRD/F 1980), der diesen stillen Star entdeckte.

DEAR MR. WONDERFUL (BRD 1982) ist ein glücklich gelöster Film. Die Gewalt, die auf New Yorker Straßen liegt, mischt er nicht explosiv unter die Szenen. Er beschreibt sie eher elliptisch, desto nachdrücklicher in das Geflecht der Geschichte ein. Ein klar distanzierendes Novemberlicht bestimmt die Farben, die in meiner Erinnerung sich als Zonen von Rot und Grün behaupten: komplementär. Drei U-Bahnzüge sausen durch ein Bild in gegenläufige Richtungen davon, wie um zu einer Kreuzfahrt einzuladen, auf unbestimmtem Kurs, doch fester Plattform.

Mit der Metropole geht Lilienthal sehr vorsichtig um. Wohl hatte er, als er im letzten Jahr in New York drehen wollte, einen Stoff von Cassavetes im Kopf und, vor Ort, Darsteller von Scorsese an der Hand. Aber deren Aufgeregtheit verfiel er nicht. Der Brutalisierung, wie sie schon emblematisch zum Genre des New York-Films gehört, ging er, wie beschrieben, aus dem Weg. Seine Annäherung lebt von der Neugier und *tendresse*, die lieber entdecken als entlarven will, woher die Energie sich speist, die Menschen miteinander teilen und verschwenden.

Am Ende löst sich die Geschichte auf in Licht und Zeit. Mr. Wonderful stellt sich einem neuen Engagement. Die Kamera entfernt sich. Wir hören die Stimme des Sängers im Off. Da läuft ein Junge schulterzuckend, fast vom Gegenlicht verschluckt, auf die Kamera zu. So ist der Film nicht mit einer Versöhnungsschleife der Glücksnischen sozialer Ordnung zugebunden, sondern mit einem messianischen Schimmer vom Rätsel besiegelt.

Erstveröffentlichung: *Frankfurter Rundschau*, 27.8.1982 [Anm. s. S. 471].

Alexander Kluge: *Die Macht der Gefühle*

Alexander Kluge, der im letzten Jahr auf dem Festival von Venedig seinen jüngsten Film DIE MACHT DER GEFÜHLE (BRD 1981-83) präsentierte, der um ein Haar den Goldenen Löwen davontrug, der dann doch an Godard ging, legt nun ein Buch mit dem gleichen Titel vor: *Die Macht der Gefühle*[1], das Buch zum Film, das Buch nach dem Film, das Film-Buch, wie soll man es nennen? Schon fangen die Schwierigkeiten an. Denn dieses Buch, über 600 Seiten stark, ufert wieder einmal aus, d.h. ganz wörtlich: es überschreitet die Grenzen des regelmäßigen Flußbettes, in dem sich Filmtheorie, literarische Geschichten, kritischer Kommentar ansonsten bewegen. Dieses Buch fließt über an Unterhaltung wie Belehrung, am exemplarischen Erzählen wie am historischen Demonstrieren. Es ist im besten Sinne überflüssig, ein Luxusartikel, der doch preiswert zu haben ist, wo der übrige Markt von der Inflation der Belanglosigkeit beherrscht wird.

Die Macht der Gefühle setzt Kluges Film mit anderen Mitteln fort. Das Buch ist weitergehend und doch enger. Statt in die Tiefe des Bildes zu gehen, will es in die Breite des Textes. Es setzt nicht auf das konsekutive Lesen, das brav Seite um Seite absolviert. Es schreit nach wildem Lesen, das hier überspringt, dort im Krebsgang läuft und noch von Analphabeten über die Struktur seiner verschwenderisch zahlreichen Bilder verstanden werden könnte. Das Buch setzt zusammen, was der Film auseinandernahm. Das Buch montiert, was der Film demontierte. Es hat nämlich seinen eigenen Rhythmus, der dem Leser die Freiheit gibt, die der Film in seinem vorgegebenen objektivem Tempo ihm entzog. Zugespitzt gesagt: der Film demonstrierte die »Macht«, das Buch die »Gefühle«.

Kernkapitel ist natürlich die »Textliste des Films«. Das ist ein guter Einstieg für all diejenigen, die Kluges Film kürzlich in den Kinos sahen und jetzt nachvollziehen wollen, was an ihnen betörend, verwirrend, paradox und tödlich konsequent vorüberzog an beispielhaften Geschichten wie in der ausführlichen Schlußepisode des Films »Abbau eines Verbrechens durch Kooperation«.

Da tilgen Nichtschuldige die Schuld der Täter, ohne daß diese die Sühne der öffentlichen Hand ereilte. Oft geht es dem Erzähler darum, das Verfehlen eher als eine Verfehlung zu berichten. d.h. in der Öffentlichkeit klaffen Rechtsnormen mit der Erfindungskraft privater Normen so weit auseinander, daß öffentlich wahrnehmbar nur noch das paradoxe Nebeneinander konkurrierender Praxis wird. Dieses Nebeneinander ist oft auch ›komisch‹ durch die Asynchronität ihrer Handlungen. Kluge entwickelt seine Vorliebe für das den Rechtsnormen innewohnende Paradox durch Spitzfindigkeiten, die er satirisch darbietet als könne die Wirklichkeit sich selber überbieten.

Das führt manches Mal zum verspielten Unsinn, der wiederum auch eine Lücke freiräumt, in der das Lachen des Lesers oder des Filmbetrachters einen Durchblick erfährt zu einer Handlungsperspektive. Diese kann aber auch ein Fehlschluß sein. Dann zerfällt das Paradox zum Kaleidoskop, das steht und fällt mit einer minimalen Drehung. Die Zerteilung des Zusammenhangs, den wir Öffentlichkeit nennen, ist Kluges spezieller Kunstgriff, um die Mechanik des Ganzen, das sinnlos heißläuft, aufzudecken. Ausgehend von einer Analyse der typischen Opernhandlungen und den frühen Kinodramen fragt Kluge nach dem Ursprung der Macht der Gefühle. Ist diese Macht eine politische Macht wie die öffentliche Herrschaft oder nur eine symbolische, die aber keine Repräsentanz im gesellschaftlichen Leben erfährt? Ist die »Macht« der »Gefühle« darstellbar, überhaupt organisierbar, funktioniert sie unter demokratischer Kontrolle, oder neigt sie zur unteilbaren, also diktatorischen Machtausübung? An dieser Fragestellung wird wohl deutlich, daß Kluge es eher mit der symbolischen denn der politischen Macht der Gefühle hält, deren Wirkung er zudem historischem Material entnimmt. Weniger opernhaft gesagt, geht es ihm um die Herausschälung des subjektiven Faktors in der Geschichte.

Und den hat die Kunst, solange sie in Formen überliefert wird, schon immer praktiziert. Kluges Blickwinkel ist also eine Verengung, die nicht unbedingt zur Blickschärfung führt, sondern zur Einschränkung des Blickfeldes. Denn um die Macht der Gefühle darzustellen, muß man die menschliche Geschichte als Versuchslabor der Leidenschaften eingrenzen und vorübergehend andere Faktoren ausklammern. Das führt zur Eindimensionalität, zur vorschnellen Kausalität, zur schlagartig einleuchtenden Plausibilität, die komplexere Zusammenhänge, ja den Zusammenhang des Ganzen als erkenntniskritisch ›unmöglich‹ ausblendet.

Gefühle sind doch etwas Widerstreitendes, ein unkontrollierbares Gemisch, ein Chaos an überlagerten Impulsen und Kurzschlüssen, die dann erst an sich »mächtig« werden, wenn andere Motive, Zweifel, Bedenken zurückgestellt werden. Kluge ist gewiß über den Verdacht erhaben, die Schule der neuen Innerlichkeit anzuführen. Aber ich werde den Verdacht nicht los, in diesem Projekt ist sein Geschichtsfatalismus an ein vorläufiges Ende gelangt.

Stalingrad und kein Ende – seitdem Kluge als Romancier in den sechziger Jahren debütierte mit der grandiosen, im besten Sinne: Geschichtsklitterung über den Untergang deutscher Mythen und Macht von 1943, läßt ihn das Thema nicht los: die Zwangsläufigkeit des deutschen Untergangs. Nicht daß ich Stalingrad positiv sähe, aber wo denn wäre eine Collage zur Geschichte der Bundesrepublik in Sicht, die derzeitige Sackgassen, Perspektiv-Verluste aus dem Zustand der Geschichtslosigkeit erklärte? Es wäre unbillig, dies auch noch Kluge abzuverlangen, hat er doch mit seinem Film ABSCHIED VON GESTERN (BRD 1966) filmisch den radikalen Bruch mit der Konvention des allseitigen Sozialfriedens vollzogen.

Auch in diesem neuen Buch *Die Macht der Gefühle* finden sich aus seinen »Heften« wieder »Neue Geschichten«, die kleine Musterstücke an historischen Momentaufnahmen sind. Gleich die erste Geschichte, »Gefecht im Untergang«, die noch im Titel von den Kriegsmetaphern sich nicht lösen will. Das Gefecht findet in der Frankfurter S-Bahn statt. Die feindlichen Linien bilden ein deutscher Schaffner und ein türkischer Fahrgast. Kriegsausbruch wird gemeldet, wenn die Monatskarte des Ausländers abgelaufen ist und er dennoch die S-Bahn benutzt. Ein beispielhafter Kampf für das anachronistische Überleben autoritärer Strukturen und ein beispielloser Kampf um historisch und sozialpsychologisch nicht mehr benennbare Positionen. Ein verbissener Kampf um Selbstbehauptung, also eine exemplarische Isolierung *eines* Gefühls, nämlich der Angst. Keiner kann diesen Kampf gewinnen. Schon die Situation »Kampf« zieht notwendig »Untergang« nach sich. Ein Patt. Eine Nachricht aus dem Alltag, an sich banal, bedeutsam erst im Zusammenhang, wenn wir die banale Erfahrung in den Makrobereich übersetzen: in dem die Supermächte ihrerseits ein »Gefecht im Untergang« führen.

»Angesichts der Nachrüstung«, sagt Kluge an anderer Stelle, »brauchen wir eine Bewaffnung der Gefühle«.[2] Die Forderung eines Tagespolitikers, das Postulat eines operativen Schriftstellers? Die Forderung ist einleuchtend und auch wiederum dunkel. Denn: sollen die Gefühle etwa, nach dem Erstschlag durch die Nachrüstung, den Zweitschlag durch die nachgelieferten »Motive« führen? Soll die Ideologie der Rechtfertigung nun auch nachrüsten? Gingen die Gefühle nicht der Nachrüstung voran, als die ›Angst‹ nach neuen Waffen suchte?

Wenn Kluge auf der *Macht* der Gefühle besteht, dann immer als ihr Anwalt, nicht als ihr Stratege. Er ist sozusagen der Chronist der allgemeinen inneren Verletzungen, die sein Buch ohne Scham ausstellt. Viele halten ihn deshalb für zynisch, was ein großes Mißverständnis ist. Denn niemand würde Georg Büchner für seine medizinischen Studien schelten oder Kafka die Obsession mit Arbeitsunfällen seiner Versicherung ankreiden. Beide aber waren gleich Kluge auch Chronisten öffentlicher Wunden, deren Mittel niemals die Sprache selbst erhitzten, sondern die Umstände, unter denen die Verletzungen zustande kamen. Alexander Kluge setzt diese Tradition mit kleinen philosophischen Erzählungen fort, die unfertig sind, nicht ausgefeilt, die zuende geschrieben werden wollen durch die Hand des Lesers.

Das Buch *Die Macht der Gefühle* bietet dafür Luft und Zwischenraum. Die äußere Darbietung ist großzügig. Ein Park für Spaziergänger der Philosophie, die lieber in Trümmern als in fertigen Systemen wandeln. Andererseits ist dieses Buch auch ein sehr perfekt durchstilisierter Park, der englisch wirkt in seiner Freizügigkeit, aber vom Plan her doch französisch konzipiert ist. Die Freiheit der Wege ist eine scheinbare, oft ist der Rasen nicht zu betreten, weil er von Hinweisschildern wimmelt. Der Park ist ein botanischer Garten, ein Schulbeispiel. Keine Bezeichnung bleibt offen. Jeder Begriff, jedes Ereignis wird ›belegt‹ mit dem Wörterbuch. Alles hat seinen Ursprung, aber die Wurzeln sieht man nicht. Das Buch ähnelt einem Magazin für Kluge-Leser, die darin sein Tagebuch, seine Gegenkritik an Kritik, sein Dossier zum Film wiederfinden. Fettsatz erheischt Aufmerksamkeit der Pointen, die auf den ersten Blick als wichtig dastehen wollen. Nicht zu leugnen ist, dies Buch ist auch eine Enzyklopädie ideal für Landkommunen. Städtebewohner lieben die Lakonik und Bibliotheken, die sie aufsuchen können. Die Macht der Gefühle hat ihre Dialektik in der Ohnmacht privater Wünsche, die von Natur aus anarchisch sind. Von diesem Schmerz, sich ins eigene Fleisch zu schneiden, ist jede Verdi-Oper durchdrungen.

Erstveröffentlichung: *Norddeutscher Rundfunk*, 13.3.1984 [Anm. s. S. 471].

Geschichte, Made in Germany
Reitz' HEIMAT

Auf die Frage, was Heimat sei, antworten die einen: das Paradox der Hoffnungsphilosophie von Ernst Bloch,[1] und die anderen: ein Film mit Zarah Leander.[2] Neuerdings wird man, nach den höchst erfolgreichen Aufführungen in München und Venedig, sagen: HEIMAT – EINE CHRONIK IN ELF TEILEN (BRD 1981-84) ist ein Film von Edgar Reitz, der das ziemlich heikle Kunststück fertigbringt, Ernst Bloch und Zarah Leander in eins, als funkelnde Momente deutscher Geschichte zu denken. Von dem einen fällt ein Licht aufs andere. Dieser Film sieht beide Quellen und will doch keine verdunkeln.

Heimat ist immer ein Inbegriff dessen, was einem totalen Zugriff unterlag, sei es als Anspruch auf ein Territorium, sei es als Einbeutung jener, die eine gemeinsame Sprache sprechen. Heimat ist andererseits auch denkbar als Stätte der Diversität, die der Vereinheitlichung anheimfiel, oder: ein nichtterritorialer Raum, der nicht länger behauptet, was ist, sondern der nachweist, was war. Heimat wäre dann ein Anderswo, eine Erinnerung der Fortgegangenen an ihre Herkunft. Die Sonntagsrede von der verlorenen Heimat dagegen will immer Hinkunft und Wiederkehr.

Fünf Jahre hörte man nichts vom Regisseur Reitz, außer, er sei weggegangen, von München in den Hunsrück, dorthin, von wo er einmal aufbrach in die großen Städte. Jetzt hatte er sich nur zurückgezogen, um im Verborgenen an einem 16stündigen Film- und Fernseh-Epos zu drehen, das untersuchen will: Wie revisions- und rettungsfähig ist unsere Vorstellung von Heimat? Untersuchungsfeld ist Schabbach, ein aus vielen Hunsrück-

89

dörfern synthetisiertes Dorf, das im Laufe der Geschichte von 1918 bis 1980 in die Welt getrieben wird. Im Maße, wie die Schabbacher Anteil nehmen (und auch haben) an Geschichte, verlieren sie ihre eigene Geschichte. Der Dorfcharakter wird verstaatlicht und die Tradition enteignet.

Als dieser Film auf dem Festival in Venedig lief, erklärten namhafte Regisseure des *Neuen Deutschen Films* dem Publikum:

> Heimat, der Geburtsort, ist für jeden Menschen die Mitte der Welt. An diese einfache Wahrheit erinnert uns Edgar Reitz in kosmopolitischer Zeit. 16 Stunden sind um keine Minute zu viel für dieses europäische Requiem der kleinen Leute, das Erfahrungen unseres ganzen Jahrhunderts umfaßt, von dem wir, wie jedermann weiß, schon in 16 Jahren Abschied nehmen.

Unterzeichnete waren Werner Herzog, Alexander Kluge, Volker Schlöndorff, Margarethe von Trotta und Wim Wenders. An dieser Erklärung fällt nicht nur die Einmütigkeit des Urteils auf, die sehr unterschiedliche Temperamente sich für einen Film begeistern läßt, sondern die ausgesprochene Trauer der Erkenntnis, die als stärkste Wirkung des Films HEIMAT gelten darf, das ›Requiem der kleinen Leute‹. Wie leicht ist die deutsche Filmkritik hingerissen, wenn dieses Requiem italienisch gesungen wird, von Bernardo Bertolucci in NOVECENTO (1900, I/F/BRD 1976), von Paolo und Vittorio Taviani in PADRE PADRONE (MEIN VATER, MEIN HERR, I 1977) oder von Ermanno Olmi in L'ALBERO DEGLI ZOCCOLI (DER HOLZSCHUHBAUM, I/F 1978), so, als hätte die Bundesrepublik ihren scheinbaren Mangel an bäuerlicher Kulturgeschichte durch Nostalgie zu Nachbarn wettzumachen.

Der Mangel wird doch als schärfer empfunden. Es ist ein Tabu, hier und heute einen Film zum Thema Heimat zu drehen, bestimmt von der begründbaren Angst, einen Heimatfilm zu liefern. Das Genre mußte neu erfunden werden von Reitz, so sehr war es diskreditiert von den Nazis und deren munteren Nachfolgern in der Unterhaltungsproduktion der Nachkriegszeit. Am Heimatfilm hing immer der Geruch billigster Ordnungsphantasie, dümmster Verklärung ländlicher Sitten und gemeinster Ausbeutung bäuerlicher Kultur, die für Städter bloß lächerlich war. Das Genre hatte abgehalftert.

Wenn Reitz nun die Stirn und das Denkvermögen hat, seine Dorf- und Familienchronik HEIMAT zu nennen, dann bricht er mit dem Tabu auch den Bann ohne Gegenzauber. Er zeigt keine Provinz-Idylle, er leuchtet nur, mit jeder Sequenz schöner und genauer, die Brutnester aus, aus denen da deutsche Geschichte kroch. Sein Film ist ein Fresko komischer Verzweiflung, ein Trauerpanorama ohne Wehleid. Denn die bäuerliche Kultur im Hunsrück ist auch unwiederbringlich dahin. Keine Feier gilt ihr, aber doch ein Abgesang. Ein Requiem also und kunstvolle Totenklage.

Die letzte Folge trägt den Titel: DAS FEST DER LEBENDEN UND DER TOTEN. Wie geht das zusammen? Sprengt dieser Zeitbegriff nicht jede Chronik? Wer glaubte, daß zu einem Dorf-Film eine holzschnittartige Realistik, eine ruppige Kameraführung gehöre, deren Bewegungen gar bäuerlichen entsprächen, der sieht sich spätestens hier getäuscht. Die Kamera von Gernot Roll, der schon STUNDE NULL (BRD 1977, Edgar Reitz) fotografierte, zeichnet in einem äußerst kunstvollen Geflecht die kollektiven Bewegungen dieser Großfamilie nach, die aus Schabbach in die Welt hineinstolpert. Am Schluß hat die Regie alle Menschen und deren Geschichten in einem Saal versammelt: dem Totenhaus, in dem die Zeit auf der Stelle tritt.

Verflogen der Charme und die Bitterkeit, der heitere Unsinn und der schmierige Konformismus der Dörfler. Bei diesem nicht enden wollenden Abschiedsfest geht es nicht menschlich zu, sondern historisch. Die netten Leute, die wir so lieb gewonnen hatten, werden zu Mumien der Erinnerung. Das Dorf, das so beschaulich schien als Nest der Geborgenheit, war eine Brutstätte der Mißgunst. Die Vision vieler Zuschauer, die schon ein Abonnement aus Sympathie zum Land gewählt hatten, wird gründlich verstört, hebt alles als untrennbar auf, die bösen wie die guten Energien. Wer diesen Zusammenhang der allgemeinen Anteilnahme, den jedes Landleben verspricht, verlassen will, muß sich anstrengen, ein Außenseiter zu werden, der in den Großstädten das individuelle Glück nicht nur macht, sondern auch aushält. HEIMAT erzählt in unendlichen Variationen, umständlichen genealogischen Verzweigungen und geschichtlichen Verwirrungen doch immer wieder die Geschichte der Trennungen, die erwogen und vollzogen werden müssen. Heimat ist keine Stätte der Bleibe, sondern ein Durchgangslager für die Hoffnung auf Harmonie im Zusammenleben.

Alles fängt damit an, daß ein Mann heimkehrt. Der Erste Weltkrieg ist vorbei, Paul Simon läuft zu Fuß, von Frankreich nach Schabbach: ein Geschlagener, der sogleich etwas ganz anderes will, was ihn wieder aus Schabbach hinausbringt. Dazu braucht man eine Idee, denn der Krieg, der nicht sein Krieg war, ist nicht produktiv. Paul wird sich mithilfe eines selbstgebastelten Radios in die Welt katapultieren. Das ist ein Heimatmüder, ein aus dem Nest Gefallener. Er gehört nicht mehr dazu. Die anderen sprechen vom Krieg. Er schweigt und schläft ein. Sein Traum geht weiter, und Reitz geht immer jenen Träumen nach, die Leute vorwärts bringen. Die Gegenwart ist vielstimmig, und HEIMAT gelingt es, fast jeder Nebenstimme eine besondere Klangfarbe zu lassen. Das ist bei einer Produktion, die 28 Hauptdarsteller, 140 Sprechrollen und 5.000 Laiendarsteller vereinigen muß, ohne zum Monumentalfilm zu geraten, eine überragende Leistung in der Organisation von Ästhetik. Erklärbar nur im Zusammenhang von Reitz' genauestem Sinn und Respekt für das Detail, für die geringste Abweichung, die er in seiner Komposition anhebt, ohne sie als groß hervorzuheben.

Im Mittelpunkt der HEIMAT-Geschichte steht Maria, die Tochter des Bauern Wiegand, die den aus Frankreich heimkehrenden, radiobastelnden Paul Simon, Sohn des Dorfschmieds, heiratet: Es ist ihr Wunsch. Wenn man traurig am Ende des Films von Maria Abschied nehmen muß, dann ist sie achtzig Jahre. Alle Männerrollen besetzte die Regie mit mehreren Darstellern, die der Entwicklung des Alters Rechnung tragen. Die Hauptdarstellerin bestreitet ihre Rolle ganz allein. Sie heißt Marita Breuer, spielte bei Jürgen Flimm in Köln Theater und zählt mit dieser ganz außergewöhnlich eindringlichen Leistung sofort zur Spitze deutscher Schauspielerinnen. Ich kenne nur eine Schauspielerin, Meryl Streep, von gleicher Ausdruckskraft, eine Rolle zu leben.

Heimat, das ist auch das Gefühl, das einem beständig unter den Füßen weggezogen wird. So muß Maria es erfahren. Ihr Mann verläßt sie, wandert, ohne je ein Motiv seines Wandertriebs anbieten zu können, in die USA aus. Dort gründet er eine Fabrik für elektronische Geräte, die ihn reich macht.[3] 1938 versucht Paul erfolglos (der Ariernachweis ist nicht beizubringen, aber wie das versucht wird, ist eine rasante Mischung aus grotesken und kritischen Elementen), schließlich 1945 mit zweifelhaftem Erfolg, zu seiner Frau und Familie in den Hunsrück heimzukehren. Der ewige Weggeher und Wiederkommer sitzt, wie alle Männer, die innerlich das Dorf abschrieben, an der Holzsäule mitten in der Simon-Küche. Zögernd nähert sich ihm seine Frau. Müde läßt Marita Breuer ihren Blick abgleiten. Ihr Körper schleppt sich, ehe er am Tisch eintrifft, durch den Raum, seine Lichtzonen der gestuften Enttäuschung. Marias Wünsche kamen immer zu kurz. Nachts versucht der ihr entfremdete Mann, unter dem Vorwand, ihn friere, zu Maria ins Bett zu kriechen. Fast tonlos spricht die Breuer einen Satz, mit dem sie ihre Haltung aus Hoffnung und Resignation umreißt: »Zwanzig Jahre kann man nicht einfach aus der Welt schaffen, indem man *friert.*«

Daß alle Schauspieler so gut sind, macht den Film gut. Stars gibt es nicht, Licht fällt auf jeden. Doch sympathisiert die Regie mit keiner einzelnen Figur, weil sie stets das Gleichgewicht und die Abhängigkeit des politischen Handelns ihrer Figuren im Auge hat. Die Dialoge in diesem HEIMAT-Epos sind lakonisch und genau. Außerdem sind sie ausgesprochen witzig in der Reibung der Dialekte, in der Suche nach individuellem Ausdruck auch im gleichklingenden Dialekt.

Der Zweite Weltkrieg bringt alles durcheinander. Nun wird Schabbach ans Reich angeschlossen. Parallel zur Familiengeschichte, die nie eine mythisch bestimmte Saga wird, erzählt Reitz die Mediengeschichte in ihrer Entwicklung.

Von der feinmechanischen Industrie im Hunsrück führt ein Weg zur Propagandakompanie. Eine Episode (DIE LIEBE DER SOLDATEN) führt einen Diskurs über die Ethik der Bildproduktion: Was darf die Kamera aufnehmen, und wie? Eine andere Episode schickt unternehmungslustige Frauen, wie Reitz sie in seinem Film DIE REISE NACH WIEN (BRD 1973) portraitiert hatte, ins Kino, zu Zarah Leander, in HEIMAT. Schließlich erliegt das Dorf dem haltungsprägenden Einfluß der kriegsgenutzten Medien. Die Hunsrückhöhenstraße, die auch nicht nur Ausflüglern dient, sondern Hitlers Panzer an den Westwall werfen soll, wird zum Medium, auf dem fremde Menschen nach Schabbach strömen. Sachsen und Schwaben, Hamburger und Münchner. Im Nazifilm tümelte das Volk. Hier wird nach verschütteter Ausdruckkraft gegraben, die die Dialoge nicht nur komisch, sondern auch eigen macht. Der Dialekt in diesem Film bringt den Eigensinn der Geschichte zur Sprache.

Ein armer Junge, der von seiner erst nazifrommen, dann bigotten, dann amerikabegeisterten Mutter (Karin Rasenack als Lucie) zum Konformisten hochtrainiert wird, muß dem reichen Onkel aus Amerika, Paul Simon, der die Care-Pakete auspackt, die 48 Bundesstaaten der USA hersagen. Später heißt es knapp von ihm: »Erst hat er noch eine Eins in Mathematik geschrieben, und dann hat er die Tellermine im Wald gefunden.« Noch eine Hoffnung, die begraben werden mußte. Nicht mit Sentiment, sondern mit einer mitleidlosen Liebe, wie man die Haltung der Drehbuchautoren (Edgar Reitz und Peter Steinbach) zu ihren Figuren nennen könnte. Die Konsequenz daraus ist, die exemplarischen, aber nicht unbedingt beispielhaften Menschen, deren Verhalten gezeigt wird, unter keinem Vorbehalt aus der Geschichte zu entlassen. Einzig das Kapitel HERMÄNN- CHEN, dieses Selbstportrait des Künstlers als junger Mann, scheint mir mehr dem selbstverliebten Sentiment als einer Selbstkritik nachzugeben. HEIMAT übersetzt die große deutsche Geschichte in eine Dimension, in der sie der Größe entkleidet wird, nämlich die der kleinen Leute, die ihr Leben in Würde auch ohne Größe führen. Man muß diese Erinnerungen nur hören und sehen, dann kann man davon nur schwer Abschied nehmen.

Erstveröffentlichung: *Die Zeit*, 14.9.1984 [Anm. s. S. 471f.].

HEIMAT – eine Wiederkehr?

Heute abend läuft im Fernsehen der dritte Teil des Fernsehspiels HEIMAT (BRD 1981-84, Edgar Reitz). Es ist gut, sich die Titel der ersten beiden Folgen: wie FERNWEH und DIE MITTE DER WELT in Erinnerung zu rufen, sowie den Untertitel des Ganzen HEIMAT – EINE CHRONIK IN ELF TEILEN. Dieses Fernsehspiel will eine Chronik sein, Geschichte im Verlauf erzählen, und keine Serie, die sich gewöhnlich aus dramaturgischen Fertigteilen zusammensetzt und vom Zuschauer an jedwedem Punkt konsumierbar ist. Eine Serie wird entworfen, eine Chronik wird nacherzählt. In ihr lebt Geschichte wieder auf. Heimat wäre dann nur der Standpunkt, von dem aus Geschichte erzählt, geformt und nachempfunden wird. Für Edgar Reitz, den Regisseur dieses Films, beginnt der HEIMAT-Film mit Fernweh, noch ehe Heimat als »die Mitte der Welt« definiert wird. Die Heimat, das ist kein Ort, der immerwährende Geborgenheit verspricht. Das ist hier auch das Nest, aus dem man heraus will: von der Mitte der Welt an deren Ränder, wo man neu gehen lernen kann – unbeobachtet, frei und aufrecht. In der »Mitte« der Welt bleibt das unerschütterbare Gefühl sitzen, das jede Veränderung scheut. Der Begriff und das Gefühl von Heimat verändern sich ständig. Mit diesem Wort treibt man Politik am eigenen Leibe. Hier bekommt der Staat seine Bürger zu fassen, denn: ist Heimat auch kein staatsfähiger Begriff, so mobilisiert er dennoch ungemein staatstragende Gefühle, die von jeder Herrschaft gern und leicht eingemeindet werden. Ursprünglich war Heimat nichts als die Bezeichnung für den Ort, an dem man sein Haus hat oder wo man wohnt. Heimat heißt: »das Anwesen, der Wohnsitz, der Geburtsort, an dem man Wohnrecht hatte.«[1] Nicht mehr und nicht weniger. Ein Landrecht war nicht damit verbunden, schon gar nicht der politische Anspruch all diejenigen einzubeziehen, die in fremden Territorien die gleiche Sprache sprechen. Heimat ist der Inbegriff von Gebundenheit an die Kindheit, an das Heim der Eltern, an die Landschaft der Umgebung. Das bezeichnet also eine Abhängigkeit, aus der sich manche, die aus freien Stücken diese Heimat der Kindheit verlassen, lösen. Ihnen bedeutet Heimat nichts mehr als eine Herkunft, eine Beschränkung im engen Horizont. Daran erinnert auch das altmodische Wort »Heimatkunde«, mit dem manche von uns noch in die Geographie dieser Welt eingeführt werden sollten – und doch am häuslichen Tellerrand hängen blieben.

Edgar Reitz, der Regisseur des Films HEIMAT, ging bei seinen Produktionsüberlegungen zu seinem gewaltigen Vorhaben davon aus, daß wir ein eigenes Bild unserer Geschichte brauchen und uns nicht von den importierten Bildern, etwa der HOLOCAUST-Serie,[2] kolonisieren lassen sollten. Der Gegenentwurf heißt nicht Idylle, heimliche Verschönerung, Entschuldigung der Geschichte, sondern: Geschichte von unten, von den Rändern hin zum Zentrum sichtbar machen. In seinem Buch *Liebe zum Kino* notierte Reitz zu seiner Heimat-Chronik aus den Hunsrückdörfern:

Es gibt in unserer deutschen Kultur kaum ein ambivalenteres Gefühl, kaum eine schlimmere Mischung von Glück und Brutalität als die Erfahrung, die hinter dem Wort »Heimat« steht. In allen Zeiten der deutschen Kultur hat man sich damit herumgeschlagen. Heine wurde fast verrückt davon, Hitler hat versucht, dieses Wort zu einer politischen Maxime zu machen.[3]

Die Enge der Heimat macht die Mischung explosiv: Im Kessel der Emotionen kochen Glück und Brutalität. Eine Zutat ist ohne die andere nicht zu haben. Die Erfahrungen in der Provinz, das Zusammenrücken machen die Erfahrungen nur überschaubarer, auch kontrollierbarer, aber nicht weniger gut oder schlecht als Erfahrungen aus den Metropolen. Heimat, das sagt Reitz in diesen Überlegungen, ist eine Frage des Standpunktes. Liegt der Standpunkt ganz außen wie bei denen, die ins Exil aus der Heimat verjagt wurden, dann leidet man am Verlust. Heines »Nachtgedanken« sind ein Beispiel: »Denk ich an Deutschland in der Nacht, Dann bin ich um den Schlaf gebracht«.[4] Brecht ist das andere Beispiel: »Deutschland, bleiche Mutter! / Wie sitzest du besudelt / unter den Völkern.«[5] Liegt aber der Standpunkt, unter dem »Heimat« behauptet wird, ganz innen wie bei Hitler, dann läßt er die unter diesen Begriff Eingebeuteten leiden. Kein Zufall, daß 1938 ein Stoff unter dem Titel HEIMAT (D 1938, Carl Froelich) verfilmt wurde. Zarah Leander spielt hier eine im Ausland gefeierte Sängerin, die in ihr Provinznest heimkehrt, um eine Versöhnung mit ihrem autoritären Vater zu finden, der sie einst verstieß, wegen eines Kindes. Das Drama ist alt, es stammt aus dem Naturalismus. Die Nazis setzten ihm ein Happy-Ending auf, das die melodramatischen Züge patriotisch verklärt. Zarah Leander war nicht die einzige, die ihre Rollen »Heim ins Reich« brachte. Luis Trenker holte den VERLORENEN SOHN aus New York in seine geliebten Berge zurück;[6] von allen Ecken der Welt floh man im Nazifilm nun in jenes Reich, das sich als Mitte der ganzen Welt verstand. Heimat, das war den Nazis die Enge im Weltmaßstab: die explosivste Mischung aus behauptetem Glück in geübter Brutalität.
Lange Jahre danach war der Begriff Heimat tabu. Er lag, wie Brecht das gesehen hätte, »besudelt« unter den Trümmern. Reitz räumte mit seinem Film den Schutt der Geschichte ab, um den Begriff Heimat nicht für alle Ewigkeit zu retten, aber noch einmal als Instrument der Erkenntnis von Geschichte sichtbar zu machen. Heimat, das ist auch das Unwiederbringliche, ein Ort, der nur noch aus Erinnerungen zu bilden ist. Aber ohne Erinnerungen gibt es kein Bewußtsein von Geschichte: das hebt der Film hervor. Nach 1.628 Seiten Philosophie der Hoffnung, die im amerikanischen Exil entstand, kam Ernst Bloch zu dem Schluß: Hat der Mensch sich »in realer Demokratie begründet, so entsteht in der Welt etwas, das allen in die Kindheit scheint und worin noch niemand war: Heimat.«[7]

Erstveröffentlichung: *Radio Bremen*, 23.9.1984 [Anm. s. S. 472].

Dame und Dandy
Ulrike Ottingers Filme

1

Höfisches Ritual und Chiffre des Unbekannten, gekoppelt an ein erotisches Versprechen, das ist für einen Filmtitel schon ein Programm, das in Hollywood zum Beispiel (von 1920 bis 1965) viermal verfilmt wurde. Damit hat dieser Film nichts im Sinn. Er verspricht keine Pikanterie für Männerphantasien, sondern halluziniert ein Ritual von Frauenherrschaft, in dem der Feminismus glücklos bleibt. Denn der herrschaftsfreie Diskurs, von dem wir alle träumen, ist nicht putschistisch: ohne den Diskurs über die Herrschaft der Träume zu führen.

MADAME X[1], auf ihrer Piraten-Dschunke eine absolute Herrscherin, sendet eine Botschaft über alle Meere an alle Frauen, denen sie Gold, Liebe und Abenteuer verheißt. Flora Tannenbaum, die deutsche Försterin, empfängt die Nachricht aus der FAZ; auf Josephine de Collage, die europäische Künstlerin, regnen Papierschnipsel; Betty Brillo, amerikanische Hausfrau, findet die Botschaft im Einkaufskorb; der Psychologin Carla Freud-Goldmund wird sie von einer Patientin auf der Couch zugesteckt; das Fotomodell Blow Up erhält einen Anruf am Autotelefon; die Buschpilotin Omega Zentauri trifft der Appell im Funkdialog mit der Bodenstation; Noa-Noa, die Frau aus der Südsee, fischt eine Flaschenpost auf. So findet sich, zu Fuß, per Rollschuh, auf dem Klappfahrrad, der Rikscha, im Mercedes, im Flugzeug und Kanu, die Mannschaft als Frauenbesatzung der Dschunke zusammen.

Ein Aufbruch der Frauen, rund um die Welt. Sieben Berufe, sieben Möglichkeiten als Frau zu arbeiten, werden addiert zu einer unerhörten Unternehmung, der Eroberungsarbeit von Frauen, die männlichen Territorien gilt. »Biete Welt!« verspricht Madame X und fordert Unterwerfung unter ihre absolute Herrschaft. Die Mannschaft erbringt den Tribut. Wenn dieser Planet, im phantastischen Diskurs dieses Films, nicht herrschaftsfrei zu denken ist, dann wäre die Herrschaft der Frauen noch die beste der Männermöglichkeiten, sich unterdrücken zu lassen.

Das schafft Unbehagen an diesem Film, daß Frauen von Ritualen der Gewalt sich willig faszinieren lassen und – in der Männerphantasie – dabei das Territorium der Unschuld, der Vermeintlichkeit, als Frau ein besserer Mensch zu sein, verlassen. Und im schroffen Gegensatz der Sanftmut in anderen Frauenfilmen den Rücken kehren, die den Frauen »Liebe ohne Scherereien« versprechen, wie noch Agnès Varda in ihrem letzten Film.[2]

Dieser Film hat keine Spur von Ängstlichkeit. Im Gegenteil: denen, die gegen die Faszination dieser ritualisierten, vollkommen ästhetisierten Gewalt stramme Abwehr in Marsch setzen, macht er Angst. Denn auf dem

Frauenschiff Orlando sind die Flaggen: Angriff, Leder, Waffen, lesbische Liebe und der Tod mit einer Schönheit aufgezogen, die den Zuschauerblick nicht absolut beherrschen will. Die Ästhetik unterliegt strenger Stilisierung, die ohne Überwältigung sich frei herzeigt. Die wunderbaren Kostüme von Tabea Blumenschein sind kein Korsett fraulicher Formen mehr, sondern flattern frei, bilden, unförmig geworden, die Haut für einen zweiten Körper, der in diesen Frauen steckt. Die Gesten sind auf kleinem Radius abgesteckt, die Mimik ist bisweilen dem Stummfilm abgeschaut. Das wirkt durchaus komisch, denn mit diesem inszenierten Mißverhältnis, der brillant gehandhabten Asynchronität (ich kenne kaum einen neuen Film, in dem die Funktion des Tons witziger geregelt wäre als hier) arbeitet der Film.

Dennoch herrscht nie blutiger Ernst, sondern die spielerische, selbstironische Phantasie eines denkbaren Bewußtseins. Dieses Bewußtsein der Piraterie entert mit einem Handstreich das blanke Deck der Normalität, um sich blendend und höhnisch darauf niederzulassen. »Alles, was irgendetwas zerschlägt, alles, was mit der etablierten Ordnung bricht, hat etwas mit der Homosexualität zu tun oder mit einem Tier-Werden, einem Frau-Werden usw. Jede Semiotisierung im Umbruch impliziert eine Sexualisierung im Umbruch [...]«, schreibt Guattari in seiner *Mikro-Politik des Wunsches*.[3]

2

Die Leinwand ist rot. Es knistert. Falten aus Chiffon werfen sich auf. An den Rändern schwindet die Farbe. Ein barocker Innenraum wird sichtbar. Auf hohen Schuhen schreitet ein Kleid davon. Wer es trägt, wird sichtbar erst, als Tabea Blumenschein, Hauptdarstellerin und Designerin der Kostüme, in Mittelachse von der Kamera sich in den Hintergrund entfernt. Sie tritt an einen Schalter, verlangt einen Flugschein nach Berlin-Tegel, ohne Wiederkehr. Ihre Reise kann beginnen. Zuerst die Farbe, dann ein fixer Bildausschnitt, sodann Ton und ein Kostüm und schließlich Träger, die es durch den Raum bewegen. Das ist die Folge der ästhetischen Parameter, die den Stil dieses Films bestimmt.

Im Gegensatz zu Ulrike Ottingers letztem Film MADAME X – EINE ABSOLUTE HERRSCHERIN, dessen Ausfahrt mythischen Meeren galt, hat das BILDNIS EINER TRINKERIN (BRD 1979) eine exakte Geographie. Sie, eine reiche Frau von Nirgendwo, wählt Berlin (West) als den Ort, an dem sie »ungestört ihrer Passion«, dem Trinken, leben kann. Sie trifft dabei auf Lutze, die Trinkerin vom Bahnhof Zoo. Sie: im Taxi, die andere: mit einem Einkaufswagen ihrer beweglichen Habe auf den Straßen streunend. Eine Sightseeing-Tour, auf der sie sich zu Tode säuft. Ein Trinkplan, nach dem das anonyme Duo durch die Pinten geistert. Ganz Berlin ein Nachtasyl. Dies ist kein Problemfilm, der ein sozial relevantes Thema aufgreift wie die Kräfte der Ordnung Leute ohne festen Wohnsitz. Wer das erwartet, sollte

Billy Wilders therapeutische Anleitung in seinem THE LOST WEEKEND (DAS VERLORENE WOCHENENDE, USA 1945) zu Rate ziehen. Hier herrscht keine Fernsehdramaturgie des öffentlichen Auftrags. Das deviante Verhalten wird narzißtisch, exzessiv und ohne Rücksicht auf die Konvention gelebt. Dem aristokratisch-proletarischen Trinkerduo immer hart auf den Fersen sind drei allegorische Figuren. Sie heißen Soziale Frage, Exakte Statistik und Gesunder Menschenverstand. Sie irren in ihren Kongreßuniformen – ein gräßliches Pepitamuster – umher wie eine Mischung aus Blitzmädel und Stewardeß. Sie studieren ein Milieu und verfehlen, wovon es lebt. In ihrem Mund klingt wissenschaftliche Erkenntnis über den Alkoholismus als sanktionierte Form der Selbstberauschung. Als ihr Fall, den sie verfolgen, einmal arbeitet, sieht man die drei grotesken Schwestern der Fürsorge, wie sie an die Tür huschen, Augen und Ohren am Riffelglas plattdrücken. Ihr Voyeurismus hat Suchtcharakter.

Berlin ist, scheint es, aus Glas gebaut. Kaum entrinnt Tabea Blumenschein dem Käfig aus automatischen Türen in Tegel. Im Botanischen Garten besteigt sie den gläsernen Turm. Sie bewegt sich schleppend, so somnambul wie Sybille Schmitz in Dreyers VAMPYR (D/F 1932). Jede glänzende Fläche wird zum Spiegel ihrer kostbaren Schönheit. Sie kann dies Bild aber nicht ertragen. Sie schüttet Gläser über Spiegeln aus. Ihr Bild zerfließt, es splittert nicht, und im Verrinnen sieht sie süchtig der Spur der Selbstauflösung nach. Auch ihre Kostüme werden transparenter. Die Farben werden metallischer, die Stoffe steifer. Wo sie anfangs Contenance durch die Kleider gewann, deren üppige Eleganz zur Schau stellte, baut sie gegen Ende ihre Kostüme so um, daß für jede Bewegung Spielraum gegeben ist.

Was Ausdruck des Verfalls, der Selbstzerstörung sein kann, muß man hier nicht am Dialog, der Mimik ablesen. Kein Mienenspiel verrät, was innen vorgeht. Das Vonaußensehen wird hier wesentlich. Aber kleine abrupte Gesten, allegorische Kostüme und die Schauplätze des banalsten Alltags geben die Signale. Gesprochen wird so gut wie nicht. Aber die Toncollagen sind von einer raffinierten Schichtung, die auch einen technologisch mächtigen Dolby-Sound in den Schatten stellt. Das Klirren von Gläsern, das Quietschen der Korken, das Rascheln von Geld und das Knistern der Kleider – derlei Reibungen des Materials, mit Originalton und schrägen Tönen einer Zirkusmusik gemischt, hat man so sinnlich noch nicht gehört.

Die Schauplätze zwischen Schutthalden, bizarren Wannseedampfern, Rübenfeldern an der Mauer, der Spielbank und Kreuzberg wirken verschwenderisch ausgestattet. Sie wurden aber alle vorgefunden, wie sie sind. Der Eindruck ihrer Inszeniertheit beruht auf dem gewählten Kamerawinkel. Oft herrscht extreme Untersicht, aus der heraus Figuren sich überlebensgroß in den Bildhintergrund entfernen, bis sie erkennbar menschliche Größe erreichen und dann entschwinden. Der Schauplatz ist der Star, und die Kamera steht an der Rampe. Da treten Seiltänzer, Penner und Kellner auf. Aber ausgeleuchtet wird der Raum von den Randzonen her, in denen sie sich bewegen. Am Künstlertisch eines Cafés knabbert Ginka Steinwachs am Brotmantel, den Wolf Vostell sich hergerichtet hat. Eddie Constantine spielt angetrunken mit Tabeas Rose und einem Text von Gertrude Stein. Die Regisseurin selbst greift zur Lektüre. Auch die Klofrau am Bahnhof Zoo verfällt einer Vorlesewut. Material der Fremderfahrung, zitiert wie die Bemühungen der Wissenschaft. Auch Nina Hagen hat einen hinreißend frechen Auftritt. Sie besingt eine Vergewaltigung (wieder die prekäre Spannung, in der das Grauen nur in Form der Farce bewältigt wird) und übersteigert ihre stimmlichen Mittel derart leidenschaftlich, als müsse sie Puccini singen. Oft bauen die Bilder auch Erwartungen auf, die abrupt abbrechen, glatt verschenkt werden, weil da noch Ressourcen an Erfindung auszuschöpfen sind. So spielt auch der Aufbau der Bilder mit filmisch bekannten Größen. Da gibt es Assoziationen an Hitchcocks doppelbödige Bilder: Karin Dors Tod in TOPAZ (TOPAS, USA 1969, Alfred Hitchcock) – die Leinwand füllt sich mit ihrem Kleid, bis nur noch die Röte des Technicolors, das Material der Farbe sichtbar wird; an Fellinis Zirkustruppe, seine Zwerge, oder an das Spiegelkabinett aus THE LADY FROM SHANGHAI (DIE LADY VON SHANGHAI, USA 1947, Orson Welles). Doch mit diesen verdeckten Fluchtpunkten des Blicks wird sehr selbstironisch, unaufdringlich umgegangen.

In diesen Bildern stolpert man durch Berlin wie Jacques Offenbach durch das »Pariser Leben«. Der Oberflächenglanz besticht. d.h. seine kunstdurchtränkte Heiterkeit trügt, weil er die Oberflächlichkeit vorsätzlich zum ästhetischen Prinzip erhebt und allem Sinnzwang wie die Dandies des *Second Empire* entflieht. Berlin wird der neue Boulevard und Laufsteg, auf dem alles geht, sich spreizt und ungeniert entfaltet, im Morgengrauen aber in Melancholie erstarrt. Von dieser Attitüde ist das BILDNIS EINER TRINKERIN gezeichnet.

Als Schauspieler denunziert der Dandy den Künstler, seinen Bruder, der mit ihm das Gemeine, geldraffend Erniedrigende des bürgerlichen Alltags verabscheut. Der Arbeitswelt setzt er den Müßiggang entgegen, der allgemeinen Anpassung den Trotz und der Pflicht den Genuß, wie er der Moral mit einem oppositionellen Begriff von Stilgefühl begegnet [...],

so beschrieb Ralph-Rainer Wuthenow das Dandytum.[4] Ästhetizismus ist, heute, ein in Verruf geratener Widerstand gegen die Auflage, im Bizarren noch Vernunft zu bewahren, die den Dandy am Ende doch zu nichts als zur Räson bringt. BILDNIS EINER TRINKERIN hat Ulrike Ottinger ohne das Fernsehen zustande gebracht und mit schmaler Hilfe öffentlicher

Filmförderung selbst produziert. Ihre nächsten Projekte gelten den Freaks und DORIAN GRAY IM SPIEGEL DER BOULEVARDPRESSE (BRD 1984).

3

Der Titel schillert. In ihm stecken barocker Umstand und akademische Ausschweifung gleichermaßen. Bisher begnügte man sich damit, den ersten Teil des Titels zu lesen: Dorian Gray, um an die zitierte Figur aus Oscar Wildes Roman anzuknüpfen, was mißlang. Der Film annonciert aber auch in seinem Titel-Vorspann eine Wahrnehmungsmethode (»im Spiegel«) und ein Massenmedium (»Boulevardpresse«). Das ist das Netz, das um die scheinbar individuelle Figur des Mr. Gray gespannt wird, so fest, daß es sie von gängigen Erfahrungsmustern abschnürt. Der Titel legt die Karten auf den Tisch. Es geht um ein Spiel, in dem eine Figur mit Methode und Medium verstrickt wird.

So beginnt keine Geschichte, wie sie das ›Leben‹ erzählt, das im Film gerne behauptet, ungeschönt in den Alltag zu greifen und Rohstoff auf die Leinwand zu bringen. So beginnt eine Geschichte der Kunstfertigkeit, die sich in jedem Augenblick bewußt ist, daß sie einen Film erzählt. Nicht die Geschichte ist hier der Rohstoff, sondern Ton und Bild. Ottingers Filme sind Ausdruck des Prekären im Maße, wie sie immer auch ihre Kunstfertigkeit betonen.

Buchstabe für Buchstabe setzt sich der Titel in grüner Computerschrift zusammen. Unter der Schrift liegt das Bild einer Höhle. Neben dem Abwässergeplätscher hört man sich nähernde Schritte einer Gruppe von Frauen, die sich frontal der Kamera stellen und nach einem Umschnitt in die Gegenrichtung entlassen werden. Von oben fällt ein wenig Kunstlicht in den dunklen Gang, die Frauen entfernen sich auf einem Eisentreppchen, das vielleicht ins Außen führt. Aber der Gang führte aus dem geheimen Verlies in eine Versammlungshalle. Räume extrem verschiedener Größe stießen aneinander, und kein Gang führte nach außen.

Eine Versammlung wird eröffnet. Frau Dr. Mabuse (mit allem Schmelz, wie er zur Verführung der Macht gehört, gespielt von Delphine Seyrig) leitet sie. Anwesend sind die nationalen Chefs ihres internationalen Medienkonzerns. Die Herrin verkündet, in drei Sprachen und mit mal schneidendem, mal gurrendem Ton, als sei sie schon berauscht von der Idee, ein neues Programm. »Unser Konzern wird einen Menschen schaffen, den wir nach unseren Vorstellungen formen und nach unserem Belieben führen.« Dieser medial geschaffene Mensch soll zum Medium der für ihn kreierten Sensationen und Katastrophen taugen. Die Boulevardpresse, die ansonsten dem Niedagewesenen nachjagt, zeugt das Niedagewesene. Sie fingiert also Realität und druckt Meldungen aus der Nicht-Wirklichkeit. Die Presse wird zur Künstlerin.

Dorian Gray, der Prototyp des alterslos schönen Mannes (gespielt von Veruschka von Lehndorff, die sich nicht einfühlsam versteckt, sondern immer wieder aus der Mann-Maske herauslugt), wird zum auserwählten Helden, seine Abenteuer zur unerhörten Begebenheit der Geschichte. Dorian treibt Studien zum Müßiggang. Sein Diener, genannt Hollywood, erledigt den Alltag für ihn. Dorian ist tadellos funktional gekleidet, bewohnt ein Haus funktionalistischer Architektur (das Erich Mendelsohn erbaute), bietet sich mithin an als Figur des Fungiblen, aller Individualität entäußert. Er ist nichts, und er ist das, was ihm widerfährt. Er ist ein ideales Objekt für den Zusammenhang von Sehnsucht und Massenmedien. Er wird von Frau Dr. Mabuse zum Glücksprinzen der kunstseligen Inseln erkoren.

Seine Gefühle sind ferngesteuert, auch die Zuneigung, die er einer Schauspielerin in der Rolle der Andamana (Tabea Blumenschein) entgegenbringt, ist ein synthetisches Produkt. Ständig werden persönliche Gesten in diesem Geflecht der öffentlichen Medien in privater Hand zu Vorzeige-Gesten, zu Kontrollbildern der totalen Überwachung. Spitzel in Lodenmänteln, Stadtstreicherinnen mit Sprechfunk in der Plastiktüte, die drei in Kosmonautengrau gekleideten Assistentinnen der Konzernchefin (Magdalena Montezuma, Irm Hermann und Barbara Valentin) spielen im Reich der Computerdiktatur, als könnten sie sich inmitten der völligen Technisierung mit opernhaften Gefühlen behaupten.

Deshalb ist die Diskrepanz zwischen dem Rahmen, der Ausstattung und den zeichenhaft, fast nur choreographisch angedeuteten Inhalten auch komisch. Allein die breit ausgestellten Revers am schwarzen Kleid der Delphine Seyrig wirken wie eine Startbahn großer Gesten, zu denen die Arme dann ausholen und den Raum mit Linien füllen, auch wo der sinnentleert scheint. Seyrig spielt nicht die märchenhaft Böse, sondern schon die Erinnerung an den Mythos vom absolut Bösen, wie er in den Medien selbst, den Filmen, überliefert wurde.

Bei Fritz Lang war Mabuse ein Mann, ein Falschspieler, ein Falschgeldproduzent. Bei Ulrike Ottinger mutiert Mabuse zur Frau und Bewußtseinsproduzentin, die nichts als den Schein in Umlauf bringt und am Ende sich mit der Phantasmagorie der vollkommenen Herrschaft über ihr Medienprodukt Dorian Gray betrügt. Eine Gefangene des eigenen Wahns, ein Opfer technisch angezettelter Gefühle, die nicht länger dauern, als es braucht, ein Fernsehbild abzutasten. Die Meisterin wird Opfer ihres Meisterschülers, und der Meisterschüler avanciert zum Meister des Medienkonzerns. Das entwickelt sich nicht, das spielt eine Versuchsanordnung durch, die an den Ausgangspunkt zurückkehrt. Welches Programm wird Dorian Gray nun für den »Herrn von Welt« und »Alexander Baron von Regenbogen« entwerfen?

Schauplätze sind neben der Geheimwelt des Konzerns: ein monumentales Felsentheater, eine Opera auf den Glückseligen Inseln, die zur Zeit der spanischen Inquisition spielt, ein Presseball, auf dem noch die Sektgläser aus Zeitungspapier ›geblasen‹ scheinen, die Unterwelt der Lüste und Strafen, das Traumreich der opiumgeschwängerten Erinnerung, eine Punk-Disco, bevölkert von allerlei Erscheinungen wie siamesischen Zwillingen, Matrosen, freiwilligen Märtyrern, einem Sarotti-Mohr, einer Österreicherin u.a.

Das Kino Ulrike Ottingers sieht auf den ersten Blick wie eine Zauberschachtel aus, die, einmal geöffnet, zu einem Kabinett monströser Zwänge, traumatischer Erinnerungen an Herrschaft wird, die Macht aus Selbstunterdrückung behauptet. Der Schein der Schönheit, der auf jedem Bild glänzt, ist diesem Untergrund abgepreßt. Der theatralisch gemessene Gang der Figuren zeigt auch, wie kurz angebunden diese an den Mythos sind, der sie fesselt. Die Machtmythen, wie Medien sie überliefern, sind die Spielleiter in Ottingers Filmen. Sie gewinnen ihre Kraft durch konsequente Denaturalisierung der Geschichte. Die Mythen ›leben‹ ohne Anführungszeichen und Quellennachweis. Sie drängen hier nicht in die Tiefe, sondern in die Oberfläche. Das aber ist jener Ort, der – wie Kracauer schrieb – die geringsten Verfestigungen aufweist.[5]

Erstveröffentlichung in: Karsten Witte: Im Kino – Texte vom Hören und Sehen, Frankfurt/Main 1985, S. 61-68 [Anm. s. S. 472].

Im Laufe des Lichts
Rudolf Thomes TAROT nach Goethes *Wahlverwandtschaften*

Catherine wendet sich an Jules: »Ich möchte heute abend *Die Wahlverwandtschaften* lesen. Kannst Du sie mir leihen?« Jules aber hat das verlangte Buch gerade seinem Freund Jim geliehen. Der verspricht es Catherine am nächsten Morgen zu bringen. Diese literarische Verstrickung ist eine filmische, wie sie Truffaut in seinem Film JULES ET JIM (JULES UND JIM, F 1962) entrollte. Nun wird der Faden, den Jeanne Moreau und Oskar Werner einst spannen, von Thome aufgegriffen.

Schon in TAGEBUCH (BRD 1975) war er fasziniert von Goethes *Wahlverwandtschaften* (1809) ausgegangen, zu denen er jetzt tollkühn zurückfindet. Die Selbstverständlichkeit, ein Stück unterschiedlich auszulegen, scheint Theaterregisseuren vorbehalten. Im Film, dem die Neuheit als Marktwert eingerieben wird, bedeutet die Verschiedenheit des Gleichen schon ein Wagnis. Thome hat dem mit einem Meisterwerk entsprochen, das sich, ginge es in unseren Kinos mit rechten Dingen zu, mit legitimem Erfolg zu MÄNNER (BRD 1985, Doris Dörrie) gesellen müßte. Aber da herrscht ein anderer Magnetismus als die Liebe zum Licht.

Vera Tschechowa geht versonnen durch den Wald zum See, in dem Hanns Zischler schwimmt. Jeder folgt seiner Bahn, die sich nur innerhalb der

Beschirmung im üppigen Landhaus des Paares Eduard und Charlotte kreuzt. Sie ist Schauspielerin, er Filmregisseur und, wie die aufgespannten Filmplakate besagen, ein Verehrer von Ozu und Sternberg, also nicht astrein. Die alten Liebenden wagen einen neuen Anfang ihrer aufgegebenen Geschichte, sind aber nur, durch ihren Agenten Mittler ermutigt, in den dünnen Schein der Harmonie verliebt.

Charlotte schreibt einen Roman, Eduard sucht einen Stoff. Otto hilft. Ottilie schiebt sich dazwischen. Aber zur Katze im Bett ist Eduard liebevoller als zur Freundin, die er mit der forschen Frage: »Störe ich?« stört und sich selber mit dem gebrummten Mahler-Lied: »Wenn mein Schatz Hochzeit macht, hab ich meinen Trauertag«¹ abwiegelt. Das Klima des Rückzugs könnte nicht kreativer sein. Der Sommer strahlt, das Paar sucht schüchtern Schutz in der Idylle ländlicher Heiterkeit, die ihm das Haus am Fluß so überströmend bietet. Aber jedes Wort, jeder Vorschlag des Mannes an seine künftige Frau ist eine schwach kaschierte Regieanweisung. Man müßte die Fensterläden streichen, bevor das Wetter umschlägt, wird erwogen. Gestrichen wird nicht. Diese Künstler reden, sie bilden nicht.

Bald treten die anderen Protagonisten auf den Plan. Otto (Goethes Hauptmann) ist Drehbuchautor, Ottilie eine außerordentlich schöne, doch nicht sonderlich talentierte Gitarristin. Rüdiger Vogler tritt hier seit IM LAUF DER ZEIT (BRD 1976, Wim Wenders) zum ersten Mal wieder mit dem damaligen Kompagnon der Straße: Zischler auf. Katharina Böhm als Ottilie ist eine Entdeckung, die schwer schöner zu fotografieren ist als von Martin Schäfers Kamera in TAROT (BRD 1986).

Die Besetzung ist ein Glücksfall. Ihr beim Spiel der fortschreitenden Anziehung und Abstoßung zuzusehen, ist wie ein Quartett aus Mozarts Cosi fan tutte (1790) anzuhören. Nicht die Vogelstimmen sind das Paradies, das nur im Off betretbar wäre; das tierische Gezwitscher der vier Menschenstimmen über die Gaukelei der Liebe aber gibt eine Ahnung, daß dieser so entrückte Garten der Rosen und Lampione bald verlassen werden wird. Wenn diese Geschöpfe am Ende der eigenen Kleingläubigkeit anheimfallen, von der kurz entschlossenen Dramaturgie abgeräumt werden, dann hat es nicht an der mangelnden Liebe zur Möglichkeit dieser Figuren gelegen.

Im Gegenteil: die Kamera geht mit den Affinitäten und Konstellationen des Begehrens behutsamer um als die Handelnden untereinander. Die aktuellen Berufe, man ist im Filmgeschäft, ließen eine rüdere Behandlung der Probleme erwarten. Sicher fehlt es Thome nicht an Mokanz. So schickt er Eduard, der sich partout bewähren will, nicht wie Goethe seinen Baron – auch ein privilegierter Mann – in den Krieg, sondern nach Kamerun: in einer Vorabendserie des Fernsehens einzuspringen.

Mit einem schreienden Buschhemd, das eher Mailand als Afrika markiert, kehrt Zischler unwirsch zurück. Offensichtlich war Afrika der falsche Schauplatz für ihn, denn da hatte unserem Eduard keiner der in sein Leid

Verstrickten zugesehen. Aber nie bricht die Regie, die verzweifelte Kulturarbeiter ohne weiteres wie in einem Robert van Ackeren-Film kaltschnäuzigem Neon aussetzen könnte, den Stab über sie. Sie bleiben in der Verfehlung gebannt von einem Licht, das sie nicht los läßt.

Eingangs sind es die ockerfarbenen Töne des Hauses, die vier Wahlverwandte überfluten und zärtlich karessieren. Später in freier Natur malt das Agfacolor, das man nie so intensiv leuchten sah, Tableaus für Liebende, gleichgültig, ob sie sich in Erdbeerfeldern niederhocken oder durch die Maisfelder flanieren. Schließlich wird das so starke Gelb matter. Die Wasserfarben überwiegen ab der Schlüsselszene des Tarotspiels. Ottilies Gesicht verdunkelt sich ins Rätselhafte. Spuren aus einem früheren Leben dieses Twens, der wie eine schwedische Lichtkönigin aussieht, zeichnen sich an ihr ab. Tschechowa sagt ihr eine finstere Zukunft voraus, und eingespiegelte Reflexe huschen über das ganz selbstverständlich undurchdringliche Gesicht von Böhm.

Konterkariert wird die Entrückung durch die kleinen fabelhaften Ticks der Männer. Noch immer reibt sich Vogler erstaunt und verlegen die Augen, zieht Zischler verteufelt gut die Augenbraue hoch, bevor er eine Bosheit ins Gespräch wirft. Die Männer entwickeln einen trockenen Charme. Der eine singt, der andere nicht. Höchstens sind sie gewöhnlich. Denn unausgesetzt dringen sie in die Räume der Frauen ein. Sie können keine in Frieden lassen. Das unterstreicht ein ironischer Schnitt, der die Verirrungen der Wünsche in der Hochzeitsnacht kundtut: Jeder denkt an die, jede denkt an den, mit dem man gerade nicht zusammenschläft.

So läuft das Licht, das Thome auf dies Parallelogramm unproduktiv gebundener Kräfte wirft, aus einem zauberhaften Gelb in die diffuse Dämmerung. Die Frauen tragen einen stillen und gerechten Sieg davon. Sie spielen bloß, d.h. in Gelassenheit den Totentanz, den diese Männer in den Verfügungsgriff zu kriegen suchen. Nicht die laute Mechanik der Gefühle, der vertuschten Indifferenz wie in Rohmer-Filmen ist der Nerv der Dinge; eher ist es TAROT um eine leise wirkende Chemie, die Inwendigkeit der Gefühle zu tun.

Die Abrechnung mit dem Filmgeschäft steht im Hintergrund. Im Vordergrund steht die Aufrechnung eines Gefühls für das Licht illuminierter Trauer, das TAROT wie kein zweiter Film aus diesem Land seit langer Zeit entwickelt hat.

Erstveröffentlichung: *Frankfurter Rundschau*, 11.9.1986 [Anm. s. S. 472].

Gay- oder Schwulenfilm

Im Kapitel »Kulturindustrie« der *Dialektik der Aufklärung* (1947) stellen Horkheimer und Adorno fest, Stil sei Ausdruck sozialer Machtstrukturen: Diese Feststellung lasse sich über den visuellen Zusammenhang von Stil und Macht hinaus erweitern, wobei sowohl der negative wie der negierte Aspekt hervortrete. Welchen Stil könnten diejenigen kreieren, die machtlos und sozial marginalisiert sind, seit langem lächerlich gemacht werden und nicht nur der Macht, sondern vor allem der Möglichkeit, sich zu äußern, beraubt sind? Jedes Minderheiten-Genre nimmt seinen Anfang, wenn überhaupt, im Untergrund. Dieser ihm eingeräumte Ort impliziert jedoch keine zwangsläufige Verbindung mit den radikalen Kräften des *ästhetischen* Untergrunds, sondern bedeutet lediglich, daß das Genre es vorzieht, Winterschlaf zu halten, bevor es sein im Verborgenen entwickeltes soziales und ästhetisches Potential in die Öffentlichkeit trägt.

Wahrnehmbar ist das Genre des Schwulenfilms erst seit den siebziger Jahren. Die politische Schwulenbewegung, eine Folge der Liberalisierung des Strafrechts gegen Homosexuelle (die 1968 durch die sozialdemokratische Regierung initiiert wurde), spielte dabei mit den sich gemeinsam im Untergrund formierenden Gruppen experimenteller Filmemacher eine entscheidende Rolle. Werner Schroeter und Rosa von Praunheim nahmen beispielsweise an den ersten Vorführungen der Filme von Kenneth Anger und Gregory Markopoulos im Rahmen des Experimental-Film-Festivals in Knokke (Belgien) teil, das ebenfalls 1968 stattfand.

Bei meiner Zustandsbestimmung des Genres ›Schwulenfilm‹ als Teil des *Neuen Deutschen Films* möchte ich weiter gehen als Tyler in *Screening the Sexes*, Dyer in *Gays and Film* und Russo in *The Celluloid Closet*, die sich vor allem mit den verbreiteten Stereotypen und Klischees männlicher homosexueller Charaktere im Film auseinandergesetzt haben.[1]

Die Bezeichnung ›Schwules Kino‹ ist zweifellos ein Euphemismus und steht mit dem Versuch der Schwulenbewegung in Verbindung, eine von der Mehrheit verächtlich genutzte Bezeichnung stolz für sich zu akzeptieren. In Rosa von Praunheims Film NICHT DER HOMOSEXUELLE IST PERVERS, SONDERN DIE SITUATION, IN DER ER LEBT (BRD 1971) benutzt der Kommentator den herabsetzenden Ausdruck »schwul« exakt neunzigmal, so als könne er ihn durch die fortlaufende Wiederholung ins politische Bewußtsein des Publikums implantieren.

Wie ein Kritiker feststellte, half diese Taktik der betroffenen Minderheit, sich als eine politisch bewußte *schwule* Gruppe zu verstehen. Trotzdem rief allein die Vorstellung, jemand sei schwul, in den siebziger Jahren noch die üblichen Vorurteile hervor. Die liberale Modifizierung des Strafrechts gegen Homosexuelle änderte die Gefühle der Mehrheit nicht, sie konzedierte lediglich eine gewisse »repressive Toleranz«.[2]

Um die Gefühle der Mehrheit gegenüber Schwulen im Film zu verdeutlichen – von der Wahrnehmung des Schwulenfilms als anerkanntem Genre ganz zu schweigen –, ist eine Szene hilfreich, die sich zwischen Max Colpet, Rossellinis Drehbauchautor bei GERMANIA ANNO ZERO (DEUTSCHLAND IM JAHRE NULL, I/D 1948), und Hans Deppe abspielte, einem Nazi-Regisseur, den Colpet kannte, bevor er ins Exil flüchten mußte. Deppe rief Colpet an, als Rossellinis Team 1947 nach Berlin kam. »Es geht das Gerücht«, teilte er Colpet mit »daß es eine schwule Figur in Ihrem Film gibt.« Colpet konnte dies nicht verneinen und antwortete: »Na und?« Und so kam es zu Deppes bemerkenswerter Aussage, die er mit weinerlicher Stimme vortrug: »Haben wir nicht genug gelitten?«[3]

Homosexualität, die nicht länger ins Dunkel verbannt war, sondern für ein breites Publikum auf der Leinwand sichtbar gemacht wurde, schien der deutschen Filmindustrie offenbar ärger als Faschismus, Krieg, Vernichtung, Exil und Verfolgung. Homosexualität wurde im Jahre 1947 wohl noch schlimmer als der Frieden eingeschätzt. Sie galt als die Macht des Bösen.

Wenn Minderheiten jeglichen sozialen Vermögens beraubt werden, ihnen jede Form des Ausdrucks verwehrt wird und sie reduziert werden auf einen Nicht-Stil, als eine nicht existierende Gattung, die zur Nicht-Sichtbarkeit verdammt ist, so mögen sie sich durchaus gezwungen sehen, die Rolle des Bösen zu übernehmen.

> Mit dem zersetzenden Zynismus der Päderasten reduziert er das Reale auf den Schein und die Handlung auf die Geste: ein Mensch ist nichts anderes als eine Sammlung von Gesten, die Gesten setzen sich, wo sie wollen, und sind dem Handelnden, der sie ausführt, transzendent wie dem Zeugen, der sie beobachtet.[4]

In seinem Buch über Genet gibt Jean-Paul Sartre einen Hinweis darauf, was man als konstituierendes Element homosexueller Ästhetik ansehen könnte. Sartre verschweigt seiner Leserschaft jedoch, daß Genet, Paradebeispiel eines homosexuellen Künstlers, nicht aus freien Stücken zu seiner ästhetischen Entscheidung kam, die reale Welt zu reduzieren und zu transformieren; vielmehr war er als verfolgter Künstler gezwungen, so zu verfahren. Zu allem Überfluß konzediert ihm Sartre noch voller Wohlwollen einen »zersetzenden Zynismus«. Abermals wird der Homosexualität jede konstruktive Kreativität abgesprochen.

Der Schwulenfilm ist ein paradoxes Genre. Er greift Elemente der Music Hall, des Kabaretts, des Musicals, der Komödie und des Melodramas auf und ist, stilistisch gesehen, ein mixtum compositum. Er vermengt fragmentarisierte Elemente anderer Genres und läßt seiner Neigung für Kostüme, Dekor, Tanz und Gesang freien Lauf. Der Schwulenfilm ist voll von Andeutungen, geheimen Zeichen und versteckten Figuren. Er bejubelt die retrospektive Form, begrüßt Attitüden und Posen. Sein Ton oszilliert zwischen Ironie und intellektueller Raffinesse. Was entsteht, ist ein *eklektischer Manierismus*. Jederzeit könnte Marlene Dietrich um die Ecke kommen und ihren Song aus Billy Wilders A FOREIGN AFFAIR (EINE AUSWÄRTIGE AFFÄRE, USA 1948) vortragen: »Want to buy some illusions / second hand / slightly used?« Im Schwulenfilm verbinden sich Elemente der Drag-Show mit angestaubtem Illusionismus. Sein inhärenter Impuls zielt auf radikale Externalisierung aller sichtbaren Elemente.

Die Schwulenfilme innerhalb des *Neuen Deutschen Films*, auf die ich mich hier beziehen werde, habe ich mit vollem Bewußtsein um die Unzulänglichkeiten der versammelten Klischees ausgewählt. Ich werde sie benutzen, um sie zu überwinden. Ich möchte nun einige Gattungsmerkmale darlegen, die sich in den folgenden Beispielen, die mehr als eine Dekade umfassen, manifestieren.

NICHT DER HOMOSEXUELLE IST PERVERS, SONDERN DIE SITUATION, IN DER ER LEBT wurde von Rosa von Praunheim 1971 gedreht. Natürlich ist schon der Titel militant; er kämpft für die Umkehrung etablierter Begriffe, kämpft für eine neue Lesart, eine neue Einsicht, indem er die Vorwürfe und Anklagen umkehrt, die noch in Teilen der Gesellschaft virulent sind. Dieser Film gilt als allererstes Beispiel des Schwulenkinos innerhalb des *Neuen Deutschen Films*, da er den traditionellen Manierismus und die eklektische und stilistische Vorgehensweise mit einem politischen Standpunkt, einer politischen Didaktik verbindet. Er hält sich nicht an eine traditionelle Narration. Er fragmentiert die Geschichte und konzentriert sich auf den jungen Mann, der aus der westdeutschen Provinz in die City von West-Berlin kommt, einem bekannten schwulen Anlaufpunkt der letzten hundert Jahre in Deutschland. Dort erlebt er seine Initiation und erfährt eine sogenannte zweite Sozialisierung in der sogenannten homosexuellen Subkultur. Der Name des beispielhaften Protagonisten ist Daniel, und dies nicht zufällig, denn er verweist auf die Ikonographie des biblischen Daniel in der Löwengrube, was natürlich auf die schwule Berliner Subkultur anspielt. Praunheim setzt traditionell schwule Elemente der Music Hall sowie Marlene-Dietrich-Songs ein. (Das ist natürlich unvermeidlich). Und der Regisseur läßt seinen Protagonisten die notwendigen Irrungen eines politischen Coming-out durchlaufen, der Erkenntnis seines Schwulseins. So vermischt er viele grelle Farben, eigentlich ist der gesamte Film farblich kodiert. Dies ist die Idee hinter der stilistischen Abweichung in der Schlußsequenz, wenn Praunheim Daniel in der ersten schwulen Berliner Kommune landen läßt, wo alle Mitglieder sein bisheriges Leben diskutieren und verurteilen, als habe er ein *professionell* schwules Leben geführt. Die politische Kommune versucht ihn davon zu überzeugen, daß er Opfer aller existierenden sozialen Klischees geworden sei. Dementsprechend verläßt der Film hier seine etablierte Farbkodierung mit ihren grellen Tönen. Die Schlußsequenz, welche fast komplett in einer einzigen Einstellung gedreht wurde, weist eine monochrome Kodierung auf. Gleichzeitig wandert die Kamera umher, schwenkt und portraitiert alle einzelnen Männer: Als wolle der Film mit der politischen Botschaft enden, daß der Protagonist von den politischen Fehlern seiner Vergangenheit befreit und Teil der Schwulenbewegung werden könne, in die er schließlich auch aufgenommen wird.

Überraschenderweise wurde dieser wegweisende Schwulenfilm 1971 nicht nur von der Münchener Bavaria produziert, sondern auch im westdeutschen Fernsehen gesendet – mit Ausnahme von Bayern natürlich. Er provozierte schon durch seinen Titel und durch den insistierenden Gebrauch des militanten Ausdrucks »schwul«. Im Gefolge dieses Films gründeten Aktivisten im gesamten bundesdeutschen Gebiet Schwulengruppen und etablierten so eine Art politische Welt, über die in Zeitungen und Verlagen, Beratungscentern und universitären Gruppen diskutiert wurde. Man kann mit Gewißheit sagen, daß der Film historisch war, und zwar in dem Sinne, daß es ihm gelang, Kräfte freizusetzen, die sich später zusammenschließen sollten, um sich wichtigen sozialen Fragen zu widmen. Neben anderen Folgeerscheinungen zeigt sich diese Bewegung, zumindest teilweise, verantwortlich für ein Ereignis, welches im Berlin-Museum stattfand. Diese öffentliche Einrichtung, die sonst wichtige Entwicklungen in der Geschichte Berlins darstellt, zeigte 1984 unter dem Titel »Eldorado« die erste Ausstellung über schwules Leben in Berlin.[5] Alle politischen Gruppen arbeiteten zusammen, um eine bis dato unsichtbare Geschichte sichtbar zu machen.

Das nächste Beispiel des ›Neuen Deutschen Schwulenfilms‹ ist eine konventionelle Story in Form einer aufwendigen Großproduktion fürs Fernsehen. Sie wurde durch Wolfgang Petersen mit derselben Gruppe von Produzenten realisiert, die in der Folge auch für Petersens DAS BOOT (BRD 1981), DIE UNENDLICHE GESCHICHTE (BRD 1984) und ENEMY MINE (ENEMY MINE – GELIEBTER FEIND, USA 1985) verantwortlich war. Petersen drehte DIE KONSEQUENZ (BRD 1977) mit finanzieller Unterstützung der Fernsehanstalten. Es war der erste in gängiger Manier erzählte Schwulenfilm, und er stieß in ganz Deutschland auf großes Publikumsinteresse. Seine Geschichte basiert auf einem Roman des Schweizer Autors Alexander Ziegler.[6]

DIE KONSEQUENZ erzählt die Geschichte in der traditionellen Art und Weise, wie auch Hollywood seine Geschichten von schwulen Charakteren zu erzählen pflegt. Von Anfang an hat das amerikanische Mainstream-Kino schwule Figuren dazu vorherbestimmt, ein fatales und tragisches

Ende zu erleiden. Die Grundidee hinter DIE KONSEQUENZ ist, daß Homosexualität ein Fluch sei, wie dies auch deutlich in einem Brief eines der beiden Liebenden an den anderen ausgesprochen wird. Auch der visuelle Stil des Films bewegt sich innerhalb traditioneller Muster. Durch ihre eindeutigen Gesten wirken der ältere Schauspieler und der junge Schwule wie das Standard-Stereotyp eines heterosexuellen Paares. Die Art und Weise, wie die Kamera die Liebesszenen in der Gefängniszelle oder im Apartment des älteren Geliebten aufnimmt, entspricht vollauf der Darstellungskonvention vom älteren Mann als Beschützer und dem hilflosen jüngeren Mann, dem geholfen und der in die abweichende soziale Welt eingeführt wird. Petersens Darstellung der Homosexualität ließe sich nicht nur wegen des gewählten visuellen Stils, sondern auch wegen der dem Film zu Grunde liegenden Muster anprangern. Und natürlich gilt dies für den gesamten Film. Was der Regisseur offenlegt, ist eine lange Kette von Verschwörungen und politischen Intrigen, die bis in die höchsten Kreise der Bonner Politik reichen. Und natürlich muß das Ende verhängnisvoll sein. Der junge Mann nimmt Schlaftabletten und ertränkt sich – als wäre dies nicht genug – im See. Homosexualität wird hier als Makel dargestellt, als Fluch. Ein Wärter in der Besserungsanstalt, in die der Junge eingesperrt ist, fügt ihm mit einem Stück Zucker eine Verletzung zu, deren Narbe ihn für immer brandmarkt.

TAXI ZUM KLO (BRD 1980, Frank Ripploh), der nächste zu untersuchende Film, wurde in den USA erfolgreich in den Verleih gebracht. Es handelt sich um das Debüt von Ripploh, einem jungen Berliner Lehrer, der damit 1980 seinen ersten Spielfilm realisierte. Der Regisseur sowie der Kameramann haben den Film ausschließlich mit privaten Mitteln finanziert. Natürlich wurde er weder im Fernsehen gesendet, noch konnte er – wie die Mehrzahl der Projekte des *Neuen Deutschen Films* – von einer öffentlichen Förderung profitieren. TAXI ZUM KLO erzählt von der Banalität homosexuellen Begehrens und bricht dieses auf ein sehr banales, alltägliches Geschehen herunter, als unterschiede es sich nicht von anderen Normen. So greift der Film in der Darstellung seiner Hauptfigur zurück auf die Komödie und ihre klassischen Elemente. Frank Ripploh spielt nicht nur seinen eigenen Protagonisten, er fungiert zugleich als Drehbuchautor, Produzent und Verleiher. Als Protagonist erzählt er von seiner persönlichen Beziehung zu seinem Liebhaber. Die Art und Weise, wie er mit seiner Homosexualität umgeht, ist als eigener Erzählstrang vom übrigen Geschehen abgesetzt. In Parallelmontage zeigt Ripploh einerseits sein tägliches Leben als Schullehrer und andererseits sein schwules Leben, in dem er in Bars und Parks nach sexuellen Kontakten sucht. Die typischen Stationen, all die typischen Territorien, für die öffentliches schwules Leben in West-Berlin bekannt ist, spiegeln sich im Film wider. Der komische Kunstgriff liegt wiederum in der Art und Weise, wie zwei Ebenen fusionieren, das alltägliche Leben als Schullehrer und das alltägliche Leben als Schwuler, der Männer mag, die Leder mögen. Die Verschränkung dieser bis dahin unvereinbaren Welten geschieht mittels des Montage-Prozesses und der Paralleldarstellung zweier Welten. Wir erhalten jeweils fragmentarischen Einblick in Ripplohs Leben als Schullehrer und in sein Sexualleben. Dargestellt wird dies in ein und derselben Sichtweise, ohne Priorität und ohne Moral, ohne visuellen Vorrang, und ich denke, daß diese Art des Erzählens eine besondere Leistung darstellt und Ripplohs Standpunkt verdeutlicht.

Ein kontrastierender Vergleich eines einzigen visuellen Details kann den Unterschied in der filmischen Vorgehensweise von Ripploh und Petersen verdeutlichen. Das Beispiel befindet sich ganz am Ende von DIE KONSEQUENZ, dem Film, den Petersen sechs Jahre, bevor Ripplohs TAXI ZUM KLO uraufgeführt wurde, drehte. Nach dem Selbstmord des Jungen zerschlägt der Schauspieler den Spiegel. Er kann sich selbst nicht mehr ins Auge sehen, und natürlich gehört dies zum konventionellen Inventar der Homosexualität. Aber es zeugt auch von einem bestimmten Standpunkt, dieses selbstzerstörerische Element sichtbar zu machen und als schlußendliche Konsequenz in Szene zu setzen: Dem eigenen Bild wird zunächst Gestalt verliehen, dann wird es für das Publikum zerstört. – Das Ende von TAXI ZUM KLO bietet das genaue Gegenteil. Der Protagonist, in diesem Falle Frank, geht als türkischer Bauchtänzer, als Transvestit zu einer Queer-Show und einem Queer-Ball. Das ist natürlich ziemlich gewagt, da er nicht einmal ein Taxi benutzt, sondern mit der U-Bahn fährt. Man stelle sich vor, gekleidet als Bauchtänzer in West-Berlin U-Bahn zu fahren, dann direkt vom Ball seinen eigenen Schülern im Klassenzimmer gegenüberzutreten, um seiner Unterrichtspflicht nachzukommen. Natürlich bedeutet dies erneut den Versuch, seine Rolle zu spielen und sich in seiner exzentrischen Identität zu zeigen. Anschließend geht Frank nach Hause und blickt in den Spiegel. Er wischt sich das Make-up weg, so daß er sich selbst ins Gesicht schauen kann. Doch weder zerschlägt er den Spiegel, noch unterstreicht er die selbstzerstörerischen Elemente der homosexuellen Identität, wie es Wolfgang Petersen in seinem traditionellen Verständnis noch für angemessen hielt.

Das vierte Beispiel des westdeutschen Schwulenfilms ist in seinem Stil dem eben angeführten sehr ähnlich. Der Film hat den Titel EINE LIEBE WIE ANDERE AUCH (BRD 1983) und stammt von Hans Stempel und Martin Ripkens, zwei namhaften Filmkritikern, die für ihre Rezensionen aus den sechziger Jahren hoch geschätzt werden. Beide haben regelmäßig in dem ersten seriösen Filmmagazin Westdeutschlands nach dem Krieg veröffentlicht, der von Enno Patalas und Ulrich Gregor gegründeten Zeitschrift Filmkritik. Obwohl sie kein verspätetes Coming-out hatten, kamen sie erst spät mit einem Film heraus. 1982 erhielten sie die Finanzierung für das Projekt. Wieder wurden keine Fernsehgelder investiert, und in Westdeutschland konnte kein Verleih gefunden werden.[7] Jedenfalls haben Stempel/Ripkens einen Film über ein politisch bewußtes schwules Paar gedreht, das bereits zusammen lebt. Es gibt keinen Kampf um Anerkennung oder um Selbstwertgefühl. All dies ist bereits da, als wäre es die Frucht des Kampfes der Schwulenbewegung. Also entsteht der Eindruck, daß eine Kontroverse beigelegt ist. Und die Regisseure haben den Film EINE LIEBE WIE ANDERE AUCH genannt, was erneut die exzentrischen oder externalisierten Elemente militant herunterspielt, die bisher im schwulen Kino gegeben waren.

Der Titel EINE LIEBE WIE ANDERE AUCH nimmt Bezug auf ein Zitat von Klaus Mann, der 1934, während er gezwungen war, im Exil zu leben, einen Essay über »Homosexualität und Faschismus«[8] verfaßte. Klaus Mann, selbst betroffen, schlußfolgerte, daß Homosexualität eine Liebe wie andere auch sei, genauso trivial und großartig wie die Liebe zwischen Mann und Frau. Und ich lasse all die politischen Implikationen aus: Der Essay entstand 1934 nach dem sogenannten Röhm-Putsch und der SA-Affäre.

So zu tun, als sei Homosexualität eine Liebe wie andere auch und könne sogar auf der Leinwand, als solche gesehen und portraitiert werden – sichtbar gemacht nicht für ein spezialisiertes oder Underground-Publikum in engsten Zirkeln, sondern für ein breites Publikum –, ist eine militante, wenn auch resignierte Haltung. Stempel/Ripkens führen in diesem Film ihr schwules Paar umher und verbünden es mit anderen Minderheiten, die in West-Berlin leben, den Türken, den Hausbesetzern, den Minderheiten innerhalb der schwulen Minderheit, den Queers und den mißhandelten Frauen, die ein sogenanntes Frauenhaus für sich haben. Die Politik von EINE LIEBE WIE ANDERE AUCH besteht darin, ein Bündnis zwischen allen Minderheiten zu schmieden, sie zu postieren, sie zu vereinigen, sie sich offen zu dem, was sie sind, bekennen zu lassen, wie Praunheim es in seinem Filmmanifest zum Ausdruck bringt, und sie auf die Straße zu bekommen. Während der Film 1982 keine Straßenkämpfe mehr entfachte, animiert er doch zu einem politischen Bündnis zwischen den Minderheiten. Er fiel beim Berliner Publikum durch, hatte jedoch einen kleinen, aber beachtlichen Erfolg auf einigen schwulen Festivals, und er ist in den letzten Jahren ziemlich erfolgreich in Chicago und Los Angeles aufgeführt worden.

Das vorletzte Beispiel für das westdeutsche Schwulenkino ist GIARRES (BRD 1984, Reinhard von der Marwitz), ein ziemlich radikaler Film. Auch dieser Regisseur konnte seinen Film nur mit privaten Mitteln fertigstellen. Während der siebziger Jahre spielte von der Marwitz eine substantielle Rolle in der Berliner Schwulenbewegung. Jetzt betreibt er einen der politischen Treffpunkte der Schwulenszene in West-Berlin, das Café »Das andere Ufer«, und ist zudem an einem der zwei schwulen Verlage West-Berlins beteiligt.

Der Titel GIARRES steht für das Exotische, für das Bizarre, für die nicht denkbaren Auftritte von Homosexuellen im Film. Der Titel ist italienisch und bezieht sich auf ein sizilianisches Dorf. Von der Marwitz entnahm seine Handlung den »Vermischten Meldungen« der Tageszeitung. In einem sizilianischen Dorf wurden zwei junge Männer erschossen aufgefunden, und es stellte sich heraus, daß ein Minderjähriger sie getötet hatte. Wie der junge Täter dem Richter gestand, war er von den beiden schwulen Männern ausgewählt worden, sie zu erschießen, um sich in einer Art Liebestod zu vereinen, weil man sicher sein konnte, daß er als Minderjähriger nicht verurteilt würde. Wie auch immer, der Filmemacher griff diesen außergewöhnlichen Vorfall auf und transponierte ihn in eine nicht-realistische Atmosphäre in Norddeutschland. Reinhard von der Marwitz erhielt einige Mittel – hier muß ich mich korrigieren – von der Hamburger Filmförderung, und alle Außenaufnahmen wurden in Hamburg gedreht. Der Schauplatz war jedoch stark verfremdet; fast niemand außerhalb Hamburgs war in der Lage, ihn zu identifizieren.

Wie der Titel bereits andeutet, ist GIARRES eine Trope für eine Existenz, die nicht spektakulär und nicht akzeptiert ist, aber ziemlich außergewöhnlich und, was ihren Standpunkt betrifft, fordernd gegenüber den akzeptierten Mehrheiten auftritt. Der Film steht für sich allein, und er steht für sich selbst. Reinhard von der Marwitz fragmentiert unsere Perzeption auf ungewöhnliche Weise und konzentriert sich auf die fetischistische Jugend und ihr fetischistisches Aussehen. So ist die Politik von GIARRES kein Betteln um allgemeine Akzeptanz, sondern eher die stolze Zurschaustellung der ästhetischen Operation selbst, die keine Fusion mit dem allgemein akzeptierten Mainstream anstrebt.

Das letzte Beispiel ist WESTLER (BRD 1985, Wieland Speck). Speck könnte man als Mitglied der neuen Generation von West-Berliner Regisseuren bezeichnen. Im Stil einer Klamotte erzählt der Film die Geschichte eines schwulen Paares in West- und Ost-Berlin. Berlins politische Teilung führt natürlich zu den Schwierigkeiten, die in der Story bewältigt werden müssen. WESTLER bedient sich auch des Spiels mit vielen unterschiedlichen Genres, ein filmischer Ansatz, den ich in meiner kurzen Einleitung betont habe. Speck macht regen Gebrauch von Songs, Musik, Tanz, Selbstironie und vorgefaßtem Illusionismus. Zum Beispiel wurden alle Parts, alle Sets, die Ost-Berlin evozieren, natürlich in West-Berliner Filmstudios gedreht. Nur ein paar Einzelbilder sind mit einer 8mm-Kamera bei einem heimlichen Spaziergang durch Ost-Berlin entstanden. Speck arbeitet also wieder mit einem sehr ironischen Bezugssystem auf traditionelle Genres, die zwischen leichter Komödie und Melodram oszillieren. Der Film beginnt in Los Angeles und steckt voller filmischer Anspielungen. Schon die Eingangssequenz findet im Griffith-Park statt. Als die beiden Protagonisten zum Observatorium fahren, sagt einer von ihnen: »Erinnerst du dich an REBEL WITHOUT A CAUSE?« Sein Begleiter antwortet nicht oder läßt das Publikum nicht erkennen, daß er die Anspielung auf den Nicholas Ray/James Dean-Film von 1955 verstanden hat. Aber während der ersten Sequenz in Berlin gibt er uns sehr wohl zu verstehen, daß er weiß, worum es geht – er tritt in der roten Collegejacke auf, die James Dean bei Ray trägt. Schon in ihrer Physiognomie erscheinen die Protagonisten als eine Art Parodie. Natürlich, wenn man einen Westler braucht, braucht man auch einen Ostler: Montgomery Clift dient als Vorbild für die Rolle des Westlers, und für die Rolle des Ostlers ist es der berühmte polnische Schauspieler Daniel Olbrychski – bekannt aus Volker Schlöndorffs DIE BLECHTROMMEL (BRD 1979). Specks Film ist vollgepackt mit Filmanspielungen und Genrekonventionen. Sie alle vereinen sich zu einem Spiel traditioneller Erzählmuster.

Letztendlich könnte man sagen, daß die neue Generation, die im Genre des Schwulenfilms arbeitet, den militanten Kampf für öffentliche Anerkennung nicht weiterführt. Die Regisseure nähern sich in ihren aktuellen Werken weder einem allgemein akzeptierten Kino an, noch müssen ihre Filme im Fernsehen gezeigt oder von einem breiten Publikum rezipiert werden. Lieber führt man ein Leben, das sich beschränkt auf kleine und sehr unterhaltsame Komödien.

Dieser kurze Überblick über das deutsche Schwulenkino zeigt, daß sich die Filme nicht in ihren Inhalten und Themen erschöpfen – zum Beispiel in der Portraitierung von Paaren und schwulen Beziehungen –, sondern weit über ihre bloßen Sujets hinausgehen. Sie beinhalten Ansätze für eine homosexuelle Ästhetik und manifestieren eine Attitüde. Sie bestehen aus versteckten Zeichen und geheimen Chiffren, die einer Entschlüsselung und Reinterpretation bedürfen, um sich der zugrunde liegenden schwulen Kodes bewußt zu werden.

Übersetzung aus dem Englischen von Christine N. Brinckmann, Tim Schenkl, Andreas Scholz.

Gay- or Schwulenfilm, Vortrag an der University of Texas, Austin, USA 2/1987, unveröffentlichtes Transkript 6/1987 [Anm. s. S. 472f.].

DER PASSAGIER – das Passagere
Gedanken über Filmarbeit am Beispiel Thomas Brasch

1.

Filmemachen sei, so wird oft mit Tiefsinn kolportiert, dem Tod bei der Arbeit zuzusehen. Godard, der immer auch aushielt, daß der Tod einen Blick zurück auf seine Arbeit warf, führt das Zitat im Munde. Abgelesen hat er es von Jean Cocteau, zu dessen Filmarbeit jene Frivolität insofern besser paßte, als daß der nie zuließ, daß die Fatalität des Blickverhältnisses reziprok geschah. Thematisierte Cocteau in seinen filmischen Gesamtkunstwerken den Tod als Madame La Mort, die eine verführerische Erscheinung war, so war es sein Mittel, seiner Kunst den Verfall vom Leib zu halten. Die unentwegte Allegorisierung in Schönheit, die Totenstarre seiner Ästhetik verführten auch das Publikum, nach dem Künstler selbst, daran zu glauben, daß der Tod in seinen Filmen auf elegante Art gebannt sei.

Nicht so Godard, der im übrigen nie als Verächter der Filmkunst Cocteaus agierte, sondern stets deren riskanten Leichtsinn achtete. Godard hielt, jener Eingangsmaxime zufolge, dem Blick des Todes stand, indem er den destruktiven Kräften erlaubte, sich über seine ästhetischen Entwürfe herzumachen. Statt eines vollkommenen Kunstwerks, wie es ein Cocteau mit pathetischem Ernst jedes Mal wieder erzielte, gab Godard sich mit dem notdürftigen Kunstwerk zufrieden. Diesem war der Blick und die Arbeit des Todes eingeschrieben in einem Maße, daß sein Publikum die Schrift des Menetekels erkannte und erschrak. Schründe und Risse taten sich auf, und nie mehr sollte die Montage heilend zusammenfügen, was schon im Kopf des Regisseurs als Schrapnell der Moderne explodiert war. Die Notdürftigkeit der modernen Kunst erkannte Godard für den Film als notwendig an. Deshalb blieb er, der trotzige Bastler, ewig Avantgardist, wo der ewige Avantgardist Cocteau dagegen der trotzigere Ästhet blieb.

Die Wirkung auf das Publikum war dementsprechend polar und polarisierend. Wurden Cocteaus Filme von jeder Generation unter dem Impakt erklärter Geschichtslosigkeit mit Enthusiasmus gefeiert, so werden Godards Filme, deren eingeschriebene Geschichtlichkeit mit ihnen auch vergehen wird, geschätzt nur noch von den Zeitgenossen. Psychoanalytisch gesehen hängt diese Wirkung eng damit zusammen, daß Godard die Situation des Voyeurs im Kino nie als eine gegebene Größe anerkannte, wo ein Mythoman wie Cocteau hingegen seine Filme gleichsam mit dem Spiegel der Medusa drehte: dem Publikum also stets ersparte, daß der Tod, dem der Film bei der Arbeit zusieht, dem Publikum beim Zusehen zusähe.

Nimmt man die Position von Cocteau als eine immerwährende Suche nach Einklang mit dem Publikum und die von Godard dagegen als eine Position der erklärten Disharmonie (mit der Welt, der Kunst und folglich auch dem Publikum), dann erklärt sich die Unvereinbarkeit in der Akzep-

tanz beider Pole. Ein Film, der flüssig montiert, in fortlaufenden, scheinbar lebenden Bildern zwar ein anderes, aber doch immerhin: ein Leben
suggeriert, soll den Zuschauer nicht schockhaft mit dem Innewerden einer
künstlich gefügten Harmonie, eines kunstvoll überspielten Filmrisses kon-
frontieren. Der Tod, der aus der Spule kriecht, mag in die Bilder eingehen,
soll aber doch die Form, so ist die allgemein herrschende Erwartung an
die große Wunschmaschine Kino, unangetastet lassen.

Daß Kino in seiner Totalität der überlieferten Bilder, in seinem »Himalaya
der Imagination«[1], wie Marguerite Duras die Filmgeschichte nannte, den
mortifizierenden Blick auf die Gesellschaft, die sie zeigt, an sich selber
zeitigt, wird vom Publikum schwer angenommen. Die Toten, deren Bilder
scheinbar dokumentarisch von der Kamera festgehalten in der Projektion
vorüberzittern, sind an und für sich Projektion der Lebenden, die vor sich
die Gespenster der Geschichte erblicken, vor deren Anblick sie nur die
Regel der Regie beschützt, die bei künstlerischer Todesstrafe den Akteu-
ren verbietet, in die Kamera direkt, den Zuschauer anzuschauen.

Ein wenig führt der Tod auch Ko-Regie beim Film. Der gewöhnlichste Jargon der Filmarbeiter läßt dies ahnen, wenn eine oft geprobte Szene bei
den Dreharbeiten, die schließlich Gnade in den Augen der Regie findet,
zum Kopieren, wenn auch noch nicht zum Schnitt, angenommen wird,
mit dem Ausspruch »Gestorben!« abgesegnet wird. Das Bild ist dann »im
Kasten«. Der kopierte Teilstreifen hängt im Schneideraum danach am »Galgen«. Der Tod ist, so wäre die materiale Erfahrung, nun nicht mehr als
moralische Maxime gewendet, umgekehrt: dem Filmen bei der Arbeit zuzusehen.

Der gräßlich melodramatische Schluß im Film GOOD MORNING BABI-
LONIA (GOOD MORNING, BABYLON, I/F/USA 1987) der Brüder Taviani,
in dem die tödlich verwundeten Brüder als Soldaten der Propagandafilm-
kompanie gegenseitig ihr Sterben abkurbeln, ist ein Beispiel, das die Emotion der Zuschauer durch dargestellte Bewegung im Bild erschüttert. Ein
anderes Beispiel, das das Gedächtnis und die Gedanken der Zuschauer
durch eine Bewegung der Form erschüttert, ist die Sequenz im Film TOUTE
RÉVOLUTION EST UN COUP DE DÉS (JEDE REVOLUTION IST EIN WÜR-
FELWURF, F 1977) von Straub/Huillet, in der die Leichen der 1871 exeku-
tierten, aufgebahrten Kommunarden mittels einer Parallelfahrt eines Blickes
so gewürdigt werden, daß die Zuschauer den Anblick offener Augen der
Toten gewahren müssen. In ihnen ist eine verschüttete Hoffnung gegenwärtig, trotz der Gewißheit geschichtlicher Niederlagen. Filmesehen, so
könnte man eine andere Maxime Godards variieren, wäre demnach, vier-
undzwanzigmal in der Sekunde gewärtig zu sein, daß von der Leinwand
der Tod, sonst in den Kulissen verborgen, in den Saal zurückschaut.

2.

Wenn in den Schwarzweiß-Filmen ENGEL AUS EISEN (BRD 1981) und DOMINO (BRD 1982) von Thomas Brasch das Schwarz dominiert, dann nicht, weil es als Trauer kodiert wäre, sondern weil das extrem ausgefressene Weiß dagegen verblaßt. Die Rigorosität der Farblosigkeit ist eine Entscheidung für die Reduktion. Als ästhetisches Konzept regiert die hier bewußt gesetzte Abschwächung all dessen, was als Wahrscheinlichkeitsrealismus im Umlauf ist. Dem Anschein des vollen Lebens ist das Leben, das sich insbesondere in den Gefühlswerten der bunten Farbskala behaupten könnte, ausgetrieben. Nicht das Leben lebt in diesen Filmen, sondern das Artefakt.

Der Titel des ersten Buchs von Brasch, *Vor den Vätern sterben die Söhne*[2], signalisierte auf seine Weise eine Umkehr des als natürlich angenommenen Kreislaufs. Nicht das ewig sich drehende Lebensrad, das Kontinuität und Konvention garantiert, herrscht im Werk von Brasch, sondern eher das ständig wiederholte Attentat, jenem Mechanismus mit stockender Wirkung in die Speichen zu fallen. Im darauf folgenden Buch *Kargo*[3] gibt es eine ausdrückliche Notiz auf den Totenkult, dem dieser Titel sich verdankt. Der Erstlingsfilm ENGEL AUS EISEN verschränkt in einer Einstellung vor dem Titelabspann ein historisches Flugzeug aus der Zeit der Berliner Blockade, totenblaß geschminkte Gesichter und eine japanische Ritterrüstung eines Samurai. In der Realität der Hungerjahre einer viergeteilten Hauptstadt fanden sich jene Details nicht zusammen: sie sind, wie ein *concetto*, gefügt.

In diesem Debütfilm gehen der schießwütige Chef einer Jugendbande und ein arbeitslos gewordener Henker einen Pakt ein. Die Überfälle der Bande, die armselige Hehlerei, das kleine Swingvergnügen, das im Mittelpunkt zu stehen scheint, sind in Wahrheit Randerscheinungen: Identifikationsangebote an ein Publikum, das um jeden Preis auf Wiedererkennung seines Alltags auf der Leinwand konditioniert wurde. Die Achse der Filmhandlung wird vielmehr bestimmt von der Begegnung des jungen Mannes, der den Tod sucht, mit dem Henker, der dem Sehnsüchtigen den rechten Weg weisen soll. Wo liegt die Grenze von Schwarz und Weiß, wo endet die Lebenslinie, und wo beginnt das Totenreich? Das sind die Fragen, die visuell gestellt und in den gleitenden, suchenden Kamerabewegungen bildlich aufgelöst werden. Die beiden Männer werden Komplizen der Todeserfahrung, die sie doch nicht teilen können. Unerschrocken legt der junge Mann seinen Kopf auf das Brett in der Hinrichtungsstätte und blickt auf das blitzende Eisen der Guillotine über sich. Er will die Kraftanstrengung ermessen, die es kostet, dem Tod bei der Arbeit zuzusehen.

DOMINO, der zweite Film Braschs, erzählt im Titel sein Bauprinzip. Der Film als offenes Spiel, als Baustelle, wie Alexander Kluge mit anderen Mitteln behauptete. DOMINO ist ein Stein unter anderen, in sich schon ein

Farbspiel auf Schwarz und Weiß. Mutter und Tochter, die fünfziger gegen die achtziger Jahre, spielen das Spiel, und wer falsch spielt, weiß man nicht. Die Mutter trennt sich von ihrer Tochter, die sie in die Weihnachtsferien schickt, um sich im Berliner Winter allein den Depressionen der im Geläute der Kaufgelüste und in Einsamkeit verirrten Menschen auszusetzen. Ein Regisseur glaubt, in der jungen Frau seine Tochter zu entdecken, stirbt aber, bevor es zu einer gemeinsamen Inszenierung kommt. Liebhaber, Huren, Kohlenhändler auf dem Eis, Arbeitslose und Nackte ziehen vorüber in diesem allegorischen Reigen der Hoffnungslosigkeit. Am Ende steht ein Lager in der Südsee, in das die von der Konsumgesellschaft Margina-lisierten verschickt werden sollen. Ein S-Bahn-Tunnel im Grunewald reicht zur Suggestion. Und wer die Stadtgeschichte Berlins kennt, weiß, daß der Bahnhof Grunewald die Vorhalle des Grauens war: in der Sprache des ver-walteten Todes »Sammelstelle« für alle aus Berlin deportierten Juden.

Der mit Ruß verschmierte Händler, mit einer Kiepe Briketts auf dem Rük-ken, geht fremdfreundlich grüßend übers Eis des Lietzensees. In der Wirklichkeit des Charlottenburger Winters tut er das sicher nicht. Hier aber geht er sinnbildlich: schwarz auf weiß und übersetzt in seinen Gang und seine Gesten, was üblicherweise auf die Oberfläche der Dinge im Film beschränkt bleibt. Die Filme von Brasch, so wäre genauer zu sagen, sind nicht: in Schwarz und Weiß, sie sind Schwarzweiß. Nicht nur die Dinge, die Gesamtheit der Erscheinungen, ob Menschen, Szenen, Häuser oder Tiere, führten einen Diskurs über die Denaturierung des Natürlichen. Der Mann, der übers Eis geht, ist nicht in Gefahr. Er erinnert hingegen an einen Mann, der nicht mit Kohlen, sondern mit Gedichten im Kopf übers Eis ging, dabei einbrach und ertrank: Georg Heym, dessen Figur Brasch sein Drama *Lieber Georg*[4] widmete.

Die Welt im Film Schwarzweiß zu zeigen ist mehr als eine bewußte Ent-scheidung für die Ästhetik der Armut, abgesehen davon, daß die Produk-tionskosten, heute, für Farbfilme niedriger sind, weil alle Welt Amateurfilme in Farbe dreht: wovon die Kopierwerke leben. Die Welt der Erscheinungen im Film in den Farben Schwarz und Weiß zu zeigen ist eine Entscheidung gegen den Vollblutrealismus, gegen die Wiedererkennung der Welt im Maßstab eins zu eins. Die Filme der expressionistischen Zeit in Deutsch-land, die Filme der Periode Hollywoods im Zeichen des *film noir*, die Anfän-ge des italienischen Neorealismus, insgesamt alles erklärte Krisenprodukte, suchten und fanden die Wurzel des Schwarzweißfilmes im Vampyrismus, dessen Kraft sich nach Mitternacht entfaltet, um im Morgengrauen zu ent-schwinden. Das waren die Filme der Grenzlinien und der territorialen Kämpfe auf dem Gelände von Schwarz und Weiß. Albträume, Heimsu-chungen, Visionen und schwarze Messen trieben ihr Spiel, von dem erlöst zu sein erst das Wort Ende versprach.

3.

Nach einer in der Bundesrepublik öffentlich nicht-aufgeführten Videofassung seines Theatertextes *Mercedes*, die Brasch für das niederländische Fernsehen inszenierte, arbeitet er mit dem Romancier Jurek Becker am Drehbuch zu einem Film, der eine schwierige Entstehungsgeschichte hat und im Mai 1988 schließlich als offizieller Beitrag bei den Filmfestspielen in Cannes uraufgeführt wird: DER PASSAGIER – WELCOME TO GERMANY (BRD/CH/GB 1988, Thomas Brasch). Arbeitstitel des Projekts war: »Last Call, Mr. Cornfield«, was, sich auf die Schlußszene am Flughafen Tegel beziehend, noch auf den Klappen mit Kreide geschrieben steht, die bei den Probeaufnahmen für die Kleindarsteller geschlagen werden. »Welcome to Germany« war die Titelentscheidung zum Zeitpunkt der Startvorbereitungen des Films. Um Mißverständnisse beim deutschen Publikum zu vermeiden, wurde schließlich ein deutscher Titel gefunden, der die Befindlichkeit der Titelfigur wie des Films am komplexesten auszudrükken scheint. Denn das bloß sarkastische »Welcome to Germany«, das dem Regisseur im Film von niemandem entboten wird, wäre einer ausgelaugten Ironie gleich zu schnell unschädlich geworden. DER PASSAGIER dagegen ist ein zunächst neutraler Titel. Weder über die Reise noch den Reisenden, noch Transportmittel oder Ziel wird etwas ausgesagt. Der Reisende kann den Luxusdampfer von Fellini besteigen, mit Peter Lorre sich 20.000 Meilen unters Meer begeben, Katherine Hepburn auf einer Mission in Afrika begleiten oder sein Abenteuer an jedwedem Airport beginnen.

Ein Passagier ist eine Person im Übergang. Raum und Zeit werden zum Transit. Die Welt der Erscheinungen wird dem Passagier zu einem Moment des Passageren. Er ist in Bewegung und dabei oft der Fremderfahrung so stark ausgesetzt, daß die Selbsterfahrung asynchron daneben liegt. Der Passagier ist ein Wesen in temporärer Auflösung, das sich, einmal am Zielort eingetroffen, neu zusammensetzt. Mißlingt die Ankunft, geht die Reise schief, zerfällt der Passagier zu einer Person, die zur Fortbewegung nicht mehr imstande ist. »Last Call, Mr. Cornfield« ist der Aufruf. Der Angesprochene hört ihn nicht. Regungslos bleibt er sitzen. Der Passagier ist am Ende seiner Passage angekommen. Der nächste Aufruf ist stumm. Die Schrift, die »Ende« schreibt, tritt auf den Plan.

DER PASSAGIER ist in seiner Titelgebung auch eine Hommage an den letzten Film des polnischen Regisseurs Andrzej Munk, der bei den Dreharbeiten zum Projekt PASAZERKA (DIE PASSAGIERIN, PL 1963, Andrzej Munk, Witold Lesiewicz) verstarb. Die abgedrehten Sequenzen wurden in der Endmontage mit den Standbildern der schon geprobten Szenen verschmolzen, so daß eine eigenartige rhythmische Form der Erinnerung im jäh gebremsten Duktus entstand. Hier war der Passagier eine Frau, die auf einer Dampferreise eine andere Frau wiedertrifft. Die andere war Aufseherin im Todeslager Auschwitz, die Passagierin: ihr Opfer. Beide überlebten das Lager, können aber kaum die Qualen der Erinnerung überleben. Munk erlaubte sich, die Opfer-Täter-Beziehung in einer für die Entstehungszeit des Films unerhörte Perspektive, die des subjektiven Faktors zu stellen. Opfer und Täter sind in eine andauernd durch Angstlust depravierte Hoffnung eingebunden, von der selbst die politische Befreiung, ein offizieller Prozeß oder ein privates Verzeihen sie nie lösen würde.

Daß Thomas Brasch und Jurek Becker diesen polnischen Film schon während ihres Lebens und Schreibens in der DDR kannten, darf angenommen werden. Nicht nur der Titel ist ein Signal, sondern auch die Erfahrung, wie die rigorose Ästhetik, die jenem Munk-Film eingeschrieben sind. PASAZERKA wie DER PASSAGIER stellen die erkenntniskritische Frage, die es nach Filmen wie HEIMAT – EINE CHRONIK IN ELF TEILEN (BRD 1981-84, Edgar Reitz) und SHOAH (F 1985, Claude Lanzmann) neu zu stellen gilt: Welche Bilder haben die Erinnerungen an jene Zeit, die das Auslöschen, den Genozid auch an Bildern der Erinnerung betrieb?

Die polnische Passagierin fuhr aus dem Lager Auschwitz in die Freiheit. Der amerikanische Passagier bei Brasch fährt aus der Freiheit zurück in die Gefangenschaft seiner Erinnerung. Sein Projekt, sich von den ihn beklemmenden Bildern kraft eines zu drehenden Films zu befreien, scheitert. Der Film kommt nicht zustande im gleichen Maße, wie die Erinnerung nicht mehr zustande kommen kann, weil sie in Facetten der Fremdwahrnehmung zerfiel, die kein Drehbuchautor, kein Regisseur je wieder zusammenfügen könnte. Eine Sache ist es, vom Scheitern zu reden, was stets ein Quantum moralischer Schuld impliziert; eine andere wäre es, vom freiwilligen und selbstbewußten Aufgeben einer selbstgestellten Aufgabe zu reden, denn in beidem handelt die Brasch-Figur noch souverän. Das Raisonnement freilich wird nicht von der Figur geführt. Das Publikum hat aber allen Grund und viele Argumente am Ende dieses Films, es selbst zu tun. Die von Kritikern als perfekt erkannte Form, im Gegensatz zur ratlos lassenden moralischen Haltung, die von vielen als wegwerfend empfunden wurde, stehen in einem Spannungsverhältnis, das nicht alle Zuschauer leicht aushalten. Die Frage, die Godard recht war: wieviel Notdürftigkeit darf den Zeitgenossen zugemutet werden, muß Brasch auch zugebilligt werden. Sein Paradox mag wegwerfend klingen, aber im Film DOMINO wurde es als ästhetische Maxime längst deutlich ausgesprochen: »Das Alte geht nicht mehr, und das Neue auch nicht.« Das ist keine Kapitulation vor der stets überschätzten Sinnfrage, das ist eine Standortbeschreibung des Übergangs, wie sie im übrigen schon am Beginn der Moderne formuliert wurde, als Michel de Montaigne in Form des Essays auch das Bewußtsein vom Ich erfand, indem er bekundete: »je peinds le passage« – »ich male die vorübergehende Erscheinung«.[5]

4.

»Baruch sits here«, sagt Tony Curtis. Er sitzt im Maskenraum vor dem Spiegel und gibt seine Regieanweisung an den Kameramann, den man nicht sieht. Curtis sieht in die Kamera. Ein Schauspieler sieht ins Publikum. Das *darf* er nicht, wie schon erklärt, weil sein Blick eine höchst riskante Code-Verletzung im Film darstellt. So scheint es, als stünde hinter der Kamera: der Zuschauer, der ungern, aber gesetzlich gefordert zum Schöffen der Verhandlung wird. »Baruch sits here.« Einen Baruch sieht man nicht. Man sieht einen leeren Stuhl – und einen Mann mit weißem Haar, der in der Gegenwart behauptet, eine Figur Baruch säße da oder habe in der Vergangenheit womöglich dort gesessen. Baruch existiert nicht. Baruch wird im Augenblick erfunden. »Ich stelle mir vor«, war die Formel von Max Frisch. Der Film begnügt sich mit einem leeren Stuhl und einer offenkundigen Lüge, die nicht einmal mit einer Konventionsformel der Fiktion (»Stellen wir uns vor, Baruch säße hier«) abgefedert wird.

Das Bild scheint an und für sich mehr Glaubwürdigkeit beanspruchen zu dürfen als das Wort. Am Mangel in der Erscheinung nimmt, zunächst, niemand Anstoß. Erst viel später, wenn diese rasante Eingangssequenz des Films DER PASSAGIER kurz vor dem Schluß in unmerklich variierter Form wiederholt wird, merkt der Zuschauer die Leerstellen: die Differenz, wie sie innerhalb der aufgestellten Hypothesen zum Verlauf der geschichtlichen Wahrheit existieren. Sie alle taugen dazu, verworfen zu werden. Keine Version ist einen Deut besser, wahrer als die andere. »Die Augen sind zwei Lügner«, lautet das poetische Resümee zu diesem erkenntniskritischen Problem, das eben auflösbar nur in Poesie scheint.

Der Mann, der vor unseren Augen, dem Objektiv der Kamera, die ihn freihändig, hastig und nervös auf seinem Gang begleitet, eine Figur entwarf, gab keine höfliche Aufforderung an die Fiktion, sich niederzulassen. Denn sein Baruch ist tot, der Regisseur allein und dabei, in einer anstrengenden Beschwörung, den Toten wieder aufleben zu lassen. Eine Filmprobe, eine Nagelprobe. Wer soll ihm glauben? Das Team? Das Publikum? Sein eigenes Gewissen? So viele Ichs, so verschiedene Instanzen sitzen Gericht über den Fall, der nun abrollt. Die auf Englisch erfolgte Anweisung ist eine Beschwörung deutscher Vergangenheit. Wenn Tony Curtis abrupt den Maskenraum verläßt und seinen Kameramann brutal antreibt, ihm auf seinem Demonstrationsgang zum Ort des Verbrechens zu folgen, wie er seinem Filmteam, das ihn stumm und ahnungsvoll staunend umringt, seine Vorstellung vom Tode Baruchs vorspielt, wird der Zuschauer gewahr, daß hier ein Verzweifelter das Rätsel seines Lebens in einer gewaltigen Kunstanstrengung sucht.

Ein Schuß fällt aus dem Dunkel eines Platzes, an dessen Zeichen man in Andeutung die Insignien tödlicher Macht erkennt. Tony Curtis bricht *wie* tot über die Eisenzacken eines Lagertors zusammen. Die Szene chiffriert ein Opfer und einen Schuldigen zugleich. Die Energie der Kriminalrecherche muß ihre Erkenntnis neu kanalisieren und auf die unübliche Frage richten: Was ist ein Opfer, nicht: wer ist der Täter (darf als historisch bekannt vorausgesetzt werden). Erst dann dokumentiert der Vorspann zum Film DER PASSAGIER die in ihm, an ihm (und intentionell: auch gegen ihn) Wirkenden. Der Film, der folgt, entwirft Varianten zur Nicht-Lösung; wie könnte es denn gewesen sein, wenn es nicht so war, wie allgemein und insbesonders angenommen wird?

Flughafen Tegel. Ein Amerikaner in Berlin präsentiert am Zoll seinen Paß. Er ist unruhig bei dieser Identitätskontrolle, die seinen Paß in Großaufnahme zeigt, als sei es von Belang, daß dieser Amerikaner aus Los Angeles ein aus Budapest stammender Jude ist. Der Mann nimmt die Überprüfung des Passes unwillig in Kauf und stellt sich sogleich einem Fernsehinterview, das naturgemäß über das Niveau der »Berliner Abendschau« nicht hinausgeht. Es fällt aber aus dem Rahmen, insofern eine Hand aus dem Off plötzlich an einem Empfangsgerät den Farbregler so einstellt, daß aus dem Schwarzweißbild ein Buntbild wird. Und zwar genau auf das Stichwort »Death Camp«, das Curtis in die »Abendschau«-Kamera mit verzerrt breitem Lächeln hineinsagt. Der Interviewte, ein Mann im weißen Anzug, heißt Mr. Cornfield und ist Fernsehregisseur aus Hollywood, bekannt und reich geworden durch beliebte Serien über Hunde und Pferde (»Some of my best friends are dogs«, wird er, im Zustand der Betrunkenheit und Verzweiflung, äußern). In Berlin hat er Höheres im Sinn. Er will seinen eigenen Fall bearbeiten, ohne Drehbuch, ohne Netz, ohne Seil.

Dem beflissenen Reporter der »Abendschau« erzählt Curtis die Storyline seines Films, der deutsche Regie-Assistent übersetzt, schlecht und recht. Zu Zeiten des Faschismus wurde in Berliner Studios ein antisemitischer Propagandafilm gedreht. Das Propagandaministerium von Goebbels erlaubt dem Regisseur namens Körner, um den Eindruck eines vermeintlichen Realismus auf der Leinwand zu erzeugen, aus einem deutschen Konzentrationslager in Polen jüdische Gefangene für seinen Film zu »engagieren« (zu selektionieren), denen als »Gage« nichts Geringeres als Freiheit im Schweizer Exil versprochen wird. Der Film platzt, der Regisseur überwirft sich mit dem Ministerium, wird zur Strafe als Soldat an die Front geschickt, die zum Film verpflichteten Juden werden den Todeslagern überantwortet.

5.

Einen Film über Filmarbeiten zu drehen heißt, in der Filmgeschichte die Lektion des Scheiterns als Herausforderung anzunehmen. Ob Fellinis OTTO E MEZZO (ACHTEINHALB, I/F 1963), ob Kazans THE LAST TYCOON (DER LETZTE TYCOON, USA 1976) oder Fassbinders WARNUNG VOR EINER HEILIGEN NUTTE (BRD 1971) und Truffauts LA NUIT AMÉRICAINE (DIE AMERIKANISCHE NACHT, F 1973), immer lernt das Publikum Personen in fest standardisierten Rollen kennen, die es im hemmungslosen Ausagieren einer allgemein angenommenen Allmachtphantasie das Fürchten lehrt. Brasch ging es nicht darum, einen weiteren Film über die Herrschsucht qua Filmindustrie zu unternehmen. Ihm ging es um eine grundsätzliche Operation, die schon als Arbeitshypothese die Ohnmacht annimmt. Auch die kann lehrreich sein.

Ein Regisseur weiß nicht, was er will. Er weiß nur, was er sucht. Sein langjähriger Regie-Assistent aus den USA, der ihn als eine Art Ersatzvater akzeptiert, verzweifelt, als er ahnt, der Regisseur mache nun einen Film über sein eigenes Leben, womöglich: Film als Therapie. Und warum nicht? Einer der zentralen Aufsätze Freuds zur Behandlungstechnik trägt den programmatischen Titel: »Erinnern, Wiederholen, Durcharbeiten.« Nichts anderes hat, im ganz konkreten Sinn, der Regisseur Cornfield im Sinn, als er nach Berlin kommt. Nur ist sein Programm kein therapeutisches, sondern ein ästhetisches. Es ist in sich zu dramatisch, wenn die Autoren Brasch und Becker keiner Figur aus dem Filmteam den Anflug von Verständnis erlauben, der eine polare Spannung zum Vorhaben aufbauen könnte. Cornfield steht allein und bleibt allein. Konnte dem Mann nicht geholfen werden? Der von Freud vorgeschlagene Dreischritt ist quälend und schmerzlich. Wir sehen Tony Curtis nie anders als mit verschlossenem Gesicht und abgerissenen Gesten. Es ist, als sei der Passagier nicht ganz freiwillig auf die Reise gegangen, als habe ihn angetrieben, was die Analytiker das Schuldsyndrom des Überlebens nannten. Nur, in welchem Kontext soll Erinnerung stattfinden, die Wiederholung inszeniert, das Durcharbeiten geleistet werden? Dazu wären Menschen nötig, die diese Forderung annähmen, dem Opfer / vermeintlichen Täter Cornfield ein wenig von seiner Schuld abzunehmen.

Cornfield fällt mit seinem Vorhaben ins Niemandsland. Die Vergangenheit muß in den Filmstudios rekonstruiert werden. Im Gegensatz zu Visconti oder Fassbinder, die in ihren historischen Filmen eine Aura durch Opulenz der zeitgenössischen Accessoires herzustellen suchten, macht Brasch sich frei von solcher Forderung. Das Dekor deutet an. Nie ist eine detailgetreue Stilisierung von Historie zu sehen. Alles bewegt sich wie im Vorfeld, wie auf einer Generalprobe des Epischen Theaters, wo mit einem Minimum an Gegenständen ein Maximum an Vorstellung evoziert wird.

Zum Film im Film gehören Probeaufnahmen. Zum Film im Film gehören Szenen des als fingiert angenommenen Filmes. Die Besonderheit, die hier entsteht, ist die Verklammerung beider Szenen. Die Auswahl der Kleindarsteller, die gezwungen werden, einen jüdischen Witz aufzusagen, was ihrem aufgeklärten Bewußtsein auf opak philosemitischem Grund widerspricht, wird parallelisiert der Selektion der Kleindarsteller im KZ. Nicht einmal wird die Probeaufnahme durchgespielt, sondern durch brutal sichtbare Schnitte der sogenannten »Klappe« unterbrochen. Schon bringt sich ein neuer Darsteller zur Geltung. Ein ganz besonders Umständlicher will keinen jüdischen Witz aufsagen, sondern ein Gedicht von Heinrich Heine. Der Zweck dieser scheinbar abweichenden Übung liegt darin, daß Brasch das aufgesagte Gedicht in der Nummernrevue der Kleindarsteller *wie* einen anderen jüdischen Witz behandelt, der, inhaltlich im übrigen doppelt abgründig, eine poetische Kurzfassung des Inhalts vom Film im Film ist. Rezitiert wird die Heine-Strophe, die in raffinierter Schlichtheit das ewige Verfehlen des erotischen Begehrens im Volksliedton erzählt: »Ein Jüngling liebt ein Mädchen, / Die hat einen andern erwählt; / Der andre liebt eine andre, / Und hat sich mit dieser vermählt.«[6] Der Vers ist nur ein Baustein, der das romantische Raffinement der Brechungen bezeichnet, das den Film auszeichnet.

George Tabori erzählt einen sexuellen Witz, der kurz befreiend in der Atmosphäre der Gespanntheit wirkt, bevor das Grauen auch in diese Szene einbricht: mittels einer weichen, quälend langsam operierenden Überblendung, nach der Tabori nun in KZ-gestreifter Kleidung als Rabbiner dasteht, der für den Regisseur des Nazi-Propagandafilms, Herrn Körner im weißen Anzug, die Selektion der vermeintlich typischen Juden vornehmen soll. Der Rabbiner hat zwei Aufträge. An die ausgewählten Juden aus dem Lager, die sich am Lastwagen zum Abtransport ins Filmstudio einfinden, gibt er den politischen Auftrag: »Dann geht in die Welt und erzählt, was man euch getan hat, kehrt heim als Sieger!« An den Regisseur des Films hat er den Auftrag ästhetischer Natur: »Dann gehen Sie in Ihr Studio und drehen Sie, was Sie für die Wahrheit halten!« So entsteht der zweite Film: mit einem dritten Regisseur, nach Mr. Cornfield und Herrn Körner nun der Rabbiner, der mit traumverloren prophetischer Stimme seine Regieanweisungen erteilt. Tabori, Rabbiner und Regisseur, hat in der Selektions-Szene eine weitere Funktion, die des Souffleurs und Einsagers eines klassischen Klagetextes.

Ein Berufsschauspieler drängelt sich vor, fällt auf die Knie, um der Lagerkommandantin und dem Regisseur des Nazifilms die berühmte Klage des Shylock vorzuspielen. Als der sichtlich als eitel charakterisierte Darsteller der Rolle bei den Worten »… und wenn ihr uns quält« ins Stocken gerät, hilft ihm Tabori weiter im Shakespeare-Text: »Sollen wir uns nicht rächen?« So wie Brasch diesen Auftritt anlegt, ist es Schmierentheater, wohlfeiles politisches Pathos, das als jüdische Selbstkritik verstanden werden darf. Zudem ist die vermutlich improvisierte Auswahl des Textes, der in der letzten Drehbuchfassung gar nicht figuriert, auch als Hommage an den großen Theaterregisseur Tabori zu verstehen, dessen Experiment mit Shylock-Variationen Aufsehen erregte. Man kann auch an Ernst Lubitschs verteufelt doppelbödige Komödie TO BE OR NOT TO BE (SEIN ODER NICHTSEIN, USA 1942) denken, in der Felix Bressart, ins Exil vertrieben, dazu verdammt, in einer Hamlet-Inszenierung bloß einen Spieß zu tragen, davon träumt, endlich einmal den Shylock zu spielen. Bei Brasch wird der aufdringliche Versuch des Berufsschauspielers, eine Rolle im antisemitischen Film zu ergattern, mit dem sofortigen Tod bestraft. Cornfield und Körner, die Herren Regisseure in den weißen Anzügen, die zwei SS-Wachen, die sich wie westfälische Clowns aufführen, die Maskenbildnerin und die junge Hauptdarstellerin des Films im Film, allerorten erfindet der Film Zwillingsfiguren, Ich-Entwürfe, Varianten, die einander nicht stärken, sondern sich auszehrend umkreisen. Im Mittelpunkt der Selektion im Lager: zwei junge Männer, ähnlich, gleichaltrig und grundverschieden. Ein ungeklärtes Bruderverhältnis, eine verhohlene Ausbeutungsgemeinschaft. Baruch, ein instinkthafter Berufseinbrecher, und Janko, ein weicher Junge aus Budapest, der durchsetzt, daß der Stärkere ebenfalls zu Filmarbeiten freigestellt wird. Baruch mit Berliner Schnauze, Janko mit gebrochenem Deutsch: ein Freundespaar, ein kumpelhaftes Schutzverhältnis, dessen gemeinsames Interesse durchaus nichts anderes als das Überlebensinteresse sein kann, dessen Attraktion aber auch von unerklärter Körperlichkeit mitbestimmt wird. Eine Einstellung, die Mr. Cornfield im Schlafsaal des Studios bei der Probe zeigt, rückt die Freunde halbnackt in einem intimen Dialog Seite an Seite. Nicht von ungefähr setzt Cornfield sich wie ein Arzt ans Bett der beiden, der doch insgeheim Zeitzeuge dieser so scheuen Freundschaft war. Nicht zufällig wird diese Probe brutal unterbrochen, wenn die breiten Flügel der Studiotür auffliegen und grelles Licht die Freunde überflutet in einem Maße, daß das Dunkel von der jäh einbrechenden Helle aufgefressen wird.

Als Türöffner läßt Brasch Alexandra Stewart auftreten, deren Rolle als hysterische Ehefrau des Hollywood-Regisseurs wie eine Furie des Lichts eingeführt wird: nicht gerade maßvoll. Zudem ist Mrs. Cornfield von so unglaublicher Ignoranz, daß sie den Regie-Assistenten im Auto fragen muß: »What does the word Ka-Zett mean?!« Das Erschrecken über diese Frage wird dem Zuschauer bildlich eingetrieben. Der Assistent dreht sich schockiert um, verliert den Überblick über den Verkehr und verursacht einen Unfall mit dem Ehepaar Cornfield. Der sekundenhafte Zerfall der Ehe, der Geschichte wird, als übertrieben manieristisches Mittel, durch Einzelbildschaltung verdeutlicht: Acht Einzelbilder gehen einem Standbild voraus, ehe ein US-amerikanischer Konsularbeamter im deutschen Polizeirevier die Folgen des Unfalls regelt und dabei einen aufdringlich exaltierten Monolog über den Fernsehgeschmack der weißen und der schwarzen Rasse von sich gibt. Nimmt man den angewandten Rigorismus des Films DER PASSAGIER auch hierin ernst, kann man nicht umhin anzunehmen, daß diese dramaturgisch unnötige Figur bloß in ihrer phänomenologischen Eigenschaft als ein schwarzer Amerikaner vorgestellt wird. Einzig eine unscheinbare Geste verbindet nach diesem sichtlichen Zerfall einer Ehe die Cornfields. Als sich Tony Curtis nach seiner Ankunft in Berlin im Badezimmer des Hotels Gesicht und Hände wäscht, reibt er deutlich und lange seinen Unterarm mit dem Handtuch ab. Unter dem Tuch liegt, unauslöschlich, die ihm eintätowierte Nummer des KZ-Häftlings. Nach dem Zerwürfnis mit seiner Frau wird heftig über Cornfields Herkunft räsonniert. Alexandra Stewart reibt sich bei ihren Fragen nach dem Händewaschen lang ihren Unterarm. Die Parallelität wirkt eher zufällig, auf keinen Fall inszeniert, muß aber in der Reihung der Verdoppelungen doch intentionell gesehen werden.

6.

Eine Hauptfigur verdoppelt sich in Altersstufen. Das ist die Maskenbildnerin, die Katharina Thalbach darstellt, sowohl in der jugendlichen Rolle des Films im Film als auch in der gealterten Rolle als späte Zeugin, die im Rollstuhl ins Studio zu Mr. Cornfield fährt, um ihm, dem Team, dem Publikum zu sagen, wie es in Cornfields Wahrheit nicht gewesen ist und wie es in ihrer Wahrheit gewesen ist. Als die beiden jungen Statisten Janko und Baruch erfahren, daß Körner in Goebbels Ungnade fiel, der Film abgebrochen wird mit einem »Totenfest«, will die Maskenbildnerin, deren Beruf es ist, anderen ein Gesicht zu verpassen, Baruch eine blonde Perücke zur Flucht aus dem Studio verschaffen. Für diese Fluchthilfe brachen ihr die Nazis das Kreuz. Als alte Frau, als Furie des Nicht-Verschwindens der Erinnerung, taucht diese Figur am Drehort auf, um Cornfields Film zu demontieren. Sie ist die vierte Regisseurin, die sich auf die Suche nach der Autorenschaft der Bilder, der möglichen, der imaginierten und nicht-delegierbaren Schuld macht. Die Maskenbildnerin äußert ein moralisches Urteil, in dem Liebe und Tod so eng verschwistert sind, als seien die Worte direkt Shakespeares *Romeo and Juliet* (um 1595) entlehnt. Die Maskenbildnerin sagt, was jedwede erkenntniskritische Bemühung um ein Bild der Wahrheit zu Facetten eines Artefakts zerfallen läßt: »Die Augen sind zwei Lügner.« Wie soll da die Kamera, etwa als drittes Auge, die Wahrheit entdecken?

Diese Figur, der eine Identität in Jugend und im Alter, mithin eine gewisse Glaubwürdigkeit an Zeitgenossenschaft zugebilligt wird, hat nicht nur die Poesie, sie hat auch die Vision auf ihrer Seite. Das sind die Szenen, in denen Objekte des Alltags gigantische Dimensionen annehmen, in der ein Kamm zum Fallbeil, ein Stuhl zum Galgen wird. Als wolle sie Baruch auf ihren Knien in den Schlaf wiegen, singt Thalbach doch ein Lied, das die Toten wecken müßte: »So war es aber nicht, so war es aber nicht«, ist ihr hartnäckig leiser Refrain. In den Spiegeln des Schminkraums verdoppeln sich die Objekte der handwerklichen Fiktion, der Gesichtsverwandlung. Die alte Frau, die wie eine Mumie durch das betreten schweigende Filmteam auf dem Studiogelände rollt, wird begleitet von einer treuen Freundin, der sie die Regieanweisung erteilt, sich wie der vom gewaltsamen Tod ereilte Freund des Regisseurs auf den kalten Boden zu legen.

Wenn die Augen zwei Lügner sind, dann wäre auch die Behauptung, »Ich« zu sagen, eine Lüge. Das ist die Lektion des Films DER PASSAGIER. Auch die Bilder, die im Hintergrund des Filmes ausgestellt sind, bilden Paare. Zum Foto des Innensenators von Berlin (zum Zeitpunkt der Dreharbeiten: Heinrich Lummer) gesellt sich auf dem Studiogelände ein handgemaltes Plakat, auf dem ein Redner sein Maul weit aufreißt. Da der Kopf nach links auf die Seite gestellt ist, erkennt man erst beim wiederholten Sehen, daß es sich um ein Bild handelt, einem historischen Foto des Joseph Goebbels nachgemalt, das ihn als hysterischen Gauleiter von Berlin darstellt. Zu der Essens-Szene im Studio, bei dem die jüdischen Statisten Appetit an einem Lederimitat beweisen müssen, das ein urkoscheres Schwein vorstellen soll, ist im Hintergrund ein aufdringlich amateurhaft gemalter Sonnenuntergang zu sehen, der eher aus der Hand eines neuwilden Malers als aus der Schule der Nazimalerei zu stammen scheint. Diesen neuwilden Sonnenuntergang sieht man erneut in der vorletzten Einstellung des Films, der Abflughalle Tegel, farblich grauenhaft verstärkt durch eine massive Ansammlung von Hawaii-Hemden, mit denen amerikanische Fluggäste charakterisiert sein sollen.

Immer stärker tritt die emblematische Natur des Films zutage. Die einzig zugelassenen Farben sind streng komponiert die Farben Schwarz, Weiß und Rot. Mit der Farbe Rot ist übrigens die Maskenbildnerin kodiert, die rote Schuhe, eine rote Handtasche trägt, als sie auf dem Totenfest des Films im Film zum Tanzen geht. Kurz bevor Mr. Cornfield, mit der Selbstaufgabe des Filmprojekts und der eigenen Identität befaßt, sich zum Flughafen aufmacht, fährt die Kamera, als säße sie am Steuer eines Autos, durch eine mythische Landschaft, selbstverständlich wieder in Schwarz und Weiß: Kohlenberge links, weiße Wäschelaken rechts. Dazu aus dem Off die wunderbare Stimme von George Tabori. Noch einmal wird das Grunddilemma des Films, des Filmvorhabens, der Filmaufgabe resümiert in Form von Fragen, die am Ende die vollkommene Selbstentfremdung thematisieren: »Schlafen alle und arbeiten im Traum? Für Bilder, für Geld, für wen? Träumt ihr mich, oder träume ich euch? Gestern oder morgen, Schlafwandler überall? Wohin fahren wir, wem tun wir weh und warum? Und welche Bilder machen wir davon?«

Die Möglichkeit, Bilder vom Holocaust nachzustellen, wird von der Unmöglichkeit konterkariert, die Bilder, und sei es in Cinemascope wie in diesem Film, vorzuzeigen. Jede Einstellung in DER PASSAGIER ist ein behutsames Dementi der vorausgegangenen Bilder, die schon gegen das orthodox jüdische Abbildungsverbot, das Tabori hier zur Sprache bringt, verstießen. Die Opulenz wird nie entfaltet, sie wird auf breiteste Weise behindert. Das ist das Paradox, das ist die ästhetische Entscheidung, zu jedem Augenblick eine Augenklappe, zu jedem Bild ein Gegenbild, zu jedem Lichtstrahl seine Zerstreuung zu finden. Dieser Schwarzweißfilm in Farbe ist tendenziell ein Schwarzfilm.

7.

Der Film, in dem Brasch und Becker die unerhörte Tabuverletzung riskierten, nach der historisch allerorten angenommenen Opferrolle eine Ablehnung der bloßen Opferrolle zu artikulieren, nimmt als *point de départ* zwei Fälle großdeutscher Filmgeschichte, an die explizit erinnert werden muß. Zur Produktionsvorbereitung des antisemitischen Films, den Veit Harlan 1940 drehte, hieß es in einem Presserundschreiben aus dem Goebbels-Ministerium: »Der Film JUD SÜSS ist mit Juden gedreht worden, die aus einem polnischen Ghetto für die Filmarbeiten herübergebracht worden sind. [...] Bei den Vorbesprechungen zum Film JUD SÜSS von Veit Harlan darf die Tatsache nicht erwähnt werden, daß Juden als Statisten bei diesem Film mitwirken.«[7] Einerseits gab man sich einer pervertierten Art von Realismus hin, andererseits durfte diese Vorstellung von gesuchter Authentizität nicht publik werden. Der Riß ging tiefer als die Pressedirektive ahnen läßt: Denn authentisch durfte nur auf der Statistenebene (ästhetisch also dem *genus humile*) besetzt werden, wo auf der Star-Ebene (ästhetisch dem *genus sublime*) ausdrücklich Nichtjuden wie Ferdinand Marian und Werner Krauss das propagandistisch verzerrte Bild, das man sich von Juden machte, als schauspielerisches Artefakt herstellten.

Baruch drückt im Film DER PASSAGIER die soziologisch fundierte Meinung der Regie aus: »Jude ist man nicht, dazu wird man gemacht.« Was bleibt, ist die Befindlichkeit, das Stigma, nicht abzulegen wie ein Requisit oder ein Rollenspiel. In Jurek Beckers Roman *Bronsteins Kinder* (1986) wird diese Frage anhand der Dreharbeiten zu einem DEFA-Film aufgegriffen: »Warum mußten Juden im Film von echten Juden dargestellt werden? Als Martha diese Rolle angeboten worden war, hätte sie antworten müssen: Nur wenn auch die SS-Männer echte SS-Männer sind.«[8]

Als Tabori im Bus neben einer Filmschauspielerin sitzt, schneidet er gerade diese Frage an. Sein Vorschlag, um aus der Stigmatisierung, und sei sie vermeintlich positiv, auszubrechen, ist, Libanesen, die in Berlin Zuflucht suchten, als jüdische Komparsen zu besetzen. Der Darsteller des Baruch in DER PASSAGIER, Birol Ünel, ist Türke. Tony Curtis zuliebe, dessen Familie dem ungarischen Judentum entstammt, wurde Cornfields Herkunft von Polen nach Budapest verlegt. Charles Régnier, der den Bankier Silbermann spielt, stellte bei Douglas Sirk im Film A TIME TO LOVE AND A TIME TO DIE (ZEIT ZU LEBEN UND ZEIT ZU STERBEN, USA 1958) einen Juden dar, der sich in einer ausgebombten Kirche einer deutschen Kleinstadt verbirgt. Sein Rollenpartner Levi, vom Bankhaus Silbermann & Levi, ist der Schauspieler Paul Andor, der hier einen kurzen, unvergeßlichen Auftritt in der Lagernacht der Selektion hat, zunächst als äußerst typisch vom Regisseur Körner für den Film gewünscht wird, dann aber, um seinen Platz an Jankos Freund Baruch abzutreten, diesem weichen muß und stumm zitternd in die Reihe zurückschleicht.

Paul Andor war einst ein in Deutschland bekannter Schauspieler und wurde 1983 in einer Retrospektive »Exil« der Berliner Filmfestspiele wieder in seiner Komplexität entdeckt. 1901 als Wolfgang Zilzer in den USA als Sohn eines ungarischen Vaters (aus Budapest wie Tabori, wie Curtis' Vater) geboren, kam er als Charakterdarsteller zerrissener Figuren in RAZZIA IN ST. PAULI (D 1932, Werner Hochbaum) oder MENSCHEN HINTER GITTERN (D 1931, Paul Fejos) im Weimarer Film zur Geltung, ehe er, ins Exil getrieben, in NINOTCHKA (NINOTSCHKA, USA 1939, Ernst Lubitsch) Garbos Taxifahrer, in CASABLANCA (USA 1942, Michael Curtiz) einen rasch liquidierten Gaullisten, in HITLER'S MADMAN (USA 1943, Douglas Sirk) einen Nazi-Obersten in Lidice spielen mußte, um in Hollywood zu überleben. Paul Andor spielt, ohne daß sein Name einem Kritiker des Films aufgefallen wäre, als Überlebender einen alten Mann, dessen Hoffnung zerbricht, als er, ein Opfer eines darwinistischen Freundschaftspaktes zwischen Janko und Baruch, dem organisierten Tod anheimgegeben wird.

Der zweite Fall großdeutscher Filmgeschichte, auf den durch den Film DER PASSAGIER ein neues Licht fallen muß, ist Leni Riefenstahl, dem Dritten Reich nur auf Gedeih, nicht auf Verderb verbunden, wie Alfred Polgar, als Prozeßbeobachter nach dem Krieg in München, bitter konstatieren mußte. Riefenstahl hatte, als für die Dreharbeiten ihres Films TIEFLAND (D 1940) Komparsen gesucht wurden, die spanisches Volk zu mimen hatten, Zigeuner aus dem Internierungslager Maxglan bei Salzburg engagiert. In den kürzlich publizierten Memoiren Leni Riefenstahls ist ein Entlastungsbrief abgedruckt, den sie von den Wirtsleuten erhielt, die jene Zigeuner beherbergten. Das Schreiben, das die Filmarbeit Riefenstahls vom Vorwurf entlasten soll, den auch Harlan zu seiner Filmarbeit nicht entkräften konnte, ist wider Willen eine einzige Denunziation dessen, was die Faschisten mit dem Ausdruck »Sonderbehandlung« bezeichneten. Mit folgendem Zitat erbittet die Regisseurin moralischen Ablaß:

Die Zigeuner genossen völlige Freiheit. In aller Früh wurde das Radio angedreht. Zum Frühstück gab es Vollmilch, Butter und Marmelade. Eine Bewachung war unumgänglich notwendig, da die Zigeuner eine starke Neigung zu Diebstählen zeigten. Die Einwohner von Krün lehnten aus diesem Grunde auch ab, Zigeuner bei sich aufzunehmen. Mit aller Eindeutigkeit wurde festgestellt, daß eine Bewachung durch SS oder SA niemals erfolgte, sondern ausschließlich durch zwei Gendarmen, die mit den Zigeunern aus einem Lager in Salzburg gekommen waren. Frau Riefenstahl war bei den Zigeunern, die immer wieder betonten, daß sie es noch nie im Leben so schön gehabt haben, denkbar beliebt. Die Zigeunerkinder waren geradezu begeistert. Im übrigen hatte Frau Riefenstahl genau die gleiche Verpflegung wie die Zigeuner.[9]

Erspart blieb ihr bloß das gleiche Schicksal der Zigeuner, die nicht mehr betonen konnten, daß sie es im Tod so schön nicht gehabt hatten, wie die Sprache der Mörder es von ihrem Leben behauptete. Es gibt Regisseure, die dem Tod bei der Arbeit zusehen, und es gab Regisseure, die dem Tod zuarbeiteten, weil sie nicht sehen wollten, daß der von ihnen gefeierte Vitalismus bloß ein trügerisches Zucken der Todesenergie gewesen ist. Das Zelluloid der Harlans und der Riefenstahls ist nur als Totenmaske der gewollten Schönheit von Belang. Notwendig ist, im Film die Schönheit des Prekären zu erfinden, wozu Godard, Straub/Huillet, Kluge und auch Brasch Vorschläge machten. Mehr als jedes andere Medium der Kunst ist der Film ein Werkzeug des Übergangs, eine Einladung ins Passagere. Der Passagier ist Klaus Brasch gewidmet, einem Bruder des Regisseurs, der als Schauspieler zuletzt im Film SOLO SUNNY (DDR 1979, Konrad Wolf) zu sehen war, zu sehen ist.

Erstveröffentlichung in: Karsten Witte: Der Passagier – Das Passagere. Gedanken über Filmarbeit, Frankfurt/Main 1988, S. 36-75 [Anm. s. S. 473].

Der Preis der Melancholie
Straub/Huillets neuer Hölderlin-Film SCHWARZE SÜNDE

Kaum war die Berlinale zu Ende, lud die Akademie der Künste zu einer Welturaufführung des neuen Films von Straub/Huillet ein: SCHWARZE SÜNDE (BRD/F 1989), und die erste Frage, die sich stellte, war die, warum der Film nicht Teil der Filmfestspiele war? Mißverständnisse gab es zwischen den Regisseuren und den Festivalverantwortlichen. Dem Wettbewerb war er zu kurz, das Internationale Forum des Jungen Films wollte ihn unbesehen auch nicht zeigen. So holte die Akademie nach, was das Festival versäumte. Der neue Film gehört zum Produktionskomplex, der Hölderlins fragmentarischem Drama Der Tod des Empedokles (1800) galt. Aber, wie Straub seine unermüdlichen Zuschauer schon vor der Sichtung ermahnte: »Glaubt nicht, daß ihr das schon gesehen habt!« Immerhin muß ein solcher Verdacht sich eingeschlichen haben.
Nicht genug damit, daß Hölderlin drei Fassungen seines Dramentextes vorlegte, auch Straub/Huillet präsentierten nach der Uraufführung ihres Hölderlinfilmes auf der Berlinale (1987) unterdessen verschiedene Schnittfassungen. Nach der Berliner entstanden die Pariser und die Römische Fassung. In einem Hamburger Schnittseminar stellten sie eine wieder neue Version her. Sie nennen das im musikalischen Sinne eine Variation, nicht minder legitim, gleichwohl weniger üblich als unterschiedliche Einspielungen des musikalischen Werkes durch denselben Dirigenten. Mit dem scheinbar naiven, dabei ganz materiellen Argument, für fünf Mark Eintritt

129

seien zwei Rollen Film zuwenig, zeigten die Filmemacher drei Rollen einer frühen Fassung des EMPEDOKLES' als Einleitung.

Das war eindringliche Erinnerung an die Mittel. Die Körper sitzen oder stehen fest im freien Raum. Ihre Stimmen haben nichts Dramatisches noch Individuelles. Sie dienen als Erzeuger des Textes, dessen Gestalt mit angestrengtem Ernst beschworen und einer gleichgerichteten Dynamik unterworfen wird. Der Sinn dissoziiert sich vom Klang. Der Hintergrund der Szene, die Natur am sizilianischen Ätna-Gelände, wird gleichberechtigt dem Vordergrund behandelt. Das Licht kommt und geht, wie es will. Die Wolken, die sich vor die Sonne schieben, verteilen es wie der Wind die Schatten, die die Blätter werfen. Der Ton registriert Schritte auf dem Landboden, Vogelstimmen und Zikadenklänge.

Die Sinnzäsuren brechen den harmonischen Fluß der Sprache. »Harte Worte mag ich / Nicht mit ihm wechseln« ist ein Beispiel; »Luft will ich / Mir schaffen« ein andres. Es klingt, als sollte noch die kleinste Einheit gleichnah zum Sinnzentrum gerückt werden. Je stärker aber die Kleinfiguren akzentuiert werden, desto schwächer wird die Dynamik übergreifender Figuren. Die Schönheit stockt. Sie tritt auf der Stelle, mit der sie hartnäckig auf sich aufmerksam macht. Das ist das Gegenteil von Flanerie und Leichtsinn. Mag der eine Schauspieler ölig, der andere sperrig sprechen, mögen die Blicke bei jedem Götteranruf obligatorisch in die Höhe gerissen werden wie bei den Märtyrern und Madonnen des Malers Guido Reni – es ist die Gleichförmigkeit, mit der diese Avantgardebastion von einer Art Laien-Burgtheater gehalten wird, die den Empedokles-Film in die klassizistische Erstarrung trieb.

Die Darbietung des hohen Hölderlin-Tones und seiner Pathosformeln zielt darauf, die Unbedingtheit zu überbieten. Der sprachliche Sinn zerfällt, aber die rigorose Meisterschaft von Licht und Ton ist darauf angelegt, den sozialen Hochmut des Philosophen Empedokles zu retten. Umgekehrt wäre undenkbar, Straub/Huillet würden zertrümmernd furios in das bildliche Material eingreifen, um Klang und Sinn eines klassischen Textes zu retten. Zur Verdeutlichung sei dabei auf Derek Jarmans Film THE ANGELIC CONVERSATION (GB 1985) verwiesen, der im klassischen Bühnenenglisch Shakespeare-Sonette zu solarisierten Standfotos sprechen ließ. Nicht daß dieses Verfahren das fortschrittlichere sei, hebt es doch die Einmaligkeit des Straub/Huilletschen Verfahrens hervor.

Was ist die SCHWARZE SÜNDE? Der Titel klingt wie eine Erinnerung an die affektgespannten Filme der fünfziger Jahre. Weit gefehlt. Dem Philosophen, der die Gesellschaft, die ihn trug, flieht, wird die schwarze Sünde zum Vorwurf. Der Einzelgänger, der sich zunächst aus Überdruß selber exilierte, wird schließlich ins Exil verbannt. Die schwarze Sünde, das ist die Melancholie des Empedokles, sein erklärter Bruch mit der Gesellschaft. Nach der Einleitung folgte der neue Film, zwei Rollen lang, vierzig Minuten, als mittellanger Spielfilm ohne Chancen in einem Kinosystem, das zum Umschlag der Ware standardisierte Größen benötigt. Dieser Film ist der fortgesetzte Versuch, mit Hölderlin sich zu befassen. Knapp drei Jahre nach den Dreharbeiten kehrt das Team in variierter Besetzung zurück an den Ätna. Damals verworfene Schauplätze kommen nun ins Bild. Der Kameramann ist nicht mehr Renato Berta, sondern William Lubtchansky. Die Hauptdarsteller sind nach wie vor Andreas von Rauch als Empedokles, Howard Vernon und Vladimir Baratta. Danièle Huillet spielt am Ende das Fragment des Chores, in dem Hölderlin seinen atemberaubenden Entwurf von der »Neuen Welt« vorlegte.

Die Plastiken Ernst Barlachs, benannt »Der Rächer« (1914) und »Mutter Erde« (1920; von Helmut Herbst in Hamburg aufgenommen), figurieren als Vorspann zu SCHWARZE SÜNDE. Gegen den Vorwurf, Autor und Titel der Plastiken könnten den Sinn des Films überdeterminieren, hielt der Regisseur in bewährter Praxis seiner eulenspiegelhaften Publikumsrhetorik ein materielles Argument zur Aufführungspraxis des Films entgegen. Jene Bilder gäben dem Vorführer hinreichend Gelegenheit, den Film zu kadrieren. Erinnert man sich noch des märchenhaft befremdlichen Bildes vom offenen Meer am Ende einer Rolle in CHRONIK DER ANNA MAG-DALENA BACH (BRD/I 1968, Straub, Huillet)? Brach da ein Stück ›Natur‹ in die Beklemmung der barocken Räume, oder war das Bild vom Meer bloß spielerisch eine Provokation, das Ende einer Filmrolle zu markieren? Das Understatement ist nicht wahrer als das Overstatement. Beide bezeugen sie nichts als die vollkommen gleichgültige Autonomie der artefaktisch gesetzten Bilder.

Der Preis der Melancholie ist hoch. Er kassiert den intellektuellen Hochmut des Philosophen und seinen sozialen Stand. Empedokles trägt nicht mehr ein prächtiges Gewand, fast hat es den Anschein, ihn trage die karge Büßerkutte, die ihn unscheinbar, naturfarben macht. Not und Entbehrung sind den Gesichtern des Lehrers und seines ergebenen Schülers Pausanias eingeschrieben. Ihre Gesten werden abrupter, abgerissener als im Stil der hohen Darstellung. Jede Handbewegung, jedes Kopfrücken während der Monologe gewollter Sinnverschließung wirken wie ein Lehrstück zur inneren Montage des Bildes. Ohne Skrupel löst sich die Kamera von den beiden Hoffnungslosen, die nicht länger Träger einer Hoffnung sind. Endlos geht der Schwenk über die Bäume und Bergkuppen.

Einzig dem Chor wird eine Stimme geliehen, die aufhorchen läßt. Der Text von Hölderlin ist keine Beschwörung mehr, sondern eine Verheißung. Für einen Augenblick, der gleich zerfällt, wird die Hoffnung ein Prinzip: aber so fragil setzt sie sich kaum durch. Wie eine Sehnsuchtsträgerin, im Profil wird Danièle Huillet aufgenommen. Trotzig ruft sie nach dem »rächenden Geist«, Donnergrollen des Vulkans und Schwarzfelder. Dazu der Bruchteil eines Beethovenschen Streichquartetts, im Übergang von einem getragenen zum schnellen Satz. Der Abspann nennt das Busch-Quartett als Ausführende, Zeit und Ort (London 1935), ja: Titel des Satzes (»Der schwer gefaßte Entschluß«), nicht aber den Komponisten. Es kommt eben auf die Aufführungspraxis eher als auf Urheberschaften an. Dieses geballte Aufbegehren erinnert an den lakonisch gewaltigen Schluß von GESCHICHTSUNTERRICHT (I/BRD 1972, Straub, Huillet): Eine Brunnenfigur spuckt Wasser, ein Bach-Chor spuckt den Aufruhr des Volkes aus. Ästhetische Gewalt?

Die Regisseure plädierten leidenschaftlich dafür (gegen die polemische Frage, was sie sich »dabei« gedacht hätten?), daß Filmemacher sich Augen und Ohren wünschen, um sich nichts dabei zu denken, wenn sie filmten. Dialektischer gesagt: die Form nicht vor dem Gedanken, den Gedanken nicht vor der Form zu fassen, sei die Devise. Gut gesagt; nur ist es leichter, derlei Gedanken zu fassen als jene Form zu lesen.

Erstveröffentlichung: Frankfurter Rundschau, 14.3.1989 [Anm. s. S. 473].

Versteckte Zeichen und Signale
Werner Schroeters Filme

Als Rainer Werner Fassbinder vor zehn Jahren seine Hommage für Werner Schroeter schrieb, hielt er diesen für den »wichtigsten, spannendsten, entscheidensten sowie entschiedendsten Regisseur eines alternativen Films«.[1] Die Hommage wird zur Hyperbel, das Lob zum Superlativ. Schroeters Filme polarisieren die Anschauung jener, die sie sehen, zum Extrem. Dabei wollte Fassbinder nur eine Dankesschuld ausdrücken, denn Schroeters Filme waren ein Modell für filmende Freunde, die im Werk ihm nahestanden, im Ausdruck es ihm jedoch nicht gleichtun konnten. Zu den Lernenden zählte Fassbinder vor allem sich selbst, dann Daniel Schmid, Ulrike Ottinger und Walter Bockmayer – Regisseure, die wie Schroeter stets eine Fusion, eine Polyphonie der Ausdrucksmittel suchten und sie in Inszenierungen auf dem Theater wie im Filmstudio unter Beweis stellten. Freilich ersparte Fassbinder dem Kollegen Hans Jürgen Syberberg den schlimmen Vorwurf nicht, ein »überaus geschickter Schroeter-Imitator«[2] und »ein Geschäftsmann in Sachen Plagiat«[3] zu sein. Hier geht es nicht darum, ästhetische oder zivilrechtliche Zensuren an die Schüler der Schroeter-Schule zu verteilen, sondern darum, die Eigenart der Faktur Schroeters zu beleuchten.

Schroeters Radikalität liegt in der seit zwanzig Jahren kontinuierlich gelungenen Versöhnung von produktionstechnischer Armut und produktionsästhetischem Reichtum. Seine Filme haben einen Gestus, der sie allesamt kennzeichnet und über andere heraushebt. Das ist die große, ebenso heftige wie sehnsüchtige Bewegung in das Ekstatische. Darin könnte eine Nähe zu den Charakteren der großen Irrenden bei Werner Herzog liegen, die mit angemaßter Ichgröße ausziehen, die Welt zu zerstören. Schroeters Figuren leiden am Ungenügen, gerade ihre Ichschwäche läßt sie in die Welt ausziehen und sich mit geborgter Grandiosität ausstatten. Ist Herzogs Ekstase die der Gläubigen, die sich für heilig halten, so ist Schroeters Ekstase die der Zweifelnden, die sich für sündig halten. Zu dieser Haltung gehört lebensnotwendig Ironie und Selbstverkleinerung. Aus dem musikalischen Material von Giuseppe Verdi bis Caterina Valente zaubert Schroeter ironische Visionen, die das Augenmerk der Zuschauer auf eine vielschichtige Wahrnehmung von Ton und Bild, von Gefühl und Wirklichkeit lenken.

Was andere Regisseure mit falscher Prätention versuchen, gelingt Schroeter mit leichterer Hand: aus den Trümmern der Hochkultur mit seinen Filmen Modelle zu einer ruinösen, nie ruinierten Gegenkultur zu bauen. Darin herrscht keine Unterscheidung mehr zwischen erhabenen Gefühlen und dem Kitsch. Noch die extremste Gefühlsregung findet ihren Platz und einen Ausdruck, der mit wissendem Genuß ins Triviale absinkt. Die Gefühle, die Schroeter in den Beziehungen seiner Figuren zu sich, zum Ton und Bild inszeniert, sind selten deckungsgleich in Form und Anspruch. Etwas bleibt an ihnen offen wie eine Wunde, die sich nicht schließt.

Diese Wunde könnte man die Sehnsucht nennen, die bei Schroeter nicht die glatte Nostalgie meint, sondern die zwischen Form und Anspruch klaffende Inkongruenz. Da liegt das Uneingelöste im Wunsch der Menschen nach einer Harmonie. Der Wunsch wird, versteht sich, behindert, verstümmelt, wenn nicht mitleidig verspottet; Schroeter nimmt ihn ernst. So gilt er als ›übertrieben‹, wenn er die Gefühle, die sich in seinen Figuren äußern, von jedweder Stimmigkeit oder Psychologie abschneidet, um einzig deren Sehnsucht einen dramatischen Platz einzuräumen.

Das gesungene Wort
Ein Kompromiß in der Substanz, das sei nicht möglich, sagte Schroeter in einem Gespräch mit Daniel Schmid, und er meinte diese Maxime für den Bereich der Kunst wie den der Liebe. Er zieht keine Grenzen, seine Filme sind im Gegenteil freche Übertretungen von Grenzen. Um es kunstvoller in der Theorie zu sagen: seine Filme sind Enthierarchisierungen der Genres. So kommen mit den Mitteln der Kunst die Augen der Wahrnehmenden ›in Fluß‹, bis das Wahrgenommene verschwimmt, Desorientierung, Taumel und Schwindel als Teil der Stimulation auftreten.

Auch Schroeter zielt auf die höchste Steigerung, auf den Ausdruck, der jenseits des Wortes liegt, und das ist das gesungene Wort. Den Ausdruck kompromißloser Liebe fand Schroeter, wo sonst, in Wagners *Tristan und*

Isolde (1859), jener Oper der bürgerlichen Selbstreferenz auf Rausch, Verzückung und Weltflucht. Isoldes Liebestod mit der Szene aus dem zweiten Akt: »Oh sink hernieder, Nacht der Liebe« kann man sich bei Schroeter nur von Maria Callas vorstellen, die Wagners Text und Ton auf italienisch singt in einem der ganz frühen Super8-Filme Schroeters, LA MORTE D'-ISOTTA (BRD 1968).

So wie sich Herzog männliche Helden sucht, wählt Schroeter weibliche Heroinen, die das von Männern verwüstete Terrain mit Leidenschaften kultivieren. Wo ein Fitzcarraldo in der von ihm entworfenen Wirklichkeit scheitert, scheitert eine Isolde an der von ihr entworfenen Wirklichkeit. Jede homosexuelle Ästhetik, die einer Komplizenschaft zum Krieg sich verweigert, hält es mit der Landesverteidigung der Gefühle. In dieser Perspektive verfällt die Repräsentanz der Vorbilder von Pionieren. So gesehen gewinnt die Dominanz der neu gesetzten Vorbilder – die starken Frauen, von Norma bis Penthesilea, die sich bis zum Äußersten verausgaben, wo die starken Männer Fremdopfer bevorzugen – bei Schroeter eine neue Dimension. Ausgefüllt wird sie in allen Filmen von der Stimme der Maria Callas, von der Erscheinung der Schauspielerin Magdalena Montezuma: Dies Künstlerpseudonym ist ein Kunstzeichen auf Bußfertigkeit im exotischen Opfergewand.

Schroeters Ur-Szene ist der Blick durch den Vorhang auf die Vibrationen italienischer Opern. Die durchgängig montierte Musik, die in frühen Filmen Gang und Gestik der Schroeterschen Figuren bestimmt hatte, tritt erst in den späten Spielfilmen wie REGNO DI NAPOLI (NEAPOLITANISCHE GESCHWISTER, BRD/I 1978) und PALERMO ODER WOLFSBURG (BRD/CH 1980) zurück. In den Anfängen des Schaffens war der körpersprachliche Ausdruck oft eine Übersetzung der innermusikalischen Bewegung, war stumme Begleitung der volltönenden Musik, die wie eine Hauptfigur das ›Bild‹ im Film beherrschte. Um diesen Wandel in der Wahrnehmung *zwischen* Ton und Bild zu vergegenwärtigen: galt früher die Schärfeneinstellung in Schroeterfilmen dem Klangbild, so gilt sie heute tendenziell dem Raumbild. Die Gestik verdoppelt die Musik nicht mehr. Die Musik tritt vielmehr an den Rand, um die Gestik der Protagonisten eher im traditionellen Gebrauch zu kommentieren.

Einen Teil seiner Jugend, erzählt der Regisseur, habe er in Italien, genauer gesagt in Neapel verbracht. Italien wurde ihm, wie dem Komponisten Hans Werner Henze in den finsteren fünfziger Jahren, wie den Malern und Dichtern des 19. Jahrhunderts, denen die Liebe zu Männern im Norden verboten war, der utopische Ort. Das sinnliche Versprechen schien schon das bessere Leben. Die Utopie hatte auch einen literarischen Ort, der seit Baudelaire den Eingeweihten geläufig war: er hieß »luxe, calme et volupté« – »Luxus, Stille und Verlangen«.[4]

In allen Filmen bildet Schroeter fast obsessiv den Widerspruch vom Reich der Freiheit (Italien) und dem Reich der Notwendigkeit (Deutschland) ab, an dem er leidet. Das Leiden wurde stilbildend im Ausdruck gemischten Gefühls, den schon der Film EIKA KATAPPA (BRD 1969) thematisiert hatte. Da sang Caterina Valente »Spiel noch einmal für mich, Habanero!«, und Maria Callas forderte rücksichtslos: »Rendete mi la speme o lasciate mi morir!« – »Gebt mir die Hoffnung wieder, oder laßt mich sterben!« lautet die gesungene Forderung – die Valente ihrerseits mit dem Wunsch nach nicht endenwollender Musik ausdrückte. Ob ein Wunsch den anderen aufnimmt oder zurücknimmt, in jedem Fall singt in der Montage das Mittel der Ironie die Hauptpartie. Denn die extremen Wünsche sind unerfüllbar, in der Dramaturgie des Zitats wie der des Ortes im Film. Die Gewalt des Prinzips »alles oder nichts« wird nicht nach außen gekehrt, sondern nach innen gerichtet. In Schroeters Filmen explodieren die Wünsche nicht, sie implodieren bloß. Sie richten die ihnen innewohnende Gewalt gegen sich selbst und geben dabei ihrer Selbstzerstörung noch betörenden Ausdruck. Es scheint, als seien Schroeters Filme bengalisch beleuchtet.

Herkunft

In der Arie aus Bellinis Oper *I Puritani* (1835) sang Callas von einer Angstlust am Tode, die symptomatisch ist für eine bestimmte Eigenart, für die Faktur der Schroeter Filme. Die Angstlust am Tode, verbunden mit einem Schwelgen im vitalen Gestus und ausgreifender Musik des höchsten Formbewußtseins sowie des ironischen Verwirrspiels mit Zitaten sind allesamt Indizien einer homosexuellen Ästhetik des Films, auf die Rosa von Praunheim, wie es Fassbinder im eingangs benannten Aufsatz klarstellte, beileibe kein Monopol hat.

Gegen Schroeter vertritt Praunheim die polare Position der Krudität des Materials, das er als vorgefunden der Realität entnimmt, wo Schroeter seinerseits die Raffinesse des gefügten und montierten Materials bevorzugt. Um sich einer filmsprachlichen Vereinfachung zu bedienen, könnte man sagen, daß Praunheim tendenziell (nicht mehr, nicht weniger) es mit dem (nicht erreichbaren) Vorbild Rossellini hält, wo Schroeter sich an das (nicht erreichbare) Vorbild Visconti hielt. Ich betone diese Referenz auf die kinematographische Sprache, um den als privatistisch geltenden Konflikt auf dem Versuchsfeld einer homosexuellen Ästhetik zu versachlichen. Praunheim arbeitet mit Manifestation und Agitation, Schroeter eben mit versteckten Zeichen und Signalen.

Wer einer sozialen Minderheit angehört, muß genauer auf die Formen sehen und die Erscheinungen auf versteckte Zeichen hin ablesen. Nur so ist, im Rahmen einer amorphen Öffentlichkeit, die sich Zuschauern dieser Filme bietet, mit hinlänglicher Gewißheit zu erkennen, wer sein Sympathisant und wer sein Gegner ist. Von daher ist die Verschlüsselung von Kunst im Manierismus, wie Schroeter sie anfangs systematisch und heute spielerisch betreibt, auch eine Strategie ästhetischer Gegenwehr. Zur Zeit der filmischen Anfänge Schroeters ist auch die amerikanische Kunst-Essayistin Susan Sontag noch Risiken in der Wahl nicht-repräsentativer Themen eingegangen. Den Ursprung der *Camp*-Kultur, zu deren urbanem Umfeld man Schroeter rechnen darf, hatte Sontag abgeleitet aus jüdischer Selbstironie und homosexuellem Formbewußtsein.[5] Dann schrieb die Essayistin freilich lieber über Riefenstahl und Syberberg als über Fassbinder und Schroeter.

Welche Kraft aus einer Kunst der Gegenwehr erwachsen kann, hat Schroeter in einem Entwurf zu einem späteren, skizzenhaft realisierten Film 1970 beschrieben: In der labyrinthischen Geschichte von Thomas und Fausto begegnen sich zwei Männer. Über ihre Liebesgeschichte hinaus weist ihr Beruf: Sie sind Matrosen, verfügen über das typische Signal der Sehnsucht, in die Weiten der Welt auszuschweifen. Zur Komplizierung trägt die Herkunft der beiden bei. Der eine Matrose ist Deutschamerikaner, der andere Italoamerikaner. Wie der spätere Film PALERMO ODER WOLFS-BURG ist dieser Filmentwurf ein Versuch, nationale Identitäten durch die Kraft der Sehnsucht zu verschmelzen: eine Utopie, prall von privater Subversion, doch ohne politische Folgen, es sei denn im Reich der Leidenschaft. Und das ist ja nicht klein.

Im deutschen Kriegsmobilisierungsfilm DIE GROSSE LIEBE (D 1942, Rolf Hansen) sang Zarah Leander das berühmte, berüchtigte Lied: »Davon geht die Welt nicht unter!« Ihre Darbietung verschwieg den Widerspruch von privatem Unglück und öffentlichem Wohl, das nur dadurch zu retten war, daß man sich selbst mitunterdrückte. In welchem Maße mit dieser Maxime Politik gemacht wurde, zeigte jener Propagandafilm, den Schroeters Film DER BOMBERPILOT (BRD 1970) als burleske Farce nachstellt. Mit dem historischen Zitat auf der Tonspur wird erfahrene Geschichte auf der Erlebnisspur synchronisiert.

Wenn deutsche Soldaten im besetzten Frankreich in den Refrain der Leander einfallen, hat das die Gewalt, mit der die Sänger als Landser in das Land einfielen. Schroeters Film erzählt die Geschichte dreier Frauen mit künstlerischen Neigungen zwischen Hitler- und Adenauer-Ära. Desorientiert tingeln diese Unterhaltungskünstlerinnen zwischen den Fronten. Die eine als Soubrette, die andere als Schönheitstänzerin, die dritte als Reichsvolksschullehrerin (!). Schiffbruch erleiden sie alle drei, durch einen Selbstmordversuch, eine Fehlgeburt und einen Nervenzusammenbruch. Nur in der pointierten Nacherzählung – ein untauglicher Kniff der Filmgeschichtsschreibung – gibt es eine ›Geschichte‹. Der Film hingegen löst sie in Gesten auf. Form der Darstellung und Fotografie des Films sind von kalter und präziser Ironie. Nicht die warme Empathie von DEUTSCH-LAND, BLEICHE MUTTER (BRD 1980, Helma Sanders-Brahms) noch der hypertrophe Kitsch von LILI MARLEEN (BRD 1980, Rainer Werner Fassbinder) – DER BOMBERPILOT hatte das rhetorische Programm des *Neuen*

Deutschen Films längst vor den anderen in eine Dimension der Empfindungsgeschichte überführt.

1969, als nur wenigen Zuschauern die Filme von Schroeter vor Augen gekommen waren, schrieb Wim Wenders am Schluß seiner Beobachtung zu diesem damals schmalen Œuvre, jeder Film sei ein neuer Ausgangspunkt an Konzentration. »Wie vielleicht bei den Brüdern Lumière oder bei Nekes, oder bei Dreyer.«[6] Wenn Schroeter auch Helden im Film vermeidet, entgeht seine Filmsprache den Pionieren nicht. Wenders nennt Ahnen, von denen zu sprechen Schroeter sich hütet. Man sieht es, oder man sieht es nicht; aber man berufe sich nicht, mag die Haltung dieser Bescheidenheit sein. Wenders nannte die Brüder Lumière, die mit starrer Kamera und schaulustigem Auge die heftigsten Bewegungen vor der Kamera registrierten; sodann Werner Nekes, den höchst bedeutenden Experimentalisten, der neue Sehräume erschloß; schließlich Carl Theodor Dreyer, den Klassiker des Rigorismus, auf den die Minimalisten der Mittel und die Maximalisten des Formanspruchs sich beziehen. Dreyer könnte für die nie greifbare Sehnsucht der Gefühle den Stil der kalten Wahrnehmung erfunden haben. Wenders verweist nicht auf Schroeters Vorbilder, er zeigt Muster und Modelle, aus denen die kinematographische Artikulation auch von Schroeter schöpft.

Die Zeit anhalten

Gelegentlich hat dieser Regisseur seinen 1971 entstandenen Film DER TOD DER MARIA MALIBRAN (BRD 1972) als sein Hauptwerk bezeichnet. Die Story, soweit sie ›sichtbar‹ wird, deutet auf das dramatische Schicksal einer Person, für die ein Leben nicht genug war: Maria Malibran, die große Operndiva des 19. Jahrhunderts, deren Stimmumfang so phänomenal war, daß sie mit ihren drei perlenden Oktaven alle Altpartien wie Sopranrollen bewältigte. Den Tod erlitt sie auf offener Bühne, nicht unerwartet, doch im vollen Bewußtsein der Selbstzerstörung. Sie starb für ihre Kunst und wußte es. Ihr Singen war ein Raubbau, nicht nur am Talent, sondern an der ganzen Physis. Die Kunst dieser Sängerin war ein anhaltender Selbstmord, dessen finaler Akt zum höchsten Augenblick ihrer Kunst- und Sterbensfertigkeit gestaltet wurde.

Ein Kompromiß in der Substanz, sagte Schroeter im eingangs zitierten Gespräch, sei nicht möglich. DER TOD DER MARIA MALIBRAN ist ein treffendes Beispiel, das sein elegisches Echo in Schroeters Nachruf auf Maria Callas »Der Herztod der Primadonna«[7] fand. Schroeter schrieb keinen Nekrolog, sondern eine flehende Bitte, die eher der Klage eines Orpheus um die entschwundene Eurydike gleicht.

In diesem Text entdecken sich die versteckten Zeichen und Signale. In der Kunst der Callas, von Schroeter benannt, steckt ein Stück Selbstbenennung, das sowohl die Hypertrophie der ästhetischen Mittel wie ihren

manieristischen Sinn erklärt: »Die ins Maßlose getriebenen Ausdrucks-
momente der Kunst stellen, ob architektonisch, musikalisch oder sonst-
wie erfaßt, nichts anderes dar als das Bedürfnis, die Zeit anzuhalten.«[8]
Und wenn die kanonisierte Vorstellung von Zeit stillsteht, gerät der Formen-
kanon in Bewegung. Vorsätzlich formverletzend und ahistorisch die Sprache
der Form zu montieren, wie Schroeter es übt, bedeutete dann, die in der Zeit
erstarrte Form zu mobilisieren. Die Zeit und ihren Mythos, d.h. die Chrono-
logie und den Gott Chronos so gründlich zu beleidigen, ist ein Glanz vom
merkurischen Glück, der in Schroeters Filmen unerwartet leuchtet.

Der Versuch, in dem sich Chronik mit Erfindung mischt, erfolgreich genug,
daß der Film als erster unter Schroeters in den Verleih und so in kommerzielle Kinos kam, war REGNO DI NAPOLI. Diese Geschwister sind Iden-
tifikationsträger prägnanter historischer Vignetten der politischen Stadtgeschichte Neapels von 1943 bis 1970. Die einzelnen Vignetten könnten
die emblematische Inschrift tragen: Befreiung vom Faschismus, die
Besatzung durch den »alliierten Feind« – wie man die US-Amerikaner im
Zweifelsfall, und der war gegeben, nannte; oder das Arrangement der
Christdemokratischen Regierungspartei *Democrazia cristiana* mit dem Vatikan, schließlich die Kapitulation der kommunistischen Partei *KPI* vor der
Innenpolitik. So wird die Geschichte höchstens geschrieben; sichtbar
wird sie in diverser Form.

Die Nachkriegsgeschichte der Stadt ist eine Episodenverknüpfung aus der
Familiengeschichte der Paganos, deren Geschwister Massimo und Vitto-
ria in den Kampf gegen das Elend sich politisch verstricken. Fassbinder
scheute sich nicht, diesen Film in den Rang von Viscontis OSSESSIONE
(BESESSENHEIT, I 1943) zu erheben, und auch die deutsche Filmkritik
sprach großzügig jeder Kamerafahrt bei Schroeter die Dekadenz eines
Visconti zu. In italienischen Augen der Kritik wirkte der Film eher statisch
und ruhig inszeniert. Erzähltechnisch bemerkenswert ist die Durchdringung von Kontingenz des neapolitanischen Alltags mit der narrativ nur
angedeuteten Episodenform. Der Filmtheoretiker Kracauer nannte das,
geschult an Werken des *Neorealismo*, die Zwitterform zwischen Vorgefundenem und Erfundenem (»the slight narrative«).[9] Den Bewußtheitsgrad
dieses Signals zu erforschen ist sinnlos, da es sichtbar ist. Die Episode
siegt über die Story.

Dokumentierte Vision

Schroeters Spielfilme hören auf, die einzelnen Mittel zu übertreiben. Der
schwelgende Gestus von Musik und Kamera, von Licht und Farbe weicht
eher schüchternen, nun elegischen Gesten. Als Rest der Hypertrophie bleibt
die Raumerfahrung, die nun nicht mehr die kleinste Ich-Einheit, sondern
Europa umspannt. Von Neapel nach Sizilien, von Sizilien nach Deutschland. PALERMO ODER WOLFSBURG ist die Luftlinie einer Erfahrung, die

der einzelne, der sie erleidet, nicht verkraftet. Schroeter stellt die Leidensgeschichte eines jungen Arbeitsemigranten aus Palma di Montechiaro bei
Agrigento vor. Der Emigrant kommt nicht zur Arbeit, er kommt schon als
Versprengter an; Wolfsburg ist nicht der Volkswagen, sondern die Wolfs-
falle für ihn. Der Fremde begeht mit der wütenden Dumpfheit einer Woy-
zeck-Natur einen Mord, wird im Prozeß mangels Beweisen aber freige-
sprochen.

Schroeters Freispruch erfolgt im Zitat auf der Tonspur. Wir hören Ausschnitte aus Alban Bergs Violinkonzert, dem der Komponist den Wid-
mungstitel »Dem Andenken eines Engels« (1936) gab. Der Engel war die
jung verstorbene Tochter des Architekten Walter Gropius, und für Alban
Berg wurde sein Konzert – vor dessen Uraufführung er verstarb – zum
Requiem.

Wählt der Regisseur als Begleitmusik der wachsenden Entfremdung des
sizilianischen Arbeitsemigranten die Klänge von Berg, so erhebt er den
Versprengten in den Rang eines freilich gefallenen Engels. Deutschland,
Wolfsburg werden zum Synonym der feindlichen Fremde, so wie der
Gerichtsprozeß zum Martyrium des Fremden wird, das er für seine Mit-
brüder auf sich nimmt.

Der Roman des sizilianischen Autors Giuseppe Fava – wegen seiner journalistischen Arbeiten wurde er später von der Mafia in Catania ermordet –
gleicht einer Chronik. Das Drehbuch entnahm seinem Roman *Passione di
Michele*[10] jene Momente, die sich der Transfiguration des Helden nähern.
Nie ist der Film dokumentarisch, trotzdem dokumentiert er eine Vision,
in der Schroeter inständig den Blick von außen auf ein Deutschland von
innen festhält. Das Reich der Notwendigkeit mag kalt und bitter sein, das
Reich der Freiheit jedenfalls ist heiß und bitter. Die Topographie der
Sehnsucht ist aus den späten Spielfilmen Schroeters verschwunden. Sie
ist nicht mehr sichtbar, sie bleibt hörbar. Sie wanderte ab in den Subtext,
den die Tonspur dieser polyphonen Filme schreibt.

An der Grenze zwischen Schmerz und Schönheit liegt Schroeters Film
DER ROSENKÖNIG (BRD 1986). Er hat am Transit einen Pakt geschlossen,
den zwischen innerem Schmerz und äußerer Schönheit, der sich nur allzu
leicht der Nostalgie ausliefert. Dieser Film spielt mit Unmengen an ästhetischem Fremdmaterial. Ein Potpourri überflutet die Bilder. Die heikle
Komposition von Ton und Bild gerät aus den Fugen. Die Effekte reißen
sich voneinander los und buhlen um die Aufmerksamkeit des Publikums.
Jedes Zitat will an der Rampe, jedes Geräusch im Rang zu hören sein.
Hier waltet nicht mehr die Abondanz der Form, die sich an der Reduktion
des Inhalts mißt; hier will ein Meister, seiner Mittel müde, wieder Zau-
berlehrling seiner Künste werden. Aus der von Baudelaire gesetzten Tria-
de »Luxus, Stille und Verlangen« brach der Luxus aus, der sich als einzig
legitimer Herrscher über die Mittel inthronisiert. Aber, vielleicht war DER

ROSENKÖNIG, nach so langer Abstinenz von der Arbeit am Film, auch ein Ausdruck der Verzweiflung, auf die außerordentliche Eigenart der Schroeter-Filme aufmerksam zu machen. Es war an der Zeit, daß dieser Regisseur wieder die Produktionsmittel an die Hand bekommt, mit seiner maßlosen Kunst Maßstäbe zu setzen, die alle mediokren Filmbastler an ihre aussichtslose Verzweiflung erinnern würde.

Erstveröffentlichung: Vortrag an der Universität Bologna, 24.11.1989, abgedruckt in: *Frankfurter Rundschau*, 5.1.1991 [Anm. s. S. 473f.].

Ein gnadenloses Märchen
Schroeters MALINA nach Bachmanns Roman

Die Hauptperson hat keinen Namen, sondern ein Geschlecht: die Frau. Um sie sind zwei Männer, die namentlich sich unterscheiden dürfen: Malina und Ivan; der eine slowenischer, der andere ungarischer Herkunft. Die Frau lebt in der Wiener Ungargasse als eine nie erklärte Ausländerin des Gefühls. Mitteleuropäische Komplikationen liegen ihr näher als neudeutsche Sachlichkeiten. Diese Frau nomadisiert im Reich der Wünsche. Das macht sie schöpferisch, doch unberechenbar für den Alltag. Die Namenlose ist eine berühmte Autorin in der Krise. Was sie an Arbeit noch zustande bringt, sind Briefe, die Zumutungen der Medienindustrie mit der Komik der Verzweiflung abwehren.

Als Ingeborg Bachmann 1971 ihren Roman *Malina* veröffentlichte, dachten die Nicht-Leser zunächst, der Titel bezeichne eine Frauenfigur und verdecke im übrigen ein autobiographisches Drama. Als der Regisseur Werner Schroeter und die Autorin Elfriede Jelinek (Drehbuch) den Stoff aufgriffen, war die berühmte Dichterin längst tot. Ihr grauenhafter Verbrennungstod war der letzte Akt einer Autodestruktion gewesen, die skandalöserweise ein schreibendes Leben lang anhielt. Im Film nun hat »die Frau« noch immer keinen Namen, aber die Aura ihrer Erfinderin: Ingeborg Bachmann. Eine radikale Kunstfigur muß den Umweg über eine bürgerliche Gestalt nehmen, um sich der Glaubwürdigkeit des filmischen Bildes zu vergewissern.

Und der Film wäre nicht von Schroeter, würde »die Frau«, Doktorin der Philosophie, nicht wie eine schöne Schwester der singenden *Lucia di Lammermoor* (1835) erscheinen. Freilich singt die eine nicht. Die Poetin als Dozentin, das ist eine Jelinek eigene Erfindung, für die sie nicht Bachmanns Frankfurter Poetik-Vorlesungen heranzog, sondern bemerkenswerterweise auf den Bachmann-Essay über den Philosophen Wittgenstein zurückgriff.[1] Doch allzu rasch verliert sich die Dozentin in den fliegenden Blättern und gibt ihre denkende Autonomie an singende Heroinen ab. Mächtig rauscht

(WEST)DEUTSCHES KINO

vom Gestade der Sehnsucht Maria Callas aus Webers *Oberon* (1826) auf oder Lotte Lehmann mit Leonores Arie aus Beethovens *Fidelio* (1805): »Komm Hoffnung, laß den letzten Stern!« Was nicht gedacht wird, wird erfleht, die Utopie der Liebe, die in zwar spitzen, doch flüchtigen Tönen aufblitzt. Giacomo Manzoni schrieb zu MALINA (D/A 1990, Werner Schroeter) eine Musik, deren deutlichstes Element vibrierende Unruhe ist. Bei Bachmann im Roman war's noch Schönbergs *Pierrot Lunaire* (1912), bei Schroeters Film wird jener vorgestellte Klang zur sichtbaren Kunstfigur (ja, davon ein Reigen) des theatralisch (lies: Pierrot) dargestellten Wahns (lies: Lunaire).

Isabelle Huppert, Filmstar der Fragilität, Engel der Schwachen und Rächerin der Rechtlosen, spielt diese Frau am Rande eines Weltzusammenbruchs. Die Autorin der bodenlosen Selbstironie kommt ebenso souverän zutage wie die kopflose Einzelkämpferin, der die Herdplatte, die Badewanne, das Telefon, die Straßenbahn als tödliche Bedrohungen entgegentreten. Alles rutscht, der Träger eines Kleides wie der Horizont vor Wien. Von dieser Frau trennen sich die Dinge so leicht, wie rasch ihre Wörter sich der Dringlichkeit erwehren. Diese Frau hat, trotz ihrer aufmerksamen, hilfreichen, anschmiegsamen Liebhaber, die um sie sind, ein Kleistsches Verhängnis, das mit Lebenskunst nicht gerade zu meistern ist. »Heute hat mich jemand gefragt, wer ist Malina? Stell dir das vor! Er hätte auch fragen können, wer ich selber bin.« Wer spricht zu wem? Wir hören eine Bemerkung, deren Richtung offen ist. Ein Monolog der Frau: zu sich gewendet? Oder ein Dialog mit Malina, dem Mann, der ständig sie umsorgt? Der Film beantwortet die Frage, die der Roman noch als Möglichkeit zur Projektion entwarf. Malina ist, punktum im Bild. Ein Freund, ein Diener, ein rettender Gefährte, dem Mathieu Carrière schwierigen Umriß mit eleganter Diskretion verleiht. Mit diesem Mann wähnt sich die Frau in inniger Symbiose. Das hat die verschworen verbotene Geschwisterlichkeit von Cocteaus *Les enfants terribles* (1929). Die klinischen Befunde stehen hier aber nicht auf Bildtafeln, wie man beim zerrütteten, nach außen Façon wahrenden Zustand der Frau vermuten dürfte. Depersonalisierung oder Verdoppelungsphantasie, schon möglich. Die Schauspieler nehmen es als Regieanweisung für ein großartiges Zusammenspiel in dieser Kammeroper des hellsichtigen Kinderwahns.

Ein Mann für alle Jahreszeiten ist dagegen Ivan, Exilant und Vater zweier kleiner Söhne, Mitte dreißig: schön, smart und glatt. In ihn verliebt sich die Frau Hals über Kopf; und viel mehr Berührungsflächen wird diese Leidenschaft nach Anlehnung auch nicht finden. Can Togay, ein kommender Regisseur aus Budapest, vertritt in seiner ersten Hauptrolle das Alltagsprinzip, das in seiner Lockerheit bezaubert, doch nicht bindet. Unmerklich erst, dann entschieden befreit die Frau sich aus den Fesseln der Hörigkeit, die sie im übrigen sich selbst verhängte. Und der sogenannte

Dritte Mann? Das ist der blutschänderische Vater, Richter, SS-Scherge, Schlächter in einem grellen Alptraum und nahezu unmöglich darstellbaren Metapherntum, in dem die Frau gefangen bleibt.

Die erste Filmstunde besticht Schroeters Werk durch eine Montage des Disparaten. Eben noch eine kühle Dozentin, dann eine sanfte Irre – mit der Hauptfigur springen wir von einem Seelenzustand in einen anderen: den Raum. Der Film – montiert von Juliane Lorenz (aus ihrer Arbeit für Fassbinder sehr bekannt) – schlägt kühne Erweiterungen im Begriff von Angst und Enge vor. Der Rhythmus dieses Schnitts peitscht die Wahrnehmung nach vorn. Da liegt sie an der Spitze, schleppt aber auch einen Schlitten magischer Bilder hinter sich her. Im Gepäck der Überraschungen ist die Kamera-Arbeit von Elfi Mikesch (selbst auch Regisseurin von Graden). Sie entdeckt, was es seit langem im deutschen Film nicht mehr zu sehen gab. Diese Gesichter haben etwas, was man wenig an ihnen wahrnahm, nämlich *photogénie*. d.h. Huppert und Carrière erhalten eine stufenmodulierte Plastizität und Leuchtkraft.

Geht das Augenmerk auf die Gesichter, dann kann das Dekor kein *photogénie* beanspruchen, das ist der Preis, den die Kamerafrau zu zahlen hat. Ob das Territorium der Träume (etwas schwelgerisch) oder die Lokalität der Stadt (etwas nekrophil) fotografiert werden und nebenbei die fabelhaft teure Ausstattung wie aus den Wiener Werkstätten des Star-Designers im Jugendstil, Josef Hoffmann, notiert wird – immer sieht es wie eine verzweifelte Ehrenrettung für die berühmte, doch leider konfuse Autorin aus. Je weiter der Film fortschreitet, desto weiter wird das Schreiten der Darstellerin auf herrschaftlichen Fluren, die sie wie eine Fürstin der Schrift empfangen (was sie in der Schäbigkeit der Existenz von Bachmann freilich nicht taten).

Aus der fein gestimmten Kammeroper des Anfangs macht Schroeter am Ende manchmal ein Brimborium edler Gesten, als habe er sich in Cinecittà verlaufen. Die zweite Filmstunde entfaltet einen Feuerzauber, dessen Leuchtkraft bald vernutzt ist. Weniger pyromanische Sperenzchen hätten MALINA ein Mehr an manischer Wirkung eingetragen. Einen Roman mit Metaphern des Feuers zu durchziehen, ist eine Sache. Einen Set so gnadenlos den Flammen auszusetzen, ist ungleich heikler. Das von der Autorin beschworene Flaubert-Wort: »Avec ma main brulée, j'écris sur la nature du feu / Mit meiner verbrannten Hand schreibe ich über die Natur des Feuers«[2] darf kein Anlaß sein, mehr Feuer als Licht zu setzen und ganze Sequenzen zum Feuermelder zu degradieren.

Der fesche Ivan, seine ungezogenen Buben und die neurotische Mutter spielelende Frau besuchen ein Kino. Nach dem Trickfilm kommt der Hauptfilm. Eine historische Märchenphantasie, »Die Prinzessin von Kagran«, auf Ungarisch, ohne Untertitel.[3] Wir verstehen, daß wir nichts verstehen. Wilde Husaren stürmen durch die Puszta, ja, auch das noch!

Unter den Perücken eines Husaren, der Prinzessin entdecken wir plötzlich die Gesichter von Isabelle Huppert und Can Togay. Die Leinwand zeigt, daß die Zuschauer sich selber nicht erkennen, uns der Spiegel gilt. Eine Inkongruenz geht auf, ohne einen Funken der Zeichentheorie. Man schaut, doch ins Leere.

Dafür entwarf Schroeter schon an anderen Stellen seines Films (doch außerhalb des Kinos) Allegorien. Keine Schaulustigen, nein Zwangsschauende möchte man sie nennen, wie sie hier in Schwarz, uniformiert, blaß und stumm aufgereiht werden. Die Frau und Ivan gehen zum Baden. Der Spaß erstarrt, als Nichtschwimmer antreten und den Horizont fixieren. Später, als die Frau auf dem Salzburger Bahnhof (der auch nicht lustig ist) aussteigt, steht schon ein Trupp von verkrampften Spähern an der Bahnsteigkante, als warte er nur darauf, daß der Zug wieder anfährt, vor den man sich werfen könnte. Blicke haben hier nichts Lebensstiftendes mehr, sie stiften Unglück. MALINA zeigt ein Arsenal an zerbrochenen Blickachsen. In dieser dunklen Kammer der gewaltsamen Fragmentierung und schließlichen Lossagung kommt Schroeters Ästhetik zu sich selbst.

Erstveröffentlichung: *Frankfurter Rundschau*, 17.1.1991 [Anm. s. S. 474].

...und der Zukunft zugewandt
Thomes LIEBE AUF DEN ERSTEN BLICK

In der Regel bricht sie ja nicht aus, die titelgebende Gewalt, sondern baut sich widerspenstig eine Bahn aus wiederholten Blicken. Erst diese brechen die Determination des banalen Wunsches, alles sei mit einem Mal entschieden. Von wegen Schicksal, schon auf den zweiten Blick herrscht manchmal Haß. Wie zum Beispiel – glaubt man deutschen Massenblättern, die Frustrationen wie Uran ausbeuten – bei Gelegenheit der späten Hochzeit zweier Republiken in Europa.

Ein junger Vater fährt seine beiden Kleinkinder mit dem Rad zum Spielplatz. Zerstreut von der Aufmerksamkeit für seine Lektüre und der Sorge um die Spielenden, wird er auf der Parkbank angesprochen. Eine junge Frau rückt zu ihm. Ihr Kind spielt mit seinen Kindern, denen sie Appetit auf Kuchen suggeriert, um dem Vater zu helfen, ihre Einladung anzunehmen. Unter schmatzendem Kinderglück und Tellerklappern kommt es zu einer Annäherung und zu einer neu hergestellten Distanz. Sie ist dafür, die Welt zu verbessern. Er teilt diesen Wunsch. Doch er gibt zu bedenken: wenn man dazu Macht hätte, die Welt zu verbessern.

Ein Skeptiker mit einer Windbluse aus den sechziger Jahren, ein Bedächtiger ohne Telefon, der nicht in der Stadt, sondern auf dem Dorf wohnt. Fünf Kilometer südlich von Berlin, erklärt er ihr zum ersten Abschied. Sie antwortet, ohne Interesse zu verlieren: »Ach so.« Damit wird dem Publikum lakonisch mitgeteilt, wie die Liebesverhältnisse liegen. Einmal in Klein-Machnow, das andere Mal in Zehlendorf-Süd. Auf dem Spielplatz trafen sich Menschen unterschiedlicher deutscher Herkunft.

Sie (Geno Lechner) ist Zukunftsforscherin, er (Julian Benedikt) ist Archäologe, zur Zeit arbeitslos. Auf seiner Seite ist die Zurückhaltung, die intensive Kommunikation, der Anspruch auf Aufrichtigkeit. Ihre sozialen Werte sind dem Westen konnotiert. Sie hält es mit extensiver Kommunikation, beredet ihren Fall mit einer Freundin, deren Komplizenschaft sie wunderbar trägt. Auf ihrer Seite sind die Forschheit und der Planungswille. Fortan werden die zwei Teilfamilien nicht länger zerrissene Monaden sein, die bloß um ihren Ursprungsort kreisen. Auferstanden aus den Ruinen der Gesellschaftstheorie und der Zukunft zugewandt, werden Elsa und Zenon sich anschicken, zu den drei vorhandenen Kindern ein viertes zu produzieren. Die heilige Familie im Glanze, der von innen leuchtet?

So schnell ist das Glück der Selbstgenügsamkeit nicht zu haben. Das verschwenderische Licht täuscht, die stetig ungetrübte Harmonie blendet. Hatte Thome vor, Agnès Vardas Film LE BONHEUR (DAS GLÜCK, F 1965) für eine neue Generation im gedämpften Sarkasmus einzuüben? Wohl kaum. Denn sein Film steht nicht auf der Kippe. Er behauptet im Changieren keine kritische Position noch überzogene Ironie. LIEBE AUF DEN ERSTEN BLICK (D 1991, Rudolf Thome) hat sich entschieden für eine Ästhetik der Gradlinigkeit. Die dramaturgische Raffinesse liegt im Aufschub. Die Spannung erwächst aus der Konfliktvermeidung.

Kann man Heiratspläne schmieden, ohne den erwählten Partner zu fragen? Frau kann, wenn sie einen reichen Vater (Hans Michael Rehberg) mit roten Rosen um Kredit angeht. Beim Ausflug an die Ostsee, wo die nähergerückten Teilfamilien schon das gleiche Hemd mit dem jeweiligen Namenszug: also Zusammengehörigkeit zur Schau tragen, hat der verlegene Witwer den unverschämten Mut, vor der schäumenden Brandung ein Kästchen, mit Verlobungsringen hervorzuzaubern.

Das Kleingeld der Konflikttheorie kommt hier nicht in den Umlauf. Ständig erwartet man Mißverständnisse in deutscher Semantik und ost-/westdeutscher Haltung. Aber dieses Paar thematisiert nicht sein Deutschsein noch seine Vergangenheit in antagonistischen Systemen, sondern nur sein Paarsein. Die Axt in den Alltag fällt erst spät und kann dann kein Unheil mehr anrichten. Elsas Eltern sollen den Zukünftigen kennenlernen. Die Mutter (Vera Tschechowa) muß das Kompliment für Zenons Küche verpatzen mit der Bemerkung, sie habe gedacht, jede Form von Eßkultur sei in der DDR verlorengegangen. Auf einen solchen Satz hat man längst gewartet – und doch gehofft, er bliebe dem Publikum erspart.

Wesentlich wird Thomes Film von der Kamera-Arbeit bestimmt. Wie begabt die Kamerafrau Sophie Maintigneux, die bei Eric Rohmer und Jean-Luc

Godard begann und in Deutschland mit Jan Schütte und Michael Klier filmte, für das Randständige ist, zeigt ein Vergleich ihrer Arbeit in OSTKREUZ (D 1991, Michael Klier). Dort war Ost-Berlin ein apokalyptischer Ort, eine Stadtsteppe zwischen Ruinen und Wohncontainern. Die Ekstase des öffentlichen Lebens von 1989 wich der Ereignislosigkeit des Privaten von 1991. In LIEBE AUF DEN ERSTEN BLICK bleibt von der Mauer nur ein Schlagloch. Die Grenze ist eine Baustelle. Schon ist das Schlagloch überteert. Nur Radfahrer wie Zenon spüren noch einen kleinen Ruck beim überqueren.

Wenn denn Liebe sein muß und noch auf den ersten Blick, dann findet sie ihren Ausdruck in der visuellen Zuwendung zu den hier gezeigten Figuren der unbeirrbaren Naivität. Nicht die Armseligkeit von Zenons Dachkammer irritiert Elsa, noch bremst seine widerliche Schlafcouch ihre Leidenschaft. Zenon seinerseits geht umstandslos vom Windelwechseln für die Kleinen über zur Umarmung dieser Frau, die ihn ohne Vorbehalt, ohne jede soziale Prüfung als Liebhaber und Vater künftiger Kinder erobern will. Selten sah man einen Film wie diesen – es sei denn Ozus Klassiker UMARETE WA MITA KEREDO (ICH WURDE GEBOREN, ABER, J 1932), dessen Plakat in einem der letzten Thome-Filme zu sehen ist, – in dem Kinder geradezu notwendig und ungezwungen zur Vervollständigung des erwachsenen Wohlbefindens agieren.

Das Klima der schleichenden Sympathie wird vorsätzlich hergestellt durch einen Blickwechsel, wie er schon bei Liers OSTKREUZ herrschte. Die Schauplätze am Rande der Großstadt beobachtet die Kamera wie Leidenschaften, um dann die Leidenschaft zum Schauplatz zu erklären: mit den Mitteln der Behutsamkeit und denen der Verlangsamung. LIEBE AUF DEN ERSTEN BLICK gibt kein reißendes Versprechen ab, eher hinreichend Zeit, sich in dieser Behauptung umzusehen. Einmal unter einem Dach vereint, wird sich für Elsa und Zenon die Frage nach der Versöhnbarkeit von Utopien stellen: Geht hier ein blasses Paar im Dienste der Vergangenheitsentsorgung, oder geht hier die Archäologie mit der Zukunftsforschung ins Bett der Wiedervereinigung? Das Fragen fängt erst an. LIEBE AUF DEN ERSTEN BLICK ist ein geglückter Versuch, es filmisch zu bedenken.

Erstveröffentlichung: *Frankfurter Rundschau*, 28.12.1991.

Verfranzte Welt
WARNUNG VOR EINER HEILIGEN NUTTE – Fassbinders früher Film

Ein Mann, der seine langen Haare mit einem ausufernden Hut zusammenhält, erzählt in Heiterkeit einen Comic-Strip von Goofy und Winz-Willi. Ein Mann aus dem Off stellt Fragen zum Geschehen. Das alte Drama der

Angst und Verfolgung wird verkleinert. Das fängt gut an. Verläßt die Kamera die Nähe der Gesichter, um die Enge eines Raumes zu suchen, stellt sie darin die Mitglieder einer Gruppe vor. Sie wollen einen Film machen und warten auf den Regisseur. In diesem Zustand sind sie lethargisch und lauernd wie Wildkatzen, die ihren Bändiger, die ihre Fütterung ersehnen.

Ein verkitschtes Strandhotel am Mittelmeer ist der Schauplatz zu einem Unternehmen, das den Titel »La Patria o La Muerte« (»Vaterland oder Tod«) tragen soll. Das war einst eine politische Losung der Französischen Revolution, die Castros kubanischer Revolution Auftrieb verlieh. Aus einem Gefühl verschwommener Solidarität und aus Durst auf eine wilde Mischung saufen die hier Versammelten, vom Produzenten Engagierten, aber keiner »Sache« Verpflichteten, die schönen Teilnahmslosen, denn auch folgerichtig bis zum Umfallen Cuba Libre. Die leere Parole ist ihr Treibstoff, die Eitelkeit ihr Trieb. Ein müdes Ballett der Vergeblichkeit findet statt. Manchmal bewegt es sich in Richtung Typenkomödie.

Da ist das tranige, lüsterne Make-up-Girl; der traurige Aufnahmeleiter der ewigen Selbstbezichtigung; der einsame, alternde Star; die romantisch verspielte Schauspielerin, die fragt, wie Marlene Dietrich ›wirklich‹ war: nett oder kalt; und natürlich als stämmiger Einpeitscher und Rüpel in Salonklamotten: der Herstellungsleiter im (zu engen) weißen Anzug, den der Regisseur selber darstellt. Als Fassbinder 1970 die WARNUNG VOR EINER HEILIGEN NUTTE (BRD 1971) drehte, war er 25 Jahre alt. Hinter ihm lagen Filme wie KATZELMACHER (BRD 1969) und die NIKLASHAUSER FART (BRD 1970), folgen werden die Melodramen der HÄNDLER DER VIER JAHRESZEITEN (BRD 1971) und DIE BITTEREN TRÄNEN DER PETRA VON KANT (BRD 1972). Alles war offen. Nur nicht der unaufhaltsame Aufstieg zum Meister der rohen Form, zum Zugriff auf das sozial wie ästhetisch Ungeschlachte. Ohne Rücksicht auf Verluste, ja mit dem höchsten Risiko der erzockten Zuneigung zu Menschen, die am Rand stehen, bahnte sich Fassbinder seinen Weg.

Die WARNUNG wirkte nach innen als ein, wie man damals sagte, Selbstverständigungsprozeß. Das Team des alten »antiteaters« aus München, das Fassbinder um sich scharte, merkte, daß er es eigentlich an sich gefesselt hatte. So wirkte diese WARNUNG nach außen: als Abrechnung, als filmisch schonungslose Ausstellung von hündischen, aber doch auch wieder produktiven Abhängigkeiten. Der Regisseur in der Lederjacke (Lou Castel, der mythische Rebell aus Marco Bellocchios I PUGNI IN TASCA – MIT DER FAUST IN DER TASCHE, I 1965 – hier in einer intensiven Marlon-Brando-Pose) mag seinen schwindenden Zugriff auf das störrisch, narzißtisch zerplatzende Team existentiell erleiden; allein der brutal drahtige Herstellungsleiter erteilt die schneidigen Kommandos zur Arbeit.

Fassbinder, der in seiner Funktion des Cutters den Namen Franz annahm, nennt sich in der Darstellung des Herstellungsleiters Sascha. Der Name ist die russische Koseform für Alexander. Die Vorzeichen sind früh und deutlich gesetzt für sein Werk in langer Vorbereitung: BERLIN ALEXANDERPLATZ (BRD 1979/80). Das läßt auf sich warten, das läßt sich schon sehen. Denn einem russischen Zaren zu Ehren nannten die Berliner einen Platz nach Alexander. Döblins Hauptfigur des epischen Metropolenromans heißt bekanntlich Franz (Biberkopf).

Welches Zeitgefühl vermittelt heute die WARNUNG VOR EINER HEILIGEN NUTTE? Ist es eine moralische Gleichung von Produktion und Prostitution? Ist es Parodie auf die staatlichen Förderungsmittel, die aus Bonn so dringend abgerufen werden? Eher inszenierte Fassbinder eine große, wüste Produktionsbeschimpfung. Die Nuttigkeit liegt in der dargestellten Haltung zu einer ungeliebten Arbeit, die die hier lustlos Agierenden an den Tag legen. Dieser Heiligkeit fehlt die Passion. Man sehe nur auf die Finger, die in aufgeföhnten Haaren noch müßig Locken drehen. Man achte auf die gelb und rosa eingefärbten Männer-Leibchen, die aussehen wie Regressionslappen aus der Kaiserzeit. Das alles mault und kommt nicht recht vom Fleck. Bis auf Michael Ballhaus hinter der Kamera, den Fassbinder vermutlich angepeitscht hat, Schwung in den Laden der beleidigten Talente zu bringen. Durch die typischen Ballhaus-Fahrten kommt produktive Unruhe auf. Sie schnellen auf eine Person vor, die den Raum diagonal durchquert, schneiden sie beim Treffen der vermiedenen Berührung fast an, um im rasanten Tempo die angepeilten Darsteller links liegen zu lassen und an den Rand des Geschehens zu schicken. Dazu hört man Musik schwebender Zustände. Songs wie »Travelling Lady stay for a While« oder »Suzanne« von Leonard Cohen. Stücke von Spooky Tooth, Elvis Presley und Ray Charles. Maria Callas steuert eine Donizetti-Arie bei. Peer Raben hat das arrangiert. Da Fassbinder nie Sorge trug, die Musikrechte abzulösen, konnte der Film für zwei Jahrzehnte nicht gezeigt werden.

Die Dreharbeiten fanden in Sorrent, Italien, statt. Der Schauplatz soll Spanien sein. Das Team scheint schlecht im Bilde zu sein, wo es sich befindet: am realen oder am imaginären Ort? Das jämmerliche Kauderwelsch aus bayerischem Englisch und spanischem Italienisch (»Monetas domani«) ist nur ein weiteres Indiz für die Abwesenheit geschriebener Dialoge und einer kohärenten Story. Das Zeitgefühl ist der heimliche Star. Auffällig in diesem aufwendig hierarchisierten Team ist, daß einer fehlt, der Drehbuchautor. Macht nichts. Denn Castel ist ein Autoren-Regisseur mit Hingabe zur Technik wie zu den Technikern des Schauspiels.

Das Team tanzt die Sonne an, als am Ende seine Hoffnung auf die Utopie sozialer Wärme sich verfranst. Diese Traumwandler und Augenblicksfanatiker fallen in eine Erstarrung. Eddie Constantine, der schon versteinerte Mythos männlicher Härte aus der »Lemmy Caution«-Serie', erteilt dem Team – das sind Hanna Schygulla, Margarethe von Trotta, Marquard Bohm, Ulli Lommel, Werner Schroeter, Kurt Raab, Magdalena Montezuma, Ingrid Caven und Harry Baer, um nur die wichtigsten aus dem Clan zu nennen – eine philosophische Lektion. Am Ende der WARNUNG steht eine Erkenntnis über die Arbeit des Regisseurs, wie Fassbinder sie vielleicht als Devise sich erträumte. Constantine spricht sie französisch aus. Das ist nicht untertitelt. Er sagt über die Arbeit von Jeff (Lou Castel): »Er hat gefunden, was die anderen vergessen haben. Die Zeit.«

Sichtbar wird Zeit aber nur, drosselt man sie. Darin liegt der Grundkonflikt des Films, der »Warnung«, die stillgestellte Zeit nicht auszuhalten. Das wäre der Tod. Im Gegenteil, man soll ihr Raum für die Entfaltung verleihen. Das wäre ein erfüllter Film, der »La Patria o La Muerte« hieße. Ein Film, der mittels ästhetischer Arbeit ein Vaterland für eine vorwärts getriebene Bewegung böte.

Erstveröffentlichung: Als alles noch offen war. WARNUNG VOR EINER HEILIGEN NUTTE: Fassbinders früher Film übers Filmen endlich im Kino, *Frankfurter Rundschau*, 15.5.1992 [Anm. s. S. 474].

Im Prinzip Hoffnung – Helmut Käutners Filme

> Das war der Traum vom Frieden. Vom Leben als freier Mann.
> Das Einzelgehen. Das ungestörte Denken. Die Selbstvergessenheit.[1]

1

Bewundert viel und viel gescholten wurde das filmische Werk Käutners, das in seiner Zeit lag und doch stets quer zu ihr. Im Krieg wandte es sich dem Vorkrieg zu, im Nachkrieg widmete es sich den Kriegszeiten, und als endlich Frieden schien, bedachte es den unerklärten Bürgerkrieg der Bundesrepublik. Jede Zeit kritisierte Käutner nicht als Zeitgenosse, sondern als Zeitabtrünniger, der in kritischen Gefechten und politischen Scharmützeln bloß *eine* Fahne hochhielt: die, die einen Ausweg in die Ironie oder einen zum ›dritten Ort‹ wies.

Film hieß für ihn die Organisation eines Gesellschaftsspiels, in dem Modelle menschlichen Verhaltens taktvoll und beiläufig, glänzend und gewöhnlich, belanglos und heiter, anzüglich und hart durchgespielt wurden. Käutner als einen Spielleiter und Ausstatter zu bezeichnen, tut seinem Werk keinen Abbruch. Denn es zehrt von seiner Ornamentalisierung der Gefühle, im guten wie im mißlungenen, im geglückten wie im verfehlten Sinn. Die Requisiten spielen bei ihm berühmte Rollen. Man könnte sagen, dieser Regisseur war ein Sentimentalist der Dinge in einem Maße wie er zugleich ein Materialist der Gefühle war. Die Balance war manchmal prekär. Im Frühwerk war sie von herausragender Konsistenz, im mittleren Werk war sie provozierend ungleichgewichtig, und im späten

Werk der peinlichen Inkonsistenz geriet Käutners Augenmaß für das Prekäre außer Kontrolle. Seine einst stabile Geschmeidigkeit wich der Erstarrung, seine hochgerühmte Ironie, die Pointensicherheit geriet zum Selbstzitat und floh in den Altherrenwitz.

Am filmischen Werk dieses Regisseurs läßt sich ein Grunddilemma des neueren deutschen Films aufweisen. Das Werk verspricht eine Kontinuität, die es nicht hält. Es gibt Anlaß zu ständig neu geschürter Hoffnung, die nie erfüllt, sich in Wehmut einnistet, um in Resignation zu enden. Keine Kette von Sternstunden, sondern im Werk aufgehobene, eingeschriebene Momente des Verfalls, die für eine Diskontinuität sorgen, wo die Geschichtsschreibung lieber eine stimmige Entfaltung läse, um dem idealistischen Werk-Gedanken zu folgen. Käutners Selbstaussage, am Ende seiner Laufbahn, formuliert sein eigenes Produktionsparadoxon in gewohnt beiläufiger Manier: »Zuerst war ich immer das Enfant terrible und plötzlich der Papa von Opas Kino. In der Mitte war ich nie.«[2]

Der Ausdruck verrät die Nähe zu den sechziger Jahren, als es in der europäischen Erneuerung des Films weitaus dringender um die Verwerfung von Vaterschaften ging als um die mögliche Annahme von Vaterfiguren. Die Generation der »Oberhausener«[3] nahm weder Staudte noch Käutner an. Die Zeitschrift *Filmkritik* wähnte Distanz zu finden zu Käutners Werk, gegen dessen kritische Qualitäten sie sich blind stellte.

Im Regelfall des deutschen Kinos zwischen 1939 und 1959 war Käutner die immanente Ausnahme. Er konnte sich auf keine Seite schlagen, weil er zwischen den Linien stand. Im Nachruf auf Käutner hob der Kritiker Peter Buchka genau die Unmöglichkeit einer Standortbeschreibung hervor: »Käutner war ein Großer; unbezweifelt war er als wichtigster deutscher Filmregisseur der jungen Bundesrepublik. Aber Käutner wollte sich in keinen Rahmen fügen, er machte immer gerade das, was man von ihm nicht erwartete.«[4] Das ist die Eigenart der schrecklichen Kinder, die nie erwachsen werden oder so lange sich ins Spiel versenken, bis sie plötzlich als Erwachsene erwachen, die sich, jeder Zeitgenossenschaft beraubt, alt und unreif finden.

Worin bestand der Ausnahmefall von der Regel? Käutners Karriere in den dreißiger Jahren begann im Studentenkabarett und nicht im Staatstheater. Das ist ein Unterschied ums Ganze, der das Werk im produktiven wie im produktionshemmenden Sinne prägen wird. Der Regisseur beginnt als Autor, als Texter, als *gagman*. Er repariert Drehbücher, bevor er selbst welche schreibt. Er übt im Kabarett der »Vier Nachrichter« einen Ton, der sich zum Schein gegen die eigene Courage kehrt. Der Nach/Richter ermittelt in Sachen Selbstbezichtigung. Die ausübende, sinnsprechende Gewalt entmachtet sich. Der, der das Wort ergreift, macht sich und die Wörter klein. Von 1934 ist aus dieser Gruppe des Kabaretts der »Nachrichter« folgender Text überliefert, der gleichermaßen Käutners politische wie ästhetische Haltung umreißt:

Es gibt viele Leute, die glauben zu meinen / Die Nachrichter müßten politischer sein. / Man kann sich nicht völlig der Ansicht verschließen, / Doch liegt es sehr nah, anderer Ansicht zu sein. / Es gibt Aktuelles in Hülle und Fülle; / Ich laß mich verleiten, politisch zu sein – / Vielleicht fällt mir was ein. / Vielleicht fall ich auch rein. / Ich sing nicht laut, ich sing vor mich hin. / Nicht etwa aus Furcht, wo denken Sie hin? / Nur weil ich so furchtbar – / Vorsichtig bin.[5]

Das ist nicht störrisch wie Karl Valentin im Nazifilm, das ist nicht abgründig wie Werner Finck in Berliner Kellern. Käutners kabarettistische Einlassung steht halben Weges zwischen der Selbstentlastung der Mitläufer wie der Selbstbezichtigung der Neinsager. Das könnte ein Lied zum Lobe des Kleinen Mannes sein, das könnte die List der Vernunft sein, die kleinlaut sich zwar äußert, aber doch immerhin vernehmbar eine Stimme der Unberechenbarkeit bleibt. Eben im qualitativen Sinne »furchtbar vorsichtig« zu sein wählt eine Strategie, aus der ästhetischer Widerstand erwächst.

Die zweite Ausnahme bei Käutner war, daß er sichtlich ausländischen Einflüßen erlag. Die amerikanischen Komödien und die französischen Melodramen lagen ihm näher als die deutschen Genre-Modelle, die er insgesamt originell erneuerte. Die nächste Ausnahme bei diesem Regisseur war seine wendige Produktionsform, denn die Regel verlangte, daß ein Regisseur bei seinem Studio verblieb oder seiner »Hausgemeinschaft«, wie der Filmminister Goebbels treudeutsch seine dem Hollywood-System abkopierte Ordnung nannte. Auch hierin ist Käutner ein Abtrünniger, ein Nestflüchter. Er suchte geradezu die Diskontinuität. Stets stellte er eine Vielfalt von Genres in einer Vielzahl von Produktionsformen her. Keiner Hausgemeinschaft blieb er treu. Die Untreue war ihm politische Reibung, aus der er ästhetischen Gewinn zog.

Ordnete man Käutners filmisches Werk den Zeitzäsuren zu, zerfiele das Werk in zwei Produktionsphasen: 1939 – das Debüt mit KITTY UND DIE WELTKONFERENZ (D 1939) – bis 1945 – UNTER DEN BRÜCKEN (D 1945),– das ist die Phase, in der Käutner unter politischem Druck formalistisch arbeitet. Die Jahre des Nachkriegs: 1947 – IN JENEN TAGEN (D 1947) – bis 1956 – DER HAUPTMANN VON KÖPENICK (BRD 1956) – sind die Phase, in der Käutner unter ökonomischem Druck politisch arbeitet. Seine drei Filme, die auf Stoffen von Carl Zuckmayer basieren – DES TEUFELS GENERAL (BRD 1955), EIN MÄDCHEN AUS FLANDERN[6] (BRD 1956), DER HAUPTMANN VON KÖPENICK; SCHINDERHANNES (BRD 1958) ausgenommen – bezeugen zur Mitte der fünfziger Jahre auf dem zeitgeschichtlichen Hintergrund der Pariser Verträge, des Aufbaus der Bundeswehr und ihrer Integration in die NATO Käutners Desengagement zur Zeitströmung. Der Regelfall der Industrie zu jener Zeit waren militaristische Aufbaufilme, wie sie Frank Wisbar drehte – HAIE UND KLEINE

FISCHE (BRD 1957), HUNDE WOLLT IHR EWIG LEBEN (BRD 1959).
Käutners eigene Leistung bleibt das anti-zyklische Verhalten. Es sind die
Filme, in denen er dem erklärten Ende des Nachkriegs den unerklärten
Bürgerkrieg in der Bundesrepublik entgegensetzt. HIMMEL OHNE STERNE
(BRD 1955), das Drama der Teilung Deutschlands, DER REST IST SCHWEI-
GEN (BRD 1959), die Komplizenschaft von Großindustrie und Faschismus,
SCHWARZER KIES (BRD 1961), der häßliche Deutsche, unversöhnt. In
diesen Beiträgen erfüllte sich die Hoffnung, die in das große Talent des
Regisseurs gesetzt wurde. Es sind dies auch die Filme, die von der Kritik
am deutlichsten unterschätzt wurden, weil sie ein Bild der vulgären, gie-
rigen, freudlosen Wiederaufbaugesellschaft entwarfen, das bloß an der
Realität der Widerspiegelung, nicht aber an der überschüssigen Kraft ihrer
bösen Vision gemessen wurde. Auch Käutners Hollywoodfilme sind Aus-
nahmen, die unter Wert behandelt sind, da sie von der deutschen Filmkritik
einzig als Verrat an der Autorenschaft gelesen, nicht jedoch als gelungene
Anpassung ans Studio-System gemessen wurden. Tatsächlich geht es in
THE RESTLESS YEARS (ZU JUNG, USA 1958) und in STRANGER IN MY
ARMS (EIN FREMDER IN MEINEN ARMEN, USA 1959) nicht um eine
verfehlte Autorenschaft, womöglich den Verlust der *deutschen* Qualität des
Regisseurs, sondern um die Bewahrung eines Stils, der dem Universal-
Studio (in greifbarer Nähe zu Sirk und Siodmak) geschuldet war.

In seinen besten Filmen wird Käutner als Grenzgänger sichtbar. Er wechselt nicht die Seiten nach Beliebigkeit, sondern er hält die Grenze als eine
schmerzliche Wunde offen. Ob im Geschlechterkrieg seiner Komödien
der frühen Zeit, ob in der Demontage seiner vielen Männer in Uniform
oder ob im Fatalismus seiner Melodramen, immer wird die Grenze zum
inneren Ort sichtbar, an dem die Figuren, männlich oder weiblich, historisch oder zeitgenössisch, scheitern müssen. An der Grenze liegt das Niemandsland. Darin bildet Käutner Fluchtphantasien aus, die sich in enge
Räume pressen. Frieden gibt es nur in imaginären Höhlen, die zum
Schutz gegen die Unbill der Zeit vorübergehend ausgesucht werden. Das
kann eine Brücke sein, eine Kajüte, ein Grenzerhäuschen, eine verlassene
Hütte oder ein schäbiges Dachzimmer, ein zerfallener Musikpavillon oder
ein Raum nur aus Klang ohne Linien.

Käutners filmischer Standort ist in rein binärer Opposition von Schwarz
und Weiß nicht zu fassen. Sein Engagement erschöpft sich nicht im Für
und Wider. Vielmehr liegt es im kinematographischen Entwurf (der prekären Konsistenz seiner künstlerischen Mittel), der auf einen Zwischenraum, zwischen den Linien, zielt. Das wäre ein »dritter Ort«.[7]

2

Käutner etabliert sich meisterhaft im Genre der Komödie, das – zumal in
Kriegszeiten – als das schwierigste gilt. Der mechanischen Verwechs-

lungsdramaturgie, die das deutsche Filmlustspiel zwischen 1936 und 1956 beherrscht, setzt er einen privaten, humanisierten Ton entgegen, durch den sich der Rhythmus beschleunigt und die Mechanik wieder den Dingen zugeschlagen wird. Käutner darf den deutschen Film an seine Mangelphänomene erinnern, d.h. die Lektion von Ernst Lubitsch und René Clair als verstanden andeuten, wo sie verpönt war.

KITTY UND DIE WELTKONFERENZ zeigt die Wirtschaft als Schlafzimmergeheimnis und die Erotik als ein zu stiftendes Geschäft. Die Materialität der Interessen siegt über die Idealität der Absichten. Kitty, eine kleine Maniküre in einem internationalen Hotel, gibt sich aus Prahlerei als Privatsekretärin eines Ministers aus. Unter seiner Hand wirkt sie als Werkzeug seiner politischen Intrige. Sein Lohn ist das Arrangement ihres Begehrens, das er so deplaciert, daß es am Ende zu sich kommt. Kitty kriegt den holländischen Journalisten. Die Liebe der Abhängigen rettet das Staatsmonopol der Ölausbeutung. Nicht die Empörung über die Instrumentalisierung der kleinen Leute gilt, sondern die unangemessene Versöhnung zwischen privaten und öffentlichen Interessen.

Die Regie arbeitet mit dem Mittel der Metonymie. Der Minister hält die linke Hand zur Versöhnung entgegen und eine Stimme spricht – a parte – ins Publikum, die Linke habe England ihr Vertrauen entzogen. Der Diplomat empfängt die Journalisten im Maniküresalon mit der doppeldeutigen Bemerkung: »Sie sehen, meine Herren, England hat gebundene Hände.« Die Kamera bringt Kitty als insgeheim fungierende Agentin des Weltgeschehens an den Tag. Die Politik verwirrt die Gefühle, der Politiker nutzt diese Verwirrung und belohnt die desorientiert Liebenden mit seiner Ordnung der Gefühle. Das Glück wird von oben belohnt, auch wenn es ein liebenswerter Gentleman ist, der es stiftet. Bei Käutner mag die Intrige zur Karikatur werden, die Figuren, die er der Erzählung aussetzt, werden es nicht. Sie haben kaum Zeit, an einem Fleck zu verweilen, schon werden sie wieder angeschoben vom beschleunigten Rhythmus, von Kamerafahrten und von swingender Musik. Als Kitty und ihre Freundin die Koffer packen, sieht man an den Wänden ihrer Kammer Bilder ihrer Filmidole Maurice Chevalier und Zarah Leander.

Dieser Verweis auf den Leichtfuß und auf das Schwergewicht des musikalischen Films deutet auf die innere Organisation in Käutners Komödien: sie möchten so gern schneller sein, als der Produktionsapparat es ihnen erlaubt. Sie liebäugeln mit dem Leichtsinn und laufen dann auf Taucherschuhen, wenn es darauf ankommt, eine große Liebesunordnung zu entfesseln. Sie könnten es und dürfen nicht. Die einzige Ausflucht, die der Regisseur anbietet, ist eine Paradiesvorstellung.

Zum Ende des Debütfilms tritt das Paar auf den Balkon des Hotels, das »Eden« heißt. Der Schriftzug »Hotel« flackert und erlischt. Das Paar umarmt sich, der Minister unten sieht es mit Zufriedenheit, die Kamera erfaßt das Wort »Eden« und hat am vereinten Paar vorbeifahrend nur noch das literarische Glücksversprechen »Eden« im Auge. Darin steckt das Anagramm vom Ende. Zuende ist der Schwindel, die Verwechslung, die vorsätzliche Augentäuschung.

In FRAU NACH MASS (D 1940) wird sie noch weitergetrieben. Jetzt herrscht der Krieg nicht mehr an der Grenze von privater und politischer Sphäre, jetzt wird die Institution Ehe zum Kriegsschauplatz. Ein Regisseur, der grauenhaft seichte Operetten auch noch miserabel inszeniert, wird seinerseits von der Ehefrau im Doppelspiel einer Liebesprobe ausgesetzt. Erich Kästners Drehbuch bedient sich des alten Pygmalion-Mythos, den Käutner um die Pointe bereichert, das Leben inszeniert sich selbst. In den *Metamorphosen* (um 2 bis 8 n. Chr.) des Ovid war zu lesen, wie der Künstler Pygmalion seinem Bildwerk soviel Schönheit verlieh, daß er sich in sein eigenes Werk verliebte und so die Statue zum Leben erweckte.[8] Der Mythos wird parodiert, die Musikkomödie mit der ungarischen Operette abgespeist. Leny Marenbach, die Frau vermeintlich nach Maß, setzt selbst das Maß in einem Doppelspiel. Die mondäne Schauspielerin auf der Bühne verwandelt sich in eine holzige Naive vom Lande, eben die Zwillingsschwester, die den Künstler, der sie zu schöpfen wähnt, in die künstlerische Krise stürzt. Was sind die Mittel der Augentäuschung, durch die Käutner die Standarderwartungen ans Komödienspiel ins Schweben bringt?

Im Vorspann sieht man groß einen nackten Frauenrücken, über den die Filmtitel laufen. Die Frauenhaut erotisiert hier die Schrift und die Autorenschaft. In Naheinstellung hält eine Modistin ein Zentimetermaß vor die Kamera. Ihre Stimme aus dem Off sagt Zahlenmessungen an. Ohne Schnitt verlagert die Kamera die Schärfe, um den Akt des Messens im Angriff auf die unverhüllte Haut darzubieten. Das Segment einer Frau in kinematographischer Maßarbeit erweist sich als eine Zurichtung im emblematischen Sinn. Noch übersieht man in der Naheinstellung kein Handlungsfeld. Erst in den wachsenden Einstellungen, die folgen, erfahren wir vom Umfeld einer Kleiderprobe. Vor den Beginn einer Erzählung oder auch ans Ende derselben setzt Käutner ein Emblem, das bildlich autonom, gleichsam einen Bildersturz summiert.

Der Gag der Augentäuschung findet sich ausgebaut in der Anschlußszene. Die Frau, an der Maß für ein Hochzeitskleid genommen wird, sagt zur Modistin über ihren Ehekandidaten: »Mein Mann? Der arbeitet!« Mitnichten, denkt das Publikum, denn im nächsten Bild liegt Hans Söhnker, der bildlich Angesprochene, im Bett, neben einer anderen Frau. Der Schnitt suggeriert einen Seitensprung und in der verlassenen Einstellung: eine ahnungslos betrogene Frau. Doch dann schwebt die Kamera in einer schnittlosen Fahrt von der Naheinstellung in die Totale, hinweg über das Doppelbett, eine Bühne, den Orchestergraben ins Parkett zum Regiepult.

Tatsächlich arbeitet der Mann: an der Inszenierung einer kläglichen Operette. Das vorauseilende Begehren, an den rezeptiven Blick geknüpft, wird düpiert durch die Wahrheit. Nicht um das Glück der Figuren auf der Leinwand geht es, sondern um die Wunscherfüllung für die Delegierten im dunklen Saal.

FRAU NACH MASS bezeugt ein verändertes Frauenbild. Nicht mehr das süße Mädel zu Friedenszeiten – Kitty – ist gefragt, sondern die an der Heimatfront selbständig agierende Frau. Nicht mehr geht es um den Komödientopos von *Der Widerspenstigen Zähmung* (1593), sondern um die Sozialisation des widerspenstigen Mannes. Denn Käutner nimmt nicht einmal den Pygmalion-Mythos, auf den Hans Söhnker in der Loge zur Premiere seiner aufgetakelten Produktion anspielt, ernst. Er demontiert ihn bis zur Umkehr. Pygmalion steht hier nicht länger für die Allmachtsphantasie des männlichen Künstlers, der sich aus seinem Kunstwerk eine geliebte Frau erschafft. Eher hat es den Anschein, als erschaffe sich Marenbach hier Söhnker. Er wird so werden, wie sie ihn haben will: ehefertig, kompromißbereit und liebesfähig. Zu allem muß er durch Entzug erzogen werden.

Das Abschnurren der Verwechslungsintrige wird auch vom Publikum sofort durchschaut. Die kinematographische Arbeit des Films erzählt eine andere Geschichte als die bloße Versöhnung im Geschlechterkrieg. Sie erzählt von der Autonomisierung des Begehrens, das nackt wie beim Vorspann nicht bleiben darf, also in fliegendem Umbau verhüllt werden muß. Leny Marenbach, die sich in die Mondäne und die Naive aufspaltet, trägt je nach Anlaß verschiedene Kleider. Es werden so viele, daß in der filmischen Wahrheit jene Kleider sie tragen. Extravaganter war kaum eine Schauspielerin im deutschen Film angezogen. Die schiere Veräußerlichung verleiht Identitäten, die im Plural zu haben sind.

Zum Polterabend trägt Marenbach ein schwarzes Kleid mit goldenen Epauletten und wippenden, erotisierenden Tressen. Unter der Gürtellinie bildet das Epaulettenmotiv ein unverschämtes Muster sexueller Ungebundenheit. Kaum aufs Land entflohen, scheint ihre derbe Schwester jene Verruchtheit mit Haarknoten und hochgeschlossenem Dirndl-Kleid zu dementieren. Marenbach plündert einen Kostümfundus, als sei Käutners Film ein Schnittbogen für die Alltagsphantasien der deutschen Zuschauerin. Auf dem Standesamt zum Beispiel ist es das Stehkragen-Modell, das in Brusthöhe die vertikale Linie betont und an den Hüften sich wellenförmig auflöst. Am Urlaubsort verkindlicht diese Frau mit Edelweiß-Motiven und Puffärmelblusen, während ihre ›Schwester‹ am Kleinbahnhof mit schrägem Hut und überlebensgroßen Vogel-Bildern auf dem Kleid eintrifft. Für den Schlafzimmer-Auftritt trägt die Frau ein langes Plissé-Nachthemd. Den einstigen, sexuell aufgeladenen Epauletten (vom Polterabend-Kleid) sind hier auf ihren Schultern zwei große Schleifen gewichen, die danach rufen, aufgezogen zu werden.

Schließlich die Schlußverwandlung, die eine gezackte und gezähnte Halsborte am Kleid überblendet in ein gewagtes Dekolleté des Bühnenkleides, an dem die bedrohlich aufgestellten Zacken (das abgelegte Emblem der nun entschärften *vagina dentata*) niedergeschlagen nach unten weisen. Mann und Frau, die Berufsschauspielerin und der Berufsregisseur, sind nicht im zivilen Happy-Ending vereint, sondern als kalkulierte Elemente einer Bühnenshow. Sie singen im Duett ein Lied der totalen Verfügbarkeit, das ihnen Hilde Hildebrand im Film vorgesungen hat: »Ich möchte so sein / wie du mich willst.« Kein Programm für einen Doppelselbstmord in der Liebe, sondern bloß Amalgam für die Pygmalion-Travestie. Unentscheidbar wird, wer hier für wen Knetmasse zur künstlichen Erschaffung wird. Eine Frau nach Maß? Der männliche Blick nahm Maß, und die Mode im Film half als Mittel zur sozialen Synthetisierung.[9]

Das Mädchen in Uniform, die Männer in Uniform – oft scheint sich Käutner mehr für die Hüllen als den Kern zu interessieren. Die Oberfläche, was außen glänzt, trägt mehr soziale Reize als die pure Haut oder ein ungeschütztes Gefühl. Käutner liebt es, die Menschen zu mechanisieren und die Dinge zu humanisieren. Der Übergang beginnt im Kleid, gemäß der alten Regel zynisch gewordener Aufklärung: KLEIDER MACHEN LEUTE (D 1940). Dieser Film von 1940 unterfüttert die ernste Satire mit betulicher Idyllik, noch ein Balance-Akt zwischen Gesellschaftskritik und Geschmeidigkeit zur Anpassung. Käutner macht die bitteren Pillen schmackhaft, oder strukturell gesagt: die Kritik der Vorlage von Gottfried Keller märchenhaft.

Hier erlaubt der Biedermeier-Rahmen die Puppen zum Tanzen zu bringen. Tricks, Visionen, die Verselbständigung lebendiger Objekte sind auf der filmästhetischen Höhe der Zeit, denkt man nur an THE WIZARD OF OZ (DER ZAUBERER VON OZ, USA 1939, Victor Fleming). Der Film ist durchaus auf der Linie von Käutners Verkleinerungsphantasien, zumal die Hauptrolle mit dem Prototyp des kleinen Mannes, Heinz Rühmann, besetzt ist. Kaum schlägt der Geselle die Tür zur Schneiderstube zu, fährt für den Lehrling das Leben in die Büsten, die Kleiderpuppen. Scheren und Schatten tanzen gespenstisch. Der Frack baumelt als Vogelscheuche im Wind. Erich Ponto, der Puppenspieler, unterhält sich mit seinen Figuren, die ihm gestisch antworten. Gott gilt die Hauptmetapher vom Großen Puppenspieler, und der echte russische Graf, der die projizierte Identität des Schneiders Wenzel (Rühmann) als Graf komplizenhaft befördert, definiert seine Rolle als die eines »lenkenden Beobachters«.

Käutner inszeniert ein Spiel mit Zuschauern und sorgt dafür, daß in jeder Inszenierung auch Blick-Delegierte erscheinen. So wird aus der Dingwelt das Emblem einer anonym gelenkten Gesellschaft – man denke an die vielen Spielautomaten in Käutners GROSSE FREIHEIT NR.7 (D 1944). Kellers satirische Elemente über die *Leute von Seldwyla* (1873-1875) biegt Käutner um in zwinkernde Versöhnung. Die Komödie schärft die Standesvorurteile nicht vom Standpunkt jener Leute, die Kleider machen, sondern jener, die das Gemachte tragen. Als Rühmann in seiner sentimentalen Schalkhaftigkeit sein Glück im Spiel macht und zwischen allen Konnektionen und zwei Frauen wählen darf, geißelt der Film sein Verhalten als herrscherliches Prassen. Das Opfer, nicht der Täter ist belachenswert, während Seldwyla bleibt, was es nicht war: unantastbar. Einzig der Mummenschanz zur Verlobungsfeier bricht die soziale Maskerade menschlicher Larven auf. Käutner setzt zur Zeichnung von Charaktermasken an, bleibt aber bei amorpher Masse stecken, die aus Prätention und Konvention zusammenhält. Opfer der Lächerlichkeit wird die im Kleistschen Sinne getäuschte Frau, deren Gefühle als Überspann preisgegeben werden: Hilde Sessak als Fräulein von Seraphin.

Die Kritik hat diesem Film soziale Transparenz bescheinigt. Louis Marcorelles erkannte hier »ebensoviel Zeitatmosphäre wie in den besten Arbeiten von Minnelli.«[10] Henning Harmsen sah »eine verkleidete Anspielung auf das primitive Imponiergehabe uniformierter NS-Bonzen und die opportunistische Servilität deutscher Bürger.«[11] Diese Einschätzungen verkennen die ästhetische Technik, die sie eher in den Vergrößerungsphantasien eines Reinhold Schünzel als in den Verkleinerungen Käutners suchen sollten. Käutners Ungleichgewicht in der Inszenierung bestand gerade in der zu früh eingeführten Emblematisierung und der ihr innewohnenden Tendenz, eine Fabel zu Bildsummen zu bauen, ehe sie bildlich entfaltet wird. Die Anspielung in Schünzels AMPHITRYON (D 1935) auf die Architektur des Reichsparteitagsgeländes ist erkennbar durchlässig; die Übertragung von Servilität und Opportunismus in KLEIDER MACHEN LEUTE ist hermetisch abgedichtet. Käutners visuelle Aphorismen widerstreben epischer Entfaltung, steigern aber den Reiz zur Atmosphäre. Das Episodische bestimmt die Form. Was den Figuren genommen wird, ist den Dingen zugeschlagen.

In WIR MACHEN MUSIK (D 1942) erstehen zur Schlußrevue Puppen aus Puppen. Auf dem überlebensgroßen Klavier vollzieht sich ein Stepp-Tanz. Die Show ist das besser inszenierte Leben. Aber, was als bissig und zäh geführter Geschlechterkampf begann, läuft auf eine häusliche Reinlichkeitsrevue hinaus, die jede Regelverletzung nicht ästhetisch als Kunstfehler, sondern als moralische Verfehlung ahndet. EINE KLEINE HARMONIELEHRE ist der Untertitel dieser Komödie. Sie kommt, jedenfalls Viktor de Kowa als Musikprofessor in der Akademie, mit sieben Tönen aus, unterschlägt also alle halben Töne, die einzubeziehen hieße, eine Komposition der Zwölftonmusik auszusetzen. Der Effekt gegen die Moderne ist mit Bach besiegelt. »Willst du dein Herz mir schenken / so fang es heimlich an«, singt Ilse Werner ihren de Kowa an. Das ist die Erkennungsmelodie deutscher Innerlichkeit – Söderbaum singt es für Malte Jaeger in Harlans JUD SÜSS

(D 1940) –, die mit Käutners Auffassung von amerikanischer *screwball-comedy* nicht gut zusammenpaßt. Aber nicht die Genreverfehlung ist hier bedeutsam, sondern das Spiel der Regie mit dem Zuschauer. Zum Finale klettert die Kamera an der Hausfassade zum Balkon hoch. De Kowa spricht – direkt in die Kamera – einen das Kinopublikum von 1942 betreffenden Hinweis zur Verdunkelung bei Luftalarm. Die Transparenz zur Handlungsanleitung ist einzigartig, sind doch sonst in Käutners Komödien Indizien auf Alltag rigoros ausgeblendet. Der Geschlechterkrieg läuft auf einen Waffenstillstand hinaus, dem eine unerklärte Kapitulation vorausging. Die ernste Oper des komponierenden Mannes fiel durch; die heitere Revue, von der Frau komponiert, vom Mann heimlich orchestriert, setzt sich in der Publikumsgunst durch. Käutner optiert für Unterhaltungsmusik gegen die Erbauung. Swing ist ihm gleichbedeutend mit sozialer Beschleunigung, Einübung in den Leichtsinn und in harmonisiertes Wohlbefinden.

3

Inwieweit soziale Transparenz genrebedingt sei, läßt sich an Käutners Melodramen leichter klären als an seinen Komödien. Das Melodram verbindet die Protagonisten auf der Leinwand mit weiblichen Adressaten im Publikum, um Verkennen, Verzicht und Fatalismus einzuüben. Marianne Hoppe in AUF WIEDERSEHEN, FRANZISKA! (D 1941) und ROMANZE IN MOLL (D 1943), Hilde Krahl in ANUSCHKA (D 1942) sind Heroinen, die das Leid der Isolation auf sich nehmen. Die Geschlechterfrage muß, kriegsbedingt, in der Trennung von Feindfront und Heimatfront gelöst werden. Die Lösung ist Stillegung. Mit dem Maß der räumlichen Entfernung zwischen Mann und Frau wächst die psychische Entfremdung. Diesem Umstand trägt Käutner besonders Rechnung, indem er die Männer in ihrem Verhalten als rückständig, die Frauen dagegen als zeitgenössisch erscheinen läßt. Wenn die Kriegsdramaturgie keinen Geschlechterkrieg mehr zuläßt, muß eine eigenständige Regie die Schere in Zeiträumen öffnen. Die Historie, die in ANUSCHKA wie in ROMANZE IN MOLL um die Jahrhundertwende angesiedelt ist, hat kein Terrain bei Käutner. Sie ist nur Konstrukt der Zeitfalte, die sich nun zwischen Mann und Frau auftut. AUF WIEDERSEHEN, FRANZISKA! ist einer der wenigen Käutner-Filme, die unbedingt zeitgenössisch sein wollen. Hans Söhnker, der Wochenschau-Kameramann, ist umtriebig, Marianne Hoppe, seine Frau, ist sehnsüchtig und trieblos. Sie leben in verschiedenen Welten. Heimat und Fremde sind die Pole, die nie zusammenkommen, obwohl die Fabel behauptet, beide zu versöhnen. Entwöhnung und Verzicht sind die Folgen. Die Frau lebt im Prinzip Hoffnung, der Mann im Leistungsprinzip. Die Tangenten sind fragil und zerfallen vor den Augen der Zuschauer. Diese Gefahr ist in der Deutung durch Kritik gebannt. Die Fachzeitschrift *Der Deutsche Film*

ernannte zum Thema die »Entwicklung eines Ruhelosen, eines vater-
landslosen Kamera-Weltwanderers zur Seßhaftigkeit, zum Deutschtum,
eines Allerweltsreporters zum PK (Propaganda-Kompagnie)-Mann im
Dienste der schwer ringenden Heimat, genug Beziehungen zur Gegenwart«[12]. Bemerkenswert ist, daß die Schlußszene, in der Söhnker in Wehr-
machtsuniform sich von Hoppe verabschiedet, damals als »störend« empfunden wurde, als »nicht gerade geglückt, was auch die stille Heiterkeit
des Publikums an dieser Stelle bewies.«[13]

Käutners Regie und Söhnkers Spiel halten entgegen dieser Deutung am
Weltläufigen fest. Was dem Mann an horizontalem Ausdruck physischer
Bewegung gestattet wird, kommt der Frau im vertikalen Ausdruck psychi-
scher Bewegung zustatten. Dem Manne die Welt der konsekutiven Bilder
(die Ausfahrt, die Raumeroberung zwischen New York und Shanghai),
der Frau die Welt der simultanen Bilder (der Bildfluß der Einbildung und
Erinnerung). Wieder thematisiert Käutner den Blick gerichteter Interessen in sich überschneidenden Sphären. Mag sein, daß Söhnker Hoppe
fotografiert, sie (wie in seiner Regisseursrolle in FRAU NACH MASS) zum
Modell erwählt; das Modell seinerseits inszeniert den Blick des sie Erfas-
senden.

Dem Verkennen (wer nimmt wen aufs Korn, ins Visier?) folgt der Verzicht.
Die Sequenzen sind so gebaut, daß Hoppe alle zwanzig Minuten einen
Abschied von Söhnker durchzustehen hat. Das Muster habitualisiert die
Zuschauerinnen, deren Realität die permanente Trennung von ihren (kriegs-
führenden) Männern ist. Fatal ist, daß AUF WIEDERSEHEN, FRANZISKA!
im Gegensatz zur großen Liebe kein Versprechen auf Besserung abgibt.
Statt eines Wunders wird bloß ein Blickwechsel eintreten. Wo Zarah
Leander den Blick in die Wolken richtet, weil sie die Wirklichkeit nicht
aushält, da richtet Marianne Hoppe ihren Blick so aus, daß er Wirklich-
keit um sie sammelt. Söhnker fährt in die Welt, Hoppe erfindet sich die
Welt. Er verhandelt in einem Wolkenkratzer in New York, sie beklebt das
Kinderzimmer mit Walt-Disney-Motiven.

Die Innenwelt-Eindrücke der Frauen läßt Käutner in stürzenden Überblendungen erstehen. So wie die männliche Prägung der Bilder konseku-
tives Erfassen ist, so ist die weibliche Prägung eine simultane Einprägung.
Hilde Krahl in ANUSCHKA erleidet, was Marianne Hoppe in ROMANZE
IN MOLL widerfährt: einen rückwärts gerichteten Bilderstrom, der im Bild-
kader die Großaufnahme des Frauenkopfes als zweiten Rahmen inszeniert, in dem dann innere Bilder ablaufen. Käutners praktizierte, nicht
erklärte Theorie zur geschlechtsspezifischen Wahrnehmung hieße hier:
der Mann macht sich den Raum untertan, fixiert das bewegte Bild, das
sich vor ihm auftut; die Frau, dagegen, liquidiert den Raum, um ihn in
sich zu eröffnen. Im Genre des Melodrams übt Käutner das Spiel, in dem
sich der fremderfahrene und der selbsterzeugte Blick als unversöhnlich

gegenüberstehen. Im Zweifelsfall entschied sich Käutner für den selbster-zeugten Blick, das Artefakt, das sichtbar Hergestellte.

ROMANZE IN MOLL entrückt Hoppes Blick nicht aus der Gegenwart in das 19. Jahrhundert, sondern auch aus der Fixierung in das Ungerichtete. Der Film handelt von der Sehnsucht der Frau, wie GROSSE FREIHEIT NR. 7 von der Sehnsucht des Mannes handelt. Die Binnenspannung wird zur Handlung. Die Welt ist kein Freiraum, sie ist ein Gefängnis aus dunklen Figuren, flackerndem Gaslicht und trüben Spiegeln. Hoppes Blick stößt sich an allen Ecken und Enden. Wie er systematisch zerbrochen wird, die Metapher des Auges auf Glas und Spiegel übertragen, zeitigt zuletzt die Atomisierung des Gefühls, das keinen Raum fand. Die Ausleuchtung des *chiaroscuro*, die bedeutsamen Kamerafahrten, das verhaltene Spiel der Darsteller (Marianne Hoppe in unterscheidbarer Konstellation zwischen dem Ehemann – Paul Dahlke –, dem Liebhaber – Ferdinand Marian – und dem Erpresser – Siegfried Breuer), die beiläufigen Dialoge und die affektlenkende Musik sind in einer selten gelungenen Kohärenz, Balance und Komplexität geführt. Ein Parameter spielt in den anderen hinüber. ROMANZE IN MOLL ist ein Film der halben Töne, der getroffenen Nuance und somit Zeugnis einer ästhetischen Kraft, die im Vorübergehenden Situationen festhält, ohne sie zu bannen, Menschen entwirft, ohne sie festzuschreiben, Dinge erfaßt, ohne sie zu umschließen. Käutner baut das Transitorische.

Georg Bruckbauers Kamera eröffnet den Film mit einem Panorama auf die Atelier-Dächer von Paris, schwenkt zur Straße links am Square, den Dahlke, vom Spiel heimkehrend, überquert. Ihn verläßt der Kamerablick an der Tür, um in einer vertikal ansteigenden Kranfahrt die Hausfassade zu erklettern, an der offenen Balkontür zu verharren, an der Gardinen ins Freie wehen, bis Dahlke aus dem Off ins Zimmer tritt, in dem Hoppe zu schlafen scheint. Bei höchstbewußter kinematographischer Lenkung vom Standpunkt eines auktorialen Erzählers beschränkt die Kamera sich nun auf Dahlkes Blickfeld, um die Zufälligkeit des Alltags, die schäbige Routine einer Ehe zu berichten. Nicht nur Dahlke spricht mit halber Stimme an der Grenze der Artikuliertheit, Hoppe wird dem Ton auf hohem Stil mit ihrem *mezza voce*, ihren somnambulen Gesten und dem phantomhaften Gang entsprechen. Die Kontingenz wird jedoch nur inszeniert, um die Fallhöhe zu demonstrieren: Der banale Ehemann muß ein unverhältnismäßig dramatisches Ereignis entdecken, den Suizid seiner Frau. Mit dem gleichen Weg verabschiedet sich der Erzähler von dieser Eingangssequenz, wiederholt die komplizierte Kranfahrt, fährt nach unten, um den Abtransport von Hoppe durch die Ambulanz vom Innenraum durchs Fenster zu verfolgen. In der Kneipe, die Dahlke dann besucht, ist die Modulation des Halbschattens bestimmend, der eine gleichsam französische, knappe Körpersprache der Nebenfiguren entspricht. Im Pfandhaus muß der brave Ehemann vom Betrug erfahren, die Perlenkette ist echt, ein Juwelier berichtet Dahlke vom Erwerb durch einen Musiker: die erste Rückblende, verstrickt in eine zweite Rückblende durch den Verführer Marian, der sich nach dem Duell mit dem Erpresser (Breuer) verwundet zu seinem Bruder schleppt.

Die narrative Struktur, die die Protagonisten am Anfang als Tote einführt, um sie rückwirkend aus einem früheren Leben erstehen zu lassen, ist nicht nur an sich melodramatisch und todessüchtig, sie betont auch das Artefakt, den erzeugenden Akt durch die Kinomaschine. Der Apparat erzählt, und das Publikum leiht seine Sinne der Vergangenheit, läßt es sich auf diese Form ein, die Wirklichkeit als flüchtige Erinnerung beschwört. Der Anfang erzählt das Ende, und der Schluß des Films besiegelt nichts als das erfüllte Ende. Wieder ruht Hoppe auf dem Totenbett, das Gesicht durch eine Weißblende verklärt und sodann durch eine Ziehblende in Schwarz bedeckt, die sich wie ein Vorhang über die längst vollzogene Auslöschung senkt. Der Film ist eine gleitende Verführung hin zum Tod.

Dumpfe Glückseligkeit des Kleinbürgers Dahlke, schmissiger Charme des Liebhabers Marian, eisiges Begehren des Erpressers Breuer, die Affekte der männlichen Figuren scheinen in diesem Melodram überdeterminiert in einem Maße, wie der Fokus ihres Begehrens – Hoppe – ins Vage diffundiert. Sie bündelt das ihr vielfältig angetragene Begehren nicht, sie zerstreut und wirft es auf die sie umzingelnden Spiegel, die innere Gefühle wie äußere Reflexe zurückwerfen. Käutners Hang zum Symbolismus bricht sich eine Bahn. Denn die »Romanze« ist nicht nur die Liebesaffäre, sondern zugleich ein Genre der Musik. Der Komponist (Marian) sucht ein Thema und findet eine Frau, die ihn zum Thema inspiriert: »Eine Stunde zwischen Tag und Träumen / Will ich meine Seele zu dir wenden.« Die beschworene Zeit verfällt der Dämmerung. Das Glück ist nicht von Dauer. »Haben wir wirklich ein Recht auf Glück?« fragt Hoppe Marian, rhetorisch, denn sie weiß es *besser* als er.

Der halbe Ton, der Dur nach Moll moduliert (die kleine Terz), ist essentiell. Wo Dur stand, schlägt Hoppe Moll vor. Bei der Probe kann die Sängerin, derzeitig Maitresse des Marian, diese Nuance nicht nachvollziehen. Der verfehlte Ton zieht ein Zerwürfnis nach sich. Da die Sängerin musikalisch daneben liegt, hat sie erotisch ihr Recht verwirkt. Wir sehen Hoppe die Probe als Blickdelegierte beobachten. Die Sängerin hängt an Marians Taktstock wie er, der Dirigent, an ihren Lippen hängt, die das erotische Versprechen der Musik hervorbringen. Das ist die visuelle Engführung dieser Romanze. Später im Konzert hängen die Künstler in vollkommener Harmonie aneinander. Hoppe, schon im Kostüm einer *Witwe*, von Marian verlassen, von Breuer bedrängt, sitzt mit schwarzem Schleier allein auf dem Balkon, bevor der ahnungslose Dahlke auf den leeren Platz neben ihr eilt. Während Werner Eisbrenners Musik im Fortissimo aufrausch, erleidet Hoppe das Schicksal, das Käutners Melodramen den Frauen vorbehalten, den Bildersturz. In ihrem Kopf läuft rasant eine Rückblende ab. Die weibliche Imagination ist der Ort, dem die Bildermaschine zugeschrieben wird.

ROMANZE IN MOLL, das las man oft als Zeitzeugnis der fatalen Resignation, der Trennungseinübung zwischen den Geschlechtern an der Feind- und Heimatfront. Man achte aber eher auf die ästhetische Binnenorganisation des Films, der die Genres verschmilzt. Die Erzählung hat einen Rondo-Charakter wie nur bei Max Ophüls. Sie düpiert die Realismus-Konvention jener Jahre, so, wenn der Regisseur als sein eigener Autor sich auf dem Sofa der jagenden Männergesellschaft niederläßt, um für den Gast – Marianne Hoppe – eine Identität zu entwerfen, die in der Konstruktion des Drehbuchs dann haarscharf verfehlt wird. Dem Publikum verschafft das Spiel einen wissenden Vorsprung, dem Autor ein Spiel mit den eigenen Figuren, zum Schein dadurch beglaubigt, daß der Autor und Regisseur zudem hier als Darsteller seiner Phantasie auftritt. Käutners Obsession von anonymer Lenkung, von der Mechanisierung der Gefühle oder vom großen Puppenspieler (KLEIDER MACHEN LEUTE) blitzt auf.

Das Opfer in dieser Liebesunordnung ist die zu sehr liebende Frau, die keine soziale Bahn findet, ihren Ausdruck zu artikulieren. Das verbindet die Heldin des Melodrams mit der Heroine der italienischen Oper, die für ihren Mut zur Gegenvernunft in den Tod geschickt wird, freilich orchestriert durch eine Stimmenführung, die sehnend den Körper verläßt und für genau diese Dissoziation von der Gesellschaft bestraft wird. Käutner räumt das Chaos mit einem Hang zur Konvergenz auf. Der Komponist findet zurück zu seiner Sängerin. Der Erpresser, der ein Ansinnen auf die Bürgersfrau hatte, fällt im Duell. Der gehörnte Ehemann erhält den Liebeslohn der kostbaren Perlen. Die Ehre des Bürgertums, das höchste Gut, scheint wiederhergestellt. Wäre da nicht die analytische Kamera-Arbeit, die in Bildern denunziert, was die Dialoge behaupten. Auffällig ist Bruckbauers differenziertes Erschließen des doppelten *Bodens* durch Schärfenverlagerung in der gleichen Einstellung, ist sein abrupter Bruch mit der Subjektive, springt er aus dem *point of view* in die auktoriale Perspektive. Das geschieht am Filmanfang, das variiert sich am Ende. Dahlke bleibt zerschmettert zurück. Die Kamera springt in einem Top-Shot an die Studio-Decke, um klarzustellen, hier wird ein Urteil über eine Situation gefällt. Die schwer auszulotende Komplexion von ROMANZE IN MOLL ist in der Genre-Verschmelzung zu sehen, die eine synästhetische Anstrengung in der Wahrnehmung abverlangt, wie sie Käutner von seinem Publikum selten forderte. Es ist, als habe er hier an Shakespeares Eröffnungszeilen aus dem Drama *Zwölfte Nacht oder Was ihr wollt* (um 1599) gedacht: »Wenn die Musik der Liebe Nahrung ist / Spielt weiter! Mehr und Mehr! Daß übersättigt / Mein Appetit erkranke und dran sterbe.«

Romanzen in Moll, Zigeunerromanzen, gesungen von Hilde Krahl, der Hauptdarstellerin in Käutners weithin unbekanntem Film ANUSCHKA, um die Jahrhundertwende in der Slowakei, in der Nähe von Bratislava spielend. Axel Eggebrecht schrieb das Drehbuch zu diesem Bavaria-Film, der eher vom Firmenstil als von der Handschrift einer Regie geprägt ist. Ein Chirurg aus Wien (Siegfried Breuer) geht auf Hochzeitsreise, um im sommerlichen Maisfeld auf dem Land eine Magd, Anuschka, zu treffen, die Zudringlichkeiten eines Knechtes abwehrt. Die Ständeklausel ist die von Glück und Dumpfheit, von fadem Raffinement und derbem Versprechen. Ein deutlich mißlungener Film, der dennoch von einigen Eigenheiten des Regisseurs erzählt. So von der Manie der identischen Bildanschlüsse. Hier spielen Fächer eine Rolle. Dann das Eigenleben der Objekte, das in ironischer Distanz zu den Dialogen gesetzt wird. Hier ist es das goldene Feuerzeug, das Breuer seiner Frau schenkt, die es achtlos an einen abgeblitzten Verehrer weiterreicht, der es aus Mißgunst in den Rock von Hilde Krahl praktiziert. Die Magd muß ihre Ehre und die Ehre des hohen Paares selber wiederherstellen, eine für Eggebrecht erstaunlich konservative Konfliktlösung, die aber Blicke der vertuschten Krise zeigt, Spiegel allerorten einfängt und Sinnlichkeitsversprechen verströmt, die doch nicht eingelöst werden. Die Schauwerte des Opernball-Balletts reichen nicht hin, Krahl muß singen, aufgemacht wie eine strenge, doch impulsive Domina, die den Stadtmythos vom Lande importiert, um das Begehren der Städter zu locken.

Als Hilde Krahl, schon angetrunken, den Nachstellungen eines Zudringlichen entgehen kann, *ereignet* sich in ihrem Kopf eine beschleunigte Rückblende. Die visuelle Apotheose des Films erinnert an das Blut und Boden-Genre. Aus Untersicht erscheint der Bauer am Pflug auf freiem Feld, die Magd eilt in seine Arme.

Zwischenschnitt in Großaufnahme vom Feuerzeug, dem fatalen Indiz, das nun alle entlastet, so emblematisiert Käutner seinen Schluß, der hier nichts anderes erzählt als die melodramatische Spannung, die er den Dingen verleiht.

4

Frauen, die bleiben, lassen sich davontragen; Männer, die hinausstreben, bleiben. Sehnende Frauen schickt Käutner über die Grenze, sehnende Männer erhalten eine Platzanweisung am »dritten Ort«. Gegen Ende des Krieges entstehen zwei Filme, die etwas besseres finden als den Tod, nämlich eine Höhle, in der sich das Ende getrost in mittlerer Resignation, ohne fatale Opferhaltung, wie sie den Frauen im Melodram zugeschrieben wird, erwarten läßt. GROSSE FREIHEIT NR. 7 und UNTER DEN BRÜCKEN sind Überlebensangebote an die Männerphantasie. Nicht von ungefähr zählen sie zu den berühmtesten Filmen des Regisseurs. Das Fernsehen hält die Erinnerung lebendig. Als Uwe Johnson vorübergehend für den *Tagesspiegel* die Programme von DDR 1 und 2 kritisierte, schrieb er mit ideologisch unbeirrbarem Blick:

Am Montagabend zeigte die Adlershofer Anstalt noch einmal den Film GROSSE FREIHEIT NR. 7 in der Fassung von 1934, das Hohelied des braven Kerls, die aufpolierte Rolle des Stimmungssängers aus tragischem Grund, und wo Albers' Augen nicht von alleine strahlten, wurden sie speziell beleuchtet, keusche Liebe, keuscher Verzicht, Kameradschaft als Selbstzweck, sorgfältig eingebaute Fehler der Grammatik verwechseln Volkstümlichkeit mit Blödelei, die Musik kann die Dreigroschenoper nicht vergessen, verkommene Romantik lenkte ab von den Vorgängen außerhalb des Premierenkinos.[14]

Als Vorgang bietet Johnson, der als Produktionsdatum schlicht 1943 mit 1934 verwechselt, den Röhm-Putsch an. Seine Einschätzung spiegelt die kritischen Klischees der Intellektuellen, die meinen, sie könnten Film auf standardisierte Handlungsmuster reduzieren. Dazu gehört die These vom Ablenkungsfilm, vom Hans Albers-Mythos, vom Verkennen der Funktion des sprachlich hier genau artikulierten »Missingsch« (Hamburger Dialekt, der für den Mecklenburger Johnson verständlich sein sollte), die saloppe Verwechslung im musikalischen Material, das der Komponist Eisbrenner eher an Eislers Musik zu KUHLE WAMPE ODER WEM GEHÖRT DIE WELT (D 1932, Slatan Dudow) denn an Weills *Dreigroschenoper* (1928) anklingen ließ. Käutners Leistung ist die Vielstimmigkeit, mit der er die Gefühle führt. Das Sentimentale gegen das Komische, das Großstädtische gegen das Idyllische, die Sehnsucht nach dem Meer gegen die Lockung des Bleibens. Diese Stimmigkeit ist mehr als eine Form von Homogenität, sie ist das musikalische Schnittprinzip, das sich in Genauigkeit, einen Ton zu treffen, fügt, der realistisch ist und kunstvoll. Dieses Männer-Melodram entwickelt keine zentrifugale Kraft, die in den anderen Melodramen Frauen an den Rand trieb. Dieser Film bietet dem männlichen Scheitern einen bedeckten Rückzug, der nicht mehr von Ehre handelt, sondern sich mit dem puren Überstehen begnügt.
Die als groß versprochene Freiheit liegt im Nebel, das Fluchtvehikel, der Mastschoner »Padua«, erweist sich als ein Flaschenschiff. Die Freiheit des singenden Seemanns ist seine mechanisch getreue Reproduktion des abgetakelten Mythos. Hans Albers muß es in bitterer Selbsterkenntnis von seiner Rolle sagen, er sei bloß ein besserer Animierfritze. Bevor die Kamera ihn zeigt, hält sie an der Wachsfigur Albers' vor dem Hippodrom inne: Käutners Automaten-Wahn zeigt als kinematographische Arbeit, wie sich aus dem fixen Mythos eine lebendig scheinende Verkörperung entpuppt. Ästhetisch gnadenloser kam Albers nie zu einer Wahrheit in seinen Rollen, am Mythos Albers, der vor den Augen des Publikums zerfallend noch

beschworen wird, in Brüchigkeit festzuhalten. Was Käutner dem großen Volksschauspieler hier verschaffte, war dessen historisch aufleuchtender Schnittpunkt vom Draufgänger-Mythos und der Abgänger-Realität.

Albers' Gegenspieler bei Ilse Werner: Hans Söhnker wird in der Kneipe der Werftarbeiter über einen Spielautomaten eingeführt. Allerdings mit besseren Erfolgsaussichten, denn das Emblem des Automaten lautet: »Wer wagt, gewinnt.« Beim Tanzausflug an der Elbe in Sagebiel rückt die Regie eine künstliche Henne ins Bild, die gegen Groschen Eier legt. Als Hans Albers seinen traurigen Hochzeitsschmaus allein verzehrt und ihm die Wahrheit des Verlassenen dämmert, zerbricht das Glas in seiner Hand, rollt der Ring auf dem Boden davon, zerspringt das Flaschenschiff, als er aus seinem Alptraum hochfährt. Die Naheinstellung auf eine dreiflammige Lampe zeigt plötzlich eine Lampe ohne Schirm. Die Dreieckskonstellation ist sinnbildlich entschieden. Nur zwei kommen unter einen Hut.

Ähnlich präsent, jedoch ohne die Überfrachtung wie in QUAI DES BRUMES (HAFEN IM NEBEL, F 1938, Marcel Carné), ist die Konstruktion des akustischen Off. Sirenen sind allgegenwärtig. So lockt das Mutterschiff der Sehnsucht, die »Padua«, deren Winken Albers, nun von Werner enttäuscht, nachgibt. Die Heimat brachte den Männern eine erotische Niederlage. Aus dem Hippodrom, diesem Höhlenpunkt ungebundener Phantasie, marschieren die Matrosen Albers, Knuth und Lüders im Gleichschritt zum Hafen. Ihre Braut sei die See, doch das Wasser bildet keinen Körper des Begehrens. Mag auch das Straßenschild »Große Freiheit« in bunter Leuchtschrift glühen wie das einstige Neon-Versprechen »Eden« (am Schluß von KITTY UND DIE WELTKONFERENZ), der Wegweiser zur Hoffnung ist eine Sackgasse.

Die kreisende, kreiselnde Kamera schürt polymorphe Versprechen, besonders wenn Albers im Hippodrom sein Lied von der Taube singt, die Kreisfahrt die glitzernden Vögel streift und die Zwischenschnitte von einem Glück der Werner in anderen Armen erzählen. »La Paloma« war der Schlager des Films, der die Friedenssehnsucht etablierte und dennoch am Umschweifigen festhielt. Der Refrain des Schlagers löst sich lautmalerisch in reinen Vokalklang auf: »La Paloma ade / Auf Matrose ohé!«. Das ist ein Lockruf ins Nirgendwo, ein Musikfetzen von Utopie, wie er deutlicher im deutschen Film zu jener Zeit nie vernommen wurde. Für den Anarchisten Peter Schult war der Film, als er 17 Jahre alt war, Anstoß, sein Leben zu ändern: »Ich ging in ein Kino und sah mir den Film GROSSE FREIHEIT NR. 7 an. Darauf stand mein Entschluß fest: Ich wollte zur See fahren.«[15] Während die Darbietungsgesten von der Regie unterspielt werden, mit *mezza voce* Dialoge der Undeutlichkeit und Dedramatisierung arbeiten, sind Dekor, Kulissen und die Höhlenbauten der Entertainer Albers und Hildebrand entschieden realitätsfern gehalten. Die Entrückung erfolgt durch die Farbe, mit der Werner Krien den Bildern einen Anstrich von

Exotismus gibt. Gerade dadurch, wie die spürbare Distanz von farblichem Hintergrund und stimmigem Agieren inszeniert wird, erweist sich das Spiel der Darsteller als realistisch. Die Dramaturgie der Farbe nutzt Käutner, wie er in einem Aufsatz betonte, als Kunstmittel.[16] Alle Innenräume erhalten dadurch einen bergenden, schützenden, gleichsam uteralen Anstrich. Käutner billigt der Farbe einen autonomen Ausdruck zu, der nichts Höheres unterstreicht, sondern selber gestisch geführt ist. In Schwarzweiß hingegen drehte Käutner seinen Film UNTER DEN BRÜCKEN, der im März 1945 der Zensurbehörde vorlag, aber in die Kinos nicht mehr gelangte. Er sollte Käutners unverdient späten Ruhm begründen.

Da die Metropole in Schutt und Asche liegt, weicht der Film aus in die Peripherie, um dennoch die Stadt als Ort der Sehnsucht einzukreisen. Die Stadt ist nicht Moloch, Natur keine Idylle, die Wasserstraße ist der Übergang, auf dem eine Fahrt möglich ist. Das Leben als Reise, der Schifferkahn als Vehikel von Gesellschaft und die Fahrt selber als Medium transitorischer Wahrnehmung, das sind die generellen Komponenten, die Käutner der Konvention abschaut, um daran seine eigene Verweistechnik zu bekunden. Die Melodie »Auf der Brücke... nichts ist für die Ewigkeit«, die anklingt, oft umspielt und gern gesungen wird, eröffnet wieder emblematisch das Lied vom Ende in Trauer über die Vergänglichkeit. Mal wird es in Moll moduliert, wenn die zwei Schiffer ihr Werben um die gleiche Frau einträglich aufgeben, mal mit einer Posaune karikiert, wenn Knuth im Museum das Pathos hoher Kunst betrachtet. Als die Entzweiung der Freunde durch entfesselte Kameraschwenks und rasante Kranfahrten manifest wird, schärft die Musik den Konflikt durch ›eislerisierende‹ Elemente, die nicht von ungefähr an die zwanziger Jahre erinnern. Denn als Hannelore Schroth ihr ›Abenteuer des Zehnmarkscheins‹ erzählt – wieder im schon obligatorischen Bildersturz beschleunigter Montage, die Erinnerungen in Überblendung an den Rahmen des Frauenkopfes binden – da zitiert Käutner stilistisch den *Querschnittsfilm der Neuen Sachlichkeit*.

Die meisten Einstellungen sind auf die Halbnahe und die Großaufnahme konzentriert. Häufig sind noch Partien der Gesichter abgedeckt und eigens ausgeleuchtet. Lichtspiegelungen auf Wänden und Körpern irisieren die Umrisse. Im stillen Wasser kann das Leben aller Widrigkeit entgleiten. Kein Schlaglicht auf die Wirklichkeit, sondern ein Dämmerlicht auf Zwischenzonen, Außenwelt, Stadtansichten werden in Zwischenbildern aus Archivmaterial unterschnitten. Vom Osthafen und der Oberbaumbrücke zwischen Kreuzberg und Treptow.

Wichtiger ist die verschobene Präsenz der Stadt ins Off der Geräusche. Die Verkehrsmittel – Busse, S-Bahn und U-Bahn – sind vorzüglich auf der Tonspur präsent – dazu treten die Sirenen der Binnenschiffahrt. Als Carl Raddatz nachts auf dem Kahn die vermeintlich gestrandete Hannelore Schroth aufnimmt, greift er ihr Erschrecken über fremde Töne auf. Sichtlich imitiert er mit der Hand, den Lippen und der Stimme die Geräusche vom Ruderblatt, der Ankerkette, dem Schilf im Wind. Der vorhandene Ton wird überboten. Aus nichts macht Käutner einen Dialog, der Blicke bindet. Die musikalische Komponente, die den Traum vom Aufgehobensein in nicht mehr feindlicher Natur thematisiert, ist das Lied, das Raddatz zum Schifferklavier singt: »Muschemusch«[17], das der Hamburger Dichter Hans Leip zu Friedenszeiten schrieb: »Es sprach die Sonne / Muschemusch. / Da lagen wir im Sand. / Die Wellen sprachen Muschemusch / und küßten dir die Hand.« Diese Auflösungsphantasie von Liebe in Laute singt ein Lied, das im Refrain die Angesungene sexuell auflädt (»Muschemusch«) und gleichzeitig eine reine Klangliebkosung bleibt. Sinnlicher hat Käutner mit der Tonspur nie gearbeitet.

Gustav Knuth und Hannelore Schroth unternehmen, als Raddatz nach Rotterdam fährt, eine Kahnpartie im Tiergarten. Knuth wähnt, der Augenblick der Liebesprüfung sei gekommen, und rudert den Kahn unter eine Brücke, deren innerer Bogen alle Lichtreflexe dieser Menschen am Sonntag einfängt. Auch der Ton bricht sich hier in überstarkem Schall. Schroth erwähnt beiläufig, wie sie doch an Knuths Gegenspieler hängt. Der Ort unter der Brücke scheint eine Höhle der Geborgenheit, ein Fluchtpunkt der Gefühle. Die aber kommen nicht zum Ziel, sondern werden melancholisch zerstreut. Schroth packt das Picknick aus und bietet Knuth ein belegtes Brot an. »Leberwurst oder Sülze?« Knuth wird sich der verpaßten Gelegenheit bewußt. Er wählt »Leberwurst«. Nicht nur seine Wahl ist komisch, sondern die Konnotation von Sülze und Sentimentalismus, in der Käutner meisterlich das Gewebe von Setzung und Zersetzung austariert. In panischer Hast sucht Knuth nun den Kahn ins Freie zu bringen, wo kein Reflex, kein Echo auf ihn, den Hoffenden, zurückfällt. Eine Konfliktlösung erfährt UNTER DEN BRÜCKEN nur als heitere, prekäre Nicht-Lösung, im Gegensatz zum melodramatisch abservierten Albers in GROSSE FREIHEIT NR. 7.

Raddatz, für den Schroth sich entscheidet, kehrt wieder. Knuth geht nicht von Bord. Der Kahn, den die Schiffer betreiben, trägt nicht länger den Doppelnamen »Liese-Lotte«, sondern, nach der Frau an Bord, den Namen »Anna«. Von nahem besehen ist auch das ein Doppelname, teilbar in zwei identische Partikel: »An/na«, die sich als Anagramm behaupten. Die alten Dualitäten liegen im Abseits. Was Käutner gelingt, ist die Umkehr von Zentrum und Peripherie, die sich in den Bildern deutscher Filme stets feindlich gegenüberstehen. Mit keiner Bewegung, keinem Ton idealisiert der Film seine Wahl des »dritten Ortes«. Er siedelt sich im Vorgefundenen an, um es durch filmische Arbeit neu zu erschaffen. Die Mittel der Montage sind hier reich, ohne je ins Auge zu springen. Das macht ihre Gleichwertigkeit im Doppelsinn. Einmal gelang Käutner das Kunststück, nicht metonymisch zu arbeiten und wie sonst das Wirkliche durch das Symbolische zu repräsentieren, so daß in der hermeneutischen Bilanz die Abbildung in der Überformung erstickt.

UNTER DEN BRÜCKEN hängt den Horizont der Wahrnehmung tief. Das ist zum einen der Havellandschaft geschuldet, zum anderen aber doch ein ästhetisches Glück, das die Interessen der Figuren höher schätzt als die Ideale der Produktion. Dieser Film ist eine Genre-Entmischung, Spielfilm und Experiment zugleich. Das von Reflexen der Stadt gefüllte Bild entleert sich im Licht.

5

Die prinzipiell nicht lösbare Frage nach der Kontinuität oder Diskontinuität des deutschen Films nach 1945 läßt sich phänomenal mit Hinweisen auf soziale Stereotypen beantworten, die Käutner diesseits der Geschlechterfrage in Filmen vor 1945 wie in jenen nach 1945 benutzte. Übersetzt man den Geschlechterdiskurs in den der gesellschaftlichen Minderheiten, so mag auch der wahrnehmungsspezifische Ansatz auf Männer und Frauen als einer *von* Männern und Frauen gerichteter in neuem Licht erscheinen. Auffällig in allen Käutnerfilmen ist die Kontinuität, mit Randgruppen fiktional umzugehen. Es sind dies vorzüglich die Schwarzen, die Homosexuellen und die Juden, die Käutner interessieren. Wie, ist zu zeigen.

Die kleine Maniküre sucht einen Mann und prüft, was ihr entgegenkommt. In der Hotel-Lobby trifft sich die Welt zu einer Konferenz. Ein schwarzer US-Amerikaner gerät ins Bild, mittels eines Reißschwenks, der ihn hineinzieht, und eines Schnitts, der ihn hinauswirft. Nein, der nicht, sagt Hannelore Schroth im Off (KITTY UND DIE WELTKONFERENZ). Die Kamerabewegung streicht den Mann durch. Hilde Krahls Herrin in Wien hat einen windigen Verehrer, der in einem Schwenk als Hallodri denunziert wird, ehe die Kamera über dem Klavier im Salon der müden Dekadenz das Bild einer nackten großbusigen Afrikanerin erfaßt. Der Stümper raspelt Süßholz und verfehlt sein sinnliches Ziel (ANUSCHKA). In MONPTI (BRD 1957) neigt die *Midinette* Romy Schneider zu sozialen Phantasien, die sie nicht bezahlen kann. Die der weißen Frau verwehrte Sexualität wird abgespalten und auf Zaza, das schwarze, singende, ewig bereite Zimmermädchen übertragen. Der niedere Stand hat sinnliche Interessen, ist erotisch aktiv, versucht, den jungen Maler (Horst Buchholz) zu verführen, verbindet seine Arbeit mit dem Rhythmus ihrer Sirenenhaftigkeit. So darf die weiße Frau *virgo intacta* bleiben und Hochzeitsphantasien nähren. Für Hans Hellmut Kirst wirkte der Film »ein wenig grob sexuell«[18], für Enno Patalas war er »eine dreiste Peinlichkeit, am Rande der Pornographie«.[19] Peinlich war den Kritikern die verklemmte, nicht die enthemmte Rolle der Frauen.

Ein schwarzer GI sitzt einsam und in Zivil an einem Tisch in der Atlantic-Bar, verloren in einem Hunsrück-Kaff. Ein Trupp deutscher Männer betritt die Bar und steuert auf den freien Tisch zu, um dann, angesichts eines

Schwarzen, wieder abzudrehen (SCHWARZER KIES). Der Mann wird vom Film isoliert. War es nur Reflex einer fremdenfeindlichen Realität? Der laut gefeierte Polterabend stört den Schlaf des tuntigen Rentners, der auf der Sommerterrasse ruht, dann aber doch mitfeiert. Wilhelm Bendow (in FRAU NACH MASS) spielt den Außenseiter, der als alter Homosexueller gleich doppelt komisch wirken darf. Dem unschuldigen jungen Paar Schneider und Buchholz wird ein mondänes Paar Boy Gobert und Mara Lane beigestellt. Käutner nennt Gobert »Monpti II«. Diese Dandy-Ausgabe macht den blasierten Liebhaber einer gelangweilten Ehefrau und nimmt schon mal, ist diese ihn leid, mit dem abgelegten Ehemann vorlieb: in einer zarten Andeutung einer Hand auf der Schulter des anderen. Homosexualität wird hier als Dekadenz-Spiel kodiert.

Als Mike R. Krantz, alias Rosencrantz im alten *Hamlet*-Stoff, verknüpfen sich in der Biographie der Rolle, die Boy Gobert spielt, zwei Minderheiten. Der Choreograph des Balletts »Die Mausefalle« hat einen Auftritt im Fernsehen. Er verließ die Heimatstadt, »als man nicht mehr Deutscher sein durfte« und über seine Neigung befindet Rudolf Forster, wenn er einwirft, Krantz »wollte lieber ein Mädchen sein«.

Es ist eine Theaterkonvention, die Gefährten Rosencrantz und Guildenstern als Freundespaar anzulegen, doch eine andere Sache, sie durch körpersprachliche Klischees als effiminiert darzustellen. Gobert spricht geziert und spreizt die Hände. Bei der Probe legt er dem klavierspielenden Freund, den Hardy Krüger zur musikalischen Entlarvung anfeuert, den Arm um die Schulter. Nicht diese Geste denunziert, sondern die mentale Hysterie, die ihr unterstellt wird. Zudem muß Gobert als jüdischer, überspannter Homosexueller noch beruflichen Unsinn reden und dem Pianistenfreund »gebundene Staccato-Läufe« vorschlagen: eine Phrasierung im Paradox, die kein Musiker ausführen könnte. Der Außenseiter ist auch dumm (DER REST IST SCHWEIGEN).

Nahm Käutner sich einmal einer Figur an, deren Homosexualität historisch nicht zu leugnen ist – LUDWIG II. (BRD 1955) –, dann konnte er nicht umhin, diese kategorisch zu leugnen. Sogar der Kritiker im *Spiegel* sah die Bemühung »erfolglos, wenigstens die Veranlagung des Königs durch die schwülen Farben seiner Schlafröcke hervorzukehren.«[20] Die Pointe ist abgegriffen und verkennt im Übrigen die dramaturgische Funktion der Farbe von Eastmancolor, die vom Kameramann kaum geschlechtsspezifisch zu kodieren war.

In Alfred Anderschs Roman *Die Rote* (1960) entdeckt Franziska, soeben dem Ehemann und dem Liebhaber entlaufen, in Venedig einen Mann. »Ach so, ein Schwuler«, sagt der innere Monolog, der fortfährt in der Einschätzung, der Entdeckte sei »männlicher als die meisten normalen Männer«[21].

Als Käutner DIE ROTE (BRD 1962) inszenierte, spielte Giorgio Albertazzi die Rolle des schwulen, irischen Agenten. Die erste Einstellung, die ihm gilt, zeigt nah seine gepflegten Hände, die in ein Paar Handschuhe fahren und eine Zeitung greifen. Seiner Yacht gab der Mann den Namen, den Käutner ihm verlieh: »Antinous«, eine Anspielung auf den Liebling des römischen Kaisers Hadrian. Diese metonymische Konfiguration wird wiederholt in der Kleinplastik, neben die Albertazzi im Gespräch mit Leuwerik rückt. Der nackte Knabe trägt die Inschrift »Antinous«. Aus der bei Andersch als Jungmänner-Gruppe mit einer Liebe zum Jazz beschriebenen Konstellation macht Käutner eine finstere Stricher-Bar, die ihre Apotheose im Terror dadurch erfährt, daß der Gestapo-Agent leutselig in ihr Hof hält. In dem Maße, wie Käutner die Rolle des Schwulen in DIE ROTE überdeterminiert, eliminiert er die Rolle des Juden ganz. Der Juwelier war in der Romanvorlage ausdrücklich »ein Marane«[22]. Kramer, der Gestapomann (Gert Fröbe), führt im Buch heftige antisemitische Ausfälle gegen diesen Juwelier. Der Film läßt sie aus. Die Identität des Juweliers wird unterschlagen. Allerdings nimmt die Kamera, als Fröbe den Mann zwingt, Leuwerik den ihn angemessen dünkenden Preis für den Ring auszuzahlen, eine besondere Position ein. Als der Juwelier unter Druck Geld herausgibt, sieht die Kamera auf einen Gebückten und Geduckten. Sie nimmt dabei nicht den *point of view* des Nazischergen ein. Sie spielt den filmischen Erzähler. Auch wenn Käutner dieser Figur die Synchronstimme von Joseph Offenbach verlieh, widerfährt ihr keine Rettung. Denn das Urteil ist im Bild gefällt.

Äußeres Motiv zur Eliminierung jüdischer Figuren war Käutner vermutlich der Skandal um seinen Film SCHWARZER KIES. Es ging dabei nicht um den semantischen Doppelsinn, ob »Kies« das Material zum Straßenbau sei oder, aus dem Jiddischen abgeleitet, Geld bedeute. Es ging um die im Film fallende antisemitische Äußerung eines Altnazi-Bauern, der einem jüdischen Wirt seine Scheune verkaufte, aus der die Atlantic-Bar wird. Der Zentralrat der Juden in Deutschland stellte Strafantrag gegen die Ufa-Produktion und den Autor und Regisseur, der einer Figur die schändliche Beleidigung »Du Saujud!« in den Mund legte. Nach der Uraufführung wurde die Szene geschnitten, jeder Hinweis auf die jüdische Identität des Wirtes eliminiert. Bleibt die pure Körperlichkeit eines, wie Käutner betont: jüdischen Darstellers, den er doch wählte. Der Mann ist klein und sehr beleibt. Er trägt einen grellen Schlips, der als Geschmackskonzession an seine amerikanischen Gäste wirkt. War die Figur durch Schnitt zu retten, widerfuhr ihr politische Gerechtigkeit? Nach einer Kneipenschlägerei reibt sich der am Unterarm verletzte Wirt die Wunde. War da in Großaufnahme eine tiefere Wunde: die eingebrannte KZ-Nummer?

Offensichtlich hat der Regisseur, wie Gertrud Koch überzeugend bemerkt, »Realismus und Realität«[23] verwechselt, als er seine gedrehte Szene als realistisch rechtfertigte. Die Frage bleibt: Ist die taktvolle Tilgung von Identität nicht der größere Tort als die visuell ideologisierte Setzung von

Identität? Macht ein Schnitt das Unrecht gut? Von der Kritik unbeachtet bleibt, daß am Anfang des Films zwischen dem Hessen und der Schwäbin ›jüdische‹ Witze mit vermutlich antisemitischem Ausgang erzählt werden, vom Muster: »Cohn liegt mit Frau Blau im Bett ...« Die antisemitische Erwartung wird eindeutig im sexuell abfälligen Sinn kodiert. Das Schlimmste, die Pointe, wird uns nur erspart, weil Helmut Wildt, der Hauptdarsteller des Bad Guy, dazwischentritt und die Erzählung abschneidet.

Die Schwarzen, die Homosexuellen und die Juden sind in Käutners Filmen Sonden sinnlicher Bedrohung. Die Minderheiten werden visuell noch einmal im Stereotyp und gängigen Vorurteil verankert. Ihnen gilt keine besondere Wahrnehmung. Sie werden Opfer der gemeinsten Konvention.

6

Im Nachkrieg wird Käutner Szenen vom Krieg inszenieren. Entwarf er mit IN JENEN TAGEN ein neorealistisches Programm, das in seiner Forderung nach einer »Demontage der Traumfabrik«[24] gipfelte, so ließ er diesem Programm gleich einen Widerruf folgen mit den Filmen DER APFEL IST AB (D 1948) und dem Nachzügler KÖNIGSKINDER (BRD 1949). Die Produktionsgeschichte des Films IN JENEN TAGEN hat einen Vorlauf. Zu Kriegsende wird das Drehbuch konzipiert. Käutner befindet sich auf einem Minensuchboot vor der Elbmündung. Kommandant des Bootes ist der Seefahrer und Autor Ernst Schnabel, der gleich Käutner im Jahre 1939 debütierte. Dem Ko-Autor des Drehbuchs ist gewiß die Dämpfung von Käutners Kabarettismen zu realistischer Lakonik zu danken. Wie der Regisseur im veröffentlichten Drehbuch schrieb, wurde der Film »ohne Atelier und ohne die meisten der früher üblichen Hilfsmittel durchgeführt und besteht nur aus Außenaufnahmen.«[25]

Aus der zeitgenössischen Kritik werden politische Defizite benannt, die Topoi der filmgeschichtlichen Zuordnung bei den Autoren Peter Pleyer, Gregor/Patalas und Klaus Kreimeier bleiben. Käutners Empathie wird als Sentimentalität verdammt, jeder Zwischenwert als Verschwommenheit. Mit eigener (Off-)Stimme, die Glaubwürdigkeit bekunden will, berichtet Käutner (als sprechendes »Auto«, Protagonist von IN JENEN TAGEN), der Film wolle »sachlich, vorurteilsfrei und herzlos« verfahren. Das ist zunächst ein ästhetisches Programm, am Materialismus der Dinge ausgerichtet.

Der Film ist durch eine Rahmenhandlung strukturiert, die in Rückblenden aufgenommen und in sieben Episoden gegliedert wird. Das Auto, das so viele Menschen durch die Zeit 1933 bis 1945 transportierte, wird zum Medium der Zeit. Die Handlung dedramatisiert durch die Erzähleinheit der Episode. Die Dingwelt spielt eine entscheidende Rolle. Die ästhetische Technik verbindet IN JENEN TAGEN mit den wichtigen Filmen des italienischen Neorealismus. Gleich ihnen obsiegt die Chronik über die Story, die Vielfalt der Zeit über die Einheit der Zeit, die Linearität über die

Manier. Erzählte Roberto Rossellini in PAISÀ (I 1946) die Episoden in geographischer Linie (von Süden nach Norden), Luchino Visconti sein Fischer-Epos LA TERRA TREMA (DIE ERDE BEBT, I 1948) ausdrücklich als EPISODIO DEL MARE, mithin in eine Polyphonie von kleinen Erzähleinheiten zerlegt, so hielt Helmut Käutner mit seinem Film IN JENEN TAGEN sich an eine chronologische Linie historischer Zeit.

In einem Almanach aus dem Jahr 1947, dem Jahr, als der Käutner-Film in die Kinos kam, stellte Joachim G. Boeckh die Frage:

Haben wir den NS überwunden? Eine schwere und lastende Frage: Es ist die Frage unserer Zukunft. Über den Nöten des Tages kommen wir schier nicht dazu, uns ihr zu stellen. [...] Die böse und zerstörende innere und äußere Erfahrung war so schwer, die Not der Gegenwart ist so groß, daß die ganze Vergangenheit, die der zwölf Jahre und die ihrer Vorgeschichte verdrängt wird. Man wird nicht fertig damit, aus Angst vor Selbsterkenntnis, aus Schwäche, aus Trotz – und nun sublimiert man.[26]

Die benannten Motive: Angst vor Selbsterkenntnis, Schwäche und Trotz, waren die im Publikum der Zeit vorherrschenden Dispositionen, die der Regisseur bewußt und behutsam aufgriff. Als sein Film herauskam, schrieb Käutner im Film-Echo, der Zeitschrift für die Filmwirtschaft:

Die meisten deutschen Filmschaffenden sind sich darüber klar, daß es nicht möglich oder gar erstrebenswert ist, an den geschehenen Dingen und ihren Folgen vorbeizulügen. Sie sind der Meinung, daß man die Traumfabriken endgültig demontieren muß. [...] Es sind verschiedentlich Versuche dieser Art gemacht worden. Das deutsche Publikum hat bisher nicht darauf reagiert. Es wendet sich ostentativ von jeder Zeitbezüglichkeit ab, die es auf Grund einer schlechten Angewohnheit für Tendenz oder Propaganda hält. Es will Entspannung, Konflikte statt Probleme, äußere Handlung statt Erleben.[27]

Die Zeitbezüglichkeit, die Käutner seinem Film verlieh, ist zunächst eine der binnenästhetischen Organisation. Ein Blick auf die Besetzungsliste zeigt, daß der Regisseur Schauspielerinnen und Schauspieler wählte, die in dieser Kombination weder in einem Film der großdeutschen Filmindustrie noch im Rahmen der ostdeutschen DEFA hätten auftreten können. Einerseits spielen in diesem Film notorische Mitläufer des Nazifilms mit: wie Werner Hinz (einen politisch Verfolgten, der 1933 nach Mexico emigriert), Karl John (seinen erotischen Gegenspieler), Hans Nielsen (einen als entartet verfemten Komponisten); andererseits spielen vom NS-Regime rassisch und politisch Verfolgte mit: wie Ida Ehre (die jüdische Frau), Isa Vermehren (das Dienstmädchen, das eine Baronin vor der Gestapo retten will), Erwin

Geschonneck, ein Kommunist, der das KZ Buchenwald überlebte und der ein führender Darsteller des DEFA-Kinos wurde (in der Rolle des Herrn Schmitt), schließlich Bettina Moissi (als Flüchtlingsfrau mit Kleinkind in der letzten Episode). Sie ist die Tochter des Max Reinhardt-Schauspielers Alexander Moissi, der nach England exilierte, während seine Tochter unter dem Namen Hambach im Dritten Reich kleine Filmrollen übernahm.

IN JENEN TAGEN ist, allein mit dieser Besetzungspolitik, eine kollektive Versöhnungsleistung innerhalb der Filmindustrie, die abstrahlen sollte auf das Publikum. Inmitten der Ruinen-Ästhetik entfaltet der Film eine Aufbau-Moral. Was die Schriftstellerin Natalia Ginzburg (in ihrem Chronik-Roman *Lessico Famigliare*, 1963) einmal als konstitutiv für den italienischen Neorealismus erachtete, nämlich »die Poetik der Tränen und Tatsachen«[28], galt in bescheidenerem Rahmen auch für den deutschen Versuch, den Illusionismus des Nazi-Kinos durch die Technik des Neorealismus zu unterlaufen.

Die Zeitbezüglichkeit, die Käutner explizit suchte, stellt die alte moralistische Frage: Was ist der Mensch inmitten der Unmenschlichkeit? Wieder geht es, wie in vielen anderen Filmen des Regisseurs, um die Suche nach dem »dritten Ort«. In den beiden unterschiedlich geführten Schwenks der Kamera zu Beginn und zum Ende des Films wird dieser Ort konstituiert. Anfangs schwenkt die Kamera von rechts nach links – im deutschen Film, der auch 1945 nicht schlagartig aufhört, in strategisch wahrgenommenen Räumen zu denken, ist diese Richtung eine klassische Rückzugsbewegung. Unterwegs erfaßt die Kamera inmitten der Ruinen ein altes Paar, das ein Reisigbündel und Brennholz schleppt, dahinter humpelt ein einbeiniger Kriegsversehrter, bevor der Schwenk zum Zielort: den beiden Philosophen als Mechanikern gelangt. Die Gegenbewegung zum Schluß des Films geht von diesem Ort aus und schwenkt von links nach rechts: Im Raumdenken des deutschen Films eine Eroberungsbewegung, die links mit Westen, rechts mit Osten in Beziehung setzt. Unterwegs auf dieser Strecke erfaßt der Schwenk eilende, fröhliche Kinder, um inmitten der Trümmer Halt zu machen bei einer zaghaften blühenden Blume.

Wie verdichten die sieben Episoden politische Zeit? In der ersten Episode bleibt ein Paar, das in die Berliner Staatsoper »Unter den Linden« eilt, im Massenauflauf stecken. Mit einem Ring wird in die Frontscheibe des Autos eine Zahl eingekratzt, die in der Rahmenhandlung noch ahnungslos für eine Telefon-Nummer: »30/1/33« gehalten wird, dann aber sich als einschneidendes Datum erweist: der Tag von Hitlers Machtergreifung, der Fackelzug durchs Brandenburger Tor. Nun will die Frau doch nicht mehr in die Oper, sondern plötzlich zu ihrem Verehrer eilen, der sich der drohenden Verhaftung durch das Exil entziehen kann. In allen Episoden wird den Menschen eine Entscheidung abverlangt, die Zivilcourage und Solidarität erfordert. Niemand ist diesem Konflikt nicht gewachsen: Käutner und Schnabel führen exemplarische Haltungen vor, die quer durch die sozialen Klassen,

Altersgruppen gehen. Jede getroffene Entscheidung ist eine zugunsten der sozial und politisch Schwächeren, die zwar im privaten Feld getroffen, doch nicht zwangsläufig unpolitisch ist. Die Beiläufigkeit, mit der Käutner Konflikte andeutet, ist genau die einfühlenden Engagements, das ästhetisch geboten war, um ein Nachkriegspublikum, das identisch war mit den Leuten im Kriegspublikum, zu einer Haltung des Umdenkens mit den Mitteln der Lakonie, des Unterspielens zu lenken. Die zweite Episode wird nur abgeleitet datiert, indem die Stimme des Autos vom »dritten Sommer meines Lebens« spricht. Es ist das Jahr 1936. In eine Familienidylle großbürgerlicher Kunstbeflissenheit bricht das dann vertuschte Drama einer Eifersucht ein. Ein Kamm dient als Indiz, wie in jeder anderen Episode die Einleitung über ein Objekt erfolgt. Der Komponist Grunelius gilt als »entartet«, seine Noten werden verbrannt, er hat Auftrittsverbot. Hans Nielsen als Darsteller des Betroffenen äußert dazu nur einen Satz, während die ihm verbundene Familie am friedlichen See picknickt: »Erst Hindemith, dann die Düsseldorfer Beschlüsse.« Der Zeitbezug ist benannt, doch nicht erklärt. Ob er einem zeitgenössischen Publikum noch geläufig war, sei dahingestellt.

Die dritte Episode beginnt mit dem Requisit der Hutklammer im Auto, die den Besitzer eines Bilderrahmengeschäftes charakterisiert, der mit einer jüdischen Frau verheiratet ist. Das Paar packt. Die Frau fährt. Im Auto ist die Mitteilung zu sehen: »Fahrverbot für Juden.« Das Geschäft soll mit »weißen Buchstaben« als ein jüdisches gekennzeichnet werden. Die Frau schlägt dem Mann die Scheidung vor, die er aus Solidarität verwirft. Abends findet das Pogrom der »Reichskristallnacht« statt. Drei Tage nach dem Pogrom verkündet das *Reichsgesetzblatt* vom 12. November 1938 die »Verordnung zur Ausschaltung der Juden aus dem deutschen Wirtschaftsleben«.

Die chronologische Datierung der vierten Episode – zwei Frauen im politischen Widerstand gegen das Regime – ist schwer zu erschließen. In Friedenszeiten erfolgte eine Reise nach Venedig, dann sagt ein Polizist zu den autofahrenden Frauen: »Sie wissen wohl nicht, daß Krieg ist?!« Aus Solidarität zu ihrer Schwester ermöglicht eine privat betrogene Frau (ihre Schwester war die Liebhaberin ihres Mannes, der im Widerstand entdeckt und von der Gestapo ermordet wurde) jener Schwester die Flucht ins Ausland, vermutlich nach Zürich.

Die fünfte Episode zeigt durch kyrillische Buchstaben an einer Bahnstation, daß die Handlung zur Zeit der Invasion der Sowjetunion spielt, vermutlich während der Winter-Offensive 1942/43. Keine Solidaritätslektion wird hier erteilt, nur die standesüberspringende Kameradschaft zwischen einem Unteroffizier und einem Offizier. Die praktische Frage ergab sich, wer oder was der Feind sei.

Die sechste Episode beginnt nach einem Brandbombenalarm in einer Berliner Autowerkstatt. Die Flucht einer alten Baronin von Thorn mit Hilfe ihres früheren Dienstmädchens mißlingt. Der Sohn der Baronin war als hoher Offizier in das Attentat gegen Hitler vom 20. Juli 1944 verwickelt, oder wie die Mutter sagt: »mitschuldig« geworden. (Ist das Rollenprosa oder die Filmhaltung?) Für Käutner ist wichtig der Händedruck zwischen den Klassen, zwischen den Frauen, deren Arbeit allerdings hier scheitert. Die abschließende Episode spielt in einem Flüchtlingstreck 1945. Das Kriegsende naht. Ein Soldat kümmert sich um eine Flüchtlingsfrau mit Kind. Käutner inszeniert die Ikonographie des Stalls von Bethlehem; er nennt seine Personen Maria und Joseph. Der Schluß geht in die Rahmenhandlung über. Die Ausschlachtung ist beendet. Das Material des Alten soll Wiederverwendung im Neuen finden. Die Aufbau-Moral erwies sich als stärker als die Abriß-Ästhetik.

Im zerbombten Stadtzentrum sieht man Plakate der Aufmunterung. Die Inschriften stehen im scharfen Kontrast zum Umfeld, das sie mit bestimmen. »Warum verzweifeln? Vergessen Sie die Zeit! Bauen Sie Leib und Seele neu auf! Weg mit den Trümmern! Heraus aus den Ruinen!« Wo die Trümmer stumm mahnen, müssen die Lösungen Imperative schreien. Käutner antwortet mit seinem Film DER APFEL IST AB wie mit IN JENEN TAGEN auf den eigenen halbherzig betriebenen, dann halbherzig abgetriebenen Realismus mit einer metaphysischen Komödie. Sie scheint zum Aufführungsjahr quer zu liegen. Sie ist obsolet. Der Regisseur mit Hilfe seines Ko-Autors und Hauptdarstellers Bobby Todd möbelte eine alte Vorlage auf, die sie 1935 für ihr Kabarett »Die Nachrichter« dachten. Das Aufführungsverbot für die Gruppe machte den Plan zunichte.

Die Filme sind aufeinander bezogen wie These und Gegenthese. Es handelt sich um zwei Möglichkeiten des Mediums, die Wirklichkeit zu spiegeln oder dieselbe neu zu erschaffen. Käutner, der sich in IN JENEN TAGEN als Sozialregistrator versuchte, probiert in DER APFEL IST AB die Rolle des Demiurgen. In seiner (schmerzlich überzogenen) Hauptrolle des Prof. Petri, Direktor eines Sanatoriums für Depressive, agiert er mild und gütig in der Maske von Gott/Vater. In Kittel und mit Weißbart scheint er Emil Jannings als Robert Koch[29] zu parodieren, und doch gibt es Eingebungen, die Rolle zu unterspielen.

Die Welt des Weltenschöpfers ist eine eigene, und sie wird hier kinematographisch durch Dekor, Tricks und Zitate zur vollkommenen Verwandlung von Wirklichkeit eingerichtet. Von der biblischen Genesis zum amerikanischen Musical, von *Dreigroschenoper*-Anklängen (hier nun unüberhörbar) zur amerikanischen Swing-Musik. Das Dekor der Hölle – fliegende Hände, Stielaugen im Gesicht der Hexe und abgerissene, frei schwebende, kreisende Objekte – ist unstrittig dem Dekor aus dem Klassiker des Surrealismus, Jean Cocteaus LE SANG D'UN POÈTE (DAS BLUT EINES DICHTERS, F 1930), abgeschaut – Käutner mag den Film vor seinem Debüt gekannt haben oder ihn im großen Nachholeifer der deutschen Intellektuellen für den Surrealismus und Existenzialismus nach dem Krieg gesehen haben. Der Kliniker Prof. Petri versteht sich als Therapeut für seine Patienten, die er als »OdZ« (»Opfer der Zeit«) einstuft. Käutners Diagnose ist höchst zweischneidig. Ist es sein Befund, die alltäglichen Mitläufer und (Mit-)Täter des Nazi-Regimes von der Kollektivschuld(-These) freizusprechen? Oder greift er in satirischer Absicht auf die 1948 gängige Selbsteinschätzung der Larmoyanz zurück? (Vergleiche Ernst von Salomons *Der Fragebogen*[30]) Im Zweifelsfall entschied Käutner sich für die Harmlosigkeit, den *common sense*, die Konvention. Klingt nicht das schreckliche Kürzel »OdZ« an den realen Schrecken an? Wird auch der Opfer im KZ gedacht?

Die Filmtricks sind ein Vorwand, die Vielfalt sozialer Alternativen zu zeigen, die dem alten Adam bleiben zwischen Resignation und Zuversicht. Film dient als Spiegel, als Illusion, als durchschaubar hergestellte Traumfabrik. (Ein Grund für die Kritik, diesen Film deutlich abzuwerten.) Im phantastischen Bau der Klinik, die eher einer Bühne als einem Operationssaal gleicht, führt eine Krankenschwester Bilder als Illusionsräume vor. Wien, Venedig, aber auch SOUS LES TOITS DE PARIS (UNTER DEN DÄCHERN VON PARIS, F 1930, René Clair), Käutners unsubtile Zitierung des Clair-Films, an dem er selber ein Stück Genre-Handhabung der musikalischen Komödie erlernte. Als die Vorlage zu seinem Drehbuch, 1935, entstand, war es noch sinnvoll, dem Publikum die Erinnerung an Clairs Komödie anzubieten. 1948 war die Erinnerung an das Kino des poetischen Realismus in Deutschland längst verdämmert.

Der Himmel im Film ist immer etwas wolkig Kinderbuchhaftes, eher ein Bildtraktat aus der Sonntagsschule, denkt man an die Filme LILIOM (F 1934, Fritz Lang) oder HEAVEN CAN WAIT (EIN HIMMLISCHER SÜNDER, USA 1943, Ernst Lubitsch). In der Darstellung der Hölle, man weiß es von Dante, Bosch bis hin zu Proust, liegt die größere ästhetische Arbeit und folglich Faszination. In Käutners Höllenbildern bietet Luzifer dem verschüchterten Provinzpaar Adam und Eva einen Ausblick auf diverse Bühnen im Nacht-Klub. Das Schlimme ist, das Paar muß wählen. Die Kamera bietet einen Rundschwenk an, der einem Panorama über Filmgenres gleicht. Die Stationen, die geboten werden, sind: Swing, Oper (Wagners *Walkürenritt*!), Normalität und Folterkammer (beherrscht von einem SS-Mann). Nicht der bildungstheoretische Antagonismus von Populär- und Hochkultur, den Käutner schon in WIR MACHEN MUSIK behandelte, sondern der Zivilisationsbruch wird hier als politische Schaubühne in Szene gesetzt. Die Grundkondition wird vom klinischen Rahmen bestimmt: Durch das bloße Hinschauen sollen die Deutschen therapiert werden. Die 1945 durch den Sieg der Alliierten erwirkte Beendigung des Terrors wird nun in einer Guckkastenbühne als Verkleinerungsfigur vorgeführt.

Zwei Hoheiten im Walzerrausch und die Zeitungsmeldung »1939«, dann ein kaleidoskophafter Sturz der Zahlen und das Ergebnis: »1945«. Die Epoche ist im Nu vorbei, da interessiert sich Käutner für das Schicksal von brandenburgisch-griechischen Aristokraten auf der Flucht: Jenny Jugo und Friedrich Schoenfelder in KÖNIGSKINDER spielen eine Travestie auf den Trümmerfilm. Der Flüchtlingswagen der versprengten Prinzessin (Jugo in ihrer letzten Rolle, das Kind war schon 45 Jahre) kommt in eine verfallene Ruine. Die Höhlenphantasie landet in der Restauration. Hoheit will arbeiten und lernt den Schwarzmarkt, das Gefängnis und den patenten Paul (Peter van Eyck) kennen, dessen Nachname, König, neue Alliancen signalisiert. In fideler Nacht der Schunkelseligkeit, dem sozialen Dampf der Volksgemeinschaft, spielt man auf dem Akkordeon den Entsagungssong von Albers aus GROSSE FREIHEIT NR. 7 und wechselt flugs bei Ankunft der Amerikaner zum Song »Well hang the laundry on the Siegfried line«. Käutners Kritik am Praktischwerden der ständischen Untüchtigkeit ist anachronistisch. Er flirtet, wie später häufig, mit Kritik, sogar visuell. Das Ende der Monarchie lag vor dem Faschismus. Hier gehen die Kronjuwelen ›baden‹, was der Kamera Unterwasseraufnahmen wert ist, um ein Idiom zu verfilmen. Nicht der in englischer Uniform heimkehrende griechische Prinz wird gewählt, sondern der proletarisch körperbewußte Schwarzmarkthändler König. Jugo, die große Komödiantin des deutschen Tonfilms, wirkt müde. Gealtert wächst sie in das Phänomen von Henny Porten. Sie will in der mütterlichen Imago geliebt werden. Kein Wunder, daß Peter van Eyck Jenny Jugo »Frollein Hanni« nennt, denn die Realismuserwartung wird in diesem Film nicht bedient. Jugo, die robuste Antwort einer Komödiantin auf die kapriziöse Lilian Harvey, meistert hier eine Abstiegserfahrung, die das Publikum mit seinem Star teilte. Sagt jemand auf der Leinwand »Hanni«, mag man im Saal auch an die Fraternisierungsphrase denken, die allerorten »Honey« rief. Im Gefolge der amerikanischen MP tritt Käutner hier auf als deutscher Hilfspolizist.

7

Käutner, der erklärte Pazifist, hatte eine manifeste Obsession für die Männer in Uniform. DIE LETZTE BRÜCKE (YU/A 1954), DES TEUFELS GENERAL, EIN MÄDCHEN AUS FLANDERN und DER HAUPTMANN VON KÖPENICK variieren die moralistische Fabel von den Kleidern, die vermeintlich Leute machen. Nicht nur die Männer werden uniformiert, auch die Frauen, die sich zwischen den Fronten bewegen. Die deutsche Ärztin (Maria Schell), im Loyalitätskonflikt zwischen dem deutschen Offizier und dem serbischen Partisanenführer, stirbt den Heroinentod auf der Brücke. Die Kamera, die sich vertikal nach oben in der Kranfahrt entfernt, zeichnet die Frau als letzte Brücke zwischen den Feinden. Niemand entgeht der Kennzeichnung und Zugehörigkeit. Der Pazifist stellt die Männer in Uniform als fremdbestimmte Opfer dar.

Ludwig II. von Bayern soll den deutschen Kronprinzen empfangen. Er weigert sich, denn die Sorge um den schizophrenen Bruder ist ihm wichtiger. Zwei Brüder im Staatsornat, O. W. Fischer und Klaus Kinski, agieren als hilflose Wesen, vom Stehkragen der Uniform noch aufrecht gehalten. In diesem meisterhaften Melodram um die Macht überdeckt die Fremdbestimmung die Selbstverfügung. Kinski in den Armen Fischers, ein Zusammenbruch der Staatsraison, übertönt vom Ausbruch der Kaiserhymne (»Heil dir im Siegerkranz«), und im Hintergrund der Szene sieht man am Palastfenster die Reichsfahne, die zum Schluß dieser Sequenz von der Kamera *angefahren* wird. Das Bild löst sich auf in die Farben Schwarz/- Weiß/Rot, der Außenwind bläht das Reich in Bayerns Innenräume.

General Harras, ein patriotischer Flieger mit späten Skrupeln, zieht praktisch die Uniform aus. Sein Gegenspieler, der SS-Gruppenführer, fetischisiert die Uniform. Curd Jürgens und Viktor de Kowa lassen den Zuckmayerschen Fatalismus, der das Drama beherrscht, im Film DES TEUFELS GENERAL durch hochgehaltene Schneidigkeit vergessen.

Maximilian Schell spielt einen Leutnant, der in Belgien Besatzungsoffizier ist, dort fraternisiert er sich mit dem *Engele von Loewen* (Nicole Berger als ein Schell-Ersatz ohne Prätention). In der Wirtschaft »Zu den Paradiesäpfeln« gibt es den »dritten Ort«, die Zuflucht zwischen den Fronten. Daß Schell als uniformierter Leutnant vor dem Weltkrieg Student war, ist nicht zu glauben. Erst zum Schluß, in Brüssel 1918, wirft er, längst desertiert, die Uniform ab, das Eiserne Kreuz, die Pistole, worauf Nicole Berger das englisch-belgische Siegesabzeichen (»V«) hinterherwirft (EIN MÄDCHEN AUS FLANDERN). Ein typisch emblematischer Schluß.

DER HAUPTMANN VON KÖPENICK ist Käutners bekanntester Film, der leider Richard Oswalds Verfilmung von 1931 vergessen ließ. Dabei gibt es Verbindungslinien in den Nebenrollen. Ilse Fürstenberg spielt in beiden Filmen die gleiche Rolle, Voigts Schwester. Leonard Steckel, einst der Kleidertrödler Krakauer (das war Zuckmayers Schreibweise), jetzt der Schneider Wormser. Hannelore Schroth spielt Mathilde Obermüller, eine Rolle, die zuvor ihre Mutter Käthe Haack spielte. Das Ehepaar Käutner und Erica Balqué macht das Straßensängerpaar der Berlin-Nostalgie. Der Film übt den Ringschluß, mit klingendem Spiel der Militärkapelle Unter den Linden. Wo die Tonspur von Oswald noch Patzer hineinkomponierte, klingt hier das Blech tadellos. Halbnah hält die Kamera auf den o-beinförmigen Gang eines älteren Zivilisten, der einen Maggi-Karton anstelle eines Koffers in der Hand schwingt und versucht in den Gleichschritt mit der Truppe zu gelangen. Der Schuster Voigt wird dafür vom Knastbruder Kalle deutlich kritisiert.

Käutners Film ist nichts als ein Aufschub zwischen dieser und der vorletzten Einstellung, in der Voigt, gewesener Hauptmann und lebende Legende, sich leutselig für den Paradierschritt entscheidet und aus freien Stücken heiter in den Rhythmus einfällt. Kinder umtoben ihn, nicht als den Außenseiter, sondern den endlich Integrierten. Kaum zu glauben, aber Rühmann trägt Hosenträger in den Reichsfarben Schwarz-Weiß-Rot. »Dann schwenkt die Kamera auf die ramponierte Uniform, die im Garten des Zuchthauses als Vogelscheuche dient. Diese Pointe wurde gekappt. Käutner protestierte und erreichte wenigstens, daß die Schlußeinstellung an die Kopien für den Auslandsvertrieb wieder angeklebt wurde«[31], schreibt Michael Töteberg. (Die Information wird seit der Spiegel-Titelstory[32] zu Käutner weitergetragen. Überprüft ist sie nicht.) Zuckmayer, Autor des gleichnamigen Dramas und Ko-Autor für Käutners Drehbuch, muß das restaurative Ende gebilligt haben. Hier verzichtet der Schuster auf den ihm nach der Begnadigung angebotenen Paß. Endlich ist der Zwang zum Exil, das Trauma der Paßlosigkeit – in Richard Oswalds Remake seines eigenen Films von 1931 PASSPORT TO HEAVEN (USA 1941) mit Albert Bassermann zentrales Thema – getilgt. Eine Legende kehrt, dank großmütiger Hilfe staatlicher Autoritäten, heim. Zur großen Auseinandersetzung zwischen dem Schuster und seinem Schwager fällt Zuckmayers Satz: »Willem, du pochst an die Weltordnung.«[33] Dem Zeugnis kaiserlichen Anachronismus ordnet der Komponist Bernhard Eichhorn eine elektronische Musik zu. Im Klangbild jener Zeit war sie verfemt als Spur der Moderne. Der Film bezieht einen konservativen Standpunkt. Es ist die ästhetische Avantgarde (Donaueschingen, Darmstadt und Kranichstein als Zentren moderner Musik), die hier an Käutners Weltordnung pocht.

Eine Verschiebung, die nichts mit Literaturkritik im Vergleich der Medien zu tun hat, bezeugt das Aneignungsinteresse, das Käutner der Literatur entgegenbringt. Der Schuster erwirbt die Uniform bekanntlich beim jüdischen Trödler Krakauer im Berliner Scheunenviertel. Erst Russel A. Berman wies darauf hin, daß Zuckmayers jüdische Figur bei Käutner ersetzt wurde durch einen böhmischen Heimatvertriebenen, Novak genannt.[34]

Karl Hellmer als Novak böhmakelt, und Rühmann spricht von Wanderungen nach Leitmeritz. Der Böhme berichtigt: »Litomerice«. Aber würde ein Sudetendeutscher, Heimatvertriebener, denn 1956 einen tschechischen Städtenamen benutzen? Diese Verschiebung polnisch-deutscher-ostjüdischer Identität auf eine böhmische, die ja nebenbei vermeidet, den Namen eines berühmten Filmtheoretikers zu erwähnen (dessen Ruf Zuckmayer 1930 bewußt gewesen sein muß), nutzte Käutner wenig. Denn Diktion, Syntax und Körpersprache dieser Figur bleiben erkennbar ›jüdisch‹, weil die Inszenierung nicht umhin kann, ihre Vorurteile auch in eine Uniform zu zwängen.

8

»Directed by Helmut Kautner« hieß es in zwei Filmen für die Universal in Hollywood. Sie sind ein Prüfstein für den Übergang eines langerfahrenen Autorenregisseurs in das taylorisierte Studio-System. Die deutsche Kritik, wenn sie denn diese amerikanischen Filme wahrnahm, beklagte den Verlust der deutschen Qualität eines Autors. Man könnte auch einen Gewinn verbuchen, liest man die Machart dieser Filme als standardisierte Studioproduktionen. Dieser Rahmen nahm dem Regisseur seine typischen Gefährdungen, gab ihm Sicherheit und Lakonie. Es war kein Zufall, daß die Universal Käutner rief, nicht nur wegen des international unerhörten Markterfolges von DER HAUPTMANN VON KÖPENICK.

Seit den Tagen Paul Kohners in Berlin wurde diese Firma zum Hafen für Exilregisseure. Fritz Lang, Robert Siodmak und Douglas Sirk drehten dort bedeutende Filme. Was wäre geworden, hätte Käutner, nach dem Verbot seines Debütfilms KITTY UND DIE WELTKONFERENZ durch die Nazi-Zensurbehörden, 1939 das Weite im Exil gesucht und eine Heimstatt in Hollywood gefunden? Hätte es dort größere Erfolge in kontinuierlich guten Filmen gegeben?

Seit 1953 war Ross Hunter Produzent bei der Universal und verantwortlich für das dort kreierte Genre *woman's picture*. Er war Sirks *creative producer* und setzte dessen Erfolge wie IMITATION OF LIFE (SOLANGE ES MENSCHEN GIBT, USA 1959) durch. Hunter nahm sich Käutners bei der Universal an und produzierte dessen STRANGER IN MY ARMS und THE RESTLESS YEARS. Käutner schuf zwei Demontagen, die vom Jugendmythos und die vom Heldenmythos, keine Kleinigkeit, bedenkt man den Kontext.

Für den Film STRANGER IN MY ARMS engagierte das Studio als Eltern der Witwe (June Allyson) zwei Stars: Mary Astor, als *wicked lady* in Hustons THE MALTESE FALCON (DER MALTESER FALKE, USA 1941) in Erinnerung, und Conrad Nagel, aus Stummfilmzeiten bekannt und im Vaterfach auch in Sirks ALL THAT HEAVEN ALLOWS (WAS DER HIMMEL ERLAUBT, USA 1955). Sandra Dee, der freche, aufsässige Teenager, der komischen Wind in die Südstaatentragik bringt, war der Star in Käutners Schülerdrama THE RESTLESS YEARS. Die Kamera von William Daniels ist nicht pointenselig wie in Käutners deutschen Filmen. Zu den Travellings treten sparsam, aber wirksam eingesetzt Boom-Shots. Die konstant fließende Bewegung der Kamera ist die eines selbstbewußten kinematographischen Erzählers, der schlendert, ohne sich je zu verplaudern. Das hat eine Geschlossenheit, die der Autorenregisseur nie fand, weil er sich seinen überbordenden Einfällen zur szenischen Auflösung überließ. Der Studio-Stil legte Käutner nicht nur auf einen funktionalen Realismus fest, sondern erlaubte ihm, aus der Sicht eines Fremden, eine Entzauberung des Kriegstraumas (Koreakrieg), die er so hart in seinen deutschen Filmen nicht betrieben hat. STRANGER IN MY ARMS hat die Qualität eines mittleren Siodmak-Films. Das ist doch mehr, als gewöhnlich zugestanden wird. Nachdem Käutners Teenagerdrama MONPTI durch seinen geschmäcklerischen Sexismus kaputt inszeniert wurde, ist THE RESTLESS YEARS eine behutsame Erkundung von Jugendlichen als soziale Klasse. Frappierend, gegen die Studio-Theorie, ist, daß der Regisseur bei der Universal das Casting seines vorangegangenen Films phänomenologisch wiederholt, als wollte er dort den Film drehen, den er hier verfehlte: Sandra Dee und John Saxon sehen wie eine amerikanische Ausgabe von Romy Schneider und Horst Buchholz aus.

Das Problemstück der Jugendemanzipation aus der neurotischen Umklammerung der Konvention spielt in einer Kleinstadt. Soziologen nannten sie damals »Middletown«, die hier Libertyville heißt. Der Name ist Programm und Hohn zu jenem philiströsen Nest des Neides und der Mißgunst, in dem junge Leute nur das Recht auf Anpassung oder Flucht haben. Linda, die Schülerin, wird von ihrer vereinsamten Mutter (Teresa Wright), die auf nicht eintreffende Briefe eines unbekannten Mannes wartet, umklammert. »My Baby, my sweet child. I'll fix you a hot milk!« ist das Kleingeld ihres Alltags mit der Tochter. Ist die Mutter belastet, gilt die Tochter als gefährdet (»mixed-up«). Beide werden sozial geschnitten. In der Schule lernt Linda William (John Saxon) kennen, Sohn eines gescheiterten Geschäftsmannes, der in seiner Heimatstadt erneut Fuß fassen will.

Der Film beginnt mit einer Kranfahrt, die parallel von rechts nach links Linda begleitet. Sie verläßt einen Park. Im Hintergrund liegt ein Musikpavillon, das verschwiegene Zentrum dramatischer Lust und Sehnsucht. Dort wurde die Mutter verlassen, dort wird die Tochter begehrt. »Das einzige, woran sich meine Schauspieler gewöhnen müssen«, sagte Käutner, »ist meine Kamera, die sich ständig bewegt und für Hollywood etwas aus dem Rahmen Fallendes darstellt.«[35] Die Travelling-Manie verband diesen Film stilistisch mit seinen deutschen Melodramen AUF WIEDERSEHEN, FRANZISKA! und ROMANZE IN MOLL. Doch wo dort die Gefühle zur visuellen Selbstauflösung tendierten, sollen sie hier identitätsstiftend wirken.

Die Tochter soll den Musikpavillon meiden, weil die Mutter dort einen Trompeter kennenlernte, der ihr das Kind machte und keine Briefe schrieb. So ist der paradiesische Ort, Topos des Vergnügens und der Lust, mit Angstlust und Verbot besetzt. Zwangsläufig wird dies der Schauplatz der Liebenden außerhalb der Schule, der kurzen Probenpausen. Als sie sich vom Schulhof entfernen, über den Parkplatz schlendern hin zum Park, dann zum Teich, schließlich zum Pavillon, ohne recht ihr Ziel vor Augen zu haben, weiß die Kamera, wohin es geht. Endlose Tracking-Shots begleiten diesen Gang, gesteigert von Kranfahrten, die den Part der irritierten Blicke auf irisierendes Terrain (der Pavillon im See gespiegelt) übernehmen. Das Drama scheint sich ins Idyll zu flüchten, wie MONPTI Ausflucht in den Wahn nahm.

Aber Käutner kann mit einer Action-Szene aufwarten. Von eifersüchtigen Kerlen aus der Schulklasse wird das Paar beim nächtlichen Liebesversuch in ein Autorennen getrieben. Die Erwartung von Gewalt, wie sie zum Jugendfilmgenre seit Nicholas Rays REBEL WITHOUT A CAUSE (DENN

SIE WISSEN NICHT, WAS SIE TUN, USA 1955) gehört, wird nicht eingelöst. Keine Action-Szene aus der Materialität von Blech und Bewegung, sondern das kollidierende Material aus Eifersucht und Solidarität interessiert den Regisseur. Inmitten des Systems behauptet er sich und die Zeichen seiner Schule. Gegentypen zu den Liebenden sind der Baseballplayer, der bei Linda nicht landet, und Polly, die sich wie ein *treacherous tramp* aufführt. Sie belauscht eine Probeszene am Park. Was sie sieht, ist nicht das, was wir sehen wollen. Polly ist die gemeine Blickdelegierte der Kleinstadt, die einen sexuellen Akt zu erspähen wähnt, wo die Liebenden bloß das Brautkleid für Thornton Wilders Stück anprobieren. Auf der Schulparty (»parents night«) denunziert sie die Außenseiter, die das Stigma ihrer schwachen Eltern tragen müssen. Nun folgt die Aktion als körperliche Auseinandersetzung zwischen den männlichen Rivalen. Und der Schwächere gewinnt gegen den Baseballplayer. Käutner zeigt einen brutalen Kampf wie in keinem seiner Filme sonst. Die geheuchelte Empörung der rechtschaffenen Eltern wird zum Fokus der Gemeinheit, die von der Kamera rücksichtslos decouvriert wird.

Aus dem Schülerstreit wird eine soziale Hexenjagd. Die fünfziger Jahre sind immer noch nicht zuende. Die guten Bürger drohen den schwachen Mitbürgern. Wills Vater, als Waschlappen eingeführt, erweist sich nun mit dem kämpfenden Sohn solidarisch. Dessen Zukunft will er sichern, und sei es durch einen ehrenwerten Rückzug aus der Stadt. Der zweite Showdown spielt am Musikpavillon. Linda heult: »Papa, help me!« Der Vater ist weit, der kommende Liebhaber ist nah. Die hysterische Mutter eilt an den Schauplatz des verschwiegenen Geschehens: Lindas Zeugungsdrama. Der als »Papa« Angerufene tritt aus dem Gebüsch und erklärt sich der Mutter gegenüber als zukünftiger Schwiegersohn. Linda löst sich von der Mutter, um den Preis, sich Will anheimzugeben. Im Vordergrund stehen Mutter und Tochter auf einer Linie, im Mittelpunkt der Junge, zwischen ihnen, als Katalysator. Eine vertikale Kranfahrt nach oben unterwirft das Geschehen einer auktorialen Beurteilung.

Das Drama muß in den Alltag überführt sein. Der Briefträger bringt endlich einen Brief. Für die Tochter, der Stellvertreterkrieg geht nicht weiter. Die Kommunikationsverweigerung, als Zwang von Lindas unbekanntem Vater auferlegt, ist durchbrochen. Die Mutter ist gelöst, das Mädchen munter. Freude strahlt im aufgeräumten Haus. Doch gibt es einen Grund dafür, wo der künftige Mann schon wieder entfernt wurde? Wo die soziale Scham stärker als die individuelle Freiheit ist? Libertyville? »A dirty gossip town«, sagt der Film. Das Happy-Ending war eine Notlüge, die einzige Pointe, die Käutner sich erlauben durfte.

In diesem Film erwies sich Käutner als schnörkelloser, lakonischer Erzähler, der die Härte des sozialen Materials in die Hände des visuellen Materials (Cinemascope, Schwarzweiß) übertrug, wie später nur noch in dem gleichfalls unterschätzten Film SCHWARZER KIES, in dem er von Amerikanern im Hunsrück berichtete. Der typische Käutner-Stil: das Eigenleben der Dingwelt, die Anschlüsse der Dialoge auf optische Rakkurse hin, die manchmal protzende Haltung, die sich als Dandyismus ausgab, die fehlen in seinen Universal-Filmen vollständig. Das führte bei den kritischen Rezipienten zu Lob. Enno Patalas befand bündig: »Käutner ohne Flausen.«[36] Die Tageskritik machte Bedenken geltend: »Es ist einer der amerikanischen Filme der Mittelklasse. In THE RESTLESS YEARS hat Käutner auf die eigene Handschrift zunächst verzichtet (hat aber vor, sie später vorzuweisen), um die amerikanische genauestens zu kopieren. Der Film ist ein fast beängstigendes Beispiel gelungener Mimikry«[37], schrieb das *Hamburger Abendblatt* nach der deutschen Erstausführung am 31. Oktober 1958 in Ulm. Ob die Konservativen Mimikry sagen, oder die Kritiker Anerkennung des Studio-Systems, ist ein Indiz für den Horizontwandel in der Wirkung des Films, in der Wirkung vieler Filme, die wir in den letzten Jahrzehnten von deutschen Regisseuren aus Hollywood kennenlernten. Selten fand Käutner eine derartige Balance zwischen Stoff und Stil wie in THE RESTLESS YEARS. Es war der erste Film seit seinem unüberbotenen UNTER DEN BRÜCKEN, in dem Realismus, Prägnanz und Ökonomie der künstlerischen Mittel mit menschlicher Wahrhaftigkeit ein Zeugnis ablegten von Zeitgenossenschaft.

9

Käutner löste den Vertrag mit der Universal, ohne je in der Bundesrepublik die strukturelle Sicherheit zu finden, die ein Studio bietet. Auf die Krise antworteten die Filme mit Kritik. Sie manifestiert sich bei diesem Regisseur antizyklisch. Zwischen den affirmativen Filmen DES TEUFELS GENERAL und DER HAUPTMANN VON KÖPENICK liegt ein gewagter Film wie HIMMEL OHNE STERNE, der die Grenze zwischen zwei deutschen Staaten als schmerzliche Wunde und das Niemandsland als ein unmögliches Gelände für den »dritten Ort« zeigt. Greller und genauer als in der Szene im Feinkostladen, den Gustav Knuth und Camilla Spira führen, hat den Wiederaufbau nur Wolfgang Staudte (vielleicht noch Gerd Oswald und John Brahm) inszeniert. Auf Käutners gescheiterten, doch unternommenen Versuch zur Kritik in DER REST IST SCHWEIGEN folgt seine grauenhaft belanglose GANS VON SEDAN (BRD 1959), auf die wüste Gesellschaftsbiographie SCHWARZER KIES die bunte Bonbonnière DER TRAUM VON LIESCHEN MÜLLER (BRD 1961).

Es war ein Fehler, nach den Titeln zu DER REST IST SCHWEIGEN in strenger Kleinschreibung und im Design der Ulmer Hochschule für Gestaltung zu notieren: »frei nach motiven aus shakespeares hamlet«. So wurde dieser beachtliche Film ein Opfer der Kulturerwartung, die sich an dem Klassiker zu legitimieren hatte und dem Vorwurf der Verfehlung anheimfiel. Viele Seiten der Titelstory im *Spiegel* gelten dem Vergleich im Kulturgefälle von Literatur und Film. Daß die Kritik nicht davon sprach, wovon Käutner handelte, ist auffällig: nämlich der Verfilzung der deutschen Schwerindustrie in die Vernichtungsproduktion des Faschismus. Käutners Drehorte (Gutehoffnungshütte, Essen) bekunden eine Nähe zum Mythos und Fall der Krupp-Familie. Ein Jahrzehnt später wird Visconti das Thema mit LA CADUTA DEGLI DEI (DIE VERDAMMTEN, I/BRD 1969) aufgreifen, so wie sein LUDWIG (I/F/BRD 1972) Berührungspunkte mit Käutners LUDWIG II. bot. Man kann daran die Ungleichzeitigkeit der Rezeption bedenken. Wurde in Viscontis *Götterdämmerung* die Tragik der Ökonomie gewürdigt, so wurde an Käutners Film DER REST IST SCHWEIGEN die Ökonomie in der Tragödie beklagt. Entgegen den Prämissen einer damals soziologisch orientierten Filmkritik kamen die Käutner eingeschriebenen Momente von Kritik und Krise nicht zum Vorschein.

Mißlungen ist der Film, insofern er nach der Hälfte die private Kriminalintrige Oberhand gewinnen läßt über die politischen Recherchen (hier anhand des NS-Wochenschaumaterials). Käutner spielt mit der »Villa Claudius« auf die legendäre Villa Hügel an, ohne deren Rasen betreten zu wollen. Der Film hört auf, von der Schwerindustrie zu handeln, es sei denn von ihrer horrenden emotionalen Ausstattung. Käutner rückt die Cognac-Kanone ins Bild zur Party für den heimkehrenden Claudius jr. Imitierte Picassos an Bungalow-Wänden, eine monumentale Eisengießer-Plastik in der Eingangshalle der Villa, Utamaro-Holzschnitte und Orchideen im Refugium von Ingrid Andrée, eine mondrianeske Wandbespannung in der Filmprojektionskabine und zu allem Wirtschaftswunder-Dekor noch ein Bernard Buffet-Theatervorhang.

Man sollte Käutners Seitenthema nicht ignorieren, das seit Josef von Bákys DER RUF (D 1949), Peter Lorres DER VERLORENE (BRD 1951) und Harald Brauns DER GLÄSERNE TURM (BRD 1957) nie mehr thematisiert wurde: der Remigrant, der in Deutschland nicht mehr heimisch wird. Hardy Krüger, vom Vater nicht nach Wittenberg, sondern nach Cambridge, Massachusetts, zum Studium an die Harvard-Universität geschickt, kehrt heim und hat kein Zuhaus. Er soll im ›Fremdenzimmer‹ schlafen und bedenkt diese Semantik gegen das ihm vertraute *guest room* oder *chambre des amis*. Was die Philosophie angeht, macht Käutner Zugeständnisse an die herrschenden Vorurteile. Schuld an der geistigen Desorientierung des jungen Claudius (Krüger) sind jene Autoren, deren Lehre er in Harvard vertreten soll: »Sartre, Heidegger und so«. Weder Käutner noch Krüger verhelfen deren Gedanken zu einer Denkbewegung. Walther Schmieding war der einzige Kritiker, der die kritischen Ansätze in DER REST IST SCHWEIGEN, die unvermutet aufblitzen, um wieder unterzugehen, würdigte:

In diesem formal oft blendenden Film sind zwei Gedanken enthalten, die ihn über alle anderen hinausheben. Das ist einmal die Auseinandersetzung mit dem Nationalsozialismus und der ›unbewältigten‹ eigenen Vergangenheit, die hier am Modell des *Hamlet*-Stoffes zumindest begonnen wird. Das andere ist Hamlets Entscheidung, nicht mehr zu töten, weil die Probleme der Welt nicht durch Mord und Wieder-Mord zu lösen sind.[38]

SCHWARZER KIES, der in der sozialen Dunkelzone zwischen dumpfen Bauern und ahnungslosen Besatzern die heillose Verstrickung zum Thema macht, verdiente es, eine Biographie wüster Gesellschaft zu heißen, so sehr wird der Protagonist (Helmut Wildt) zur Sonde in einem undurchdrungenen Gewebe. Lauter Randständige versammeln sich hier, Versprengte aus allen Landschaften und Dialekten zu einer Goldgräbermentalität, die dem krassen Materialismus frönt. Ähnliches hatte nur John Brahm in seinem Film DIE GOLDENE PEST (BRD 1954) unternommen. Käutner bezog die Prügel für das Entsetzen, das von diesem Kollektivporträt ausging. Die junge Filmkritik verlieh ihm den Preis für »die schlechteste Leistung eines bekannten Regisseurs«, und die Zeitschrift *Filmkritik* tadelte: »Ambitionierter Wochenschau-Naturalismus hier, und dort ein primitives Kolportage-Schema.«[39]

Die entschiedene Ablehnung durch die zeitgenössische Kritik, die verkannte, daß SCHWARZER KIES die Kehrseite von ABSCHIED VON GESTERN (BRD 1966, Alexander Kluge) ist, mag ihr Motiv auch darin haben, daß kaum einer der namhaften Regisseure sich der miesen Provinz und des öffentlichen Bildes annahm, das man sich in Sonntagsreden von der deutsch-amerikanischen Freundschaft machte. Käutner drehte alles andere als im Stil des Wochenschau-Naturalismus. Zurück aus Hollywood, versucht er in der Bundesrepublik ein amerikanisches B-Picture zu drehen: das sah hart und dreckig aus. Für die Kritik war es zuviel an Vulgarität. Ein Landpuff, betrunkene und sich übergebende Huren, schmierige Geschäfte auf allen Seiten, unerklärte Allianzen der Korruption, ein Unterdenteppichkehren der Mordaffäre und der Schieberei. Das Skelett, das Staudte unter dem Karussellplatz ausgrub – KIRMES (F/BRD 1960) – war weniger skandalös als die vor Gemeinheit platzende Körperlichkeit, die Käutner hier präsentierte.

Heinz Pehlkes Fotografie im extremen Schwarzweiß läßt die Schwarzwerte über Weiß dominieren. Der Ton ist eine brutale Collage aus deutschem Liedgut, Bill Ramsey-Songs, Düsenjägerfluggeräuschen und Hühnergackern. Die Kakophonie ist ästhetische Übersetzung des sozial heillosen Durcheinanders. Die an diesen Rand im Hunsrück gedrängten Menschen reden in allen Slangs und Akzenten. Wolfgang Büttner spricht Hessisch, Wildt berlinert, Anita Höfer schwäbelt (»He, Mischter!«), Major

Gaines (Hans Cossy) spricht Deutsch mit einem Einschlag der amerikanischen Ostküste, Nebenrollen lassen sich hören mit Pfälzer Stimmen, Straßenarbeiter radebrechen ein Wasser-Polnisch: Allesamt sind sie, die hier an der Baustelle eines NATO-Flugplatzes arbeiten, *displaced persons*. Baut Käutner einen »dritten Ort«? Vielleicht ist es die Holzhütte unweit der Mosel, die sich der Fernfahrer (Wildt) erwarb. Hinter dem hohen Eisentor liegt ein Garten mit Holzminiaturen von Kirchenbauten. Auch im Inneren ist das Refugium wie ein vulgär-arkadischer Ort ausgestattet. Man sieht Plakate vom Rodeo von Wyoming, einen Hinweis auf den Musiker Nat King Cole und New Orleans – lauter Zeichen der Sehnsucht auszuwandern. Büttner will nach Kanada, die Hure will mit. Die Nachkriegsgeliebte des Fernfahrers trennt sich von Schwarzmarktromantik. Sie hat es geschafft und einen amerikanischen Offizier geheiratet. Ihre dunkle Zukunft liegt in der Neuen Welt. Als Requisiten und Reliquien der Erinnerung bewahrt Wildt ein Banjo aus freieren Tagen und den Ringelpullover der Geliebten auf. Diese Zeichen einer Sehnsucht degradierte die zeitgenössische Kritik als Kolportage. Damit beschrieb sie nur die eigene Unfähigkeit, die Kontingenz des Alltags in einem deutschen Film zu erkennen. Wäre SCHWARZER KIES aus Frankreich gekommen, hätte man Helmut Wildt, diesen Darsteller unversöhnter Härte, mit Yves Montand verglichen und Käutner ohne Federlesen als Realisten angenommen.

Doch daß auf diese Hoffnung im Prinzip kein Verlaß war, zeigten die Filme, mit denen Käutner sich aus der Gegenwart verabschiedete. Er wechselte das Medium, ging zum Fernsehen, das er dann in den siebziger Jahren als Vulgarisator von Theater und Literatur benutzte, obwohl es den Anschein hatte, daß die Fernsehanstalten ihn, der seinen Frieden mit der Widrigkeit geschlossen hatte, ihrerseits benutzten. Die letzten Filmarbeiten bereiten diesen Abschied vor. DER TRAUM VON LIESCHEN MÜLLER, in Artur Brauners CCC-Studios gedreht, und die Horst Wendlandt-Produktion der Rialto-Film DIE FEUERZANGENBOWLE (BRD 1970) sind Käutners Kapitulation. Was Lieschen Müller (weibliches Pendant zu Otto Normalverbraucher) träumen soll, ist ein Alptraum vom Gesamtkunstwerk eines Käutner, der fünfzehn Jahre später in der Altersrolle des Karl May bei Syberberg gestikuliert, was er hier realisieren wollte. Das Resultat ist eine grandios mißlungene Skizze aus deutschem Revuefilm, amerikanischer Tricktechnik und schalem Kabarett in Eastmancolor. Sonja Ziemann, Martin Held und Helmut Griem divertieren vor einem anachronistisch gewordenen Publikum ein bißchen à la Musikkomödie eines Bolváry, ein bißchen mehr in der textilbezogenen Obszönität eines Cziffra. Dieser TRAUM gibt vor, vor Sinnlichkeit zu brodeln, und endet in miefiger Verstocktheit. Der Altherrenwitz von MONPTI wird hier überboten. Käutner, der es liebte, seinen Reichtum an Produktionsmitteln der Kunst vorzuführen, protzt hier mit dem Reichtum des Fundus der CCC-Studios.

Käutners Traum, den Kino-Apparat in unterspielter, eleganter Selbstreferenz noch einmal vorzuführen, ist ein Absturz in das zynische Nichts. Über die FEUERZANGENBOWLE schrieb Fritz Göttler:»Käutners Liebe zum Komischen endet leider selten bei der Klamotte, öfter beim leeren Spiel mit Formen.«[40] Allein der Umstand, daß Käutner sich ans zweite Remake dieser klassischen Komödie wagte – SO EIN FLEGEL (D 1934, Robert A. Stemmle); DIE FEUERZANGENBOWLE (D 1944, Helmut Weiss) –, ist Akt der Resignation. Bedenkenlos fusioniert die Regie das Komödien- mit dem Soft-Sex-Genre. Igor Oberberg hält auf Uschi Glas und Nadja Tiller, als filmte er im Auftrag des Produzenten Alois Brummer. Mit der Darstellung des Theo Lingen ist eine Schwundstufe von Komik erreicht, die sich bekundet in der erschütternden Unsicherheit. Lingen stottert zwischen Norddeutsch und Sächsisch. Alles entgleitet und entgleist in diesem müden Aufguß. Der rote Grammophontrichter im Raum der Tiller wird als Sexualmetapher kodiert. Da ist Käutner am Ende seines Lateins.

Einen letzten Versuch, sein Werk im Prinzip Hoffnung zu lagern, unternahm Käutner mit dem Film DIE ROTE. Alfred Andersch hatte seinen Roman unter dem Einfluß avancierter Erzähltechnik des *Nouveau roman* geschrieben. Perspektivwechsel, innere Monologe und das Vorherrschen der Dingwelt waren Ingredienzien, die Käutner entgegenkamen. Die Versuche von Duras, Sarraute und Butor wurden nun mit den Mitteln von Resnais und Antonioni fortgesetzt. Den Film IL GRIDO (DER SCHREI, I/USA 1957, Michelangelo Antonioni) erzählte Andersch in einem Kapitel seiner *Roten* nach. Das Kunstwerk als fragmentarische Form, der Film als Facette, die Sequenz als Aspekt, mögen die Momente von Modernität gewesen sein, die Käutner an jenem Roman faszinierten. Er engagierte den Autor für das Drehbuch. Andersch träumte von großer Besetzung. Neben Ruth Leuwerik in der Hauptrolle sollten Orson Welles (dann Gert Fröbe) als Kramer, Montgomery Clift als Patrick – dann Giorgio Albertazzi, der ein Jahr zuvor in Resnais L'ANNÉE DERNIÈRE À MARIENBAD (LETZTES JAHR IN MARIENBAD, F/I 1961) eine Hauptrolle hatte –, Raf Vallone oder Vittorio Gassman als Fabio – dann Rossano Brazzi, bekannt aus Sirks INTERLUDE (DER LETZTE AKKORD, USA 1957) – mitwirken: »...so daß es wenigstens, wenn nicht ein guter, so doch ein großer Film wird«[41], wie Andersch seiner Mutter brieflich mitteilte. DIE ROTE wurde, wenn auch kein großer, so wenigstens ein kleiner guter Film, wider die Erwartung der Autoren. Auch wenn sie bei der Pressekonferenz der Berlinale sich öffentlich zerstritten, ist Andersch nicht gegen Käutner auszuspielen, denn er verantwortet das Drehbuch mit.

Vielmehr ist nach den Aneignungsinteressen Käutners zu fragen. Aus Fabio, dem Musiker mit der Spanienkämpfervergangenheit, wird ein apolitischer Historiker. Aus Franziskas Desertion aus autoritären Verhältnissen in der Bundesrepublik wird eine geknickte Heimkehr. Die Schwangerschaft und das Abtreibungsbegehren dieser Frau bleiben im Film unerwähnt. Aus der emanzipierten Frau, die Männer wählt, machen Käutner und Leuwerik eine Sonde im sozialen Feld der Männer, die die Wahl haben. Aus dem Fluchtpunkt Mestre (Venedigs Industrievorort) macht Käutner einen Raum im Archiv der Seerepublik, vom Historiker »Ende der Welt« genannt. Das ist ein Akt der Auslöschung des »dritten Ortes«. Da die Frau nicht bleiben kann, muß sie fahren. Das Nicht-zur-Ruhe-Kommen wird ihre Bewegung. Die Kamera von Otello Martelli – der berühmteste Kameramann des italienischen Neorealismus zwischen PAISÀ und LA STRADA (LA STRADA – DAS LIED DER STRASSE, I 1954, Federico Fellini) – erkundet nicht Venedig als sattsam bekannten topischen Ort. Eher erforscht er ein Niemandsland aus nächtlichen Gassen und der Zwischenzone zwischen Stein und Wasser. Die Irisierung des Lichts führt zur Irrealisierung des Raums. Die Perspektive springt vom Vordergrund der Fassaden zum Hintergrund der Menschen. Martellis verzerrte Linien- und Lichtführung erschaffen Phantome. Leuweriks im Pensionatston verplapperte innere Monologe verlaufen sich unter dem Einfluß der lakonischen Steine. Die in den Filmen von Resnais und Antonioni geläufige Entfremdung findet in DIE ROTE zwar keine gültige Form, aber doch zu einer sich ständig selbst liquidierenden Skizze. Käutners Doppelform der Setzung und Zersetzung greift auch hier. Ein großartiger Entwurf wird sichtbar und dann wieder abserviert, als habe dieser Regisseur nicht genügend Vertrauen in die eigene Utopie.

Mit DIE ROTE verhält es sich wie einst mit dem Schneider in KLEIDER MACHEN LEUTE. Liest man im Abseits dieser Filme deren literarische Vorlagen, erhellt sich der Käutner eigene Zug. Wo Gottfried Keller das demokratische Märchen von der gelungenen Einbürgerung eines Asylanten schrieb, filmte Käutner das filmisch dinghafte Märchen von der Ausbürgerung eines Einheimischen. Zum Gefühl besitzt dieser Regisseur kein Urvertrauen. Er muß es angesichts der Herrschaft der Mechanik, die das Eigenleben des Kino-Apparates dirigiert, in ein Requisit übersetzen. Käutners Filme, die im Prinzip Hoffnung zu ruhen wünschen, machen nicht mit der Welt vertraut. Sie verbannen das Vertraute in die Fremde.

Erstveröffentlichung in: Käutner, hg. v. Wolfgang Jacobsen u. Hans Helmut Prinzler, Berlin 1992, S. 62-109 [Anm. s. S. 474f.].

Die Kamera wie eine Schöpfkelle handhaben
Ottingers Dokumentarfilm TAIGA

Die Bezeichnung der Landschaft gilt der Subzone des eurasischen Waldgürtels, in dem sich besonders Fichten und Lärchen finden. Taiga ist das nördliche Land der Mongolen. Die Regisseurin und Kamerafrau besuchte das Volk der Darchard und das Volk der Uriangchai. Es sind Ethnien der

Nomaden. Die einen züchten Yaks (Rinder), die anderen Rentiere. Die Reise, die Ottinger unternahm, ist dokumentiert in zwei Formen.

Der Film, zur Berlinale 1992 im Internationalen Forum des Jungen Films uraufgeführt, wird jetzt verliehen von den Freunden der deutschen Kinemathek. Das zeitgleich erschienene Buch *Taiga. Eine Reise ins nördliche Land der Mongolen* zeigt im Tagebuchtext zu den überragend guten Fotos den Entstehungsprozeß der Bilder. Für deren makellose Schönheit hinterlegte die Regisseurin einen hohen Preis: Strapazen, Unbill und Enttäuschungen. Obwohl sie lesbar und nicht sichtbar werden, begleiten sie wie eine diskrete Dienerin die Filmmontage.

Am Anfang war der Schwenk. In konzentrierter Gelassenheit sammelt er Eindrücke von 360 Grad zu einem Eindruck, Horizonte zu einem Horizont ein. Das Tal und seine Töne, die sichtbare Flora und die hörbare Fauna entfalten sich. Es ist, als würde ein endloses Rollbild vor unseren Augen geöffnet, das Totalität verspricht und doch stets den Ausschnitt betont, der gerade abgefahren wird. Die chinesische Malerei folgt diesem Darstellungsprinzip, das in der Topographie Kunst und in deren Bildern einen Atlas entwirft.

Im Taigatal herrscht der Wind als Rhythmusgeber des Alltags. Der O-Ton avanciert zum Helden. Kein Kommentar, keine vorlaute Erklärung, keine kulturfilmandrohende Stimme funkt dazwischen. Nur die Reden der sichtlich Sprechenden wurden untertitelt. »Ist die Schamanentrommel angewärmt?« oder »Diese Tötungsart des Schafes nennt man den weißen Tod.« Die dramatische Abwesenheit von Handlung lenkte den Blick auf die undramatischen Handlungseinheiten, die Handreichungen, die das tägliche Überleben der Nomaden sichern.

Eine Jurte wird aus einem Firstkranz, Stangen und Zeltplanen aufgebaut. Mächtige, zottelige Yaks tragen die Last der angebundenen Einzelteile der Behausung. Das Konstruktive liegt in Männerhänden, das Ordnende, das Verstauen des Unordentlichen liegt in Frauenhänden. Die Sippen, deren Zugehörigkeit kaum unterscheidbar wird, leben von Schafsfleisch und Käse. Das soziale Leben zwischen Reproduktion und Wanderschaft ist vom Milchtee-Trinken skandiert. Das Gewinnen und Verarbeiten von bescheidenen Speisen und Getränken wird hier zur sich zyklisch wiederholenden Handlung.

Mag der physische Genuß der Speisen bei den konsumierenden Menschen liegen, das Schauvergnügen liegt deutlich bei der Kamera. Fasziniert von der Handhabung der Schöpfkelle zeigt sie deren Eintauchen in den Kessel, das hohe Anheben und das bemessene Ausgießen der Flüssigkeiten als eine ununterbrochene, flüssige Bewegung. Sie zu üben ist Handwerk: sie als virtuos zu zeigen, Kunst.

Dem Fluß aller Schwenks eingepaßt wird das hier überall in Fluß gebrachte Bild. Wie viele Wasserläufe, eilende Bäche, ruhende Seen und reißende

Ströme sieht man in TAIGA (D 1992)! Bloß keinen Fisch, der darin lebt. Denn die Regierung verbot, ihn zu fangen.

Selten sind die Totalen, die einen Sog zum Wasser zeigen. Kaum zufällig befinden sie sich am Ende des ersten Teils und am Beginn des zweiten Teils dieser Dokumentation des langen Atems. Ein Ruderboot zieht über den See, und die Kamera zielt auf die Grenzlinie zwischen gelben Herbst-Lärchen und ihrer Spiegelung im Wasser. Je näher das Boot dem Land kommt, desto höher verschiebt sich die durch Schwenk und Schnitt als eigenständig gekennzeichnete Linie. Diese wäre eine der seltenen Vertikalbewegungen in TAIGA, die sich als Summe aus Horizontalschwenks zusammensetzt. Die ästhetische Arbeit gilt dem kaum merklichen Übergang. Ein Schnitt, und der schockhafte Anschluß säße da. Das Verfahren ist aber ein geduldig Skizzenhaftes.

Am Beginn des zweiten Teils steht ein atemberaubendes Bild der scheinbaren Ereignislosigkeit. In einer Totalen, die den Kosmos der Nomaden zusammenspannen will, sieht man Männer auf einem Floß, das im Morgengrauen mit Ruderkraft ans Ufer bewegt wird. Nebelschwaden dekonturieren das Wasserelement, Wolken verhängen die Linie der Berge. Das Bild gleicht einer Auflösung von Ort und Zeit. Die malerische Lösung bietet anstelle der dargestellten Elemente eine gedachte Quintessenz. Hier ist eine dem Film innewohnende Tendenz greifbar, soziales Handeln in mythisches Tun zu verwandeln. Als Handelstreibende fuhren diese Flößer ab, als Treibende fahren sie über den See.

Die augenscheinliche Weltabgeschiedenheit garantiert den durch die Täler Ziehenden, die das Temperament einer freundlichen Indifferenz an den Tag legen, keine konfliktfreien Zonen. Die Rentier-Herden in Familienbesitz wurden in Genossenschaften überführt. Das Nomadisieren sollte in fehlgeschlagenen Initiativen zur Seßhaftmachung unterbunden werden. Die materielle Versorgung mit Gütern ist notorisch durch Mangel und Schiebertum gestört.

Gleichwohl gewinnt man, im europäischen Kinosessel, den gewiß täuschenden Eindruck, in TAIGA Völker der vollkommenen Autarkie zu treffen. Von den Gesichtern, den Gesten und der Interaktion läßt sich keine Unzufriedenheit ablesen. Das Rätsel bleibt gewahrt, aus Respekt und Reverenz vor der Eigenart und Einzigartigkeit. Die Nomaden lächeln, und sie ziehen weiter.

Sie wissen, daß ihnen eine Maschine auf der Spur folgt, die, wie sie spotten, Bilder scheißt. Die Schamanin, die ihren Geist in Trance auf eine Reise schickt, spart vor ihrer Abfahrt nicht mit Augenzwinkern in die Kamera. Der alte Jäger, der umständlich seine Vorbereitungen zur Jagd trifft, geht vor der Kamera auf die Pirsch. Der Schalk ist seine Beute. Mit dem Gewehrlauf zielt er auf einen simulierten Gegenschuß in Richtung Aufnahme-Objekt.

Die aufgenommenen Männer, Frauen und Kinder gehen mit der Kamera, die mit ihnen geht. Die wird ganz einfach, scheint es, zum Haushaltstier im Reiseverbund. Schwerlich läßt sich in Augenblicken unterscheiden, ob die Kamera die Bildbewegung führt, oder ob die Bewegung im Bild das Kamera-Auge lenkt. Die getauschten Blicke halten einander stand. Sie leben in symbiotischer Nähe auf.

TAIGA hat selbstverständlich einen weiteren als den bloß ethnologischen Horizont. Er stellt in der genauen, getroffenen Alltagsbeobachtung Distanz durch Komik, erwartete oder glücklich montierte Zufälle her. So schnitzen Rentier-Nomaden Lockflöten zur Hirschjagd. Der täuschende Ruf wird ausgestoßen, doch kein Wild zeigt sich. Auf der Tonspur antworten Motoren einer Propellermaschine, die über dem See einschwebt.

Mit haubenförmigen Paradeschleifen geschmückte Schulmädchen sagen Einstudiertes auf und treten ab mit linkischem Knicks. In den Hof, auf dem sie Schule demonstrieren, dringt ein Schwein ein, das von einem Jungen im Hintergrund durchs blaue Tor verjagt wird. Ein einsamer Schalterbeamter im Telegraphenamt brüllt ins Telefon, als sei's ein Draht an einer Schuhwichsdose. Die Verbindung kommt nicht zustande, wohl aber eine behutsame Schilderung des Kommunikationsumfeldes der verlassenen Stätte durch einen erzählerisch prägenden Schwenk.

Eine Versteinerung zur Folklore kommt nicht auf. Sowohl die zwei Schamanen-Szenen wie die zwei Ringkampf-Situationen sind ebenso sachlich wie zärtlich gefilmt. Die Diskretion, d.h. das Unterscheidungsvermögen, führt bei der mühelosen, eindringlichen Schilderung die Hand. Weder sieht man exotische Wesen noch bessere Menschen. Diese Taiga ist keine Flucht- oder Gegenwelt zur unsrigen.

Auch da treffen US-Baseball-Caps mit russischen Militärmützen in friedlicher Koexistenz zusammen, fährt man in traditioneller Kleidung Motorrad. TAIGA bietet, auch nicht in bescheidener Ausbreitung seines immens reichen, unerschöpflichen Materials, keine Landvermessung vom letzten Paradies. Vielleicht dokumentieren diese acht Stunden Film mehr als das unauffällige Leben der Darchard und der Uriangchai in mongolischen Gegenden. Möglich, daß TAIGA eine immer schwerer werdende Haltung zum fernen Leben behauptet: nämlich in einer durch perfekte Reproduktion bestimmten Bilderwelt den entschiedenen Versuch zur Autonomie zu wagen. TAIGA dokumentiert die gelungene Übersetzung einer energischen Vision: die Kamera wie eine Schöpfkelle handhaben.

Erstveröffentlichung: *Frankfurter Rundschau*, 17.4.1993.

II. ZUR THEORIE VON FILMKRITIK UND FILMGESCHICHTS-SCHREIBUNG

Thesen zum Verhältnis von Filmkritik und -produktion

Das Verhältnis von Kritik und Produktion möchte ich weder als ein legitimes noch als ein illegitimes Verhältnis rechtfertigen, sondern vielmehr anhand historischer und aktueller Beispiele seine funktionalen Bedingtheiten, oder anders gesagt: seinen Grundvertrag entwerfen. Kritik verstehe ich dabei zunächst noch nicht als spezialisierte Marktform des Journalismus, die der anderen Ware: Film gilt, sondern im emphatischen Sinn der Aufklärung als Relativierung eines universalen, damals theosophischen Anspruchs. Die Aufklärung begriff sich als Zeitalter der Kritik, als deren Werkzeug und Waffe gegen die Metaphysik sie den systematisierten Zweifel entwickelte. Dieser systematisierte Zweifel, der sich im 18. Jahrhundert auf alle den Menschen bekannten Wissengebiete erstreckte, war in der moralischen Maxime der unbegrenzten Perfektibilität menschlicher Vernunft begründet: die Kritik verstand sich als eine virtuelle Verbesserung des Kunstprodukts.

Dennoch ist das Verhältnis von Kritik und Produktion von Anbeginn ein traditionell ›schlechtes‹, d.h.: von unversöhnlicher Spannung bestimmt. Ein junger Philosoph hat kürzlich als Grund des permanenten Spannungsverhältnisses ein anthropologisches Motiv haftbar gemacht: »Ob als antike Forderung nach vernünftiger Rechenschaft oder als radikale neuzeitliche Destruktion alles Bestehenden umwillen einer neuen, besseren Rekonstruktion der Wirklichkeit – immer fordern Unstimmigkeit und Unzufriedenheit die ablehnende Reaktion des Menschen heraus.«[1]

Kritik wird von der dialektischen Figur der Destruktion und Rekonstruktion bestimmt, sie hat ihren Ursprung in einer Unstimmigkeit, einer von allen am Kommunikationsprozeß Beteiligten empfundenen Unzufriedenheit. Kritik ist zunächst die einfachste Korrektur eines Fehlverhaltens, das seinerseits im Abweichen von einer gesetzten Norm besteht.

Das Mangelbewußtsein, das Kritik artikuliert, wurde im Anfang noch nicht von Spezialisten wahrgenommen. Im 18. Jahrhundert waren die Kunstkritiker wie Diderot, Voltaire, Lessing oder Friedrich Schlegel auch zugleich Kunstproduzenten. Erst das 19. Jahrhundert, das den Künstler zum Genie erhob, der Kritik in Form der Boulevards und Zeitungen: in Paris, London und schließlich auch Berlin einen Markt eroberte, zerschnitt die Einheit von Kritik und Produktion.

Je massenhafter die Basis für ein neues Medium, d.h.: je weniger individualistisch es sich ausbildet, desto stärker setzt es sich zunächst ohne, und dann gegen alle Kritik durch. Als die Fotografie die Malerei ablöste, wurde sie von Kunstkritikern der Allgemeingefährlichkeit geziehen, fand spät, wenn überhaupt, Kritiker, die sich der Spezifizität des neuen, massenhaft reproduzierten Mediums zuwandten.

Flüchtige Spiegelbilder festhalten zu wollen, dies ist nicht bloß ein Ding der Unmöglichkeit, wie sich nach gründlicher deutscher Untersuchung herausgestellt hat, sondern schon der Wunsch, dies zu wollen, ist eine Gotteslästerung. [...] Und wenn jener Musje Daguerre in Paris hundertmal behauptet, mit seiner Maschine menschliche Spiegelbilder auf Silberplatten festhalten zu können, so ist dieses hundertmal eine infame Lüge zu nennen[2] [...]

wetterte der *Leipziger Stadtanzeiger* von 1841 und selbst Baudelaire war nicht faul, seine ästhetische Verdammung in *Salon de 1859* mit moralischer Häme zu erhärten:

Da die Fotoindustrie das Refugium aller Maler war, die ihre Bestimmung verfehlt hatten, zu wenig begabt oder zu faul waren, um ihr Studium zu Ende zu führen, zeigte diese universelle Schwärmerei nicht nur den Charakter der Verblendung und der Blödheit, sondern auch das Merkmal einer Rache.[3]

Als der Film aufkam, wurde er von den Theaterkritikern und Volkspädagogen der Allgemeingefährlichkeit geziehen, fand aber spät erst seine Kritiker. 1895 eröffnet Lumière seinen Kinematographen. Erst zwei Jahre später reagiert die Presse mit einer wütenden Kampagne gegen seine vermeintlichen Gefahren. Erst als 1908 die Welle der *films d'art* die kruden Wochenschauen und bizarren Zauberpossen zum Literaturfilm nobilitiert, erscheint in Frankreich die erste Filmkritik, von einem Kunstkritiker verfaßt. Die Situation in den USA ist ambivalenter, wenngleich nicht weniger kritisch einzuschätzen: »Before 1910, criticism of motion pictures in these States consisted of prejudice and diatribe.«[4]
Der Film kommt vom Jahrmarkt, und für diese flegelhafte Herkunft hat die kulturräsonierende Öffentlichkeit ihn lange büßen lassen, erst durch systematische Ignoranz, dann durch Verketzerung (vermeintlicher Verfall von Volksgesundheit und Moral) und in der dritten Phase durch die Kolonialisierung des Films durch die Theaterkritik. Die Kinoreformbewegung trat als eine Art moralischer Aufrüstung gegen den Drachen der Schaulust an. Die Anfänge der Filmkritik im Polypol (1895-1909) gelten einem speziellen Publikum: der Produktion. Sie ist eine kinotechnische Fachpresse, ein interner Branchendienst. In Frankreich: *Le Fascinateur*, ab 1903; im Deutschen Reich: die *Lichtbildbühne*, ab 1909.
Im Oligopol (1909-1929) entwickeln sich die Fachblätter zu illustrierten Magazinen. René Clair beginnt als Filmkritiker; Kulturzeitschriften geben Schriftstellern Raum, das Filmmedium enthusiastisch zu entdecken. Wo in Deutschland das Kino als »Leichenschändung der Kultur« (wie tot muß die gewesen sein?) verurteilt wurde, brach in Frankreich das Filmfieber

unter den Literaten aus. In den Feuilletons der großen liberalen Blätter von Berlin tauchen sodann die ersten Filmkritiken auf, wo zuvor und in der Provinz weiterhin nur Besprechungen im Lokalteil eingerückt wurden. In Deutschland schreibt der spätere Regisseur E.A. Dupont ab 1911 Filmkritiken; der Literat Kurt Pinthus gilt gemeinhin als erster Kritiker, der den Film als ästhetisches Medium ernst nahm, der seine Arbeit der Kritik als virtuelle Verbesserung des Kunstprodukts verstand. Anläßlich von QUO VADIS? (I 1912, Enrico Guazzoni) schrieb er 1913:

> Die Mittel, die Möglichkeiten des Kino sind andere als die des Theaters; der Kino stellt nur Handlung dar, Effekte, Sichtbares; das Theater dagegen strebt zur Differenzierung, zur Psychologie; wichtiger als das Sichtbare, ist auf der Schaubühne das Wort.[5]

Pinthus formulierte als Tageskritiker des neuen Mediums nicht nur inhaltsanalytische Momente des einzelnen Produkts, sondern ästhetische Gesetzmäßigkeiten des Mediums, wie sie gleichzeitig Georg Lukács entwickelte und von der gesellschaftlich determinierten Filmkritik von Weimar zur Theorie ausgeprägt wurde (Arnheim, Balázs, Kracauer).
Verlassen diese genannten Kritiker den Bereich der Ästhetik und kritisieren inhaltsanalytische Momente der Filmproduktion als eine Form der Destruktion gesellschaftlichen Fehlverhaltens (die Produktion von Ideologie), droht ihnen die Sanktion der Industrie. 1922 nimmt Balázs seine Tätigkeit als Kritiker des *Wiener Tag* auf. Ein Filmproduzent strengt gegen ihn, der seine Produktion durch Kritik öffentlich ›schädigte‹, einen Prozeß an, verliert, kauft die Zeitung und feuert den Kritiker. 1928 führt eine Filmgesellschaft in Paris gegen den Kritiker Léon Moussinac der L'Humanité, dem wir die erste Darstellung des sowjetischen Revolutionsfilms verdanken, einen Prozeß, gewinnt, bis das Berufungsgericht die Freiheit der Kritik herstellte. Welche Freiheit?
Die deutsche Filmindustrie kannte andere Druckmittel. Sie versuchte über ihre SPIO (»Spitzenorganisation der Filmwirtschaft«) schon 1930 kritischen Kritikern bzw. deren Zeitungen die Inseratenaufträge zu sperren und andererseits in jenen Zeitungen, die zu ihren Medienkonzernen gehörten, ihre eigenen Filmproduktionen herauszustellen, wie z.B. der Geheimrat Hugenberg Ufa-Filme im *Tag* und im *Lokalanzeiger* oder der Ullstein-Konzern Terra-Filme in der *BZ am Mittag*. Dreißig Berliner Kritiker schlossen sich darauf zu einem Interessenverband zusammen, ohne indessen ihre Abhängigkeit als Angestellte der kapitalistischen Pressekonzerne zu erkennen. Dazu bemerkte die *Arbeiterbühne und Film* sarkastisch:

> In der bunten Menagerie der bürgerlichen Kunstkritik leben einige seltene Exemplare der Spezies »Filmkritiker«, welche gutgläubig genug

waren, die ihnen von der Bourgeoisie gestellte Aufgabe, Filme ihrer künstlerischen Qualität nach zu beurteilen, ernst zu nehmen. Diese ebenso bewunderns- wie bedauernswerten Kollegen wagen offen auszusprechen, daß schlechte Filme schlecht sind und Kitsch keine Kunst ist.[6]

Oder die Industrie übt Druck aus durch Umarmung; so bot die Stadt Berlin gemeinsam mit den Firmen 1930 ein Seminar für Filmkritiker an:

Es soll der Versuch gemacht werden, in *völlig unabhängiger* Zusammenarbeit mit der Tonfilmindustrie dem journalistischen Praktiker einen methodischen Überblick über das ganze Gebiet zu geben und zu zeigen, welche Unsummen *geistiger* Leistungen in den Tonfilmprozeß investiert sind, die *unter allen Umständen Respekt* verdienen, und welche *Verantwortlichkeit* unter diesen Umständen mit der journalistischen *und* kritischen Behandlung des Tonfilms verknüpft ist.[7]

Kracauer war der erste Filmkritiker in Deutschland, der seine Aufgabe im Namen des sprachlosen Publikums von materialistischen Interessen her wahrnahm. In der *Frankfurter Zeitung* von 1930 gab er einige Kriterien seiner Arbeit an, die er übrigens in einem Vortrag vor Kinobesitzern entwickelte: »Der Filmkritiker von Rang ist nur als Gesellschaftskritiker denkbar. Seine Mission ist: die in den Durchschnittsfilmen versteckten sozialen Vorstellungen und Ideologien zu enthüllen und durch diese Enthüllungen den Einfluß der Filme [...] zu brechen.«[8] Das Aufklärungskonzept der grenzenlosen Perfektibilität, d.h. der virtuellen Verbesserung des Kunstprodukts durch Analyse wird in diesem Entwurf von Produktionskritik emphatisch aufgegriffen.[9] In diesem Aufsatz liegen die Anfänge der Inhaltsanalyse, deren später in den USA entwickeltes Erkenntnisinteresse der psychologischen Kriegsführung galt, d.h.: in Konsequenz nicht mehr den ideologischen Primat der Produktion nach Genres unterscheidet, demnach historische Filme z.B. ideologisch seien und Revuefilme bloß unterhaltend, sondern die Latenz des Politischen in der Gesamtproduktion behauptet. Kritik vollzieht sich auf drei Ebenen: in der Beschreibung des Inhalts, der Darlegung ihrer Methode sowie im Kommentar zur Übersetzung des latent Erkannten in die Manifestation der von der Produktionsideologie intendierten Gehalte. Daß diese Übersetzungsarbeit heute im Zentrum erkenntnistheoretischer Überlegungen von Kritikproduktion steht, ist von Kracauer, selbstredend, noch nicht reflektiert. Wie ist vom Film, in ökonomisch gebotener Kürze, zu reden? Als rhetorische Zusammenfassung, als wirtschaftliche Bilanz und als moralische Rechenschaft, die Kritik erwartungsmäß und gleichzeitig zu leisten hätte? Ersetzt man in Kracauers Kritik an der phänomenologischen Methode seines Lehrers Georg

Simmel »er« durch »Kritiker« und »Stoff« durch »Film«, so ergibt sich folgende Lesart:

> Ich werfe schließlich [...] einen flüchtigen Vorblick auf die Art, in der sich *der Kritiker* durchweg seines *Films* bemächtigt. Er schaut ihn in innerer Wahrnehmung an und beschreibt das Geschaute. Wie noch näher auszuführen sein wird, widerstrebt ihm die systematische Ableitung einzelner Tatsachen in begrifflich strenger Form aus allgemeinen Oberbegriffen. Alle seine gedanklichen Entwicklungen schmiegen sich eng an die unmittelbar erfahrene, freilich nicht jedermann zugängliche Lebenswirklichkeit an, und noch die abstraktesten Darlegungen haben keine andere Quelle als die sie voll erfüllende Anschauung. Niemals vollzieht *der Kritiker* Denkakte, die nicht durch irgendein Wahrnehmungserlebnis gestützt werden und nicht entsprechend durch ein solches realisiert werden könnten. Er zeichnet stets Gesehenes nach, sein ganzes Denken ist im Grunde nur ein Erfassen der Objekte durch das Hinblicken auf sie.[10]

Nun wenden sich die Produzenten von Kritik wie von Filmen an das gleiche Rezeptionssubjekt: den Zuschauer, der diese Übersetzungsarbeit als zweite Produktion, als eine geborgte, nie angeeignete Wahrnehmung zu leisten hat. Wenn beide Produzenten idealtypisch den gleichen Rezipienten vor Augen haben, kann ihr Produkt mimetisch nicht zweierlei Ausdruck annehmen. Es muß, wie immer vermittelt und austariert, einen unteilbaren Anspruch von Kritik ausdrücken.

Die Filme selbst sind eine Produktionsform von Kritik. Nicht nur Filme in essayistischer Form wie von Godard oder Kluge, sondern von Anbeginn war Film auch ein Medium der »Kritik des Alltagslebens« (Henri Lefèvre), ob in Filmen von Chaplin, Stroheim, Disney, Eisenstein, Renoir oder manifest in den Dokumentarfilmschulen. Eine anthropologisch orientierte Kritik, die den Bereich der Ästhetik nicht zu kompromittieren hat, könnte zum Beispiel in Chaplins Gebärdensprache ein hervorragendes Exempel zum Sozialverhalten studieren. Wie kaum ein zweiter Forscher unter den Künstlern erstellte Chaplin ein vollständiges Inventar zum Anpassungsdruck unter wechselnden Umweltbedingungen. Seine Absicht, den Anpassungsdruck für das Immigrantenpublikum in den USA zu lindern, wurde dementsprechend aufgenommen.

Wenn die Filme selbst eine Kritik des Alltagslebens produzieren, ist die Kritik ihrerseits eine produktive Vorform, die in ihrer höchsten Ausprägung die Kunst nicht besser machen, sondern: sie besser haben will. Wie der materialistische Filmkritiker Harry A. Potamkin es formulierte: »To disparage criticism is a typical bourgeois self-defense. There are professed materialists guilty of this infantilism. Criticism is a part of creation;

and creation is the culmination of criticism.«[11] Diese Forderung richtet Potamkin an den aktiven Kritiker, der Form und Struktur des Films begreift als Ausdruck, der sich aus gesellschaftlichem Stoff speist.

Viele Kritiker haben konsequent erkannt, daß die Produkte sich durch ihre Kritik in der Zeitung nicht widerlegen lassen, wirksam widerlegbar nur als Gegenprodukt sind. Einige Verfasser von Kritiken, von der Erfahrung ihrer markttechnischen Ohnmächtigkeit gezeichnet, wechseln die Front und werden, ohne in ihren Produkten notwendig ihre kritischen Prinzipien zu verraten, Produzenten. Seien es die Kritiker der *Cahiers du Cinéma*, die zu den Regisseuren der *Nouvelle Vague* avancierten, oder die Kritiker der alten *Filmkritik*, die heute die von der Kapazität her mächtigsten Produzenten der öffentlich-rechtlichen Sendeanstalten geworden sind und jetzt gegen die nachgewachsenen Kritiker sich verteidigen müssen. Das traditionell ›schlechte‹, d.h.: als unversöhnbar eingeschätzte Verhältnis von Kritik und Produktion, liegt in der Preisgabe des gemeinsamen Erkenntnisinteresses an produktiver Rekonstruktion gesellschaftlicher Wirklichkeit. So wie die Kritik von der Produktion als »unsachlich«, das will sagen: ökonomischen Interessen unzugänglich stigmatisiert wird, so wird die Produktion von der Kritik eben dieser Profitinteressen geziehen. Der zähe Kampf der Lager, die beide auf gleichem: fremdbesessenem Boden stehen, mutet befremdlich an.

Die Kritik ist innerhalb der kapitalistischen Wirtschaft eine Ware wie andere Waren auch. Sie wird – von wenigen Outsidern abgesehen – nicht im Interesse der Kunst oder der Aufklärung der Massen produziert, sondern um des Nutzens willen, den sie abzuwerfen verspricht. Jedenfalls gilt das für die große Masse der Kritiken, mit denen es die Produktion immer wieder zu tun hat. [...] Das kleinste Nest hat heute Fernsehen, und jede halbwegs gängige Kritik wird durch tausend Kanäle an die Massen in Stadt und Land herangebracht. Was vermittelt sie den Publikumsmassen, und in welchem Sinne beeinflußt sie? [...] Die Aufgabe des zulänglichen Produzenten besteht darin, jene sozialen Absichten, die sich oft sehr verborgen in den Durchschnittskritiken geltend machen, aus ihnen herauszuanalysieren und ans Tageslicht zu ziehen, das sie nicht selten scheuen.

Wem dieser Text vertraut vorkommt, dem sei gesagt, woher. Diese Kritik der Kritik hat Kracauer natürlich nicht geschrieben. In seinem Grundsatzreferat »Über die Aufgabe des Filmkritikers«[12] habe ich nur »Film« durch »Kritik« und »Kino« durch »Fernsehen« ersetzt, um auf die prinzipielle Affinität ihrer Produktionsgesetze auf dem Markt der öffentlichen Meinung zu verweisen. So wie aber Arnheim schon 1935 für den »Filmkritiker von Morgen« forderte, nicht den Regisseur, sondern die Firma, die ihn anstellt, zu kritisieren,[13] darf man von den Regisseuren auch erwarten, nicht bloß den Kritiker, sondern zugleich die Zeitung, die ihn anstellt, zu kritisieren. Konkret gesagt: die Fetischisierung des Verrisses beim *Spiegel*, und gerade bei Produkten, die der Filmverlag der Autoren verleiht, der Wirtschaftsprimat der *FAZ* (ein deutscher Film ist erst ein guter Film, wenn man ihm ansieht, daß er auf Dollarnoten statt Zelluloid belichtet wurde) oder der München, der Filmstadt hörige Opportunismus der *Süddeutschen Zeitung* wären zu kritisieren. Wie die Filmkritik der *Frankfurter Rundschau* von den Angeschossenen eingeschätzt wird, entzieht sich meiner Kenntnis. Jedenfalls, so wie der Filmkritiker noch Stilkritik an Sternberg treibt, statt zugleich die Programmpolitik der Paramount zu kritisieren, treiben Produzent und Verleiher Stilkritik am Kritiker, anstatt die Programmpolitik an dessen Zeitung zu kritisieren.

Was der Kommunikationssoziologe Herbert J. Gans als Grundgesetz der Produktion ausmachte: Film ist eine ausgehandelte Synthese individueller Publikumsbilder,[14] gilt in kleinerem Maßstab auch für die Produktion von Tageskritik in den Medien: Sie ist stets eine zwischen Verleger, Redakteur und Kritiker ausgehandelte Publikum-Leser-Synthese.

Einige Fragen zum Schluß. Brauchen wir die Filmkritik? In der ausgeprägten Marktform des Spezialisten, der das Besondere des Kunstwerks in den Zusammenhang des Allgemeinen, d.h.: den Augenblick in die Geschichte einordnet? Müssen wir an der wechselseitigen Stigmatisierung von Produktion und Kritik, die sich auf gleichem Grund und Boden Scheinscharmützel liefern, festhalten? Ist das Publikum auf die namenlose Masse an Kritik der Provinzblätter angewiesen, die das Werbematerial der Verleiher nachdrucken? Könnte das Publikum nicht selbst, mit eigenem Kopf, auf eigene Faust Kritiker seines Alltagsbewußtseins auch der Filme werden? So wie es in den dreißiger Jahren in der *Arbeiterbühne und Film* die proletarische Kritik der Namenlosen gab, wird heute von der *Filmfaust* der Zuschauerkritik Rang und Raum zuerkannt. Auf diesem Terrain bietet die Geschichte, was laut Benjamin ihre Aufgabe ist, Hoffnung im Vergangenen. Ernst Bloch formulierte, aus Anlaß des Kritikverbots durch die Faschisten 1937, Überlegungen in dieser Richtung:

Kunstkritik überhaupt beginnt überflüssig zu werden, wenn Menschen und Werke zusammengerückt sind. Wenn die Unterschiede zwischen der Stadt des Kunstwerks und dem dumpferen Land der Zuschauer sich ausgeglichen haben und schließlich verschwinden. Mit ihm verschwinden die Analphabeten höherer Ordnung, das ›Publikum‹, das der Kritiker erst lesen lehren muß, damit es im Kunstwerk seine eigne Fabel wertet und versteht.[15]

Erstveröffentlichung in: Seminar: Filmkritik. Protokolle einer Veranstaltung der Arbeitsgemeinschaft der Filmjournalisten in Frankfurt am Main, hg. v. Gertrud Koch u. Karsten Witte, Frankfurt/Main 1978, S. 85-93 [Anm. s. S. 475f.].

Wie Filmgeschichte schreiben?

Was ich hier nicht vorhabe, sage ich besser gleich. Ich gebe keine kritische Übersicht über die Methoden herrschender Filmgeschichtsschreibung noch eine Bestandsaufnahme mit Noten zum Ist-Zustand. Eher versuche ich einige Vorstellungen zum Soll-Zustand zu entwickeln, wie Filmgeschichte vielleicht noch geschrieben werden kann und soll.

Zunächst einmal ein Beispiel, wie Filmgeschichte *erzählt* wird: Hertha Thiele, die Hauptdarstellerin von MÄDCHEN IN UNIFORM (D 1931, Leontine Sagan), besuchte die erste Seminarveranstaltung im Berliner Kino Arsenal zum Thema »Preußen im Film«. Es läuft KUHLE WAMPE ODER WEM GEHÖRT DIE WELT (D 1932, Slatan Dudow), der Film, für den Brecht sie verpflichtete. Anschließend läuft DER CHORAL VON LEUTHEN (D 1933, Carl Froelich, Walter Supper, Arzén von Cserépy). Darüber ist Hertha Thiele nicht glücklich. Sie sieht nur schwer einen Zusammenhang. Sie erinnert sich der damaligen Kämpfe, die auch um die Massen der Zuschauer geführt wurden. Wie soll man ihr erklären, daß der Antagonismus unversöhnlicher Filmzeugnisse historische Einsichten produziert? Hertha Thiele ist heute siebzig Jahre alt. Sie erzählt dem wißbegierigen Publikum, wie mürrisch Ernst Busch, ihr Partner im Film, war, wie versöhnungsstiftend der Komponist Hanns Eisler, wie unberühmt Brecht damals, wie ungeschickt Slatan Dudow, der Regisseur, gewesen seien. So stellt sich mit den Zuschauern, die gerade KUHLE WAMPE sahen, ein lebendiger Zusammenhang her. Filmgeschichte als Publikumsinteresse und nicht als Fachinteresse.

Im privaten Kreis erzählt Hertha Thiele, warum der Kameramann Krampf so wenig auf die Gesichter hielt – um typisierende Zeitbilder zu schaffen –, welche persönliche Moral der scharfe Zensor der Filmprüfstelle pflegte[i] und wo das Negativ der Zensurschnittreste lagert. Diese Informationen haben kein Publikumsinteresse, aber Fachinteresse. Vor dem Film gab Gerhard Schoenberner eine Einführung, die Erkenntnisse der Filmgeschichtsschreibung referiert. KUHLE WAMPE als Höhepunkt des Genres *Proletarischer Film*, an den erst in den siebziger Jahren die Schule *Berliner Arbeiterfilm* anknüpfe. Diese Informationen befriedigen den Hunger nach Überblick, Einordnung in Subsysteme. Sie finden, da sie erzählt werden, Publikumsinteresse.

1. *These:* Das Publikum hat ein Interesse an Filmgeschichte, dem das Fachinteresse nicht adäquat begegnen kann, weil es Publikumsinteressen aus seinem Wertsystem normativ ausgrenzt.

2. *These*: Wie Filmgeschichte erzählt wird, müßte ein gefördertes Projekt zur *oral history* werden. Umfangreiche Interviews als Werkstattbücher zur Produktionsgeschichte des deutschen Films sollten veröffentlicht werden. Ebenso bedeutsam wie die Konservierung der Materie Film ist die Konservierung der Erinnerung jener, die Filme produzierten, der Techniker, Kameramänner u.a. Das Erkenntnisziel dieser Anstrengung sollte die anonym gewordene Bewußtseinsgeschichte, ein Zeugnis der *visual history* sein.

Nun eine Bemerkung dazu, wie Filmgeschichte *geschrieben* wird. Als Ulrich Gregors *Geschichte des Films ab 1960*[2] erschien, galten die Hauptkapitel ausgewählten Produktionen verschiedener Länder. Eine Summe aus Längsschnitten ergab den Querschnitt, in diesem Falle: das Destillat Filmgeschichte. Gewiß ereignet sich die Produktion in nationalen Zusammenhängen, aber eben nur die *erste* Produktion. Die *zweite* Produktion (Zuschauer/Rezeption/Verbreitung) ereignet sich nicht in nationalen Zusammenhängen.

3. *These*: Die Filmgeschichte ist zu lange Annex der Haupt- und Staatsgeschichte gewesen und einem nationalpolitischen Standpunkt untergeordnet worden. Es gibt über den Film zu viele Ländermonographien.

Innerhalb der Länderkapitel widmet Gregor, nach einer Einführung in wirtschaftliche und politische Aspekte der nationalen Kinematographie, den Filmemachern als Autoren kleine monographische Essays.

4. *These*: Die Filmgeschichtsschreibung steht, wo nicht unter nationalem Primat, unter literaturwissenschaftlichem Einfluß. Der Regisseur als Autor wird zur Ordnungsachse des historischen Materials ernannt.

Was in den traditionell bestimmten Werken der Filmgeschichtsschreibung verloren geht, ist ein Verlust beim Transport des Makro-Bereichs Geschichte zum Mikro-Bereich ästhetischer Manifestationen. Der französische Historiker Marc Ferro hat gezeigt, mit welchen unaufwendigen Mitteln derlei Verluste aufzufangen sind. In seinem schmalen Band zum Thema *Cinéma et Histoire*[3] findet sich z.B. eine Studie zur Überblendungstechnik im Film JUD SÜSS (D 1940, Veit Harlan), die in ihrer methodischen Strenge und ihren gedanklichen Ergebnissen einige Monographien zum Thema nationalsozialistischer Film leicht aufwiegt.

5. *These*: Die Filmgeschichtsschreibung soll den bloß historischen Standpunkt verlieren und Erkenntnisse im Mikro-Bereich ästhetischer Manifestationen sammeln. Monographien zu Fragen des Genres, der Parameter Musik, Ton, Licht, des Ausdrucks von Mimetik sind erhellender als herkömmliche Abrisse über Produktionsumstände der Maschine Kino.

6. *These*: Die Filmgeschichtsschreibung muß sich entautorisieren und Filme gleichsam anonym als überlieferte Dokumente, politisch wie ästhetisch imprägniert, entziffern.

7. *These*: Filmgeschichte ist eine Arbeitshypothese der Produktion vom nationalpolitischen Standpunkt aus gesehen. Von der zweiten Produktion gese-

hen, dem Zuschauer, ist Filmgeschichte: Gegenwart. Jede Retrospektive, zumal wenn sie einem Star wie Rudolph Valentino oder Marlene Dietrich gilt, ist ein Revival, d.h.: eine Wiedererweckung scheintoter Mythen. 8. *These*: Es gibt keine Filmgeschichte. Es gibt eine Produktionsgeschichte, und es gibt Filme. Die Produktionsgeschichte kann erforscht, beschrieben und revidiert werden. Die Filme widersetzen sich der historisierenden Rezeption. Sie sind die einzigen Bilder, die dem kollektiven Gedächtnis der Zuschauer im *Musée imaginaire* gehören.

Erstveröffentlichung: *Film und Fernsehen in Forschung und Lehre* Nr. 5, 1982, S. 82-83 [Anm. s. S. 476].

»Die Augen wollen sich nicht zu jeder Zeit schließen«
Filmkritik und der Junge Deutsche Film

1.

Dies ist kein monographischer Abriß zur Geschichte einer Zeitschrift, dies sind nur Bemerkungen zu einer neuen Lektüre von zehn verflossenen Jahrgängen. In diesem Zeitraum wurde zweifellos Filmgeschichte gemacht. Die Zeitschrift aber, um die es hier geht, war ein Organ, das in erster Linie Filmkritik-Geschichte machte. Sie war kein Kampfblatt für eine neue Produktionsform von Filmen. Sie war allerdings ein Forum für eine neue Produktionsform von Kritik. Nicht zufällig steht im Mittelpunkt der Debatten der hier behandelten Dekade immer wieder das sogenannte Selbstverständnis: Nahezu alle Mitarbeiter traten auf mit einem theoretisch gedachten Beitrag zum Selbstverständnis: Was ist Filmkritik, was könnte sie sein? Eher als an einer Bestandsaufnahme des Normativen waren die Beiträger an einem Entwurf des Utopischen interessiert. Der Idealfall von Filmkritik, im Lichte der Gnade durch die Kritische Theorie der Frankfurter Schule besehen, wurde angestrebt. Vorgreifend wollte diese Zeitschrift sein, jedenfalls mehr als eingreifend: Das überließ sie den Kollegen der Zeitschrift *Film*,[1] die sich in ihren Anfängen als politisch liberale Antwort auf die dezidiert linke Kritik der Zeitschrift *Filmkritik* verstand, die nicht einmal das Monopol auf diesen Standpunkt behaupten konnte. Mitte der sechziger Jahre bereits polemisierte die Frankfurter Zeitschrift *Filmstudio*, deren Beiträger direkt aus den Seminaren von Horkheimer und Adorno stammten, gegen die bloß ästhetische Linke der Münchener *Filmkritik*.

2.

Im Jahre 1961 erschienen zwei Streitschriften zur Lage des deutschen Films, die beide die Misere des Films auch als Misere der Kritik erklärten. Walther Schmieding schrieb:

Schuld an der Misere des Films ist auch die deutsche Wissenschaft, die sich der Beschäftigung mit dem Film beharrlich entzieht. Es gibt keinen Lehrstuhl für Filmwissenschaft in Deutschland, keine filmwissenschaftliche Literatur, keine filmhistorische Forschung, keine Akademie, an der die jungen Regisseure, Kameraleute, Autoren und Dramaturgen studieren könnten.[2]

Die Kritik geht der Produktion oft voraus. Sie muß den Mangel im öffentlichen Bewußtsein verankern, um Perspektiven für die Produktion zu zeigen. Joe Hembus weist in seiner Polemik *Der deutsche Film kann gar nicht besser sein* auf den Anfang der Zeitschrift *Filmkritik* hin:

> Wenn wir schon keine jungen Filmschöpfer haben, die die erschöpften Altmeister ablösen könnten, so haben wir doch schon eine junge Kritiker-Generation, die der Generation der Rezensions-Altmeister weit überlegen ist. Enno Patalas ist der führende Kopf dieser jungen Kritiker.[3]

Zum führenden Kopf innerhalb des Teams um die *Filmkritik* zu werden, war nicht einfach. Als einen der Gründe nennt Patalas – zwanzig Jahre später – in einem pessimistischen Rückblick auf die zögerliche, verspätete Entfaltung des *Jungen Deutschen Films* ein Mangel-Syndrom: »Decades of provincialism in the German Cinema have also left their mark on German critics.«[4]

Keine Filmwissenschaft, keine Filmakademie, keine Kinemathek, so orientierten sich die jungen Kritiker zwangsläufig am Ausland und schrieben sich ihre Filmliteratur selber. Die erste deutsche seriöse Filmgeschichte mit kritischen Akzenten in der Nachfolge Kracauers erschien in der Bundesrepublik 1962. Verfasser waren die führenden Köpfe der Zeitschrift *Filmkritik*: Ulrich Gregor und Enno Patalas. Auffällig viele Beiträger geben im Selbstportrait, das fast jeder Mitarbeiter im 100. Heft der Zeitschrift (*Filmkritik* Nr. 4/1965; im Folgenden Ausweis aller Zitate und Verweise aus der *Filmkritik* mit Nummer, Jahrgang und Seitenzahl direkt im Fließtext in Klammern) entwarf, an, bedeutende Impulse aus der Sicht- und Lehrstätte der Cinémathèque française in Paris empfangen zu haben. Enno Patalas und Frieda Grafe wurden zu den bedeutendsten Mittlern französischer Filmliteratur in Deutschland. Ihrer Übersetzungsarbeit wird unsere Kenntnis der Texte von Renoir, Godard, Truffaut und Rohmer verdankt.

3.
Die Anfänge liegen im Dunkeln der Restaurationszeit. Die Adenauer-Ära war die Zeit der dumpfen Heimatfilme, der Glorifizierung alter Nazi-Militärs und der Festigung autoritärer Leitbilder in Form von Ärzte- und Försterfilmen. Die *Filmkritik* bekämpfte die filmischen Harmonieprodukte

zum Wirtschaftswunder. Sie rieb sich daran, woran sonst in der Presse niemand Anstoß nahm: daß die alten Regisseure, die durch das Naziregime sich künstlerisch wie politisch unrettbar kompromittiert hatten, weitermachten wie bisher. Aus den Jahren 1958 bis 1962 fallen die Filme von Wolfgang Liebeneiner, Kurt Hoffmann, Alfred Weidenmann und Veit Harlan negativ auf. Im filmpolitischen Bereich wehrt sich die Zeitschrift vehement gegen die Zensureingriffe der FSK (»Freiwillige Selbstkontrolle der Filmwirtschaft«). Besonders die antifaschistischen Filme aus dem Ausland – das ist eine Tautologie, denn die Filmnazis im frühen Westdeutschland arbeiteten an der Exkulpierung der Faschisten – kürzte und verstümmelte die FSK.

Wie Eric Rentschler in der perspektivisch gesehen besten Einführung zur Geschichte des *Neuen Deutschen Films* schreibt:

The editors of *Filmkritik* sought to promote an engaged leftist form of criticism. They drew inspiration from foreign models as well as Kracauer's belief in film's ability to disclose the working of physical reality and to reveal the collective disposition of a nation. [...] Clearly, the links between *Filmkritik* and Young German Film were not as direct as those between *Cahiers du Cinéma* and the *Nouvelle Vague*. Still, connections did exist.[5]

In welcher Form die Verbindungen existierten, soweit sie über das Gastspiel von Enno Patalas in der Rolle eines Landpfarrers in Werner Herzogs Kaspar-Hauser-Film JEDER FÜR SICH UND GOTT GEGEN ALLE (BRD 1974) hinausgingen, dazu erfolgen hier einige Notizen.

4.

Stellt man eine Liste der Mitarbeiter der Zeitschrift zusammen, deren Artikel im Jahrzehnt 1960 bis 1970 der *Filmkritik* das intellektuelle Profil gaben, dann fällt vor allem die Kontinuität einer Lebensarbeit für den Film auf. Alle Mitarbeiter von damals haben heute Schlüsselpositionen inne. Damals waren sie als Kritiker die von der Industrie und der Tagespresse verlachten Außenseiter. Heute sind sie, soziologisch gesehen, die wichtigsten *gatekeeper* für die Herstellung, den Vertrieb und die Kritik von Filmen. Die Rede ist hier von: Helmut Färber (Dozent für Filmgeschichte an der Hochschule für Fernsehen und Film, München), Frieda Grafe (Filmkritikerin der *Süddeutschen Zeitung* und Übersetzerin französischer Filmliteratur), Ulrich Gregor (Ko-Direktor der Berlinale und Leiter des Internationalen Forums des Jungen Films), Klaus Hellwig (Filmproduzent, u.a. von Straub/Huillet), Peter W. Jansen (Abteilungsleiter für Kultur beim *Südwestfunk*, der Filmverantwortliche für die ZDF-Sendung »Aspekte«, Mitherausgeber der »Reihe Film« im Hanser Verlag), Urs Jenny (Kulturredakteur beim *Spiegel*), Theodor Kotulla (Filmregisseur), Dietrich Kuhlbrodt (wichtigster Kritiker des anderen, des experimentellen Films), Peter M. Ladiges (freier Regisseur und Autor), Enno Patalas (Direktor des Filmmuseums München), Helmut Regel (Historiker in der Filmabteilung des Bundesarchivs), Martin Ripkens und Hans Stempel (freie Autoren und Regisseure), Günter Rohrbach (Geschäftsführer der Bavaria-Atelier GmbH), Wilhelm Roth (Verantwortlicher Redakteur der Zeitschrift *epd-Film*), Siegfried Schober (Filmredakteur *Die Zeit*) und Heinz Ungureit (Hauptabteilungsleiter Fernsehspiel- und Film-Produktion ZDF).

Einzig die Kritiker Uwe Nettelbeck und Herbert Linder, deren Beiträge zum Ende der sechziger Jahre zu den schärfsten Polarisierungen innerhalb der Zeitschrift führten, haben sich einer einflußreichen Position verweigert. Für sie ist die Produktion von Filmen nicht die natürliche Fortsetzung der Produktion von Kritik mit anderen Mitteln. Der neben Patalas Mitverantwortliche der *Filmkritik* war der leider früh verstorbene Autor Wilfried Berghahn (1930-1964). Ihm widmeten Gregor und Patalas ihre 1965 erschienene *Geschichte des modernen Films*; ihm widmete sein Freund aus dem Bonner Studentenfilmclub Jürgen Habermas auch 1968 sein Buch *Erkenntnis und Interesse*.

5.

Sieht man die Zeitschrift ganz von außen an, erkennt man, daß sie sich dem *Jungen Deutschen Film* zögernd annähert. Den Sprung auf die Titelseite (Heft 4/62) schafft zum ersten Mal der Dokumentarfilm NOTABENE MEZZOGIORNO (BRD 1962, Hans Rolf Strobel, Heinrich Tichawsky). Als für den untersuchten Zeitraum letzter Film gelangt auf die Titelseite Rudolf Thomes ROTE SONNE (BRD 1970) (Heft 1/70). Erkennbarer Höhepunkt ist der Jahrgang 1967. Da sind auf dem Titel abgebildet Fotos aus den Filmen DER SANFTE LAUF (BRD 1967, Haro Senft), MAHLZEITEN (BRD 1967, Edgar Reitz), MORD UND TOTSCHLAG (BRD 1967, Volker Schlöndorff), TÄTOWIERUNG (BRD 1967, Johannes Schaaf), KUCKUCKSJAHRE (BRD 1967, George Moorse) und 48 STUNDEN BIS ACAPULCO (BRD 1967, Klaus Lemke).

Ebenso sprunghaft, wie es sich bekundete, flaut das Interesse der Zeitschrift am *Jungen Deutschen Film* wieder ab. Die Regisseure sahen in der Gegenzeitschrift *Film*, die visuell mehr Reichtum als die ästhetisch rigorose *Filmkritik* versprach, ein besseres Forum für die Selbstdarstellung ihrer Politik. Genau das war die Sache der *Filmkritik* nicht. Sie hielt an der Prämisse fest, daß Kritik in erster Linie produktiver Widerstand bedeutet und keine Zuflucht für Kumpanei, wie manche Münchener Regisseure es erwartet hatten. Allerdings wird der verantwortliche Redakteur von *Film*, Werner Kließ, behaupten, die *Filmkritik* kooperiere mit der Filmindustrie. »Die Zeitschrift läßt sich Titelbilder von Verleihern bezahlen.«[6] Ich habe, um diese kühne Behauptung zu widerlegen, keinen Einblick in die Buchhaltung genommen.

Der Zusammenbruch der Nachkriegsindustrie fällt zeitlich mit dem Hoffnungsaufschwung der Oberhausener zusammen, deren »Manifest« Patalas begrüßt als »Die Chance« (4/62). »Wenn sich aus der Geschichte des Films etwas lernen läßt, so dies: daß Zeiten der Unsicherheit, der Krise, des Umbruchs, der künstlerischen Entfaltung des Mediums weit günstiger sind als Zeiten der Sekurität und Prosperität.« (4/62, S. 146) Im Kommentar (6/62) behandelt der gleiche Autor das erste Instrument der neuen Produktionspolitik, das *Kuratorium Junger Deutscher Film*.

Patalas konstatiert, worin die Hoffnung der Oberhausener bestehen kann: »Filmpolitik wird Kulturpolitik. Das läßt für die Zukunft hoffen.« (6/62, S. 242) In der gleichen Nummer kommt Günter Rohrbach in einer Kritik zur Einschätzung, daß Veselys Film DAS BROT DER FRÜHEN JAHRE (BRD 1962), eines der ersten Beispiele des *Jungen Deutschen Films*, ein »zu lang geratener Kurzfilm sei. [...] Veselys Mißerfolg wird nirgends mehr bedauert als in dieser Zeitschrift. Dennoch hat es keinen Sinn, die Augen davor zu verschließen.« (6/62, S. 264)

Die Kritik will nicht Komplize der Filmindustrie sein, die gewiß erwartete, daß ein neuer deutscher Film als *Neuer Deutscher Film* schon Kredit erhielte kraft dessen, daß er ein deutscher Film sei. Die Filmkritik wollte kein Auge zudrücken. LES YEUX NE VEULENT PAS EN TOUT TEMPS SE FERMER, so hieß Straub/Huillets OTHON-Film im Originaltitel.[7] Straub wurde neben Godard zum Hausgott der Zeitschrift. Tatsächlich muß man sich fragen, warum die Industrie bloß für die Erneuerung der nationalen Produktion Rabatt erwarten würde. Das hätte dem Leitsatz der Zeitschrift, die es auf die Gleichzeitigkeit ästhetisch-politischer Phänomene unabhängig der jeweiligen Länderproduktion absah, widersprochen. Schließlich nannte sich die Filmkritik nicht »Deutscher Film«.

6.

Wilfried Berghahn, neben Patalas verantwortlicher Redakteur, den die Frankfurter Gruppe um das *Filmstudio* unsinnigerweise nach dem Tod spekulativ gegen Patalas ausspielte, sah sich Filme der Münchener Schule an, zu der er Regisseure wie Herbert Vesely, Edgar Reitz, Franz-Josef Spieker, Haro Senft und andere zählte. Seine Einschätzung kommt einer entschiedenen Absage gleich. »Die Filme der Münchener sind nicht ahistorisch, sie sind unhistorisch.« (4/63, S. 161)

Mehr noch als »Papas Kino« (eine Anspielung auf Truffauts berühmte Schmähung des konventionellen »cinéma à papa«) kauften die Münchener Regisseure »der bundesdeutschen Gesellschaft gerade den schönen Glanz ab, durch den sie sich so gerne repräsentiert fühlen möchte.« (4/63, S. 161) Berghahns Vorwürfe an den *Jungen Deutschen Film* zeihen ihn einer

»Fortsetzung des traditionellen Irrationalismus, der Huldigung an den schönen Schein der bestehenden Welt und hermetischer Konstruktionen im Glashaus.« (4/63, S. 162) Das liest sich wie eine frische Lektüre von Horkheimer und Adornos *Dialektik der Aufklärung* (1947), mit deren Abdruck des Kapitels »Kulturindustrie« ein Vorläufer der Zeitschrift[8] einst eröffnet wurde. Berghahns Kritik fordert von den Regisseuren mehr als den Beweis eines tadellos beherrschten Handwerks. Sie fordert in der Kritik von Gesellschaft schon eine dialektische Kritik des Mediums, in dem Kritik, und sei es als Film, sich darstellt. Film, so interpoliere ich diese Behauptung, ist ein Gegenprodukt zur bestehenden Wirklichkeit und eben nicht deren bloß ironisch gebrochene Verlängerung auf Zelluloid. Auf den *Neuen Deutschen Film* setzte Berghahn keine Hoffnungen. Zum Selbstverständnis der *Filmkritik* schrieb er:

Auf die einfachste Formel gebracht, würde das theoretische Bekenntnis der Mitarbeiter dieser Zeitschrift wahrscheinlich lauten: zwischen Produktion und Kritik habe ein dialogisches Verhältnis zu herrschen [...] der Kritiker müsse immer auf dem Sprung nach vorn sein und immer geneigt, sich vom Zukünftigen, Noch-nicht-Verwirklichten mehr zu erhoffen als vom Bestehenden. (1/64, S. 5)

Diese Forderung ist deutlich stärker imprägniert von der utopischen Linie Adornos als der historisch-kritischen Linie Kracauers.

Im gleichen Heft gibt Heinz Ungureit einen Überblick über »Filmpolitik in der Bundesrepublik« und Helmut Färber eine Kritik an Straubs Filmdebüt mit MACHORKA-MUFF (BRD 1962) . Darin herrscht noch nicht der Enthusiasmus einer Entdeckung. Da ist noch viel Reserve und auch unmöglicher Hochmut. Straubs Film sei »eine Art pervertierte Idylle. [...] An Karl Kraus darf man nicht denken.« (1/64, S. 36) Nein, das darf man im Ernst nicht. Daß *Die Fackel* von Kraus keine satirische Wochenschau war, weiß der Kritiker. Ich zitiere ihn hier nur, um anzudeuten, daß die Maßstäbe im Anfang der *Filmkritik* die höchsten waren.

Im Heft 7/65 sind schon Fotos aus Straub/Huillets Film NICHT VERSÖHNT ODER ES HILFT NUR GEWALT, WO GEWALT HERRSCHT (BRD 1965) gedruckt, allerdings unter der heute dramatisch anmutenden Kolumne »Film im Untergrund«. In Heft 1/66 erscheint das »Erste Lexikon des *Jungen Deutschen Films*«. Es gibt biographisch-filmographische Selbstauskünfte von Alexander Kluge, Vlado Kristl, George Moorse, Edgar Reitz, Peter Schamoni, Ulrich Schamoni, Volker Schlöndorff, Haro Senft, Jean-Marie Straub (Danièle Huillet wird noch nicht erwähnt als Ko-Autorin), Hans Rolf Strobel/Heinrich Tichawsky und schließlich Herbert Vesely. Plötzlich sind sie da. Vom Rande her treten sie ins Register ein. Heft 2/66 spricht schon von der »Deutschen Welle« (nicht zu verwechseln mit der gleichnamigen Rundfunkanstalt!) – in bewußter Nähe zur wahlverwandt gefühlten *Nouvelle Vague*.

In einem Brief an seine Leser schreibt Patalas zu den Regisseuren dieser Welle, deren Produkte noch kaum wahrgenommen, geschweige denn kritisiert und eingeschätzt wurden: »Wir werden weiter die Propagandisten ihrer Chance, aber nicht die ihrer Versäumnisse sein.« (2/66, S. 62) Bleiben wir bei der Einschätzung der Regisseure Straub/Huillet als der Probe aufs Exempel, so fällt die ihrem Werk stetig erwiesene Aufmerksamkeit ins Gewicht.

Drehbuch-Exzerpte aus NICHT VERSÖHNT erschienen in 2/66, in 3/66 kritisiert Frieda Grafe den Film. Ihre Verteidigung ist eine Illustration ihrer eigenen Film-Poetik. Sie spielt nicht Film gegen Literatur, Straub/Huillet gegen Heinrich Böll aus. Sie setzt auf ein Drittes, nämlich den spezifischen Blick Straub/Huillets, der Kunstwerke gleichsam dokumentarisch behandle:

> Die Glaubwürdigkeit und Verbindlichkeit von Straubs Film hängt nie ab von den fein ausgedachten Personenkonstellationen und Situationen des Romans (*Billard um halbzehn*), sondern immer von der Position des Zuschauers zu ihnen, von seiner Reaktionsfähigkeit und Sensibilität und vor allem von seiner Bereitschaft, auf bestimmte Zeichen zu antworten. (3/66, S. 144)

Abgesehen von der unerhörten Entdeckung des *impliziten Zuschauers*, die Grafe hier gelingt, ist das Zitat ein kurzes Credo ihrer eigenen kritischen Position. Sie verfügt nicht von oben herab über den verhandelten Film. Sie liest dessen Material unter dem Kriterium der Sensibilität, d.h. ihrer ästhetischen Kompetenz, den Film als Artefakt aus Zeichen zu deuten. Ohne dem Strukturzwang der Semiotik als einer wissenschaftlichen Disziplin zu verfallen, findet Grafe hier zu einer Position als Kritiker, die sie vor allen anderen Mitarbeitern auszeichnet. Weder schrieb sie in der Schule der kracauerianischen Soziologen wie Gregor und Patalas (Berghahns Fall lag anders, wie bemerkt), noch verfiel sie der Sensibilität, für die die Subjektivisten der siebziger Jahre (wie Bädekerl, Schober und Wenders) sich selber feierten.

Berghahns kollektivierende Einschätzung der Münchener Regisseure (vergleiche »Ansichten einer Gruppe« in 4/63) gedachte Patalas unter dem geborgten Titel »Ansichten einer Gruppe« in 5/66 fortzuschreiben. Er portraitiert darin die Münchener »Sezession« (ohne eine kunsthistorische Anspielung), zu der er Straub/Huillet und Peter Nestler, Eckart Schmidt, Rudolf Thome, Max Zihlmann und Klaus Lemke rechnet. Wie man deren Werke *einer* Sezession zuschlagen kann, bleibt unerörtert. Das Ergebnis dieser etwas oberflächlichen, weil dem Etikett und Zwang einer an sich nicht zusammengehörigen Gruppe unterworfenen Einschätzung, ist folgendes: »Möglich, daß die Neue Münchener Gruppe eine Schwabinger Episode bleibt. Möglich, daß selbst Straub und Nestler einmal lediglich als Vorläufer in der Erinnerung bleiben werden.« (5/66, S. 249)

Das war denkbar als Prophezeiung; aber in der Zukunft, wie man heute weiß, nicht möglich. Nestler und Straub/Huillet bleiben Vorläufer, d'accord, doch in einer Sache, in der sie selber nie aufgehen sollten: der Gesamtheit des *Jungen Deutschen Films*.

7.

Positiv wird der Debütfilm Alexander Kluges ABSCHIED VON GESTERN (BRD 1966) gewertet. Heft 9/66 setzt eine Szene mit Alexandra Kluge vor der reaktionären Deutschlandkarte (in den Grenzen von 1914) aufs Titelblatt und bringt ein eingehendes Interview mit Kluge. Heft 10/66 druckt einen Auszug aus dem Protokoll des Films, einen Festivalbericht von Patalas »Dr. K. erobert Venedig« und eine Kritik von Frieda Grafe:

> [Kluges] Verfahrensweisen sind nicht Folge von Ausdrucksnot. Das macht sie barbarisch neu. In gewisser Weise ist Kluges Verhältnis zur Kinogeschichte ein ähnliches wie das seiner Anita G. zur deutschen Geschichte. Dadurch erst entsteht vollends der Eindruck, daß dieser Kahlschlagfilm der politischen und sozialen Situation Deutschlands absolut adäquat ist. [...] Der Blick, der Gang, die Gesten von Alexandra Kluge geben den Gedanken von Alexander Kluge Brisanz. (10/66, S. 550)

Der Bruch mit den gängigen Kino-Codes steht im Zentrum der Kritik. Kluges Schnitt- und Montagetechnik gilt hier als »barbarisch neu«. Das meinte eben nicht die zyklisch erwartete Erneuerung aus dem Material der Filmgeschichte, die sich bekanntlich nicht von selber vorwärts bewegt. Das meinte den anti-klassischen Gestus, mit dem Kluge später das *cinéma impur* fordern wird. Der zweite Terminus, der in Grafes Text aufhorchen läßt, ist »Kahlschlagfilm«. Er knüpft bewußt an den von der literarischen »Gruppe 47« geprägten Begriff der »Kahlschlag-Literatur« an, mit dem jene Gruppe nach 1945 einen radikalen Neuanfang zu setzen glaubte. Wenn Kluge laut Grafes Einschätzung 1966 einen »Kahlschlagfilm« drehte, dann impliziert diese Kritik auch eine Kritik an der zeitlich unerhörten Verspätung des Neubeginns im deutschen Film. Vom ästhetischen Gestus eines Kahlschlages geht eine aggressive Dekonstruktion des Materials aus. Ein Regisseur, der etwas »barbarisch Neues« setzt, wirkt in der gewählten Metapher wie ein Pionier auf Neuland.

Die Fragmentierung des historischen Blicks, in der die Geschichte (*history*) als notwendige Baustelle der Geschichte (*story*) erscheint, sowie die sinnliche Übersetzung in die Körpersprache der Hauptdarstellerin (die

Gedanken im Film sind eine Summe, sagt Grafe, aus Blick, Gang und Gesten) sind ein Indiz dafür, daß Kluges »barbarisch« neuartige Kinomittel in ihren Parametern erkannt und dargestellt wurden. Doch geht der Zeitschrift *Filmkritik* der diskursive Text ein wenig aus den Augen, je mehr sie sich im Jahre 1967 als ›Tribüne‹ des *Jungen Deutschen Films* versteht. Da darf jeder mal auftreten und sich im ausführlichen Gespräch zu Wort melden. Vlado Kristl, Edgar Reitz, Johannes Schaaf, George Moorse und Klaus Lemke werden vorgestellt. Auffällig ist, daß die schonungslosen, theoretisch nach Frankreich orientierten Kritiken zu Einzelwerken des *Jungen Deutschen Films* nicht vom verantwortlichen Redakteur, sondern vielmehr von Frieda Grafe geschrieben werden. Über Lemkes Film 48 STUNDEN BIS ACAPULCO urteilt Grafe:

ACAPULCO ist der filmgewordene Wunschtraum eines kinofrustrierten jungen Deutschen, der nie Gelegenheit hatte, in Cinematheken zu gehen und das zu tun, was jedem, der mal ein Buch schreiben möchte, selbstverständlich ist, sich vollstopfen mit allem Wichtigen, das schon gemacht wurde. (12/67, S. 679)

Beschrieben wird hier gleichsam archetypisch das Mangel-Syndrom, das die Produkte des *Jungen Deutschen Films* beherrschte. Mangel an filmtechnischer Ausbildung, an einem kritischen Überblick in Filmgeschichte. Viele junge Regisseure sind von der Möglichkeit, Filme zu machen, so berauscht, daß ihnen »Kino« wichtiger wird als »Film« und die Veränderung der Welt wichtiger als die Kritik der Mittel, mittels derer die Welt im Film veränderbar wäre.
Patalas spricht sich im Jahr der Studentenunruhen und des definitiven »Abschieds vom Gestern« der Adenauer Ära und ihren Nachzuckungen in der Regierung Erhard deutlich aus: »Filme zu machen ist nicht dasselbe wie die Revolution zu machen. Eines ist kein Ersatz für das andere.« (4/68, S. 241)
Die Vertreter des politischen Films von der Berliner Filmakademie wie Farokki und Bitomsky fanden ihre Theorie-Plattform in der Zeitschrift *Film*, ehe sie selber Mitte der siebziger Jahre der Redaktion der *Filmkritik* beitraten.
Endlich werden, das ist ein schwacher Reflex des Jahres 1968, die Filme des experimentellen, des Anderen Kinos entdeckt. Die Redaktionsmitglieder Ladiges, Gregor und Patalas berichten über die Filmstadt Hamburg, den Gegenpol Münchens. Zum ersten Mal werden die dokumentarischen Arbeiten von Klaus Wildenhahn erwähnt. Helmut Herbst muß als Sprecher der Hamburger Filmgruppe zu Recht bemängeln: »In Deutschland sind praktisch überhaupt keine Kritiker für eine neue Art von Film da.« (4/68, S. 249)
Der Mitarbeiter Dietrich Kuhlbrodt wird sich in den folgenden Jahren auf dem Gebiet des Anderen Kinos hervorragend spezialisieren.

8.

Dem *Jungen Deutschen Film*, der sich im Konkurrenzblatt *Film* in so hemmungsloser Selbstdarstellung ausbreiten durfte, als habe er vergessen, die Leinwand zu erobern, wird in der *Filmkritik* schon das Requiem gesungen, angestimmt von Patalas grundsätzlich Einspruch fordernder Polemik im Aufsatz »Die toten Augen«. Drei Filmbeispiele werden analysiert, Kluges DIE ARTISTEN IN DER ZIRKUSKUPPEL: RATLOS (BRD 1968), Strobel/Tichawskys EINE EHE (BRD 1968) und Kotullas Film (Drehbuch von Martin Ripkens und Hans Stempel) BIS ZUM HAPPY END (BRD 1968). Wiederum wird das deutsche Mangel-Syndrom beschrieben. Diese Filme, sagt Patalas,

> [...] bezeugen ein hartnäckiges Mißtrauen gegenüber dem Wert sinnlicher Erfahrung, indem sie diese entweder systematisch stören (wie hauptsächlich bei Kluge) und in die Disziplin verbaler Rationalität nehmen (Strobel und Tichawsky, auch Kluge) oder von vornherein einer »kritischen« Stilisierung unterwerfen (Stempel, Ripkens, Kotulla). Eine erkennende Funktion wird den Sinnen bestritten. [...] Nicht als Glücksversprechen hier und jetzt, nicht als Aufscheinen besserer Möglichkeiten im Konkreten, nicht als Schule unserer Fähigkeiten, solche Möglichkeiten zu erkennen, verstehen unsere Regisseure das Kino. Ihre Augen sind tot. (12/68, S. 832f.)

Patalas verfängt sich in der traditionsreichen Dichotomie von konzeptueller und perzeptueller Sinnesarbeit. Er spielt, was sich polar bedingt, gegeneinander aus. Wobei es Kluge aber in seiner Filmarbeit gerade auf den Wechsel der Parameter Ton und Bild ankam, die in seinen Filmen nie ein ausschließliches Primat behaupten: »Jeder einzelne Sinn ist daher unmittelbar in seiner Praxis Theoretiker geworden«[9], wird Kluge oft mit einem Satz des jungen Marx die Komplexität seiner Sinnesarbeit verteidigen. Patalas hielt mit seinem Einspruch, der jenen Filmen alle Visualität absprach, wohl auch unerklärtermaßen ein Plädoyer für die mit seinen neuen Mitarbeitern einziehende Sensibilität in der Zeitschrift *Filmkritik*. Auf dem Festival von Oberhausen 1969, sieben Jahre nach dem verspäteten Manifest, kündigen die Mitarbeiter Gregor, Hellwig, Jansen, Kotulla, Ripkens, Stempel und Ungureit ihre Zusammenarbeit mit der *Filmkritik* auf. Damit schied eine Richtung aus, die als politischer Flügel der Zeitschrift galt. Wohl war der Flügel etwas lahm geworden, denn Politik für die neue Filmgeneration des Jahrgangs 1968 machte jener Flügel kaum. In diese Lücke stieß der Nachwuchs der Münchener Sensibilisten. Dazu zählten, damals, Gerhard Theuring, Klaus Bädekerl, Siegfried Schober und Wolf-Eckard Bühler. Ein neuer Ton kommt auf. Wim Wenders schreibt jetzt in der *Filmkritik* über neue Rockmusik mit eingestreuten Filmeindrücken. Wenders stellt zum ersten Mal Arbeiten von Werner Schroeter vor. War von 1956 bis 1962 die Vorstellung vom *impliziten Zuschauer* und der sozialen Relevanz des Films vorherrschend, so dominierte ab 1968 in der *Filmkritik* die Vorstellung vom *expliziten Zuschauer* und der persönlichen Relevanz des Films für ihn. In der Filmproduktion des *Jungen Deutschen Films* entsprach diesem Übergang der Wechsel von Kluge zu Fassbinder. Merkwürdig indifferent wurde Fassbinder in der *Filmkritik* im Gegensatz zum Werk von Kluge oder Straub/Huillet behandelt, deren erste Entfaltung sehr aufmerksam verfolgt wurde. Auch die Filme des experimentellen Kinos werden (in 11/69) noch unter der denkwürdigen Rubrik: »Jenseits (!) des *Jungen Deutschen Films*« vorgestellt, so als gehörten Dore O., Werner Schroeter, Rosa von Praunheim und Hellmuth Costard nicht selbstverständlich zur diesseitigen Welt des *Jungen Deutschen Films*.

9.

Am Ende der sechziger Jahre steht eine »Verfassung«. Die Mitarbeiter der Zeitschrift schließen sich, wohl unter dem Eindruck der Pariser »Etats Généraux du Cinéma« 1968, zu einer »Filmkritiker-Kooperative« zusammen. Enno Patalas wird, als Chefredakteur entmachtet, ihr Redaktionssekretär. Die neue Linie der Sensibilisten, die sich nun in Form der Vergesellschaftung durchsetzt und die Kritiken von Grafe und Patalas umso isolierter, auch erratischer erscheinen läßt, wird bald aus den eigenen Reihen kritisiert. Deutlich zerbrach die Redaktion am eigenen Widerspruch, die frisch gewonnene, frei flottierende Sensibilität, die es mit amerikanischer Rockmusik lieber hielt als mit französischer Theorie, nun rigoros in den Schraubstock der »Verfassung«, der reglementierten Organisation des Schreibens von Kritik zu spannen. Siegfried Schober schreibt unter der entscheidenden Frage »Kino statt Kritik?«:

Kino und nicht mehr Filmkritik, bloße Häufung von Erfahrungen und Erlebnissen und keine kritische Reflexion und Resistenz mehr, so sieht es fast aus, und wie wir anstelle von Kritik das Kino setzen, so haben wir statt der Realität Politik beinahe nur noch Images von Politik. (1/70, S. 3)

Die neue Linie siegte mit ihrem Lebensgefühl, so wie die Lebensphilosophie einst den Neukantianismus besiegen sollte. Es gab einen besonderen Grund, warum der Sieg so leicht und lautlos war. Denn das Lebensgefühl der neuen Linie wollte sich endlich einmal eins fühlen dürfen mit den Filmen. Das Positive, jahrelang durch Theorie, derzufolge das Noch-Nicht besser sei als das schon Erreichte, kurzgehalten, brach sich seine Bahn und riß die kümmerliche Position der Restkritik, die sich als Widerstand verstand gegen das bloß Bestehende, hinweg. Die Sensibilisten erlagen den Sirenen der neuen Pop-Kultur. Kann man zwar mit den Ohren in Musik eintauchen, so kann man doch nicht mit dem Körper in die Leinwand steigen. So stark muß die Sehnsucht dieser Sezessionisten nach Verkörperung im Medium gewesen sein, daß darüber die Immaterialität des Films aus den Augen kam. Diese Philosophie der Unmittelbarkeit, die sich am Subjekt des Kritikers ständig neu verzaubern mußte, konnte nicht von Dauer sein. So verschied sie rasch an Selbsterschöpfung.

Auf dem Filmfestival Mannheim 1970 fiel Straub/Huillets Film OTHON beim politisierten Publikum, das nach den Arbeitern fragte, durch. Rom hatte sich, wie man durch den Kaiser Othon, wie man bei Corneille und Straub/Huillet erfährt, erlaubt zu wählen. Münchens *Filmkritik* sollte sich für das nächste Jahrzehnt erlauben, die Augen allezeit zu schließen.

Diesen Rückzug aus der Öffentlichkeit, diesen Verzicht auf Kritik, die einst ein- und vorgriff, formulierte Uwe Nettelbeck in gewohnter Lässigkeit, die vieles auf einen Schlag zu verschenken hatte: »Ich glaube, die Sache ist gelaufen: aus und vorbei, verloren; es lohnt sich nicht mehr, seine Worte taktisch zu wählen; man kann nur noch im Hinterhalt leben, schreiben und Filme machen.« (12/70, S. 623)

Die Pioniere hatten ihre Schuldigkeit getan. Jetzt kamen die Partisanen.

Erstveröffentlichung: *medium*, Nr. 11 u. 12/1985, S. 88-94 [Anm. s. S. 476].

»Im Paternoster durch die Phänomene«
Interview mit Witte

N.N.: In welchem Ausmaß ist die Filmkritik an die Person des Kritikers gebunden? Wie weit ist sie subjektiv, wie weit objektiv?

Karsten Witte: Die Frage müßte man eingrenzen: Filmkritik wo, für wen und wann. Sprechen wir über die Geschichte der Filmkritik, oder sprechen wir über aktuelle Kritik?

N.N.: Über Tageskritik in Zeitungen.

KW: Die ist sicher an die Person des Kritikers gebunden, insofern sowohl die Zeitung als auch der Kritiker den Anspruch teilen, in dem, was geschrieben wird, ästhetische, cineastische Kompetenz zu verbreiten und ein Angebot in Form von Kritik zu machen, wie dieser Film zu lesen sei. Wenn das nicht der Fall ist, handelt es sich nicht um eine Kritik, sondern um eine Presseverlautbarung, die in der Redaktion ein bißchen verwurstet und von jemandem gezeichnet wird, der den Film nicht ernst nimmt, wie die Zeitung diesen Film dann auch nicht ernst nimmt.

N.N.: Worin besteht die ästhetische, cineastische Kompetenz?

KW: Die ist sicher eine doppelte. Ich würde sogar mit dem letzteren beginnen, sie muß im Schreiben liegen, weil sich ein Kritiker des narrativen

Mediums der Schrift bedient und im Gegensatz zum Regisseur nicht den besseren oder schlechteren Film machen muß, sondern den Film übersetzt in Form der Kritik. Er muß deshalb cineastisch kompetent sein, das gehört für mich zur ästhetischen Kompetenz, weil dieses Ressort ja immer das letzte ist, das ernst genommen wird. Das am meisten verachtete Medium erfährt auch die größte Negligenz im Ressort selber. Das erklärt sich kulturgeschichtlich. Über Filme schreiben Reporter, Sportberichterstatter, Hospitanten, Auszubildende. Der Film steht also immer an letzter Stelle, wo keine fundierte ästhetische Kompetenz mehr reklamiert wird: Zu dieser Kompetenz gehört, die Geschichte, die Theorie des Films lesen zu können; dazu gehört auch, etwas von Musik, Malerei, Plastik, Literatur, womöglich von Theater zu verstehen. In dem Sinne, in dem Film die Organisation von Körpern, von Stimmen im Raum ist, muß auch der Kritiker diese Filmsprache lesen können, muß also vielsprachig sein, weil natürlich jeder Film, jedes System, jede Epoche, jedes Genre eine andere Sprache spricht. Ich stelle rücksichtslos einen Maximalkatalog auf, nur so wird deutlich, was ich unter ästhetischer Erfahrung und Kompetenz verstehe.

N.N.: Diese ästhetische Erfahrung geht durch die persönliche Schattierung des Kritikers. Sie ist ein Pendelschlag zwischen objektiven Kriterien und subjektiven Empfindungen. Wie sieht dieser Pendelschlag bei ihnen aus?

KW: Wir sprechen immer noch von den Öffentlichkeitsbedingungen einer Tageszeitung. Da habe ich keine Schwierigkeiten, nicht über meine Empfindungen zu schreiben. Es gibt natürlich auch in der Filmkritik verschiedenen Genres wie im Film selber. Und auch die Zeitschriften haben verschiedene Genres. Es ist nicht illegitim, auch über Empfindungen zu schreiben, so wie es in der Zeitschrift *Filmkritik* Ende der sechziger, Anfang der siebziger Jahre gemacht wurde, wo etwa Siegfried Schober schrieb: »Ich bin in Rossellinis STROMBOLI – TERRA DI DIO (STROMBOLI, I 1950) gewesen und ich habe geweint.«[1] Oder Herbert Linder schrieb: »Ein Film ist ein Pflug, mit dem ich mich umgrabe.«[2] Das waren doch sehr extreme existentialistische Bewältigungsversuche, die da am Schreibtisch stattfanden. So dramatisch ist es nicht. Ich sehe auch die Vorgabe zur Sachlichkeit, die genau in der Vermittlung liegen muß. In der Schreibkompetenz liegt das Abwägenkönnen und das Genrewählen; das bedeutet, für einen Leser zu schreiben, dem ein Angebot gemacht wird, wie der Film entstanden ist und wie er zu rezipieren sei. Natürlich ist das gebrochen, gefiltert, reduziert, womöglich auch erweitert durch die Empfindlichkeit: Diese scheint mir wichtiger zu sein als eine Empfindung.

N.N.: Was ist der Zweck und das Ziel der Filmkritik? Was kann Filmkritik leisten? Soll sie eine wissenschaftlich-objektive Analyse sein? Oder Werbung für den Film?

KW: Diese Verwirrung muß man differenzieren. Denn Sie haben drei Genrespiele angeboten: Wissenschaftliche Analyse, Werbung und Kritik. Die Alltagserfahrung ist aber eine Mischform, je nachdem wie die Ansprüche der Leser und der Redakteure sind. Ich kann im *Stern* keine filmanalytische Betrachtung schreiben, wie sie in der *Frankfurter Rundschau* möglich wäre. Das ist ein pragmatisches Beispiel. Zudem soll Filmkritik nicht den Film verbessern. Filmkritik ist nicht für die Dramaturgen und nicht direkt adressiert an Regisseure, sondern an Leser, an motivierte, interessierte Laien und Spezialisten. Sie kann im besten Fall dazu dienen, Motivation und Einschätzung zu verbinden mit dem Bewußtsein von den Bedingungen, unter denen ein Film in der Geschichte dieses Mediums entstand. Filmkritik muß also zuerst einmal die Anerkennung dafür schaffen, daß es in der Hierarchie der Medien genausoviel Platz für Film und Kino geben muß wie für die letzten Pedaltechniken eines jungen Klaviergenies, das in der *Süddeutschen Zeitung* von Joachim Kaiser gefeiert wird. Es muß genauso wichtig sein, periphere, nicht europäische Erfahrung über afrikanisches Kino in der gleichen Zeitung durchzusetzen. Was dort nicht geht, ist dann in der *Frankfurter Rundschau* möglich. Es sind ja auch kulturpolitische Entscheidungen, die von dieser Plazierung abhängen.

N.N.: Sie beziehen sich jetzt auf den kulturpolitischen Aspekt, aber was sind die Ziele der Filmkritik, wenn wir uns auf den Film als Kunstform beschränken?

KW: Platz zu gewinnen. Wo ich schreibe, steht nichts anderes mehr, da steht keine Literaturkritik, keine Musikkritik; gegen die habe ich gar nichts, aber es geht darum, einen Anspruch auf Selbstverständlichkeit sichtbar zu machen. Im Radio und im Fernsehen, in den nicht schriftlichen Medien ist das Problem weitaus gravierender, denn dort sind depravierte Formen zu bemerken, viel stärker noch als in den Tageszeitungen. Daher finde ich es spannender, für's Radio zu schreiben, in Form einer Ansprache, die man natürlich schriftlich verfaßt hat, aber man spricht, das ist eine andere Form, jemanden zu erreichen.

N.N.: Was soll eine Kritik über einen bestimmten Film, über einen bestimmten Regisseur beim Leser bewirken?

KW: Die Situation ist nicht so pathetisch, daß, wenn *ich* nicht über einen Film schreibe, überhaupt nicht über diesen Film geschrieben wird. Der Regelfall ist doch, daß es einen öffentlichen Diskurs gibt, der über einen bestimmten Film geführt wird. Dieser Diskurs muß ähnlich variabel und vielstimmig sein wie das allgemeine Angebot. Es muß möglich sein, abweichende Meinungen aufgrund unterschiedlicher Verfahrensweisen zu äußern. Wenn ich über griechischen Film schreibe, muß es möglich sein, die verwickelte, unbekannte politische Geschichte des Nachkriegs-Griechenland, die z.B. Theo Angelopoulos in allen seinen Filmen thematisiert, aber in den Formen wieder latent versteckt, einem deutschen Leser sichtbar zu machen. Es muß aber auch möglich sein, an dieser Arbeit die ästhetischen Verzahnungen sichtbar zu machen und den Film nicht auf seine Fabel, das Buch nicht auf die Dialoge zu reduzieren. Es muß möglich sein, die Komplexion filmischer Arbeit zu würdigen. D.h. im besten Fall: den Leser mit der spezifischen Lösung vertraut zu machen, die für diesen Film gefunden ist – und es kann gar nicht speziell und genau genug sein.

N.N.: Auf welche Kriterien beziehen Sie sich, wenn Sie das »Spezifische« eines Films entdecken wollen? Wenn Sie über Filme anderer Kulturen schreiben, ist das ein ziemlich schwieriger Übersetzungsprozeß, da man doch auch einen eurozentristischen Blick auf andere Kulturen hat.

KW: Man muß sich einerseits sachkundig machen, aber andererseits kein ethnologisches Referat abliefern. Gleichviel, ob man über japanischen oder afrikanischen Film schreibt, man tut dies ja als europäischer Kritiker für ein europäisches Publikum. Dabei ist es allein schon eine Aufgabe, in den Zeitungsredaktionen durchzusetzen, daß über diese Themen geschrieben werden muß, kann oder darf. Wir sind ja alle medienabhängig und keine Eigentümer von Zeitungen. Weil es sich schon allein dabei um einen Verteilungskampf handelt, gilt es, diesen sichtbar zu machen. So wie es in der Filmwirtschaft A-, B- und C-Filme gibt (abhängig u.a. vom Budget), gibt es auch A-, B- und C-Kritiker, also eine klare Hierarchie, von der die Leser nichts wissen. A-Filme, wie etwa von Angelopoulos oder Straub/Huillet bespricht auch ein A-Kritiker, der zugleich Redakteur der Zeitung ist. Er geht mit seinem Text und seiner Stellung in der Zeitung keine Risiken ein. Der Redakteur überläßt und verteilt, was er für B- und C-Filme oder B- und C-Länder hält. Ein Volontär, ein Anfänger oder ein Student, der Enthusiasmus und Sachkunde mitbringt, hat die Chance, sich zu beweisen, indem er diese Hierarchie durchbricht und mit dem Anspruch eines A-Kritikers über C-Filme oder C-Länder schreibt. Auch da muß es Mischformen, muß es Vielstimmigkeit geben. Alles andere sind idealtypische Konstruktionen, um zu verdeutlichen, was kann man wie durchsetzen.

N.N.: Welche Möglichkeiten hat man als europäischer Filmkritiker, das »Spezifische« eines japanischen Films zu erkennen?

KW: Das kann man ganz leicht deutlich machen. Es hat in den fünfziger und sechziger Jahren in der herrschenden Filmkritik die Anschauung gegeben, es gäbe nur drei große Klassiker des japanischen Films, und der eine sei japanischer als der andere und der japanischste sei der Epiker Ozu. Der andere ist der Lyriker, Mizoguchi, und dann haben wir noch einen Dramatiker, der immer diese Ritterfilme macht, das ist Kurosawa. Das ist bequem und denkfaul, weil es mit Klischees und herkömmlichen Gattungen arbeitet. Das konnte aber nicht anders sein, weil die Japaner selbst die Filme bedeutender Regisseure und bedeutender Epochen zurückgehalten haben, die sie nicht für exportfähig hielten. Sie glaubten, die Filme seien so japanisch, die verstünde niemand außerhalb ihres Landes. Hier läßt sich zunächst eine interkulturelle Differenz beschreiben. Im nächsten Schritt besteht dann die Notwendigkeit, aufeinander zuzugehen und zu fragen, worüber wissen wir noch gar nichts? Die Filmfestivals von Locarno und Venedig sind solche Schaltstellen, da werden ganz ›neue‹ Filme aus Japan gezeigt, die auch schon vierzig Jahre alt sind und nicht nach »Klischees« und »Genres« ausgerichtet sind, sondern nach Alltag. Mikio Naruse ist ein solcher Filmregisseur, der die Gewöhnlichkeit des Alltags verfilmt hat, mit mittlerem Realismus, mit Mischformen der Genres, ohne extreme Stilisierung. Und eine solche Mittelmäßigkeit – ich meine das nicht ästhetisch, sondern produktionstechnisch – macht alle Klischees der Kritik zunichte. Mit einem solchen Befund stimmt dann das Koordinatensystem der Kritik nicht mehr. Denn bei Naruse z.B. handelt es sich nicht um das »ganz Andere« des japanischen Films. Der japanische Film unterliegt hier vielmehr der Faszination der Hollywood- oder, in den dreißiger Jahren, der Ufa-Filme. Es gibt massenweise Anspielungen, Verweise auf deutsches Bier, deutsche Flugzeuge, auf deutsche Filmschlager, die dann plötzlich beim Wäscheaufhängen in einer kleinen japanischen Gasse geträllert werden. Da muß man sich fragen: Was ist die Filmsprache, gibt es ein internationales Idiom, sei es nun Englisch oder Amerikanisch, herrscht dieser Code auch in Japan und in Tunesien? Ein anderes Beispiel: wir halten die Großaufnahme, den Schuß-Gegenschuß für normal – man kann sie aber auch als eine unnötige Dramatisierung begreifen, die das amerikanische Kino erfunden hat. Denn im japanischen Film ist der Dialog ganz anders aufgelöst: Die Leute reden miteinander und blicken dabei in die gleiche Richtung, z.B. bei Ozu. Aber nicht nur da, sondern in fast allen japanischen Filmen. Sie unterliegen nicht einer dramatischen Vereinzelung im Dialog. Das ist *ein* Element, das man erkennen kann und als solches der Abweichung beschreiben müßte.

N.N.: Das würde einen eurozentristischen Blick brechen?

KW: Ja, das hoffe ich.

N.N.: Die neugewonnene Perspektive kann wieder gebrochen werden. Führen diese ständigen Brechungen zu einer Paralyse beim Schreiben? Man hat plötzlich gar keinen Blickpunkt mehr, unter dem man einen Film ansehen kann.

KW: Das glaube ich nicht. Es schreibt ja nie einer für alle. Es gibt ja die Programmkonkurrenz auch gegen andere Kritiker, gegen andere Zeitungen. Und dieser Diskurs, den ich fordere, der setzt sich ja schon ab. Man muß sehen, in welchem Umfeld von Meinungen, von Kompetenz man schreibt. Und man gewinnt für seine Anschauungen nur dadurch Profil, daß man sie ziemlich konsequent, beharrlich und auch mit taktischen Mitteln durchsetzt und immer wieder behauptet.

N.N.: Soll Filmkritik eine erklärende bzw. belehrende Funktion haben?
KW: In dem Maße, in dem Film selber Kritik des Alltagslebens ist, kann die Kritik in der Tageszeitung diesen kritischen Impuls aufgreifen. Charlie Chaplin ist für mich eine Form der Kritik des Alltagslebens. Durch komische Formen sind Korrekturen entweder zum Außenseitertum oder zur gesellschaftlichen Norm möglich. Diesen Anstoß, den der Film selber gibt, meine ich zu verlängern. Ob die Kritik nun belehrend sein muß, das ist eine Frage des Geschicks, d.h. wie elegant, wie klug ein Kritiker seine Erkenntnisse darbietet. Wir müssen dann über Möglichkeiten von Darbietungsformen sprechen. Ich lese nicht gern didaktische Aufsätze, ich lese gern Hintergrundberichte, wobei ich nicht die Produktion meine, sondern ästhetische Lesearten.

N.N.: In der Filmkritik gibt es zwei unterschiedliche Arbeitsmethoden: einerseits dem Leser Informationen zu geben, mit deren Hilfe er den Film auslegen kann, oder andererseits, den Film selbst zu interpretieren.
KW: Das kann ich nicht trennen. Filmkritik folgt ja nicht den Montageregeln einer Wochenschau, über Eröffnungen, Dampferfahrten, Zoobesuche und Staatsempfänge zu berichten. Der Diskurs muß doch vereinheitlicht sein. Er muß das in eine Perspektive bringen, was ich an Informationen, Analyse und Urteil auf verschiedenen Ebenen vorgegeben habe. Das ist ja gerade die Arbeit des Kritikers, einen vereinheitlichten Diskurs über diese Parameter zu führen.

N.N.: Schränkt Filmkritik nicht das Urteil des Kinobesuchers zu sehr ein?
KW: Jetzt kommen wir zu den Genrespielen der Kritik. Ist man offen, ist man hermetisch, ist man wasserdicht, dogmatisch oder ist man so assoziationsreich, das Gespräch des Films über sein Medium hinaus zu verlängern? Das nimmt noch mal die Frage auf, in wessen Namen spricht der Kritiker? Stelle ich die Fragen, die der Film mir stellt? Oder mache ich Angebote, die Leser meiner oder einer Kritik aufgreifen können. Das sind Vorschläge. Aber ich würde das nicht so verfestigt sehen, daß andere Meinungen nicht mehr möglich sind. Es gibt im Übrigen als aktuelle Tendenz eine ganz starke Gegenbewegung, Kritik, also all das, was Urteil, Resümee, Einschätzung angeht, narrativ aufzulösen. Etwa nach dem Muster: »Als ich neulich ins Kino ging, geriet ich in die falsche Tür. Ich wollte den Hitchcock-Film gar nicht sehen, blieb dann aber sitzen...«[3]

N.N.: Kritik also als literarisches Genre?
KW: Als Spaziergang. Der Kritiker als Flaneur von Eindrücken, die seine Selbstbefindlichkeit schildern in Form einer Reportage. Das ist aber ein anderes Genre, das zurzeit viel Aufwind hat.

N.N.: Filmkritik als extreme Subjektivierung. Das andere Extrem wäre die reine wissenschaftliche Analyse.
KW: Erstens glaube ich nicht, daß es überhaupt noch reine Formen gibt. Es gibt auch unreine Mischformen. Zweitens glaube ich, daß alles, was

wir tun und erfahren, von der Ästhetik der Mischform bestimmt ist. Auch die sogenannte reine Wissenschaft hat Vorbedingungen, die sehr unrein sind, wobei ich das nicht mit moralisch übersetze.

N.N.: Filmkritik verkommt immer mehr zu Beschreibung von einzelnen Sequenzen.

KW: Das würde ich nicht verachten. Das finde ich wichtig.

N.N.: Joris Ivens ist der Meinung, daß die Kritiker durch die Beschreibung von Szenen den Film zerstören.

KW: Je komplexer eine Kritik ist, desto mehr Öffnungen hat sie nach außen: Öffnungen zur Unterhaltungskunst, die bedingt, daß der Leser die Kritik zuende liest; Öffnungen zur Wissenschaft, so daß sie auch für andere Leser interessant ist; Öffnungen zur Kunst, indem man einen bestimmten Diskurs führt. Ich muß darauf zurückkommen, daß es ein offenes Genre sein muß. Was die Beschreibung des Films und die Zerstörung angeht, kann man doch fragen, was wird beschrieben? Wird – was die Regel ist – die Fabel nacherzählt? In diesem Fall handelt es sich doch um vorgegebene Pressetexte und Standfotos, die die Industrie in den Zeitungen durchsetzen möchte. Alles wird schon so kodifiziert, mit Tonausschnitten, Filmausschnitten, daß kein Redakteur mehr selbst bestimmen kann, was er seinen Lesern, Hörern anbieten möchte. Diese vorgeschriebenen Texte erzählen nicht nur die Fabel des Films, sondern auch die der Vita seiner Schauspieler, an die man als Verlängerung des Films glauben soll; und deren Leben bereichert dann unser Phantasieleben? Darum kann es ja nicht gehen. Eine Beschreibung eines Films halte ich für eine ästhetische Arbeit, für einen Erkenntnisprozeß, der höchstens den Mythos zerstört, aber nicht den Film. Wenn der Film das nicht überlebt, ist er es auch nicht wert.

N.N.: Können Sie entscheiden, welches Foto zu Ihrer Kritik erscheint?

KW: Ich versuche darauf Einfluß zu nehmen. Ich kriege drei oder fünf Fotos. Die kürzeste Kritik ist die Auswahl des Fotos und gar nichts weiter abzudrucken. Das ist auch eine Filmkritik.

N.N.: Das Foto hat dann die Funktion, daß der Leser das Foto mit dem Film in Verbindung bringt?

KW: Ja. Der zweite Schritt wäre, nur dieses Bild zu beschreiben, weil ich an diesem Bild erkennen kann, ob es symptomatisch für die Arbeitsweise des gesamten Films ist. Ich kann an diesem Bild Dechiffrierarbeit leisten. Größere Filmessays fange ich mit der Bildauswahl an. Das ist das Allerwichtigste. Zweitens mit einer Bildlegende, mit Beschreibung zu diesem Bild. Das hat für mich relativ autonomen Charakter. Und dann erst schreibe ich einen Text. Auswahl, Bildunterschrift und Text sind voneinander so autonom, daß der Redakteur plazieren kann, wie er will, weil die Texte im Idealfall gleich nah und gleich fern zum Zentrum sein müssen. Mit anderen Worten: es muß auch ein ästhetisches Spiel sein, mit diesem Material umzugehen, um die Aufmerksamkeit von Lesern zu wecken.

N.N.: Godard meint, daß das Foto nur dazu dient, daß der Leser den Film wiedererkennen soll.

KW: Ja, das ist eine Verschärfung, wie sie Godard zueigen ist, daß er dann umso besser seinen Feind, die Industrie, abschießen kann. Es gibt ja nicht den idealen Zuschauer, und jeder Leser hat eine eigene ästhetische Kompetenz. Für diese Leute macht Godard Filme. Es sind keine dummen Schafe, die er beglückt mit seinen Geschenken.

N.N.: Soll Filmkritik so geschrieben sein, daß auch jemand, der den Film nicht kennt, diese Kritik liest?

KW: Filmkritik ist keine Gebrauchsanweisung, wie das die Boulevardpresse in München oder Wien macht, mit einer Gradmesserzahl oder mit Sternchen oder Herzchen: gehen oder nicht gehen. Das ist eine Verbraucherberatung, die den Film schon vor der Anschauung verbraucht.

N.N.: Auch in Berlin im tip?

KW: Das darf man nicht ausschließen. Und fast alle Kritiker machen bei diesen albernen Tabellen von Punkten für Analphabeten mit. Wenn ich erführe, daß nur ein Satz aus meiner Filmkritik am nächsten Tag in den Annoncen der Zeitungen, in den Heften der Filmverleiher wieder auftaucht, dann hätte ich verloren. Ich hätte dann eine schlechte Kritik geschrieben, weil es möglich war, einen Satz, der Resümee, Glück oder sonst welche Verheißungen verspricht, herauszugreifen und für den Gewinn zu verhaften. Es gibt Kritiker, die so resümierend schreiben. Ein Beispiel in diesem Zusammenhang ist der Film KOYAANISQATSI (KOYAANISQATSI – PROPHEZEIUNG, USA 1982, Godfrey Reggio). Was hat in allen Annoncen gestanden? »Die schärfste Droge, die für zehn Mark zu haben ist.« Das war der Schlußsatz einer Kritik von Hans-Christoph Blumenberg: eine Verheißung![4] Das führte dazu, daß dann alle in den Film reingerannt sind. Sätze von Frieda Grafe, von Wolfram Schütte, vielleicht auch von mir sind schon schwieriger als Anzeigen zu verkaufen. Es ist allerdings auch schon vorgekommen, daß ein Regisseur einen Absatz aus meinem Text als Anzeige nachgedruckt hat. Dafür hat er dann zehn Mal soviel bezahlt, wie ich mit der ganzen Kritik verdienen konnte (lacht). Auch das gehört zu den Absurditäten des Zusammenhangs. Die Kritik hat in der Zeitung bloß den Platz, der nicht als Annoncenteil verkauft wurde. Manche Zeitungen entscheiden etwa in letzter Minute nach Anzeigenaufgebot, was an Kritik mitfährt und was im Stehsatz bleibt.

N.N.: Wie ist das Verhältnis von Filmkritik und Werbung? Kann Filmkritik gegen Filmwerbung eigentlich etwas ausrichten?

KW: Für oder gegen FIRST BLOOD (RAMBO, USA/AUS 1982, Ted Kotcheff) zu schreiben ist völlig sinnlos, hat aber für die verschiedenen Ziele der Kritik und der Werbung unterschiedliche Resultate. Ich kann nicht verhindern, daß die Leute Stallone gut oder schlecht finden, und dies mit einem Verriß so beeinflußen, daß sie aufgrund der Kritik dann nicht ins

Kino gehen. Wenn das die Intention ist, bedeutet das eine Enttäuschung. Anders ist es, wenn die Absicht des Kritikers darin besteht, aus FIRST BLOOD eine interessante Zeitdiagnostik zu gewinnen: Nämlich die Frage zu stellen, warum die Leute womöglich in diesen Film gehen. INDIANA JONES (USA 1981-1989, Steven Spielberg) etwa ist für mich eine verschärfte Herausforderung an die Filmgeschichte, an die Sozialgeschichte. Allein darin hat Filmkritik ihren Platz, worin auch Kulturkritik aufscheint. Um es – mit Hanns Eisler – einmal verschärft zu sagen: »Wer nur etwas von Musik versteht, versteht auch von Musik nichts.« Und ich finde, daß man Film in dieser Komplexion sehen muß. Um zur Werbung zurückzukommen: es gibt Filmverleihe, die Filmkritiken nicht lesen, sondern nur mit dem Lineal nachmessen. Wie lang sind sie, und – unbeschadet der Tendenz der Kritik – je länger desto besser, weil soziale Aufmerksamkeit erregt wird. Ich habe ja auch die Freiheit, über bestimmte Filme kurz oder lang oder auch nicht zu schreiben. Über STAR WARS (USA 1977-1983, George Lucas) oder über FIRST BLOOD zu schreiben interessiert mich weniger, als über Filme zu schreiben, die sonst gar keine Aufmerksamkeit hätten. Mit der Werbung ist es schwierig, weil ich glaube, daß die Werbung zunehmend autonome Formen annimmt. Es wird z.B. ganz hart strategisch daran gearbeitet, Platz in bestimmten Fernsehsendungen zu bekommen. Das Fernsehen ist, sui generis, kein kritisches Medium. Die Kritik ist auf dem Rückzug. Und selbst die Angebote der Tageszeitungen, die Magazine beilegen, wie die *Frankfurter Allgemeine Zeitung*, um viele Werbeträger auf Tiefdruckpapier zu gewinnen, sind auch Angebote an die Filmjournalistik, Bilderstories, Dabeisein-Stories zu bringen. Diese Dabeisein-Phantasie, daß ein Glanz von Informiertheit, Intimität auch auf den Leser abfällt, wird von diesen Magazinen geführt, sehr massiv übrigens vom *Zeit-Magazin*. Die Redaktionen solcher Magazine sind gegenüber den Kulturredaktionen autonom.

N.N.: Würden Sie sich als Außenseiter bezeichnen?

KW: Nein. Ich bin mit meiner Position sicherlich auf dem Rückzug, stärker als vor zehn oder 15 Jahren, bevor die verschiedenen Positionen der Filmkritik so polarisiert waren. Aber ein Außenseiter bin ich überhaupt nicht.

N.N.: Und Außenseiter hinsichtlich der kritischen Position?

KW: Ich kenne noch Verbündete.

N.N.: Wie weit mißtrauen Sie Ihren ersten Eindrücken? Wie sieht es aus mit Korrekturen?

KW: Bei jedem Artikel hat man die Möglichkeit, sich zu irren, aber man hat selten die Möglichkeit, sich auch öffentlich zu korrigieren und ein Fehlurteil zurückzunehmen, zu erklären. Blumenberg hat z.B. zwei Mal über HAMMETT (USA 1982, Wim Wenders) geschrieben und ist in der zweiten Kritik selbstkritisch geworden: »Ich habe den Film nicht verstanden, falsch eingeschätzt und ungerechterweise verrissen.«⁵ Das konnte er als fester Redakteur machen. Mir würde kein Redakteur den Platz geben, um zu sagen: Ich muß mich korrigieren, ich habe mich geirrt. Es gibt sicher Fälle, in denen ich mich geirrt habe. Es wandeln sich auch meine Anschauungen, z.B. zu Straub/Huillet-Filmen. Das kann man an den einzelnen Beiträgen ablesen, in denen ich dieses Werk nach wie vor verfolge, aber nicht verwerfe. Ich möchte mich immer wieder damit auseinandersetzen, aber ich sehe immer weniger Grund, den einstigen Impetus, den ästhetischen Schock, den diese Filme ausgelöst haben, in meinen Kritiken zu verlängern. In dem Maße, wie Straub/Huillet-Filme klassizistisch werden, muß ich nicht ihre permanente Revolution mitfeiern.

N.N.: Kommen wir zur Verantwortung des Kritikers. Ein Kritiker kann über Erfolg oder Mißerfolg eines Films entscheiden. Wie gehen Sie damit um?

KW: Ich sehe das nicht so dramatisch. Ich bin nicht die einzige Instanz. Es gab übrigens während der ersten Zeit solche Vorwürfe: Als ich als Anfänger über Filmanfänger schrieb, vor 15 oder zwansig Jahren in der *Frankfurter Rundschau* über das »neue deutsche Kino«, haben mich Regisseure angerufen und beschimpft, ich hätte sie vernichtet, ihren Film vernichtet. Und die sind trotzdem nicht zum Arbeitsamt gegangen. Also das waren Dramatisierungen einer Form, den Diskurs nicht über den Film zu führen, sondern über die Existenz. Mit mir spricht ja auch kein Regisseur über meine Form der Existenz als Kritiker. Die Verantwortung teile ich mit den Leuten, die diese Filme machen. Ich habe eine Verantwortung, gut zu sein. Das ist die einzige, die ich annehmen würde.

N.N.: Was ist gut? Haben Sie dafür Kriterien?

KW: Soviel wie möglich sehen und sich immer wieder auch mit scheinbar gelösten Positionen auseinandersetzen! Es passiert häufig, daß man auf Retrospektiven ein Gesamtwerk sieht, und dann denkt man, man hat diesen Regisseur oder diese Regisseurin verstanden und weiß nun, wo sie stehen. Aber das ist immer nur vorläufig.
Meine Regel ist, nie über einen Film zu schreiben, den ich nicht zwei Mal gesehen habe. Das ist eine Arbeitsregel, und die kann ich mir leisten, weil ich nicht zwei Stunden später die Kritik in den Satz geben muß, sondern meistens ein, zwei Tage Zeit habe. Die Ansprüche, die die Zeitung an mich stellt, stelle ich auch an die Zeitung.

N.N.: Sehen Sie einen Film im Kontext mit dem übrigen Werk?

KW: Kompetenz betrifft ja nicht nur die filmische Sprache und die Übersetzung in ein Stück Literatur. Kritik ist seit dem 18. Jahrhundert ein Genre der Literatur, von Leuten, die Kritik erfunden und die Kritik betrieben haben, nämlich den französischen Aufklärern. Ebenso ist die Produktionsform von Film wichtig. Ich muß als Kritiker schon wissen, wie ein Film entsteht, aber ich muß keinen eigenen Film gemacht haben.

Diese Forderung stellen aber merkwürdigerweise viele Leser an Kritiker, wenn es heißt, ein Literaturkritiker ist kein Romancier geworden und der Musikkritiker hat keine Kompositionen geschaffen. Das halte ich für ein reaktionäres Argument.

N.N.: Fassbinder hat das auch behauptet.

KW: Er ist selbst durchgefallen an der Filmhochschule in Berlin.

N.N.: Fassbinder hat gemeint, es gibt fast keinen Filmkritiker, der nicht selber Filme drehen möchte.

KW: Andererseits hat er Wolfram Schütte über alles geschätzt, sich ihm anvertraut, ihm seine Arbeiten zuerst gezeigt. Ein solches Argument ist überhaupt nicht konsistent. Es gibt Leute, die solche Gespräche suchen, und solche, die sie ablehnen. Ich hatte einmal einen Verriß über Bernhard Sinkels TAUGENICHTS (BRD 1978) geschrieben, den ich verheerend fand in der Anmaßung, risikofrei Filme zu machen. Danach gab es eine Fernsehdiskussion, zu der wir beide eingeladen waren aufgrund dieser Kritik, und er hätte mich in Grund und Boden donnern können und mich widerlegen können in einer Live-Diskussion. Er hielt es nicht für nötig, und ich habe das respektiert, weil er sagte, ich mache Filme, er soll seine Kritiken machen, auch wenn er meine Filme nicht gut findet – und hat dem Redakteur abgesagt.

N.N.: Bresson ist der Ansicht, daß jeder Verriß oder jede Lobeshymne von einem Mißverständnis ausgeht.

KW: Das finde ich nicht. Das ist für mich keine Maxime. Bresson ist für mich ein wichtiger Regisseur, mit dem ich mich immer wieder auseinandersetze, aber wenn er z.B. seine Anschauung über die Ästhetik schriftlich niederlegt, wird daraus eine kleine Handbibel europäischer Cineasten.[6] Das ist ein Mißverständnis, das nicht mehr zu korrigieren ist, weil Bilder offen zu den Rändern sind. Ich habe Schwierigkeiten, weil die Filmkritik kein historisches Genre ist, man muß gucken, gibt es Vorbilder, gibt es Einflüsse, gibt es Schulen, gibt es Verbündete oder Partisanen.

N.N.: Das sagt auch Bresson.

KW: Aber er steht nicht allein da. Er möchte so gerne ganz allein sein. Er hat so viel Unterstützung, ich kenne niemanden, der Bresson gescheit verrissen hat. Deshalb ist es in den Wald gerufen, er hat ja sowieso alle Unterstützung von kritischer Intelligenz, die er auch braucht. Wie Duras hat er immer einen Extrabonus. Der Unterschied: Duras macht keine Filme mehr und wird leider parodistischer mit jedem Buch. Aber sie konnte sich das Negativ-Profil leisten und hat das auch noch produktiv eingesetzt. Das finde ich wieder großartig.

N.N.: Benjamin verlangt von der Kritik, daß sie vollkommen in ihrem Gegenstand aufgeht. Das Gegenbeispiel wäre eine Filmkritik, die aus völliger intellektueller und emotionaler Distanz betrachtet, erkennt und analysiert. Welche Form liegt Ihnen näher?

KW: Für mich sind beide Richtungen eine Herausforderung, weil sie sich überhaupt nicht widersprechen. Das kann sich nur der Zuschauer leisten, ganz in den Phänomenen aufzugehen, und d.h. ja: ganz in ihnen zu verschwinden. Der Kritiker muß zurückkommen, und zwar mit einem Text. Dieses Aufgehen hat also auch eine Gegenbewegung, die Zeugnis ablegt von der produktiven Reibung oder Begegnung und nicht vom Verschwinden. Ich muß, egal wie der Schock oder die Verbitterung ist, mit einem Text zurückkommen, der intersubjektiv ist. Ich bin nicht emotionsfrei, ich bin empfindlich, ich bin gereizt: Auch das ist möglich in Kritiken, aber ich muß diese Emotionen doch so beherrschen, daß daraus ein Gesprächsangebot wird, daß es ein kritisches Argument gibt. Im übrigen sympathisiere ich, um nicht auszuweichen, mit der ersten Haltung: Sich an den Phänomenen zu reiben, sich ihnen anheimzugeben, das hat Walter Benjamin viel schlechter gelöst als sein Freund und Mitstreiter Siegfried Kracauer. Damit habe ich einen Punkt, ein ›Gebirge‹ genannt, in dem ich immer wieder ›klettere‹ und was für mich eine Herausforderung an die aktuelle Filmkritik bedeutet. Aber dieses diskursive Modell zerfällt. Ich bin ein Fossil. Ganz junge Kritiker sagen: Kracauer ist Scheiße, Kritische Theorie ist Scheiße, wir sind die Video-Clip-Generation und brauchen alle drei Minuten eine neue Sensation, und so muß auch der Text sein. So bilden sich Fronten – die auf nicht geführten Auseinandersetzungen beruhen –, die mit jedem Text wieder angerissen werden.

N.N.: Um noch einmal auf Benjamin Bezug zu nehmen. Er schrieb in der Zwischenkriegszeit, daß uns die Phänomene schon so auf den Leib rücken, daß wir sie nicht mehr in Distanz rücken können. Das moderne amerikanische Kino läßt auch überhaupt keine Distanz zu.

KW: Doch, denn die Sinnlichkeit im Kino ist eine andere als die am Schreibtisch. Wenn ich mich für diese Strategie entschieden habe, nicht Filme zu machen, sondern über sie zu schreiben, dann muß ich nicht enteignet oder überrollt werden. Ich muß nicht kapitulieren, und ich muß nicht sagen, es gibt keine Filmkritik. Dann muß ich auch sagen, es gibt keine Filme, dann gibt es keine Zeitungen und keine Leser. Dann irrealisiert sich alles.

N.N.: Wie sehen Sie die Zukunft des Kinos? Vor allem das Verhältnis des Films zum Fernsehen und zum Video.

KW: Diese Frage ist so alt wie die Medien selbst. Die Malerei wurde von der Fotografie nicht abgelöst, sondern entlastet, um Portraits für den zivilen Alltag herzustellen. Nun ist wieder ein Punkt erreicht, wo der Antagonismus Film und Fernsehen nicht mehr zur Debatte steht. Heute geht es bloß um das unaufhaltsame Verschwinden des Kinos als sozialem Raum, und trotzdem wird es noch Refugien in Form von Museen geben. Der Film und die Filmgeschichte werden Teil der Kunstgeschichte insofern, als in den siebziger und achtziger Jahren überall neue Museen entstanden sind.

Das Museum ist nun der soziale Ort, an dem man sich auch zeigt und sich öffentlich zerstreut, statt nur zu meditieren oder zu ›versinken‹. Diese Doppelbewegung ist schon von der Frankfurter Schule erkannt worden. Das dramatische Verschwinden wird mit einer gleichzeitigen Musealisierung verbunden sein. Was die Generalität des Angebotes angeht, es wird Videotheken geben, öffentliche und private, wie man ja schließlich auch seine eigenen Bücher sammeln kann. Das ist genauso differenziert wie die Literatur. Kein Literaturkritiker schreibt über Comics und über Thomas Bernhard gleichzeitig – oder mit der gleichen Kompetenz. Alles ist hochgradig spezialisiert.

N.N.: Außer Umberto Eco und Roland Barthes.

KW: Benjamin, Bloch, Adorno, Kracauer haben das natürlich genauso getan: einen unverschämten Zugriff auf die *Mythen des Alltags*[7] gewagt. Sie sind im Paternoster durch die Phänomene gefahren. Solche Positionen sollte man deshalb nicht aufgeben, weil sie immer noch eine große Freiheit im Schreiben anbieten.

N.N.: Diese Musealisierung, das Verschwinden des Kinos als Ort der Rezeption, bedeutet, daß sich die Filmerfahrung sehr verändert. Die Festivalberichte etwa beginnen großteils mit einem Abgesang auf die Festivals, mit einem Klagechor auf die Strapazen...

KW: ... ein Wetterbericht darf nicht fehlen...

N.N.: ... inwieweit beeinflußt der Berufsalltag die Qualität der Arbeit?

KW: Nicht so sehr. Denn natürlich ist es auch das Privileg der A-Kritiker, zu diesen Festivals zu fahren, weil sie eingeladen oder von ihren Redaktionen geschickt werden. Ich zähle mich ohne Empörung zu den B-Kritikern. Ich kann keine filmpolitische Linie durchsetzen, ich kann höchstens eine filmkritische behaupten. Ich kann in Redaktionen nichts entscheiden, ich kann vor allem andere Kritiken nicht verhindern. Deshalb muß ich die Auseinandersetzung in den Texten führen.

N.N.: Hans-Christoph Blumenberg hat gemeint, daß Filmkritiker kaum älter werden als 40.

KW: Es gibt viele Kollegen, die jünger sind, aber es gibt noch Kollegen, die mit mir angefangen haben vor zwansig Jahren und gar nicht daran denken aufzuhören. Es stimmt, daß die Fluktuation groß ist, d.h. daß diese Arbeit wenig Leute findet, die ein ausdauerndes Interesse haben, nachdem die Tageskritik erschöpft und ausgeschrieben ist.

N.N.: Blumenberg hat gemeint, daß einem die Worte ausgehen...

KW: ... daß man dem Film nicht mehr näher kommt. Dieses kritische Gefühl habe ich manchmal auch, kritisch im Sinne der Verengung oder der Paralyse. Es macht mir immer weniger Spaß, aktuelle Filmkritiken zu schreiben, weil die Genremuster ausgereizt sind. Ich muß ja auch mich überraschen können, sonst ist es eher langweilig, sonst könnte ich Grammatik unterrichten oder Bücher übersetzen.

N.N.: Nach welchen Kriterien unterscheiden Sie U- und E-Filme, kommerzielle und künstlerische Filme?

KW: Diese Unterscheidung muß man immer wieder selber treffen, weil diese Spartentrennung von Musikredaktionen in Rundfunk und Fernsehanstalten eingeführt wurde. Das spielt für mich überhaupt keine Rolle. Ich schreibe sehr gern über Komödien, über Musicals, bin ein großer Freund des Unsinns von Groucho Marx, Fred Astaire und Hans Moser. Das ist eine Herausforderung, weil das Leute sind, die von sogenannten seriösen Kritikern als nicht diskursfähig erachtet werden. Ich habe einmal eine ganze Zeitungsseite über Hans Moser gemacht. Ich bin sogar einmal zu einem Moser-Kongreß nach Wien eingeladen worden und habe mir den Zorn der dort versammelten Veteranen zugezogen. Das war eine unglaubliche Kampfhaltung, ich habe Hans Moser als den Diener deutscher Herren vorgestellt und trotzdem das sozial nicht so verachtet, daß man nicht darüber reden sollte.

N.N.: Kommt dieser Anspruch aus der Kritischen Theorie?

KW: Ja, es wäre schön, wenn man das erkennen könnte. Ich möchte das in dieser Tradition sehen. Ich habe ein Buch über Filmkomödien geschrieben,[8] die alle ungesehen sind und so verachtet, daß sie in keiner Filmgeschichte vorkommen. Das ist ja auch interessant, über die vielen blinden Flecke zu schreiben.

N.N.: Das ist ein soziologisches Interesse, das jetzt auch in der Literatur zu beobachten ist: Die Hinwendung zur Trivialliteratur, die Aufwertung einer Literatur, die nicht beachtet wurde.

KW: Und trotzdem sind diese Filmkomödien dauernd präsent in Bayern III, im ORF, im DDR-Fernsehen, im ZDF. Das ist doch das Unglaubliche. Es wimmelt doch von diesen alten Filmen, und warum sind die anhaltend so unterhaltsam: Weil sie die sozial Ausgegrenzten binden, während die bewegliche Generation ins Grüne will. Es bindet die Alten und die Kinder vorm Fernseher.

N.N.: Hartmut Bitomsky meint, daß die Unterhaltungsfilme 1938/39 von dem bevorstehenden Krieg ablenken sollten.[9]

KW: Ich nenne diese Filme Zulenkungs- und nicht Ablenkungsfilme.

N.N.: Ist der Autorenfilm heute noch möglich oder nurmehr ein Relikt, das im Filmmuseum besichtigt werden kann? Es gibt Regisseure im New British Cinema, die in dieser Richtung arbeiten, aber dann sehr schnell in der Maschinerie versinken.

KW: Stephen Frears in Hollywood?

N.N.: Ja genau.

KW: Das sehe ich nicht so bedrohlich, wie immer, wenn man etwas vereinheitlicht. Es gibt die Computer-Filme, die von Computer-Kritikern bedient werden, und trotzdem dämonisiere ich nicht, was aus Hollywood kommt. Es gibt sehr aufregende Independants, es wird immer wieder aufsässige, querdenkende Filmstudenten in New York, Los Angeles und Chicago geben, die zyklisch alles in Frage stellen. Wenn ich an Coppola, Spielberg und Cassavetes, der erst sehr spät seine Filme machen konnte, denke, sehe ich keine Bedrohung durch Ausschließlichkeit. Es gibt immer wieder Tendenzen, die aber wie bei Coppola so größenwahnsinnig werden, daß sie ihren eigenen Verfall schon im Computer haben. Nicht alles ist megalomaner zu machen. Da gibt es Grenzen der Belastbarkeit. Aber ich mache daraus keine pessimistische Haltung.

N.N.: Meinen Sie, daß der klassische Autorenfilm noch möglich ist?

KW: Ja, er ist immer möglich. Man hat ihn nur falsch verstanden, und jetzt wird er wieder ganz über Bord geschmissen, weil gesagt wird, es gäbe nur so schrecklich unbegabte Drehbuchautoren. Das stimmte auch auf dramatische Weise. Die Folge: jetzt achtet man sehr auf Drehbuchförderung, in ganz Mitteleuropa, in Wien, Zürich, München. Alles rennt hinter diesen Wunderdoktoren, den Wanderpredigern hinterher, die ihnen das Drehbuchschreiben in vier Tagen mit dem *Nürnberger Trichter* beibringen. Das ist grauenhaft. Das ist ein Krisenphänomen, das an der Struktur nicht viel ändert. Vielleicht sollte man weniger vom Autoren-, nicht vom Computerfilm, sondern mehr von der Vielfalt reden, die wir in Europa haben.

Das Interview führten Klaus Dermutz, Roswitha Flucher, Richard Stradner, 10.3.1989 in Graz.

Erstveröffentlichung: Die Kompetenz des Kritikers, *epd Film* 12/1989 (erheblich gekürzte Fassung) [Anm. s. S. 476f.].

Von der Diskurskonkurrenz zum Diskurskonsens
Zum Paradigmawechsel in der gegenwärtigen Filmkritik mit Blick auf Ozus UMARETE WA MITA KEREDO

1

Als Beispiel, um meine Position in der Filmkritik zu markieren, wähle ich den Film UMARETE WA MITA KEREDO (ICH WURDE GEBOREN, ABER, J 1932) von Yasujiro Ozu. Es handelt sich um eine japanische Komödie aus den dreißiger Jahren. Das sind für mich drei Gründe, diesen Film und eine Haltung zu ihm vorzustellen.

Erstens: das Japanische als exemplarische Qualität des Fremden, des schwer Faßbaren, des Inkommensurablen mit europäisch-amerikanischer Ästhetik – auf den ersten Blick. Auf den zweiten Blick, und aus dieser Position heraus kann erst Filmkritik entstehen, erkennt man die Bedingtheiten des Fremden, die Vernetzung mit Vertrautem, kurz, die Komplexion des Zusammenhangs von Identität und Alterität. Die langjährige Befassung mit dem japanischen oder etwa auch afrikanischen Film brächte der Filmkritik die immer noch als naturgemäß gegeben erachtete Prädominanz des eurozentrischen Blicks zu Bewußtsein – und in der Folge dessen zu einer Strategie, jene Vorherrschaft zu brechen, wo nicht zu unterminieren. Das Fremde in der Wahrnehmung erweist sich dann als zunächst unbegriffene Abweichung vom Vertrauten. Als Ozu seine ersten Tonfilme drehte, vollzog er die definitive Abkehr von den traditionellen Hollywood-Filmcodes, indem er systematisch sogenannte falsche Anschlüsse und die radikale Reduktion seiner kinematographischen Parameter durchsetzte: ohne Blenden, Fahrten der Kamera; einzig Verwendung findet das 50 mm-Objektiv und die berühmte, geradezu emblematisch gewordene Kameraposition des *pillow shot*, auf flachem Dreifuß. Diese Position nannten Grafe/Patalas eine »Kinderblickrichtung«[1], und der Filmtheoretiker Riff: »die Position des Hundeauges«[2].

Erkennt man einmal die Kohärenz in der Verwendung der filmästhetischen Parameter bei Ozu, dann öffnet sich das Fremde, vorausgesetzt, man wahrt die gebotene Distanz, zum Vertrauten. Nur wer im Kino der fünfziger Jahre aufwuchs und im Laufe der Zeit der Reife etwa Tausende von Hollywoodfilmen ansah, ohne sich je der Erfahrung von Alterität auszusetzen, kann glauben, die japanische Filmästhetik bedeute eine »Verletzung« von naturgegebener Wahrnehmung. Dabei könnte die langfristige Konfrontation mit der Alterität zu einem Bewußtsein der Differenz, zu einer Erweiterung in der Imagination, zur Welthaltigkeit erziehen.

Ozu filmt Türen und Ecken, tote Winkel, in denen sich eine Erwartung beim Zuschauer aufbaut, die nie eine dramaturgische Abfuhr erfährt. Der Schnitt der Filme verweigert sich einer vertikalen Organisation von Blikken und Gefühlen, die in der Schuß-Gegenschuß-Dramatik nicht zum Ausdruck gelangen. Im Film TOKYO MONOGATARI (DIE REISE NACH TOKYO, J 1953) sieht man, wie ästhetische Normen Reflex sozialer Riten werden. Nie werden hier Blicke als Instrument einer Fixierung gezeigt, nie vertieft sich ein Gesprächspartner tiefer in das Auge seines Gegenübers als in sein Argument. Das Gegenüber ist kein Gegenüber. Die räumliche Organisation widerspricht dieser europäischen Dramaturgie. Nach westlichem Muster der Schuß-Gegenschuß-Auflösung wird der Dialog durch eine Folge von Gesichtern isoliert. Der Zuschauer muß Empathie mit konsekutiven Gefühlen erfahren. In Ozu-Filmen sitzen Leute, die reden, einander nicht unbedingt gegenüber. Das alte Paar in TOKYO MONOGATARI sitzt nebeneinander. Mögen ihre Gesten sich kreuzen, ihre Blicke laufen parallel. Die stationäre Kamera macht aufmerksam auf diese besondere Form von Wahrnehmung, die nicht mehr individualistisch-teilend verfährt, sondern, dies eine approximative Beobachtung: sozial-einschließend. Liebende in Ozu-Filmen sagen nicht: Ich schau dir in die Augen, Kleines. Sie sagen eher: Ich schau mit deinen Augen in die Welt.

Im Maße, wie japanische Filme sich physischer Zuwendung entziehen, zumal in den dreißiger Jahren, kompensieren sie diese durch eine Zuwendung zur Außenwelt. Dergestalt beleben sich tote Winkel und füllen sich mit veräußerlichten Gefühlen, die im Dialog ausgespart blieben.

Den herrschenden Blickcode, der keinen Achsensprung über dreißig Grad erlaubt, bricht Ozu, indem er eine Blickachse aus dem Bildfeld heraus konstruiert. Statt der (üblichen) Umschnitt-Technik von dreißig auf 180 Grad schneidet Ozu häufig von neunzig auf 360 Grad. Die wahrnehmungspsychologische Wirkung solcher Schnitt-Techniken könnte man, entgegen der westlichen Fixierung auf ein Gegenüber, als eine Liquidierung des virtuellen Gegenübers benennen. Die Bewegung des Blicks ist in Ozus System wichtiger als die Wirkung des Blicks. In unseren Augen stellt dies, neutral gesagt, eine Irritation her, die nur mit einem Blick auf die Differenz und die Anerkennung fremder Codes verstanden werden kann. Georg Simmel schrieb in seinem Aufsatz über den Bildhauer Rodin: »In der japanischen Kunst [...] bewegt sich überhaupt nicht der Körper, sondern nur die Linie des Körpers, der Zweck und Inhalt der Darstellung ist nicht der bewegte Körper um seiner selbst willen und aus sich heraus, sondern eine von dekorativen Gesichtspunkten aus bewegte Umrißlinie des Körpers.«[3] Simmel sprach über Malerei, vermutlich gewann er seine Anschauung anhand der Holzschnitte des Utamaro, die zur Zeit des Japonismus in Berlin und Paris ihre Konjunktur hatten wie die japanischen Filme im Europa der fünfziger Jahre.

Sich mit dem fremden Film zu befassen erfordert kein Simulationsspiel, zum Fremden zu werden. Zeugnisse der distanzierten Aneignung aus allen Künsten und Denksparten, vor dem Film und außerhalb des Films, sind selber Stützpunkte, von einem System in das andere schweifenden Blickes überzugehen. Man kann auf diesem Weg des Hin-und-Hergehens auch Erkenntnisse der anderen Seite einbringen. Würde ich rigoros nur mit dem Produktionshorizont der Komödie UMARETE WA MITA KEREDO mich befassen, dann suchte ich nach Aufschlüssen über japanische Ästhetikvorstellungen aus den dreißiger Jahren. Dieser Schritt kann vor dem kritischen Klischee bewahren, das Fremde, der Japonismus bewahre eine zeitübergreifende, ewige Gültigkeit. Als Historiker von Ausdrucksformen im weitesten und akzelerierten Sinne sollte der Kritiker ein durchaus promiskes Interesse an anderen Künsten üben. Nur dann wird sein Beitrag eine Ergänzung der Vielstimmigkeit sein, die der Kunst wie der Kritik beharrlich abverlangt wird. Gemäß dieser Forderung liegt es nahe, einen Essay zur Hand zu nehmen, den der von Ozu so bewunderte Schriftsteller Tanizaki zur Zeit der Entstehung der Ozu-Komödie UMARETE WA MITA KEREDO schrieb:

Es ist unser Schicksal, daß wir nun einmal Dinge mit Spuren von Menschenhänden, Lampenruß, Wind und Regen lieben oder auch daran erinnernde Farbtönungen und Lichtwirkungen.

Wir sind der Meinung, Schönheit sei nicht in den Objekten selber zu suchen, sondern im Helldunkel, im Schattenspiel, das sich zwischen Objekten entfaltet.[4]

Was sich im Erkenntnisbereich der Filmgeschichte als ein Auteur-Stil des rigorosen Minimalismus bei Ozu darstellt, wird im Lichte japanischer Ästhetik zu einer übergreifenden Komplexion. Vielleicht ließe aus derlei Zeugnissen sich mehr lernen als aus den bloß empirisch verfahrenden Filmgeschichten, die sich manches Mal als Historien der Industriege-schichte verstanden. Gefordert sei hier die nachdrückliche Einladung zur Übertretung. So würde aus einer Position, die hier zu beschreiben ich ver-pflichtet wurde, eine Transition, die darzulegen ich mich verpflichtet fühle. Mein zweiter Grund, diesen Ozu-Film zu wählen, ist der Umstand, daß es sich dabei um eine Komödie handelt. Es sind von diesem Regisseur nicht viele Komödien überliefert. Seinen klassischen Ruf erwarb er sich durch die Familiendramen der sozialen Leere: Kein Autor über Ozu versäumt den Hinweis, daß auf seinem Grabstein das zenbuddhistische Äquivalent für das Nichts eingemeißelt wurde. Entscheide ich mich für einen Blick auf das Frühwerk von Ozu, ist das ein weiteres Plädoyer für Abweichung, für die Übertretung von einer Produktionsphase zur anderen. Nicht die Frage, was macht den Autor zum Klassiker, sondern die Frage, wie wurde er mit allen Unsicherheiten, mit Mißlungenem, mit zögernden Versuchen zum Klas-siker, interessiert mich. Ozu wählte für den Übergang die Komödie.

In dieser Komödie sind die Genre-Regeln offen zu den Rändern hin. Ein-flüsse des US-amerikanischen Slapstick in brutaler Gestik, Einflüsse von Lubitsch- und René-Clair-Filmen in eleganter Verflüssigung von gesell-schaftlicher Brutalität finden sich in dieser Komödie, die im Drehbuch noch einmal den Übergang, nun von einer Klasse der Kinder zur anderen der Erwachsenen, thematisiert.

Die Kinderwelt ist kein herrschaftsfreies Idyll. In ihr regiert die unverhüllte Mimik und Gestik des Tauschens, die in der Erwachsenenwelt mit be-herrschter Höflichkeit zwar geübt, doch nie gezeigt wird. Der Amateur-film, den der Direktor über seine Angestellten dreht, ist das Instrument der erhellenden Diagnose. Er ist ein Modell der ästhetischen Selbstrefle-xion, das den Kindern die Augen öffnet und sie kritikfähig zur Artikulation ihrer Revolte macht.

Diese Komödie zeigt in krasser Offenheit, zudem wie kaum eine andere Komödie zu jener Zeit, was die Regeln der Komödie bestimmt: der unver-hüllte Materialismus der Sinne, die etwas haben wollen. Ohne den Umweg über verdeckende Konventionen ist der Hunger Motor jedweder Motivation. Hunger nach Brot (oder Reis), nach Hilfe, nach Anerkennung, nach Zuwendung einer sozialen Gruppe durch die Meinungsführer ihrer Gruppe, seien es die stärkeren Kinder oder die vorgesetzten Erwachsenen. Das Melodram (die einzig überzeugende Übersetzung der theatralischen Tragödie) hingegen geht mit seinen Wünschen nach dem Haben-Wollen den Umweg über das Sein-Wollen. Immer werden die Ideen gegen die Interessen ausgespielt, nur in der Komödie widerfährt den Sinnen, die Ideen über Dinge ergreifen, Gerechtigkeit.

Auch bei Ozu siegt nicht die sozial ausgleichende Gerechtigkeit, aber doch ein Pakt zwischen den Klassen der Kinder und der Erwachsenen über die Bedingtheiten von Macht und Machtdelegation. Die politische Botschaft, die sich aus Ozus Konfliktlösung des Films ergibt, ist die, eigene Angelegenheiten beweglich, autonom und überschaubar zu regeln. Auch wenn das Ende vieler Komödien die soziale Korrektur zur je herrschenden Norm befürwortet, dürfen die Sinne, die nach Wünschen (nach Geld und/oder Sexualität, die Zu- und Abwendung regulieren) hungern, sich in der Komödie austoben. Ein Happy-End, das einmal mobilisierte Energien in Erkenntnisse umsetzt, ist selber als Genre-Konvention durchschaubar, mit der 89 Minuten lang schweifende Blicke sich mit einem Augenzwinkern verabschieden.

Kurz, die Filmkomödie ist ein Genre des Übergangs, ein Stück verquerer Hoffnung inmitten der verkehrten Welt und ein Befreiungsangebot, in der materiellen Mechanisierung von Macht ebendiese der Lächerlichkeit preiszugeben. Selbst der Metaphysiker Henri Bergson wird physisch, wenn es um die Komik geht. In seinem berühmten Essay *Das Lachen* fand er die Schnittstelle, die in der Komödie sich zwischen Interesse und Idee zeigt. Das Komische, konstatiert Bergson, sei etwas Mechanisches, das Lebendiges überdecke.[5]

Mein dritter und letzter Grund, diese japanische Komödie zu kommentieren, ist, daß sie aus den dreißiger Jahren stammt. Diese Dekade interessiert mich im besonderen Maße, denn in ihr ist der Film geprägt von einer Umstellung vom stummen zum tönenden, sprechenden, singenden Film. Zu einer Zeit, in der die Europäer und die Amerikaner längst ausschließlich Tonfilme drehen, halten die japanischen Regisseure, hält die Industrie noch am Stummfilm fest. Diese Ungleichzeitigkeit ist nicht allein aus Reserve gegen technologische Innovation zu erklären, die zudem höchst »unjapanisch« wäre, sie ist aber teilweise aus der sozialen Institution des *Benshi* erklärbar, des professionellen Filmerklärers, der zur Projektion der Stummfilme nicht nur die Handlung erklärt, sondern alle Rollen mit dramatischer Stimmimitation nachgestaltet: der *Benshi* wird sogar noch, freilich als überlebte Figur für soziale Außenseiter, in So Yamamuras Debütfilm KANIKOSEN (*Das Krabbenschiff*, J 1953) als Einsprecher eines der »Zorro«-Filme Hollywoods thematisiert.

Der Übergang vom Stumm- zum Tonfilm war ästhetisch gesehen zwar ein Zugewinn an Realismus, ging aber auch auf Kosten einer zur Endphase des Stummfilms schon erreichten modernen Erzählform nicht-aristotelischer Prägung. Der technische Fortschritt, auf der Tonspur hörbar, war auf der Bildspur nicht zwangsläufig sichtbar. Der deutschsprachige Film um 1930 zeichnet sich durch eine anregende Welle von Experimenten mit dem neuen Medium des Tons aus, die von der japanischen Filmindustrie aufmerksam verfolgt wurden – und häufig parodiert. Plakate von Joan Crawford, Miniaturausgaben von Clark Gable, Ufa-Lieder auf den Lippen der Ladenmädchen von Tokyo waren keine Seltenheit. In Naruse-Filmen der dreißiger Jahre wird für deutsches Bier und deutschen Flugzeugbau geworben.

Aufgrund der Monopolkämpfe zwischen den Hauptproduktionsfirmen Nikkatsu, Shochiku (Ozus Firma) und der Neugründung der Toho wird der Tonfilm mit Verzögerung eingeführt. Gleichzeitig mit Ozu debütierte der Regisseur Mizoguchi, der seine Figuren und Konflikte nicht in starre Einstellungen fixiert, sondern mittels unablässiger Kamerafahrten in der Aufdeckung einer sozialen Geste die Protestenergie von Frauen aus dem Alltag freisetzte. Im Gegensatz zu den Japan verbündeten Staaten der faschistischen Achsenmächte Deutschland und Italien konnte sich die Filmindustrie Japans, der erst 1939 die Vorzensur der Drehbücher und die Zensur der fertigen Filme auferlegt wurde, der Propaganda für die imperialistische Eroberung des asiatisch-pazifischen Raums entziehen. Dieses Ansinnen wurde japanischen Regisseuren vielmehr von Ko-Produktionsvorschlägen des Großdeutschen Reiches, wie z.B. Arnold Fancks DIE TOCHTER DES SAMURAI (D/J 1936), zugemutet. Die Klassiker des japanischen Nachkriegsfilms waren die Klassiker des japanischen Vorkriegsfilms und konnten diesen Anspruch mit hinreichender Legitimation behaupten.

Kein Panorama des internationalen Kinos der dreißiger Jahre will ich an dieser Stelle entwerfen, sondern mit einer Ahnung der Selbstreflexion des Films schlechthin mich begnügen. Die dreißiger Jahre waren es auch, die das »ABK der Filmtheorie« entwarfen: Arnheim, Balázs und Kracauer begründeten die Fundamente zu einer Materialästhetik des Films, von der sie als Zeitzeugen und Zeitgenossen noch eine universelle Vision besaßen. Man erinnere sich, daß eine Aneignung jener Erkenntnisse erst durch die Edition der Schriften jener Kritiker, die in den siebziger Jahren ihre Neuentdeckung erfuhren, generell möglich wurde. Daß diese Aneignung in der Folge der Sozialforschung der Frankfurter Schule kraft ihrer Verbreitung in der Wunschmaschine Universität sich durchsetzte, ist unbezweifelbar. Strittig ist allerdings ihr Stellenwert für die aktuell ausgeübte Filmkritik geworden. Mittels einer japanischen Filmkomödie der dreißiger Jahre konnte ich eine Position beschreiben, die in allen Parametern für Übergänge, Übertretungen, kurz: die Transition plädiert.

2.

Die aktuelle Filmkritik selber ist cin Phänomen des Übergangs geworden. Wie die allgemeine Kulturkritik erleidet sie einen durchgreifenden Paradigmenwechsel. Nicht länger gilt die generelle Kritik der Aufklärung und den von ihr hervorgebrachten Mythen. Vielmehr übt sich die neue Filmkritik in der Feier eines Mythos ohne Aufklärung. War im umfassenden Sinne der Kritiker alten Schlags ein Zirkulationsagent mit ästhetischer Kompetenz, so ist der Idealtypus des neuen Kritikers ein Ich-Agent mit der Kompetenz eines Augenliebhabers. Im Maße, wie sich die akademisch-universitäre Filmkritik professionalisiert, wird die Tageskritik der Mietköpfe der Medien amateurhaft.

Wolf Donner hat Kategorien aktueller Filmkritik entworfen, die es jederfrau/jedermann erlauben, sich frei flottierend Kandidaten zu jenen Kategorien zu wählen. Der Kollege hütete sich, Namen zu nennen. Ich bin so frei, mich nicht zu hüten, bin ich doch einer jener Vertreter von Filmkritik, die mit den Filmen, denen sie sich widmen, im Museum des Jahres 2000 verschwinden werden.

Namen und Beispiele sind zu nennen, will man der Herausforderung dieser Reihe, die immerhin »Positionen und Kontroversen« verspricht, Genüge leisten. Die französische Hausfrau drückt die empirische Notwendigkeit mit dem Sprichwort aus: »On ne fait pas d'omelette sans casser des œufs« – wer ein Omelett will, muß Eier zerschlagen –, und ich habe ein wenig Appetit auf ein Omelett.

Der benannte Paradigmenwechsel muß nach alter Schule nicht bloß mit dem biologischen Argument der »Wachablösung« erklärt werden, denn, so wäre zu fragen: die neue Garde, die da ablöst, wacht sie noch? Ist der Zusammenhang von Filmgeschichte, Theorie und Kritik, der wie die französische Republik verfassungsgemäß »eins und unteilbar« sein sollte, zur Zeit überhaupt noch einer, der kohärent von den neuen Kritikern gewünscht, von den Medien unterstützt, vom Publikum gefordert wird? Die Position des materialästhetischen Zusammenhangs ist zerfallen. Nur noch wenige Abgesprengte praktizieren sie. Denn die mediensoziologische Entsprechung, die jene Position verstärken könnte, fehlt. Die großen Tageszeitungen stellen sich um. Das Angebot wird diversifiziert. Statt des Monopols eines groß sichtbaren (nicht unbedingt sichtbar großen) Kritikers herrschen nun Polypole vieler kleiner Kritiker. Die Konstellationen sind außer Kraft. In den siebziger Jahren, um ein Beispiel eigener Erfahrung anzusprechen, bildeten Wolfram Schütte, Gertrud Koch und ich eine Konstellation der Filmkritik in der *Frankfurter Rundschau*. So wurde eine theoretische Vielstimmigkeit im Kanon der Frankfurter Schule für einige Zeit sichtbar. Der Kanon ist außer Kraft, die Kritik multipliziert sich in Beliebigkeit, ohne noch aufeinander abgestimmt zu sein. Das gleiche Phänomen gilt für *Die Zeit*, den *Spiegel*, die *Süddeutsche Zeitung*, die *Frankfurter Allgemeine Zeitung*.

Übte sich die alte Filmkritik noch in Diskurskonkurrenz, so hält es die neue Kritik mit dem Diskurskonsens. Die gleichen Leute, die dem Zeitgeist im Monatsmagazin *Tempo* den Puls fühlen, äußern sich in der *Süddeutschen* und in der *Zeit*. Ihre Vertreter entstammen der Generation der fünfziger Jahre, und sie pflegen ihren ästhetischen *élan vital* mit einem Bewußtsein, das über ihre biologische Geschichte kaum hinausreicht. Die kleinbürgerliche Aufbauideologie der repressiven Adenauer-Ära wird in Beiträgen der »Neuen« enthistorisiert und sich wie ein bizarres Kostüm übergezogen. Der Ideologieverdacht, den die neuen Kritiker allen Ortes gegen die sogenannten Alt-68er laut werden lassen, wird von ihnen für die Geschichte generell beansprucht. Claudius Seidl schrieb in der *Süddeutschen Zeitung* vom 18.2.1989 über die filmhistorische Retrospektive der Berlinale »Europa 1939« den Eröffnungssatz: »Filme haben keine Geschichte.« Im Verwerfungsgestus des filmtheoretischen Angebotes, Filme als Zeitmaschine zu simulieren, fragt der Kritiker polemisch: »Was aber hat der Krieg mit dem Kino zu tun? Ganz klar, meinen die ganz schnellen Denker, das sieht doch jeder.« Seidl verrät dem Leser nicht, wer da schneller denken soll als er. Wenn aber die Filmgeschichte die Entdeckung der Langsamkeit sein soll, dann wäre die Verzögerung doch das narrative Element, in dem Geschichte erst darstellbar wird.

Der neue Diskurs ist einer, der sich, *ohne* je die gegnerische Position zu benennen, lossagt vom Erbe der Kritischen Theorie, der allgemeinen Erkenntniskritik. Wer den Zeitgeist des *Hic et Nunc* inthronisiert und für jedwede Strömung gleich zu begeistern ist, entledigt sich auch der Beweislast. Der neue Kritiker ist nicht länger Mittler zwischen Film und Publikum, sondern kurzgeschlossen selber das mediale Ereignis, das Anlaß zum Schreiben wird wie bei Willi Winkler:

IL BIDONE war ein Versehen. Vor einigen Jahren, als in Paris in jedem zweiten Kino ein Film von Hitchcock lief, wollte ich mir FOREIGN CORRESPONDENT ansehen. Den ganzen Tag hatte ich mich darauf gefreut, aber dann verwechselte ich in der rue Saint André des Arts die Eingänge zweier Kinos und geriet in den falschen Film. [...] In einer kargen Landschaft fuhren drei Männer im Auto herum, und alles war so auf neorealistisch gemacht, daß es nur ganz böse enden konnte. Außerdem war IL BIDONE ein Film von Fellini, und den kann ich sowieso nicht ausstehen. Da saß ich dann mit meiner Enttäuschung, verstand fast kein Wort, weil der Film natürlich im Original lief, und fand meinen Widerwillen gegen Fellini mit jedem laufenden Meter bestätigt. Es waren zwei amerikanische Schauspieler dabei, aber was die eigentlich sollten, wurde mir nicht klar. Bei all dem aufsteigenden Ärger bleibt mir nur ein Gesicht. [...] Für mich ist IL BIDONE ein Film über das Gesicht von Broderick Crawford. Und das muß man gesehen haben.[6]

Claudius Seidl schrieb über die Filmschau »Europa 1939«, es sei das Jahr des *amerikanischen* Films gewesen (eine mögliche, aber verfehlte Anschauung); Winkler verwirft ausdrücklich jeden Zusammenhang des Fellini-Films in der Geschichte, um nach der Empörung über das ihm Fremde emphatisch das ihm Vertraute, ein amerikanisches Gesicht, zu umarmen. Der neue Kritiker ist der Reporter der emotionalen Befindlichkeit im Kino. Wären die Anhänger dieser vorwiegend in München zentrierten Schule ein Analog zur Berliner Malergruppe der »Neuen Wilden« (die ja immerhin noch einen Bezug zum politischen Expressionismus suchten), dann könnten die neuen Filmkritiker wie der Maler Johannes Grützke als »Erlebnisgeiger« auftreten. Um es mit Bergson etwas philosophischer auszudrücken, die neuen Kritiker halten es prinzipiell mit der lebensphilosphischen Exaltation der *données immédiates*, den unmittelbaren Gegebenheiten der Lebenswelt. Ihre Ichhaltigkeit macht sie nicht welthaltiger, eher hollywood-hörig, wo sich die amerikanische Filmgeschichte zu einem Mythos verklären läßt.

Wir, das verschworene Kollektiv von Hollywoodanhängern, die den amerikanischen Lebensentwurf schon immer als Lüge durchschaut haben, geben nicht auf, ihn zu bewundern. Kein anderes Kino stiftet diese quasireligiöse Gemeinschaft und erlaubt im gleichen Augenblick, uns als einzelne zu fühlen.[7]

Im Nachruf auf den Regisseur Clarence Brown übte sich Seidl in Hyperbeln:

Die Filmstars waren Götter, die Kinos Kathedralen, und die Menschen beteten zu Gloria Swanson und opferten ihren letzten Nickel für Rudolph Valentino. Kino war Götzendienst und die Regisseure waren Hohepriester. [...] Wenn er [Clarence Brown] heute nicht den Ruf eines großen Religionsstifters genießt, so liegt das wohl vor allem an seiner Bescheidenheit.[8]

Gegen derlei magische Aufwertung von Hollywood darf ein Kenneth Anger mit seiner Schrift *Hollywood Babylon*[9] als reiner Agnostiker gelten. Die Kathedrale ist eine der Filmtheorie geläufige Metapher, seitdem der Kunsthistoriker Erwin Panofsky sie im Aufsatz »Style and Medium in the Motion Picture«[10] (1934) der Filmtheorie einspeiste. Damals war die Kathedrale eine Metapher für die kollektive Produktion (die Bauhütte und das Filmstudio als Kollektiv), heute sank sie ab zur Metapher für die kollektive Rezeption.

Filme werden von der neuen Kritik nicht mehr als Medium der Kritik des Alltagslebens (wie etwa bei Chaplin konzipiert) erfahren. Filme sind ihnen Entwürfe für ein denkfreies Erlebnis, für die Entlastung vom Analysezwang, von den lästigen Komplikationen des *gai savoir*, von den Depressionen von Godard, dem filmischen Terrorismus von Straub, von der Zumutung jedweder Art, in der das Kino unter allen Sinnen selbst an die des Großhirns appelliert.

»Manchmal wird man von einem Film so berührt, daß man wenig Lust verspürt, über ihn zu urteilen. Ab nächste (!) Woche läuft THE DEAD im Kino«[11], schrieb Andreas Kilb zum Festival in Venedig. In diesem Text wird die Kapitulation des Autors noch zur Service-Leistung für den Leser. Denn der Filmredakteur entzieht sich dem Auftrag zur Kritik an John Hustons Film, indem er ihn an den Literaturkritiker und Genforscher Zimmer delegiert, der dann als Joyce-Übersetzer über eine Joyce-Verfilmung zu schreiben wähnte.

Die neue Kritik geht eine merkwürdige Allianz von Lustlosigkeit am Medium mit einem Hedonismus am eigenen Leibe ein. Nicht mehr die gesellschaftliche Befindlichkeit und der ästhetisch vermittelte Ausdruck interessiert am Film; nur noch die agonale Spannung wird gemessen, die ein im Handstreich von allen Bedingtheiten abgelöster Film im schreibenden Subjekt erzeugt. Diskurs schlechthin wird verworfen und durch ein neues Genre kompensiert: die Erzählung von den flüchtigen Abenteuern der Augenliebhaber.

> Vergessen wir einmal die Kunst! Vergessen wir all das kluge Geschwätz und gesellschaftskritische Relevanz. Gehen wir statt dessen in uns, und beschäftigen wir uns mit der Frage, was uns wirklich interessiert im Kino! Richtig: Es sind die Gefühle, und zwar unsere eigenen. Und die haben nichts damit zu tun, ob ein Film besonders intellektuell ist oder ob das Drehbuch der Wirklichkeit entspricht. Die hängen nur [...] an Situationen, in denen wir unseren eigenen Träumen auf der Leinwand begegnen. TEQUILA SUNRISE ist voll von solchen Momenten.[12]

Auch die Geschichte der Filmkritik ist voll von solchen Momenten, in denen eine Gruppe sich lossagt von der alten Gruppe, um ihr Rang und Platz (nur der zählt in der Filmkritik!) streitig zu machen. Die Geschichte der Kritik ist, seitdem Schrift überliefert wird, eine Geschichte von Schismen. Die Abspaltungsmuster sind variabel, aber nicht unerschöpflich. Sie müssen sich zyklisch wiederholen. Auf die Revolution folgt Restauration wie die Arrière-Garde auf die Avantgarde. Diese neue Filmkritik ist so neu, wie es die Kritiker Siegfried Schober oder Klaus Bädekerl in den siebziger Jahren inmitten der Zeitschrift Filmkritik waren, die als irreduzibles Theorem das »Ich« einführten, das sich als nicht tragend erwies. Würde ich ausschließlich im filmhistorischen Bereich arbeiten, könnte ich mich mit einer Historisierung von Filmkritik noch der aktuellsten Phase zufriedengeben.

Unzufrieden bliebe ich, gäbe man den Begriff von Filmkritik ganz auf, musealisierte leuchtende Beispiele aus den dreißiger Jahren und begnügte sich im übrigen mit der durchgreifenden Installierung des neuen Genres Filmtip.

Über das angeschlagene Thema »Umrisse eines neuen Journalismus« las man in dem Blatt *Die Zeit*:

> Ich halte es für möglich [...], daß wir im nächsten Augenblick eine neue Art deutscher Journalisten werden hervortreten sehen, deren Geste bedeutend genug sein wird, daß man ihnen darüber die Leistung wird vergessen dürfen, die nebenbei auch in der momentanen Beherrschung eines so ziemlich grenzenlosen Materials liegt.

Der Autor drückt sich ein wenig umständlich aus, aber er erkannte den Paradigmenwechsel, wie der sich in den Texten selber ausdrückt, in denen die Geste auffällig bedeutender wird als die Erkenntnisleistung, die sich ihr zugesellen sollte. Die Verzögerung in der Darstellung dieser Zeitdiagnostik ist den Umständen der Zeit geschuldet: Das Zitat ist der Wiener Zeitschrift *Die Zeit* entnommen, die um die Jahrhundertwende Enthusiasmus für eine neue Wahrnehmung entwickelte. Der Autor, der die Mittel im Material der Texte analysierte, war Hugo von Hofmannsthal.[13]

Es läßt sich nicht verhelen, daß ich ein Theoriegeschöpf der herkömmlichen Kultur bin, das in seinen kritischen Anstrengungen nach Vernetzungen, nach Übergängen zwischen den Künsten und Medien, der Tradition und den Brüchen, dem Eigenen und dem Fremden sucht. Film ist mir Transitstation. Da kaufe ich keine Bahnhofskarte für mein Ich. Im Kino suche ich Bewegung vereinzelter Sinne. Die interne Abspaltung, von der neuen Kritik gefordert, mache ich nicht mit. Mit der Forderung von S.M. Eisenstein nach einem Kino von »höchster Intellektualität und äußerster Sinnlichkeit«[14] arbeite ich für das unscheinbare und – und gebe die Hoffnung auf die Superlative von Intellektualität und Sinnlichkeit im Kino nicht auf. Zwecklos mag das sein, sinnlos nicht.

Die Kritik hat ein Gedächtnis, das keine Gegenströmung ausradiert. Ein Arsenal, kein Archiv von Filmkritik sei gefordert, das den rettenden Titel »Memory Pictures« trüge. Die Kritik sucht nicht nach Ich-Identität um den Preis der Ausgrenzung des Fremden. Die Filmkritik, der ich mich zugehörig weiß, ist legitim, wenn sie Identität im Anderen sucht und in Alterität findet.

Erstveröffentlichung in: Macht der Filmkritik. Positionen und Kontroversen, hg. v. Norbert Grob, Karl Prümm, München 1990 [Anm. s. S. 477].

III. JAPANISCHES KINO

Mit Lust die Zeit totschlagen: Nagisa Oshimas AI NO CORRIDA

Dies sei der Film, wo sie ihn kastriert, heißt es, angstgespickt, wenn die Rede auf AI NO CORRIDA (IM REICH DER SINNE, J/F 1976, Nagisa Oshima) kommt. Was Inhalt ist, was als Geschichte eines Paares sich entfaltet, das sich zu Tode liebt, schnurrt auf den Tod zusammen, der dem Paar das Leben, das es vorführt, abspricht. Wer prüde ist, hält den Film für pornographisch, wer asketisch, für schamlos, um die nützliche Unterscheidung in der Wahrnehmung von Sexualität im Kino aufzugreifen, wie sie die *Dialektik der Aufklärung* (1947) vorschlug. Weil der Film bisher gesetzte Schamschranken überschreitet, unterliegt er dem Verdikt des Verbotenen, auch nach der juristisch erwirkten Freigabe. Diesmal richten die Zuschauer, und das Urteil lautet: Perversion.

»Perverses Erleben stellt eine quantitative Überhöhung und sexuelle Färbung der Grandiosität dar. Der Perverse hat einen viel direkteren Zugang zur Sinnlichkeit. Das führt allerdings zu einem qualitativ veränderten, der Realität nicht mehr angepaßten Verkehr mit der Sinnlichkeit«, schrieb Fritz Morgenthaler über die Verkehrsformen der Perversion.[1] Die nichtangepaßte, d.h. kodifizierte Normen sprengende Verkehrsform der perversen Sexualität, wie sie AI NO CORRIDA darstellt, ist der Preis für ihre Überhöhung hin zum Grandiosen. Daß diese Qualität nicht nur eine des Erlebens von Perversion ist, sondern zugleich die ästhetische Form, in der sie nachvollziehbar wird, zeigt dieser Film. Seine unerhörte Provokation liegt nicht allein in dieser Darstellung, sondern in der schleichenden Verführung zur Perversion, die nie schockartig, sondern sanft und graduell sich steigernd abgebildet wird.

Die traditionelle Rollenzuweisung der klinischen Pathologie, er der Meister, sie seine Sklavin, greift zu kurz, denn der Film zielt auf die Übergänge in den Rollen, ihre Auflösung hin zu einer polymorphen Perversion. AI NO CORRIDA ist kein Liebesparadies, das an der eigenen Lust Genügen fände; es unterwirft sich das Reich der Kindheit dazu, in dem das polymorph-perverse Stadium kein Übergang mehr zur reiferen Form der genitalen Phase ist, sondern ein Zustand, der gegenwärtig neben das Erwachsensein des Paares Sada und Kichizo tritt. Ihr Reich reterritorialisiert verbotene Gebiete.

Ihre Lust ist unvernünftig, weil sie mit dem Augenblick sich nicht zufriedengibt. Jedes Wort zwischen den beiden drückt das Verlangen aus, ein unstillbares Defizit zu stillen, einen raffinierten Hunger ohne Sättigung zu entwickeln. Kichizo fordert Sada auf, im Würgen nicht aufzuhören, nachher schmerzt es um so schlimmer. Da tritt der Wunsch zutage, im Nachher die Vorvergangenheit zu töten, das Vergangene zu löschen, ja: die Zukunft totzuschlagen. Die Obsession des Paares ist von der äußersten Sinnlichkeit auf die Körper ausgerichtet und zugleich von höchster Abstraktion in der Negierung jeder Zeitlichkeit. Beide sind ganz der Gegenwärtigkeit verfallen. Im Wunsch, den Stillstand der Zeit zu erwirken, liegt ein radikales Moment. Bekanntlich schossen Revolutionäre, mit dem allegorischen Blick begabt, noch ehe der Herrscher umgebracht war, die Turmuhren kaputt.

Dieser Aufstand gegen die Zeit spiegelt das Leugnen des körperlichen Verfalls. Der einzige Augenblick, in dem die Liebenden auf ihre Geschichte zu sprechen kommen, ist angesichts der ohnmächtigen alten Geisha. Kichizo ist, als habe er auf Geheiß von Sada soeben mit seiner verstorbenen Mutter geschlafen. In einer Traumszene erlebt er seine Geliebte als Mutter, die ihn als kleinen Jungen am Schwanz an sich zieht. Im imaginierten Schmerz erwacht er.

Der Film huldigt dem Vitalismus dieser nie ermüdenden, von Narben ungezeichneten Körper. Kein »stirb und werde« mehr regiert die Ästhetik des Kunstschönen; hier bestimmt die Todessehnsucht das Naturschöne der Körper zur Kunst. Der ekstatische Akt ist eine Totenfeier, die nach selbstgesetztem Ritual vollzogen wird. Die Potenz des Paares speist sich zum Teil auch aus der Professionalität als Geisha und Bordellbesitzer. Zwischen einer Friseuse und einem Steuergehilfen würde diese Ausbeutung sexueller Fähigkeiten in permanenten Überstunden kaum gelingen.

Der Vitalismus, dem die beiden huldigen, ist ein Produkt männlicher Phantasie. Zuschauer, die sich vor den reichlich ausgeschiedenen Körpersäften ekeln, vergessen oft, daß diese Säfte Sada in der Regel umfließen. Je stärker *ihre* Leidenschaft zunimmt, desto größer wird *seine* Paralyse. Wo sie im Ausdruck der Lust sich tendenziell auflöst, verfestigt sich sein Körper. Er badet in ihren Säften, die sich auf seine Haut wie ein Schutzfilm legen und ihn scheinbar unverletzbar machen. Wenn sie, nach der Fellatio, sein Sperma mit ihrem Speichel vermischt über die Lippen strömen läßt, ihr Haar, ihre Gesichtszüge der Auflösung nahe sind, zündet er sich, gesammelt, eine Zigarette an. Unverändert starr bleibt sein Körper die Form, in die sie ihren Körper gießt.

Im zweiten Teil, als er sich unterwirft, wird der Mann von der Regie in Maske – schwarzumränderte Augen – und Licht zur Opferfigur, zum Märtyrer der Lust stilisiert: so wie in alten Fruchtbarkeits- und Todesmythen als Opfer stets besonders schön geformte Männer auserwählt wurden (Ritualmord in Pasolinis MEDEA [I/F/BRD 1969] und die Tötung in Eisensteins QUE VIVA MÉXICO!²).

Oshima setzt zu dem Kerzenlicht, das zu jedem Liebesakt brennt, ins Off ein warm getöntes Ockerlicht, das, auf die Liebenden ausgegossen, ihre Körperfarbe zum Grandiosen hin überhöht. Einzig um Sadas Unlust bei Ausübung ihrer professionellen Sexualität mit dem alten Schuldirektor psychisch auszuleuchten, hat die Regie diesen Szenen ein giftgrünes Licht aufgesetzt. Vor dem letzten Lusttaumel herrscht das herrlichste Abendlicht, der Himmel bricht zum Tötungsakt hell angezündet ins Bild, erscheint aber selbst, sorgfältig im Fenster des Raums kadriert, wie ein gemaltes Hintergrundbild.

Die Räume, in denen die Liebenden sich bewegen, sind aus Papierwänden und Schiebetüren gebildet. Jede Tiefendimension scheint ihnen ausgepreßt. Die Wände werden wie die Körper selbst zur Oberfläche. Die Kamera lenkt unsere Wahrnehmung nicht wie in westlichen Filmen nach dem Prinzip der vertikalen Ordnung, sondern nach dem der horizontalen. Die Augenlinie, die bei uns herrscht, wird in AI NO CORRIDA abgesenkt auf Gürtellinie, weil die Kamera das Paar oft in Kniehöhe erfaßt. Auch die Musik ist nicht in Blöcken gebaut. Sie steigert sich nicht zu sinfonischem Rausch. Flöte und Zither verströmen ihren Klang in undramatischer Bewegung.

In AI NO CORRIDA sind die Grenzen fließend. Hier zielt jede Bewegung der Körper auf eine Auflösung in den Körper des anderen. Die Liebe von Sada und Kichizo ist nicht unbedingt. Sie ist eine Arbeit gegen die Angst vor der körperlichen Leere, die den Lauf der Zeit verleugnet. Diese Leere ist nur mit dem Schwanz auszufüllen oder mit dem Messer umzubringen.

Erstveröffentlichung: *Frauen und Film*, 9/1978 [Anm. s. S. 477].

Kino als Reich der Sinne
Gespräch mit Gertrud Koch

Gertrud Koch: Was mich an Nagisa Oshimas AI NO CORRIDA (IM REICH DER SINNE, J/F 1976) interessiert, ist, wie Sexualität dargestellt wird und wie geschlechtsspezifische Wahrnehmungsweisen bei dieser Darstellung funktionieren. Unsere gemeinsame Hypothese lautet ja, daß der Film Sexualität anders darstellt als die meisten Filme, die wir kennen. Das läßt sich im Groben so umreißen: Es werden keine Organe im Vollzug gezeigt, sondern Personen vorgestellt, bestimmte personale Identitäten, bestimmte Charaktere, die auch eine ganz bestimmte, je individuelle Sexualität aufweisen. Das Verblüffende an dem Film ist, daß er die Sexualität des Mannes – aus dessen Perspektive heraus er sicherlich von Oshima konzipiert wurde – auf eine für uns neue Weise inszeniert, nämlich als Äquivalent zur Sexualität der Frau.

Karsten Witte: Was den Film erst einmal auszeichnet, ist, daß er sich vom herkömmlichen Sexfilm abhebt, daß er Sinnlichkeit und Sexualität nicht gleichsetzt – und damit eine ungeheure Erweiterung des Begriffs von Sinnlichkeit im Titel und auch im Verlauf der Geschichte, ihrer Darstellung behauptet. Und die vollzieht sich in einer graduellen Wahrnehmung, die stufenweise aufgebaut wird; es gibt keinen hierarchischen Weg, der ausschließlich auf Sexualität oder auf Perversion, auf ein Herrschaftsverhältnis zwischen Mann und Frau gerichtet wäre, sondern an einem gewissen Punkt erfolgt eine Umkehr.

Wir gingen aus von der Frage, inwieweit sich geschlechtsspezifische Wahrnehmungsweisen festmachen lassen. Da orientiere ich mich am Verlauf des Films, am Wechsel der Perspektive zwischen Mann und Frau, und dann auch an der Brechung im Wechsel der Wahrnehmung der beiden. Also: wieweit bestimmt unsere westliche Wahrnehmung diese Perspektive, und, zum zweiten, wieweit bestimmt die Perspektive einer fremden Kultur die Wahrnehmung? Da schaut uns sozusagen etwas Fremdes an, und wir blicken auf das Fremde. Das sind eigentlich zwei Wahrnehmungen, die vom Film ausgehen und in ihn hineingelegt werden. Wir können uns einfach am Film selbst orientieren, der anfängt mit einer Blickdramaturgie. Wenn ich mich recht entsinne, so schauen hier zwei Frauen durch einen Türspalt, und die eine zeigt der anderen, der weiblichen Hauptfigur Sada, den Mann Kichizo. Da sind immer halbgeöffnete Schiebetüren, die einen Blick, einen Ausschnitt freigeben; und so wie der europäische Sexfilm von der Ausschnitthaftigkeit, vom reduzierten Ausschnitt auf die Organe bestimmt ist, so wird hier die sinnliche Wahrnehmung der Figuren durch einen Ausschnitt bestimmt. Dieser wird, wie wenn man ein Fenster, eine Blende aufzieht, immer größer. Das Verhältnis der Sexualität und das Verhältnis der Herrschaft ist also gleichzeitig eng an die Perspektive und an die Räume gekoppelt.

GK: Wie laufen die Identifikationen in diesem Film, wenn man sie aus der eigenen Erfahrung rekonstruiert? Für mich als Frau ist das ein Problem – ich habe sehr viele Sexfilme gesehen, weil ich jahrelang in der Zeitung darüber geschrieben habe, da sonst niemand in der Redaktion dazu bereit war. Es ist ganz klar, daß du dich da nicht identifizieren kannst. Das Bild von der Frau, das der Film präsentiert, ist dermaßen weit weg von dem, was du als Frau an Sexualität hast, daß es überhaupt keine Möglichkeit gibt, dich damit zu identifizieren. Das Neue an dem Oshima-Film war für mich, daß eine Frau in ihrer Sexualität dargestellt wird (mit deren Sexualität ich nicht unbedingt einverstanden bin, weil sich hier keine besonders befreiende Perspektive bietet). Aber ich muß trotzdem sagen, daß sie das, was historisch Frauensexualität war, unheimlich stark ausdrücken kann. In meiner Kritik habe ich versucht, das am Begriff der Fetischisierung des Penis' festzumachen, weil im Grunde die ganze Sexualität der Frau auf einen Punkt bezogen wird. Doch es ist die Frage, ob dies wirklich der entscheidende Punkt ist. Alles wird im Grunde sehr stark reduziert, alle Orgasmen sind vaginale Orgasmen. Die Ästhetik dieses Frauenkörpers wird ebenfalls darauf reduziert. Auch die sogenannten Perversionen, die im Ausleben von Partialtrieben stattfinden, also die orale und, ein bißchen sublimiert, die anale Sexualität, bilden immer nur ein Übergangsstadium zum genitalen Bereich, der die eigentliche Befriedigung bringt. Das war für mich ein Widerspruch. Ich nehme an, daß da traditionelle Muster in der Organisation der Sexualität hervortreten, dafür würde ich den Film kritisieren. Trotzdem beharre ich darauf, daß Sexualität mit einer Ernsthaftigkeit dargestellt wird wie eigentlich sonst nie in einem Film. Es gibt ja immer noch Pornofilme, in denen eine Frau den Orgasmus dadurch zum Ausdruck bringt, daß sie dabei lächelt – was absolut irrsinnig ist, weil es da überhaupt nichts zu lachen gibt und auch keine Frau dabei lächelt, außer sie macht es professionell und weiß, Männer glauben, daß Frauen wohlgefällig dabei lächeln. Da fängt dieser Film ein ganzes Stück Realität ein. Beim zweiten Sehen ist mir etwas Merkwürdiges aufgefallen: Der Mann wird auf eine dermaßen ästhetische Weise dargestellt, daß Identifikationen auf ihn übergehen – nicht in der Form: »Ich möchte dieser Mann sein«, sondern in der Aneignungsform: »Ich möchte den Mann haben.«

KW: Der Blick wird auf den Mann gelenkt.

GK: Ja. Kichizo wird in gewisser Weise als erotische Attraktion gezeigt, was ich sonst in keinem Film gesehen habe. Mich würde jetzt interessieren, wie reagierst Du auf das filmische Angebot, einen schönen Mann zu sehen, der auf sehr zarte Weise Liebe macht?

KW: Ich glaube, Dein Vorwurf oder deine Bedenken gegen den Film liegen in der Fetischisierung des Penis und in der doch traditionellen Rollenzuweisung: nämlich daß sämtliche perversen Formen der Sexualität, wie sie auftauchen, nur als Vorspiel zum genitalen Vollzug gesehen werden. Doch das sehe ich nicht so. Ich habe im Verlauf des Films die Erfahrung gemacht, daß die Blickinteressen nicht unbedingt auf den genitalen Vollzug gelenkt werden, sondern die Zwischenstadien oder, traditioneller gesagt, die Vorspiele immer breiteren Raum einnehmen. Da spiegelt sich auch eine Aufhebung des zeitlichen Verlaufs. Was als Vorspiel gilt, wird in der Umkehr vielleicht zu einem sexuellen Akt, also zu einer ungeheuren Ausdehnung des Genitalbereichs. Ich würde eher sagen, hier findet sich eine Rückeroberung des polymorph-perversen Bereichs, wo der ganze Körper, die ganze Haut sinnliche Oberfläche wird. Sicher liegt die größte Provokation des Films in dem, was ich in meinen Wahrnehmungsinteressen sehr stark erfahren habe: in der Umkehrung der traditionellen Rollen. Die Frau mit der größeren orgastischen Potenz zu erleben ist für viele Männer erst einmal beschämend, herausfordernd und dann auch demütigend. Denn Kichizo, der zunächst als lässiger Eroberer und spielerischer Verführer auftritt, ist trotz seiner Virilität, seiner Rolle, seiner Missionarsstellung, mit der er ja beginnt, sicherlich eine starke Irritation für Männer. Das Wahrnehmungsangebot, von dem Du sprichst, hat mich über den Blick der Frau auch auf den Mann gelenkt. Das ist eine ganz physische Form, daß sie zunächst immer angezogen gezeigt wird, während er schamlos oder herrscherlich genug ist, sich zu entblößen, d.h. er bietet seinen Körper an. Ich glaube, er prostituiert sich, er stellt nur seinen Körper aus, und damit verführt er natürlich auch die Zuschauer, die Blicke auf ihn als schönen Mann zu lenken. Diese Perspektive verändert sich im zweiten Teil, wo Sada sich ebenfalls entblößt, während er zunehmend den Kimono anbehält. Meine Identifikationen liefen nicht ausschließlich auf den Mann; weil er äußerlich so ausdruckslos geblieben ist, mußte ich z.b. das Gesicht der Frau als Spiegel nutzen für das, was beide empfinden. Es ist mir ungeheuer schwergefallen zu erraten, was dieser Mann tatsächlich an sexueller Lust empfindet. Er drückt es kaum aus, durch ein Lächeln manchmal, durch eine spielerische Selbstverständlichkeit, die aber natürlich auch eine spielerische Unterwerfung ist – bis hin zu diesem Hochzeitsritual, worüber Du in deiner Kritik ja auch starkes Befremden geäußert hast, weil die Frau sich unterwerfen muß. Erst nachdem sie ihre Bereitschaft bekundet hat, wird ihr die Chance gegeben, sich neu zu behaupten.

GK: Was Du beschreibst als Verbot, sexuelle Lust als Sinnlichkeit auszudrücken, das ist schon etwas sehr spezifisch Männliches.

KW: Für den Mann gilt es ja nicht, sondern für die Frau ist es verboten, Lust darzustellen.

GK: Ich würde sagen, es ist für beide verboten. Es gibt natürlich in der erotischen Darstellung einen Codex für die Lust der Frau. Gerade in der japanischen Tradition, wo sich die Männlichkeit des Mannes darin beweist, daß er seine Lust hinter die der Frau zurückstellt. Was Du in deiner Kritik beschrieben hast, daß Kichizo während des ganzen Films wie ein einziger Penis erstarrt, das hat, glaube ich, viel damit zu tun. Also der Mann behält die Herrschaft über die Lust der Frau, indem er sich selbst keine Lust gönnt. Das sind sehr subtile Mechanismen, die in dem Film eine Rolle spielen und für mich nicht zu Unrecht diese aggressive Form der Sexualität bei Sada mit verursachen, weil sie seine Lust in keiner Weise auf sich lenken kann. Er behält seine Lust sozusagen für sich.

KW: Aber sie kontrolliert das sehr stark und steuert es immer stärker, indem sie die Herrschaft über die lustauslösenden Mechanismen behält. Es ist nicht so, daß sie nur der Spiegel seiner Lust ist, sondern ich glaube, daß er seine Verfügungsgewalt willentlich abgibt.

GK: Er stellt sich ihr zur Verfügung. Sie kann total über ihn verfügen in diesem einen Punkt.

KW: Er depersonalisiert sich aber auch als Werkzeug, d.h. er behauptet seine Persönlichkeit nicht, indem er ganz Schwanz wird, sondern er depersonalisiert sich, indem er willentlich ihr Werkzeug wird. Und er wird dadurch zum Märtyrer stilisiert. Wenn einer Figur im Kino Unrecht widerfährt, ist es viel leichter für den Zuschauer, sich auf die Seite dessen zu schlagen, der dieses massive Unrecht erleiden muß.

GK: Ich möchte versuchen, noch genauer zu fassen, inwiefern die Fetischisierung damit zusammenhängt, daß der Mann in diesem Film große

Angst davor hat, sich als Person dieser Frau hinzugeben. Er nimmt sich doch im Grunde zurück in seinen Körper, er erstarrt, wie Du sagst. Er stellt sich ihr als Instrument der Lust zur Verfügung, aber wir erfahren sehr wenig über ihn. Sada hingegen kann ihm viel freier sagen, was sie wirklich will. Er kann sie nur bitten, ihn zu töten, damit die Schmerzen aufhören. Bei ihm ist viel weniger die Rede von Lust, z.B. leidet er bei der Szene mit der alten Geisha unendlich, wenn er mit ihr schläft.

KW: Er wird traumatisiert durch dieses Ritual, das sie ihm auferlegt.

GK: Ich fand faszinierend, daß Kichizo sich nicht wirklich hat brechen lassen. Ich kann das nicht so genau beschreiben, glaube aber, es hat etwas mit Sich-Entziehen zu tun. Er hat immer darauf beharrt, ihre Lust mit seinem Penis zu befriedigen. Es gibt da ein Beharren auf dieser Technik als einziger Befriedigungstechnik, alles andere ist eben nur Vorspiel. Das führt gleichzeitig zu einer Reduktion des Körpers, der kaum noch angefaßt wird. Wenn ich mich erinnere, dann gibt es zwar ein Aneinanderliegen, aber doch kaum das, was Du als Versinnlichung des ganzen Körpers beschrieben hast. In der Männerdarstellung sehe ich das viel stärker, allerdings in der Form, daß der Körper zu einem einzigen Penis werden muß.

KW: Ich glaube, der Film geht darüber hinaus. Es ist ja mehr als ein Kaufvertrag im 18. Jahrhundert zur wechselseitigen Benutzung der Geschlechtsorgane, sondern es ist auch eine Auflösung, nur eben in eine andere Form, und zwar in die des Opfers. Beide verflüchtigen sich in der Selbstaufgabe, in der Selbstauflösung in immer abstraktere Lust. Dabei bleibt die Herrschaft natürlich bestehen, nur glaube ich nicht, daß dies so mechanistisch auf eine rein genitale Befriedigung der Frau, die den Mann zum Werkzeug degradiert, hinausläuft. Dieser Vollzug, dieses Genießen aneinander ist ja nicht stumm. Mich fasziniert hier, daß die beiden ununterbrochen weiterreden, und zwar nicht, wie wir es aus Pornofilmen kennen, wo der Dialog zum Rohmaterial der Lust wird oder möglichst vom Band gekeucht und gestöhnt wird, um es sinnlicher zu machen. Daß die Figuren ihren Alltagsdiskurs weiterführen, spricht gegen die Depersonalisierung. Sie führen einen Diskurs, der mehr als die wechselseitige Kontrolle zur Steigerung der Lust ist. Es gibt anscheinend einen zweiten Film in den Dialogen.

GK: Das mit der Depersonalisierung würde ich insoweit einschränken, als in diesem Film mehr als in allen anderen Personalisierung stattfindet. Im Vergleich ist für mich die Männerfigur nicht zugänglich, über deren Wünsche erfahre ich sehr wenig, außer ich interpretiere das auf der Metaebene: Kichizo braucht sich nicht mehr zu artikulieren, weil Oshima das für ihn macht, seine Wünsche gehen also ein als Projektion auf Sada. Das ist sicher die angemessene Interpretation des Films.

KW: Man muß akzeptieren, daß sexuelle Wünsche hier als Defizit der Frau gebucht werden. Sie wird defizitär gesetzt, während der Mann ja von vornherein genug hat. Er wird mit seiner eigenen Frau gezeigt. Sexualität ist für ihn nicht der kleinbürgerliche Traum nach der Arbeit, sondern was zwischen Zähneputzen und Aus-dem-Haus-Gehen passiert. Die Frau umwickelt ihn nach dem sexuellen Akt, und er vollzieht das alles beiläufig, wie er eine Zigarette raucht oder einen Tee trinkt. Er ist der Bordellbesitzer, er verfügt nicht nur über das Haus, sondern potentiell auch über alle Frauen darin. Während die Rolle der Sada definiert ist als Dienende, die nun eine Energie entwickelt, die stärker ist, als zur reinen Lustbefriedigung nötig wäre. Wenn ich es überspitze, dann frage ich, warum ist da so viel Energie, warum hat sie die größere orgastische Potenz, die nicht durch ihren Beruf befriedigt wird und nicht durch Kichizo? Könnte es sein – ich spekuliere –, daß sie für all die Erniedrigungen, die ihr in der Ausübung ihrer professionellen Sexualität angetan werden, sich rächt an dem, der sie zu dieser Rolle erniedrigt hat? Also kassiert sie jetzt ab, was er ihr und ihren Kolleginnen angetan hat.

GK: Das ist eine These, die sich weitgehend mit der Sozialisationsgeschichte der historischen Figur der Sada deckt. Sie wurde noch vor der Pubertät vergewaltigt und hatte als Mädchen sehr viele Beziehungen, bei denen sie keine sexuellen Empfindungen verspürte. Daraufhin wurde sie vom Vater als Geisha lanciert, und sie hat offenbar ihre ersten erotischen Empfindungen mit Kichizo gehabt. Daher trifft sicher zu, daß sie alles, was ihr vorher gewaltsam genommen wurde, jetzt wieder von ihm zurückfordert. Mit psychoanalytischen Kategorien gesprochen ist es natürlich auch der Vater, mit dem sie schläft. Darum zwingt sie ihn dann, mit der Mutter zu schlafen. Psychoanalytisch kannst Du den Film auch auflösen.

KW: Ja, weil sie ja sozusagen seinen Iokaste-Komplex bedient.

GK: Genau. Der Film ist in der historischen Rekonstruktion nicht unrichtig, was die individualpsychologische Genese der beiden angeht.

KW: Ich möchte noch einmal auf die Wahrnehmungsebene kommen, auf den Schock, den der Film bei vielen Zuschauern auslöst. Es geht mir um die Radikalität des Blicks: Der Film vollzieht einen unverstellten Blick, der durch die Wünsche der Zuschauer längst schon produziert wurde, der sie immer wieder, immer stärker frustriert, sie in die übliche Sexfilm-Produktion lockt und dann wieder enttäuscht entläßt. In solchen Filmen wird die einzige Befriedigung durch eine Ersatzleistung erbracht. Wenn ich AI NO CORRIDA vergleiche mit einem normalen Film oder auch mit einem durchschnittlichen Porno, schockiert mich, daß ich die Ersetzungsarbeit nicht leisten muß. D.h. meine Wünsche, die ich an den Film habe, treten erstmal unverhüllt zutage, sie begegnen mir wirklich.

Ich kann aus meiner Erfahrung sagen: Wenn ich in der Pubertät und danach sehr viel ins Kino gegangen bin, war das natürlich eine libidinöse Handlung, die mich unter Wiederholungszwang dorthin gelockt hat, und zwar im Wunsch, sinnliche Erfüllung zu sehen oder vorgespiegelt zu bekommen.

Doch im Kino – sagen wir in einem Liebesfilm oder einem pornographischen Film – geschieht nicht, was ich mir erhoffe; Sexualität ist nicht unverhüllt zu sehen, sondern wird mir durch bestimmte gesellschaftliche Tabuisierungen, durch Zensurmechanismen verstellt. Es werden spanische Wände zwischen mir und meinem Wunsch errichtet. Und ich schiebe sie weg, d.h. diese Filme sind für mich nur deshalb erträglich, weil ich Schiebearbeit leiste. Ich schiebe die spanischen Wände weg und wünsche mir eine Sexualität, wie sie Oshima in AI NO CORRIDA darstellt. Weil diese Schiebe- und Ersatzarbeit wegfällt, tritt mir in diesem Film das Kino als Reich der Sinne entgegen. Kino ist das Reich der Sinne, aber ein verbotenes Reich, und hier ist ein Film, der Eintritt gibt.

GK: In diesem Sinn ist das eben kein frustrierender Film.

KW: Wobei die Frustration durch den Schock wieder einsetzt. Denn all das, was die Zuschauer als Erfüllung erotischer Wünsche erleben, glauben sie sich wieder verbieten zu müssen.

GK: Es findet eine Frustration der Zuschauer statt durch die Kastrationsdrohung, die der Film aktualisiert, obwohl er gar nicht davon handelt. Die Kastration, die erst nach dem Tod vorgenommen wird, ist ja nicht als Strafe gedacht – gleichwohl wird das bei uns von den Männern so erlebt. Und zwar wird diese Kastrationsangst als Angst vor Frauen erlebt – ganz offensichtlich. Ein Kritiker hat z.B. geschrieben, Kichizo werde bei lebendigem Leib kastriert, was inhaltlich völlig falsch ist.

KW: Unsere Interpretationen gehen an dem Punkt auseinander, wo ich behaupte, der Film sei polymorph-pervers organisiert, während Du das Polymorph-Perverse nur als Durchgangsstadium zum Primat genitaler Sexualität siehst.

GK: Diese verschiedenen Wahrnehmungsweisen entstammen, denke ich, den differierenden geschlechtsspezifischen Sozialisationen und den daraus stammenden erotischen und körperlichen Gefühlen. Meine These dazu ist folgende: Bei der geschlechtsspezifischen Sozialisation in der frühen Kindheit der Frau wird ihre Sexualität latent geleugnet. Es werden keine Verbote ausgesprochen, die Sexualität zum Thema machen, sondern auf einer latenten Ebene über komplizierte emotionale Beziehungen zur Mutter wird die Sexualität des Mädchens frühzeitig unterbunden und taucht im Grunde erst viel später wieder manifest auf. Das ergibt in der individuellen Geschichte von Frauen das Problem, daß sich die abgedrängte Sexualität, die sich ja nicht als Sexualität äußern darf, in einer Sexualisierung des ganzen Körpers Platz schafft. Das berühmte Symptom, daß Backfische so kitzlig sind, hängt mit Sicherheit damit zusammen, daß der ganze Körper kitzlig ist, außer da, wo er es sein sollte. Es gibt also eine Projektion der Sexualität vom verbotenen Platz weg auf den ganzen Körper. Das explodiert und geht auch in sinnlichere Aneignungsweisen der Umwelt und der Menschen über. Bei Männern läuft das anders.

Da fließt offenbar eine ungeheure narzißtische Energie auch von den Müttern aus in den Penis. Das wird auch von Oshima thematisiert.

KW: Die Söhne sollen ihre Mütter lieben!

GK: Jede Mutter ist natürlich irgendwo stolz, selbst wenn sie die auf sie gerichtete Sexualität ihres Sohnes drakonisch verbietet. Durch die aufbauschenden Verbote wird die Erektion des Kindes ja im wahrsten Sinne hochgespielt.

KW: Es gibt zwei signifikante Szenen in dem Film. Zum ersten die mit der alten Geisha, die ihn an die Mutter gemahnt, und zum zweiten die Traumsequenz, in der er die Geliebte als seine Mutter erlebt und sie als Geliebte eben auch seinen Iokaste-Komplex mitbedient.

GK: Vielleicht gibt es eine sehr männliche und eine mehr weibliche Qualität des Polymorph-Perversen. Und ich denke, daß AI NO CORRIDA mehr die männliche Ausprägung repräsentiert und nicht die weibliche, die im Film offenbar unentdeckt bleibt. Ich möchte aber noch einmal polemisch überspitzt sagen: Was dieser Film repräsentiert, ist die narzißtische Phase des männlichen Kindes, verlängert in die genitale Sexualität. Eine masturbatorische Phantasie. Dieses Abarbeiten der Frau an einem sich gleichbleibenden Körper des Mannes, der ganz selten einmal dargestellt wird in orgastischen Entladungen – da wird sehr stark mit masturbatorischen Spannungen gearbeitet. Dieser Spielraum ermöglicht es der Frau, ihre Sexualität überhaupt erst gegen den Mann durchzusetzen. Nur durch die Sozialisationslücke können die beiden überhaupt Sexualität haben.

KW: Das ist aber nicht stark genug, um den Film zu einer männlichen Omnipotenz-Phantasie zu machen, wie Du behauptest. Daß Männer mit dem Anspruch an Frauen: »Ich will dich glücklich machen«, erzogen werden, kann andererseits auch mit einer ungeheuren Angst verbunden sein, den sexuellen Ansprüchen der Frau nicht zu genügen: eine Angstphantasie in dieser Marathonleistung, die der Mann vollbringen muß. An die Omnipotenzphantasie ist auch eine Impotenz-Angst gekoppelt.

GK: Das eben nenne ich eine Herrschaftsphantasie, denn er kann die Herrschaft nur aufrechterhalten, indem er sich selber den Orgasmus verweigert. Ich kenne das aus der japanischen Liebeslehre. Im Grunde bestand das erotische Erziehungsideal in Bezug auf den Mann darin, den Orgasmus so lange hinauszuzögern, bis die größere Orgasmuspotenz der Frau, die natürlich keine absolute Größe ist, befriedigt war. Darin liegt auch ein ungeheurer Kulturverzicht, den ich mir nicht erklären kann.

KW: Das ist nicht reduzierbar auf ein biologisches Moment, da steckt ein anthropologisches dahinter. Dieser Konflikt von japanischer Liebeslehre und europäischer Auffassung ist ja der Konflikt zwischen Dauer und Augenblick, in dem sich Wellenorgasmus und Augenblicksorgasmus als Zeitprinzipien gegenüberstehen. Im Grunde ist dieser Film eine Herausforderung des Prinzips des Augenblicksorgasmus, dieser sehr europäischen Stilisierung der Kostbarkeit des Augenblicks. Deshalb auch mein Einwand gegen die Entfaltung der Perversion als Vorspiel zum genitalen Akt. Wenn wir das zusammennehmen mit der Zeitkategorie in der orgastischen Potenz, dann wird das unterlaufen durch dieses Zeitmoment, durch die Wellenförmigkeit, und gleichzeitig festgeschrieben durch die ästhetische Überformung. Auf diesen Punkt wollte ich vorhin kommen: Sexualität, so pervers sie empfunden wird, ist hier ungeheuer schön. Jeglicher Raum wird als kostbarer, von allem Überflüssigen des Alltags entleerter Raum dargestellt.

GK: Die ganze Ästhetik ist eine Manifestation der Sinnlichkeit.

KW: Es werden in diesen Räumen ja nur die Körper zum Vollzug der Körperlichkeit zugelassen. Das, was uns zum Überdauern und zum Überleben im Alltag notwendig erscheint, fehlt in diesen japanischen Räumen. Wir empfinden eine Ökonomie des Raumes, die durch eine Überproduktion von Körperlichkeit ausgeglichen wird. Von daher ist dieser gefährliche Hang, ästhetisch gesprochen, manieristisch, weil er eine Überproduktion von ästhetischen Zeichen setzt, in denen die Körper nur eine Verlängerung dieser besonders ästhetischen Kadrierung der Räume sind. Das muß man natürlich abgrenzen in Bezug auf das, was an avantgardistischer Darstellung von Sexualität im europäischen Film vorhanden ist. Bei Jean-Luc Godards NUMÉRO DEUX (NUMÉRO 2, F 1975) beispielsweise, wo es um die kleine, die schmutzige, beiläufige Alltagssexualität geht, die beileibe nicht so schön ist wie die japanische.

Erstveröffentlichung: *Frauen und Film*, 9/1978 [Anm. s. S. 477f.].

Frauen unterwegs
Filme von Kenji Mizoguchi

Venedig, seit Marco Polo das Einfallstor für die chinesische Welt, entdeckte für Europa auch den japanischen Film. In den fünfziger Jahren wurden dort dessen Klassiker uraufgeführt und preisgekrönt. Ein Triumvirat der Traditionalisten beherrschte den japanischen Film, so weit er im Westen sichtbar wurde, bevor eine neue Generation sich einer wilden Form von Gegenwärtigkeit bediente. Akira Kurosawa, seit RASHOMON (RASHOMON – DAS LUSTWÄLDCHEN, J 1950) der im Ausland bekannteste Regisseur Japans, arbeitet als vertrackter Epiker; Ozu als Minimalist der Form und Mizoguchi, dessen Nachkriegsproduktion von 1945 bis 1953 nun exemplarisch [von der ARD] vorgestellt wird, als Zeichner des Übergangs. Seine Filme markieren, noch wo sie sich ans Herkömmliche klammern, einen seiner selbst bewußten Riß der Tradition.

Mizoguchi (1896 bis 1956) war ein Mann im Abseits. Früh schon richtete er sein Leben in Kyoto ein, der Stadt der traditionellen Theaterkünste. Er war Maler, bevor er 1920 seine Filmlaufbahn begann. Er hielt sich vom hauptstädtischen Leben der Zerstreuung in Tokyo fern. Sein Werk umfaßt 84 Filme. Davon sind nur 28 erhalten, den Rest hat die Filmindustrie gleich nach der Auswertung vernichtet. Sieben Filme davon werden vorgestellt: ein Produktionszusammenhang der Verdichtung und Reife, so kostbar wie das letzte der sibyllinischen Bücher der Filmkunst.

MEITO BIJOMARU (Das makellose Schwert, J 1945) ist die letzte Produktion des Regisseurs vor der Kapitulation des Militärregimes. Ein Film im Umbruch, der sich als Handlungsfeld die Feudalkämpfe vergangener Epochen wählt, um doch verdeckt ein Paralleldenken zur Gegenwart von 1945 anzudeuten. Verschiedene Clans kämpfen um die Vorherrschaft. Das ist außen. Innen spiegelt sich der Krieg in einem Loyalitätskonflikt. Dem Schmied mißlang ein Schwert. Sein Herr fällt. Die Tochter will ihn rächen. Mittels eines makellosen Schwerts, das dem Schmied erst gelingen will, als er sein Kunsthandwerk dem Kampf um die Wiedereinsetzung der legitimen Herrschaft weiht. In diesem Prozeß verschmelzen die Lebens- mit den Liebespflichten. Das bedeutet auch, daß die Autonomie der Kunst eingebunden wird in die Indienstnahme. Dieser Dienst ist die Arbeit an der Autonomie der Stände, der Klassen. Das Ergebnis: ein vordemokratischer Frauenfilm.

Allein die Titel signalisieren, daß Mizoguchi in der Schilderung sozialer Kämpfe Frauen zu Protagonisten wählt, die sich, im Vorfeld befindlich, von der Tradition losreißen, um in die erste Linie, das Entscheidungsfeld zu gelangen. JOSEI NO SHORI (Der Sieg der Frauen, J 1946), UTAMARO O MEGURU GONIN NO ONNA (Utamaro und seine fünf Frauen, J 1946), JOYU SUMAKO NO KOI (Die Liebe der Schauspielerin Sumako, J 1947), WAGA KOI WA MOENU (Die Flammen meiner Liebe, J 1949), SAIKAKU ICHIDAI ONNA (Das Leben der Frau Oharu, J 1952) und GION BAYASHI (Zwei Geishas, J 1953) sind Studien der Vollkommenheit. Danach ist das Leben der japanischen Frau nicht mehr vorstellbar als erpreßte Dankbarkeit, in der Männergesellschaft eine Marginalie spielen zu dürfen.

Die Frauen helfen mit, das makellose Schwert zu schmieden, das sie selber kämpferisch zu führen wissen. Sie begehen offenen Verrat an familiären Verpflichtungen, der öffentlich herrschenden Meinung. Sie verlassen das Haus, um einen Beruf zu ergreifen. Sie reißen sich vom Ort der Heimat los, um im Rahmen einer Partei nach außen zu wirken. Sie strafen ihre verflossenen Liebhaber. Sie stützen und sie stärken sich. Vorbilder finden sie in der eigenen, doch ihnen enteigneten Tradition. Warum soll eine Frau nicht wie ein Samurai für ihre Rechte fechten? Oder, westlichem Vorbild nacheifernd, aus dem Puppenheim desertieren und eine Nora werden. Hier fängt Mizoguchi erst an: Was passiert im Gefüge scheinbar stabiler Ordnung, wenn Nora das Haus verlassen hat?

Sie trifft auf einen Mann, der ihrem Beispiel, das er ihr theoretisch vor Augen stellte, praktisch folgt (JOYU SUMAKO NO KOI). Sie verläßt, emotional getäuscht, in der Politik der Körper desillusioniert, den Mann, dem sie aus politischer Sympathie folgte (WAGA KOI WA MOENU). Sie verteidigt gegen die Nominalisten des Gesetzes den Sozialisierungsanspruch der Bestraften (JOSEI NO SHORI).

Mizoguchi-Frauen sind Verjagte, Fliehende, Losgerissene. Ihre Wünsche wären erst in einer Verfassung befriedigt, die das Recht auf eine Welt als Möglichkeitsform verankert.

Da die japanische Kultur nicht den individuellen Ausdruck zum Richtwert der Selbstbehauptung einer Person erklärt, müssen sich unsere Augen auf jene Risse richten, in denen eine Abweichung vom kollektiven Ausdruck sichtbar wird. Gefühle und Leidenschaften der aufgestauten Geschichte dieser Frauen sind nicht am Gesicht ablesbar, sondern nur am Ensemble der Gesten und Gänge, die diese Frauen außerhalb der konventionellen Strafräume wagen. Dann werden ihre Bewegungen ausgreifend und zielen auf die Tiefe des Innenraums, der nicht mehr von allen Seiten beschirmt wird.

Ein Geliebter stirbt, und der Raum, der ansonsten vorsichtig in der Diagonalen betreten wird, denn bei Schiebetüren kann man mit der Tür schlecht ins japanische Haus fallen, füllt sich von allen Seiten. Trauernde Leiber werfen sich über die Leiche. Einer Kurtisane wird der unstandesgemäße Liebhaber enthauptet, und sie stürzt ins Freie, um durch den Bambuswald zu irren. Auch im Freien ist kein Raum für ihren Schmerz, der immer wieder festgehalten, angestoßen, untersagt wird.

Die Kamera hat die Frauen im Blick und zeigt, wie heikel, wie fragil das Verhältnis ist, unter dem sie auf sich lösende Frauen blickt. SAIKAKU ICHIDAI ONNA beschreibt mit jeder Episode, jeder Blicklenkung, wie dünn der Boden ist, auf dem die Frauen ihrem Glück entgegeneilen. Ihr Glück liegt in der Zange von Autonomie und Indienstnahme, das macht den Weg, den sie zurücklegen, länger als erhofft. Frau Oharu wird verbannt, ihr Geliebter enthauptet, und der Abschied, den Mizoguchi inszeniert, ist ein Scherenblick, der wenig Gutes der Entschwindenden verheißt. Zwischen dem Damm und der Brücke ist ein schmaler Streifen, auf dem Oharu aus dem Blick läuft: ein Versuch, ihrer sozialen Zwinge zu entgehen.

Von einem Ort der Zugehörigkeit zum anderen Ort der Losgerissenheit zu fliehen ist eine Fahrt im Kreis. Mizoguchi überblendet seine Schauplätze oft, ohne in einem Zwischenbild den Ortswechsel zu markieren. Die Fastidentität der Räume, die Abwesenheit von Natur erzeugen den Eindruck einer Raumlosigkeit. Hier herrscht immer nur so viel Raum, wie in ihm agierende Menschen mit ihren Gesten sozial füllen können.

In Japan, sagt Roland Barthes, gibt es »keinen Ort, der auch nur das geringste Eigentum bezeichnete: weder Sessel noch Bett noch Tisch, von denen aus der Körper sich als Subjekt (oder Herr) eines Raumes konstituieren könnte: ein Zentrum soll es nicht geben [...].«[1]

Das ist ein Schlüssel zur Lektüre der Mizoguchi-Filme. Den Frauen gehört kein eigener Raum, in dem sie gültig eine Rolle entfalten könnten. Ihnen aber gehört die Kraft, sich in einem Raum weder als Subjekt noch als Herr behaupten zu müssen. Da sie sich von begrenzenden Achsen und transparenten Wänden nicht einfangen lassen, leben sie auf, wo sie gerade stehen können. Die Bewegung der Kamera, die ihren Blick in Ruhe auslaufen läßt, schmiegt sich den Bewegungen dieser Frauen an. Sie gibt den Bewegungen der Frauen Atem und macht ihrer Suche ins Weite Luft.

Erstveröffentlichung: *Die Zeit*, 9.7.1982; die hier abgedruckte erweiterte Fassung in: Karsten Witte: Im Kino. Texte vom Sehen & Hören, Frankfurt/Main 1985 [Anm. s. S. 478].

Kenji Mizoguchis Raum-Vorstellungen gelten dem sozialen Raum der Frauen. Was diesem durch Regeln und Rituale vorgegeben ist, suchte Mizoguchi bedächtig zu erweitern. Ihm ging es um die Behauptung eines öffentlich nie oder selten sichtbaren Raums. Verzicht, Rückzug, Umwege waren die Strategien der Wahrnehmung zur Sicherung eines temporär gesicherten Raums. Man denke an SAIKAKU ICHIDAI ONNA (*Das Leben der Frau Oharu*). Mizoguchi definierte filmischen Raum durch eine äußerst bewegte, fahrende Kamera, die oft auch auf dem Kran saß, der den Blick *über* eine Schiebetür, eine Stellwand oder eine Mauer aus Wäsche freigab. Kein schweifender Blick; nur ein Zwischenraum wird manifest.

Auszug aus Wittes handschriftlichem Vortragsmanuskript: »Sakrale Räume« – Japan (Vortrag im Haus der Kulturen der Welt, Berlin, 16.10.1994).

Gefangene des Krieges
Oshimas SENJO NO MERI KURISUMASU

Java, 1942. Im pazifischen Raum herrscht Krieg. Engländer und ihre niederländischen Verbündeten in Indonesien müssen sich der japanischen Übermacht ergeben. Aber auch in der Gefangenschaft ist der Krieg noch nicht zu Ende. Er wird mit den Mitteln der Gewalt fortgeführt. Wächter und Bewachte haben sich scharf im Auge. So bleiben sie beide, was der japanische Titel dieses Films, SENJO NO MERI KURISUMASU (FURYO - MERRY CHRISTMAS, MR. LAWRENCE, GB/J 1983), besagen will: Gefangene des Krieges. Der Regisseur Oshima, der militanter Pazifist ist, sucht mit Vorliebe einen Schauplatz auf, an dem der Krieg ebenso extrem wie gewöhnlich geführt wird, den Körper. Mit ihm baute er AI NO CORRIDA (IM REICH DER SINNE, J/F 1976) und AI NO BOREI (IM REICH DER LEIDENSCHAFT, J/F 1978), seine letzten Filme. Nun hat er eine neue Provinz erobert, das Reich der Ideen, die im pazifischen Raum so hart zusammenstoßen, daß es sie nach wechselseitiger Vernichtung verlangt.

Die Sonne bescheint eine paradiesische Bucht abseits des Gefangenenlagers. Ein japanischer Feldwebel zwingt die Engländer, Zeugen einer Hinrichtung zu sein. Ein koreanischer Wärter soll sich einem holländischen Gefangenen in sexueller Absicht genähert haben. Er hat die Wahl zwischen Harakiri und Enthauptung. Da sein Selbstmord blutig mißlingt, bleibt die andere Strafe. Ein Colonel Lawrence, vor dem Krieg Militärattaché in Tokyo und des Japanischen mächtig, ersucht um Aufschub, erhält aber nur Stockschläge ins Gesicht.

Der Lagerkommandant Yonoi ist Beisitzer einer Kriegsgerichtsverhandlung gegen den britischen Major Celliers. In diesen Rollen treffen Ryuichi Sakamoto und David Bowie aufeinander. Die erste Einstellung von Bowie zeigt ihn raum- und zeitenthoben wie einen Lichtgott, den es unter einen fremden Stamm verschlug.

Im Gegenschuß agiert Yonoi als Vernehmender mit zuckenden Lippen, der schon auf den ersten Blick vom Feind eingenommen ist. Sein Blick, vielmehr sein heftiges Wegblicken stellt den Besiegten auf ein Siegertreppchen. Die Schwäche des einen macht den anderen gleich überlebensgroß. Erst in der abschließenden Totale auf die Gerichtsszene sieht man, daß alle Männer auf gleicher Ebene stehen.

Die Eingangsszene zwischen dem Holländer und dem Koreaner, ein Blickwechsel in öffentlicher Scham und heimlicher Trauer, gilt bei der konsternierten Filmkritik als homosexuell; die zweite Szene zwischen dem Engländer und dem Japaner als homoerotisch. Die Unterscheidung rettet nichts, schwul sind sie alle vier, unabhängig davon, wieviel Ausdruck ihrer Liebe eingeräumt wird. Interessant ist bloß die Abspaltung auf Ebenen, die zum einen krude Sexualität an die Hilfsvölker der Krieger delegiert, um sie zum anderen von jeglichem Verdacht auf Körperwünsche freizusprechen.

Der Kampf geht weiter. Er findet eine Mittelebene in der Beziehung zwischen dem liberalen Lawrence und dem mal tolpatschig lieben, mal sadistisch wütenden Feldwebel der Japaner. Wenigstens zwischen diesen beiden gibt es jene praktische Verständigung, die sowohl auf der »niedrigen« wie auf der »hehren« Seite tropisch überhitzt abbricht.

Oshima spiegelt drei Männerbeziehungen in einem Zwangssystem hierarchischer Gewalt. Gefangenschaft, das ist für die britische Seite ein Wartesaal zur Freiheit, zum Sieg der gerechten Sache, für die man Demütigung in Kauf nimmt. Die Jungs sind im Sarkasmus ja prima trainiert. Sie werden anonym überleben, während dem japanischen Offizier ständig Terrainverlust seiner leicht geknickten Ehre droht.

Dies soll ein Krieg sein zwischen zwei Kulturen, britisch-liberal gegen japanisch-elitär, die sich, einander konfrontiert, als ebenbürtige Kolonisatoren in die Augen sehen. Aber nur der Mittler überlebt, Lawrence. Sein Name soll vermutlich die Haltung jenes Autors wachrufen, der in diesem Stoff eigene Erlebnisse verarbeitete: Sir Laurens van der Post, ein in London lebender südafrikanischer Schriftsteller. 1963 publizierte er den Roman *The Seed and the Sower*, der gleich ins Japanische übersetzt wurde. Bowie ist ein erstklassiger Einzelkämpfer. Das ist seine Rolle, und die hält er lässig durch mit einer Gangart, die noch im tiefsten Dreck zu federn scheint. Nicht daß sich Yonoi in ihn verliebt, ist bestimmend, sondern daß er, Bowie, sich jenen zum Lieblingsfeind kürt, entscheidet den Kampf. Daß der in fürchterlicher Faszination ausgeht, das haben die beiden Todesengel sich selber zu verdanken.

Yonoi – von Ryuichi Sakamoto dargestellt, auch er ein hoch gerühmter Rockstar und Komponist der Filmmusik – ist ein zierlicher Gegner. Er macht sich erst stark mit Hilfe seines Stocks und Langschwerts, weißer Handschuhe und martialisch aufgeplusterter Uniform. Er träumt sich in den Samurai-Mythos zurück und macht deshalb seinen schnittigen Körper zur Waffe. Dem Lichtgott will er als Lufttorpedo entgegeneilen.

Die Vorbereitungen zur Katastrophe ähneln einem psychologischen Countdown. Celliers löst ihn aus, als er, mit allen Engländern in Todesgefahr, Yonoi öffentlich küßt. Celliers Geste hat allerdings die keusche Erotik sozialistischer Bruderküsse, ist mithin auch nur ein Ausdruck symbolischer Gewalt. In einem Filmtrick, der Einzelbildschaltung mit Zeitlupe kombiniert, verliert Yonoi sein Gesicht. Bildlich zerspringt es.

Danach dürfen die hehren Gegner, jeder auf seine Art, sterben. Weshalb waren sie eigentlich so zielgehemmt? Celliers litt an einem Schuldkomplex, seinem jüngeren Bruder Hilfe verweigert zu haben – dazu gibt es zwei trancehafte Rückblenden, die in der deutschen Fassung auch durch Kürzung nicht besser wurden. Yonoi litt am Schuldkomplex, nicht mit seinen 1936 putschenden Kameraden hingerichtet worden zu sein. Der Putsch ist Oshima keine Rückblende wert.

So trafen sich hier zwei Krieger in höllischer Verzückung, die den Krieg als Befreiung aus ihrer inneren Gefangenschaft erlebten: sehr edel, sehr grausam und ziemlich zeitverloren.

Die rivalisierende Körperlichkeit in SENJO NO MERI KURISUMASU hat die Leidenschaft von Un-Toten, die vorschnell, damit sie uns nicht zu nahe rückt, als Idee sublimiert wird. Aber der Shintoismus ist kein Kricketspiel. Oshima hat in dieser internationalen Großproduktion die Augen nach allen Seiten offengehalten. Und wo der Kampf als inneres Erlebnis tobt, muß man ein Auge zudrücken. Vielleicht schreibt Ernst Jünger schon ein Drehbuch für ihn.

Erstveröffentlichung: Mann gegen Mann: Gefangene des Krieges. Filmpublizist Karsten Witte über Nagisa Oshimas FURYO – MERRY CHRISTMAS, MR. LAWRENCE, *Der Spiegel*, 12.12.1983.

Der mittlere Realist
Filme des Japaners Mikio Naruse

Zur Überlieferung

Ist er eine Ausgrabung oder ein Fund der Zeit, die nach sich selber gräbt? Wie gelangte Naruse an den Rand der Vergessenheit, was holte ihn zurück? Wir kennen das Werk der drei großen Klassiker des japanischen Films Mizoguchi, Kurosawa, Ozu. Aber der Schlüssel fehlt, deren bleibende Fremdheit aufzuschließen. Ihr Rätsel fasziniert; die Lösung, die ausbleibt, kann populär nicht werden. Jetzt wird Naruse präsentiert, der die Reinheit des »Japanischen an sich« oder vielmehr, was wir dafür halten, nicht kennt. Kein Rigorist des Stils, kein epischer Erzähler der großen alten Mythen, kein Künstler der Minimal Art.

Naruse ist, woran es dem Triumvirat der Großen gebrach, ein mittlerer Realist, ein Komödiant des Alltags, ein Chronist gewöhnlicher Gefühle. Er greift hinein ins halbe Menschenleben und schneidet sich für seine Filme Scheiben daraus ab. Aber wo er hingreift, lebt das Leben nicht. Es plätschert bloß dahin. Extreme Steigerungen, Verdichtungen, Transformationen der Wirklichkeit sind seine Kunstgriffe nicht. Naruse repräsentiert das unreine Kino, das keine Trennungen mitmacht, weder in den Genres noch im Stil. Dieses Kino integriert das Alte mit dem Neuen, den Kimono mit der Windjacke, europäische Vorbilder mit heimischen Wünschen, amerikanische Nostalgie mit japanischen Möglichkeiten. Vielleicht ist Naruses Kino deshalb japanischer als alle anderen, die den Mythos des Außergewöhnlichen beschworen. Sein Mythos der Gewöhnlichkeit sucht Anschluß. Er zwinkert dem Publikum zu. Da bleibt für L'art pour l'art kein Spielraum. Naruse war zuständig für den Import westlicher Film-Ideen. Hielt man ihn deshalb in Japan für nicht exportfähig? Jetzt, wo das Revival der fünfziger Jahre neu-alte Werte bildet, kommt Naruse gerade recht. Im Idyll liegt seine Rettung, im armseligen Realismus sein Stil.

Wie soll man seinem Werk sich nähern? Von den 87 Filmen, die er im Laufe einer unerschütterlich kontinuierlichen Karriere drehte, sind 69 erhalten; die meisten seiner Stummfilme von 1930 bis 1934 (so lange hielt die Stummfilmära an in Japan) gingen verloren.[1]

Anfänge

Die Stummfilme wie KOSHIBEN GANBARE (*Kleiner Mann, streng dich an!*, J 1931), KIMI TO WAKARETE (*Getrennt von dir*, J 1933) oder YOGOTO NO YUME (*Träume der Nacht*, J 1933) setzen in Stil und Thema auf den gesunden Menschenverstand inmitten kranker Verhältnisse. Die großen Sorgen kleiner Leute haben in den Hütten am Stadtrand der Metropole Tokyo zu wenig Platz. So widerfährt ihnen Trost mittels Technik. Die zu kurz gekommenen, gedrückten Gefühle der Angst, des Mitleids, der praktischen Resignation ins Unvermeidbare (das ist das Elend) dürfen sich, von der Kamera auf Schienen gesetzt, entfalten. Die Not wird kompensiert durch Sympathie, die schwelende Rebellion gegen die Not durch eine großräumige Positivierung der Not. Die Kamera fährt nicht unverhältnismäßig viel um die ausdrucksarmen, ausdrucksberaubten Figuren. Sie ist genau verhältnismäßig der Einstellung des Regisseurs, seiner Produktionsfirma, um das Publikum dem Milieu anzupassen. Naruse beginnt als einer, der zur Beschwichtigung ermuntert.

Detail: die Scham der Armen will ihre Löcher im Strumpf, im Schuh verbergen. Naruse entdeckt sie wieder. Ein kleiner Sohn flickt den Schuh des Vaters mit Kaugummi und Zigarettenpapier. Das ist praktisch, und das ist rührend. Das schafft eine Abfuhr für den Konflikt der Eltern, und das wärmt das Herz des Publikums. Oder auch: wie viele Frauen und Kinder werden von wildgewordenen Autos angefahren, wie viele melodramatische Versöhnungen zieht die Fatalität am Krankenbett nach sich!

Das Melodram ist kein japanisches Genre. Naruse geht ungelenk damit um. Er macht Anleihen bei der Ufa-Produktion der dreißiger Jahre und bei Hollywood, als müsse er seinen Geldgebern die Überflüssigkeit westlicher Filmimporte beweisen. Seine Anleihen, exotisch eingesprengt, tun ihre Wirkung. Ein Vater entzückt seinen Sohn mit einem Modellflugzeug der Marke »Junkers« und trinkt selber »Union-Bier«. Ein verliebtes Revuegirl summt beim Wäscheaufhängen das Lilian-Harvey-Lied: »Das gibt's nur einmal, das kommt nicht wieder ...«, aus dem Ufa-Film DER KONGRESS TANZT (D 1931, Eric Charell). Dieses Lied wird im Naruse-Film OTOME-GOKORO SANNIN SHIMAI (*Drei Schwestern reinen Herzens*, J 1935) als so bekannt vorausgesetzt, daß es ausreicht, die Melodie zu summen. Serviererinnen wollen Filmstars werden und träumen in Hollywood-Streifen den Eroberungen fescher Leutnants nach. Taxis halten vor Läden wie »American Bakery«, ein verformtes Brötchen wird »Picasso-Brötchen« getauft, junge Männer geben sich das Air eines Clark Gable. Nimmt es da Wunder, daß als erste amerikanische Zeitschrift *Reader's Digest* über einen Naruse-Film berichtete? Daß der Regisseur nach dem Krieg als erster vorbehaltlos amerikanische Filmstoffe (von Frank Capra) übernahm, um sich als gelehriger Schüler der frisch importierten Demokratie zu erweisen? Naruse ist der Anverwandler, dessen Mangel an Stil einen Reichtum an kollektivem Ausdruck, durch keine Autorenhandschrift gefiltert, nach sich zieht. Das läßt Naruse auf den ersten Blick als ästhetisch »unergiebig« erscheinen.

Geschichten

Immer sind es Aufbruchsgeschichten von Frauen. Aber anders als Mizoguchi, der das Märtyrertum der japanischen Frau als ästhetisches Opfer annahm, unterwirft Naruse seine Frauen keiner Stilisierung. Seine Frauen stehen *einfach* auf. Sie finden keine Haltungen, sich aufzulehnen. Sie weisen schwache Männer, die sich notorisch an ihre flinkeren Fersen heften, zurück. Sie legen den Kimono ab, wenn es sein muß, um durch jedwede Arbeit zu überleben. Die Männer haben eine soziale Existenz und Würde und beides schnell verspielt. Naruses Frauen werden würdelos gelebt, aber sie gehen nicht unter. Ihnen wird eine unheroische Kraft der Behauptung zugeschrieben. Da das System der männlichen Gesellschaft sie ohnehin marginalisiert, gehen sie auch am Rande der Gesellschaft leicht an dieser vorbei.

Detail: Oft stehen die Frauen in nervöser Freundlichkeit beisammen, aber Teile ihrer Körper erscheinen abgeschnitten, außerhalb des Bildfeldes. So wird von der Wahrnehmung auf sie nur ein Schatten, ein verlassener Platz bleiben. Aber sie brechen auch auf. Ortsveränderung ist ihre kollektive Tugend, Rettung zu suchen. Die Männer bleiben, wo sie sind, zurück. Kaum gibt es einen Trennungsschmerz. »Hat Mutter sich verändert?« fragt ein Zwischentitel. »Ja«, antwortet der nächste Titel: »Ich bin stark geworden.« Deshalb muß die Story, die Darstellung, die Schauspielerin nicht stärker werden. Hier herrscht die Dramaturgie der Entspannung. Das ergibt ästhetisch den Schein einer Gleichförmigkeit, der die ›Rundung‹ oder ›Zuspitzung‹ der Geschichte ›zum Ganzen‹ abgeht. Aber in dieser Reduktion liegt Naruses Eingeständnis vom fatalen Kreislauf des ›Lebens‹, aus dessen Armseligkeit kein Entkommen, wohl aber eine wechselnd intensive Einstellung möglich ist, die er im Rhythmus der Bilder vornimmt. Am Anfang sehen sie alle ›gleich‹ aus. Erst im Zusammenhang der Filme wird ›alles‹ anders. Die unscheinbaren Übergänge, das lebenslang währende Verfehlen führt zur Mitte von Naruses Form.

Seine Geschichten bestehen aus unendlich vielen Abschieden. HATARA-KU IKKA (*Die ganze Familie arbeitet*, J 1939) zeigt eine Familie in manifester Armut, aber um so fester geschlossen als frühindustriellen Kampfverband. Man lebt nicht, man schlägt sich durch. Da geht alles durcheinander, und die Form väterlicher Autorität zerfällt. Die Söhne arbeiten, lernen und schlafen in einem Raum. Da hat die Harmonie keinen Platz. Die Tonspur zeigt, wie schrill das Chaos klingt. Die Familie löst sich auf. Naruses Interesse richtet sich nicht auf das Portrait eines einzelnen. Er sucht den Ort der Abwesenheit des einzelnen auf, an dem er gleichwohl spürbar wird, in den Narben der Erinnerung.

Visueller (und sozialer) Stil

Naruse bringt im Gegensatz zu den drei Rigoristen des japanischen Films viel Bewegung ins Bild, unorthodox, in wilden Sprüngen, in rasanten Kamerafahrten, im Aufstöbern sozialer Unordentlichkeit, die er aber ordentlich zurechtbügelt. Er läßt nur seine Kunstgriffe nie deutlich werden. Sein

Ideal ist, die Künstlichkeit des Eingriffs am vorgefundenen Schauplatz zu vertuschen. Er läßt sie natürlich erscheinen durch subjektive Bewegung der Figur in der Szene. Eine Blende kann man leicht durch eine Schiebetür, die Räume trennt, ersetzen. Was flüchtig im Reißschwenk über belebte Straßen zusammengekehrt wird, soll als ein Blick der Harmonie gelten: durch Überblendung der Fragmente.
Die mildern die Härte der abgerissenen Schwenks. Meditativ kann dieser Stil nicht sein. Leeren Landschaften gilt kein Blick. Naruse sucht die enge Gasse, Geschäftigkeit, das Ungetrennte, die Ameisennatur des Menschen.

Naruses Methode besteht darin, kurze Einstellungen aufeinander aufzubauen, die den Eindruck einer einzigen langen Einstellung erwecken. Der Übergang ist so fließend, daß die Nahtstellen unsichtbar werden. Dieser Fluß von kurzen Einstellungen, der auf den ersten Blick ruhig und gewöhnlich scheint, erweist sich aber als tiefer Strom, dessen ruhige Oberfläche über eine heftige Unterströmung hinwegtäuscht,[...][2]

schrieb in seiner Autobiographie Akira Kurosawa, der seine Laufbahn 1937 als Regieassistent Naruses begann.
Die Nahtstellen brechen in den Nachkriegsfilmen Naruses auf, in Ton und Bild. MESHI (Essen, J 1951) beginnt mit einem inneren Monolog einer kleinbürgerlichen Hausfrau. 365 Tage im Jahr Bohnensuppe kochen sei zu viel. Der Ehemann sieht auch nur noch halb hin. Wütend wäscht sie Reis. Aber das aggressive Geräusch dieser Arbeit wird sofort übertönt von einer hollywoodesken Musik, die die Situation verallgemeinert und so beschwichtigt. Später sitzt das Paar im Zugabteil. Der Mann hat die Blickachse nach rechts, die Frau nach links gerichtet, ins Freie, zum Fenster, zum Fluß. Ihr innerer Monolog spricht vom eventuellen Glück. Um das Desinteresse ihres Mannes nicht manifest zu machen, hält sich die Kamera an das zaghafte Lächeln der Frau. Die Illusion fährt eben nicht nur in der Straßenbahn.[3]

Späte Meisterwerke
Als der japanische Film Mitte der fünfziger Jahre über das Einfallstor Venedig Europa faszinierte, schrieb der italienische Regisseur Visconti einen Brief an seine Drehbuchautorin. Darin heißt es: »In den japanischen Filmen gibt es etwas, was unseren Filmen fehlt: den Sinn für das Geheimnis. Bei uns ist alles ›Bitsch-Batsch‹, ohne Geheimnis und Zartheit, die jene Filme ausmachen.«[4]
Was Visconti »Geheimnis« nannte, kann man als Fremdheit bezeichnen, der man doch nie näher tritt. Die angesprochene Zartheit ist eine Naruse-Filmen eigene Qualität, die in der gesellschaftlich bedingten Scham und Zügelung gründet. Wie auch bei Mizoguchi oder erst recht bei Kurosawa

stellt sich bei Naruse die Frage, welcher Zusammenhang zwischen extremer Freundlichkeit, Gleichmut und extremer Gewalt besteht, der in japanischen Filmen zum Ausdruck drängt.

Naruse differenziert geschlechtsspezifisch. Bei ihm sind es die Männer, die Gefangene der Tradition sind, und die Frauen, die aus dieser Gefangenschaft aufbrechen, das Weite zu suchen. Dabei scheuen sie nicht davor zurück, auch Tabus anzugreifen, wie in ANI IMOTO (Älterer Bruder und jüngere Schwester, J 1953) und YAMA NO OTO (Klang des Berges, J 1954). Das Zerbröckeln der Familien ist noch das Wenigste, was man hört. Man kann es aber sehen. Behutsamkeit in ästhetischer, Takt in moralischer Form ist, was den späten Naruse auszeichnet.

Beiläufigkeit wird das Stilideal. Ein Mann kauft einen Fisch zu wenig ein. Sein Sohn geht abends fremd. So nimmt der Vater zum Abendessen mit der Schwiegertochter vorlieb. Ihre Gefühle entwickeln ein Eigenleben, das in früheren Naruse-Filmen nur melodramatisch, nie in genauem Bezug zur Figur sich einstellen durfte. Dieser Film YAMA NO OTO hat eine zirkuläre Struktur, die Konflikte streift, ohne sie zu unterdrücken. Das Geständnis der gegenseitigen Liebe von Schwiegertochter und Schwiegervater ist unausgesprochen, aber offen. Der Schmerz einer tastenden Trennung dieses Paares wird nicht vergrößert, nicht verkleinert. Er wird sichtbar.

Ein anderes Meisterwerk ist UKIGOMO (Treibende Wolken, J 1955). Es reflektiert den verlorenen Krieg, zehn Jahre später. Die Kriegsruinen hat Naruse als Schauplatz nicht mehr vorgefunden. Er mußte sie wieder aufbauen lassen. Die innere Ruinenlandschaft liegt in der abgestorbenen Liebe, die am unmöglichen Ort, dem japanisch besetzten Vietnam begann. Auch nach der Niederlage gibt der Mann ›seinen‹ Ort nicht auf. Er bleibt ein Eroberer. Klammheit ist das Grundgefühl der Katastrophe, die Naruse auch nicht mehr beschwichtigend abtut. Die Gewalt der Gegenwart kommt nun daher, woher sie aufbrach, aus der Bewältigung der Vergangenheit.

Erstveröffentlichung: Frankfurter Rundschau, 17.12.1983 [Anm. s. S. 478].

»Um jeden Preis ein vereinzelter Rebell«
Oshimas Schriften[1]

1.

Es war schon immer etwas schwierig, von Oshima nicht abzusehen, wenn man über seine Filme schreibt. Sie scheinen in ihrem Rigorismus der Form, in der in Glücksmomenten die Ästhetik die innewohnende Gewalt bändigt, geradezu aufzufordern, davon abzusehen, was in den blendenden Bildern sich ereignet. Nicht daß so viele diametral verschiedene Anschauungen über Oshima im Umlauf sind, ist symptomatisch; sondern eher, daß so wenig Anschauung ausgehalten wird.

Es fiel schon in den deutschen Besprechungen zu AI NO CORRIDA (IM REICH DER SINNE, J/F 1976) auf, daß manche vor den einschneidenden Passagen des Films die Augen niederschlugen und sich im Dunkeln die Geschichte selbst zu Ende reimten. So hat man nicht nur in der *Frankfurter Allgemeinen Zeitung* gelesen, daß die Frau ihren Liebhaber bei lebendigem Leibe entmannte, obwohl sie ihn doch zuvor in innigstem Einverständnisrausch erwürgte. Nun läuft Oshimas SENJO NO MERI KURISUMASU (FURYO – MERRY CHRISTMAS, MR. LAWRENCE, GB/J 1983) in den Kinos, und wieder kann man über Filmpassagen lesen, die der Film selbst gar nicht zeigt.

Unstrittig ist, daß der deutsche Verleih hier kürzte, und zwar die zweite Rückblende in Major Celliers Kindheit, die seiner »Tat« ein »Motiv« der Schuldentlastung einräumt. Es geht nun nicht darum, ob dieser Eingriff die Dramaturgie der Originalfassung wesentlich schwächt, sondern darum, was von der Kritik als Kürzung wahrgenommen wurde. Mitnichten diese Stelle.

In der *Süddeutschen Zeitung*[2] wird dem Regisseur vorgeworfen, er habe sich auf sensationelle Szenen »kapriziert«, als ob derlei Entscheidungen ein Impuls der Koketterie wären. Der Verleih aber nun erhält mildernde Umstände, »wenn die Eingeweide in der deutschen Fassung zum Glück nicht mehr hervorquellen«. In SENJO NO MERI KURISUMASU herrscht Mord und Selbstmord, zugegeben, aber diese Szene, die der Rezensent als nicht-gesehen doch »gesehen« hat, ist Einbildung, die Oshimas Filmbildern induzierte Gewalt mit eigenen Augen ausführt.

Das sei als Symptom des Absehens bezeichnet, was auch in der *Frankfurter Rundschau*[3] sich niederschlägt. Vom Gegenspieler des englischen Major Celliers, dem japanischen Hauptmann Yonoi, erzählt der Film, der sei in einen Militärputsch verwickelt gewesen; eine Figur erzählt es der anderen beim Spaziergang. Die Zeitung schreibt: »Diese Rückblende fehlt in der deutschen Kinofassung.« Soweit ich die Originalfassung sah, fehlt jene »Rückblende« überhaupt. Wieder trägt jemand Oshima nach, was der nicht gezeigt hat. Weder die kleine Verstümmelung eines individuellen Körpers – von der *Süddeutschen Zeitung* als nicht-gesehen gebucht – noch die große Verletzung des Staatskörpers – von der *Frankfurter Rundschau* nachgetragen – kamen »zum Glück« ins Bild. Dabei interessiert nicht, welcher Kritiker den »ganzen« Film gesehen hat. Es geht um die gleichsam objektive Irritation bei Oshima, die weniger aus dem Zentrum seiner Bilder als aus dem Off und seinen Rändern herrührt. Davon ist nicht abzusehen. »Phantome attackieren die Zuschauer in ihren Körpern«, wie Frieda Grafe anläßlich Oshimas *Schriften* schrieb.[4]

2.

Der erwähnte Militärputsch ist ein Beispiel, der Oshimas politischen Standort sehr gut lokalisiert. In AI NO CORRIDA zieht, auf den ersten Blick
überraschend, ein Trupp Soldaten mit Frontgepäck durch Tokyos Straßen.
Links schwenken Frauen Fähnchen, rechts an den Rand gedrückt schleicht
der Liebhaber ins Haus zur Frau zurück. Das öffentliche Geschehen streift
ihn, es berührt ihn nicht. Er taumelt zu neuer Ekstase seinem Innenraum
entgegen, der als totes Vakuum nur dann verstanden werden kann, sieht
man ab vom öffentlichen Machtvakuum der Zeit, in der AI NO CORRIDA
spielt: 1936.
Heer und Marine putschten damals gegen Japans liberale Politiker. Natio-
nalismus und Expansionsdrang beherrschten das Militär, dessen Offiziere – Söhne des verarmten Landproletariats – auf »Lebensraum« in der
Mandschurei drängten. Der Krieg gegen China wurde entfesselt. Jener
Hauptmann Yonoi aus SENJO NO MERI KURISUMASU war einer der putschenden Offiziere. Allein das Stichwort »Mandschurei« evoziert im Film
die Historie aus dem Off, die wir mit Phantomen erst bebildern müssen.
Die Tradition der Samurai und die Shinto-Religion verschmelzen zu mar-
tialischem Sendungsbewußtsein, der Verehrung des als göttlich unan-
tastbaren Kaisers. Die fürchterliche Faszination, mit der Oshima seinen
Yonoi ausstattet, ist Reflex seiner Aufarbeitung des historischen Traumas
vom Beginn des japanischen Faschismus. Um das zu »übersetzen«: der
Nazifilm spiegelte willfährig in einem Beiprodukt Japans Beitritt zum
Antikominternpakt in DIE TOCHTER DES SAMURAI (D/J 1936, Arnold
Fanck).
Jetzt liegen Oshimas Schriften vor. Das erste, was mir auffiel, war, daß der
deutsche Verlag das beschriebene Bild vom Militärputsch aus AI NO COR-
RIDA nicht abdruckte, das in der Vorlage (der französischen Ausgabe)
enthalten war.
Auch drückt Oshima selbst sich so gut wie gar nicht zur japanischen
Historie aus, wie sie virulent in seinen Filmen wird. Er ist ein Mann der
Zeitgeschichte, dessen Augenmerk mit Leidenschaft der Nachkriegsgeschichte gilt. Oshima warf sich mit der Kamera in die Bresche, ja mit ihrer
Hilfe riß er Breschen ein, die längst von Freunden wie Gegnern als historische Tabus besetzt waren. Studentenführer in den politischen Kämpfen
gegen die Erneuerung des Beistandspaktes mit den USA, Jurist und Filmemacher ab 1959, Publizist, streitbarer Fernsehdiskutant, Avantgardist
in populären Schriftformen, agil, frech und verletzlich sagte Oshima über
sich, was wie ein Gelübde klingt: »Ich werde immer, muß um jeden Preis
immer jung bleiben, im Herzen dieser Jugend [der Nachkriegszeit, KW]
ein vereinzelter Rebell.« So reißt sich einer los, der auch im Bruch mit der
Tradition neue Traditionen nicht bilden will.

3.

Oshima publizierte von 1956 bis 1978 Aufsätze, Aufrufe, Pamphlete, Plädoyers, Reiseberichte, Selbsterkundungen nicht nur zentriert um die eigenen Filme. Von Belang sind die einzelnen Publikationsorte seiner Beiträge. Einmal abgesehen von den Filmfachzeitschriften waren es unter anderen die *Tageszeitung des Sports, Jugend und Literatur, Peace, Happiness, Prosperity* (die Firmenzeitung eines elektronischen Konzerns!), ein Sonderheft der Zeitschrift *Jurist* und auch *Die Meinung der Frauen*. Der Autor ist ein leidenschaftlicher Radikaldemokrat, vertritt aber seinen Standpunkt nicht in Zirkeln. Oshima schreibt, denkt man an seine streng formalisierten Filme, erstaunlich unorthodox, offen, ja nachlässig. Es klingt, als spräche, das Private beiläufig veröffentlichend, ein Dantonist. Der genießt die Freuden seines Körpers, noch wo dessen Fülle ihn unförmig dünkt. Ein schönes Foto der Wagenbach-Ausgabe zeigt Oshima bei Dreharbeiten bis zu den Unterhosen im Wasser, neben dem Kamerastativ, ein Bild der Hingabe und heiteren Aktivität.
Weder haben die großen japanischen Regisseure ihn je beeinflußt, noch räumt er europäischen Filmen den Rang eines Vorbildes ein. Oshima schimpft so treffend über Flahertys fingierten Dokumentarismus wie jüngst Emile de Antonio im *Jahrbuch Film 1983/84*, schwärmt von Godards Debütfilm und lobt den einheimischen Realisten Naruse. Das sind Fußnoten, emotionale Urteile, keine Platzanweisungen. Aufhorchen läßt der Eindruck der Lektüre von Albert Camus, dem ich die Hälfte jenes Einflusses zuschreiben möchte, den Gertrud Koch in ihrem Oshima gut situierenden Vorwort Sartre einräumte. Noch der Leitaufsatz: »Die permanente Selbst-Negation als neue Haltung der Autoren« bezeugt den Reflex des Existenzialismus auf Oshima.
In diesen Schriften zeigt sich ein Moralist, der Plädoyers hält für eine politische Utopie. Oft hat man seine letzten Filme als Anstiftung zur Entfesselung jedweder Sexualmoral gelesen, ohne ihm darin zu folgen, wo er die Moral einer bestimmten Kritik unterzog. Das Pamphlet »Die sexuelle Armut« ist eine Probe aufs Exempel, das dem »sexuellen Militarismus [...] der Samurai-Klasse« gilt, die ihre Wertvorstellungen »dem ganzen Volk« aufzwingen wollte.[5]
»Läßt sich eine Republik der freien Sexualität, in der die ganze Menschheit eins wird mit der Vielfalt der Natur, jemals verwirklichen?«[6] Oshima fragt ja nur. Als konkreten Schlußsatz setzt er selbst dagegen: »Feststeht, daß wir nicht einmal das Land, in dem wir leben, als Republik bezeichnen können.«[7] Die Utopie fängt mit dem Losmachen von Feststellungen an.
Der Moralist polemisiert. Am heftigsten gegen den letzten, selbsternannten Abkömmling der Samurai-Klasse, den Schriftsteller Mishima. Nach dessen Selbstentleibung, dessen Inszenierungsgrund Oshima enthüllt, schrieb er einen sehr persönlichen Nachruf, in dem er den »geometrischen Ort eines Mangels an politischem Bewußtsein«[8] vermessen wollte. Die

Attacke trifft, nur: sie traf einen Toten. So hat der Nachruf auch den Beiklang einer Abgrenzung vom eigenen Territorium. Mishimas Ort ist Oshimas nicht, aber doch einmal wohl so nahe gewesen, daß der Leser die Grenzlinie sucht. Auch Oshima entstammt, wie ich nicht diesem Buch entnehme, das die Linearität einer linken Biographie betont, der Samurai-Klasse, und Klassen kann man, entgegen einem verbreiteten Bann, verraten und verlassen. Der Samurai-Mythos ist ein Introjekt, das Oshima gern los würde. Deshalb bekämpft er es post festum bei Mishima. Die Abrechnung ist ein großartiger Essay über den innigen Zusammenhang von Kunstproduktion, politischen Schwellen und Körperbildern, wie ich ihn so einleuchtend seit Marguerite Yourcenars Mishima-Buch[9] nicht las. Yourcenar freilich sah von der Homosexualität des Dichters nicht ab, der verzweifelt eine Reinkarnationsform des Samurais suchte und verfehlte.

4.

Abschließend einige Bemerkungen zur deutschen Ausgabe der Schriften. Frieda Grafe hat auf etwas hingewiesen, worauf hinzuweisen der Verlag Wagenbach nicht für nötig hielt. Dieses Buch ist um die Hälfte gekürzt. Man sollte jene Passagen, von denen der Verlag absah, nun nicht zum geheimen Zentrum von Oshimas Denken ernennen, das uns vorenthalten blieb, zumal hier nach einer französischen Übersetzung[10] gearbeitet wurde. Das trübt das Bild, verschleiert es nicht. Es wäre aber begrüßenswert, wenn auch die dem Film ferner stehenden Lektoren im deutschen Sprachraum eingeführte Fachausdrücke durchsetzten und nicht fortschrieben: z.B. Ausstatter statt »Kulissenbildner«, Drehbuchautor statt »Szenarist«, Regisseur statt »Aufnahmeleiter« (was ein Anglizismus im Französischen verschuldet hat[11]), und auch den gewöhnlichsten Irrtum: Filmemacher statt »Cineast«. Anstößiger ist, wie mit den Abbildungen verfahren wurde: Selbst wenn man nicht alle Bilder der Vorlage druckt und eigens darauf hinweist, man drucke zusätzlich noch andere Bilder aus Oshima-Filmen anstelle etwa seiner restlichen Texte, dann sollte man diese Bilder nicht auch noch mit dem Wurstmesser beschneiden. So fehlen zum Film WASURERARETA KOGUN (Die vergessene Armee, J 1963) die Opfer rechts und links am Rand,[12] fehlt zu ETSURAKU (Die Freuden des Fleisches, J 1965) das Männer-Knie,[13] das die Frau niederdrückt, fehlt der mächtige Rücken, von dem männliche Gewalt ausgeht:[14] HAKUCHU NO TORIMA (Der Besessene im hellen Tageslicht, J 1966). Statt dessen schiebt sich bei diesem Bild eine nichtidentifizierbare Waffe aus dem Off an den Nacken des Vergewaltigers – bloß ein gemeiner Filmriß, nicht retuschiert.

Das Symptom des Absehens, überall. Ist Oshima klein zu kriegen? Das Phantom schlägt zurück.

Erstveröffentlichung: epd-film, 1/1984 [Anm. s. S. 478].

Alles ist möglich
Gespräch mit Nagisa Oshima

Wie ein Herrscher IM REICH DER SINNE¹ sieht Oshima nicht aus, eher
wie der erste Angestellte seiner Produktionsfirma: unauffällig. An Seh-
schärfe scheint er seit den sechziger Jahren nichts eingebüßt zu haben;
noch immer trägt er das Brillenmodell aus jenen Tagen, als er unversöhnlich politische Filme zur Gegenwart Japans drehte. Er ist jetzt Anfang
fünfzig und sieht, wenn er lacht, viel jünger aus. Meistens lacht er nicht.
Wir Europäer, sagte Oshima in Berlin, dächten zu vertikal, stellten uns den
Himmel oben und die Hölle unten vor. Japaner aber glauben, das Paradies
liege im Westen. Damit schmeichelte er keiner politischen Sehnsucht. Er
machte nur aufmerksam darauf, daß sich die Dinge in Japan, ob Schiebetüren, soziale Ideen oder Filmkameras, eher horizontal bewegen. Jede dieser
Bewegungen greife nur so viel Raum, wie sie beanspruchen dürfe. Dieser
Satz bezeugt beim Rebellen Oshima die Ökonomie der klassischen Meister. Oshima wird aber nicht aufhören, Unruhe zu stiften.

Karsten Witte: Herr Oshima, Sie arbeiten in Paris an einem neuen Filmprojekt, das MAX, MON AMOUR (F/USA 1986) heißen soll. Worum geht es in
dem neuen Film?
Nagisa Oshima: Die Hauptfigur ist ein Engländer, der in der Pariser Bot-
schaft tätig ist. Seine Frau ist Französin. Eines Tages erfährt der Ehemann, daß seine Frau fremdgeht. Dabei entdeckt er, daß nicht ein Mann
ihr Partner ist, sondern ein riesiger Affe.
KW: Liegt das in der Tradition des japanischen Monsterfilms vom Schlage
»Godzillas«?
NO: Bedauerlich, aber so wird es nicht. Die Dreharbeiten beginnen im
September in Paris. Mein Film wird ausschließlich mit französischem
Geld finanziert.
KW: Hoffen Sie, diesen Film auch in Japan zeigen zu können, oder befürch-
ten Sie, wie bei AI NO CORRIDA (IM REICH DER SINNE, J/F 1976), Zen-
surschwierigkeiten?
NO: Auf jeden Fall werde ich ihn dort zeigen, ungeachtet der Zensur.
KW: Viele japanische Regisseure, insbesondere die uabhängigen, haben
Produktionsschwierigkeiten im eigenen Land. Selbst ein Kurosawa mußte
lange Zeit aussetzen, konnte, bevor er KAGEMUSHA (KAGEMUSHA – DER
SCHATTEN DES KRIEGERS, J 1980) schuf, DERSU UZALA (UZALA, DER
KIRGISE, UdSSR/J 1975) nur in der Sowjetunion drehen. Sie selber arbeiten im Auftrag der Pariser »Argos-Films«. Sehen Sie sich im Exil?
NO: Zu jeder Zeit, an jedem Ort hat ein Regisseur, der seinen Film so dre-
hen möchte, wie er möchte, Schwierigkeiten. Das Exil ist keine außerge-
wöhnliche Lage.

KW: Für welche Projekte haben Sie in Japan kein Geld bekommen? Was sind ihre aufgegebenen Pläne?

NO: Als ich den Film SENJO NO MERI KURISUMASU (FURYO – MERRY CHRISTMAS, MR. LAWRENCE, GB/J 1983) drehen wollte, suchte ich drei Jahre nach einem Geldgeber. Niemand wollte mich unterstützen. Deshalb habe ich mein Land verlassen. Ich konnte dann einen englischen Mäzen finden, der die Hälfte der Kosten trug. Dann erst biß eine japanische Firma an, die den Verleih vorfinanzierte. Für das letzte Drittel der Kosten habe ich Geld aufgenommen. Dank des Erfolges sind die Schulden getilgt. Sonst hätte ich mich aufhängen müssen. Wenn ich ein Projekt im Kopf herumtrage, ist es keine mechanische Entscheidung, ob es mich zur Produktion drängt. Die Inspiration entscheidet, ob der Stoff vom Kopf zu meinem Herzen vordringt. Was sich da verfestigt, das wird unter allen Umständen realisiert.

KW: SENJO NO MERI KURISUMASU, Ihr jüngster Film, ist ein politisch brisanter Stoff zur Eroberungsgeschichte Japans im Zweiten Weltkrieg. Das Thema hat Sie schon in früheren Filmen beschäftigt. Wie sieht man in Japan die Kriegsschuldfrage?

NO: Wegen dieser Thematik wollte in Japan kein Produzent einsteigen.

KW: Die Story des Films ist im sexualpolitischen Sinn brisanter als im bloß historischen Sinn. Eine weitere Tabuverletzung ist doch wohl auch für die japanische Gesellschaft die Faszination der Figuren Bowie und Sakamoto füreinander.

NO: Im heutigen Japan ist das Tabu teils gelockert.

KW: Nun wird die erotische Faszination durch Ihren Film aufgespalten. In der Anfangssequenz von SENJO NO MERI KURISUMASU treffen die Hilfsvölker der kriegsführenden Engländer und Japaner aufeinander: vertreten durch den Niederländer und den Koreaner. Hier ist die Ebene brutaler Sexualität. Noble Erotik bleibt den Herren Offizieren im ebenso ritterlichen wie tödlichen Spiel vorbehalten. Ist das keine Klassentrennung noch im Tabu?

NO: Da ich die Homosexualität stärker ausstellte als der Roman,[2] hatte ich Schwierigkeiten mit dem Autor. Die brutale Anfangssequenz zwischen dem Niederländer und dem Koreaner sollte, wie in der Musik, Vorspiel sein zu dem, was folgt.

KW: Es gibt einen früheren Film von Ihnen, der in diesem historischen Zusammenhang bedeutsam ist: SHIIKU (Die Züchtigung, J 1961). Er beruht auf der auch ins Deutsche übersetzten Erzählung Der Fang des Schriftstellers Kenzaburo Oe. Hier wurde das Ende des Pazifischen Krieges dargestellt, und zwar aus der Perspektive eines Jungen, der 1945 genauso alt war wie Sie. Signalisiert die Titeländerung Ihres Films die Gewalt der damals herrschenden Erziehung?

NO: Ich bin sehr glücklich, daß Sie diesen wichtigen Punkt bemerkten. Jener Junge ist Teil von mir. Die Kriegserfahrung schleppe ich in mir weiter, heute noch. Als ich jenen Film drehte, fühlten sich die Japaner den Amerikanern oder Europäern nicht gleichwertig. Deshalb sieht der Junge den gefangenen schwarzen amerikanischen Piloten so, wie ich die Dinge damals sah. Zwanzig Jahre später, in meinem Film SENJO NO MERI KURISUMASU, konnte ich einen Japaner einem Engländer als gleichwertig gegenüberstellen. Das Neue an meinen Kriegsfilmen ist, daß »Der Andere« gezeigt wird. Das Bild des Feindes, das nicht sichtbar war, wird deutlich.

KW: In SHIIKU wird nicht mehr eine individuelle Geschichte wie noch beim Schriftsteller Oe erzählt. Ihr Film betont vielmehr die Gewaltgeschichte eines Kollektivs, das sich des Lynchmords an einem Gefangenen schuldig macht. In eine Einstellung ragen die vielen zittrigen Hände hinein, die Erde auf den Sarg des Opfers werfen. Ein ganzes Dorf wird in seiner Schuld in den Cinemascope-Rahmen eingespannt. – Nun gab es auch radikal eingreifende Filme von Ihnen, die der Gegenwart galten wie z.B. NIHON NO YORU TO KIRI (NACHT UND NEBEL ÜBER JAPAN, J 1960), eine Dokumentation der fast bürgerkriegsartigen Kämpfe gegen den japanisch-amerikanischen Sicherheitspakt. Jetzt stecken Sie in internationalen Großproduktionen. Können Sie sich zur Abwechslung vorstellen, einen billigen, »schmutzigen« Film zur gegenwärtigen Lage Japans in Angriff zu nehmen?

NO: Alles ist möglich, wenn ich eine Inspiration habe, und sei es: zu einem kleinen Film. Allerdings habe ich kein Interesse am gegenwärtigen Japan. Das Gleiche vermute ich beim Publikum.

KW: Deutsche Regisseure entdecken ihr Interesse für das gegenwärtige Japan. Wim Wenders und Werner Herzog trafen sich auf dem Tokyo-Tower, um über die Transparenz ihrer Filmbilder zu fabulieren.

NO: Die Namen, die Sie nennen, sind mir geläufig.

KW: In den früheren Oshima-Filmen zeigt die Kamera-Arbeit einen gewissen Einfluß der Filme von Antonioni und Godard, wie z.B. in Ihrem Film SEISHUN ZANKOKU MONOGATARI (NACKTE JUGEND, J 1960). Sind europäische Filme Teil Ihrer ästhetischen Erfahrung?

NO: Zu jener Zeit war die Tendenz, die Kamera sehr beweglich zu halten, weltweit. Ich habe das nicht erfunden.

KW: Denkbar aber wäre eine Orientierung an, sagen wir, dem Klassiker Ozu gewesen. Wird ein europäisch inspirierter Film von Ihnen als Bruch mit der japanischen Tradition empfunden?

NO: Es gibt keine Filmtradition in Japan. Die wurde aus dem Ausland hereingetragen. Mein Kollege Ozu hat zwar thematisch die typisch japanische Familie gefilmt, aber seine Technik war amerikanisch. Ozu benutzte sogar den Künstlernamen James Maki.

KW: Aber doch nur in frühen Komödien der dreißiger Jahre. Stellt Ozus Kamera-Arbeit, in Ihren Augen, keinen Bruch mit dem Hollywood-Code dar?

NO: Nein. Deshalb kommen Ozu-Filme in Europa so gut an.

KW: Die Regisseure des *New Hollywood* sind sehr von Japan fasziniert. Paul Schrader promovierte mit einer Arbeit, die auch dem Werke Ozus galt. Jetzt präsentierte er in Cannes seinen spektakulären Film vom Leben und Sterben eines Schriftstellers: MISHIMA[3], der in Japan noch boykottiert wird. Kennen Sie diesen Film?

NO: Politischer Selbstmord ist kein typisch japanisches Thema.

KW: In Ihren Schriften *Die Ahnung der Freiheit*[4] fällt ein erstaunlicher Satz, der vielleicht Aufschluß über Ihre Filmästhetik gibt. Sie schrieben: »Ich lebe in der dauernden Lust, andere mit Blicken zu vergewaltigen.« Sind Filmarbeiter professionelle Voyeure oder Schlimmeres?

NO: An diesen Satz erinnere ich mich nicht. Eines ist sicher: die Kamera ist immer der Täter.

KW: Wer ist der Komplize?

NO: Das ist der Regisseur.

KW: Weiter schreiben Sie: »Für mich ist das Kino die Visualisierung der Wünsche und Begierden des Regisseurs. Jeder Regisseur möchte den Tod dokumentieren und die sexuelle Vereinigung filmen.« Das unternahmen Sie, inszeniert, im Film AI NO CORRIDA. Würden Sie auch einen Tod dokumentieren, wie es in dieser Woche japanische Fernseh-Teams unternahmen, als sie Zeugen eines Mafia-Mordes wurden? Wäre das die extreme Blicklust?

NO: Daran hätte ich großes Interesse.

KW: Ohne moralische Bedenken?

NO: Das hängt von der konkreten Situation ab. Allgemein will ich mich nicht festlegen. Dann wäre der Tod keine Tabuverletzung mehr.

KW: Als Tabu gilt noch immer die Liebe zu einem Tier. Ihr kommender Film MAX, MON AMOUR bricht damit. Ich frage nicht, wer spielt den Affen. Ich frage, wer kann die Liebe einer Frau zu einem Affen spielen?

NO: Darüber kann ich mich, leider, nicht äußern.

KW: Aber den Affen haben Sie gefunden?

NO: Das kann ich bejahen.

Erstveröffentlichung: *Die Zeit*, 5.7.1985 [Anm. s. S. 478].

Das Ende der Geschichte
Akira Kurosawas Filmepos RAN

Ein offenes Tal, bewachsen von hohem Gras, durch das der Wind streicht, füllt sich plötzlich mit Figuren, von der Kamera erjagt. Schnaubende Pferde, erhitzte Reiter mit Speeren im Anschlag: ist schon Krieg? Nein, den Film eröffnet eine Wildschweinjagd, die in so abrupt zerrissenen Szenen vorgestellt wird, als sei die unfriedliche Jagd das Vorspiel zum grauenhaften Gemetzel, das folgt.

Am Ende der Geschichte ist die entleerte, entvölkerte Landschaft ein Raum für die Vision. Der blinde Prinz, eines der zahllosen Opfer des verflossenen Herrscherwahns, nähert sich einem gewaltigen Abgrund, in den er unweigerlich stürzen wird, als letzter, der in dieser mythisch überhöhten Szene alle Hoffnung auf eine Sinnrichtung in der Geschichte mit sich reißt.

Kurosawas Film RAN (J/F 1985) – der Titel soll so viel wie »Chaos, Aufruhr« bedeuten – macht tabula rasa mit der Haupt- und Staatsaktion. Ein letztes Mal entfaltet er in überwältigender Pracht die Feudalkämpfe Japans im 16. Jahrhundert, der Stammesfehden der Samurais, deren Kampfphilosophie im Namen der Loyalität zum Herren auch Kurosawas Film KAGEMUSHA (KAGEMUSHA – DER SCHATTEN DES KRIEGERS, J 1980) bestimmte. Die Macht, der Reichtum, Neid und Habgier mögen der Motor der Handlung sein.

Was den Regisseur stärker interessiert, sind die Zwischenräume im politischen Geschehen. Die stark formalisierten Szenen des Eingangs und des Ausgangs von RAN deuten darauf hin, daß Kurosawa etwas anderes sucht als nur das blutige Abschlachten aufeinanderprallender Heerscharen und das qualvolle Verenden unedel sterbender Krieger. Der Film ist Kurosawa ein Gefäß, in dem er die menschliche Leidenschaft des Habenwollens wie im Laborglas aufkocht, um den Kolben, in dem sich Geschichte aufdrängt, schließlich platzen zu lassen. Er sucht die Schönheit des leeren Raumes als die Walstatt der Geschichte auf. Deshalb macht er mit seiner Farbdramaturgie der Blutwäsche reinen Tisch.

RAN ist oberflächlich von Shakespeares Drama *König Lear* (1605/06) inspiriert, aber nur im Maße, wie sich Kurosawas Film KUMONOSU-JO (DAS SCHLOSS IM SPINNWEBWALD, J 1957) an die Tragödie *Macbeth* (1606) anlehnte. Die Illusion der reinen Form im japanischen Kino wird ohnehin nur noch von europäischen Kritikern genährt, die damit ihre Sehnsucht nach der Form des Anderen füttern. Kurosawa, ein Altmeister des japanischen Films, der diesen Film als 75jähriger drehte, hat, solang er filmt, fremde Formen, d.h. europäische Literatur und amerikanische Filme in sein Werk einströmen lassen.

Man muß die Zuschauer von RAN daran erinnern, daß die Pariser Regisseurin Ariane Mnouchkine ihren Shakespeare-Zyklus der Königsdramen im sichtlichen Einfluß von Kurosawas Filmen inszenierte. Auch Peter Brook hat 1985 in seiner Darbietung des indischen Nationalepos am Theaterfestival in Avignon frei über Zitate und Gesten des No-Theaters verfügt. Die nationalen Genres haben ausgedient. Auch Kurosawa macht selbstverständlich Welttheater auf der Leinwand.

Interessant ist seine Auslegung des König-Lear-Stoffes nicht darin, daß er die drei Töchter Lears durch drei Söhne ersetzt, sondern in der Erweiterung der politischen Dimension der Hauptfigur, die hier Tatsuya Nakadei, ein langgedienter Kurosawa-Mitarbeiter und Darsteller des Kagemusha, spielt. Kurosawas König flieht nicht in den Wahn aus privater Enttäuschung und Selbstmitleid über seine machtgierigen Söhne, denen er die Macht abtrat. Dieser König wird vom eigenen Schuldbewußtsein in den Wahn getrieben. Er trifft auf seiner Irrfahrt die vielen Opfer *seiner* Herrschaft, wird also erst machtlos sehend, erst als Opfer selbst schuldfähig in der eigenen Geschichte, die eine der unaufhaltsamen Verwüstung des Schauplatzes der Geschichte ist, die nach ihm nichts Nennenswertes hervorbringen kann. Der Raum bei Kurosawa ist deshalb so groß, damit sich der Sinn, die Richtung in ihm verlaufen kann.

Kurosawa fällt dem Lauf des Geschehens in den Arm. Er schwelgt in episch verlangsamten Rhythmen. Jahrelang wurden in Japan vulkanische Seelenlandschaften gesucht, Burgen zum Zwecke der Zerstörung gebaut, kostbare Kostüme nach der Überlieferung genäht, das Gras, durch das der Wind der Geschichte streicht, Seelenzuständen entsprechend eingefärbt und schließlich das Geld, das diesen Traum von der Totalität des historischen Nichts finanzieren soll, aufgetrieben. Man merkt RAN auch die Gewalt an, die der Regisseur sich antut, um ein letztes Mal die eigene Legende zu überliefern. Tatsächlich kam das Kapital zu RAN nicht aus Tokyo, sondern zum größten Teil aus Paris, fand die Uraufführung auf dem Festival in Cannes statt. Serge Silberman, Produzent der späten Filme Buñuels, verlangte Kurosawa dieses Epos ab.

RAN ist ein europäischer Traum vom japanischen Kino, der in Japan bereits als anachronistisch, in Europa als nostalgisch angesehen wird. Andererseits ist RAN auch Kurosawas große, bewegende Klage vom Ende des Genre-Kinos. Es ist, als habe der letzte Samurai das Ende der Geschichte verfügt. Danach kommt die Posthistoire und der radikale Sogo Ishii, der GYAKUFUNSHA KAZOKU (DIE FAMILIE MIT UMGEKEHRTEM DÜSENANTRIEB, J 1984) drehte. Das ist die burleske Hohlform zur ästhetischen Gewalt von RAN.

Erstveröffentlichung: Schuld wird zu Wahn. Akira Kurosawas RAN: Ein Abgesang, ein europäischer Traum vom japanischen Kino, *Kölner Stadt-Anzeiger*, 12./13.4.1985.

Kurosawas Filme spiegeln, gleichgültig in welchem Genre, statische Räume, fliehende Menschen, angreifende Krieger. Ein Raum wird besetzt, erobert, zerstört und wieder aufgegeben. Man erinnere sich der Filme KAGEMUSHA (KAGEMUSHA – DER SCHATTEN DES KRIEGERS, J 1980) oder RAN (J/F 1985). Eine gleichmütige Natur wird zum Schauplatz heftigster Bewegungen im gewählten Raum. Heerscharen ziehen in Schleifen-Form (»halbe Achten«) durch das Scope-Bild. Das könnte von den alten Bildrollen übernommen, aber auch den Klassikern der Filmkunst wie z.B. Sergej Eisensteins IVAN GROSNYJ (IWAN DER SCHRECKLICHE, UdSSR 1945) nachgestellt sein. Der Raum bei Kurosawa ist oft ein feindliches Territorium, das erobert und besetzt sein will. Ob die Natur oder ein politischer Rivale im Weg steht, ist dem Okkupationsgestus nicht wichtig. Meist werden beide niedergemacht.

Auszug aus Wittes handschriftlichem Vortragsmanuskript: »Sakrale Räume« – Japan (Vortrag im Haus der Kulturen der Welt, Berlin, 16.10.1994):

Japanische Extreme in Eastmancolor
Oshimas SEISHUN ZANKOKU MONOGATARI

Mit brutalem Pinselstrich werden rote Schriftzeichen auf Zeitungspapier geworfen, die wir nicht lesen können. Eine Musik, die mehr hämmert als swingt, wirkt als zweites Signal der Beunruhigung, das wir nicht mehr entziffern müssen. Fotos in den blutig beschriebenen Zeitungen deuten auf Zusammenstöße von Polizei und Demonstranten. In einer Minute hat der Vorspann Bilder und Töne der Zerrissenheit angeschlagen, die der Film in Variationen, in Bruchstücken, mit hartem Drive fortsetzen wird. Das Japan der meditativen Bilder, in denen einst die Leere vibrierte, ist abgeräumt. Oshima, der Regisseur der permanenten Rebellion, tritt auf. SEISHUN ZANKOKU MONOGATARI (NACKTE JUGEND, J 1960) ist nach seinem Debüt der poetischen Desillusionierung AI TO KIBO NO MACHI (Eine Stadt voller Liebe und Hoffnung, J 1959) Oshimas zweiter Spielfilm. Der heutigen Generation rückt dieser Film, der einmal ein Pamphlet gegen die Verkrustungen des Nachkriegs war, erstaunlich nahe. Das Pathos wich der Schrillheit. Das Tempo, der Lärm und die explosive Körperlichkeit, die im Entstehungsjahr des Films umwerfend wirkten, schmeicheln dem Zeitgeist der achtziger Jahre sich widerstandslos ein. Derlei Ausgrabungen dienen weniger zur Bestimmung des Vergangenen als vielmehr zur Entdeckung des Gegenwärtigen, dem die Geschichte ein guter Gag ist.
Die Kamera springt ins brausende Tokyo, dessen irrlichternde Straßen nichts anderes zu sein scheinen als ein Experimentierfeld für künftige elektronische Erfahrungen. Der Zuschauer wird in ein breit klaffendes Cinemascope hineingezogen, in dem die Blicke paradieren. Verführerisch schimmern die Autobleche, lockt eine Welt in Eastmancolor. Die Petticoats sitzen den Mädchen, die Motorräder den Jungen wie angegossen. Das Bild bietet einen Aufbruch in die Bewegung. Makoto, das Mädchen, bewegt sich auf die Männer zu; Kiyoshi, der Junge, auf die Mädchen. Beide aber, das macht den Sog ihrer Bewegung aus, brechen von einem bestimmbaren Punkt ins Unbestimmte auf. Die Eltern, die Polizei, die

Tradition, die Autorität, die Verfügungsgewalt bleiben auf der Strecke. Makoto verfällt dem einladenden Charme eleganter Autos, die betuchte Herren fahren. Kiyoshi tritt als Retter jungfräulicher Ehre auf, spielt den Kavalier und handelt wie ein Zuhälter – das Rettungsspiel gerät zum lukrativen Erpresser-Trick, bis einmal beide Komplizen nicht mehr rechtzeitig aussteigen können. Am Ende ist das attraktive Ganoven-Pärchen zu Tode geprügelt, zu Tode geschleift und vom Regisseur in einer höhnischen Montage zu zwei Ikonen unzertrennlicher Liebe in einem Bild vereint.

Als Parallelhandlung wird zu diesem Gruppenbild entwurzelter Jugend das vergilbte Portrait der älteren Schwester Makotos gestellt. Die Schwester des hier so trotzig libertären wie auch katzenhaft indifferenten Mädchens dient als trauriger Vorläufer des verfehlten Glücks. Ihr blieb in den fünfziger Jahren an Freiheit versagt, was die jüngere Schwester in den sechziger Jahren sich herausnimmt. So versucht sie im letzten Anlauf eine verflossene Liebe zu erwärmen. Aber ihr Freund, Armenarzt und Alkoholiker aus politischer Enttäuschung, nimmt eine Abtreibung ausgerechnet an der kleinen Schwester vor. Zwei Paare, zwei Arten aufgegebener Hoffnung werden von Oshima einander gegenüber, wenn nicht in eins gestellt.

Im Vordergrund das junge Paar Makoto und Kiyoshi. Sie ist erschöpft vom Eingriff, er ist erschöpft von der Erpressung, die den Eingriff bezahlen hilft. Er kaut an einem grünen Apfel und fährt ihr mit einem roten Apfel liebkosend über die Wangen. Die Liebe scheint den Liebenden ein Halt. Aber aus dem Hintergrund dringen die müden Stimmen der Schwester und des Arztes, die sich bedrängen, eine neue Hoffnung zu wagen, eine alte Resignation zu begraben. Es verhält sich damit umgekehrt. Der Bildvordergrund ist eine Affirmation, der Stimmenhintergrund dagegen ein historisch hörbarer Zweifel. Antonioni hätte das nicht lakonischer ins Bild gesetzt.

Oshima zeigt hier in SEISHUN ZANKOKU MONOGATARI allen Ehrgeiz zu beweisen, in welchem Maße er die Hermetik des japanischen Films zu sprengen gedenkt. Jede Geste des jungen, bedenkenlos vitalistischen Paares ist eine Schamverletzung, ja eine körperlich spürbare Übertretung gehüteter Schwellen. Ob der Junge sein Mädchen beim Schwimmen im Flößerhafen sadistisch in die willige Erschöpfung treibt oder, bei anderer Gelegenheit, nachdem er von Gegnern vor den Augen des Mädchens zusammengeschlagen wurde, erst so richtig Lust auf ihre Vergewaltigung verspürt: Oshima verlangt mit jeder Szene, die bis zum Zerreißen immoralistisch ist, dem Zuschauer ein moralisches Urteil ab.

Daß dieses von ihm selbst vorweggenommen werden kann, erweist sich in einem Vorwurf an den Jungen, ein Don Juan zu sein. Davon ist der Gauner mit der hübschen Fresse weit entfernt. Sein Wink ist die Lust an der Gewalt. Prompt wird der erteilte Vorwurf von der Tonspur mit düsteren Orchestertakten aus Mozarts *Don Giovanni* (1787) unterstrichen. Zum Schein

des szenischen Realismus dreht ein Komplize des rücksichtslosen Liebhabers ein Kofferradio an, das zur Übertragung etwa der Salzburger Fest-
spiele wenig tauglich ist. So sprunghaft wie seine bloß im sozialen Sinne typischen Charaktere, so
zerrissen ist die Inszenierung. Das Melodram mischt sich mit Melancholie,
extremes Leuchten mit Finsternis, die rote Windjacke aus Nicholas Rays
Rebellenfilm REBEL WITHOUT A CAUSE (DENN SIE WISSEN NICHT, WAS
SIE TUN, USA 1955) mit den Ockertönen nackter Haut. Diese Reibung ist
aufreizend bis an die Grenze des Schmerzes. So gesehen ist SEISHUN
ZANKOKU MONOGATARI eine rechtmäßige Kolonie in seinem REICH
DER SINNE.

P.S. Der Verleih weist im Presseheft darauf hin, daß dieser Film auch unter
dem Titel GRAUSAME GESCHICHTEN DER JUGEND bekannt sei. Aber
das ist meines Wissens der einzige Titel, unter dem Oshimas Film, auch
in Paris oder New York, bekannt ist. Weiter, behauptet der Verleih, bedeute
im Japanischen »grausam« auch »nackt«, so daß die Übersetzung »Nackte
Jugend« ebenso gültig sei. Diese Gleichsetzung scheint faszinierend,
erinnert sie doch an eine Bemerkung von Claude Lévi-Strauss in seinen
Traurigen Tropen (1955), derzufolge Indianer Brasiliens nur ein Wort für
»hübsch« und »jung«, ein Wort für »alt« und »häßlich« hätten, ihre Ästhetik also auf sexuellen Werten beruhe. Nun, auch die Übersetzungskunst
des Filmverleihs beruht auf ähnlichen Werten. Denn die angegebene
Begründung der fadenscheinigen Titel-Änderung ist, wie mir Japanolo-
gen versicherten, wohl eher eine stammeskundliche als eine völkerkund-
liche Spekulation.

Erstveröffentlichung: Die Zeit, 26.9.1986.

Die unendliche Familie
Filme von Keisuke Kinoshita

Die Entdeckung
Das Extravagante des japanischen Kinos springt jedem Zuschauer ins Auge.
Die Dramatik eines Kurosawa und dessen Gegenpol: die Dedramatisie-
rungen eines Ozu sind uns vertraut. Was fehlt, ist das vagante Leben, die
stille Kontinuität, die höchstens dem auffällt, der sie lebt. Deshalb blieben Filme von Naruse unauffällig, im Schatten der Meister, ganz zu
Unrecht, wie man seit den Entdeckungen des Festivals in Locarno 1983
weiß. Im letzten Jahr, 1986, wurde dort ein Meister des japanischen Kinos
entdeckt, dessen Werk bislang als nicht exportfähig galt. Auch das ist ein
Grund für die Lücken unserer Kenntnis. Der Meister heißt Kinoshita. Sein

271

Markenzeichen ist das unaufhörlich flutende Sentiment, das er für die Kindheit, für die Familie aufbringt. Kinoshita schuf Konfektion in allen Größen. Nichts Ehrenrühriges liegt in dieser Vorstellung, denn darin ist auch jene Größe, die in der Konfektion nicht aufgeht.

Keisuke Kinoshita wurde 1912 geboren und trat nach dem Besuch einer Foto-Fachschule 1936 als Regieassistent in die Firma Shochiku ein. Mit seinem Regiedebüt HANA SAKU MINATO (*Hafen blühender Blumen*, J 1943) erzielt er bereits einen sensationellen Erfolg. Erst Mitte der sechziger Jahre verläßt er die Produktionsfirma, der er über dreißig Jahre als Angestellter diente, die auch nach seinem Ausscheiden seine Filme weiterproduzierte. Kinoshita, der alle seine Drehbücher selber schreibt, ließ alle Filmmusiken von seinem Bruder Chuji komponieren. In 43 von bisher 48 Filmen beschäftigte er ununterbrochen den gleichen Kameramann Hiroshi Kusuda, der seinerseits mit der Schwester des Regisseurs verheiratet ist: auch Drehbuchautorin, aber anderer Filme. Kinoshitas Karriere verkörpert in ihrer Produktionsform allein das Idealmodell der unendlichen Familie Japans. (Er hat natürlich Schüler. Masaki Kobayashi war von 1947 bis 1953 Kinoshitas Regieassistent.) Die Strukturen spiegeln gesuchte Abhängigkeiten, die innerhalb von Kinoshitas Filmen den Korporationismus zeigen, der die japanische Gesellschaft durchzieht.

In den Filmgeschichten kam dieser Regisseur bisher nicht vor. Man hielt sich an die kritischen Konventionen. Der Historiker Georges Sadoul hatte immerhin das Gefühl: »Man müßte auch eingehender sprechen [...] über die interessanten Werke von [...] Ozu [...] und Kinoshita«[1], eine Verlegenheit, die nicht einmal die Werke jener Regisseure nennt. Erst seit Noël Burchs bahnbrechender Untersuchung *To the Distant Observer – Form and Meaning in the Japanese Cinema*[2] trat Kinoshita ins Licht der Kritik. Auch hier allerdings spürt man eine gewisse Verlegenheit im Urteil. Kinoshita wird eines »miserabilistischen« Neorealismus geziehen, der auf das Leben einen passiven Blick werfe. Gipfel der Verwerflichkeit: Kinoshita sei ein positivistischer Soziologe. Wer gegen diesen Verdacht die Kritische Theorie im japanischen Kino verfocht, verrät Burch nicht.

Ein Gefühl für Frauen

Im Maße wie Mizoguchi etwa erlesene Emotionen seiner Frauen und Naruse die Gefühlsökonomie des Alltags zeigte, setzt Kinoshita auf die roh ausbrechenden Gefühle der Frauen, die dem Zwang zur Sublimation oder zur gestuellen Gewalt nicht unterliegen. Kinoshita zeigt ein Gefühl für Frauen, das vor ihm unerhört und ungesehen ist. In den frühen Filmen wird es sichtbar. RIKUGUN (*Das Heer*, J 1944) z.B. stellt zwar einen jungen Schwächling in den Mittelpunkt, der sich zur Schlacht nicht schleichen will, aber dann drängt ihn die Mutter aus dem Mittelpunkt ins Marginale. Eben war sie noch stolz auf die straffe Uniform des Sohnes, schon schmerzt sie der Abschied. Die Trennung wird zur gewaltigen Apotheose des Trennungsschmerzes. Nicht der Erhöhung des militärischen Jubels geht die Kamera nach, sondern der Erhöhung mütterlicher Ängste.

Im Film OSONE-KE NO ASA (*Ein neuer Morgen für die Familie Osone*, J 1946) bricht in die Kriegsweihnacht die politische Polizei ein, um den pazifistischen Sohn der Familie zu verhaften. Bis zur Kapitulation Japans brechen die emotionalen Katastrophen über die Osones herein, dann aber findet die Demokratie in Mutter und Tochter die stärksten Fürsprecher, die so sich von der Tyrannei des militärischen Onkels befreien können. Daß diese emphatischen Gefühle vor neutralen Studiowänden und nicht vor real zerstörten Häuserfassaden gedreht wurden, ist übrigens eine Auflage der amerikanischen Zensur gewesen. Die Demokratie ist für die Frauen ein Glück. Der Raum dieses Gefühls bricht sich Bahn in Lichtkorridoren, die alle Augen, so lange im Dunkeln der Männer und des Militärs gefangen, in die Freiheit fahren.

Kinoshitas Filme sind programmatische Versprechen. In ONNA (*Eine Frau*, J 1948) geht es auch um die Ablösung aus den Fängen eines Gangsters, der die Frau nur als Schutzschild ausnutzt, seine Taten zu begehen. Das Melodram liebt die Figur der Wiederholung, die das Unentrinnbare betont. Höhepunkt ist der noch nicht gelingende Abschied der Frau im Freien an einem langgezogenen Bambuszaun. Das ist Dekor für kalligraphische Bilder, auch aber ein Vorzeichen des Fatalismus. Der Mann sagt: Ja, die Frau sagt: Nein.

Daraus wird eine Klage-Aric in 26 Einstellungen. Nach zehn Einstellungen ist das Paar in Großaufnahmen umkreist, die Vorstellung vom Raum durch eine Totale wiederhergestellt. Es beginnt die zweite Runde. Unerbittlich hält die Kamera an der neurotischen Klammer fest, unterstützt von einem einzigen sich aufdrängenden Musikmotiv. Schließlich gelingt dem Revuegirl, das hier in die Rolle einer leidenden Diva versetzt wird, die Ablösung. Sie reiht sich ein in ihre Tanzgruppe, kratzt sich an der verletzten Schulter, um dann die ganze Geschichte mit einem Schulterzucken in der formierten Anonymität des Tanzes abzutun. Die Gefühle, die Kinoshita für Frauen hat, haben bei ihm die Dringlichkeit autonomer Figuren. Aller Durchschnittsrealismus, alle Theorie der »tranche-de-vie« (Burchs Querschnitts-Soziologie[3]) fallen ab. Sie verweisen auf nichts anderes als auf das Abbildungsverbot, das ihnen zuvor galt.

Politik und Pathos

Kinoshitas Kamerabewegungen definieren weniger einen Raum als ein Gefühl, das in ihm geradezu plastisch aus den Linien dieser Bewegung ersteht. Im Film HAKAI (*Zerstörung*, J 1948) ist es die Scham eines jungen Lehrers, nicht zu seiner sozialen Rolle des noch unerkannten Outcast zu stehen. Der Film beginnt als Erinnerung, wie so oft bei diesem Regisseur.

Flashbacks sind vermieden. Eine Figur wendet sich um, die Kamera fährt einer Stimme der Erinnerung nach, die uns an den Ort ihrer Vision trägt. Ein Outcast wird entdeckt. Die Reaktion ist nicht die Entfernung ins Abseits. Die Kamera fällt diesem Outcast zu Füßen. Die Scham steht im Raum, fühlbar geworden. Allmählich lernt der Lehrer, was er lernen muß, will er lehren: zu seiner Identität, wenn es sein muß, offensiv zu finden. Dieser Selbstentdeckung hilft die Kamera auf die Sprünge. Im Individuum erwacht Klassenbewußtsein.

Immer wieder wird der erwachende Lehrer von der Kamera in horizontalen Schwenks verlassen, um am Rande des Bildes wieder aufgefangen zu werden. Der Schluß ist ein überwältigendes Bekenntnis, das endlich die Bigotten beschämt. Die Entlassung des Lehrers ist ein Abschied. Segel sind gesetzt, der Freund, die Braut am Ufer. Weinend liegt man sich in den Armen, da braust auf der Tonspur die Schar der verlassenen Schulkinder an. Das Faß der Gefühle läuft über, so stark ist das Glücksversprechen, mit dem Kinoshita seine Zuschauer einbindet.

SHINSHAKU YOTSUYA KAIDAN, I-II (*Die fantastische Geschichte von Yotsuya*, J 1949) scheint eine klassische Gespenstergeschichte zu sein, weist aber eine geradezu Shakespearesche Verknüpfung von Macht und Gefühl auf, Gefühl als Gegenmacht im Zenit einer politisch-historischen Bewegung. Eine Frau ist im Wege. Sie wird verbrüht, verbrannt, vergiftet. Die Schurken lauschen bang im Garten auf den fälligen Todesschrei. Da fährt er grell aus dem Off in ihre Ohren, und die Kamera spürt autonom diesem Schrei nach. Unter dem Moskitonetz kriecht die fast Tote hervor, bäumt sich auf und bricht zusammen, mit sich reißend das Netz, die Vorhänge: kurz, alles, was sich als Instrument des Scheins, der Diffusion von Wahrheit zwischen sie und ihren feigen Mann drängte. Ein Sturz, und die Wahrheit blitzt auf. Folgt ein Finale der Feuer- und Vernichtungsorgie, die nichts mehr abzurechnen hat, weil alle Figuren der Macht als nutzlos abgeräumt sind.

Für den Film NIHON NO HIGEKI (*Eine japanische Tragödie*, J 1953) trifft Burchs Urteil zu. Hier ist Kinoshita ein positivistischer Soziologe und methodisch nicht einmal genau. Der Vorspann definiert das Forschungsvorhaben: »Die Geschichte dieser Mutter mit zwei Kindern ist nur ein Beispiel.« Die Form allerdings ist eher eklektisch als exemplarisch. Die deprimierende Situation einer Frau der Nachkriegszeit wird mit den rührseligen Bildern zerbeulter Kochtöpfe und den Wäscheleinen zwischen den Ruinen als unabänderlich dargestellt. Die Frau schuftet: ohne Ausweg. Die Tochter lernt Englisch und hofft, auf einen grünen Zweig zu kommen. Das Schicksal plätschert dahin. Der Film ist weit entfernt von Ozus Rigorismus, denn er sucht Gefälligkeit, um jeden Preis.

Anstatt das Leben jener Frau in der Nachkriegszeit zu zeigen, zeigt er das Leben der Frau einerseits, andererseits in Rückblenden Wochenschaumaterial der Nachkriegszeit. Diese Bilder sind tonlos, unvermittelt. Das Geschehen ist ein Zitat außerhalb der kleinen Lebenswelt, die Politik ist ein Skandal, der nur in der Zeitung, nicht im Alltag steht. Die Frau reagiert in Verfügung ihrer letzten Freiheit mit dem Freitod. Auf dem Bahnsteig wartet sie, unendlich lange Zeit, um sich dann vor den Zug zu werfen. Der Suizid ist in zwei spitzen Winkeln gezeigt. Die Verzweiflung hat das kalte Pathos von Antonioni, und doch zeigt der Film nur die Isolierung eines Gefühls.

Dauer und Abschied

In den fünfziger Jahren werden Kinoshitas Filme immer länger. Die praktischen Neunzigminutenpakete kommen, als im Kino die Zeit der Doppelprogramme abläuft, nun als Geschenkpakete zur ganzen Familie. Sie wollen eben nicht locker lassen und gehen von 122 zu 141, von 155 zu 202 Minuten. Vorteil der Verlängerung ist, daß sie nicht mehr nur ein Leben erzählen, sondern, im Portrait von mehreren Generationen, das ganze Leben. In dieser Ausdehnung wird zugleich der Riß von der Kriegszeit in die Nachkriegszeit gekittet: durch Kontinuität. Logische Fortsetzung dieser immer mehr in die Zukunft hinausgeschobenen Abschiede von Gestern ist natürlich die Fernsehserie. Kinoshitas erfolgreichste Serie heißt FUYU NO KUMO (*Winterwolken*, J 1971), die sich seit nun dreißig Folgen nicht verziehen wollen.

In ONNA NO SONO (*Der Garten der Frauen*, J 1954) verliert sich die Regie an jede Nebenfigur dieser ohnehin uniformierten Mädchen im Internat, bis die Rollen ununterscheidbar geworden sind. Es wird ein Film über Stimmen in einem einzigen unaufhörlichen Gerede, das endlich mit einer Stimme redet, dem normalen Wahnsinn der Familien. In NIJUSHI NO HITOMI (*Vierundzwanzig Augen*, J 1954) stehen die Körper wie Blöcke zusammen, unisono im Weinen wie im Singen verbunden. Zwei Generationen Schüler, unterrichtet von der gleichen Lehrerin, das ist bei Kinoshita familiäre Bewegung heftigster Rührung, gröbster Sentimentalität.

NOGIKU NO GOTOKI KIMI NARIKI (*Du warst wie eine wilde Chrysantheme*, J 1955) verklärt den traditionellen Familiensinn. Zwei junge Menschen, die sich lieben, werden unschuldig schuldig geredet. Das große Geschwätz regiert. Dagegen können Liebende nur unauffällige Gesten setzen, z.B. leicht auf den Fußballen wippen, wie um die Folgen einer Zuneigung abzuwägen. Die Liebe wird eingerahmt in eine ovale Weißblende, sie wird nicht gerettet. Die Mutter, die Schwester, die Schwägerin vollstrecken die Trennung. Es bleibt die Natur als Schaufenster der keuschen Gefühle, es bleibt der kostbar gemachte Rahmen für ein herausgehobenes Gefühl: die Liebe. So wie auf alten Fotografien das Gemälde wiederhergestellt werden soll, so soll hier im Medaillon des Bildes von der Liebe die als alt anrührende Fotografie wiederhergestellt werden. Die einstige Rebellion der

Frauen wird hier eine runde Sache, restaurativ gefaßt. Die im Titel vom Mann adressierte Geliebte: »eine wilde Chrysantheme«, ist dem Kreislauf der Natur eingebunden, bevor sie ihm entrinnen konnte. Es ist, als habe Kinoshita eine Lust an grausamen Trennungen, als gelte seine Kunst am besten der diskreten Trauer.

EIEN HO HITO (*Ewige Liebe*, J 1961) behauptet einer seiner besten Filme im Titel. Doch dieses Versprechen gilt einer fast abwesenden Nebenfigur, einem Mangel, einer Leerstelle, die das Energiezentrum der hier in ewigem Haß gebündelten Figuren bildet. Der Film umspannt zwei Generationen zwischen 1932 und 1961. Die Flamenco-Musik befremdet westliche Zuschauer als unpassend, in anderen Filmen spielte Kinoshita ungeniert mit Schubert-Motiven. EIEN HO HITO ist wie eine Ballade, zäsuriert von datierten Kapitelüberschriften. Der Film ist ein Chronogramm und Zeit-Poem, in dem die Verschmelzung des Raums, der Natur mit den in ihnen handelnden Figuren am glücklichsten gelingt. Ellipsen sind diesem Film ganz fremd. Jede Einstellung will die Zeit, die verrinnt, verlängern, nicht verkürzen. Dreißig Jahre schienen wie ein Gestern. Die Zeit gerät hier in Fluß. Der Haß hat Kontinuität, er ist ein bindendes Gefühl, beruhigend, nicht eruptiv wie bei William Wyler oder Curtis Bernhardt.

Hier behaupten sich die Familien nicht allein mit Macht und Grundbesitz als ihrer *raison d'être*, sondern hier zerfallen sie in Schuld und Erkenntnis. Das verkettete Paar hat einen Sohn durch Selbstmord verloren, hat die Liebe verloren, und im letzten großen Showdown ihres Krieges der Gefühle steht, in der traditionellen Halle des Hauses, ein Eisschrank zwischen ihnen. Der Entlastungspakt erlischt, die Schuld ist nicht teilbar. Sie wird deutlich dedramatisiert in der Schlußgeste: Der im Krieg verkrüppelte Mann bittet seine Frau um die Massage des verletzten Beines, die sie ihm stets verweigerte. Bei Kinoshita sind die Abschiede einfach nichtendenwollend.

Karsten Witte ergänzte den Beitrag mit erstmals ins Deutsche übersetzten Zitaten aus zwei Interviews mit Kinoshita, die Regula König und Marianne Lewinsky 1986 führten [Anm. d. Hg.]:

Mein Publikum

Das Publikum der Filme der Shochiku-Produktion ist vor allem weiblich. Ich glaube, daß meine Filme, im Maße, wie das möglich war, einen guten Einfluß ausübten. Kein logisches Argument wird die Japaner davon überzeugen können, daß der Krieg schlecht ist. Die Japaner sind nicht vernünftig. Aber sie sehen gern Filme, die sie weinen lassen. Das beste Mittel, ihnen etwas zu vermitteln, läuft über das Gefühl. Ich habe sehr stark unter dem Einfluß des Films THE RIVER von Jean Renoir gestanden, den ich in Frankreich sah und trotz der Sprachschwierigkeiten als sehr beeindruckend empfand. Ich fand diese Art des ruhigen,

nüchternen Filmens wunderbar. Filme, die Druck auf den Zuschauer
ausüben, sind mir zuwider.

Der distanzierte Blick

Die heutige Jugend will es ganz direkt haben, wie man es im amerikanischen Kino sieht. Man trifft sich, nennt sich beim Vornamen und geht
am gleichen Abend ins Hotel. Damals war die Liebe ein Gefühl, das
man schamvoll bei sich behielt. Um die Szene am Fluß, am Bootssteg
in NOGIKU NO GOTOKI KIMI NARIKI (*Du warst wie eine wilde Chrysantheme*) zu drehen, habe ich gewartet, bis Nebel aufzog. Das Bild sollte
wie in einer chinesischen Tuschzeichnung verhangen sein. Ich habe
die ganze Szene in der Totalen gedreht, ohne mich den betrübten
Gesichtern der Hauptpersonen zu nähern. Dieser distanzierte Blick ist
typisch japanisch. Der Zuschauer sieht die Traurigkeit nicht, er empfindet sie in sich selbst.

Die anderen Regisseure

Bei der Shochiku-Firma waren die Beziehungen unter den Kollegen
sehr herzlich. Ozu und ich galten als die stärksten Trinker des Studios,
und die meiste Zeit tranken wir zusammen. Ozu konnte nicht aufhören,
an seinen Drehbüchern zu arbeiten. Er trank Sake und bummelte, bis
das Drehbuch endlich fertig war. Die Dreharbeiten fanden bei ihm in
der größten Sommerhitze statt und wurden erst im Herbst fertig. Ozu
war ein großer Regisseur und großer Feinschmecker. Seine Figuren
hatten kein Leben. Sie sind wie Puppen aufgestellt, nebeneinander
gesetzt, ohne sich beim Dialog anzuschauen.
Mizoguchi ist der japanische Regisseur, den ich am meisten schätze.
Die Präzision seiner Arbeit, seine so außerordentlich gut gewählten
Kameraausschnitte, sein Umgang mit den Schauspielern, alles war
außergewöhnlich. Kurosawa und ich, wir haben uns nie besonders
füreinander interessiert. Wir sind uns wesensfremd. Als ich noch Regie-
assistent war, bewunderte ich Julien Duvivier. Er hat ganz unterschiedliche Filme gedreht, Tragödien, Komödien und Melodramen. Oft sagte
ich mir, ich bin ein Regisseur wie Duvivier. Das stimmt, ich habe wie
er Filme aller Genres geschaffen.

Die Gegenwärtigkeit und der Erfolg

Die Shochiku kümmerte sich nicht um den Export ihrer Filme. Ich
habe mich nie gefragt, ob meine Filme außerhalb Japans Erfolg haben
könnten. Ich arbeitete für das große einheimische Publikum. Mein
tiefstes Anliegen als Regisseur war, daß es Japan vom moralischen
Standpunkt aus besser ginge. Vielleicht habe ich das in meinen Werken zu oft betont. Ich glaube, daß man seine Überzeugungen mit

Festigkeit vertreten muß, aber ich bin absolut nicht konservativ. Ich habe im Gegenteil meinen Blick, vielleicht sogar zu sehr, in die Zukunft gerichtet. Man muß langsam, Schritt für Schritt, vorwärts schreiten. In der Abfolge ihres Entstehens betrachtet, ergeben meine Filme ein Bild der Geschichte des Nachkriegs in Japan, des Wandels, dem das Land unterlag. Außerhalb einer Konfrontation mit der Gegenwart, im Abseits der Aktualität zu arbeiten, erscheint mir absurd. Die Probleme der Gegenwart sind in meinen Augen essentiell. Ich mache zeitgenössische Filme für das große Publikum.[4]

Erstveröffentlichung: *Frankfurter Rundschau*, 31.1.1987 [Anm. s. S. 479].

Familienpolitik
Akira Kurosawas Film HACHIGATSU NO RAPUSODI

Kurosawa scheint in Europa und auch in Hollywood der Inbegriff des japanischen Films zu sein. Er ist der Älteste, der Veteran der großen Trias, die er mit den Regisseuren Mizoguchi und Ozu bildete. Er ist der einzig Überlebende der alten Generation, der unermüdlich, wenn auch nicht ungebrochen produziert. Sein berühmtester Film hieß RASHOMON (RASHOMON – DAS LUSTWÄLDCHEN, J 1950) und errang auf den Filmfestspielen in Venedig 1950 den Goldenen Löwen. RASHOMON öffnete Europa die Augen für den rigorosen Formalismus des japanischen Films. Erst danach gelangten andere Werke, andere Namen auf den Markt, spät, woran nicht ganz unschuldig auch die japanischen Exporteure selber waren, die glaubten, daß ihre Filme so japanisch seien, daß Europäer sie nie verstünden. Nun, jede, jeder versteht ein Medium auf ihre und seine Weise, zu Recht.

Man sollte sich freuen über die rückhaltlose Anerkennung, die das Werk des Klassikers Kurosawa insbesondere unter den reichen unabhängigen Hollywoodproduzenten fand, denn sonst gäbe es die jüngeren Filme dieses Meisters nicht. Zuletzt drehte er, immerhin schon achtzig Jahre, den Episodenfilm YUME (TRÄUME, USA/J 1990). Steven Spielberg und Martin Scorsese finanzierten das Werk, das keine japanische Produktion, soweit sie überhaupt mit Filmen hervortritt, fördern würde. Der jüngste Film HACHIGATSU NO RAPUSODI (RHAPSODIE IM AUGUST, J 1991), nach dem gleichnamigen Roman der Autorin Kiyoko Murata, ist eine japanische Produktion, die mit Hilfe des Hollywood-Stars Richard Gere gelang. Der Film beginnt wie ein heiteres Sommerstück. Zikaden schlagen. Die Kamera reist durch Wolkenbilder. Namen werden an den Himmel geheftet. Nichts deutet im Vorspann auf den tödlichen Blitz, der einst aus weniger heiterem Himmel fiel. Bloß ein altes Harmonium ist verstimmt, um das sich vier Halbwüchsige scharen im Versuch, ein Lied zu singen. Entfernt klingt es wie »Sah ein Knab' ein Röslein stehn«. Die Kinder sind in den Ferien und langweilen sich. Weder mit Schuberts Musik noch mit Goethes Text haben sie etwas am Hut.

Ihre Hemden bekunden, daß sie sein wollen wie viele Kinder der westlichen Welt, Fotokopien des amerikanischen Alltags. Die T-Shirts bekunden Zugehörigkeiten zu guten Universitäten in den USA. Trägt ein Junge »M.I.T.«, trägt ein Mädchen »U.S.C.« So weit sind sie noch nicht, sie kämen gern dahin. In die Trägheit eines müßigen Monats auf dem Lande, bei der Großmutter in den Bergen von Nagasaki, platzt ein Brief, der alles ändert. Ein nach Hawaii ausgewanderter Bruder der Großmutter, mit einer Ananas-Plantage reich geworden, liegt im Sterben. Er möchte Abschied nehmen von der Schwester. Die amerikanische Familie des Alten, darunter Richard Gere, lädt die Großmutter zu einer weiten Reise ein. Sie aber sperrt sich gegen die Einladung und das Erinnernmüssen. Die Enkel helfen, auf die Spur zu kommen. Auf der Terrasse, diesem wunderbaren Zwischenraum von Drinnen und Draußen, erzählt die Alte die Geschichte eines Sommers vor 45 Jahren. Auf Nagasaki fiel eine Atombombe der Amerikaner.

Der Großvater verbrannte in der Katastrophe. Ein Bruder der Großmutter, wahnbesessen, malte nur noch Augen. Eine alte Frau, ihre Freundin, besucht sie zuweilen. Dann sitzen die Frauen stumm einander gegenüber und *schweigen* in Erinnerungen, wo die Männer, die im Krieg waren, vielleicht in ihren Erinnerungen *schwelgen* würden.

Zum Magnetfeld des Films wird der Text der alten Augenzeugin. Die Kinder nehmen den Faden auf, der sie zu Schauplätzen der Geschichte, der Geschichten führt. Ihr Ausflug ist ein Nacherleben, das Einschreiben einer Erfahrung, von der sie durch ihre Eltern nichts erfuhren. So schließen sie einen Pakt mit der Überlebenden, der die Zwischengeneration überspringt. Das gibt zu denken, ob der Regisseur die Verdränger des Grauens für schuldiger hält als die Täter? Sind sie von den Opfern überhaupt zu unterscheiden? Wie sprechen Kinder über die Bombe? Praktisch, denn sie reisen als Schaulustige an die Gedenkstätten. Fragend stellt sie die Kamera vor die spiegelglatten Granitblöcke des öffentlichen Gedenkens und fährt die scheußlichen Beispiele des internationalen Pathos ab, das unverdrossen nach der Bombe ein Menschenglück versprach.

Ein Kind vermißt einen Stein aus den USA. Kalt erwidern die Geschwister: »Was erwartest du? Die haben doch die Bombe geworfen.« Die beiläufige Provokation wird eingebettet in Trauermusik. Leise, eindringlich singt eine entrückte Stimme Vivaldis »Stabat Mater Dolorosa«. Die barocke Klage ruft die Erinnerung an die namenlosen Opfer wach. Die Wolkenbilder verdüstern sich. Nachtbilder kommen ins Spiel. Die Kinder kehren heim, und die Großmutter irrt mit aufgespanntem Schirm über das mondbeschienene Feld. Ihre nächste Episode gilt dem Liebesunglück ihrer anderen Brüder. Wieder beglaubigen die Enkel den vorgegebenen Text durch einen Ausflug zum zuvor beschriebenen Ort.

Viel Raum für eigene, kindgemäße Entdeckungen bleibt ihnen nicht. Es sei denn, das Nacherleben von Angst und Schrecken inmitten der üppigsten Schönheit der Natur. (Der Film setzt deutlich Rot als Leitfarbe ein.) Das ist ein evozierter Schock. Nie sieht man das Grauen, an das der Film gemahnt. Im Gegensatz zum Regisseur Shohei Imamura, dessen Hiroshima-Film KUROI AME (SCHWARZER REGEN, J 1989) dem Publikum keine reißende Haut, kein platzendes Auge ersparte, spiegelt Akira Kurosawa das Atom verdeckt. Das Entsetzen ist kein Zitat. Es wird wachgerufen durch zersplitterte Riesenzedern, durch sturmgepeitschte Nächte, durch allmähliche Zerrüttung der Familie.

Mit Ferienende kehren die geschäftigen Eltern der Enkel zurück. Sie drängen die Großmutter zur taktischen Heuchelei gegenüber der amerikanischen Familie. Sie spekulieren auf eine Schnitte im Ananas-Geschäft. Die Kinder strafen sie mit Verachtung. Der Film straft sie mit Karikatur. Endlich trifft aus Hawaii der »Onkel aus Amerika« ein. Seine Ahnungslosigkeit über Japan wird gefürchtet, aber er spricht gelassen Japanisch: Clark, der Gutmütige (Richard Gere, der für diese Rolle die fremde Sprache erlernte). Nach Zweidrittel der Filmzeit durfte mit seinem Flugzeug kaum mehr gerechnet werden. Denn dieser Amerikaner funktioniert wie am Anfang der Brief: als schieres Werkzeug der Peripetie.

Nur die Kinder nehmen den Fremden an. Denn er ist willens und fähig, das Japan auferlegte Kriegsleid anzuerkennen. Clark, der Fremde, widmet sich den Erinnerungen und Vorurteilen der alten Frau und setzt Zeichen der Einordnung, indem er den Tag des Gedenkens an die Opfer der Atombombe mitbegeht. Die abgekehrte Haltung verwandelt sich in Zuwendung. Vorübergehend gehört der Fremde dazu. Man söhnt sich aus. Die Form der Annäherung ist behutsam und taktvoll. Doch die Utopie hält nicht. Mit Clarks Abflug zieht auch die Freundlichkeit aus.

In einer stürmischen Gewitternacht wähnt die Großmutter die Wiederkehr des Atomschlages nahen und rettet sich ins Freie. Ihre Kinder, ihre Enkel stürzen ihr nach. Alle rennen und schreien gegen den Wind. Nacheinander verlieren sich die Verfolger aus den Augen. Der jüngste Enkel bleibt als roter Punkt im grüngrauen Schlamassel. Der Rest ist Wahnsinn, in Zeitlupe aufgelöst. Wie eine Insignie trägt die Alte ihren umgeklappten Schirm vor sich her, eine Fahne, mit der sie, Demonstrantin der Furchtlosigkeit, dem vermeintlichen Unglück entgegentritt.

Kurosawas Rhapsodie beruht, wie der Genrebegriff es nahelegt, auf Bruchstücken. Kaum mehr gibt es Episoden in der Erzählung, noch weniger Gewichtungen dessen, was wichtig, oder: was wichtiger sei. Eine schweigende Frau, die den Erinnerungen nachsinnt, ist gleich bedeutsam den

Ameisen, die der Duftspur zu einer roten Rose folgen. Ein Wasserfall donnert bedrohlicher als jede Militärwaffe. Ein halber Innenraum wird durch eine unscheinbare Kamerafahrt zu einem Außenraum. Vexiertechniken, zarte Umstülpungen, kleine Verkehrungen sind es, die der Regisseur hier vornimmt. Das Unverbundene hat bei ihm die Sensation des Unauffälligen.

Jahrzehntelang schrieb man diesem Veteranen und Meister des japanischen Films, der mit achtzig Jahren ungebrochen arbeitet, Stoffe und Formen des historischen Abenteuers zu. In den klassischen Filmen erschien sein Land als Gelände des ewigen Bürgerkriegs, der keuchenden Ritter und des emsigen Fußvolks. Mit dieser oft exotisch bedienten Exporterwartung war Schluß seit dem in Hollywood produzierten Episodenfilm YUME. HACHIGATSU NO RAPUSODI ist kein Kriegsfilm, sondern ein ziviler Film. Er kommt in der Gegenwart an. Die Kriegsschuldfrage stellt er nicht den politischen und militärischen Führern. Er untersucht, wie die gewöhnlichen Leute damit umgehen.

Das Resultat heißt: mit Verdrängung und Wahnsinn. Liegt eine schwache Hoffnung bei den Enkeln? Fechten die es besser aus? Grundtiefe Skepsis bleibt. Kurosawa erntete mit diesem Film in den USA, wo man des fünfzigsten Jahrestages von Pearl Harbor gedachte, Hohn und Verachtung. 1941 vernichteten die Japaner die amerikanische Marine aufs grausamste, um die USA zum Krieg zu zwingen. Kritiker werfen Kurosawa vor, diese Vorgeschichte zu unterschlagen, den ungeheuren Kriegsimperialismus des japanischen Kaiserreiches im Pazifik nicht zu erzählen. Aber Kurosawa drehte keinen Kriegsfilm. Er drehte einen zivilen Film, der höflich die Kriegsschuldfrage nicht bei den politischen und militärischen Führern sucht, sondern diese an ganz gewöhnliche Leute stellt und untersucht, wie gehen sie damit um. Kurosawa machte die Familie zur Politik seines Films und somit das Politische familiär. Das ist die Sensation des Unauffälligen.

Erreicht wird sie durch einen gemessenen, ruhigen Rhythmus der Erzählung. Der Film wird segmentiert in Bruchstücke, so wie es das Titelwort RHAPSODIE auch nahelegt, das auf das Genre des Bruchstückhaften verweist. Das Ende des Films ist auch ein Ende der ritualisierten Höflichkeit. Jener Sommer, mit den Zikaden und dem quäkenden Harmonium und dem abgedroschenen Heideröslein, war nie heiter. Denn das Ende einer Kindheit ist fürchterlicher als das Ende der Ferien.

Erstveröffentlichung: Die Zeit, 15.11.1991, ergänzt mit Passagen aus einem Beitrag für Radio Bremen, 14.11.1991.

IV. ITALIENISCHES KINO

Hoffnungslos schön

IL PRATO von Paolo und Vittorio Taviani

Nach dem Versuch, die Gewalt der natürlichen Mythen auf sie erleidende Menschen darzustellen – PADRE PADRONE (MEIN VATER, MEIN HERR, I 1977, Paolo & Vittorio Taviani) –, nun der Versuch, die Macht der Naturmythen auf sie schaffende Menschen darzustellen. Im ersten Versuch wurde die Natur domestiziert und gezügelt, im zweiten wird sie gefeiert und beschworen. Im ersten Film steckten Spuren dieses Kampfes, im zweiten Film steckt nur noch das Ritual.

Marco Bellocchio wandte sich mit seinem neuesten Film SALTO NEL VUOTO (DER SPRUNG INS LEERE, I 1980) seinem frühen Thema I PUGNI IN TASCA (MIT DER FAUST IN DER TASCHE, I 1965) zu. Bernardo Bertolucci ließ in LA LUNA (I/USA 1979) selbstironisch seinen Anfang – PRIMA DELLA RIVOLUZIONE (VOR DER REVOLUTION, I 1964) – durchscheinen. Die Tavianis möchten in IL PRATO (DIE WIESE, I 1979) die Schönheit des verlorenen Naturmythos wiedererlangen. Das sind allesamt Versuche, die Kraft des Protests gegen die Korrosion der siebziger Jahre zu behaupten. Die Meister des Aufbruchs aus den sechziger Jahren werden, um wenigstens der Kontinuität sich zu versichern, Epigonen des eigenen Werks: Nachgeborene, die im raffinierten Glashaus überwintern.

Giovanni (Saverio Marconi) versagt im Jurastudium. Er hat Filmrosinen im Kopf. Sein Vater schickt ihn von Mailand zur Besinnung aufs Land nach San Gimignano. Von der Lombardei in die Toskana. Giovanni lernt Eugenia (Isabella Rossellini), eine Anthropologiestudentin, kennen. Fremde Gefühle überfallen sie. Enzo (Michele Placido), ein diplomierter Landwirt, trifft ein, der eine Landkommune ins Leben ruft. Eugenia baut eine freie Theaterschule mit den Kindern des Ortes auf. Der Konflikt knüpft seinen Knoten. Eugenia liebt Enzo und Giovanni.

Das klingt wie ein Entwurf, was Jeanne Moreau mit JULES ET JIM (JULES UND JIM, F 1961, François Truffaut) heute täte, hat aber weder die abgründige Heiterkeit, noch den zynischen Charme und die schwebende Balance in den Beziehungen wie jener alte Film. Giovanni quält sich mit Eifersucht. Er fährt Eugenia nach Florenz nach, ist in Mailand dem Vater ausgeliefert, der ihm noch im Haß eine Versöhnung abpreßt – und einem wohl tollwütigen Hund, an dessen Biß er krepiert. Dabei hatte sich die ländliche *ménage à trois* doch impfen lassen, um gemeinsam nach Algerien zu gehen.

Ein Soziodram über das Scheitern der Hoffnungen, das sich in drei schikken Typisierungen ausprägt: der Film, die Ethnologie, die Landkommune. Aber ebenso schnell, wie der Film die Kinderschule verläßt, läßt er die Landkommune im Stich, zugunsten von Giovannis Krankheit zum Tode. Auf die Tendenzwende, die in Italien »Rückfluß« heißt, antwortet der

Film mit ausgestelltem Tiefsinn, aufdringlicher Wehleidigkeit und desperatem Schwermut, die sich passend in die neue Innerlichkeit einfühlen. Giovanni erzählt sein Leiden im *voice-over*, einem Stilmittel der fünfziger Jahre, das eine falsche Familiarität der Figur mit jenem Zuschauer stiften wollte, der seinen Augen traute: und in der Abspaltung von Stimme und Körper einen tieferen Riß als den bloß ästhetischen wahrnahm. Hier wird eine Vertrautheit durch Nähe suggeriert, für die es keinen Berührungspunkt gibt. Denn der Schauplatz bleibt zu undurchdrungen schön, als daß in ihm sich die Beziehungskämpfe spiegeln dürften.

Jene Wiese, die väterlicher Grund und Boden als auch das magische Terrain der drei Rivalisierenden ist, wird wie im Kulturfilm abgelichtet. Großaufnahmen vom Bienenfleiß und Löwenzahn. Schaffende Ameisen, deren Eifer den Müßiggang der Menschen kontrastiert. Erlesene Hubschrauberfahrten der Kamera, die das toskanische Städtchen mit den malerischen Geschlechtertürmen überfliegt. San Gimignano als intakte Fluchtburg vor Mailands urbaner Katastrophe.

Oft sind die Fenster geöffnet wie in der sehr starr inszenierten Eröffnung des Films zur Auseinandersetzung von Vater und Sohn. Interessanterweise verlagert sich die Innen-/Außenspannung zu einer Außen-/Innenspannung, wenn in San Gimignano die Natur durchs offene Fenster einbricht. Die Protagonisten verfallen dem Sog der Sehnsucht, für die der Film ein gewaltsames Zeichen setzt, die Fallphobie. Eugenia inszeniert um die Zisterne des Städtchens ein Theaterfest, das, von der Polizei gewaltsam aufgelöst, im Fiasko endet: Sie stürzt von den Stelzen. Suchtcharakter hat auch ihr häufiger Kinobesuch des Films GERMANIA ANNO ZERO (DEUTSCHLAND IM JAHRE NULL, I/D 1948, Roberto Rossellini), in dem ein strohblonder Junge von der Ruine zu Tode stürzt. Während eines Gewitters bricht eine Eiche ins Haus der Kinderschule.

Der Film lebt von der fatalistisch eingespeisten Katastrophenangst, in der alles dem Wiederholungszwang anheimfällt. Nur so kann ich verstehen, warum die Rolle der Eugenia mit Isabella Rossellini besetzt ist, die gebannt dem Film des Vaters Roberto folgt. Die Darstellerin, mit deren Namen filmwirtschaftlich spekuliert wurde, ist nicht imstande, Gefühle so komplex auszudrücken, wie die insistierende Kamera behauptet.

Wo früher Utopie – ALLONSANFÀN (I 1974, Paolo & Vittorio Taviani) – und Aufbegehren – PADRE PADRONE – herrschten, macht sich Sehnsucht und Wehmut breit. IL PRATO ist kein selbstironisches Melodram wie LA LUNA sich versteht, sondern ein »Soziodram«. Diesen Begriff entwende ich Bertolucci, der darin die Vorherrschaft der Thematik eines Films mit anachronistischer Form geißeln wollte.

Das Mißverhältnis in diesem Fall besteht darin, daß es für den pathetischen Vorrang des Themas von IL PRATO keine formale Entsprechung mehr gibt. Die wäre zu finden, gelänge es, für Giovannis individuelle Existenz einen bedeutsamen Rahmen zu schaffen. Diese Existenz ist aber schon in banaler Zerstreuung versandet, ehe der Film beginnt. Die Tavianis schreiben das Scheitern des hochfliegenden Aufbruchs fest, ehe sie dem Versuch abzuheben eine Chance geben. Sie verdoppeln die Resignation durch die Form, anstatt ihr Widerstände einzureiben. Es wird keine Entwicklung gezeigt, sondern nur die Spur des Fatums, wie es in der magisch besetzten Natur waltet. Das alternative Leben hat selbst keine Alternative als die, in Schönheit zu sterben.

Der Gestaltungsdrang, ein von urbanen Zwängen freies Leben in bedeutsamer Form zu leben, ist ein seltsam romantischer Reflex, der keinen Raum für Wut und Trauer läßt. Die besten Jahre unseres Lebens sind dahin, richten wir uns elegisch im Untergang ein, dann garantiert die Haltung uns wenigstens die letzte Würde – das ist die Quintessenz des Films, der sich im Leid der Hoffnungslosigkeit verliert.

Walter Benjamin schrieb 1929 über San Gimignano: »Kommt man von fern, so ist die Stadt plötzlich so unhörbar wie durch eine Tür in die Landschaft getreten. Sie sieht nicht danach aus, als sollte man ihr je näher kommen. Ist es aber gelungen, so fällt man in ihren Schoß und kann vor Grillengesumm und Kinderschreien nicht zu sich finden.«[1] Das wäre eine Kurzkritik.

Erstveröffentlichung: *Filme*, 2/1981 [Anm. s. S. 479].

Der späte Manierist
Bernardo Bertolucci

> Ich spucke jedem ins Gesicht, der behauptet, daß er Michelangelo oder e. e. cummings liebe, ohne mir zu beweisen, daß er wenigstens in einem singulären Augenblick diese Liebe gewesen ist, daß auch er der andere gewesen ist, daß er mit ihm und mit dessen Augen gesehen hat, und daß er gelernt hat, wie der andere das Offene zu schauen, das ganz Erwartung und Aufforderung ist.
>
> Julio Cortázar

1

Bernardo Bertolucci ist mit allen Wassern und Essenzen der Moderne gewaschen. Er hat Marx' Lehre von der Gesellschaft studiert, er hat Freuds Lehre vom Individuum in sich aufgesogen, und beide kann er mit den Opern Verdis in einen ästhetischen Rahmen spannen. Er lebt im Paradox und baut aus ihm die Formen seiner Filme. »Der Marxismus kann auch die Oper beinhalten«, hat er der Zeitschrift *Rolling Stone* erklärt.[1] Er jongliert zwischen den Genres, Stilen und Theorien und mischt zu jedem Spiel die Karten aufs neue. Wie einem spätgeborenen und reichen Erben steht ihm, wo er antritt, alles zu seiner Verfügung. Er ist ein Schüler Pasolinis und der Erbe von Visconti. Er hat karge, strenge Filme inszeniert und opulente Schaustücke. Seine Schaulust kennt keine Grenzen, seine Neugier ist schamlos, und wenn es ihm gefällt, macht er aus einem Lehrstück ein Melodram oder präsentiert ein politisches Panorama als chinesische Oper. Was er macht, bewirkt Befremden. Die Entfremdung bestimmt seinen Blick, der die Zertrümmerung des scheinbar alles überspannenden Sinnzusammenhangs durch eine virtuose Überformung kaschiert. Bertoluccis Debüt erfolgte zu einer Zeit, als es neben seinen elegischen Versuchen über die bürgerliche Intelligenz Italiens nur noch Marco Bellocchios rabiate Wutausbrüche gab. Heute steht Bertolucci, unbestritten von Kritik und Kapital, wie ein Alleinherrscher des italienischen Films da. Neben ihm steht: nichts Nennenswertes, sieht man einmal von den überschaubaren Talenten der komischen Anarchie ab, wie sie zur Zeit Maurizio Nichetti und Nanni Moretti verkörpern. Natürlich gibt es diverse Vertreter des mittleren Films, des Realismus und des politischen Diskurses, aber nur Bertolucci repräsentiert das Filmland Italien, weil er mit allen Formen spielt und als einer der wenigen privilegiert ist, kontinuierlich neue Versuche zu produzieren, die erstaunen und befremden. Seine Filme paktieren weder mit dem gängigen politischen Diskurs noch mit dem Italien beherrschenden Kommerz. Die Innenspannung seiner Filme gewinnt Bertolucci aus der Kraft des Paradoxes, das er immer wieder neu zusammensetzt. Hieß es im öffentlichen Diskurs von 1968 in Paris: »Die Phantasie an die Macht!«, so drehte Bertolucci den Spieß in seinem Film PARTNER (I 1968) um und reklamierte die »Macht der Phantasie«. So sollte das Theaterstück heißen, das in jenem Film Jacob 1 und Jacob 2, die Partner, aufführen wollen. Daß keiner der Mitwirkenden zur Vorstellung kommt, ist die Kehrseite. Aus den Maximen macht Bertolucci Sinnsprüche, die Zitate dreht er den Urhebern im Munde herum, die Moral gerinnt ihm zum *concetto*. Diese Grundstimmung prädestiniert ihn dazu, einer der späten Manieristen des Kinos zu werden. Dafür hat die Filmkritik keinen Begriff, die in der Bewältigung des Ästhetischen kaum über die Realismus-Debatte hinausgelangt ist. Zwar hat sie sich dazu bequemt anzuerkennen, daß Film Fiktion ist, schielt aber insgeheim weiter nach den Prämissen der Widerspiegelung von Welt, um sich in den Handlungsmustern und Formen wie vertraut einzurichten. Ein linkes Dogma und eine rechte Sehnsucht, die ergeben zu bedienen kein Bertolucci-Film geeignet ist. Die Bestimmung der modernen Kunst, die Widerspiegelung der Wirklichkeit nicht nur zu deformieren, sondern womöglich durch eigengesetzliche Artefakte zu ersetzen, ist wohl für die Bereiche der Malerei und Literatur akzeptiert worden, aber von den Kritikern des narrativen Fiktionsfilms innerlich noch nicht anerkannt. Arnold Hauser, der eine vielgelesene *Sozialgeschichte der Kunst und Literatur* schrieb und eine weniger gelesene *Philosophie der Kunstgeschichte*, hat vor einiger Zeit eine kaum gelesene Monographie zum Manierismus-Problem geschrieben.[2] Die Arbeitshypothesen, die ich dieser Schrift entnehme, sind so filmfern nicht, wenn man bedenkt, daß ihr Verfasser, freilich zu Zeiten der ungarischen Räterepublik, im philosophisch-politischen Zirkel mit Georg Lukács und Béla Balázs diskutierte. Unter den Stichworten »Kunststück und Paradoxie«, sodann »Entfremdung« und schließlich »Narzißmus als Sinnestäuschung« möchte ich drei Zitate von Arnold Hauser hierher stellen, die – ungeachtet der Problematik, gewonnene Erkenntnisse aus einem Medium in ein anderes, aus einer Epoche in eine andere zu übertragen – ein deutliches Licht auf den Traditionszusammenhang der Filme Bertoluccis mit dem italienischen Manierismus werfen.

[Kunststück und Paradoxie] Ein manieristisches Kunstwerk ist immer auch ein Kunststück, ein Bravourstück, das Sichproduzieren eines Zauberers. [...] Entscheidend für den verfolgten Effekt ist [...] die Übertreibung des Partikularen, das durch diese Übertreibung auf sein Gegenteil – auf das in der Darstellung Fehlende – hinweist: die Überspannung der Schönheit, die zu schön und darum irreal, der Kraft, die zu kräftig und darum akrobatisch, des Gehalts, der überfüllt und darum nichtssagend, der Form, die selbständig und damit entleert wird. Paradoxie bedeutet [...] die Vereinigung unversöhnlicher Gegensätze; und die *discordia concors*, womit die Formstruktur des Manierismus charakterisiert zu werden pflegt, stellt zweifellos ein wesentliches Moment im Gefüge dieses Stils dar. [...] Es kommt dabei [...] auf die unvermeidliche Zweideutigkeit und den ewigen Zwiespalt im Großen wie im Kleinen, auf die Unmöglichkeit, sich je auf ein Eindeutiges festzulegen, [an].[3]
[Entfremdung] Es gehört zu den inneren Widersprüchen des Manierismus, daß er nicht nur einen fortgesetzten Kampf gegen den Formalismus und gegen das, was man den ›Fetischismus‹ der Kunst nennen könnte, darstellt, sondern daß er zugleich selbst formalistische, fetischartige, dem schöpferischen Subjekt wesensfremde, preziös gearbeitete Kunst ist.[4]
[Narzißmus als Sinnestäuschung] Die Metapher ist, so wie der Manierismus sie entwickelte, mit ihren schwankenden, irisierenden, die Sinne täuschenden Merkmalen nichts ähnlicher als dem Bilde, das Narziß im Wasserspiegel sieht und das ihn so zeigt, wie er sich liebt, wie er sich zu sehen liebt. In der manieristischen Metapher kommt bekanntermaßen kaum je die Ähnlichkeit zwischen den miteinander verglichenen Gegenständen zur Geltung; [...] Der Spiegel ist übrigens an und für sich ein manieristisches Requisit, ähnlich wie die Maske, das

Kostüm, die Bühne, mit einem Wort alles, was das Bild der Wirklichkeit indirekt, gebrochen oder übertragen zeigt.[5]

2

Er ist der Sohn von Attilio Bertolucci, der keineswegs nur die Bedeutung hat, der Vater von Bernardo zu sein, sondern der ein in Italien durchgesetzter Poet, Professor und Kritiker ist, ein *Homme de lettres* aus Parma, früh mit der Familie nach Rom verzogen. Das Elternhaus: ein Treffpunkt der literarischen Intelligenz; die Erziehung: ein selbstverständlicher Umgang mit Kulturgütern jedweder Epoche, Stile und Medien; das Produkt: ein geschliffener Epigone, ein entlaufener Bürger, der Posen des Dandy ausprobiert und länger nach einem Stil suchen wird als andere, denen die Sozialisation nur *eine* Erfahrung einrieb, von der sie sich lösen. In der Gedichtsammlung des Vaters, *Viaggio d'inverno*, findet sich ein Vers, wie ihn Attilio sich auf den ersten Filmversuch Bernardos machte: »Beeilt euch, die Seilbahn ist noch weit, und Bernardo, mit den langen Beinen eines Vierzehnjährigen und dem Fieber des Geschichtenerzählers, besteht auf der Realzeit [...]«[6] Im Sommer 1956 drehte Bernardo in den Schulferien einen Superachtfilm über eine Seilbahn, der Vater und Poet hält den Augenblick fest – und veröffentlicht sein Gedicht zu einem Zeitpunkt, als sein Sohn immerhin schon IL CONFORMISTA (DER GROSSE IRRTUM, I/F 1970) drehte. Die frühe Erfahrung war die: kein Versuch, sich spielend auszudrücken, bleibt unbemerkt, jede Artikulation im Künstlerischen wird sogleich gespiegelt in einem anderen Kunstprodukt. Vater und Sohn lassen sich nicht aus den Augen. Sie buhlen um wechselseitige Gunst und Anerkennung, sie spiegeln ihre Werke ineinander. Form entsteht so aus Form, die Kunst aus einem eigengesetzlichen Artefakt, in dem der Vater-Sohn-Konflikt der späten Ablösung durch die Ausformung zur Huldigung verdrängt, ja lange Zeit vertagt wird. Bernardo ist kein Muttersöhnchen, aber im engsten Sinne: ein *fils à papa*, der Attilio seinerseits eine ganze Sektion der Gedichte in seinem literarischen Debüt In cerca del mistero widmet. Das darin enthaltene Gedicht »A mio padre« spricht von Erziehung, von Affekten, von Kunst und Heimat in einem Atemzug.[7]
Pier Paolo Pasolini, der ihm früh im Vaterhaus begegnete, wird zu seinem künstlerischen und politischen Ziehvater. Er weiß, Pasolini ist unnahbar der andere, mit dem gemein er sich nie machen wird, dem dennoch uneingeschränkt seine Huldigung gilt. Pasolini ist für ihn, wie in dem seinem Meister gewidmeten Gedicht zu lesen, »der Kommunist mit Leib und Seele«, der seine Leidenschaft zur Rebellion nicht für die armen, sündigen Bürger, sondern die verratenen Jugendlichen (des römischen Subproletariats) einsetzt.[8]
Bertoluccis Filme von LA COMMARE SECCA (*Gevatter Tod*, I 1962) bis L'ULTIMO TANGO A PARIGI (DER LETZTE TANGO IN PARIS, I/F 1972) sind

die Werke eines jungen Mannes, der seinen 30. Geburtstag feiert, als er
NOVECENTO (1900, I/F/BRD 1976) vorbereitet. Dem Wunderkind stieg
der Erfolg zu Kopf. »Bernardo sprach davon, daß er nach L'ULTIMO
TANGO A PARIGI eine Art Allmachtgefühl verspürt hatte. Während
NOVECENTO litt er dann an Depressionen und Hypochondrie und mußte
deswegen die Dreharbeiten mehrmals unterbrechen«, notierte Eleanor
Coppola.[9] Die Kehrseite der Grandiosität ist Depression, und beides in
eins genommen ist ein Symptom des Narzißmus, der strukturierten Ich-
Schwäche, die sich an Außen-Objekten stärkt. Da Bernardo Bertolucci den
Kampf gegen den eigenen, Kunst produzierenden Vater nicht aufnimmt,
führt er ihn verdeckt mit jenen Vätern, die seine Kunst zunächst bestim-
men: Pasolini, Godard und Verdi. So sind die Filme PARTNER und AGO-
NIA (I 1969) als rabiate Abrechnungen mit Godards Vexierbildern zur Ide-
ologie des Films zu lesen, von denen Bertolucci nur die montierende
Form und daher: kaum ihre sprengende Kraft begriffen hat. In IL CON-
FOMISTA geht es um eine intellektuelle Vatertötung. Die Adresse seines
ehemaligen Professors, die der Mörder am Telefon erhält, lautet: 17, rue
St. Jacques. Das war, zum damaligen Zeitpunkt, die Adresse von Jean-Luc
Godard. Der Manierist arbeitet mit Chiffren, mit Verweisen und dem
geheimen Genuß der kryptischen Invektive.

3

Bertoluccis Schauplätze sind die seiner engsten Heimat, auch dort, wo er
sich ubiquitär von ihr entfernt. Er entstammt der roten Provinz Emilia
Romagna, die traditionell kommunistisch wählt, weil sie über eine starke,
eigenständige Geschichte des organisierten Landarbeiterproletariats ver-
fügt. Bertolucci ist aus Parma gebürtig, wo sein erster Film in eigener Regie
PRIMA DELLA RIVOLUZIONE (VOR DER REVOLUTION, I 1964) spielt,
STRATEGIA DEL RAGNO (STRATEGIE DER SPINNE, I 1970) ist in Sabbio-
neta, halben Wegs zwischen Mantua und Parma, gedreht und trägt eine Widmung an die »Regione Emilia Romagna«, NOVECENTO auf einem großen
Landgut der Emilia, dem selbst noch Caterina, die Sängerin aus LA LUNA
(I/USA 1979) einen Abstecher widmet, als sie sich in Parma bei ihrem alten
Gesangslehrer moralische Stärkung erhofft. Spielt ein Bertolucci-Film nicht
in Parma, wie L'ULTIMO TANGO A PARIGI, dann werden Chiffren von Heimat zitiert. Maria Schneider trägt schon in der ersten Einstellung, als sie das
geheimnisvolle Appartement besichtigt, einen Strauß Parma-Veilchen am
Hut. Marlon Brando hat, im gleichen Film, seine tote Frau zur wütend-ob-
szönen Todeselegie mit Parma-Veilchen über den ganzen Leib geschmückt.
Als Dominique Sanda und Stefania Sandrelli im Paris von IL CONFORMISTA
einen Einkaufsbummel unternehmen, bieten zwei proletarische Kinder, die
als Signal ihrer Klassenzugehörigkeit noch die Internationale singen müssen, den feinen Damen einen Strauß Parma-Veilchen zum Verkauf an.

Was Heimat sei, wird als bekannt vorausgesetzt. Bertolucci macht sich wenig Mühe, sein Parma, sein Paris oder Rom zu zeigen. Er kommt mit den Zeichen der allgemeinen Vertrautheit aus. In PRIMA DELLA RIVOLUZIONE sehen wir den Marktplatz, die Kirche, das Opernhaus und die Arkaden. Das sind Schauplätze, auf denen die Straße als Erfahrungsfeld des Unvorhergesehenen, des Improvisierten nichts verloren hat. Auch wenn die Kamera noch Bilder des Verismus, des *cinéma vérité* vorgaukelt und mit den schick gewordenen Mätzchen der *Nouvelle Vague* kokettiert, so ist das bewußt inszenierte Augenwischerei, die uns Orte von Pasolini mit einem Blick von Visconti zeigt. Das ist ein Paradox, wie es Bertolucci prägte, das er selber aber unter der scheinbar so wasserdichten Form seiner Filme verbarg. Unter seinem Blick erfährt, was Landschaft oder Straße ist, eine Metamorphose zum Schauplatz, auf dem eine Bewegung, ein Affekt, ein Konflikt im Stil der manieristischen *rappresentazione* inszeniert wird. Vordergründig gesehen wimmelt das Paris in IL CONFORMISTA und das in L'ULTIMO TANGO A PARIGI von Klischees. Die Brücke von Passy kommt in beiden Filmen vor, der Eiffelturm wird nicht ausgelassen, der Rond Point der Champs Elysées, die Rue de Rivoli, die Gare d'Orsay: die Wahl der Orte ist beliebig. Was aber verschieden an ihnen ist, erstarrt unter dem vereinheitlichenden Blick Bertoluccis, der das, was landläufig Klischee heißt, ummünzt zu einem *concetto*. Parma als Medaillon, Paris als Anstecknadel, Rom als Postkarte – derlei Zeichen versprechen keine realistische Entdeckungsfahrt, sondern stecken die Welt als »Wald der Symbole«[10] ab.
Bertoluccis Protagonisten sind Gefangene, die aus ihrer Heimat ausbrechen können, aber noch in der Fremde Gefangene ihrer Sehnsucht werden, die von keiner Fremderfahrung, von keinem äußeren Objekt durchdrungen wird. Weder erfährt der Zuschauer die spezifische Stadterfahrung von Parma außer der Chiffre: provinzielle Enge, noch die Außenerfahrung von Paris, das bloß als mythische Stätte der Befreiung bezeichnet, nicht beschrieben wird. Zu L'ULTIMO TANGO A PARIGI merkte Michael Rutschky in seinem Buch *Erfahrungshunger* an: »Daß die Geschichte in Paris spielt, wohin Amerikaner Jahrzehnte zuvor auf der Suche nach einer authentischen Existenz emigrierten, das Zitat dieses Topos darf man als einen neuen Hinweis auf das allegorische Verfahren verstehen. Wie gesagt: der Allegoriker ist melancholisch.«[11] Was Rutschky hier, in Berufung auf berühmte Geister, allegorisches Verfahren nennt, verweist auf die eingangs vorgeschlagenen Hypothesen, denen zufolge Bertolucci eine manieristische Methode in seinen Filmen verfolgt. Die ungebrochene Faszination mit dem Paradoxon macht sich auch an der Umkehr herkömmlicher Funktionen in Zuordnung zu Schauplätzen bemerkbar. Was innen spielen soll, intim ist, wird exponiert, nach außen gestellt, und folglich im gleichen Verfahren das, was außen spielen soll, auch: spiegeln soll, in den Innenraum verlegt. Affekte und Gefühle treten vorzugsweise auf dem Schau-

platz öffentlichen Umschlags auf wie auf Bahnhöfen, in Hotelhallen, auf Terrassen, in Ministerien, in antiken Ruinen, wie zum Beispiel in IL CON-FORMISTA. Das deutet auch auf den Grad, in dem sich der öffentliche Diskurs in die Räume des Privaten eingefressen hat. *Discordia concors*, die Gleichzeitigkeit des Unversöhnlichen, die Umkehr der Perspektiven und der doppelte Boden als der einzig tragfähige: mit diesen Kniffen schreibt sich Bertolucci ein als später Manierist.

Andererseits ist die Obsession der immergleichen Schauplätze mit geringfü-gig variierten Chiffren auch eine Sicherheit, der Entfremdung nicht ganz anheimzufallen und der Zerrissenheit den Schein von Kontinuität zu verlei-hen. Im Laufe der Filme löst sich Bertolucci auch von dieser Obsession, indem er mit der eigengesetzlichen Zeichenhaftigkeit spielend umgeht. So ist die Heimkehr von Caterina nach Parma (in LA LUNA) auch ein Augen-zwinkern, ein Einverständnis mit der Kritik des Zuschauers am klischierten Schauplatz, das einzig diesen Bezug zum Zuschauer herstellen und nicht: ihm realistisch Parma zeigen will. Die Kontinuität der Schauplätze wird mit-getragen von der Kontinuität der Schauspieler, die mit ihrer Körperlichkeit erkennbar die Schauplätze ausstaffieren. Adriana Asti, die im ersten Berto-lucci-Film Gina, die Tante Fabrizios spielt, wirkt im jüngsten Bertolucci-Film, LA TRAGEDIA DI UN UOMO RIDICOLO (DIE TRAGÖDIE EINES LÄCHERLICHEN MANNES, I 1981), wieder mit. Alida Valli, die Draifa der STRATEGIA DEL RAGNO, spielt die Signora Pioppi in NOVECENTO. Berto-lucci nutzt zudem den Kino-Mythos dieser Darstellerin aus, die in Viscontis erstem Farbfilm SENSO (SEHNSUCHT, I 1954) die Hauptrolle spielte. Mas-simo Girotti, Hauptdarsteller von Viscontis Debütspielfilm OSSESSIONE (BESESSENHEIT, I 1943), überträgt Bertolucci in L'ULTIMO TANGO A PARI-GI die Rolle des Marcel, des abgetakelten Liebhabers der Frau von Marlon Brando. An jedem Ort finden sich inszenierte Ambiguitäten. Gianni Amico, Filmkritiker und Filmemacher, der über die Dreharbeiten von NOVECENTO einen Dokumentarfilm machte, spielt in PRIMA DELLA RIVOLUZIONE den cineastischen Freund Fabrizios (schon sein Name »Amico« weist auf seine Rolle, die ihn in der Stabliste als »amico/Freund« führt), und er wird später kontinuierlich Drehbuchmitarbeiter von Bertolucci. Morando Morandini, der in PRIMA DELLA RIVOLUZIONE den Volksschullehrer Cesare spielt, ist Filmkritiker einer Mailänder Zeitung und Verfasser der ersten Bertolucci-Monographie. Franco (genannt »Kim«) Arcalli ist Bertoluccis langjähriger Cutter gewesen, Ko-Autor zu NOVECENTO, der bei der Montage zu LA LUNA einem Herzinfarkt erlag. »Kim« ist der Film gewidmet.

Die Kontinuität der Mitarbeiter, die Anwesenheit der gleichen Darsteller, die prägende Handschrift des gleichen Kameramannes, das Festhalten an bestimmten Schauplätzen, auf denen ähnliche Konflikte nur verschieden ausgetragen werden, verweist auf Bertoluccis Ästhetik als System, als Konstrukt subterraner Verbindungen, die in der Starrheit ihrer Lösungen

Filme auf einem ziemlich schmalen Feld produzieren. Die Schauplätze der Bertolucci-Filme sind weniger ihrem Ursprung verwandt als ihren Spiegelungen im Medium der Malerei.

Gleich ob Bertolucci seinen Filmen ein Zitat wie in PRIMA DELLA RIVO-LUZIONE oder ein Gemälde voranstellt wie in STRATEGIA DEL RAGNO, L'ULTIMO TANGO A PARIGI oder NOVECENTO, stets dient der Hinweis als »renvoi«, als Schlüssel zur geheimen Bedeutung des Films. In STRA-TEGIA DEL RAGNO ist es ein Bild des naiven Malers Antonio Ligabue, der in der Po-Ebene, der Provinz Emilia lebte. In L'ULTIMO TANGO A PARIGI sind zum Vorspann zwei Bilder von Francis Bacon reproduziert, ein nackter Mann und eine in eine Ecke gekauerte Frau: Chiffren des Unsteten, des Schreckens, der Zerrissenheit. NOVECENTO wird eingeleitet durch ein Gemälde von Giuseppe Pellizza da Volpedo: »Il quarto stato« / »Der vierte Stand«, das (1901 gemalt) Landarbeiter auf einer Demonstration zeigt. Das Gemälde eröffnet den Film wie eine Szene, es ist nicht als Standfoto dem Vorspann unterlegt. Die Kamera zieht aus einer Naheinstellung sich in der Mittelachse aus dem Bild bis zur Totalen, als träten die Bauern, zum Leben erweckt, in Bertoluccis Film ein.

Unter Bertoluccis Blick, der seine Zerrissenheit durch Überformung absichert, werden aus den diversen Orten ein Schauplatz und aus dem Schauplatz ein Tableau, das in den ungezählten Kammern von Bertoluccis *Musée imaginaire* nur die Stufen seiner Entstehung, die Handhabung seiner Techniken zeigt, das »Sichproduzieren des Zauberers«, wie Hauser an anderer Stelle sagte.[12]

4

Die Titel der Filme verheißen keine Handlung, sie geben keine Namen preis. Sie sind, in der Regel, Zeitallegorien. LA COMMARE SECCA heißt: der Gevatter Tod. PRIMA DELLA RIVOLUZIONE: vor der Revolution – nach einem Satz von Talleyrand: »Wer die Zeit vor der Revolution nicht erlebt hat, kennt nicht die Süße des Lebens.«[13] Ein Herzog und Bischof, der diesen Ausspruch, der eine Weisheit zynisch verklärt, wohl nach der Revolution, als Außenminister auf dem Wiener Kongreß in Umlauf setzte. Die Revolution, die 1964 nur erahnt wird und 1968 auch nur phantastische Hoffnungen erfüllt, als mögliche Zäsur für Fabrizios Existenz, der sich – wie Talleyrand – unter Verzicht auf Privilegien von oben nach unten sozialisiert und schließlich der abgeklärten, nachrevolutionären Macht um so süßer erliegt. Das ist auch ein Schlüssel zu den Befreiungsversuchen von Fabrizio in jenem Film.
AGONIA: der Todeskampf. Ein alter Mann stirbt, und im Vorraum versammeln sich die Trauernden, um Abschied zu nehmen. Eine hysterische Klage, keine Elegie der Würde. Erst als die Diener der Kirche den Sterbenden, einen Prälaten, einkleiden, erhält der Leib, als Mumie, seine Würde. Agonie nimmt zum finalen Punkt die Bewegung auf dies Ziel hinzu.

L'ULTIMO TANGO A PARIGI: letzter Tango in Paris. Das ist die verzögerte Agonie, aber erkennbar auch hier: eine Bewegung auf den Tod zu. Tango als Chiffre der *morbidezza* und der Dekadenz, Paris als Chiffre existentieller Sehnsucht. Der Todeskampf in artistischer Form, als grotesker Wettbewerb alternder Paare, dessen Form Marlon Brando und Maria Schneider flagrant verletzen. Tango als höhnischer Verweis und Todesmetapher. Zum Assoziationsfeld dieses Tanzes, das, in einem anderen Schauspiel, Pina Bausch und ihre Truppe bis zur Schamlosigkeit ausschritt, vergleiche Raimund Hoghe: »Von einem seiner Dichter beschrieben als ein trauriger Gedanke, den man tanzen kann. In Europa bis zur Lächerlichkeit entstellt, verflacht, sentimentalisiert.«[14]

NOVECENTO: wörtlich »Neunzehnhundert«, aber: »das zwanzigste Jahrhundert«. Eine Zeit-Allegorie, deren Namen nach vorn und nach rückwärts blickt, die in sich selber Zeit kondensiert. Bertoluccis Versuch, ein repräsentatives Panorama des politischen Antagonismus der Moderne zu entwerfen. Die Titelwahl verrät auch einen Fetischismus zur runden Zahl. Als ob die Moderne und ihre Theorien sich nach christlicher Zeitrechnung ausrichteten! Indiz dafür ist, daß er sogar Verdis Biographie ein wenig verändert und das Jahrhundert mit dem Klageruf des Buckligen Rigoletto einläutet: Giuseppe Verdi – der 1901 starb – sei tot. Auch das Gemälde von Pelizza da Volpedo »Il quarto stato« dient zur gleichsam objektivierenden Datierung. Der Titel verrät zudem eine weitere Entsprechung zum Stil des groß angelegten Films, der erklärtermaßen populistisch sein will. »Novecento« nannte sich eine Gruppe italienischer Maler, die 1922 auf- und 1933 abtraten. Ihr künstlerisches Ziel waren traditionsbildende Werte, mit denen sie die *pittura metafisica*, die Gruppe der Modernen, bekämpften.[15]

NOVECENTO ist Bertoluccis extremster Film zum Thema Körperlichkeit. Die Zeitspanne in diesem Film umfaßt ein ganzes Mannesleben. Wir sehen ein schreiendes Baby und einen albernen Greis. Welche Kräfte welche Spuren den Körpern im Verfall einschrieben, macht Bertolucci mit Mitteln der Masken deutlich. Der große politische Antagonismus ist übersetzt in den kleinen Körperantagonismus. Das Politische wird zwar reduziert, aber auf seine Körperdimension geschraubt. Wie sich Körper unter dem Druck von Arbeit, Folter, Perversion und natürlichem Verfall deformieren, wird in Bertoluccis Version vom Triebschicksal als Klassenschicksal demonstriert. »In NOVECENTO gibt es also so etwas wie eine Trauerarbeit des Sozialismus«, schrieb der Psychoanalytiker Franco Fornari. »Aber sie spielt sich auf der Ebene infantiler Sexualität ab. Sie wirkt als eine Art Magma, der nicht nur die Erinnerungen entsteigen, sondern auch poetische Gefühle den großen Veränderungen gegenüber, die ein neues Bild vom Sozialismus schaffen. Mein Eindruck ist, daß Bertolucci den Sozialismus, psychologisch formuliert, als Genitalität begreift.«[16]

Das 20. Jahrhundert, möchte ich Maurice Merleau-Ponty, den marxistischen Philosophen der Körperlichkeit zitieren, »hat den Begriff des Leibes, d.h. des belebten Körpers wiederhergestellt und vertieft«.[17]
LA LUNA könnte man, à la rigueur, zu den Zeit-Allegorien stellen. Der Mond, der die Gezeiten macht, schafft hier die wichtigste Erinnerungsarbeit: an eine Kindheitsepisode. Der ganze Film ist eine Rückblende zu diesem Bild: Mutter und Sohn, nachts auf dem Fahrrad, hinter ihnen: der Mond. Der Sohn in Mittelachse dem Mutterauge konfrontiert, das seinerseits eine Achse mit dem Mond hinter ihrem Kopf bildet. Ein Kindheitsmuster, das Bertolucci kaleidoskopförmig auflöst. Am Anfang stand ein concetto zur Zeit.

Die anderen Titel verweisen wie PARTNER auf das durchgängige Doppelgängermotiv, auf einen Sozialcharakter wie IL CONFORMISTA. Leicht daneben zu stellen sind: Fabrizio, der bürgerlich entgleiste Intellektuelle; Athos Magnani, der bloß ein entwurzelter Sohn ist; Clerici, der ›Konformist‹; Olmo Dalco, der Landproletarier; Alfredo Berlinghieri, der Großgrundbesitzer; Caterina, die Künstlerin. In Bertoluccis letztem Film LA TRAGEDIA DI UN UOMO RIDICOLO verweist der Titel auf die scheinbar paradoxe Genremischung (Tragödie eines lächerlichen Mannes), in der sich jene neue Dramaturgie der Mischformen behauptet, die LA LUNA im provokanten Kommentar des Regisseurs ausprobieren konnte. »Man spricht heute von Nouvelle philosophie und der Nouvelle cuisine, warum nicht auch der Nouvelle dramaturgie? Ich kann darüber nur lachen, aber das Leben basiert nun einmal auf Brüchen und Widersprüchen.«[18]
Das im Titel STRATEGIA DEL RAGNO verdinglichte Rätsel ist nicht auf den ersten Blick zu lösen. Es gibt weder einen Bild- noch Dialogverweis als Schlüssel. Nur der Genus im Originaltitel gibt zu erkennen, daß eine Strategie der männlichen Spinne gemeint sein muß. Nicht gemeint ist die Umgarnung der Spinne, für die hier die Vergangenheit, die Macht, die Geschichte, aber auch: Draifa, die Geliebte des Athos Magnani sen., einsteht. Sondern: die Verweigerung, der Entzug der männlichen Spinne, die Anstrengung, sich der tödlichen Umarmung durch die Spinnenfrau zu entwinden. Die Strategie bestehe darin, daß die männliche Spinne bei der Paarung masturbiert, den Samen im Mund aufbewahrt, Kräfte sammelt und die Spinnenfrau aus sicherer Distanz befruchtet. So erklärt Bertolucci den Titel, aber nicht sein Rätsel.[19] Wäre der Titel, löst man sein concetto auf, nicht Ausdruck des psychischen Grundmusters eines paralysierten, narzißtisch gestörten Bewußtseins, das sich aus bedrohlicher Ich-Schwäche dem Verströmen an die Außenwelt entzieht? Die Strategie der Spinne wäre eine des Überlebens: um den Preis des Für-sich-selber-Lebens. Dies ist der Preis, den nicht nur Fabrizio in PRIMA DELLA RIVOLUZIONE, den auch Jacob in PARTNER und Clerici in IL CONFORMISTA entrichten, von Athos Magnani einmal abgesehen, der sich der Geschichte, der Macht,

der Politik, der Geliebten seines Vaters und vermittels ihres zielgehemm-
ten Werbens auch dem Vatermythos entzieht.

5

Zu den Titeln treten die Namen. Manchmal müssen Bertoluccis Figuren
über die Namen lachen, weil sie so komisch seien. Fabrizio mokiert sich
über Giambattista Bodoni, als er mit seiner Tante den Inzest in der alten
Druckerei vollzieht. Bodoni, berühmter Typograph und Begründer der
herzoglichen Druckerei zu Parma, steht nur als Chiffre für Parma, als welche ebensogut der bekannte Schinken dienen könnte. Aber Bertolucci läßt
seine Helden über manierierte Verschlüsselungen stolpern. »Ein komischer Name«, sagt die Frau des ›Konformisten‹, als sie am Telefon den
Namen des Komplizen erfährt. Sie hat eine Assoziation, weil der Name
spricht. Daß sich in PRIMA DELLA RIVOLUZIONE der Name Fabrizio
angeblich von Fabrice, dem Protagonisten in Stendhals Roman *Die Kar-
tause von Parma* (1839) herleite, ist eine der falschen Fährten, die sich in
diesem Blendwerk der sinnlichen Täuschungen bei Bertolucci finden. Die
Chiffren dienen bloß dem Zweck, seine Filme dem Schauplatz Heimat
anzubinden. So möchte man glauben, der Gutsherr Puck, der am Ufer des
Po eine melancholische Endzeitklage anstimmt, verweise auf Shakespeares *Sommernachtstraum* (1600). Schon möglich, andererseits zeichnete
Gianni Puccini, Filmkritiker in der Emilia Romagna zu Zeiten der *resistenza*, seine Artikel mit dem Kürzel »Puck«.[20]
In STRATEGIA DEL RAGNO gibt die enigmatisch lächelnde Alida Valli selber einen Hinweis auf ihren denkwürdigen Namen Draifa, den der Vater,
Parteigänger von Zola, in Sympathie für Dreyfus ihr verlieh. Die Enträtse-
lung klärt aber kaum das Wesen der Persönlichkeit der Draifa. Sie führt in
die Irre, wohin Bertolucci mit seinen »schwankenden, irisierenden, die
Sinne täuschenden«[21] Mitteln ziehen will, wie Hauser zum Manierismus
bemerkte. Athos Magnani: das deutet auf eine Lesefrucht. *Die drei Muske-
tiere* (1844) von Alexandre Dumas père. Athos war der edle, der romantische Graf, und kämpfte Athos senior nicht im Verein mit wackeren Verbündeten auch für die Durchsetzung von Recht und Freiheit? Wird, am
Ende, der antifaschistische Kampf als romantische Aventure kritisiert
oder bloß: die tranceartige Suche nach ihren Spuren? Der Name Magnani
bedarf für das italienische Kino und seine Huldigung an Populismus keiner Erklärung. Wohl aber der mehr als zweideutige Name, den Bertolucci
der kleinen Stadt des Geschehens gibt: Tara. »Fare la tara« bedeutet:
»nicht alles für bare Münze nehmen«, und diese Devise ist ein guter
Schlüssel zum Werk. Als Nomen heißt »tara«: »Fehler, Gebrechen«. Als
cineastische Anspielung ist an den gleichnamigen Landsitz der Scarlett
O'Hara im Film GONE WITH THE WIND (VOM WINDE VERWEHT, USA
1939, Victor Fleming) zu denken, und zwar über die Namensgleichung

durch die Formvermittlung, die sich auch in jenem Film den Affekten der Personen durch großartige Kreiselfahrten und Travellings annäherte. In IL CONFORMISTA häufen sich die sprechenden Namen. Marcello, der ›Konformist‹, ist mit Giulia verheiratet. Julia, denkt man an den Schauplatz des antiken wie des faschistischen Roms in diesem Film, war die Tochter des Kaisers Augustus, der sie mit Marcus Claudius Marcellus vermählte. Sichtbarer ist am Schluß, als Marcello in die Höhle, der er sich entronnen wähnte, zurückkehrt, daß neben dem Verschlag des Strichjungen, dem er sich zögernd nähert, mit Kreide der Name Giulio geschrieben steht: ein Ersatz, eine Ersetzung? Sein väterlicher Freund, der faschistische Radiokommentator, trägt den besonders faschistischen Namen Italo. Der Professor, den er umbringen lassen wird, heißt Quadri. »Una testa quadra« ist: »ein gescheiter Kopf«, und »quadro« im figurativen Sinn: »ein Bild«. In welchem Sinne hier die Fäden zu Platons Höhlengleichnis gesponnen werden, weiter unten. Der Chauffeur, den Marcello bezichtigt, ihn zur Homosexualität verführt zu haben, den er getötet zu haben glaubt und beim schockhaften Wiedererkennen öffentlich des Mordes an Quadri bezichtigt, den er beging, heißt: Lino. »Lino« heißt: »Flachs«, bezeichnet die »Helle«. Der alte Lino trägt flachsblondes Haar, der junge Lino eine schneeweiße Uniform. »Tela di lino« heißt: die »Leinwand«. Der ganze Mann dient Marcello als Projektionsfläche. Der Name des Agenten, den Giulia so komisch findet, ist: Manganiello. Der Stamm ist »Mangan«, ein graues Metall von mittlerer Härte, ziemlich unedel, das sich mit vielen Metallen legiert. Der Name enthüllt den Sozialcharakter der Figur, die ihn trägt. Noch eine Anzüglichkeit ist eingebaut: Giulia hat sich von ihrem Onkel Perpuzio entjungfern lassen (»prepuzio« ist: »die Vorhaut«). NOVECENTO wurde von vielen Kritikern bezichtigt, den »historischen Kompromiß« des politischen Italiens zu verklären. Das war von Bertolucci beabsichtigt. Er wollte, mit aller ästhetischen Macht, den 25. April 1945, den Tag der Befreiung vom Faschismus, zum utopischen Augenblick entfalten, in dem der Sozialismus sich seiner eigenen Macht inne werde und der Macht jenen Prozeß macht, der sie abschafft. Als Schöpfer der Idee vom *compromesso storico* gilt der KPI-Sekretär Enrico Berlinguer. Wiederum nur als Paradox greift Bertolucci diesen Namen auf, indem er den Großgrundbesitzer, um dessen schlußendliche Abschaffung sein Prozeß kreist, Berlinghieri nennt: den Berlinguer, dem die Zeitbestimmung »ieri«/»gestern« eingeschrieben ist. Eine Anspielung, die kausal nicht zu Ende zu denken ist, sondern vom paradoxen *concetto* lebt und ihre Spuren gleich verwischt. Aber das Klangfeld der Assoziationen muß man im Ohr behalten, will man dem Manieristen Bertolucci auf die Schliche kommen. Proletarischer Gegenpol zum Großgrundbesitzer Berlinghieri wird Dalco Olmo: Das ist die Ulme, bodenständig in der Emilia, wie der Großvater Dalco (Sterling Hayden) dem alten Berlinghieri (Burt Lancaster) erklärt. Ulmen und Pappeln: das sind die Zeichen für die Landschaft der Emilia Romagna, wie sie sich schon verdichteten in PRIMA DELLA RIVOLUZIONE, als Puck am Ufer philosophierte. Alida Valli trägt den Namen Signora Pioppi, d.h. »Pappeln«.

Man erinnert sich an den Weg, den die Frösche im ersten Teil von NOVECENTO nehmen. Der kleine Olmo fängt sie, und der feine Alfredo muß sie essen. Ein Lehrstück über die Reproduktion, den Antagonismus im eigenen Haus. Aber auch: ein Schauspiel der frühkindlichen Erinnerung, Poesie geworden in Bertoluccis Gedichtband In cerca del mistero. Ein Gedicht ist überschrieben: »Il bambino e le rane«, »Der kleine Junge und die Frösche«. Darin heißt es: »Ora che gli olmi sono / umili lampade verdi / e i cancelli sono aperti, i pioppi sono / pilastri coperti di foglie.«[22] Das wäre verdeutscht: »Jetzt, wo die Ulmen schwache grüne Lichter scheinen, sind die Tore geöffnet, und die Pappeln sind Pilaster, mit Blattwerk bedeckt.« Das ist kein Gipfel italienischer Naturlyrik, hier aber unter allegorischem Blick, der die Natur zu Namen erstarren läßt, bedeutsam. So findet in diesem Kontext selbst Verdi seinen Platz. Nicht von ungefähr heißt der Bucklige, der die Landarbeiter in der »Lega« (Landarbeitergewerkschaft) organisiert, Rigoletto. Er trägt das Kostüm der Opernfigur von Verdi, der, selber aus der Emilia stammend, keine Chiffre mehr für Bertolucci ist, sondern: ein Insignum der Wahlverwandtschaft. Dominique Sanda, die in NOVECENTO eine Dichterin darstellt, die eine Ehe mit dem Großgrundbesitz eingeht, trägt den Namen Ada Fiastri Paulhan. Das klingt wie eine angemessene caprice. »Ada«, das ist nicht nur ein Anagramm aus Sanda, sondern in sich ein Lautgedicht, wie diese Person sie schreibt. Der bizarre Mittelname ist eine Kontamination, die mehrere Assoziationen weckt, an Fiasko wie an »astri«, »Sterne«, im übertragenen Sinn: hochfliegende Poesie. Paulhan schließlich ist eine handfeste Anspielung auf den einflußreichen Homme de lettres Jean Paulhan, mit André Gide 1925 Begründer der Nouvelle Revue Française. Der Name, scheint es, ist Adas bestes Gedicht.

Attila und Regina, das Verwalterehepaar auf dem Gut der Berlinghieris, sind der Inbegriff des Bösen und stehen, jedermann verständlich, dafür ein. Und was LA LUNA angeht – um den Spaziergang zu den Versteinerungen Bertoluccis abzuschließen –, so ist Caterina keine Heilige, sondern, wie das Gedicht in In cerca del mistero belegt, eine Jugendliebe des achtzehnjährigen Bernardo gewesen. Joe, Caterinas Sohn von einem italienischen Vater, aber in New York aufgewachsen, trägt einen amerikanischen Allerweltsnamen. Seine Identität, vielleicht einen Namen, wird er sich erst in Rom erarbeiten. Mit Hilfe der Droge, seiner Freunde, seiner gelösten Vaterbeziehung? Sein leiblicher Vater, mit dem es zum theatralischen Finale in den Caracalla-Thermen zur Aussöhnung kommt, heißt Giuseppe. Das ist – in Italien – der Schutzpatron der Gehörnten. Man kann an der aufdringlich populistischen Kameraarbeit in NOVECENTO und der preziösen Verschlüsselung der Benennungen einen jener Widersprüche festmachen, den Hauser als einen für den Manierismus charakteristischen beschrieb: »Es gehört zu den inneren Widersprüchen des Manierismus, daß er nicht nur einen fortgesetzten Kampf gegen den Formalismus [...] darstellt, sondern daß er zugleich selbst formalistische, fetischartige Kunst [...] ist.«[23]

6

Bertoluccis erstes Thema sind die Väter. Damit hat er sich sehr früh und lang herumgeschlagen. Die Verwerfung der vielen Väter in seinen Filmen deutet auf eine beharrliche Suche nach dem einen Vater. Den biographischen Kampf gegen Attilio, den leiblichen Vater, führte Bernardo als mythischen Schaukampf. Daß der Gutsverwalter in NOVECENTO, der von dem schwachen Vater Giovanni Berlinghieri faktisch die politische Verfügungsgewalt überschrieben erhält, den Namen Attila trägt, kommt einer symbolischen Tötung gleich. Die Anfänge sind weniger deutlich. In PRIMA DELLA RIVOLUZIONE identifiziert sich der vaterlose Held Fabrizio mit dem kommunistischen Volksschullehrer Cesare, einem stillen Kämpfer gegen die Misere des alltäglichen Klassenkampfs. Ein Weiser und doch nur ein Vorbild auf Zeit, an den angelehnt der Bürgersohn Haltung ausprobieren darf, ohne umzufallen. Schließlich wird er, einem feigen Brutus gleich, seinen Cesare verraten: nicht durch Vatertötung, sondern durch den sanften Verrat, mit dem er, von ihm abgleitend, in den Hafen der Bürgerlichkeit einläuft. Gemeinsam mit dem väterlichen Freund auf dem Sommerfest der L'Unità macht Fabrizio sich seine Gedanken zur Utopie der Vater-Sohn-Beziehungen. »Auf der Straße demonstrieren«, sagt er, »reicht mir nicht. Ich stelle mir den neuen Menschen vor: eine Menschheit aus Söhnen, die ihren Eltern: Eltern wären.« Abgesehen davon, daß aus dieser Utopie die Töchter von der Menschheit ausgeschlossen werden, ist der Satz ein manieristisches concetto. Die Inversion ist seine Redefigur, »verkehrte Welt« sein Topos. Was einmal politische Forderung war: das Delegationsprinzip der Herrschaft von Vätern über Söhne aufzubrechen, wird gegen die eigene Substanz gewendet und erhält durch diesen Prozeß eine zweite Realität. AGONIA beschreibt den Tod eines Kirchen-Vaters, der die Trauerschar seiner Schüler und Jünger um sich versammelt, STRATEGIA DEL RAGNO beharrt, nach aller Einfühlung in die fremd gewordene Identität des toten Vaters, auf der Verwerfung des Vaters. Der Sohn gewinnt auf der Suche nach seiner sozialen Identität nur die von der Umwelt verliehene: des Vaters. Er bleibt Gefangener jenes Mythos, den aufzubrechen seine Suche unternahm. Athos Magnani jun. ist nicht Delegierter, er ist Opfer des Vaters. Wobei dem Zuschauer präsent bleiben muß, daß Bertolucci diesen Weg als Einbahnstraße konstruierte. Das Erfahrungsfeld des Sohns bleibt zwanghaft dem väterlichen Terrain verhaftet. In Tara lebt das Leben nicht, sondern vollstreckt nur die Zeichen, die der Determinismus des Drehbuchs setzt.

Auch in IL CONFORMISTA hat der Vater keine Chance zur realistischen Entfaltung. Er muß in den Extremen einer Überfigur verharren. Clerici (Jean-Louis Trintignant), in hilfloser Haßliebe zur morbiden Mutter verstrickt, besucht den Vater im Irrenhaus. Dort schwafelt der Vater, in Zwangsjacken gefesselt, Bruchstücke eines Textes, der sich wie die faschistische Erfüllung der futuristischen Poesie anhört. »Blutbad und Melancholie«, murmelt der Vater, den bohrenden Fragen des Sohnes ausweichend. War der Vater schon Faschist, vielleicht Folterer in Mussolinis Abessinienkrieg – für den sein Textbruchstück als Chiffre stünde? Wie immer: der leibliche Vater entmündigt, der Wahlvater, Professor Quadri, ermordet, der faschistische Freund Montanari denunziert und dem Mob ausgeliefert und: aus Eifersucht, als politisch opportun getarnt, der japanische Liebhaber seiner Mutter auf diskrete Weise aus dem Weg geräumt. IL CONFORMISTA ist eine veritable Vätervertilgungsmaschine. Dafür sind, wie es sich schickt, subtile Zeichen gesetzt: Nur die Mütze des vermutlich vom Agenten Manganiello umgebrachten Liebhabers sieht man durchs Laub rollen. Für diesen Anblick geht Storaros Kamera sogar in die Knie, um schließlich den ›Konformisten‹, der nun vaterlos dasteht, in bürgerlichen Vaterfreuden, die Sinne täuschend mit gemaltem Himmel, hinter der Wiege seines Kindes zu zeigen.

L'ULTIMO TANGO A PARIGI ist jene Wende in der Produktion von Bertolucci, die ihren Filmfiguren jedwede individuelle Geschichte entzieht, um die psychischen Affekte bloß noch als Stereotypen auszustellen, die selber zum Handlungsträger avancieren. Marlon Brando, der Liebhaber der Maria Schneider, ist überdeutlich Vaterersatz der jungen Frau, die erst dann sich von dieser Imago befreit und dem jugendlichen Glück (Jean-Pierre Léaud) anheimfällt, als sie Brando erschießt. Und zwar ausgerechnet, als dieser im Aufzug ihres Vaters auftritt und sich in der Sicherheit ihrer Liebe wähnt. Sein Unglück: er trägt das Offiziers-Képi des Obersten. Noch wo keine Väter mehr sind, muß der Schatten ihrer Autorität getötet werden.

In NOVECENTO stirbt der Großvater Berlinghieri (Burt Lancaster) einen gewaltsamen Freitod und wird dem Enkel gegenüber zum Schein als lebend ausgegeben, damit der feige Sohn Giovanni die erbschleicherische Prozedur vollenden kann. Die Schwäche der Väter wird in diesem Film unterdessen als politische Dekadenz ausgegeben, sie entfaltet sich aber auf der gleichen Folie des mythischen Schaukampfs wie zu Bertoluccis filmischen Anfängen. Diese Väter sind korrupt und fallen dem Faschismus anheim: Sie müssen weg, sagt die Ideologie des Films, die nun die psychischen Stereotypen überformt. Alfredo jn. (Robert De Niro) wird diesen Vater verwerfen und in seiner Phantasie stattdessen mit dem weltmännischen Ottavio, seinem Wunschonkel liebäugeln. Der Landproletarier Olmo (Gérard Depardieu) hat nicht einmal einen identifizierbaren Vater. Sein idealisierter Ersatz sind die Großfamilie und der liebevoll-strenge Patriarch, sein Großvater (Sterling Hayden). Ihn nimmt er, der selbst ein liebevoller Vater wird, als Ersatz an.

Über LA LUNA, der vordergründig ein Film über eine verfehlte Mutter-Sohn-Beziehung ist, gibt Bertolucci in einem Interview Auskunft: »Mir wurde beim Schnitt des Films bewußt, wie wichtig die Wiedergewinnung des Vaters ist.«[24] Der halbwüchsige Sohn hat hier zwei Väter, einen leiblichen, der ihm verborgen bleibt bis zum letzten Drittel des Films, und einen Adoptivvater, der ihm in den Eingangsszenen des Films wegstirbt. Man sieht: eine Aufweichung in sinnvolle Psychologie und eine Bertolucci fremde Überformung durch herkömmliche Hollywood-Muster, die die Selbstverlorenheit des Sohns nun motivieren muß, wo zuvor blinde, mythische Gewalt herrschte.

Um den Nachstellungen der Mutter zu entkommen, hängt sich der Sohn an lauter Ersatzbeziehungen, an einen Freund, an einen wildfremden Schwulen in der Bar und an eine Vater-Imago, die ihm zudem ein Gefühl von Heimat garantiert: Billy Martin, Trainer des Yankee-Football-Teams, über dessen Tod Joe in tiefe Trauer ausbricht und einen gewaltigen Schauplatz, die leere Halle, für seine Trauer wählt und den Gang dorthin zudem mit einem Kreidestrich markiert, als wollte er ins Labyrinth seiner Vatersuche verschwinden. Die Besetzung des Schwulen mit dem Pasolini-Star Franco Citti ist überdies ein gesteigertes Zeichen der Reverenz an Bertoluccis ›filmischen‹ Vater: Pasolini. Und ist der ›richtige‹, d.h. leibliche, italienische Vater am Ende gefunden, so erklärt der Sohn, seinerseits anonym, sich für tot. Einerseits führt das zu dem melodramatischen Effekt, daß die zerbrochene Familie auf der Bühne zusammengeführt wird; andererseits deutet dies auch auf eine Erschöpfung des mythisch angelegten Schaukampfes. Dieser Sohn setzt nicht mehr den Vater ab, sondern, indifferent sich selber gegenüber, die Nachfolge. Der jüngste Film, LA TRAGEDIA DI UN UOMO RIDICOLO, verschleiert vollends den Vater-Sohn-Konflikt. Ungeklärt bleibt, ob der Sohn den Vater erpreßt, um die überkommene Väterlichkeit zu totalisieren oder zu verleugnen.

Wo kein Vater da ist, findet sich ein Doppelgänger,; PARTNER, dessen Drehbuchidee vage auf Dostojevskijs Doppelgänger-Novelle (1846) beruht, thematisiert diese Rolle. Jacob/Giacobbe 1 und 2 spielen die Widersacher ihrer selbst: sehr veräußerlicht und grell. Aber wo Bertoluccis instabile Helden sich an keine Väter lehnen, lockt die Entsprechung zu sich selbst. Die Suche nach dem Vater wird begleitet, unterlaufen von der Suche nach dem Zwilling. Das ist nicht mehr die Suche nach dem Vorbild, das ist das Sehnen nach dem Ebenbild. In STRATEGIA DEL RAGNO tragen Vater und Sohn den gleichen Namen, werden vom gleichen Darsteller verkörpert, was eine zwanghafte Identität behauptet und dem narzißtischen Spiegelbild verfällt. Je näher dieser Sohn sich dem Vater wähnt, desto stärker löscht er sich als Sohn aus. In IL CONFORMISTA ist es Dominique Sanda, die in den Sinnestäuschungen der Doppelgängerei glänzt. Einmal posiert sie lasziv als Geliebte des Ministers auf dessen Schreibtisch. Bevor der Film dies Bild zeigt, bereitet er den Auftritt des ›Konformisten‹ vor: der durch einen Bühnenvorhang den ministerialen Raum betritt und von der Erscheinung der Sanda geblendet wird. An der Grenze in Ventimiglia, wo er seine Order zum Mord erhält, tritt sie ihm im Gewand einer faschistischen Salonhure entgegen und beide Male im Gewand der Trauer, bevor diese Darstellerin die Rolle der Anna Quadri zu spielen anfängt. Ein Mythos beginnt sich derart durch zwanghafte Bildwiederholung zu etablieren, durch nichts anderes gesetzt als seine physische, in der Erscheinung changierende Präsenz. In L'ULTIMO TANGO A PARIGI spielen Marlon Brando als Exehemann und Massimo Girotti als Exgeliebter jener Frau, die durch Freitod verschied, eine sehr leise, komische Szene der Doppelgänger. Anstatt sich zu duellieren, taxieren sie einander und prüfen ihre Qualität als Liebhaber. Ihre Erkenntnis zielt nicht auf Verschiedenheit, sondern auf Übereinstimmung in Alter, Figur und Wahl der Whisky-Marke. Sogar ihr Morgenmantel war vom gleichen Stoff. Und daß zwei Männer ihr Triebziel so beharrlich auf die gleiche Frau richten, läßt schließen, daß sie am Ende auch sich selber kaum feind sein können. Die Filme von Hawks illustrieren, welche Komik diese Stellvertreterenergien freisetzen. In NOVECENTO erhält die Zwillingskonstellation ihre freilich aufgesetzte geschichtsphilosophische Dimension. Alfredo und Olmo, Gutsherr und Knecht, verkörpern deshalb so wenig sich selbst, weil sie für den Überbau ihrer selbst geradestehen müssen, für den vielberufenen *compromesso storico*. Sind unversöhnbare Klassen zuletzt doch vom gleichen Stamm? Wird ihre Zwillingssehnsucht nach Einheit und physischem Zusammenwachsen nur unglücklicherweise durch den Antagonismus ihrer Klassenziele entzweit? Zerbricht die brüderliche Liebe zwischen diesen Männern am Riß, der sich durch ihre politische Welt zieht? Vielleicht ging es Bertolucci mit dieser Konstellation nicht einzig um eine rhetorische Figur zum »historischen Kompromiß«. Vielleicht liegt in dieser Alfredo-Olmo-Konstruktion auch ein Stück Platonismus verborgen, der sich selber fremd ist. Gemeinsames Motiv der Flucht aus der gesellschaftlichen Welt dieser vaterlosen Söhne und verlassenen Zwillinge ist die Faszination durch Innenräume. »Unpolitische Ausbruchsversuche aus der bürgerlichen Familie führen in deren Verstrickung meist nur um so tiefer hinein«, notierte Adorno.[25]

Die Verschränkung der Vater-Verwerfung aber mit dem Motiv des Doppelgängers heißt, um der Geschichte abzuschwören, den Mythos willkommen. Wo die Väter abwesend sind oder vom Wege abgedrängt werden wie einst Laios, wird der Verlust an Vergangenheit wettgemacht durch Verdoppelung der Gegenwart. »Meine Zukunft als Bürger ist meine Vergangenheit als Bürger«, sagt, sich selber paradox, Fabrizio. So spiegelt sich in Bertoluccis Figuren wider, was in den Titeln der Filme präludiert war: Zeitallegorie. Tritt in den Titeln die Eingrenzung, die Finalität der Zeit zutage, so tritt im Inneren der Figuren die Zeit auf der Stelle. Sie steht still. Kein Wind der Geschichte weht mehr. Er könnte ja auch die Wasseroberfläche, in der sich die narzißtischen Figuren spiegeln, zum Verschwimmen bringen.

7

Der Schauplatz der Geschichte wird zum Theater der Affekte. Als Bilderbuch zur Geschichte der aktuellen Konflikte des politischen Italiens taugen Bertoluccis Filme nicht. Diesen Diskurs führen die Filme von Francesco Rosi und den Brüdern Taviani. Bertolucci hält das Erbe von Pasolini als Fackel in die Höhe, um zu verbergen, daß er ästhetisch als Erbschleicher Viscontis in die Filmwelt kam. Die Geschichte ist die Domäne der Väter, und nach vorliegendem Befund zur Obsession der Söhne in den Bertolucci-Filmen ist es kaum verwunderlich, daß sie in ein *terrain vague*, ein Ödland: die Zwischenzone zwischen Vergangenheit und Gegenwart ausweichen. Betreten sie einmal das Gelände der Politik wie in PRIMA DELLA RIVOLUZIONE oder IL CONFORMISTA, dann mit gewaltsamen Folgen. Nimmt man die Filme ineins: als einen serialisierten Versuch der Selbsterforschung des Regisseurs, so fällt ein zyklisches Verhalten auf. Auf einen politischen Film wie IL CONFORMISTA folgt ein apolitischer wie L'ULTIMO TANGO A PARIGI, auf den wiederum ein politischer Film folgt wie NOVECENTO, der abgelöst wird von einem apolitischen wie LA LUNA. Satz und Gegensatz: die einzige Beständigkeit bei diesem Werk liegt in der Paradoxie, durch die letztlich auch, was als politisch oder apolitisch fest umrissen scheint, verschwimmt. Bertolucci, der späte Manierist, revoziert sich am laufenden Band und widerspricht dabei nicht sich, sondern: seinem ästhetischen System inhärent, bloß dem herrschenden Diskurs der Festschreibung in Eindeutigkeit. Ist LA COMMARE SECCA ein Portrait des römischen Subproletariats oder eine Meisterschuleretüde à la Pasolini, in der das Klimpern mit dem Handwerk das Thema aufsaugt und sich an dessen Stelle inthronisiert? Ist PRIMA DELLA RIVOLUZIONE ein Zeugnis des Vor-1968er-Engagements oder ein melancholischer Versuch, das Nicht-Engagement zu rechtfertigen? Fallen bei Bertolucci die stabilisierenden Zweifel der Bürger nicht immer stärker ins Gewicht als die destabilisierten Hoffnungen der Land- und Stadtarbeiter?
Ist PARTNER ein Panorama vom Pariser Mai 1968 oder sein dunkler Vorraum, in dem er zaudernd innehält? Ist STRATEGIA DEL RAGNO ein Beitrag zum faschistischen Antifaschismus – nämlich: Selbstaufgabe und

Unterwerfung des Individuums unter den Mythos – oder eine Phantasmagorie zur Vaterlosigkeit? Ist IL CONFORMISTA, in schamloser Ausbeutung von Viscontis LA CADUTA DEGLI DEI (DIE VERDAMMTEN, I/BRD 1969), ein sozialpsychologischer Beitrag zur Faschismustheorie von Wilhelm Reich oder eine ästhetisch nostalgische Exploration der dreißiger Jahre? Ist L'ULTIMO TANGO A PARIGI eine radikale Tabuverletzung oder eine larmoyant geratene Elegie auf den einen grandios gewollten Virilismus? Ist NOVECENTO Kondensat von Zeithistorie oder die Vision der Sehnsucht nach dem Ende der sozialen Zerrissenheit, der Traum von Einheit und Versöhnung? Ist LA LUNA das Sozialportrait einer Diva oder die sehr persönliche Abrechnung des Regisseurs mit seiner nach Pasolini gleichbedeutenden Vater-Imago im ästhetischen Bereich, Giuseppe Verdi? Wie immer ambivalent die Möglichkeit der Deutung sein mag, plädiere ich in jedem Fall für die letztgenannte Lösung, um zu zeigen, welche Reduktion an allen Orten Bertolucci vornimmt. Ein Manierist steht gern an der Schwundstufe der Realität, um sich auf schmalem Grund ein Treppenhaus ins Traumreich zu erbauen.

Bertoluccis Helden sind keine Helden mehr, sondern Zwangsvollstrecker jenes Opfers, das der Mythos ihnen abverlangt. Da ihnen der Spielraum zum Handeln abgepreßt wird, können sie, auf öffentlich-politischem Terrain, nur noch Figuren der Unterwerfung zelebrieren: Gesten und Formen erfinden, in deren Besitz sie sich wähnen. Während der Dreharbeiten zu L'ULTIMO TANGO A PARIGI stand der Regisseur, wie er an sehr entlegenem Ort und nicht der Boulevardpresse gestand, unter dem Einfluß des Philosophen Georges Bataille. Sein langjähriger Cutter, Kim Arcalli, hatte ihn darauf gebracht. Bertolucci dachte sogar daran, Batailles Roman *Le Bleu du Ciel/Das Blau des Himmels* (1957) zu verfilmen.[26] In welchem Maße Bertoluccis Manierismus auch im Banne von Bataille stand, darüber gibt eine für jenen Philosophen zentrale These vielleicht Auskunft: »In der Erotik geht es immer um die Auflösung schon gebildeter Formen.«[27]

8

Bertolucci hat eine Vorliebe für die Sonderformen der Erotik. LA LUNA zum Beispiel blättert ein ganzes Leporello sexueller Spielarten auf, deren Vielfalt Zuschauer wie Kritiker verwirrt, und d.h. bei diesem Regisseur: vorsätzlich desorientiert. Was Dramaturgie, Identität, Rolle, Entwicklung, Genre oder Erzählform sein soll, verliert unter seinem Blick an Stringenz, um dafür an Weitläufigkeit und Vertracktheit zu gewinnen. Einen besonderen Stellenwert nimmt die Homosexualität ein, die sich wie ein roter Faden durch dies Werk zieht. Allerdings kaum als brodelndes Triebschicksal wie bei den Charakteren Pasolinis, sondern als eine Attitüde des Sublimen, in die Triebe zum Affekt verschliffen und die Ziele, auf die sie sich richten, verfehlt werden. Kaum dürfen die Figuren sich ihrer sexuellen Orientierung innewerden, geschweige denn sie ausleben. PRIMA DELLA RIVOLUZIONE und LA LUNA spielen mit dem Inzest-Motiv, ohne den Frevel als riskante Tabuverletzung zu durchleben. Die Perversionen, die Bertoluccis Filme werbend ausstellen, werden in der Regel höchstens verbalisiert wie in L'ULTIMO TANGO A PARIGI, kaum aber visualisiert. Der Manierismus, der Haltungen und Triebe theatralisch ausstellt, bietet den homosexuellen Charakteren Bertoluccis bloß repressive Flucht in Kunstwelten und Melancholie.

In PRIMA DELLA RIVOLUZIONE wirbt der Arbeitersohn Agostino um Fabrizio, der sich aber dieser Freundschaft, die nicht einmal von sichtlichen Zeichen sexuellen Interesses tangiert ist, nicht gewachsen zeigt. Der Bürgersohn, der mit dem Kopf das Bündnis der Arbeiterklasse zu suchen vorgibt, läßt seinen Freund im Stich, nimmt abstrakt für die Politik Partei (dafür steht seine wiederum verfehlte Zuwendung zum Lehrer Cesare) und übersieht die politische Dimension des Privaten. Zwischen den beiden steht entweder ein Zaun oder Agostinos Fahrrad, mit dem, beständig stürzend, er Fabrizio zu umkreisen sucht. Drei Annäherungen, drei Abschiede und zum Schluß der Selbstmord Agostinos. Dabei schicken sich die Freunde ins Kino, das RED RIVER (USA 1948, Howard Hawks) zeigt, einen Film, dessen Männerfreundschaften sich gleichfalls nur als Rivalitäten ausleben dürfen. Die Kamera vollführt Kreisbewegungen um diese Freunde: wie um Monaden, die in ihrer Privatheit verharren, aus der sie ausbrechen möchten. Beide träumen davon, sich loszureißen, enden aber als Entwurzelte. Wird Agostino für sein Werben bestraft? Das wäre, kausal, ein Kurzschluß. Aber, fragt man, warum wird nichts als die Erinnerung an ihn bleiben, das liebevolle Gedenken an sein Haar »wie Kanarienvogelfedern«, wie Fabrizio an der Tafel lamentiert, während die ihn liebende Tante Gina seufzt, derart möchte auch sie im Gedächtnis der anderen überleben.

Im Debütfilm LA COMMARE SECCA ist es ein Homosexueller, der den Mörder der Prostituierten identifiziert, am Klang der Holzpantinen. Das wäre, allein genommen, kein besonderes Indiz, macht aber hellhörig, denn mit der Beharrlichkeit, mit der Bertolucci homosexuelle Figuren auftreten läßt, thematisieren sie die Wahrnehmung und nicht: ihre Interessen. Die ironische Vertracktheit der Zeichen will, daß zu LA COMMARE SECCA jeder Italiener, der einen Homosexuellen identifiziert, sich der populären Geste am Ohr entsinnt, die diese Minderheit in der öffentlichen Zeichensprache kennzeichnet.

Als der ›Konformist‹ seinem Freund, dem faschistischen Radiokommentator, seinen Plan zu heiraten kundtut, antwortet der bestürzt: »Ich verliere meinen besten Freund.« Marcello Clerici, der ›Konformist‹, in seiner Kindheit durch einen Päderasten traumatisiert, ordnet sein Leben, seine private wie politische Karriere der Sehnsucht unter, als normaler Durchschnittsbürger zu gelten. In welchem Maß er von der Kindheitsbegegnung mit einem manifesten Homosexuellen geprägt wurde, will er zwanghaft vertuschen. Die Strategie des Spurenlöschens nimmt ihn dabei so gefangen, daß er erst gegen Ende des Films seinem liebsten Feind, dem Chauffeur, wiederbegegnet. »Was ist normal?« ist seine bange Frage. Der Kommentator, der seinerseits seine Interessen an Clerici zügeln muß, beantwortet sie. Normal, das sei die Lust eines Mannes, sich nach dem Hintern einer schönen Frau umzudrehen und zu sehen, fünf andere Männer tun es auch. Noch während er dies sagt, taucht die Kamera vertikal ab, die zu Beginn der Einstellung – die Freunde in einem Souterrain vorm Fenster – die Beine der Passantinnen mit kadriert hatte. Nun senkt sich der Blick in den Keller und schließt die Außenwelt vor den Männern aus. Normal also wäre gemäß dieser Definition, die zugleich ein visuelles Urteil gegen den vorgebrachten Standpunkt abgibt, die ungenierte Kollektivität, das öffentliche Einverständnis über Triebziel und Genuß. Das Gegenteil davon wäre das Verstecken der Einzelgänger, der Unterdrückten, die sich heimlich verständigen, an unzensierten, von keiner Instanz überwachten Blicken. Daß Bertolucci ausgerechnet an homosexuellen Konstellationen die Wahrnehmung: ihre Intensivierung noch im Verheimlichen erörtert, ist gewiß kein Zufall. Wie seine Kamerafigur des Blickdelegierten funktioniert, dazu weiter unten.

Der gewöhnliche Homosexuelle, wie noch in dem Pasolini verpflichteten Debütfilm, ist für Bertolucci keine interessante Figur. Sein Drang nach überfrachteten Zeichen läßt ihn auch hier zu den Extremen finden. Der Chauffeur, der den jungen ›Konformisten‹ ja offensichtlich nicht verführt, muß, um als Homosexueller zunächst erkennbar und dann mit heftigster Reaktion abgelehnt zu werden, zur Frau werden. Er lüftet die Uniformmütze, spielt mit einer gefährlichen Pistole, also den Zeichen quasi beruflicher Männlichkeit, um dann im Handumdrehen sich zu verwandeln. Er schüttelt die Haare, sie sind lang, legt einen Kimono an und fühlt sich als *Madame Butterfly* (1904) – der doppelte Boden: die unstillbare Sehnsucht der Butterfly als Opernfigur galt ja einem Uniformträger. Der Junge ekelt sich, schießt und flieht im Glauben, den Päderasten erschossen zu haben. Wichtig ist hier nicht die psychologische Stimmigkeit der Rollen, sondern das Changieren in den Rollen. In STRATEGIA DEL RAGNO beschäftigt Draifa (Alida Valli) in ihrem Landhaus einen jungen Burschen. Ein engelhaftes Lächeln, ein fleischgewordenes Rätsel, das sich erst auflöst, als »er« den Strohhut abnimmt, die Haare schüttelt, die dann »ihr« auf die Schultern fallen. Der Junge, der in dem Gasthof, der Athos Magnani jun. beherbergt, aushilft, hält einen Hasen im Arm und behauptet, rätselhaft lächelnd, es sei ein Weibchen. Sinnestäuschung und Sinnesverwirrung, fliegender Identitätswechsel: Sublimationen an jedem Ort, den Bertoluccis Figuren, ohnehin nur temporär, einnehmen.

In NOVECENTO verlustiert der erstgeborene Sohn des Landbesitzers sich in Venedig, anstatt zu heiraten. Kein Wunder, daß der verschlagene Giovanni sich dessen Rechte anmaßt, denn: der kleine Held, Alfredo, hat einen schwulen Onkel. Er weiß es bloß noch nicht. Diesem Mann, der auf blankem Arm ein Segelschiff eintätowiert hat (das erste überhaupt, was die Kamera von ihm zeigt), der um den Kopf des Neffen einen Turban wickelt, mit ihm spielend das Traumland (Seraglio/Serail) betritt, gilt die Sehnsucht des Jungen. Ein schönes Vaterbild! Die Folgen sind bekannt: Führungsschwäche und inhärente Dekadenz, leichte Beute des Faschismus. Im zweiten Teil des Films spielt dieser Onkel, auch er ein Päderast, die Rolle des deutschen Barons von Gloeden auf Sizilien nach, fotografiert in antikisierenden Posen halbwüchsige Fischerknaben, deren Sinnlichkeit statuar gebannt scheint. Ottavio ist eine lächerliche Null, die für ihre sinnlose Existenz dramaturgisch bestraft wird, durch ihr Verschwinden aus der Geschichte von NOVECENTO.

Allerdings beschert er Dominique Sanda einen bezeichnenden Auftritt. In Ottavios Haus lernt Alfredo (Robert De Niro) seine künftige Frau kennen. Ein verwöhntes, jedoch unberührtes Luder, dem der reiche Onkel schicke Sportautos und neusachliche deutsche Maler *à la mode* schenkt. Im Hosenanzug kommt sie die Treppe hinunter, die nassen Haare trocknend, schon sprechend. Dann teilt sie den Vorhang ihrer Haare, steckt sich eine Zigarette an; und auftritt: ein Gesicht. Daß homosexuell unterdrückte Männer ihre Ichschwäche gern an starken Frauen aufrichten, ist kein Geheimnis, denkt man nur an den Kult um Bette Davis und Marlene Dietrich. Daß aber die starken Frauen ihrerseits nur als lesbische Frauen stark sein dürfen, ist ein Kinoklischee, aus dem auch der so waghalsige Bertolucci nicht ausbricht. Im Gegenteil. In IL CONFORMISTA spielt Dominique Sanda (ich bemerke bloß, daß ihr Vorname doppelgeschlechtlich denkbar ist) die Frau des antifaschistischen Professor Quadri. Aber Antifaschismus schützt auch die lesbische Frau vor Strafe nicht. Sie spürt sehr wohl die Faszination, die sie auf den gelackten Schwächling, der am Ende sie und ihren Mann ermorden läßt, ausübt und versucht: sie dominierend auszuüben. Die Kameraeinstellung auf sie als Anna Quadri – man sah sie zuvor in zwei täuschenden Rollen als Doppelgängerin einer Rolle, die sie erst entdecken wird – zeigt sie im Pariser Appartement, wie sie rauchend, die Hände in den Hosentaschen, herausfordernd am Türrahmen lehnt: eine sehr männliche Erscheinung, die eine Dietrich-Pose zitiert. Trintignant aber wirft sie sich sozusagen bloß instrumentell an den Hals: einerseits um Schlimmeres zu verhüten, andererseits um an seine dumme, aber sinnliche Frau heranzukommen. In ihrer Ballettschule, bewaffnet mit einem Stock, der gewiß nicht bloß zum Taktangeben dient, angetan mit einem Wolltrikot und sehr hohen Stiefeln, wirkt sie ganz als Domina. Der Ehefrau des ›Konformisten‹ wirft, nein: legt sie sich sanft zu Füßen, hilft ihr beim Ankleiden: um deren ›Zofe‹ zu spielen, wie sie ihren sexuellen Wunsch unverhohlen definiert.

Auch hier fährt die Kamera in Mittelachse zurück, um den Blick auf einen Dritten, den Voyeur (in diesem Fall: der ›Konformist‹), freizugeben. Verschwiegene Blicke, die doch nicht zu verstecken sind, das ist bei Bertolucci stets das Zeichen einer homosexuellen Interessenlage, die sich ihrer selbst nicht innewerden darf. Als Anna Quadri und Giulia Clerici ihren Einkaufsbummel beginnen, eröffnet die Kamera nah mit einem Blick auf den kleinen Leopardenkopf, der den Umhang der Sanda auf der Brust schließt. Nicht»la belle et la bête« ist das Thema, sondern: la belle *est* la bête. Die Tanzsequenz im Ballhaus aus Glas, mit der die beiden Frauen das Publikum der Vorstadt befremden, ist das Ritual, in dem sich ihre Wünsche schon erfüllen müssen. Caroline Sheldon, die über das Thema Lesbierinnen und Film erschöpfend nachdachte, kam zu dem Schluß: »Daß sie [Anna Quadri] schließlich erschossen wird, soll signalisieren, daß es mit einer dekadenten, bourgeoisen Lesbierin ein böses Ende nehmen muß.«[28]

Einerseits dienen Bertolucci die homosexuellen Figuren als Instrumente sozial geschärfter Aufmerksamkeit, andererseits erstarren sie unter seinem Blick zu Statuen, an denen er nichts studiert als Details einer extrem gewundenen und mithin interessant erscheinenden Pose. Natürlich hat dieser aufgeklärte Mensch, wie er dem Interviewer in *Rolling Stone* erklärte, nichts gegen die Homosexualität. Das wäre auch verwunderlich. In welchem Maße aber Bertolucci, noch auf der persönlichen Ebene, sie wahrnimmt als Bestandteil seiner theatralischen Inszenierung, verrät die folgende Beobachtung, wie er sie dem Interviewer nach dem Besuch einer homosexuellen Discothek in den USA preisgibt: »Viele Jungs tanzten, aber es schien, als wären sie vollkommen erstarrt [frozen], nichts passierte.«[29]

Das ist eine Frage der Wahrnehmung. Der Materialist, als der Bertolucci sich unermüdlich ausgibt, entpuppt sich, ästhetisch wie politisch, als Platoniker. Das Höhlengleichnis, aus Platons siebtem Buch der *Politeia* (*Der Staat*), war das Dissertationsthema, das Professor Quadri vor dem Exil seinem Schüler Clerici anvertraute. Der ›Konformist‹ hat es nicht bewältigt. Bertolucci hat es als Diskurs über das Kino inszeniert. Für Platon war die Welt von Ideen beherrscht, von denen uns aber bloß das Abbild erkennbar ist, so könnte man das Höhlengleichnis auf seine Quintessenz bringen. Während Lehrer und Schüler, einander feind geworden, darüber reden, fällt Licht und Schatten, wie ein politisches Urteil, über sie. Quadri schließt die Fensterläden, simuliert Platons Höhle, hält dem faschistisch gewordenen Schüler eine Exegese des Gleichnisses, indem er ihn selbst den Bedingungen der Höhle und damit der Möglichkeit, sinnlich zu theoretisieren, aussetzt. Dann öffnet der Lehrer den Laden und das Licht, das nun auf den Schüler einstürzt, löst dessen Schatten auf in Nichts.

Damit ist Platon nicht aus der Erzählung verschwunden. Sein Höhlengleichnis bleibt präsent, auch wo davon die Rede ausdrücklich nicht mehr ist, sondern: ein Bild. Als der ›Konformist‹ seinen mörderischen Plan dem Ministerium andient, werden, was seltsam berührt, antike Feldzeichen vor seiner Nase durch den Raum getragen. Als er seinen Freund Montanari am Schluß des Faschismus bezichtigt, dem er anheimfiel, wird die Szene auf der Straße begleitet vom Sturz der antiken Feldzeichen. Mussolinis Glanz und Ende wäre die politische Dimension der Zeichen, genauer: ihre zeithistorische. Ihre allegorische Dimension schreibt sich weiterhin Platons Höhlengleichnis ein. Denn da war ausdrücklich die Rede von Bildsäulen, steinernen und hölzernen Bildern, von Menschen hin und her getragen vor jenen Gefangenen in der Höhle, die davon bloß Schatten wahrnehmen.[30] Einmal bestand die Chance für die Gefangenen, ans Licht zu gehen, das bei Quadri umstandlos für Aufklärung gesetzt wird. Sein Schüler folgt diesem Weg, kehrt aber mutlos um: in sein Gefängnis, wie es bei Platon heißt.

Mit Blindheit geschlagen zu sein, das ist ein politisches Verhängnis der von Bertolucci gezeichneten Figuren. Das ist aber auch das Schicksal der Gefangenen in Platons Höhle. So gesehen ist die Blindheit des faschistischen Freundes Montanari schlüssig, der im Sender seinen Kommentar von der Braille-Schrift abtastet, ebenso wie der Traum des ›Konformisten‹, der darin erblindete und von seinem Philosophieprofessor – mit Erfolg – operiert wurde. Das war nur der Traum, ein Überhang der Vergangenheit, der seine Gegenwart nicht korrigiert. In NOVECENTO ist es die träumerische Poetin Ada (Dominique Sanda), die zweimal einer hysterischen Blindheit anheimfällt. Einmal im Auto, als sie Robert De Niro mit dem Sportauto ausfährt, und ein anderes Mal auf dem Tanzboden der Bauern, als sie in die starken Arme Olmos taumelt. In STRATEGIA DEL RAGNO kratzt Athos jun. dem Standbild seines Vaters die zudem weiß ausgemalten Augen aus. In PARTNER scheint die Freundin von Jacob wie geblendet, um doch eine neue Sinnestäuschung zu inszenieren. Auf die geschlossenen Augenlider hat sie Augen aufgemalt, wie um den manieristischen Trompe-l'œil-Effekt an und für sich vorzuführen.

Im platonischen Licht besehen erhält die Schlußszene von IL CONFORMISTA eine neue Dimension. Clerici umstreicht zwar mit unverhohlenem Interesse den schönen Knaben, der ihn in seinen Verschlag lockt, aber wenn sein Ziel der Knabe ist, fällt er gleichzeitig der alten Höhle, der politischen Gefangenschaft anheim. Der Verschlag – ein Seitenloch des antiken Colosseums – hat Gitterstäbe, die Fackel brennt davor: Alle Zeichen der Inszenierung bannen den ›Konformisten‹ in die Höhle seiner traumatischen Kindheitserfahrung mit dem Päderasten zurück. In ihrer Totalisierung ergeben diese Zeichen aber Bertoluccis Urteil, das theoretisch dem schicken Kurzschluß von Wilhelm Reich (den Susan Sontag in ihrem

Riefenstahl-Essay tradierte[31]) erliegt, die Homosexuellen fielen, so oder so, dem Faschismus anheim. Noch im Festschreiben dieser Haltung erweist sich Bertolucci als ein Schüler Platons. Vielleicht ist dessen Bann nur von ganz außen zu brechen, durch eine Unverschämtheit, wie sie Julio Cortázar ersann: »Der Synomie und der Idiotie ist kein Ende. Jeder Polizeikommissar ist bereit, im Dichter den Homosexuellen oder den Kokainsüchtigen oder den Unzurechnungsfähigen vom Dienst zu sehen; und das entsetzlichste ist, daß es einmal einen Kommissar namens Platon gab.«[32]

9

In der Kameraarbeit versammeln sich die manieristischen Kunstgriffe bei Bertolucci wie in einem Brennspiegel. Seit PRIMA DELLA RIVOLUZIONE, dem Film, an dem Vittorio Storaro als Assistent mitarbeitete, ist dieser Kameramann dem Werk Bertoluccis verpflichtet. Er setzt die Szene der Filme vorzugsweise einem fast tropisch intensiven Licht aus und die Figuren schwindelerregenden, verschwimmenden Fahrten, zu denen Storaro seine Kamera auf einen Dolly oder Kran montiert. Zum gewählten Bildausschnitt wählt er einen zweiten Rahmen, in dem er eine Geste, einen Gang der Figuren gefangen hält. Was in der Wahrnehmung verschwimmt, wird gefestigt durch eine starre Perspektive aus der Mittelachse; so wird das Sehen bei Storaro zu einem situativen Denken, das kaum über seinen Augenblick hinauszielt. Am Beispiel von STRATEGIA DEL RAGNO möchte ich das zeigen.

Die Zentralperspektive, in der die Menschen und ihre Welt überschaubar eingebunden wurden, ist eine Erfindung der Renaissance, die nicht von ungefähr auch die Philosophie des Neuplatonismus belebte. Storaro seinerseits untergräbt die Strenge dieser Perspektive, indem er sie der allersanftesten Erschütterung aussetzt. Um typische Erfahrungen im gesellschaftlichen Kontext zu umreißen, wählt er die Mittelachse. Dahin stellt er seine Figuren, die als Sozialcharaktere handeln. Ihr Handeln aber wird bewegt, begleitet, umfahren und schließlich unterlaufen durch eine fast ständig kreisende Kamera und ihren Blick, der zur Verdächtigung verführt. Was an diesen Figuren als Sozialcharakter fest umrissen schien, entgleitet in einer verschwimmenden Wahrnehmung.

»Vittorio ist darauf aus, für jede Einstellung die perfekteste und schönste Komposition von Licht und Dunkel zu erreichen. Seine Lichtmalerei ist etwas ganz Besonderes, aber es dauert sehr lange, bis alle Elemente genau aufeinander abgestimmt sind«,[33] sagte Eleanor Coppola, die Storaro als Kameramann von APOCALYPSE NOW (USA 1979, Francis Ford Coppola) beobachtete. In STRATEGIA DEL RAGNO wird Athos jun. zum bewußtlos gemachten Opfer, das, durch Luxus und Schönheit ermattet, dem Ort Tara und seinen Lockungen erliegt.

Die erste Einstellung eröffnet den Film mit einem Blick auf bewegte Äste, auf ein sattes Grün. Ein Bild der Ruhe, das der Beunruhigung dient und dieses Paradoxon ausspielt. Der Zuschauer wird in keine Handlung hineinversetzt. Die gleichsam autonome Einstellung bildet keinen Hintergrund, auf dem sich ein Geschehen abzeichnete. Die vorgefundene Realität wird nicht auf einen Schlag durchdrungen, sondern als Rätsel belassen. Storaro liebt die Verunsicherung, in der er, was schön und natürlich scheint, drosselt. Unter seinem Blick ist die Kunst nicht gleich zweite Natur, sondern: in physischer Überwältigung wird die Natur zur zweiten Kunst. In diesen Bildern gibt es keine willkürliche Bewegung, die sich als realistisch eingefangen ausgibt. Sondern nur eine rigoros kalkulierte Bewegung, die im engsten Zusammenhang mit anderen Parametern wie Gestik, Mimik, Ton, Musik, Schnitt steht.

Erst ein sanft gezogener Schwenk nach links zieht den Vorhang auf das Umfeld der Szene auf, die Gleise der kleinen Bahnstation Tara. Ein Zug fährt ein. Die Kamera ist parallel zum Zug und Bahnsteig postiert. Ein Seesack wird aus der Waggontür geworfen. Ein Matrose springt hinterher. Zögernd steigt, aus einem anderen Waggon, der junge Athos Magnani aus. In der Schlußsequenz begegnen sich die Männer, fremd geblieben, wieder. Normalerweise würde ein Film mit der Zugeinfahrt beginnen und die dysfunktionale Einstellung davor schneiden. Sie stört die Erzählkonvention. Sie behauptet eine Selbständigkeit, die ihr kein Standard zubilligt. Sie ist aber ein Storaro typischer Stilzug, der leere Plätze, verschachtelte Gänge, die Bewegungen der Figuren zwischen Innen- und Außenraum oft durch einen kaum merklichen Schwenk verbindet, der das Trennende zwischen diesen Räumen nur kurz, wie ein Gedankenstrich, markiert.

In der Vorstellung von Bernardo zu STRATEGIA DEL RAGNO sollte der Film auf ein bestimmtes Klima verweisen, wie es in den Bildern von René Magritte herrscht: nichts endet an einem Ort, alles geht von einem Ort aus. In einem Bild entdeckt man ein anderes Bild, in dem wieder ein anderes steckt usw. Da der Film in der Landschaft um Parma spielt, kam uns spontan die Idee, die Farben an den Vorstellungen des Malers Ligabue auszurichten. Mich überraschte die Aggression der Farbe in diesem Landstrich. In der Stadt sind wir an den Zement, den Asphalt, das Grau gewöhnt. Verschlägt es einen unverhofft aufs Land, entdeckt man, daß Ton, Farbe und Luft verschieden sind. Ein roter Sonnenuntergang, ein grünes Umland, ein bläulicher Abend erzeugen ein Gefühl von Aggression, das wir im dramatischen Sinn ins Spiel brachten,[34]

sagte Storaro über den vorgefundenen Schauplatz des Films.
Als Athos den Mitverschwörern seines Vaters in der Opernloge gegen-

übersitzt, löst Storaro den Raum nicht durch Schuß-Gegenschuß-Einstellungen auf. Lieber läßt er die Blickachsen den Raum zerteilen, um die Einstellung autonom zu belassen. In jenem Dialog, der als Blickwechsel inszeniert wird, durchmißt die Kamera den unendlich tiefen Opernraum mittels Tiefenschärfe der Objektive. Das bewirkt eine innere Montage im Bild, die dessen historische Schichten aufdeckt. Schnittlosigkeit als Ideal, um die Spannungen, die zwischen Athos' Geschichtserforschung und den Interessen ihrer Aneignung liegen, nicht in harten Konfrontationen aufzulösen, sondern in Bewegungen, die einer frontalen Stellung ausweichen. Die Sprechenden – hier die drei Verschwörer, da der Rechercheur, der das Verhör führt – sitzen einander im Theaterrundbau nicht nur gegenüber, sondern auf verschiedener Höhe. So muß die Kamera, die das Gegenüber nicht in Horizontalbewegungen nachvollziehen will, zur Vertikalbewegung in den Raum abtauchen. Aus dieser Desorientierung in den Raumverhältnissen entsteht die für Bertolucci charakteristische verschwimmende Wahrnehmung.

Der darüberliegende Dialog deckt das ungeheuerliche Geheimnis um den Vater Magnani auf, der ein Verräter war, für den Widerstandsmythos aber noch gut genug und daher in opportuner Gnade sich von seinen eigenen Leuten liquidieren ließ. Jeder der Mitschuldigen sitzt nun abgeschirmt in seiner Loge. Doch die Kamera stellt den Zusammenhang der Tat wieder her und vollzieht die politische Wahrheit, wie sie hier ans Licht tritt, intim und öffentlich zugleich. Mit ihrer Hilfe kehrt die Geschichte an ihren Schauplatz zurück: auf das Theater, wo sie darstellbar wird. Die politischen Kräfte unterliegen bei Storaro/Bertolucci, um sich als typisch dem Betrachter einzuprägen, der strengen Stilisierung und einer Schicht um Schicht analysierenden mise-en-scène.

Die Mittelachse dient nicht nur zur Raumbeherrschung durch die Kamera. Oft wird sie befestigt, noch wo sie verschoben wird. d.h. Storaros Kamera wählt sich einen Blickpunkt in das Bild hinein, von dem aus die Mittelachse leicht verschoben scheint, durch eine Parallelfahrt umspielt wird. In L'ULTIMO TANGO A PARIGI ist es eine Tür oder eine Wand, die als Mittelachse eine Grenze bildet, über die hinweg die Partner Marlon Brando und Maria Schneider kommunizieren (ihr Badezimmer). Als Brando das Bad betritt, in dem seine Frau Rosa Suizid beging, schneidet die Kamera sich ihren Weg durch zwei Räume. Was im Bild als Achse eingerichtet ist, wird unterlaufen durch die Fahrt. Die stabilen Blickverhältnisse im Raum verschwimmen.

Oft entfernt die Kamera sich in der Mittelachse von der Filmfigur auf den Betrachter hin, dem durch diese Bewegung zwei Räume eröffnet werden. In LA LUNA zerfällt auf diese Weise die Kommunikation, die Joe und seine Mutter im Landgasthof suchten. Der Kamerablick bannt sie in Monaden, noch wo er eine Totale zu zeigen vorgibt. Dahinter steht in allegorischem

Sinn der bewachende und neugierige Blick des Gefängniswärters, der auf dem Gang, parallel zu den Zellen, seine Gefangenen im Auge behält: und derart seiner Kontrolle unterwirft.

»Ich habe überhaupt keine Lust mehr, mit irgend jemand über Kino zu sprechen, wenn wir nicht erst mal klarstellen, daß Kino an sich ein starker voyeuristischer Trieb ist und ich als Filmregisseur ein Profi-Voyeur bin«, zitiert Laurens Straub Bernardo Bertolucci.[35] Diesen Trieb, die Blicksucht, delegiert Bertolucci gern an eine dritte Person in seinen Filmen. Noch die größte Intimität verlangt bei ihm nach einem Augenzeugen. Der ›Konformist‹ und seine Frau turteln vor dem Mittagessen auf dem Sofa. Zum Schein diskret entfernt die Kamera sich in Mittelachse von dem Paar, um den Weg des Augenzeugen zu schneiden, der einen Blick auf den Schauplatz wirft. Hier ist es das Dienstmädchen, das mit der Schüssel dampfender Spaghetti dazwischentritt. Oder: der ›Konformist‹ beichtet dem Priester, einzigem Ohrenzeugen seiner ungeheuerlichen Konfession. Aber die Kamera entfernt sich und entdeckt ihren Augenzeugen: Giulia, das Objekt der Anschuldigungen, vor dem Beichtstuhl sitzend. Als die Frau des Professors ihre erotischen Interessen an Giulia in der Rolle ihrer Zofe ausspielt, tritt der ›Konformist‹ dazu, aber nicht: dazwischen. Die Kamera gewährt ihm einen Türspalt, um sich sodann diskret zu entfernen. Was im frühen Film PRIMA DELLA RIVOLUZIONE noch als melodramatisches Blickballett (das Finale in der Oper) angelegt war, löst sich in den späteren Filmen auf: in kleine explosive Verstörungen, von der Kamera mit dem Verdacht inszeniert, jemanden in flagranti ertappt zu haben und dann fallen zu lassen. Um die Umkehrung des Konventionsblickes zu lenken, bauen Storaro und sein Regisseur halben Wegs vom Zuschauer zum angeblickten Objekt den Blickdelegierten ein, der die Irritation des Zuschauers bewußt auffängt und an das von jenem erblickte Zielobjekt weiterträgt. Bevor der Blick sich in einem sanften Schwenk, einer leisen Fahrt verliert, wird er aufgefangen, aufgehoben und unauffällig weitergereicht. In diesen Verhältnissen entwickelt Bertolucci den eisigen Charme eines Marivaux, der seinen Figuren nie erlaubte, sich aneinander sattzusehen. Auf die Sinnestäuschung innerhalb der Räume ist schon verwiesen worden. Was ein Blick ins Freie scheint, entpuppt sich oft als Leinwand, ein Stück inszenierter Natur. Der ›Konformist‹ holt sich an der Grenze nach Frankreich seine neue Order, eilt zu einer Villa am Meer und trifft vor dem Eingang auf ein Gemälde, das gemalt fortsetzt, was die Wirklichkeit um es verspricht: Natur. Nicht der Zuschauer sieht hier nach draußen, das Draußen sieht auf den Zuschauer, und der Inszenator darf mit der Überrumpelung durch seinen Effekt zufrieden sein. Ein neues Paradoxon schmückt seine Rampe.

Mag die Szene noch so theatralisch sein, wie Bertolucci will, Storaro stimmt sie einen Ton tiefer. Seine Kamerabewegung entdramatisert, was mit sich identisch scheint. Die Wirklichkeit, in der Bertoluccis Helden politisches Handeln produzieren, ist für Storaro eine Konstruktion. Was auf den ersten Blick stabilisiert, destabilisiert sein zweiter Blick. Das ist nicht bloß die Dekadenz eines ästhetischen Bewußtseins, sondern auch Dialektik einer Wahrnehmung, die ihre Mittel der Aufklärung nicht im Dunkeln läßt. Die Kritik dieser bewußt hergestellten verschwimmenden Wahrnehmung auf typische Verhältnisse, wie sie Bertolucci als verkappter Platoniker konzipiert, behauptet sich nicht als Instanz. Sie tendiert in ihrer irritierend flüssigen Form dazu, sich am Ende selbst zu liquidieren.»Durch seinen Körper, der selbst sichtbar ist, in das Sichtbare eingetaucht, eignet sich der Sehende das, was er sieht, nicht an: er nähert sich ihm lediglich durch den Blick, er öffnet sich auf die Welt hin«, heißt es bei Merleau-Ponty.[36] Bertolucci übersetzt diese Erfahrung, nach der ein Blick sein Objekt sich bloß zum Schein aneignet, in eine Bewegung körperlichen Denkens.

10

Zum Schluß noch einige Bemerkungen zur Frage, wie der Manierist mit fremder Kunst umgeht, mit der Musik, der Literatur, dem Film in seinen Filmen. Wenn er provokant behauptete, der Marxismus könne die Oper beinhalten, so ist das zunächst die paradoxe Umkehr jener These, der zufolge die Regisseure des Musiktheaters die Handlung der Opern auf soziale Strukturen abklopfen. Gemeinsamer Nenner aber dieses kühnen *concettos*, das einmal mehr das Unversöhnbare versöhnen will, ist die sowohl der Oper wie dem Marxismus eigene Reduktion auf typische Verhältnisse. Die Geschichte der Menschheit ist eben nicht nur eine der Klassenkämpfe, sondern auch eine der Affekte, denen sich Interessen anlagern, die ihrerseits zu Kämpfen führen. Beides zu versöhnen, die soziale Zerrissenheit zur Harmonie zu formen, ist eine insgeheim platonische Sehnsucht, die Bertolucci teilt.

Die Maske, das Kostüm, die Bühne hatte Arnold Hauser als manieristisches Requisit bestimmt, »mit einem Wort alles, was das Bild der Wirklichkeit indirekt, gebrochen oder übertragen zeigt«.[37] Die ganze Welt als eine Bühne, diese Metapher ist Bertolucci in vielen Brechungen geläufig. Er richtet diesen Schauplatz in der Regel nach einer Form des Tanzes ein. Bewegung zur Musik, ein abgezirkeltes Ritual, das seine private Dimension zurückläßt und die Tänzer der Tradition unterwirft. In LA COMMARE SECCA ist es ein Tanzboden in der Vorstadt, der die Auflösung des kriminalistischen Rätsels bringt, in PRIMA DELLA RIVOLUZIONE ist es das Fest der L'Unità, auf dem die Kamera die Argumente von Fabrizio zum Tanzen bringt, in PARTNER: ein Tanz um die Waschmaschine, das goldene Kalb des Konsumismus, zu dem die Parole »Masken ab!« ausgegeben wird. In STRATEGIA DEL RAGNO ist es der Ball der Faschisten, zu dem die Kamerabewegungen ihr Spinnennetz um Athos knüpfen – dies nicht als

Metapher der Analyse, sondern: nachweisbar der Grundriß der fortrückenden Kamerapositionen um den tanzenden Athos herum. In IL CONFORMISTA wird das Ballhaus im Pariser Arbeiterviertel Belleville Schauplatz der einkreisenden Bewegung, tanzen die Frauen ihren frechen *pas-de-deux* und umzingeln mit der Polonaise den ›Konformisten‹: das Opfer ihrer Form. In L'ULTIMO TANGO A PARIGI kontrapunktieren Brando und Schneider die grotesken Tangoschritte des Tanzwettbewerbs durch ihren farcenhaften *pas-de-deux*, der in der Entblößung von Brandos Hintern gipfelt. In NOVECENTO tanzt sich Ada, hysterisch blind, in die Arme des Landproletariers, tanzt aber auch ein alter Bauer einen grotesken Tanz: mit einer seinen Schuhen angenähten Stoffpuppe; ein makabrer Theatercoup, der in die Arbeiteridylle Befremden trägt. Joe schließlich in LA LUNA, vollgepumpt mit Heroin, tanzt in der »Zanzi-Bar« zur Musik der BeeGees, nachdem er als Kleinkind Bertoluccis Version der Freudschen Urszene ausgeliefert war: seine Eltern nicht im Beischlaf zu überraschen, sondern: im Tanz, beim Twist auf der Sonnenterrasse, im harten Gegenlicht wahrgenommen, zeichenhaft mit den Sexualmetaphern Fisch und Messer beschwert, die das Elternpaar in den Händen hält. Zum Finale tritt Joes Mutter auf in Verdis *Maskenball* (1859), eine Probe auf der Bühne der Caracalla-Thermen.

»Verdi ist für mich wie ein Vater!« erzählt die Sängerin beschwörend ihrem Sohn, als sie das Geburtshaus des Meisters besuchen. Nicht nur für die Sängerin, die in ihrem römischen Appartement einen Wandteppich mit dem Portrait Verdis hängen hat. Ein Portrait übrigens, das schon, im Dunkeln allerdings und als Ahnenbild getarnt, in der alten Druckerei hing, in der Fabrizio und seine Tante – in PRIMA DELLA RIVOLUZIONE – die unheilige Nacht zum Ostersonntag verbringen. Es scheint fast, daß, wo die Vaterschaft verfehlt wurde wie die Suche nach ihr, Bertolucci sich um so stärker an Verdi heftete. In dessen Musik fand er Bilder des Aufbruchs, der Erschütterung und Desillusionierung, die er an den Schauplatz Oper verlegte. Fabrizios Resignation wird bei *Macbeth* (1623), als Verdioper die Saison von Parma eröffnend, besiegelt. Der junge Mann Fabrizio, ein liberaler Vetter des ›Konformisten‹, heiratet die fade Braut Clelia, obwohl seine Passion doch Gina gilt. Diesen unerhörten Wunsch hält Verdis Musik, kraft ihrer Exaltation der Gefühle, wach. Wo Verdis Belcanto verströmt, da züngelt die Empörung noch; zünden wird sie nicht mehr. Das Finale im Opernhaus, sagt Bertolucci, war der Handlung funktional. »Das Theater als Kulturtempel der Bourgeoisie koinzidiert mit dem Augenblick, als Fabrizio ins Leben eintritt und die ihm zugewiesene soziale Rolle akzeptiert, und Verdi, der im Risorgimento als revolutionär galt, wird, als Bestandteil des bürgerlichen Ritus, zur revolutionären Nostalgie.«[38]

Athos Magnani sen., dem vermeintlichen Widerstandskämpfer, wird seine spektakuläre Hinrichtung während einer Aufführung von Verdis *Rigoletto*

(1851) zuteil. NOVECENTO eröffnet, nach dem Vorspann zur Handlung um 1945, mit dem Klageruf des Krüppels, Rigoletto geheißen und dessen Kostüm verhaftet: »Giuseppe Verdi ist tot!« Joes Mutter in LA LUNA glänzt in einer Opernaufführung von I1 Trovatore (1853) – in dem die Rivalität zwischen Manrico und dem Grafen Luna ausgefochten wird. Verdi, das ist für Bertolucci zum einen: Heimat, denn der Komponist stammt aus Le Roncole in der Provinz Parma und hatte sein Landgut Sant'Agata, das in LA LUNA die Sängerin und ihr Sohn besuchen, 1848, nur wenige Kilometer von seinem Geburtsort entfernt, erworben. Zum anderen gießt die Musik Verdis Wärme aus auf Bertoluccis kalte Formen, denen die Erstarrung, Vertracktheit und Überformung droht. Das Hochmanierierte wird dem Publikum mit Verdis Hilfe schmackhaft und populär gemacht, weil die Musik das befremdliche Bild mit vertrautem Klang eingehen läßt. Dennoch ordnet Bertolucci diese Musik seinen Bildern unter. Nie dient sie als dramaturgisches Zitat, als verdoppelnde Anspielung, als müsse man den Sinn einer Szene über Verdis Szene vermittelt erschließen. Er nutzt ihn kontrapunktisch und verfährt mit der fremden Musik montierend.

Beschäftigt er einen Auftragskomponisten wie Ennio Morricone für NOVECENTO oder Georges Delerue für IL CONFORMISTA, so variieren diese eher konventionellen Musiker die wohltönende Kompaktheit, das sinfonische Verströmen und den kollektiv einbindenden Harmoniezwang, wie es ihnen Verdi vorschrieb. Leitmotive, illustrative Programm-Musik und eng gefaßte, als eingängig geltende Themen – das sind die Kennzeichen von Morricones Musik zu NOVECENTO, die bloß unterbrochen wird durch Zitate von Volksmusik wie das Widerstandslied der demonstrierenden Frauen oder der Trauermarsch zur Totenklage um die in der »Casa del Popolo« verbrannten Landarbeiter. Eine trockene, ungefüge Elegie für Blasorchester klingt hier auf, die man als populistisch genießen mag. Andererseits ist es die gleiche Verdi-Musik, die Visconti in IL GATTOPARDO (DER LEOPARD, I/F 1963) wählte, als der Fürst Salina in seine Sommerresidenz einzieht. Burt Lancaster spielte den Fürsten, und diese Darstellung war so überzeugend, daß Bertolucci ihn für die Darstellung des Patriarchen in NOVECENTO wählte. Besetzung und Musik-Zitat sind ein doppeltes Zeichen der Reverenz an Visconti.

Die Zitate von Mozart, die Bertolucci wählt, sind, so scheint mir, im Gegensatz zu seinem eher instinktiven Umgang mit Verdi dramaturgisch verstärkend eingesetzt. In L'ULTIMO TANGO A PARIGI erklingt, als Jean-Pierre Léaud und Maria Schneider durch ihr Elternhaus taumeln, vom Kassettenrecorder der zweite Satz aus der Sinfonia Concertante für Geige und Bratsche in Es-Dur, K.V. 364. Thema und Durchführung sind nicht polyphon geführt, sondern fast stimmenförmig; der Satz der beiden Instrumente wird zu einem Duett, eben gesungen. Die Musik stellt einen Dialog her, über der Konstellation, die Maria Schneider aus den Armen von Brando in die von Léaud treibt. Eine helle und eine dunkle Stimme, die sich umspielen in einer melancholischen Stimmung. In LA LUNA sucht die Sängerin Trost bei ihrem alten Gesangslehrer, als sie wähnt, ihre Stimme versage. Der Lehrer drückt eine Taste im Kassettenrecorder, und wo ansonsten der üppigste Verdi tönt, klingt leise ein Abschiedsgesang an, das Quintett aus dem ersten Akt von *Cosi fan tutte* (1789), »Soave sia 'l vente« (»Günstig sei euch der Wind gesonnen«). Hier funktioniert die Musik als Kommentar zum Bild, wo sie im übrigen umstandslos dem Affen, d.h. dem Publikum, Zucker gibt.

»Wenn die Musik der Liebe Nahrung ist, spiel weiter«, höhnt Marlon Brando zur Kapelle im Tanzsalon von L'ULTIMO TANGO A PARIGI. So spricht kein namenlos Gestrandeter. Hier spricht ein zynisch gewordener Literat, wie er zum Mythos des Amerikaners in Paris gehört. Brando hat einen Satz des melancholischen Herzogs aus der Komödie *Was ihr wollt* (1623) auf den Lippen, und deren Autor Shakespeare war unter den Manieristen einer ihrer größten Zeitgenossen. In PRIMA DELLA RIVOLUZIONE ermahnt der Lehrer Cesare seinen Schüler Fabrizio: »Denk an Pavese, ›Ripeness is all‹«. Abgesehen von der falschen Fährte halben Wegs – Pavese war nicht der Autor dieses *concettos*, wohl aber für Italien einer der wichtigsten Mittler der angloamerikanischen Moderne –, führt Cesare, der mit Pavese seinen Vornamen teilt, Shakespeare im Munde. »Reif sein ist alles«, ist die Maxime des jungen, auch zutiefst melancholischen Charakters Edgar aus *König Lear* (1608), der seine eigene Maxime, nur darin beständig, verfehlt. Nicht nur Trintignant als ›Konformist‹, auch Brando als namenloser Literat geben lateinische Verse von sich, und zwar die gleichen. »Anima, Vagula, Blandula« und beschwören damit »unstete, holde Sinne« – die eigenen? Die Verse stammen vom römischen Kaiser Hadrian. Der ›Konformist‹, im Zug nach Paris unterwegs, sinniert einigen Versen von Leopardi nach, diesem Romantiker des Weltschmerzes. Als Léaud als schwadronierender Jungfilmer seine Freundin drängt, ihr eine realistische Szene aus dem Leben, zur laufenden Kamera, vorzuspielen, wirft sie ihm schnippisch hin: »Heute abend wird aus dem Stegreif gespielt.« Das ist wahr, aber doppeldeutig. Denn es ist ein Stücktitel von Pirandello, der als Überwinder des naturalistischen Theaters gilt. So leicht hingeworfen klingt es als Bertoluccis ästhetischer Programmvorsatz, Schluß mit der Abbildungsfunktion des Kinos zu machen, als eine Pointe mit der linken Hand ausgestreut.

Daß drei Filme dieses Regisseurs auf literarischen Vorlagen beruhen, kann, nach Erörterung seiner Technik, nur eine Arbeitshypothese sein. Ein Ausgangspunkt, ein Bild wie von Magritte, von dem alles erst ausgeht, wie der Kameramann Storaro sagte. PARTNER ging aus von einer Dostojevskij-Novelle, STRATEGIA DEL RAGNO von einer Borges-Erzählung und IL CONFORMISTA von einem Moravia-Roman.[39] Sie sind als Filme darum nicht literarischer als die anderen Filme Bertoluccis.

Gibt es, bei allen Affinitäten, filmische Vorbilder für Bertolucci? »Ich fühle mich den Strukturen von Oshima nahe«, sagte er, »der Lichttechnik von Francis Ford Coppola, den Filmobsessionen von Bogdanovich und der gestischen Gewalt von Glauber Rocha.«[40] Der späte Manierist eröffnet einen Blick in seine Ahnengalerie und begrüßt als die ihm Nächsten: lauter Epigonen, denen nur eines gemeinsam ist, die Maximalisierung der filmischen wie ökonomischen Mittel sowie, zwangsläufig, der Gefühle, die sie ihren Tableaux auf der Leinwand unterwerfen. Was nun die filmischen Zitate angeht – es sind ihrer Legion, und sie im Lager der Analyse antreten zu lassen, wäre pedantisch. Eine Haltung aber soll erkennbar werden. Unter Godard, Eisenstein, Renoir und Hawks tut es Bertolucci nicht. Die Größten sind ihm gerade groß genug, gleich ob er deren kinematographischen Lösungen nachstellt, sie parodiert, veralbert oder ungeschickt nachäfft. Mit den Meistern geht man selbstverständlich und nicht ängstlich um. Erst ab LA LUNA geht diese Manie des cineastischen Zitierens zurück, geht Bertolucci, und das ist ziemlich spät im Kontext seines Werkes, ökonomisch mit der fremden Kunst um. Je stärker er das Interesse an Fremdmaterial verliert, das seinem Werk zu inserieren wäre, desto stärker beugt er sich über das eigene Werk. LA LUNA ist nicht weniger arm an Zitaten als die früheren Filme. Nur: es sind Zitate aus den Bertolucci-Filmen, die der Meister halb ironisch, halb narzißtisch einstreut. So findet ein später Manierist – mit den Anfängen – zu sich.

Erstveröffentlichung in: Bernardo Bertolucci, hg. v. Peter W. Jansen u. Wolfram Schütte, München, Wien 1982, S. 7-66 [Anm. s. S. 479f.].

»Ein Film muß immer eine Spur von Geheimnis enthalten«
Gespräch mit Francesco Rosi

Karsten Witte: Wie der Titel Ihres neuesten Films andeutet, ist TRE FRATELLI (DREI BRÜDER, I/F 1981) die fiktive Geschichte einer Familie. Aber der Film ist umfassender konzipiert und realisiert, so daß der Einzelfall zur politischen Allegorie wird. Wie denken Sie darüber?
Francesco Rosi: Der Film versucht – wie auch meine anderen, früheren Filme – seine Aufmerksamkeit auf das zu richten, was die gesellschaftliche Realität Italiens ausmacht, aber nicht nur die gesellschaftliche Realität Italiens, sondern auch die politische Situation des Landes zum Zeitpunkt der Entstehung des Films. Er ist also ein Blick auf die Realität des Landes. Und, wie in meinen anderen Filmen, ist es ein Blick, der Ursachen zu einigen ausgelösten Wirkungen in Beziehung zu setzen versucht. Und gleichzeitig versucht er auch Emotionen und Reflexionen zusammenzubringen. Ich denke, es dürfte bei der Untersuchung meiner Filme unschwer zu

erkennen sein, welches Gewicht, welchen Stellenwert in dem Maße, wie ich mich der Realität zuwende, dieser Gegensatz zwischen Emotion und Ratio einnimmt, der Versuch, die Gegenwart auch durch die Reflexion der Vergangenheit zu verstehen und so die Realität der Personen in diese Filme einzubeziehen, und zwar im Zusammenhang mit der gesellschaftlichen Realität des Landes.

KW: Es ist sehr offensichtlich, daß die Rationalität in diesem Film sehr viel weniger betont, sehr viel unbestimmter ist als die Emotionen. Es gibt einen Bruch zwischen der früheren und der .jüngsten Phase Ihres Werkes.

FR: Sie meinen, zwischen meinen vorangegangenen Filmen und diesem letzten oder vielleicht den beiden letzten Filmen, CRISTO SI È FERMATO A EBOLI (CHRISTUS KAM NUR BIS EBOLI, I/F 1979) und diesem? Ich bin nicht so sehr damit einverstanden, daß die Rationalität weniger wichtig sei als die Emotionen. Neu ist, denke ich, das größere Gewicht, das der Reflexion über die Dinge beigemessen wird. Also, ich stimme Ihnen darin zu, daß es in meinen früheren Filmen wie SALVATORE GIULIANO (WER ERSCHOSS SALVATORE G.?, I 1962), LE MANI SULLA CITTÀ (HÄNDE ÜBER DER STADT, I 1963), IL CASO MATTEI (DER FALL MATTEI, I 1972), UOMINI CONTRO (DAS BATAILLON DER VERLORENEN, I/Y 1970) und selbst LUCKY LUCIANO (I/F 1973) eine größere Angriffslust gibt, den Wunsch, anzugreifen mit der Kraft der Ereignisse. Dagegen gibt es in diesen letzten Filmen, vielleicht von CADAVERI ECCELLENTI (DIE MACHT UND IHR PREIS, I 1976) an, neben dieser Kraft, die eine Konstante ist ...

KW: ... die gleiche explosive Kraft, die aber jetzt implosiv geworden ist.

FR: Ich hatte das Bedürfnis, dem Element des Innerlichen, nicht dem der psychologischen Vertiefung der Personen, einen wichtigeren Stellenwert zu geben. Zweifellos hat es eine Entwicklung im Zustand der Realität des Landes gegeben, eine Entwicklung, die nicht nur die gesellschaftlichen, sondern auch die politischen und ökonomischen Gegebenheiten betrifft. Charakteristisch für den italienischen Film von der Nachkriegszeit, etwa von 1945 an, ist, daß er seine Aufmerksamkeit sehr stark auf die Realität des Landes richtete. Zunächst mit dem Neorealismus, der wirklich eine Art unmittelbarer Reflexion der Realität in den Filmen war. Aber dann gab es eine Phase verstärkt kritischer Untersuchung der Realität. SALVATORE GIULIANO war, nach Ansicht einiger Kritiker, ein wenig der Bruch, der Übergang zwischen dem Neorealismus und dem kritischen Realismus. Und damals entstanden meine Filme SALVATORE GIULIANO, LE MANI SULLA CITTÀ – die aggressivsten, nicht wahr?

KW: Die explosivsten!

FR: Ja, die explosivsten. UOMINI CONTRO, IL CASO MATTEI und natürlich auch CADAVERI ECCELLENTI sind entstanden aus dem Wunsch nach Anklage, denn damals hatte die Gesellschaft es nötig, provoziert zu werden.

KW: Eine echte Herausforderung.

FR: Ja, sicher. Sie hatte es nötig, durch die Anklage provoziert zu werden, und auch mein erster Film LA SFIDA (*Die Herausforderung*, I 1958) entspricht diesem Kriterium. Denn die Realität, wie sie an der Oberfläche erschien, war eine Realität, die einige Aspekte und die auch ihre Widersprüche verbarg. Ich habe also versucht, die Ursachen mit den Wirkungen zu verbinden. Und natürlich entsprang dieser Versuch auch dem Bedürfnis, sich, außer als Filmemacher und somit als Künstler, auch als Bürger eines Landes zu fühlen, d.h. teilzunehmen an dem, was die Funktion des Intellektuellen in der Entwicklung des eigenen Landes ist. Und zu der Zeit schien mir die Anklage mittels des Films die wirksamste Waffe zu sein.

KW: Die Anklage als Waffe der Kritik – nach dem Bruch in Ihrem Werk dagegen: die Kritik der Waffen.

FR: Ich sehe, daß Sie diesen Übergang gut erkannt haben. In jenen Jahren war die Anklage tatsächlich eine Waffe, und sie war eine Notwendigkeit. Heute, nachdem im Lauf der Jahre und mit einem gewissen Maß an eroberten demokratischen Freiheiten nahezu alles in diesem Land angegriffen worden ist, sind wir so weit, daß alles gesagt worden ist, was zu sagen war, vielleicht sogar mehr, als zu sagen war. In meinen Filmen hatte ich es unternommen, einige Fakten aufzugreifen, die so komplexe Realitäten betrafen wie die Mafia, die Camorra, das Spiel der Politik, die Komplizität zwischen der politischen, der wirtschaftlichen und der Macht der Mafia. Da ich das alles bereits aufgezeigt hatte und sah, daß sich zwar einige Zustände im Land geändert hatten, der kulturelle Rahmen des Landes sich aber nicht grundlegend verändert hatte, fühlte ich – statt weiterhin Dinge anzugreifen, die ich bereits angegriffen hatte, die bereits angegriffen waren – das Bedürfnis, zu überlegen und nachzudenken.

KW: Heißt das die Entdeckung des Privatbereichs?

FR: Nicht des Privatbereichs als des privaten Interesses einer Person, sondern immer das Leben dieser Person in Verbindung mit dem kollektiven Leben. Denn sowohl in CRISTO SI È FERMATO A EBOLI als auch in TRE FRATELLI wird das Leben der einzelnen Personen immer im Zusammenhang mit der Realität des Landes untersucht.

KW: TRE FRATELLI ist weitaus mehr als eine Reflexion des gegenwärtigen Zustands der italienischen Realität. Das grundlegende Faktum ist die politische Spaltung Italiens. Es gibt eine Hoffnung auf Versöhnung in dieser politischen Spaltung zwischen dem kommunistischen, dem katholischen und dem anarchistischen Italien. Es ist viel komplexer als eine Familie; es gibt politische Auseinandersetzungen zwischen den drei Brüdern, und doch sind sie alle vom gleichen Stamm.

FR: Es ist nicht leicht vorauszusehen, was in der Zukunft dieses Landes geschehen kann. Und TRE FRATELLI gibt nicht vor vorauszusehen, was geschehen könnte, sondern bemüht sich nur, die Diskussion zwischen den unterschiedlichen Positionen in der gemeinsamen Suche nach einem Punkt, an dem sie sich treffen könnten, voranzutreiben und darzustellen. Das war der Wunsch, das Gefühl, das mich angetrieben hat, TRE FRATELLI zu machen. Alle Bürger – von welchem Standort von welcher Ideologie aus auch immer – müssen heute versuchen, einen Punkt der Begegnung zu finden, um aufzubauen, nicht um zu zerstören. Das war mein Bedürfnis. Aber ein Bedürfnis nach Neuaufbau, wie ich meine. Denn wenn es nichts Konstruktives gibt, herrscht Tod. Und wenn der Tod herrscht, gibt es keine Möglichkeit mehr, an einen zukünftigen Neuaufbau zu denken.

KW: Also ›Drei Brüder Hoffnung‹ statt ›Drei Groschen Hoffnung‹?[1]

FR: In der Tat, ja. Denn wer den Film als ein Bild der Verzweiflung sehen wollte, hat sich getäuscht. Aber das sind nicht viele; nur wenige haben darin Verzweiflung gesehen. Viele haben verstanden, daß es in diesem Film einen Wunsch nach Hoffnung gibt.

KW: Auch die Form ist eine Entscheidung, eine Parteinahme, und es gibt bestimmte Sequenzen in den Träumen, die unterschiedliche politische Utopien widerspiegeln. Der Traum von Rocco (Vittorio Mezzogiorno) wird in Form eines politischen Musicals wiedergegeben. Bedeutet das nicht eine Art Denunziation der politischen Utopie?

FR: Deutlicher gesagt, nicht alle Träume in diesem Film sind gleich. Es gibt einen Unterschied zwischen dem Traum, dem Alptraum, der Vorstellung, dem Wunsch und der Erinnerung. Der Film läßt der Zeit viel Raum, Protagonistin zu sein, der gegenwärtigen Zeit in Verbindung mit der vergangenen und der künftigen Zeit. Ich wollte klarstellen, daß es einen Unterschied gibt: Der einzige Traum ist wirklich der des Bruders Rocco, der seine politische Utopie in die Zukunft projiziert. Dies ist der einzige Traum, denn der des Richters ist kein Traum. Was er sich vorstellt, ist ein Alptraum, die Vorstellung seines Todes. Und der des anderen Bruders, des Arbeiters, der die Wiederversöhnung mit seiner Frau phantasiert, das ist ein Wunschtraum. Der einzige echte Traum dagegen ist diese Art musikalische Phantasie über die politische Utopie. Es ist keine Kritik an der politischen Utopie; es ist allenfalls das Aufzeigen einer Grenze dieser politischen Utopie. D.h. Rocco träumt meiner Ansicht nach in seinem Unterbewußtsein seine Utopie, wohl wissend um die Grenzen dieser Utopie, ohne jedoch auf sie verzichten zu wollen.

KW: Spiegelt sich darin auch eine Art Selbstkritik am Übergewicht der Ideologie?

FR: Genau das wollte ich sagen. Er kennt die Grenzen, und daher kritisiert er auch das Überwiegen der Ideologie, die natürlich immer durch die Realität korrigiert wird. Und er weiß, daß die Wirklichkeit des Landes oder der Welt nicht so beschaffen ist, daß es Kindern möglich wäre, die Welt von allem zu befreien, was es an Schrecklichem gibt, von der Droge, den Kriegswaffen etc. Und daher ist sein Traum auch in einer etwas infantilen Form dargestellt.

KW: Es ist eine allzu einfache Utopie: die Stadt sauberfegen.

FR: Sicher, aber er weiß das. Aber auch wenn es einfach ist, man darf es sich nicht nehmen lassen, man darf es sich nicht versagen zu phantasieren, zu träumen, daß die Welt von bestimmten Dingen gereinigt werden könnte. Ich weiß genau, daß dieser Weg zu einfach, zu kindisch, zu sehr der eines Träumers ist. Aber ich glaube, daß eine Utopie diese Kraft hat.

KW: Wir brauchen also positive Bilder?

FR: Sehen Sie, auch Tommaso Campanella stellte sich, als er *La città del sole/Der Sonnenstaat* (1602) erdachte, vor, die Gesellschaft so zu ordnen, daß die Alten und die Kinder zusammen leben könnten, damit die Alten den Kindern, die darauf angewiesen sind, ihre Lebenserfahrung vermitteln und selber, ihrerseits, von der Lebenskraft profitieren könnten, wie nur Kinder sie haben. Auch bei Campanella ist das eine Utopie, und wir wissen alle, daß diese Vereinigung der Erfahrungen durch die tatsächlichen Verhältnisse in der Realität leider sehr schwer gemacht wird, so daß die Alten immer mehr an den Rand des Lebens gedrängt werden. Aber wir dürfen uns nicht die Möglichkeit nehmen zu denken, daß es trotzdem so richtig wäre, und deshalb auf irgendeine Weise zu versuchen, etwas zu tun, um dieses Ziel zu erreichen. Ich weiß nicht, ob verständlich ist, was ich meine.

KW: Ja. Aber immerhin ist die italienische Gesellschaft diesem politischen Traum näher, als die deutsche.

FR: Das weiß ich nicht.

KW: Ich habe es immer so erlebt, daß hier in Italien das Ungetrennte herrscht und stärker integriert ist als bei uns.

FR: Weil hier humanere Verhältnisse sind?

KW: Es fiel mir auf bei Ihrem ersten Film LA SFIDA. Das ist ein aggressiver, ein explosiver Film, aber es gibt eine bestimmte Form, die alle Bereiche umfaßt, das formale Mittel des Panoramaschwenks, der auf sehr sanfte, fließende Weise die verschiedenen Bereiche zusammenspannt: die Wohnung, den Markt, das Restaurant, und damit widerspiegelt, wie Bürger und Mafiosi in ihrem Alltagszusammenhang verwurzelt sind.

FR: Das liegt daran, daß ich immer versucht habe, in meinen Filmen das Leben in seiner Gesamtheit wiederzugeben, in seiner alltäglichen Menschlichkeit und dabei aber den historischen Nerv dieses Lebens zu treffen. Denn tatsächlich darf man, glaube ich, nie die Zusammengehörigkeit von Vergangenheit und Gegenwart aus dem Auge verlieren, damit man besser versteht, wie sich die Zukunft entwickeln kann.

KW: Das ist das offene Geheimnis der Dialektik.

FR: Das war der Versuch, den ich mit den beiden letzten Filmen unternommen habe, CRISTO SI È FERMATO A EBOLI und TRE FRATELLI: der Versuch, die Vergangenheit besser zu verstehen oder einige Elemente der Vergangenheit neu zu verstehen, um besser begreifen zu können, wie man sich der Zukunft gegenüber verhalten soll. Es ist eine Aufforderung zur Reflexion, wie meine früheren Filme eine Aufforderung zur Anklage waren, eine Aufforderung an die Bürger, nicht nur dem Film zuzustimmen, sondern auch der Art von Anklage, die ich erhob. Die beiden letzten Filme sind eine Aufforderung zum Nachdenken – so wie ich heute dieses Bedürfnis nach Reflexion spüre –, um einige grundsätzliche Probleme dieses Landes zu begreifen, zum Beispiel das Problems des Südens. Wir wissen, daß das Problem des Südens eines der Hauptprobleme ist bei der Untersuchung der Realität Italiens.

KW: Sie sprachen vom politischen Engagement des Bürgers Francesco Rosi. Bekanntlich ist der Schriftsteller Leonardo Sciascia Abgeordneter der Radikalen Partei Italiens im Europa-Parlament in Straßburg. Der Maler Renato Guttuso ...

FR: ... ist Kommunist ...

KW: ... und Senator in Rom. Sie haben mit diesen beiden Künstlern, die Ihrem Denken sehr nahestehen, in CADAVERI ECCELLENTI zusammengearbeitet. Gibt es für Sie ein Engagement auch auf der praktischen Alltagsebene?

FR: Ich bin in keiner politischen Partei Mitglied, obwohl ich natürlich in meinen Filmen den Positionen der Sozialistischen Partei und oft auch der Kommunistischen Partei sehr nahe gewesen bin. Aber ich habe es immer vorgezogen, meine Unabhängigkeit gegenüber einer Partei aufrechtzuerhalten, weil die Mitgliedschaft in einer linken Partei wie der Kommunistischen oder der Sozialistischen Partei es in bestimmten Momenten erforderlich machen könnte, in Bezug auf bestimmte Parteipositionen Disziplin zu halten, was ich meiner Ansicht nach nicht tun darf, damit ich meine absolute Freiheit in meinem Beruf beibehalten kann. Damit will ich nicht sagen, daß Sciascia oder Guttuso sich nicht ihre Freiheit bewahren. Ich bin fest davon überzeugt, daß sie alle beide ihre Freiheit in ihren Positionen aufrechterhalten. Aber der Beruf des Filmemachers ist stärker exponiert...

KW: ... als die Literatur oder die Malerei?

FR: Ja, sicher, weil er sehr viel stärker als die anderen beiden Tätigkeiten von den realen ökonomischen Verhältnissen abhängt. Ich glaube, die eigene ökonomische Unabhängigkeit beim Film zu wahren und gleichzeitig bestimmte Dinge zu erörtern, ist eine sehr schwierige Situation, aber es ist auch, wie ich glaube, eine wünschenswerte und erstrebenswerte Situation. Man muß die eigene Freiheit als Filmemacher und als Bürger aufrechterhalten.

KW: Man spricht heute vom »Süden« Italiens. Die Bezeichnung mezzogiorno wird als zu paternalistisch, als zu staatlich geprägt betrachtet. Es gibt ein neues, gerade erst erwachtes Bewußtsein im Süden.

FR: Sicher, der Süden ist nicht mehr das, was er vor dreißig, vierzig Jahren war. Aber man muß auch dazu sagen, daß die Probleme, die vor dreißig und vierzig Jahren den Unterschied zwischen dem Süden und dem übrigen Italien ausmachten, leider noch immer ungelöst sind. Die Lebensbedingungen dort haben sich geändert: das Elend ist nicht mehr dasselbe, es gibt eine gewisse Angleichung zwischen der Bevölkerung im Süden und der im Norden.

KW: Pasolini sprach von einer anthropologischen Mutation.[2]

FR: Ja, und er hatte vollkommen recht. Aber trotzdem ist es eine Tatsache, daß die Verbesserungen, die im Süden eingetreten sind, mehr auf den Konsum von Technologien und modernen Produkten zurückzuführen sind als auf wirklich eigene Errungenschaften.

KW: Es fehlt die Infrastruktur.

FR: Dazu muß man sagen, daß es Probleme gibt, die nach wie vor die wesentlichen Probleme sind, die den Süden vom Norden unterscheiden. Das erste Problem ist das der Emigration, das mit dem Mangel an Arbeitsplätzen im Süden zusammenhängt und folglich mit der Suche nach Arbeit außerhalb der eigenen Gegend.

KW: Wie es sich schon in Ihrem Film I MAGLIARI (AUF ST. PAULI IST DER TEUFEL LOS, I/F 1959) spiegelte.

FR: Sicher, schon in I MAGLIARI kam es vor, wie auch in IL CASO MATTEI, in LUCKY LUCIANO, denn auch hier gibt es das Problem des Südens, wie es in allen Reden in CRISTO SI È FERMATO A EBOLI wachgehalten wird. Diese Arbeitssuche, die die Süditaliener zwingt, aus der Gegend, aus der Stadt, aus dem Dorf ihrer Herkunft fortzugehen, schafft natürlich sehr ernste Probleme, deren Konsequenzen wir heute in den 1980er Jahren wirklich zu erleiden haben – im Gegensatz zu der Euphorie, die in den 1950er Jahren herrschte, als vier Millionen Italiener aus dem Süden wegzogen. Die negativen Konsequenzen davon erleiden wir heute, wo viele von ihnen nicht nur gezwungen sind zurückzukehren, sondern gemerkt haben, daß es ihnen zwischen den fünfziger und den achtziger Jahren nicht gelungen ist, sich wirklich in die jeweiligen Gesellschaften zu integrieren. Das hat zu einer Zerrissenheit geführt, zu einem Kulturschock. Das ist das erste große Problem. Das zweite Problem ist, daß natürlich die Mehrheit junge, sehr junge Leute sind. Und der Mangel an Arbeitsplätzen für die Jugendlichen bewirkt die Bildung eines riesigen Reservoirs an Arbeitskräften, aus dem die Gewalt im Lande schöpfen kann, aus dem der Terrorismus schöpfen kann, aus dem alle kriminellen Aktivitäten schöpfen können, ob sie verbrecherisch sind wie die Mafia und die Camorra oder ›politisch‹, wie es die Bewegungen der Roten Brigaden oder ähnlicher Organisationen zu sein behaupten. Das ist eine schreckliche Realität.

KW: Ein Freiraum für andere Kräfte.

FR: Das dritte Problem ist die Industrialisierung der natürlichen Ressourcen, die der Süden des Landes bietet. Es sind nicht viele, aber sie sind vorhanden, und natürlich ist die Frage, wie sie auszubeuten sind. Seit

Jahren wird nach der richtigen Art und Weise der Nutzbarmachung geforscht, aber offensichtlich hat es keine gründliche Forschung gegeben, denn sonst wäre man zu einem Schluß gekommen.

KW: Haben Ihre Filme dazu beigetragen, ein politisches Bewußtsein dieser Problematik zu wecken?

FR: Wie Zeitungen, Bücher und andere Informationsmittel haben hoffentlich auch meine Filme dazu beigetragen. Indem sie den untergetauchten Teil des Eisbergs enthüllten, haben sie hoffentlich dazu beigetragen, die Schwere bestimmter Probleme bewußt werden zu lassen. Denn sehen Sie, anläßlich irgendeiner Naturkatastrophe wie des kürzlichen Erdbebens[3] werden in Abständen immer aufs neue Dinge entdeckt, die bestens bekannt sind, Dinge, die Sie in den Büchern derer finden, die sich mit der Realität des italienischen Südens beschäftigt haben. Sie finden dort auch, daß es diese Dinge auch schon vor hundert Jahren gab. Also wird offensichtlich in dieser Gesellschaft eine gründliche Untersuchung bestimmter Probleme von einigen Forschern, von einigen Wissenschaftlern durchgeführt, aber es ist nicht gelungen, Lösungen zu finden, sei es in Richtung auf die Hoffnung, etwas tun zu können, sei es im Sinne der Verzweiflung, erkennen zu müssen: da ist nichts zu machen.

KW: Es gibt auch eine andere Antwort. Ein politisierter Teil der neuen Jugend bleibt im Süden, um die Verhältnisse zu verbessern.

FR: Sicher. Im Zuge der Radikalisierung des Ansatzes zur Revolution um jeden Preis hat sich auch die reformistische Praxis einen Weg gebahnt und tut es noch. Italien ist heute ein Land, das in den Rahmen der großen industrialisierten westlichen Demokratien eingegliedert ist. Daher läßt sich eine Revolutionstheorie nicht mehr in der radikalen Form konzipieren, wie sie vor dreßig, vierzig Jahren konzipiert und gedacht wurde.

KW: Wie man weiß, geht der Traum von einer Sache immer der Wirklichkeit voraus.

FR: Die Vorstellungen gehen voraus, natürlich, aber wenn sie sich dann nicht realisieren, muß man die Rechnung mit der Realität machen. Und um die Rechnung mit der Realität zu machen, muß man versuchen sie zu verändern, Tag für Tag, in demokratischer Praxis in dem wenngleich sehr unvollkommenen Raum, den die Demokratie uns läßt, den es aber gibt.

KW: Reden wir ein bißchen über diese neue politisierte Generation. Im Moment findet in Bari ein kleines Festival statt, *Cinema del sud*, das dieses neue politische Bewußtsein auf kulturellem Gebiet widerspiegeln will. Ich habe auf dem Filmfestival von Salsomaggiore eine Gruppe von Studenten und jungen Regisseuren getroffen, die erste Versuche machen, die Situation der Kulturarbeit im Süden zu verbessern. Es gibt eine neue Filmergeneration, die einen regionalen Film macht, einen Film, der nicht global, nicht umfassend sein will. Sie haben zum Beispiel einen Film nach dem Buch von Tommaso Di Ciaula gedreht.[4]

FR: Ja, ein sehr schönes Buch. Haben sie den Film schon gezeigt?

KW: Ja. Stehen Sie in Verbindung mit diesen, jungen Filmemachern?

FR: Ich stehe nur mit denen in Verbindung, die sich an mich wenden. Zum Beispiel stehe ich brieflich in Verbindung mit Di Ciaula, denn er hat mir geschrieben, ich habe ihm geantwortet. Ich kenne auch noch den einen oder anderen Regisseur, der Filme außerhalb des großen Apparats gemacht hat, aber, offen gesagt, ist es keine sehr entwickelte Bewegung.

KW: Aber es ist ein neuer Versuch, der ein wenig die Parole von Jean-Luc Godard wachhält: Es kommt nicht darauf an, politische Filme zu machen, sondern politisch Filme zu machen.

FR: Filme politisch zu machen, was heißt das genau?

KW: Es ist eine Reflexion, die die Form als Widerspiegelung des Inhalts einbegreift. Nicht mehr das Kino der großen Ideen, sondern eher ein Kino der Materie.

FR: Aber meine Filme sind immer so gewesen! Also, um die Wahrheit zu sagen: ich habe ein großes Mißtrauen gegen solche Definitionen. Ich mißtraue den Etiketten, ich mißtraue den Definitionen, und ich mißtraue den Klassifikationen. Ich versuche, bei einem Film zu verstehen, was der Film mir gibt.

KW: Jede Definition versucht zu verstehen.

FR: Meine Filme sind, glaube ich, immer in der Realität und im Konkreten und in der Materialität eines Faktums verwurzelt. Ich habe nie Filme gemacht, die nur dem Drängen einer Idee Genüge leisteten.

KW: Am Ende Ihres Films LE MANI SULLA CITTÀ steht eine Erklärung, daß die Umstände authentisch seien, aber die Fakten fiktiv. Das ist ein etwas ironischer Widerspruch.

FR: Wir mußten diese Anmerkung machen, denn wenn irgendjemand sich wiedererkannt hätte, hätten wir mit gerichtlichen Schritten gegen den Film rechnen müssen, und das hätte zweifellos eine Komplikation bedeutet.

KW: Also Ironie und ein wenig Fatalismus.

FR: Sehen Sie, der Fatalismus gehört zu einer Lebensauffassung, zu der Lebensauffassung in Süditalien.

KW: Er ist eine archaische Kraft.

FR: Ja, und auch das Wissen darum, warten, abwarten zu müssen, weil die Dinge sich niemals in den gewünschten Zeiträumen verwirklichen, oder jedenfalls nicht in kurzen Zeiträumen. Also das Wissen, daß es viel Zeit braucht, die Realität zu verändern, aber gleichzeitig das Bewußtsein, diesen Kampf niemals aufzugeben, damit die Realität sich verändert, und zwar so, daß es besser wird. Das ist zumindest meine Philosophie. Ich bin überzeugt, daß man lange Zeit braucht. Aber ich hoffe, mich nie zu ergeben. Zumindest ist meine Absicht, es nicht zu tun oder, allenfalls, die Waffen meines Kampfes zu modifizieren. Und tatsächlich ist ja diese Entwicklung in meiner Art, Filme zu machen, erkennbar.

KW: Der Weg ist also keine Einbahnstraße?

FR: Ich glaube nicht, daß er eine Einbahnstraße ist, denn letztlich gelingt es der konstruktiven Kraft des Menschen immer, aus der Asche der Zerstörung aufzutauchen. Und deshalb glaube ich, daß es in diesem Gegensatz, wie er im Menschen besteht, zwischen dem Hang zur Zerstörung und dem Hang zum Leben, immer Momente der Hoffnung gibt. Denn dem Leben gelingt es immer, in bestimmten Momenten die Oberhand zu gewinnen. Und ich binde mich stark an diese Art von Hoffnung. Für mich ist Leben nicht nur die biologische Vitalität, für mich sind Leben auch die Vorstellungen und Gedanken, die sich im Menschen ihren Weg bahnen in dem Bestreben, Nutzen zu ziehen aus der Entwicklung der Zeiten. Aber um wirklich etwas zu verbessern, braucht es die richtige Ausgewogenheit zwischen Gefühl und Verstand.

KW: Es gibt zwei Personen in Ihren Filmen, die nicht zufällig die *Essais* von Montaigne[5] gelesen haben: Carlo Levi in dem Film CRISTO SI È FERMATO A EBOLI und der Inspektor Rogas in dem Buch von Sciascia *Il contesto*[6], das Ihrem Film CADAVERI ECCELLENTI zugrundeliegt.

FR: Ja, es gibt einen Dialog zwischen dem Inspektor Rogas und dem Staatsanwalt. Es geht um ein Streben nach Rationalität, das zugleich Ablehnung der Demagogie sein muß. Denn Demagogie ist meiner Ansicht nach mit das Gefährlichste beim Kampf der Menschen um die Verbesserung ihrer Lebensbedingungen. Ich meine vielmehr, daß es notwendig ist, durch die Luzidität der rationalen Analyse hindurchzugehen, um zu begreifen, wo die Wahrheit und wo die Lüge ist.

KW: Die biologische Kraft des Lebens drückt sich eher in der Tatsache aus, daß alle Ihre Filme nach den Bedingungen suchen, unter denen es möglich ist, Mann zu sein ...

FR: ... unter denen es möglich ist, mit Würde Mann zu sein.

KW: Woher dieser Mythos der mächtigen Männer, die in den politischen und ökonomischen Kontext von Macht und Gegenmacht gestellt sind?

FR: Natürlich gibt es in meinen Filmen diesen Zustand einer wirklich geradezu biologischen Vitalität bei einigen Personen, die die Macht in ihren Händen halten. Aber das ist einer der Pole in den Widersprüchen der Realität. Den anderen Pol dieses Widerspruchs stellen diejenigen dar, die dieser Vitalität unterworfen sind und ihr eine ebensolche Vitalität entgegensetzen müssen, um Widerstand zu leisten.

KW: Hat irgendwann in Ihrer Entwicklung die Philosophie von André Malraux einen Einfluß auf Sie gehabt?

FR: Nein, nein. Wenn ich Filme mache, tauchen natürlich oft sehr viele verschiedene und aufeinander folgende Momente meiner kulturellen und intellektuellen Prägung auf. Aber ich gehe eher instinktiv denn intellektuell an die Realität heran, die ich brauche, um einen Film zu erzählen. Ich kümmere mich nicht viel darum, was über eine bestimmte Art von Realität, die ich untersuche, geschrieben und gedacht worden ist. Ich versuche einen Zugang, einen Eindruck zu bekommen, der Emotionen in mir auslöst, ja durchaus, aber diese Emotionen lösen dann natürlich auch rationalere Reflexionen aus. Aber es geht mir immer darum, etwas aus einem persönlichen Blickwinkel, aus einer persönlichen Jungfräulichkeit heraus zu untersuchen.

KW: Erklärt sich daraus auch Ihre Entscheidung, die Frauen in Ihren Filmen so sehr zu marginalisieren?

FR: Nein, marginalisiert sind die Frauen in den Filmen, in denen die Macht ausschließlich bei den Männern liegt. Sie sind tatsächlich marginalisiert in SALVATORE GIULIANO, abgesehen von der sehr schönen Rolle der Mutter. Denn in der sizilianischen Gesellschaft ist die Frau vor allem drauf beschränkt, Mutter zu sein. Nicht wahr? Dann ist sie marginalisiert in LE MANI SULLA CITTÀ, weil Neapel eine Welt der politischen und ökonomischen Machthaber ist, und in der italienischen Gesellschaft hatten zumindest zu der Zeit Frauen wenig Platz in jenen Welten.

KW: Aber im Privatbereich ja doch.

FR: Aber in den Filmen habe ich den Privatbereich der Personen nicht berührt. Ich habe mir den öffentlichen Bereich der Personen vorgenommen.

KW: Reden wir von TRE FRATELLI. Der Tod der Mutter spiegelt auch ihre Macht wider.

FR: Ja, sicher, aber es gibt nicht nur die Mutter, es gibt auch die Ehefrau in TRE FRATELLI, es gibt eine Verlobte, und es gibt das kleine Mädchen, das die Zukunft darstellt. Meines Erachtens ist die Präsenz der Frauen in TRE FRATELLI stark und wichtig. In meinen anderen Filmen dagegen konnte sie es nicht sein, weil dort das öffentliche Element überwiegt und es sich um Berufe handelt, in denen die Frau, zumindest in Italien, bis heute nicht viel Raum gefunden hat. Ebenso sind sie in CADAVERI ECCELLENTI marginalisiert, weil das eine Geschichte von Männern ist, die die offizielle Politik, die Politik der Geheimdienste, die Politik der ökonomischen Macht und die Politik der gesellschaftlichen Verhältnisse öffentlich vorangetrieben haben. In CRISTO SI È FERMATO A EBOLI gibt es die Präsenz der Frau, aber eng gebunden an die Vorstellung, die man in der Gesellschaft des Südens von der Frau hat. Tatsächlich ist die Frau, die als Dienstmädchen in das Haus des Arztes und Malers Carlo Levi kommt, gleichzeitig Mutter und Frau, denn ohne Zweifel hat sie ein Verhältnis als Frau und weniger als Mutter zu diesem Mann.

KW: Und andererseits bringt die Frau aus Turin ein sehr starkes Bewußtsein als Frau zum Ausdruck.

FR: Die Schwester von Levi ist eine Frau, die Ärztin ist, also eine entwickelte, gebildete Frau. Sie repräsentiert den anderen Pol der Frau hierzulande.

KW: Und Lea Massari[7] könnte, im übertragenen Sinne, die Mutter der Ehefrau des jungen Arbeiters in Turin aus den TRE FRATELLI sein, nicht?
FR: Das weniger. Das Problem des jungen Arbeiters in TRE FRATELLI liegt darin, daß er von einer Mutter aus dem Süden stammt und seine Mutter wahrscheinlich etwas mit der Frau gemeinsam hatte, die bei Carlo Levi im Haus war, in dem kleinen Dorf in Lukanien. Aber sein Problem ist, daß er von dieser Mutter fortgehen mußte in eine anders geartete Gesellschaft wie in Turin, wo er einer Frau begegnet ist, die ihm nicht wieder die Mutter, seine Mutter geboten hat. Und so hatte er eine andere Art von Frau kennenzulernen, mit der er in Konflikt geriet. In seinem Dorf hätte er, wenn er nicht weggegangen wäre, wahrscheinlich eine Frau wie seine Mutter gefunden, und er hätte sich in einer solchen Frau eher wiedererkannt. Da er nach Turin ging, fand er stattdessen eine Frau aus einer anderen Kultur, aus einer anderen Welt.
KW: Das ist auch eine Möglichkeit, reifer zu werden.
FR: Sicher, jedenfalls ist es ein dialektisches Moment, und deshalb habe ich es in den Film hineingenommen, um eben dies anzudeuten, daß die Emigration einerseits ein negatives Element ist, daß sie aber andererseits auch eine positive Bedeutung haben kann, weil sie einen Austausch von Kulturen, einen Austausch von Entwicklungen mit sich bringt.
KW: Eine wechselseitige Ausbeutung im positiven Sinn. TRE FRATELLI lebt auch aus der politischen Kraft des subjektiven Faktors.
FR: Es ist vielleicht mein umfassendster Film. Denn auf der persönlichen Ebene spiegelt er meine eigene Entwicklung als die eines Mannes, der im Alter fortschreitet und ganz sicher mit sechzig Jahren nicht mehr derselbe ist wie mit vierzig oder dreißig. So weit, was das Persönliche angeht. Aber bezogen auf das Öffentliche und das Gesellschaftliche spiegelt er auch das Moment meiner gesammelten Lebenserfahrung in einer gesellschaftlichen Realität, die die meines Landes ist, nach vierzig Jahren Analyse und gelebten Lebens in einer sich wandelnden Gesellschaft. Er enthält also eine persönliche Veränderung und eine Veränderung des öffentlichen Lebens. Da die Materie meiner Filme meistens eher öffentlicher als privater Art ist, geht es mit der Vervollständigung der Selbstanalyse viel langsamer voran. Ich schleppe immer noch die Komplexität der Realität von Filmen wie SALVATORE GIULIANO oder LE MANI SULLA CITTÀ hinter mir her oder wie CADAVERI ECCELLENTI, der vielleicht und vor allem aufgrund des Buches von Sciascia eine Situation intuitiv erfaßt hat, die noch in voller Entwicklung begriffen ist. Ein Film muß immer eine Spur von Geheimnis enthalten. Denn wenn alles rational faßbar, wenn alles erklärbar ist, bleibt nichts mehr.
KW: Dann tut man besser daran, einen Artikel zu schreiben, als einen Film zu machen.
FR: Genau.

329

KW: Ich kann nicht so ohne weiteres diese Entwicklung erkennen von Ihren Anklagefilmen zu den offeneren Filmen. Meiner Ansicht nach kommt das Element des subjektiven Faktors, das Überwiegen der Emotionen schon in dem Film I MAGLIARI zum Ausdruck, der für mich eine Entdeckung war. Von diesem Film reden Sie gar nicht.

FR: Ich rede nicht von I MAGLIARI, weil es ein weniger politischer Film ist als die anderen. Aber mir gefällt er sehr, die ganze Entdeckung Deutschlands ...

KW: Es ist ein Film, der in Hamburg gedreht worden ist.

FR: Der Teil, der mir sehr gefällt, weil er noch geheimnisvoll ist, ist die Entdeckung dieses Deutschlands, das aus seiner Asche wiedererblühte. 1959. Es waren also wenige Jahre vergangen seit Kriegsende. Und ich konnte das aufnehmen, einfangen und wahrscheinlich auf intuitiv-gefühlsmäßiger Ebene verstehen.

KW: ... diesen Moment des Übergangs.

FR: ... diesen Moment der Wiedergeburt einer deutschen Industriegesellschaft mit ihrem Willen zur Wiedergeburt.

KW: ... einem brutalen Willen.

FR: Ja, einem starken Willen. Und es war sehr interessant für mich, diesen Augenblick in einer Stadt wie Hamburg zu erleben. Und das ist in I MAGLIARI enthalten, dieser Kontrast zwischen der provisorischen, konfusen, dilettantischen Welt, die aus Italien kommt, und dagegen diese entschlossene, starke, rationale Welt, die sich dessen bewußt ist, was sie tun und was sie nicht tun kann.

KW: Vorherrschend ist eine Atmosphäre der Ambiguität zwischen der Inszenierung der Geschichte und dem Umfeld. Es ist immer gleichzeitig noch etwas anderes da. Es gibt die fiktive Geschichte, und es gibt die Realität in ein und derselben Einstellung. Und es gibt ein gewisses Spiel zwischen den beiden Ebenen, das mich beeindruckt hat.

FR: Die Sequenz auf der Reeperbahn ist ganz und gar an realen Schauplätzen gedreht worden.

KW: Man spürt ein bestimmtes Klima von Bedrohung. Ich war überrascht von der Modernität in der Anwendung der filmischen Mittel.

FR: Ich habe immer versucht, in meinen Filmen auch die Suche nach der Form weiterzutreiben. Dieser Film ist von einem großen Chefkameramann fotografiert worden, nämlich von Gianni Di Venanzo. Er nahm mit großem Mut alle Anregungen auf, Risiken einzugehen. Und da ich die Verantwortung übernahm, wagte Di Venanzo viel. Und so haben wir technisch gesehen den Film unter Verwendung von Filmmaterial gemacht, das damals in narrativen Filmen nicht benutzt wurde. Es wurde in Dokumentarfilmen benutzt. Ein Filmmaterial mit hoher Empfindlichkeit, das aber im Hinblick auf die Schauspieler Schwierigkeiten bereitete. Denn natürlich war es sehr schwierig, mit diesem Material die Lichtkontraste auf den Gesichtern, den Gegenständen etc. zu erhalten. Aber uns lag sehr viel an dem Klima, und so haben wir zwei Arten von Material kombiniert, denn vor allem in der einen Szene mit Belinda Lee, einer Szene, die mir sehr gefällt, sowohl fotografisch als auch von den Gefühlen her ...

KW: ... die Abschiedsszene ...

FR: ... ja, der Abschied zwischen Belinda Lee und dem Jungen [Renato Salvatori].

KW: Diese entschwindende Beziehung zwischen innen und außen, mit der Spiegelung in der Scheibe, das ist sehr schön gemacht.

FR: Das war Kodak plus X, ein Material, das sehr weich ist. Aber auf der Reeperbahn haben wir Ilford verwendet.

KW: Ein körnigeres Material?

FR: Körniger und hochempfindlich. Und wir haben nicht mit Scheinwerfern ausgeleuchtet. Auch in SALVATORE GIULIANO gibt es eine nächtliche Sequenz, als Fisciotta zum Haus von Giuliano geht, in der letzten Nacht. Das ist Ilford, da gibt es keine Scheinwerfer, nichts. Aber damals wurde das im normalen Erzählfilm nicht verwendet.

KW: Sie machen auch weiterhin Experimente mit der Farbe. Man merkt, daß in CRISTO SI È FERMATO A EBOLI ein bestimmter Filter benutzt wurde.

FR: Ja. Zusammen mit meinem Kameramann, Pasqualino De Santis, der als Kameraassistent arbeitete, als Di Venanzo noch lebte. Wir sind seit langem gewohnt, zusammenzuarbeiten. Ich habe auch Pasqualino oft gedrängt, etwas zu wagen, zu riskieren in technischer Hinsicht. Und Pasqualino ist sehr interessiert an fotografischen Experimenten. Als wir CADAVERI ECCELLENTI gedreht haben, war mein Problem, daß ich eine Farbe haben wollte, die chromatisch sehr ausgewogen sein sollte, sehr ...

KW: ... matt?

FR: Ja. Sehr ruhig, sehr nah am Schwarzweiß, ohne jedoch Schwarzweiß zu sein. Ich wollte die etwas metaphysische Atmosphäre in der Recherche der Rolle des Inspektors Rogas vermitteln. Ich stand also vor dem Problem, Sizilien und den Süden Italiens auf eine abstraktere Weise zu zeigen. Dabei war die Farbe äußerst wichtig. Wenn ich Sizilien oder Neapel in ihren aggressivsten Farben fotografiert hätte, hätte ich meiner Absicht sehr entgegengearbeitet, dem Film diese Abstraktheit zu geben. Ich habe meinen Wunsch De Santis gegenüber zum Ausdruck gebracht, und abgesehen von der Idee, ihn so umzusetzen, daß das Licht zu bestimmten Tageszeiten und an bestimmten Ecken eher als an anderen fotografiert wurde, abgesehen von dieser Suche und auch von der Auswahl der Objektive, ist natürlich eine richtige technische Laboruntersuchung durchgeführt worden. Diese Laboruntersuchung konnte Pasqualino De Santis gemeinsam mit einem Techniker der Technicolor vornehmen, der sehr fähig ist, Ernesto Novelli, und sie ist später auch von Vittorio Storaro benutzt worden in seiner Kameraarbeit zum Film REDS (USA 1981, Warren Beatty). Storaro hat in einem Artikel geschrieben, daß er sich dieser Untersuchung bedient hat, die von Novelli für De Santis bei CADAVERI ECCELLENTI gemacht worden war. Denn es ist wirklich eine neue Art von Farbgebung.

KW: Storaro ist vielleicht der Kameramann, der diese Entwicklung in der Farbtechnik am bewußtesten einsetzt.

FR: Ebenso präzise Ansprüche habe ich gestellt, als ich in Spanien IL MOMENTO DELLA VERITÀ (AUGENBLICK DER WAHRHEIT, I/E 1965) gedreht habe. Ich habe angefangen zu drehen mit Di Venanzo und zuende gedreht mit De Santis. In diesem Film mußte ich das Leben eines Jungen erzählen, der schließlich Torero wird, weil es das einzige ist, was er kann, nämlich sich vor einen Stier zu stellen. Und so findet er seine Art, sich seinen Lebensunterhalt zu verdienen. Ich habe diesen Film ohne Schauspieler gedreht. Es gibt nur eine kleine Rolle mit Linda Christian, aber sonst gibt es keine Schauspieler in dem Film. Ich wollte den Film so drehen, daß der Stier eine physische Präsenz gewinnt, die aber auch dem kulturellen Mythos des Stiers in der spanischen Kultur entspricht. Es sollte also eine physisch greifbare Präsenz sein, bedeutungsvoll, aggressiv und nah.

KW: Eine tödliche Bedrohung.

FR: Ich habe mich gefragt, wie ich das erreichen könnte.

KW: Auch die Zuschauer haben sich das gefragt.

FR: Und dann habe ich beschlossen, die Objektive zu Hilfe zu nehmen, die gewöhnlich bei Sportaufnahmen verwendet werden.

KW: Lange Brennweiten?

FR: Genau. Ich habe beschlossen, zum ersten Mal in einem Spielfilm auf diese Objektive zurückzugreifen. Der ganze Film ist mit diesen Objektiven erzählt.

KW: Der Stier ist so präsent wie der Kameraassistent.

FR: Außer Chefkameramann war Pasqualino auch Kameramann bei diesem Objektiv mit langer Brennweite, das äußerst schwer zu handhaben war. Denn die Bewegung nur mit der Kamera zu verfolgen, ausgehend von den Füßen eines laufenden Toreros hinaufzusteigen zu den Händen mit den Banderillas und den Banderillas zu folgen, die sich in den Nacken des Stieres bohren, ist wirklich etwas sehr, sehr Schwieriges mit einem 300er Objektiv.

KW: Das Ergebnis ist hervorragend.

FR: Ich hatte aber beschlossen, dieses Objekt nicht nur als aktuelle Filmaufnahme, sondern wirklich auf erzählerischer Ebene zu verwenden. Und auch hier hatte ich mit Di Venanzo Proben von Technicolor machen lassen, Proben mit Farbsubtraktion. Aber die Farbsubtraktion, die in Amerika zum Beispiel von John Huston in MOBY DICK (USA 1956) schon angewendet worden war, war sehr kostspielig, sehr teuer. Ich konnte es mir nicht leisten, mit Farbsubtraktion zu arbeiten. Und so erinnerte ich mich an das Verfahren, das wir bei IL MOMENTO DELLA VERITÀ angewandt hatten, und habe mir bei CADAVERI ECCELLENTI zusammen mit De Santis das Problem erneut gestellt.

KW: Fehlt Ihrer Ansicht nach etwas Entscheidendes in Ihrer Karriere?

FR: In welchem Sinne?

KW: Mußten Sie Projekte aufgeben?

FR: Ich habe fast immer alles gemacht, was ich wollte.

KW: Auch wenn es fünfzehn Jahre später war wie bei CRISTO SI È FERMATO A EBOLI.

FR: Ja. Es gibt bis jetzt zwei Filme, die ich nicht gemacht habe. Das eine ist ein Film über das Neapel der Nachkriegszeit nach einem sehr schönen amerikanischen Roman The Gallery (1947) von John H. Burns. Das sollte ich machen, habe es dann aber nicht gemacht. Ich habe es aufgeschoben, und so ist es liegengeblieben. Und dann ein Film über Che Guevara, mit dem mich zu beschäftigen ich in Lateinamerika begonnen hatte. Das sind die beiden wichtigen Projekte, die ich nicht realisiert habe.

KW: Noch einmal: eine Art Chronik und Portrait eines mächtigen Mannes, diesmal auf der Seite der Gegenmacht?

FR: Ja, ich wollte das sofort nach dem Tod Che Guevaras machen. Aber die Situation war so, das ich nicht weitermachen konnte.

KW: War kein Geld da für das Projekt?

FR: Es gab viele Gründe. Und außerdem wollte ich an einer Zusammenarbeit auf Produktionsebene mit Cuba festhalten, und das war auch aus politischen Gründen sehr schwierig.

KW: Bestand man in Cuba auf einer Hagiographie?

FR: Nein, das nicht, aber auf jeden Fall war es sehr schwierig, die verschiedenen Aspekte der Produktion unter einen Hut zu bringen. Deshalb mußte ich zu der Zeit, als ich den Film machen wollte, darauf verzichten.

KW: Sie haben eine enge Beziehung zu Spanien, wo Sie zwei Ihrer Filme drehten. Zur Zeit bereiten Sie wieder einen Film in Spanien vor.

FR: Es ist eine Kultur, die mich fasziniert und die mir auch deshalb nahe steht, weil es schwierig ist, sich einer Kultur nicht verbunden zu fühlen, die mehr als vier Jahrhunderte lang Neapel geprägt hat. Ja, ich bereite einen Film vor über die Carmen (1875) von Bizet.[8] Einen Musikfilm also, aber einen Film, den ich in Spanien in décors réels, an realen Schauplätzen drehen will.

KW: Mit Sängern oder mit Schauspielern?

FR: Mit Sängern. Es wird ein Musikfilm, aber gedreht, als wäre es ein normaler Film, in dem die Leute singen, statt zu sprechen.

KW: Sie wissen vielleicht nicht, daß es einen Nazi-Film über Carmen[9] gibt, auch in Spanien gedreht, aber ohne die Musik, weil sie die Rechte nicht bekommen haben.

FR: Heute dagegen sind die Rechte frei, und so machen jetzt alle *Carmen*.
KW: Stehen die Rollen schon fest?
FR: Zumindest zwei Besetzungen sind schon vorgesehen: Plácido Domingo und Ruggero Raimondi. Die Festlegung aller anderen Rollen und des Drehplans ist im Stadium der Vorbereitung und der Entscheidungen. Denn gedreht wird der Film erst im nächsten Jahr. KW: Wer wird der Dirigent sein?
FR: Lorin Maazel, er ist jetzt Direktor der Oper in Wien. Ich habe schon angefangen, mit ihm für die Musiktonaufnahmen zu arbeiten. Ich habe auch schon Reisen nach Spanien gemacht, Drehorte ausgesucht und solche Dinge.
KW: Was halten Sie von dem Beispiel MOSES UND ARON (BRD 1975, Jean-Marie Straub, Danièle Huillet)? Kennen Sie diesen Film nach der Oper von Schönberg?
FR: Nein, kenne ich nicht. MOSES UND ARON? Hab ich nicht gesehen. Von Straub/Huillet?
KW: Ja. Sie haben ihn hier in Italien gedreht.
FR: Nein, den hab' ich nicht gesehen.
KW: Haben Sie DON GIOVANNI (I/F/BRD 1979) von Joseph Losey gesehen?
FR: Ja, sicher. Er hat von der Filmsprache her eine sehr anregende Lösung gefunden. Er war ja einer der ersten, die so etwas versucht haben. Natürlich kann man, wenn die gewählte Oper es erlaubt, auch darüber hinausgehen. Das ist es, was ich mich frage, ob es mir mit der *Carmen* gelingt, auch noch etwas darüber hinauszugehen, gerade weil die *Carmen* volkstümlicher ist. Ich hoffe, daß es mir gelingt, eine Realität zu erzählen, die auch theatralisch ist, ein Schauspiel.
KW: In historischem Rahmen?
FR: In historischem Rahmen und mit den Mitteln und der Freiheit, die mir das Medium Film gibt, gerade weil es eine größere Freiheit in der Auswahl der Orte und in der Entfaltung der Geschichte läßt. d.h. die ganze Geschichte von *Carmen* spielt sich in Umgebungen ab, die sehr eng mit dem Leben des Volkes verbunden sind, dem Milieu der Zigeuner, der Corrida, der Schmuggler. Ich glaube, daß diese Milieus eine Übertragung der Geschichte erlauben, die zunächst nicht für das Theater entstanden ist, sondern eine Novelle von Mérimée (*Carmen*, 1845) war. Durch Bizet wurde sie dann zum Theaterstück. Das Interessante daran, das was mich stimuliert und reizt auch aus professioneller Sicht, ist diese Suche nach der Filmsprache, der Versuch, der Geschichte von Carmen, wie sie für das Theater konzipiert wurde, jene Freiheit wiederzugeben, die in der Musik von Bizet explosiv vorhanden ist, ein absolutes Meisterwerk, meiner Ansicht nach. Im Libretto dagegen ist diese Freiheit aus theatertechnischen Gründen etwas verlorengegangen. Der Gesang wird Sprache, wie auch der Tanz Sprache wird, Sprache werden soll, wie auch der Film Spra-

che ist. Ich weiß nicht, wie ich es sagen soll. Das ist es, was ich versuchen will. Wir werden sehen, ob es gelingt.

Das Gespräch fand am 31.5.1982 in Rom statt. Aus dem Italienischen von Sigrid Vagt

Erstveröffentlichung in: Francesco Rosi, hg. v. Peter W. Jansen u. Wolfram Schütte, München, Wien 1983, S. 57-82 [Anm. s. S. 480].

Legende einer Befreiung
LA NOTTE DI SAN LORENZO der Tavianis

Tizian hat ein Bild gemalt, das zu den Meisterstücken des venezianischen Manierismus zählt. Es heißt »Die Marter des Hl. Laurentius« und zeigt, wie der Märtyrer auf einem Feuerrost zu Tode gefoltert wird. Daß er seinem Glauben nicht abschwor, hat ihm die Legendenbildung recht gelohnt. Die Tränen des standhaften Heiligen fallen als Sternschnuppen am zehnten August auf die Erde zurück. Der Wunsch, bei ihrem Anblick gefaßt, soll in Erfüllung gehen. Die Legende lebt von dem Wunder, das Glaube, Liebe, Hoffnung stets erneut vollbringen. Aber wer den Preis für das gewünschte Glück bezahlt, das hat der bloß Wünschende leicht vergessen.
Der neue Film der Brüder Paolo und Vittorio Taviani ist eine Legende, die den Preis der Idylle – das Martyrium – nicht unterschlägt. Er liest die Legende rückwärts. Er verwandelt die Sternschnuppen in Tränen, ohne an Poesie zu verlieren, die in den Metamorphosen des Alltags, den Legenden, steckt. Wenn die Tavianis demnächst vorhätten, Ovid zu verfilmen, könnte ein solches Unterfangen ihr Publikum nicht weniger befremden und begeistern als dieser Film. Ganz unverschämt greift er naive Formen des Erzählens auf. Denn die Beschwörung der realen Geschichte ihres Herkunftsortes kraft ihrer Phantasie ist den Tavianis ja ebensogut Realität wie die als historisch geltende Geschichte. Ihre ausschweifende Poesie macht aus der Geschichte, was sie als steifleinerne Historie nie war: ein Fest.
Mit ihrem vorletzten Film IL PRATO (DIE WIESE, I 1979) setzten sie das Fest vielleicht auf die zu hohen, ungelenken Stelzen der Utopie und stürzten ab. Dieses Mal holten sie sich für das Drehbuch Tonino Guerra zu Hilfe, den langjährigen Szenaristen von Francesco Rosi. Der kontrollierte die Wildheit ihrer Einfälle. Weiterer Ko-Autor ist ein freundschaftlich mit Vornamen genannter Giuliani. Dahinter verbirgt sich ein Freund der Regisseure, der Produzent des Films De Negri.
Die Rolle des unerschütterlich weisen, zum Vater idealisierten Anführers der abtrünnigen Dorfbewohner, denen die Gnade des Überlebens winkt, spielt Omero Antonutti. Zuschauer der Taviani-Filme kennen ihn aus PADRE

PADRONE (MEIN VATER, MEIN HERR, I 1977) wo er den verstockten Vater darstellte. Margarita Lozano spielt die Signora, die sich nach unten sozialisiert, die ihr Haus verliert und eine Welt gewinnt, so, daß man sie nicht vergessen kann. Den Altweibersommer im Dorfe San Martino erlebt sie nicht allein. Auf italienisch sagt man: »ein Sommer des San Martino«. Die ganze Ortschaft erlebt einen trügerischen zweiten Sommer. Das Vakuum zwischen Faschismus und Demokratie wird abgelöst durch die Befreiung. Als die eintritt, verkündet eine junge Bäuerin, daß nicht ein Wetter herrscht, sondern zwei: »Es regnet, und die Sonne scheint.«

Die Einladung zum jüngsten Fest der Tavianis gilt einem Sommerfest der Wünsche und der Tränen. Wie eine Bühne ist die Aussicht in die toskanische Nacht hergerichtet. Aus einem Fenster, neben dem ein kleiner Fernseher nichts mehr als seine Überflüssigkeit zu melden hat, fliegt der Blick zu den Sternen. Eine sanfte Frauenstimme erzählt einem Kind eine Gutenachtgeschichte. Eine andere Geschichte: die eigene, die böse Nacht des 10. August 1944. Längst hatte Italien kapituliert. Noch kämpfen fanatische Faschisten und deutsche Wehrmacht weiter gegen die Alliierten. Partisanen bereiten die Befreiung vor.

Die Stimme gewinnt erst im Schlußbild einen Körper, aber nicht der Körper gewinnt Kontur im Film, sondern die Stimme, die das Erzählen zum Akt erfüllter Tradition macht. So körperlos wird dieser Vorgang, daß nur noch ein Raunen das Imperfekt beschwört. Daraus spinnt sich kein Stil, sondern nur das Gewebe kollektiver Erinnerung. Eine Dorfchronik klingt an. Ein Chorgesang kann sich daraus entwickeln, der die Helden besingt, die sich durch Tatkraft und Mut zum Aufbruch eine Zukunft retten.

LA NOTTE DI SAN LORENZO (DIE NACHT VON SAN LORENZO, I 1982) könnte eine Fußnote in Erich Kubys Buch *Verrat auf deutsch. Wie das Dritte Reich Italien ruinierte* (1982) bilden, denn am Anfang des Films steht der Vergeltungsakt für einen ermordeten Soldaten. Die Wehrmacht sprengt die in die Dorfkirche befohlene Zivilbevölkerung in die Luft. Nicht alle sterben. Ein Teil der Bewohner konnte rechtzeitig unter beherzter Anleitung des Knechts Galvano (ein sprechender Name) fliehen. Wer sich der Allianz von fremder Macht und heimischer Kirche anvertraute, geht unter, lehrt die Legende; wer sich zur eigenen Befreiung auf die Socken macht, überlebt und verschmerzt die Verluste. Zu den hinreißenden Farben von Agfa-Gevaert treten die moralischen Farben des Films, die nicht leuchten, sondern beißen.

Der Herr spaziert mit blütenreinem Anzug in den Tod. Dem Knecht, der anderen Seite, schiebt er die Signora, seine Schwiegermutter, zu. Sie bewährt sich und streift mit alten Kleidern Allüren ab. Ihre kostbaren Ohrringe schenkt sie dem kleinen Mädchen, aus dessen Blickwinkel der Film erzählt wird. Der Zwischengeneration gibt der Film wenig Hoffnung. Er setzt auf die ganz Alten und ganz Jungen. So werden die Vergan-

genheit und Zukunft beide rosig sein. Doch die intime Klassenversöhnung, die der Knecht und die Herrin schließlich in einer der bewegendsten Szenen des Films feiern, kommt zu spät: historisch gesehen.
Draußen dröhnen die Flugzeuge der Befreier, und drinnen beben zwei Menschen, deren Glück die Konvention zerschnitt. »Das alles hätte vor vierzig Jahren passieren müssen«, sagen sie sich, leise. Und da sie »alles« sagten, verweisen sie mit ihrem Wunsch auf mehr als das versagte Glück. Denn 1904 wäre nicht nur das Datum ihrer verpaßten Hochzeit gewesen. Es war auch das Jahr, in dem Italiens Ministerpräsident eine wichtige ›Hochzeit‹ verpaßte, die Sozialisten in seine Regierung aufzunehmen, was öffentlich damals denkbar schien.
So viele Wünsche werden in diesem Film, der von Wünschen handelt, verfehlt. Die Gläubigen, die Frieden suchten, müssen verbrennen. Die sich in Freiheit wähnten, werden im Bruderkrieg zwischen Faschisten und Partisanen niedergemacht. Die Schlacht im Weizenfeld, mit Verdi-Trompeten und der Vision von römischen Legionären schamlos überhöht, geht unentschieden aus. Sie hält in einem Stil, der aus der Legende in die Oper springt, daran fest, daß dieser Krieg nicht ums Ganze einer Weltanschauung ging, sondern um das Nächstliegende: ein Mißverständnis unter Nachbarn und Brüdern. Auch dem schlimmsten Faschisten, der seinen blutjungen Sohn als Mordkomplizen abgerichtet hat, werden Schmerz- und Schamgefühle zugebilligt, denen die Regie überdies ein bewegendes Pathos abgewinnt. Der Vater, dessen Sohn vor ihm sterben muß, bohrt sich mit dem Kopf in die Erde, als wolle er sich ungeboren machen. Auch hier findet ein Wunsch zu gräßlich naiver Gestalt.
LA NOTTE DI SAN LORENZO ist auch ein Arsenal von Bann- und Zaubersprüchen. Denn niemand traut so recht dem Augenschein in dieser Nacht, die über die Zukunft entscheiden soll. Das junge Mädchen, das als Medium der Erzählung gilt, entdeckt mit ihrer Freundin die ersten amerikanischen Soldaten. Als sie dies den Erwachsenen beweisen will, ist der Schauplatz leer. »Du hast wohl ein Kino im Gehirn«, wird der Augenzeugin vorgeworfen. Mit dieser Wendung vergröbert die Synchronfassung, was im Original als Äquivalent zur Produktion des Scheins gilt: »Du machst uns wohl was vor«, soll das heißen.
Diese Augenzeugin kann gut schielen, womit sie heftig kokettiert. Oft sieht sie auch etwas, was noch nicht alle sehen. Ihr Ohr ist das erste unter anderen Ohren in Großaufnahme, die die Sprengung des Ortes erwarten. Die anderen folgen ihrer Zeugenschaft. Der Ton lenkt ihre Sinne auf ein Bild, das sich manches Mal als Täuschung der Sinne erweist. Wo alle so tun, als herrsche schon Frieden am Rande des Kriegs, zeigen die Tavianis inmitten der Idylle den Schein von Frieden. Frauen waschen sich im Fluß, als ob nichts dabei wäre, Männer tauschen ihre Namen, um sich zu tarnen. Was an diesen Bildern stört, ist, daß immer ein Krieg vonnöten ist,

damit an Menschen Eigenschaften zutage treten. Das Selbstverständliche als schön zu zeigen, scheint dem Film nicht genug. Wie von selbst bilden diese Menschen auf der Flucht Kreise und Halbkreise. Sie gruppieren sich, um in Formen Schutz zu finden. Die Tavianis schwelgten ja immer schon in ›unmöglichen‹ Verbindungen von Ton und Bild. Hier setzen sie das Requiem zum Massaker, eine *Tannhäuser*-Melodie (1845), zum Transport der Leichen, das Lächeln der Schwangeren neben das Schreckensbild ihrer tödlichen Wunde. Aber nie prallt ein Widerspruch auf den anderen. Die Bilder des Grauens verkriechen sich am Ende in der Idylle. Das Böse feiert Harmonierekorde mit dem Frieden.

Die Filmerzählung wird durch Schiebeblenden markiert, die weich vorübergleiten. Das hat was von der Zärtlichkeit alter Hände, die Alben anblättern und der Erinnerung nachfahren. Diese Erinnerung macht der Film hörbar. Man kann sie mitsummen oder in den Chor einfallen, der alle Stimmen in mächtiger Einstimmigkeit aufgehen läßt. LA NOTTE DI SAN LORENZO ist ein Hymnus auf die Überzeugung, daß die Geschichte sich auch nach vorwärts verwandeln ließe. Aber dazu muß man wohl aus ihr auftauchen und aus der Gewalt der Tränen die Poesie der Sterne gewinnen.

Erstveröffentlichung: *Die Zeit*, 28.1.1983.

Rossellinis STROMBOLI – TERRA DI DIO

Vom Stiefel Italiens aus gesehen bildet Stromboli die rechts abgespreizte Zehe. Es gehört zu den Liparischen Inseln, zu denen noch Lipari und Vulcano zählen. Sie liegen im Tyrrhenischen Meer zwischen Sizilien und Kalabrien. Rossellinis Film beginnt auf dem Tricktisch. Eine Landkarte liegt unter der Kamera, die aus dem Mittelmeerpanorama, den Blickwinkel in rapider Fahrt verengend, auf die Insel zufährt, die diesem Film den Namen gab. Rossellini setzte einen Familiennamen hinzu, der oft unterschlagen wird: STROMBOLI – TERRA DI DIO (STROMBOLI, I 1949). Gottes Land soll dieses gottvergessene Eiland sein? Ist das geographisch zu beweisen? Oder will der Regisseur, dem Augenschein Hohn sprechend, die Utopie vom versprochenen Gottesreich auf die Karte Europas zurückholen? In der ersten Kamerabewegung behauptet dieser Film etwas, das sich kaum beweisen läßt. Sein nächster Film hieß FRANCESCO GIULLARE DI DIO (FRANZISKUS, DER GAUKLER GOTTES, I 1950). Auch der Gaukler Gottes war nichts anderes als eine Verkörperung, ein Artefakt, das am Tricktisch seinen Anfang nimmt.

Dies ist der erste Film Rossellinis mit Ingrid Bergman, dem fünf weitere folgen sollten. Hollywood hatte sie hinter sich gelassen, und damit die Jahresverträge, das Studiosystem, das Starwesen. Von Kalifornien aus mußte Stromboli barbarisch wirken, deplaciert. In STROMBOLI – TERRA DI DIO spielt Ingrid Bergman Karin, eine *displaced person*, eine Kriegsversprengte, in ein DP-Lager nach Italien verschlagen. Stellt man sich vor, sie hätte in CASABLANCA (USA 1942, Michael Curtiz) Humphrey Bogarts Flugticket in die Freiheit nicht angenommen und wäre dort interniert worden, dann hat man eine Ahnung von der seelischen Verfassung, in der sich diese Figur in STROMBOLI – TERRA DI DIO befindet.

1920 in Litauen als Tochter einer schwedischen Familie geboren, im Weltkrieg mit einem tschechoslowakischen Architekten verheiratet, gelangte Karin via Jugoslawien nach Italien, wo man die Staatenlose festhielt. Als sie sich beim argentinischen Konsul um ein Ausreisevisum bemüht, ist Gelegenheit, diese politische Vorgeschichte zu erzählen. Ein exemplarischer Lebenslauf des Zweiten Weltkrieges, der die Landkarte neuschrieb. Warum sollte Rossellini seinerseits diese Landkarte nach 1945 mit neuem Sinn besetzen?

Man kann nicht ewig in zerbombten Städten drehen. Wir erliegen zu oft dem Irrtum, uns von einem bestimmten Milieu hypnotisieren zu lassen, der Atmosphäre eines Augenblicks. Aber das Leben hat sich verändert, der Krieg ist vorbei, man hat die Städte wieder aufgebaut. Das Drama des Wiederaufbaus hätte man in Angriff nehmen müssen, vielleicht war ich nicht in der Lage dazu ...,[1]

mit diesen Worten verteidigte sich der Regisseur gegen die Angriffe der italienischen Filmkritik, die den *katholischen* STROMBOLI – TERRA DI DIO gegen den *sozialistischen* PAISÀ (PAISA, I 1946) ausspielte, um Rossellini ein für alle Mal abzuschreiben.

Dem angesprochenen Drama des Wiederaufbaus stellt sich der Film durchaus. Der italienische Soldat, den Ingrid Bergman hier heiratet, um schnellstens aus dem Internierungslager ins Freie: auf die wüste Vulkaninsel Stromboli zu gelangen, trägt bei der Überfahrt zur Insel deutlich auf der ausgedienten Jacke das »PW«-Zeichen: *prisoner of war*. Dieses Zeichen »PW« verbindet sich dem anderen Zeichen »DP« der Bergman. Zwei Gezeichnete versuchen einen Neuanfang. Der kann kaum im Zeichen der individuellen, womöglich romantischen Liebe stehen. Was Rossellini hier aus PAISÀ fortsetzt, ist, den inneren Schauplatz, die seelische Ausbombung zu filmen, die bis dahin kein Thema war. Nur folgerichtig sind die Sprachtrümmer aus allen Brocken Europas, die der Film im Lager einfängt und die in der deutschen Synchronisation auch beibehalten wurden. Das ist ein Prinzip des Neorealismus, an dem Rossellini festhielt auch in der Transposition zu anderen Formen.

Das nicht-verbale Verstehen, die interkulturelle Differenz ist das Drama, um das es hier geht. Die Schwedin aus dem Baltikum und der verliebte Ex-

Soldat und Fischer versuchen sich durch den Stacheldrahtzaun zu verständigen. Das gelingt, soweit der Wille des Mannes betroffen ist; der Wunsch der Frau bleibt unberücksichtigt, weil sie ihn nicht ausdrücken kann. Er droht, falls sie in der Ehe nicht folgsam sei, Schläge an. Die gestische Bewegung hält sie, irrtümlich, für ein Zeichen der Taubstummensprache. Das Zeichen »Gewalt« deutet sie, ohnmächtig, als Zeichen von »Verständigung«. Im programmierten Konflikt prallen die europa-erfahrene Frau und der auf seine Tradition beschränkte Mann zusammen.

Ihre Berührungsphobie, das Geigentremolo der nervösen Filmmusik, die alles usurpierende Naturmetapher vom Vulkanausbruch, der auf Stromboli herrschende Darwinismus vom Fressen und Gefressenwerden (das Frettchen und das Kaninchen, der Thunfischfang) lassen Bergman frösteln. Sie zieht sich in sich selber ein. Sie überwintert in der Trostlosigkeit. Jede Antwort ist eine erstickte Arie des Leidens an den äußeren Zuständen und der inneren Lähmung, die aus Ekel vor der kargen Welt nur mit geschlossenen Augen vorzubringen ist. Bergman bleibt die Außenseiterin und bedient sich dazu einer eigenen Körpersprache. Ihre Bewegungen greifen horizontal aus, während die stummen, feindseligen Frauen des Dorfes, die sie mit kontrollierenden Blicken umstellen und unterwerfen wollen, vertikale Keile bilden, die allein in dieser Form der Bewegung den Widerstand der Bergman herausfordern.

Sie wendet sich vom inneren Elend, der Neurose, den Beschädigungen einer durch den Krieg gehetzten Frau ab. Sie veräußerlicht sich. Während Handwerker ihr Heim weißeln, nimmt sie den Pinsel in die Hand und malt Blumenornamente auf die Wand, setzt damit das Zeichen »Kunst« gegen die monopolisierende »Tradition«. Zweites Mittel ihres Widerstands ist das Begehren. Der gütige Landpfarrer wird ihr Beichtspiegel, doch der Dialog unter den beiden wird gefilmt wie eine Pirouette des unausgesprochenen Verlangens. Bergman sucht Halt. Sie macht da keinen Unterschied zwischen seelischem und körperlichen Halt. Das ist die Provokation des Films, der am Beispiel dieser Darstellerin zeigt, wie man Selbstbewußtsein und Körperlichkeit in Schönheit zur Entfaltung bringt. STROMBOLI – TERRA DI DIO vibriert von Sinnlichkeit. Mit jeder Station des Begehrens (ihr Mann begehrt sie, sie begehrt einen zweiten Mann, die Eifersucht erhöht das Begehren) pazifiziert Bergman ihre seelischen Trümmer, befreit sie ihren Körper auf die ungezähmte, barbarische Natur hin, die sie umringt. Das gipfelt in ihrem Gang zum Vulkan. Sie will ihren Mann verlassen, mithilfe des zweiten Mannes von der Insel fliehen. Allein wagt sie den Gang durchs dampfende Vulkangebirge. Als Bergman am Morgen erwacht, zeigt die Totale zwei Linien, die parallel verlaufen, ihren Körper, der Linie des Berges angeschmiegt. Ihr Gebet zu Gott, dem sie verspricht, mit dem ungeborenen Kind ins Dorf zurückzukehren, ist eine Hymne. Doch weit weniger an Gottergebenheit als vielmehr körperlicher

Ausdruck eines ekstatischen Allgefühls, in dem sie sich der eigenen Kraft versichert. Viele Kritiker sahen in diesem zugegeben überraschenden Gebet ein Zeichen von Rossellinis ästhetischem Klassenverrat. Der körpersprachliche und bildliche Kontext verrät aber nur, daß hier Zeichen utopischer Selbstbefreiung gesetzt wurden.

Hier ist der Ort zu erinnern, daß PAISÀ und STROMBOLI – TERRA DI DIO den gleichen Kameramann: Otello Martelli hatten. Von ihm gibt es auch in diesem Film keine Einstellung, die mystifizierend wirkte. Alles ist hart, hell und klar kadriert. Die Lichtwerte sind extrem. Die Komposition ist durch die Geometrie der einfachen Häuser bestimmt. Noch die kochende, in Feuerbällen rollende Lava läuft in Diagonalen durchs Bild. Der Schnitt verletzt die klassischen Regeln der graduellen Abstufung. Der Thunfischfang ist mit entfesselter Handkamera gedreht, Rossellini selber filmte diese Sequenz, wie er den Vertretern der Nouvelle Vague, die ihn verehrten, preisgab. Es gibt keinen Grund zur Annahme, STROMBOLI – TERRA DI DIO hätte PAISÀ verraten. Es sei denn, man suchte die »Terra di Dio« auf dem Tricktisch.

Erstveröffentlichung: STROMBOLI, epd Film, 7/1985 [Anm. s. S. 480].

Roberto Rossellini

Die Anfänge beleuchten den Übergang zum Ruhm, den ihm der Neorealismus brachte: ROMA CITTÀ APERTA (ROM, OFFENE STADT, I 1945) und PAISÀ (PAISA, I 1946) traten nicht allein im Schlaglicht der Befreiung auf. Ihre Kraft, sich loszusagen von der faschistischen Filmwelt der »Telefoni bianchi/weißen Telefone«, lag schon in Rossellinis Kriegsfilmen der vierziger Jahre begründet.[1] Ohne das Vorbild des »alten« Realismus deutscher (G.W. Pabst) und sowjetischer Schule (W. Pudowkin) sind sie nicht denkbar. Daß der Krieg den Turm von Babel bombardierte, allen Völkern Tod und Terror brachte, machten diese Anfänge deutlicher als bloß rhetorischer Antifaschismus in folgenden Filmen.
Rossellinis L'UOMO DALLA CROCE (MANN DES KREUZES, I 1942), der als Militärkaplan an der russischen Front fiel, steht wieder auf als Bruder im Geiste des mit den Kommunisten paktierenden Priesters, den die Nazis in ROMA CITTÀ APERTA hinrichten. Der Glaube mag für diesen Regisseur eine Bündnisfrage gewesen sein: sein Stil nicht.
Niemand schätzt den ganzen Rossellini; kaum einer der filmenden Zeitgenossen oder eifrigen Schüler in der Klasse der Nouvelle Vague verleugnet aber dessen prägenden Einfluß auf sein Werk. Von Rossellini zitiert man Sequenzen, Details, Momente intensivster Darstellung, um sich nicht in die Widersprüche des offenen Stils zu verwickeln. In seinen Filmen herrscht

ein schönes Durcheinander von Sprachen, Gesten, Weltanschauungen und Landschaften. Gestern noch Anna Magnanis aufrührerisches Temperament hinreißend gefunden und heute Ingrid Bergmans Revolte und Glaubenswende als befremdlich abgetan: – zwei Generationen nach Rossellini findet das nachgewachsene Publikum kaum einen Weg mehr zum trotzigen Pathos, zu den in diesen Filmen sichtbaren Zeichen utopischer Selbstbefreiung.

Im Spätwerk wurde Rossellini ein noch zu entdeckender Dokumentarist der Überlieferung großer Lehren. Seine Fernsehfilme galten Garibaldi, Pascal, Augustinus, Descartes und dem Messias.[2] Als der Regisseur 1977 starb, hinterließ er ein Filmprojekt über Karl Marx und ein Buch seiner Aufsätze (nur in Frankreich gedruckt). Es heißt: *Ein freier Geist muß nichts als Sklave lernen.*[3]

Erstveröffentlichung: *Die Zeit*, 17.1.1986 [Anm. s. S. 480f.].

Zeit der »Zwischenräume«: Luchino Visconti

Gustav Mahlers Sinfonien fanden eine späte Antwort in den Filmen von Visconti. Die Musik des einen steht in stetiger, spannender Korrespondenz zu den Filmen des anderen. In beiden Formen trat noch einmal eine verzweifelte Kunstanstrengung zutage, die epische Großform, ehe sie zum Fragment der Moderne zerfiel, zu retten. Auch Visconti hat neben den großen klassischen Filmen das Risiko des Scheiterns nie gescheut. Die Realisten haben ihn darum als Dekadenten des L'art pour l'art beschimpft, und die Ästheten haben sich der frühen Realismen Viscontis geschämt; zum Schaden für beide. Denn Visconti war in Wahrheit der letzte Regisseur, der eine Vision vom Film als einem synthetischen Medium verfocht. In seinen Filmen waren die Sinnversprechen der Oper, die das 20. Jahrhundert ans Theater delegierte, ebenso aufgehoben wie die Durchdringung des Melodrams mit realistischen Forderungen. Die Obsessionen eines wirren Bayernkönigs waren in seinen Augen nicht weniger wirklich als die Hoffnungen aufständischer Fischer in Sizilien. Visconti war in seinen Filmen Anwalt unerlöster Leidenschaften.

Luchino Visconti wurde 1906 in Mailand als Sohn des Herzogs Visconti di Modrone und der Industriellentochter Carla Erba geboren. Das Elternhaus ist ebenso reich wie konservativ. Die Herzogsfamilie verfügt über Grundbesitz aus Jahrhunderten, der früher bis in die Südschweiz reichte. Das Bettelweib, das Kleist durchs Schloß von Locarno irren ließ, geisterte durch ein altes Visconti-Schloß, die berühmteste Filmbuchhandlung von Paris liegt in der Rue Visconti. Die Verzweigungen erstrecken sich auf Westeuropa. Der junge Luchino profitiert davon, über Kultur wie selbstverständlich zu verfügen. Die Familie verfügt nicht nur über Landgüter, auf denen er seiner Leidenschaft für Pferde nachgehen kann, man hat auch eine Familienloge in der Mailänder Scala, wo Luchino seiner Leidenschaft zur Oper frönen kann. Die Jugend ist unruhig, aber nicht beunruhigend. Mussolinis Faschismus stellt für die Viscontis keine Bedrohung dar. Dennoch zieht es der berufslose Kavallerist und Kunstliebhaber Luchino vor, Italien zu verlassen. 1936 geht er nach Paris. Das ist die Wende. Denn dort entdeckt er, nach den Pferden und Comtessen, seine wahren Leidenschaften: die zum Film, die zu den Männern. Das Herz der Künstlerkolonie der linken Volksfrontregierung in Paris ist groß und der Herzog in Mailand weit. Luchino emanzipiert sich von seiner Familie. Seine Abtrünnigkeit ist nicht mehr die eines fahrenden Gesellen, sondern eines radikalen Meisters.

In Paris begegnete Visconti dem Regisseur Jean Renoir, dessen Film TONI (F 1935), 1934 unter italienischen Arbeitsemigranten in Südfrankreich gedreht, als wichtiger Vorläufer des Neorealismus gilt. Visconti beginnt 1936 als Assistent von Renoirs UNE PARTIE DE CAMPAGNE (EINE LANDPARTIE, F 1946). In seiner Autobiographie betrauerte Renoir später all die Dinge, die er hätte mit Visconti unternehmen können und nicht unternahm. Renoir erkannte die Begabung des künftigen Kollegen, der als nächstes dann in Rom das Projekt TOSCA vorbereitete.[1] Der Ausbruch des Krieges 1939 unterbrach die Dreharbeiten. Renoir emigriert nach Hollywood, und sein Ko-Regisseur Carl Koch muß ins Nazi-Reich heimkehren. Visconti bleibt in Rom. Dort findet er Kontakt zu den Männern, die an der Filmhochschule und in den Filmzeitschriften noch im Krieg die Grundlagen für die Filmbewegung des Neorealismus nach dem Krieg schaffen. Der Kritiker und spätere Regisseur, auch des Films RISO AMARO (BITTERER REIS, I 1949): Giuseppe De Santis, gehört zu diesem Kreis. Visconti veröffentlicht seinen ersten Filmaufsatz, eine Kampfansage unter dem Titel »Leichen«, der den anachronistisch gewordenen Produzenten von Cinecittà im Jahre 1941 gilt:

In gewissen Filmgesellschaften stößt man nur allzu häufig auf Leichen, die sich fest einbilden, lebendig zu sein. Außer mir werden ihnen auch andere begegnen, ohne sie sofort zu erkennen, weil sie in derselben Kleidung herumlaufen wie Sie und ich. Diese Personen treffen sich nach mühsamer Verdauung in den späten Nachmittagsstunden, um Melodramen zu erfinden, die es längst gibt, ohne daß sie es wissen. Sollten Sie jemals gezwungen sein, mit einem dieser Herren zu verhandeln und ihm mit ein wenig Widerwillen Ihren Glauben, Ihre Träume und Illusionen auseinanderzusetzen, wird er Sie mit dem abwesenden Blick eines Schlafwandlers betrachten. Sie leben schon tot, sich des Fortschreitens der Zeit nicht bewußt, ein Abglanz erloschener Dinge, in ihrer farblosen Welt, wo man ungestraft über Parkett aus Gips und

Papier läuft, wo die Wände im Luftzug einer plötzlich geöffneten Tür ins Schwanken geraten, wo ständig Papierrosen blühen, wo Stile und Epochen großzügig ineinander verfließen. Wird jemals der ersehnte Tag kommen, an dem die jungen Kräfte unseres Films klar und deutlich sagen dürfen: auf den Friedhof mit den Leichen?[2]

In dieser Kampfansage des jungen Visconti steckt schon das Programm der Filme, die er machen will. Nicht im Studio, wo die Pappwände wakkeln, sondern im Freien, wo das harte Licht der Realität herrscht, keine Melodramen, sondern Geschichten aus dem Alltag, kein Verfließen der Stile, sondern den einzig möglichen Stil: Realismus. Kein Wunder, daß der Mann dem Regime auffällt. Sein erstes Drehbuch, nach der Erzählung eines sizilianischen Autors, wird von der Zensur verboten. Dann greift er einen amerikanischen Roman auf, James M. Cains *The Postman Always Rings Twice* (1934), den er vollkommen auf italienische Verhältnisse überträgt. Der erste Film Viscontis heißt OSSESSIONE (BESESSENHEIT, I 1943), und es ist ein *film maudit*, ein Meisterwerk, sogleich von der Zensur nach wenigen Aufführungen verboten, von den Behörden des faschistischen Regimes verstümmelt, alle Kopien wurden vernichtet: bis auf eine, die Visconti heimlich gezogen hatte. Der Erzbischof segnete in Mailand jene Kinos, die OSSESSIONE, das unsittliche Sittenstück, hatten laufen lassen. Hans Werner Henze, der Komponist, der früh schon mit Visconti arbeitete, schrieb in einem Essay über diesen Film:

Die dramatische Handlung wird zum Motiv der in großer Leidenschaft dargestellten Passionen von Menschen, die bis dahin vollkommen unbeachtet lebten, da sie die Kehrseite des Regimes darstellten, und die wohl auch nicht darstellbar schienen in ihrer provozierenden Bitterkeit, Armut, tierhaften Nacktheit, ausgesetzt dem Staub, dem Regen, der Sonnenglut. Ein unbekanntes Italien wird gezeigt. [...] Es ist die von Anfang an deutliche Sprache eines Künstlers, dessen harten lateinischen Rabenaugen nichts entgeht von dem, was an Umwelt, Licht und Landschaft den Menschen, das Objekt seines Wirkens, umgibt, ihn formt, ihn verschönt und verstellt; es ist eine Gabe, das Wahre in allen Fällen auch in den ganz widerwärtigen, durch Wahrheitsliebe, die in seinem Metier Genauigkeit heißt, schön zu machen, dem Wahren eine wilde, zerstörerische Schönheit zu geben.[3]

Diese Wahrheit fand Visconti nicht in den Glaswand-Studios von Cinecittà in Rom, sondern auf den Straßen der Po-Ebene, in den öden Kneipen, auf trüben Plätzen der Provinz, am Strand von Ancona, am Deich, im Flußbett, dem nördlichen Tiefland. Ein Landfahrer hilft an einer Tankstelle aus. Die junge Frau des alten Besitzers bedient sich des Hereingeschneiten, um sich des alten Mannes zu entledigen. Als Fabel ein Drama der Eifersucht, als Film eine Studie über die Räume, die Leidenschaften bilden. Jeder verzehrt sich nach dem, der ihm unerreichbar bleibt, Visconti nimmt die dramatische Konstellation so vieler Nachkriegsgeschichten vorweg. Doch wird bei ihm die Zeit angehalten für jene, die sie erfüllen. Der betrogene Ehemann schmettert im Sängerwettstreit eine Liebesarie von Verdi auf dem Podium, während die Liebenden, die ihn betrügen, in der gleichen Blickachse der Kamera unten im Saale sitzen.

Die schöne Unschuld wird in Schuld verstrickt. Nach dem vollzogenen Mord am alten Ehemann wird die Begierde der Blicke umgepolt in Scham. Die Lust hat sich in Angst vor der Aufdeckung verwandelt. Als Bildauflöser tritt nun der Polizeikommissar auf: Er bindet die Blicke in diesem Film, er wird zum Detektiv der Leidenschaft, mit kalten Augen, deren Ermittlung bei der Aufdeckung der Tat stets ein Blickdelegierter vorausgesandt wird. OSSESSIONE ist kein Melodram blinder Gefühle, sondern ein kalkulierter Kriminalfilm über fehlgeschlagene Begierden. Der Titel gibt ein reißerisches Versprechen auf Sinnlichkeit ab, das er selber jenseits aller Erotik erfüllt. Denn hier wird jeder, dessen Blick die Kamera aufgreift, weitergibt, zum Komplizen einer Besessenheit, die nicht erst am Ende, sondern gleich am Anfang mit der Welt der »weißen Telefone«, dem von Visconti beschriebenen »Leichen«-Bild im italienischen Film von 1942 aufräumt. Nun war die Bahn für die anderen frei. Erst in den Filmen von Rossellini und De Sica sollte sich, was Neorealismus hieß, erfüllen: Visconti war der entscheidende Vorläufer, der den Etiketten der Kunstgeschichte nicht weiter nachlief. Viel mehr bereitete er im Rom der unmittelbaren Nachkriegsjahre dem neuen amerikanischen und französischen Theater eine Bahn. Erst 1948 entstand sein zweiter Film LA TERRA TREMA – EPISODIO DEL MARE (DIE ERDE BEBT, I 1948), das Drama einer sizilianischen Fischerfamilie.

Die Unterschiede, Widersprüche und Konflikte zwischen Norden und Süden [Italiens] begannen mich leidenschaftlich zu interessieren, und zwar über das Maß hinaus, in dem das ›Mysterium‹ des mezzogiorno und der Inseln mich als Nordländer faszinierten. [...] Wenn man genauer hinsieht, habe ich auch in LA TERRA TREMA versucht als Grund und Quelle der ganzen dramatischen Entwicklung einen ökonomischen Konflikt zu entbinden. Der Schlüssel zum Verständnis von Geisteshaltungen, von Seelenzuständen und Konflikten ist für mich also vorwiegend gesellschaftlicher Natur, auch wenn die Schlüsse, zu denen ich komme, nur rein menschliche sind und konkret einzelne Individuen betreffen. Aber die Hefe, das Blut gleichsam in der Erzählung, ist angereichert mit staatsbürgerlicher Leidenschaft, mit gesellschaftlicher Problematik.[4]

Ausgangspunkt des Films war ein Roman von Giovanni Verga, dem veristischen Autor Siziliens: I *Malavoglia* (1881). Die Brüder einer Fischerfamilie versuchen sich der Ausbeutung durch die fischverarbeitende Industrie zu widersetzen, indem sie eine Kooperative gründen. Wieder ist der Grund eine soziale Empörung, die aber in der filmischen Form nicht schroff realistisch, sondern unerhört ins Pathos entfaltet wird. Wenn die alten Fischerfrauen in schwarz wehenden Gewändern am Strande vergeblich auf die Heimkehr eines verschollenen Bootes warten, dann zeigt Visconti nicht das Abbild dreier bestimmter Frauen, sondern eine Allegorie der Trauer, ein Denkmal der kollektiven Klage. Im Maße, wie sich ein individuelles Gefühl verkleinert, so monumentalisiert es sich in der Filmform. So wie der Erstlingsfilm BESESSENHEIT hieß, so könnte LA TERRA TREMA – *Empörung* heißen. Viscontis soziale Tat in der Filmkunst lag darin, den Gefühlen der kleinen anonymen Leute, die niemand für kunstfähig oder kunstwürdig hielt, eine Pathosformel zu verleihen, in der die versteckten, auch unterdrückten Gefühle sichtbar wurden, so sichtbar, daß sie unauslöschlich waren.

LA TERRA TREMA, im sizilianischen Dialekt gedreht, in der Originallänge wie viele Visconti-Filme verstümmelt, war ein finanzieller Mißerfolg. Der Regisseur muß auf den nächsten Auftrag warten. Statt der Laiendarsteller in seinem Fischerdrama wählt er nun einen bekannten Star: Anna Magnani. Sie spielt in seinem Film BELLISSIMA (I 1951) die Mutter des Kinderstars, der für den Film entdeckt werden soll. Es ist Viscontis einzige Komödie, deren Reichtum allerdings auch die Zonen der Trauer streift. BELLISSIMA ist eine liebevolle Satire auf den Filmbetrieb, sei es in Cinecittà, sei es anderswo. Regisseur des Films im Film ist Alessandro Blasetti, ein Altmeister des italienischen Tonfilms, der erst kürzlich 86-jährig in Rom verstarb. Man kann getrost an Billy Wilders SUNSET BOULEVARD (BOULEVARD DER DÄMMERUNG, USA 1950) denken, die schwarze Komödie über das verfehlte Comeback eines Altstars in Hollywood. BELLISSIMA ist das Gegenstück, die Armenversion. Die Hollywoodfilme sieht Anna Magnani von ihrem Küchenfenster aus im Freiluftkino Roms. Da zieht Hawks' Film RED RIVER (USA 1948) über die Leinwand, und Magnani darf für Montgomery Clift schwärmen. Der Film ist ihre große Hoffnung auf sozialen Aufstieg, den sie mittels ihres Kindes bewerkstelligen will: In diese Hoffnung investiert sie alles, was sie hat. Um sie herum: der abgetakelte Altstar, der bei ihr einen Kaffee für den Schauspielunterricht mit der kleinen Tochter erschnorren will; der windige Cutter, der ihr einen direkten Zugang zum prominenten Regisseur verspricht und ihr dafür die Bausparverträge abschwatzt; der Star-Regisseur, der Kinder küßt und seinen Stab zusammenbrüllt. Das Personal einer Typenkomödie, doch weist Visconti in die Bereiche über den dargestellten Blasetti weit hinaus. Zum Vorspann sehen wir einen Frauenchor im Radiostudio, der ein Lied aufnimmt, dessen Motiv immer dann erklingt, wenn der eitle Blasetti im Bild erscheint. Es ist der Chor aus Donizettis *L'elisir d'amore* (1832) mit der süffisanten Zeile: »Wir sind alle Dilettanten ...« Visconti brauchte lange Zeit, um diese Malice wieder auszubügeln.

Die Schlüsselszene des Films BELLISSIMA findet in der Vorführkabine statt. Der Regisseur und sein Team begutachten die Muster mit den Probeaufnahmen der Kinderstars. Magnani, ihre Kleine im Arm, lauscht gierig am Projektionsfenster. Der Filmstab lacht sich über die banalen Tränen der Magnani-Tochter schief, die Mutter oben spiegelt auf ihrem Gesicht, groß wie eine Leinwand, den Spott und ihr Entsetzen in wachsender Wut und Trauer wider. Magnani gibt sich nicht mit der Rolle des obsessiven Muttertiers zufrieden, sie dreht auch in der Küchenschürze zur Tragödin auf, die sich in langen Gängen und ausgreifenden Gesten Luft zur Empörung über das ihrem Kinde angetane Unrecht macht. Die Szene wirkt improvisiert, dem Geschwätz des Alltags abgelauscht. Doch sind die Kamerafahrten so ausgetüftelt zeitverzögert, daß große Dialogpartien in *eine* Einstellung geraten, also das Gegenteil von Improvisation bezeugen. Doch gelingt es Visconti, die Bewegung ins Pathos immer wieder durch Sarkasmen aus dem witzigen Alltagsdialog in Rom zu unterschneiden.

Visconti ist ein Chronist der Gefühle in Umbruchszeiten. BELLISSIMA ist der ironische Kehraus des Neorealismus, so wie OSSESSIONE dessen pathetischer Vorläufer war. Visconti nimmt den Zwischenraum ein. Ihm geht es um den Augenblick des Nicht-Mehr und des Noch-Nicht. An diesem Ort herrscht oft trügerische Stille, schwelgerischer Luxus und täuschende Euphorie. Der Sturz ist umso tiefer. Der Ort, den Visconti als Geschichtsphilosoph einnehmen würde, ist einer, an dem Geschichte klafft. Visconti bezeichnet den historischen Zwischenraum. So auch in seinem Film aus der Epoche des *Risorgimento*, der italienischen Freiheitsbewegung unter Garibaldi gegen die österreichischen Besatzer. Viscontis historisches Fanal heißt SENSO (I 1954) und wurde im deutschen Verleih mit dem Titel SEHNSUCHT herabgestimmt. Hans Werner Henze schrieb:

SENSO, worin der melodramatische Ton am bewußtesten durchgehalten wird, beginnt mit einer Szene im »Teatro La Fenice«, während einer Vorstellung des *Troubadour*. Die Kamera, die eine Zeitlang direkt auf den entfernten Bühnenausschnitt gerichtet war, schwenkt in die Galerie, wo das venezianische Volk auf den Stehplätzen zusammengedrängt hockt, und wandert von dort in das Parkett der österreichischen Besatzungsoffiziere in ihren weißen Uniformen, von dort in die Loge der Familie Serpieri, in der gerade der Stadtkommandant und sein Adjutant zu Gast sind. Hier beginnt die haßerfüllte, unmögliche Liebesaffäre, in dieser kordialen Atmosphäre, unter höflichen Verbeugungen und Komplimenten, die von Verrat wissen. [...] Das Gefühl der Unruhe, der Bedrohung bricht dann am Schluß des Aktes zu der berühmten Cabaletta des Tenors aus, wenn die Rufe laut werden »Viva l'Italia, viva Verdi!«, und von der Galerie herab grün-weiß-rote Flugblätter wehen, deren Licht und Frische wie ein Regen in die Salonluft der Unterdrücker eindringt.[5]

Zum Melodram Viscontis gehörten die emotionale Gestimmheit der Farben, die historiographisch ausschweifenden Panorama-Schwenks der Kamera, die Unbedingtheit des Gefühls in der Bedingtheit der Macht zu zeigen. Das utopische Element der Verdischen Musik sprengt die Enge der Visconti-räume auf, ihr Sog führt sie ins Freie. Aber was ist das *Risorgimento?* Eine korrumpierte Freiheitsbewegung: Was ist der schöne Mann? Schwach. Was die starke Frau? Bloß liebend. Visconti inszeniert ein Totenfest. Der Platz in Verona, wo der verräterische Deserteur und schöne Offizier exekutiert wird, bleibt rostbraun und leer. Vor der Exekution erscheint das Leben schon in den Farben exekutiert. Diese vielen Vorhänge, Roben, Uniformmäntel, die Hutschleier, die Tapeten: alles fließt und zieht doch täuschende Spuren. Die Transparenz ist ein Trompe-l'œil-Regie-Effekt. Bruckners Siebente Sinfonie täuscht eine überspannte Euphorie vor, die längst von neurotischer Angst zerbrochen ist.
In den Hauptrollen von SENSO sind Alida Valli, schon Star in den 1940er Jahren, und Farley Granger besetzt, der in Hitchcocks ROPE (COCKTAIL FÜR EINE LEICHE, USA 1948) auffiel. Visconti wollte zuerst Marlon Brando und Ingrid Bergman für dies Paar der Haßliebe gewinnen. Das erklärt, warum Hollywoods Bankiers dem Regisseur als Drehbuchautoren Tennessee Williams und Paul Bowles hinzugesellten. Vorlage für SENSO war die gleichnamige Novelle (1883) von Camillo Boito, dem Bruder des Arrigo Boito, der für Verdi die Libretti der Opern *Otello* (1887) und *Falstaff* (1893) schrieb. Gegenüber der Vorlage verstärkte Visconti die politischen Elemente des Freiheitskampfes. Die Figuren sind Engagierte, die schon wissen, daß sie den Kampf verlieren werden. Die Desillusionierung ist als Prozeß einer bewußten Enttäuschung geführt. Dies ist zu verdeutlichen an der Gegenüberstellung zweier Textpassagen. Die Novelle bediente die Romantik, das Drehbuch demaskierte die Romantik. In der Novelle von 1883, ein fingiertes Tagebuch der Gräfin Livia, die sich unglücklich in den feindlichen Offizier verliebt, wird geschwärmt:

Unter den Offizieren lernte ich einen kennen, der sich aus zweierlei Gründen von dem Haufen der übrigen unterschied. Dem zügellosen, ausschweifenden Leben fügte er, nach Behauptung seiner Freunde, eine solch sittenlos-zynische Verachtung aller Prinzipien hinzu, daß ihm nichts auf der Welt respektabel erschien außer vielleicht dem Strafgesetz und dem militärischen Reglement. Darüber hinaus war er wahrhaft wunderschön und außerordentlich feurig: [...] der muskulöse Körper, von dem man unter der eng anliegenden, weißen, österreichischen Offiziersuniform alles erraten konnte, erinnerte an die römischen Statuen der Gladiatoren. Es war diesem Leutnant, der erst vierundzwanzig Jahre alt war – zwei Jahre älter als ich –, gelungen, das beträchtliche, vom Vater geerbte Vermögen durchzubringen. [...] Er hatte noch nie die Gelegenheit gehabt, im Krieg zu kämpfen, und liebte es nicht, sich zu duellieren. Stark, schön, pervers, feig – er gefiel mir. Venedig, das ich nie zuvor gesehen und doch so sehr ersehnt hatte, sprach mehr meine Sinne als meinen Geist an.[6]

Wenn die Sinne angesprochen werden, dann antworten sie auch. Politik ist für Visconti die Intensivierung der Sinne, ein fatales Feld, auf dem die Politik der Sinne in die Niederlagen reißt, es sei denn, man verfügt über mehr als einen heißen Kopf: nämlich die Einsicht in die Klassenlage. Visconti, der Chronist der geschichtlichen Zwischenstufen, läßt seine Handelnden straucheln, untergehen, weil sie noch nicht erkennen können, daß sie historisch zum Untergang ihrer Klasse bestimmt sind, die ihre Legitimation verlor. Im Drehbuch antwortet der geschmähte Feigling, verräterische Liebhaber und desertierte Offizier mit einer Anklage dem Anspruch der Gräfin: »Tutto un mondo disparirà!« – »Eine ganze Welt wird untergehen!«

Hör' mich an und versuche mich zu verstehen. Versuch' mal, mich so zu sehen, wie ich bin, und nicht so, wie mich deine Einbildung geschaffen hat. Die Vorstellung, die du dir von mir gemacht hast, ist reine Phantasie, eine Erfindung von dir. [...] Wer bin ich, wie lebe ich? [...] Vom Geld, das ich mir auf zweierlei Art beschaffe: Das, was ich mir von den Frauen geben lasse, und das, was ich durch falsches Spiel erschwindle. [...] So bin ich wirklich. [...] Ich bin ein Deserteur, weil ich ein Feigling bin. Was geht es mich an, daß meine Kameraden eine Schlacht gewonnen haben, bei einem Ort, der Custozza heißt. Ich weiß ja doch, daß sie den Krieg verlieren werden, und nicht nur den Krieg. In ein paar Jahren wird Österreich erledigt sein. Und eine ganze Welt wird verschwinden, und zwar die, zu der sowohl du als auch ich gehören.[7]

SENSO wurde zehn Jahre nach Kriegsende gedreht. Die Sprache der Besatzer wird in der Originalfassung Deutsch belassen. Aber diese Stimmen, die Befehle schreien, Komplimente machen, klingen eher preußisch als österreichisch. Mögen die Herren dreistimmig Schuberts Lied an den Lindenbaum singen, nach ihrem blutigen Sieg in Custozza gröhlen sie »Schwarzbraun ist die Haselnuß, schwarzbraun bist auch du« und andere Soldatenlieder, die in italienischen Ohren wie die gerade verflossenen Lieder der Nazitruppen klangen. Hinter den feschen Österreichern lauern die häßlichen Deutschen. Als SENSO gedreht wurde, erlangte die Republik Österreich ihre Neutralität, verließen die alliierten Besatzer das Land. Wählte Visconti aus diplomatischer Rücksicht hier deutsche Nebentöne? Das Reich der deutschen »Leidenschaften« wird er Ende der sechziger Jahre in einer großen Trilogie entdecken. In der Zeit nach SENSO inszeniert Visconti in Rom und Mailand Oper und Theater, die Erfolge von Maria Callas sind auch seiner Arbeit zu verdanken. Die Thomas Mann-Novelle *Mario und der Zauberer* (1930) richtet Visconti als Ballett ein, mit Hans Werner Henze als Komponist bringt er in der Westberliner Oper das Ballett *Tanzmarathon* auf die Bühne. Henze gab einen Probenbericht:

Faszinierend zu sehen, wie Visconti damals auf den Proben zu *Maratona* von Tag zu Tag, ohne Hektik, ohne laute Worte, oft als ob er nicht gewillt sei, in das einstweilen noch vorherrschende Durcheinander einzugreifen (wenn niemand zu wissen schien, wie es weitergehen und um was es überhaupt gehen sollte), nur gelegentlich, leise, amüsiert, wie im Nebenbei, den Assistenten kleine Aufträge gebend, Ratschläge, jemanden herbeiwinkend und ihm etwas anvertrauend, völlig gelassen und unauffällig das Ganze in den Griff nahm, so wie sich ein Spinnennetz bildet und wie aus der nach Improvisation aussehenden Bewegtheit ein sich immer mehr verzahnendes Kaleidoskop wurde, etwas immer Genaueres, das sich am Ende dann als sehr fremdartiges, schlimmes, manchen abstoßendes Bild herausstellte, das provozieren wollte und provozierte.[8]

Als Visconti nach SENSO einen neuen Stoff suchte, war im Briefwechsel mit seiner langjährigen Drehbuchautorin, in einer italienischen Zeitschrift vor drei Jahren publiziert, die Rede von einer Provokation, die Visconti dann doch nicht annehmen wollte: Pasolini. Dieses *enfant terrible* der Literatur der fünfziger Jahre hatte soeben seinen Roman über die römischen Strichjungen der Vorstädte: *Ragazzi di vita* (1955), publiziert, und Visconti, nicht nur ergebener Leser des Werks von Proust, entdeckte die Explosivkraft im Roman von Pasolini. Er erwägt eine Episode zu verfilmen, nicht ohne die selbstzensierende Einschränkung im Brief: »Aber das muß *gebührend* gereinigt werden.« Pasolini wird seine Zustimmung diesem Ansinnen verweigert haben. Visconti griff stattdessen auf seine alte Faszination des Nord-Süd-Konfliktes in Italien zurück. Er dreht 1960 ROCCO E I SUOI FRATELLI (ROCCO UND SEINE BRÜDER, I/F 1960). Alain Delon, den er für eine Bühneninszenierung mit Romy Schneider in Paris entdeckt, wird der neue Star.

ROCCO E I SUOI FRATELLI ist ein Familienepos zur binnenitalienischen Emigration. Roccos Familie stammt aus dem bitterarmen Matera, der Provinzhauptstadt Lukaniens im Süden. Franceso Rosi, langjährig Regie-

Assistent Viscontis, wird diese Landschaft in seinem Film CRISTO SI È FERMATO A EBOLI (CHRISTUS KAM NUR BIS EBOLI, I/F 1979) zum Schauplatz wählen. Pasolini drehte eine Episode seines Films IL VANGELO SECONDO MATTEO (DAS ERSTE EVANGELIUM – MATTHÄUS, I/F 1964) in der Ruinenstadt Matera. Bei Visconti wird dieser Ort der Armut nicht gezeigt, er wird evoziert: mitten im verschneiten Mailand, der Industriemetropole des Nordens, die so vielen Einwanderern aus Kalabrien, aus Lukanien Brot, aber keine Heimat gab. Visconti geht in seinem Epos der dramatischen Kurve des Zerfalls nach. Vom ersten Schneefall bis zur Lawinenkatastrophe werden die großen Gefühle der kleinen Leute entwickelt. ROCCO ist durchaus eine Arbeiter-Oper, doch eine, die das Elend der Gefühle als Verelendung in der Fremde zeigt, die jedem Schicksal der Brüder nachspürt und am Ende politische Alternativen aufzeigt. Rocco ist der Heilige unter den Brüdern, der die Schuld seines mörderischen Bruders Simone auf sich nimmt, ein starker Opfersinn im familiären Bereich, den der jüngere Bruder Ciro nicht teilt: Er ist der erste festangestellte Arbeiter der Familie, gewerkschaftlich organisiert, mit einer Zukunftsvision, die er dem kleinsten der Brüder in einer bewegenden Utopie am Schluß mitteilt. Wie in LA TERRA TREMA gerinnen die Figuren am Ende zu Allegorien des Klassenkampfes, weil ihre Gefühle, isoliert, von Visconti monumentalisiert werden. Als ROCCO E I SUOI FRATELLI entstand, nahm der Regisseur in einem Aufsatz Stellung:

> Das Problem der Beziehungen zwischen den Brüdern untereinander und zwischen den Söhnen und der Mutter hat mich sicherlich nicht weniger interessiert als die Tatsache, daß es sich um eine südliche Familie handelt und warum diese aus dem Süden nach dem Norden kommt. Indem ich diese Wahl traf, habe ich mich aber nicht auf die Suche nach besonders eindrucksvollen Gestalten beschränkt, sondern ich bin ganz bewußt daran gegangen, einen Film über die Beziehungen zwischen Norden und Süden zu machen, wie es ein Künstler tut, der sozusagen nicht nur die Herzen bewegen, sondern auch zum Denken anregen will. [...] Aufs Ganze gesehen, ist das Ende von ROCCO zu einem symbolischen, ich würde sagen emblematischen Ende meiner Ansichten über den Süden geworden: Der Bruder, der Arbeiter ist, spricht zu dem Jüngsten der Familie von einer Zukunftsvision seines Landes. [...] Vergrößerung der Konflikte? Das ist die Aufgabe der Kunst. Das Wesentliche ist, daß die Konflikte reale sind.[9]

In Viscontis Kurzfilm IL LAVORO (DER JOB, I 1962) steht Romy Schneider im Mittelpunkt. Sie ist hier eine moderne Schwester der Gräfin Livia aus SENSO. Wie jener gibt der Regisseur auch ihr das Recht zur Autonomie, allerdings um den Preis, daß das Leid nicht nur selbstbewußt, sondern auch masochistisch erlebt werden muß. Viscontis Frauen leiden – im Gegensatz zu den machtbewußten Männern – am Schmerz der Erkenntnis. Am Schluß fährt die Kamera auf Schneiders Gesicht in Großaufnahme zu. Die Gesichtshaut und das Kissen, auf dem ihr Kopf ruht, werden eins, die nun einsetzende Unschärfe der Objektive läßt Schneiders Ausdruck, Haut und Stoff ins Amorphe verschwimmen. Radikaler zeigte Visconti einen Abschied vom Adel, einen Abschied von der Liebe nie.

> Jenseits der kurzen Brücke, die in den Ort führte, warteten die Honoratioren, umringt von ein paar Dutzend Bauern. Sowie die Wagen auf die Brücke einfuhren, stimmte die Gemeinde-Musikkapelle mit rasendem Ungestüm »Noi siamo zingarelle« an, der erste, lächerliche und freundliche Gruß, den Donnafugata seit einigen Jahren seinem Fürsten entbot.[10]

Der Fürst, der in seine Sommervilla in Sizilien einfährt und von seinen Untertanen stümperhaft mit einer Verdi-Melodie empfangen wird, heißt Don Fabrizio, bekannt geworden unter dem Beinamen *Il Gattopardo*. Dies wurde der Titel des autobiographischen Romans des Fürsten Tomasi Di Lampedusa (1958), den Visconti 1962 mit Burt Lancaster, Alain Delon und Claudia Cardinale in den Hauptrollen verfilmte: IL GATTOPARDO (DER LEOPARD, I/F 1963). Der musikalische Gruß der Gemeinde-Kapelle hat einen Hintersinn. Er intoniert aus Verdis *La Traviata* (1853) den Chor der Wahrsagerinnen, die die Zukunft aus den Sternen bestimmen wollen. Der Fürst Fabrizio selbst besitzt ein Observatorium, um den Lauf der Sterne zu verfolgen. Der Lauf sieht nicht günstig aus. Italien 1860: Garibaldi wird seinen Kampf zur Befreiung und Einigung Italiens von Sizilien aus beginnen. Auch dieser Fürst könnte wie der dekadente Offizier in SENSO sagen: »Eine ganze Welt wird untergehen.« Nach uns die Sintflut, denn vor uns liegt die Republik! Noch ist es nicht soweit, doch wieder wird eine Zeitfalte sichtbar, ein Riß in der Geschichte. Das *Risorgimento* ist Erhebung und Untergang, Enthusiasmus und Dekadenz, Schönheit und Tod zugleich, ein typischer Visconti-Augenblick, der die Zeit anhält, um ihre transitorische Bewegung fühlbar zu machen.

Der noble Feudalherr wird untergehen, an seine Stelle wird der Neffe Tancredi (Alain Delon) rücken. Visconti zeigt die Konfrontation eines aufgeklärten Wracks und eines blinden Hitzkopfes. Der Nachfolger wird nicht mehr die Wissenschaft und die Sterne fragen, der führt den Krieg wie die Liebe: zum Zeitvertreib. Höhepunkt des Films IL GATTOPARDO ist die Ball-Sequenz. Sie nimmt von den drei Filmstunden rund vierzig Minuten ein. Im Saal ist der Schauplatz, an dem die widerstreitenden Interessen sich durchkreuzend sichtbar werden. Gegner und Freunde sind geladen. Sie werden von der Kamera vorgeladen. Mal einzeln, mal in Gruppen in den Zeugenstand gerufen, dann wieder in den Saal entlassen. Die Kamera, die mit den Tanzenden durch die Räume wirbelt, hier innehält, um dort jemanden einzukreisen, bewegt sich wie ein unauffälliger Ermittler über das Parkett. Vor den vielen lebenden Köpfen fängt sie für den Vordergrund des Bildes oft eine antike Halbbüste ein, einen idealisierten, aber hohlen Kopf. In einer Achse schweift der Blick vom toten Vordergrund zum belebten Hintergrund. In diesem Blick liegt eine Zeitachse verborgen, die das Leben als eines zum Tode hin erfaßt. Visconti als einen schwelgerischen *Décadent* zu bezeichnen heißt immer, ihn auf die starren Bilder, das Fotoalbum der Filmgeschichte festzulegen, anstatt den Befund anhand der fließenden, von einem Raum in den anderen gleitenden Bilder zu prüfen. Die Kamera in dieser lang anhaltenden Ball-Sequenz sucht sich einen Augenzeugen in der antiken Figur, die, so scheint es, auf ihre pöbelhaften Nachfahren mit Befremden blickt, Visconti ermittelt, ohne die Schönheit gefällig zu arrangieren. Das Arrangement ist eine Falle, in die nur Einäugige tappen, die des Schreckens sich nicht inne werden, der in der Zeit ausbreitenden Bewegung liegt.

Don Fabrizio spürte, wie sein steinernes Herz weich wurde: der Widerwille wich dem Mitleid mit all diesen vergänglichen Wesen, die sich des schwachen Lichtstrahls freuten, die ihnen zwischen zwei Finsternissen, der vor der Wiege, der nach den letzten Zuckungen, gewährt wird. Wie könnte man gegen jemanden grausam sein, der ja doch würde sterben müssen? [...] Und all die Menschen, die die Salons füllten, all diese unschönen Frauen, diese unintelligenten Männer, diese beiden eitlen Geschlechter waren Blut von seinem Blut, waren er selbst; nur mit ihnen verstand er sich, nur mit ihnen fühlte er sich wohl. [...] Er suchte einen Platz, an dem er ruhig sitzen könnte [...]. Er fand diesen Platz sehr bald: die Bibliothek, klein, still, erleuchtet und leer. Er setzte sich, dann erhob er sich wieder und trank von dem Wasser, das dort auf dem Tischchen stand, [...] und er wischte die Tröpfchen nicht ab, die auf der Lippe zurückgeblieben waren.[11]

Die Geschichte des Fürsten Salina in IL GATTOPARDO ist Geschichte des Zerfalls einer Form des Patriarchats. [...] Der eher plastisch markante Kopf Burt Lancasters [...] entwickelt im Film eine Unübersichtlichkeit. Die Grenze zwischen Haut und Bart-Behaarung an den Wangen, auf der Oberlippe ist fließend. [...] Anarchisch auch die Frisur, nichts ist gestutzt, aber alles gepflegt in seiner Wildheit. Die Haut verändert sich ständig. Was hier als Runzel erscheint, ist in der nächsten Einstellung geglättet, was dort wie eine Narbe wirkte, klärt sich als Schattenwurf auf. [...] Als der Fürst von der drückenden Hitze, der lärmenden Menge des Ballsaals erschöpft in der Bibliothek Ruhe sucht, trinkt er als erstes gierig aus einem Glas Wasser; es quillt über die Lippen, ein Tropfen rinnt übers Kinn, indiskret starrt die Kamera auf den geöffneten Mund, [...] – Körpersäfte, die zu zeigen der Film hier so wenig sich scheut wie später die Tränen.[12]

Zwei Zitate, zwei Möglichkeiten, die Aufmerksamkeit auf die Sinnlichkeit in den Filmen Viscontis zu lenken. Das erste ein Zitat aus dem Roman Il Gattopardo, dann die gleiche Szene beschrieben in einer Kritik von Heide Schlüpmann, die über die Erotik des Zerfalls anhand der darstellerischen Kunst von Burt Lancaster nachdachte. Der Schauspieler als ein Ko-Autor der Inszenierung, einer, der sinnfällig macht, was der Zerfall des Patriarchats bedeutet. – 1968 beginnt Visconti seine deutsche Trilogie, zu der die Filme LA CADUTA DEGLI DEI (I/BRD 1969) – zu deutsch Götterdämmerung: dieser wagnerianische Titel wurde im deutschen Verleih zu DIE VERDAMMTEN – dann MORTE A VENEZIA (TOD IN VENEDIG, I/F 1971) und LUDWIG (I/F/BRD 1972) zählen. Die epische Großform wird nun vom Monumentalismus ausgezehrt. Nicht mehr der Film als Ganzes überzeugt, sondern Bruchstücke, Fundstücke, die sprechender sind als die der deutschen Geschichte abgepreßten Stoffe.

LA CADUTA DEGLI DEI entrollt das Panorama der deutschen Großindustriellen-Familie von Essen, die sich wissentlich und gewollt in den Faschismus verstrickt, verwirkt, um Teil des gleichen Stoffs zu werden. Helmut Berger taucht hier als der neue Star Viscontis auf, in SS-Uniform, weich und schneidend, ein Sadist aus Larmoyanz, ein Haltloser, dem die Uniform den Glanz der Allmacht verleiht. Aber was als ein Beitrag zum ästhetischen Antifaschismus angelegt war, entpuppt sich als morbides Alpenglühen in der Krupp-Familie. Der perverse Kindermörder parodiert DER BLAUE ENGEL (D 1930, Josef von Sternberg), Dirk Bogarde und Ingrid Thulin, dieses darstellerische Traumversprechen der Dekadenz, parodieren sich selber. Die Farben des Films sind nicht mehr wie in SENSO oder in MORTE A VENEZIA kodiert, sondern einheitlich grell und hysterisch. Ich stimme mit dem Urteil des damaligen Kritikers Blumenberg überein, der LA CADUTA DEGLI DEI für eine »Nazi-Operette« hielt:[13] das hieße in die Operntradition Viscontis übersetzt – den Schmerz der Erkenntnis aus unerfüllter Leidenschaft ins grelle Kostüm der leichten Schrecken einzuschlagen. – In ihrem Essay über Zarah Leander wies die Regisseurin Helma Sanders-Brahms auf diese Diskrepanz hin.

»Nachts ging das Telephon...« singt Zara in Viscontis LA CADUTA DEGLI DEI in dem Augenblick, als Ingrid Thulin, weiß wie eine Wand und kaum noch lebendig, zu ihrer letzten Hochzeit geht. Oh ja, »nachts ging das Telephon« und nicht nur das, sondern auch die Abtransporte derjenigen, die den nationalsozialistischen Säuberungsbeamten als auszumerzende Schädlinge ins Auge gestochen waren, auch jener zionistischen Sarahs, deren Bild in den Köpfen doch von dem, was Zarahs Bild im Kino war, gar nicht so sehr abwich.[14]

MORTE A VENEZIA eröffnet schon mit einem Bild, das dem Totenreich näher steht als der Stadt, die sich allmählich ins Bild schiebt. Langsam lichtet sich das Dunkel. Eine Fläche des ungefähren Raums, die sich als grün erweist, läßt eine schwarze Spur sichtbar werden, die der Zuschauer als Rauchfahne erahnt. Ein Vorzeichen, aus dem Jenseits, das sich ins Diesseits bewegt. Endlich fährt ein kleines Dampfschiff in die Lagune ein. Das Adagietto aus Mahlers fünfter Sinfonie erweckt den Eindruck, als gleite das Schiff auf einem Luftkissen über die Adria. Gustav von Aschenbach sitzt auf dem Deck und fröstelt im Korbstuhl. Seine Blicke sind verhangen, vom Schal beschirmt. Nach kurzer Euphorie wird seine Rekonvaleszenz in eine schöne Agonie überleiten. Der Lebende ist ein Toter auf Urlaub. Dirk Bogarde spielt diesen Komponisten, der bei Thomas Mann als Dichter konzipiert war, mit äußerster Verhaltenheit. Bogardes Augenblicke des ausbrechenden Leichtsinns sind so behutsam, daß seine Behutsamkeit leichtsinnig erscheinen mag. Der Herr benimmt sich noch im Ungeschick diskret.

Nach der Ouvertüre, der Einfahrt nach Venedig, erwartet Aschenbach die Entdeckung seines Todesengels Tadzio, des polnischen Knaben im Lido-Hotel. Der alternde Künstler sitzt scheinbar zeitunglesend in der üppigen Halle. Die Kamera zieht äußerst langsame Schwenks nach rechts, nach links in horizontaler Bewegung, immer vorbei an den für Visconti obligatorischen Blumenbouquets auf Augenhöhe, vorzugsweise Hortensien oder Fliederblüten. Nach dieser lateralen Erkundung der Hotelhalle, die Aschenbach noch ausweichende Möglichkeiten des Blicks gewährt, wird sein Blick nun an die Leine der Begierde gelegt. Ein vertikaler Zoom der Kamera schnellt in den Raum der Halle hinein, um den Knaben Tadzio einzufangen. Vom eingefangenen Objekt zieht der nächste Zoom zurück auf das gefangene Subjekt: Das erste Mal sind Tadzio und Aschenbach in einer vertikalen Blickachse vereint. Aus dieser Blickvereinigung wird es Ausbruchsversuche, kokette Trennungen wohl geben, doch ist das Fatum Aschenbachs in diesem Blick besiegelt. Kommt diese ausschweifende Blicksuche zu ihrem Ende, dann hat auch der TOD IN VENEDIG sein Ziel gefunden. »Wer die Schönheit angeschaut mit Augen / Ist dem Tode schon anheimgegeben«, hieß es zum Vorspann mit August von Platens schmerzerfahrenen Zeilen. Visconti scheint ausführlich über die Bedeutung des Anheimgebens nachgedacht zu haben, im Maße, wie die Kamera dieser Bedeutung nachspürt. So wie Aschenbach zur Ouvertüre des Films aus einem amorphen Grün erstand, so geht er zu seinem Tode, verführt von Tadzio, in eine Apotheose des Lichts. Endlich darf er mit dem lockenden Blicke Tadzios verschmelzen. Und diese Lockung trägt ihn in eine Selbstauflösung, zu der ihm alle Sinne schwinden.

Das Platen-Gedicht in MORTE A VENEZIA hieß »Tristan«[15], das königlich bayerische Schaufelrad-Schiff, das Ludwig II. über den Chiemsee in sein Schloß Herrenchiemsee trägt, hieß ebenfalls »Tristan«: Wagnerianische Todesmystik durchzieht Viscontis deutsche Trilogie. 1972 entstand der Film LUDWIG, in seiner vierstündigen Originalfassung in Deutschland nie gezeigt. Neben Trevor Howard als Richard Wagner, Romy Schneider als die Kaiserin Sissi von Österreich, Silvana Mangano als Cosima von Bülow, spätere Wagner, spielt in der Hauptrolle des Herrschers im Reiche des Kitsches: Ludwig II. von Bayern Helmut Berger. Er spielt so angestrengt, wie er selber zugab, als wolle er sich einen »Oscar« für die Rolle holen. Berger ist sozusagen die Wiener Version von Viscontis frühem Star Delon. Nur ist Berger im Gegensatz zu Alain Delon neurotisch, fahrig und zerrissen. Die klinische Diagnose der Rolle, die er verkörpert, lautet Paranoia. Das Denkzentrum des Bayernkönigs, scheint es, lag an der Nasenwurzel. Von da aus breitet sich, wird Berger gereizt, ein mimisches Erdbeben des Mißmuts über sein perfekt glattes, ansonsten unbeschriebenes Gesicht. Die Maske malt Berger zwei diabolische Bögen über die Augenbrauen, später ergänzt durch die Gegenlinie der abweisenden Enden der Moustache, verdunkelt durch einen Kinnbart, verdämmert durch entzündete Augenlider, verteufelt durch schwarze, faulende Zähne. War IL GATTOPARDO eine Studie über den Zerfall, so ist LUDWIG ein Pastiche über den Zerfall einer wahnhaften Macht.

Wieder schwelgt die Kamera in Schleiern und Schleppen, in Zeremonien und Tapeten, in Schlössern und Gärten, im Mondschein und im Krönungssaal. Aufgegeben ist die Souveränität der Kamera, die noch in der Ball-Sequenz des LEOPARDEN eigene Ermittlerfunktionen innehielt. Ludwig mag ein feuriger Schwärmer sein, aber er ist ein dumpfer Dilettant. Als König ein Versager, als Mäzen ein Kaiser im Reiche der Kunst. Genug ist nie genug. Richard Wagner und der Schauspieler Kainz sind für Ludwig Puppen, die er nach seiner Begierde tanzen läßt. Der Künstler soll in seiner Wahnidee die mechanisierte Unendlichkeit garantieren. In seinen Händen hält Ludwig eine Spieldose, als sei sie schon ein elektronisches Gerät, das die Kunst beliebig wiederholbar mache.

Der König lebt nachts. In Schwanenkähnen, in Grotten, in Wäldern, in Hütten. Wo ist das Volk, das seinen König angeblich so verehrt? Das Volk sitzt bei Visconti im Kinosaal. Denn über diesen kranken König wird Gericht gehalten. Vor schwarzem Hintergrund sagen Zeitzeugen vom Zerfall aus, direkt in die Kamera. Der Zuschauer wird Schöffe, aufgerufen, für diesen König einen Platz in der Geschichte anzuweisen. Aber auch ihn trifft der Bannfluch aus SENSO: Eine ganze Welt wird untergehen! Visconti beschließt sein Lebenswerk, das er durch seine filmische Version von Prousts Roman A la recherche du temps perdu (1913-1927) zu krönen *dachte*, leider mit nicht gelungenen Abschiedsversuchen zu einer Welt von

Gestern. 1974 entsteht mit Burt Lancaster und Helmut Berger in den Hauptrollen: GRUPPO DI FAMIGLIA IN UN INTERNO (*Gruppenbild einer Familie von innen gesehen*, I/F 1974), der deutsche Verleihtitel klingt reißerisch: GEWALT UND LEIDENSCHAFT; und als letzter Film L'INNOCENTE (*Der Unschuldige*, I/F 1976) nach dem gleichnamigen Roman von Gabriele D'Annunzio (1892). Zum Vorspann blättert eine alte, vergilbte Hand die Blätter eines Buches auf. Ist es Viscontis Hand? Die Haut der Hand ist brüchig. Sie gleicht dem Pergament, das sie berührt. In der Berührung verschmilzt die Materie zu *einem* Stoff. Aus dem Pergament des Buches soll das Zelluloid des Films erstehen. Visconti hat sich, in den letzten Jahren seines Schaffens, das durch seinen Tod in Rom 1976 beendet wurde, in der fortwährenden Übersteigerung ermattet. Wenn als geschichtlicher Ort Viscontis die Zeit der Zwischenräume festgehalten wurde, soll am Schluß darauf verwiesen werden, daß der Begriff, der Visconti zugesprochen wird, dem geschichtsphilosophischen Werk des sonst nur als Filmtheoretiker bekannten Siegfried Kracauer entnommen ist:

Gewisse Momente der Vergangenheit neigen sich mir zu wie Prousts Geisterbäume, die ihm eine Botschaft mitzuteilen schienen. (Manchmal frage ich mich, ob mit fortschreitendem Alter nicht unsere Empfänglichkeit zunimmt für das sprachlose Plädoyer der Toten; je älter man wird, desto mehr sieht man sich gezwungen zu erkennen, daß seine Zukunft die Zukunft des Vergangenen – Geschichte – ist.) [...] Und was wäre die Botschaft? Soviel ist sicher: sie findet sich nicht unter den Auseinandersetzungen [der Geschichte], sondern ist versteckt in ihren Zwischenräumen.[16]

Erstveröffentlichung: *Norddeutscher Rundfunk*, 15.2.1987 [Anm. s. S. 481].

Chronist der Leidenschaften: Francesco Rosi

Rosi ist ein Chronist politischer Leidenschaften. Die Politik ist sein Thema, das Nichtöffentlichwerden geheimer Machenschaften sein Motiv, mitreißende Theatralität seine Form. Er ist ein Mann des Südens, der Zeugnis ablegt über das Elend der Verwicklungen in seiner Heimat. Er läßt in der Form seiner Filme den Zorn nicht vergessen, der den dargestellten Leidenschaften zugrundeliegt. Eine Szene, die in vielen Rosi-Filmen vorkommen könnte, aus SALVATORE GIULIANO (WER ERSCHOSS SALVATORE G.?, I 1962): in einem Bergdorf bei Palermo, das von der Mafia in Schach gehalten wird, plazieren sich am Abend Männer auf der Piazza, als seien sie ein Opernchor. Aber sie singen nicht. Sie warten. Eine Maultrommel wird gespielt. Die Spannung steigt. Dann brechen Schußsalven los. Eine

Polizeistation wird überfallen. Rosi arrangiert die Täter. Die Tat bleibt im Dunkeln. Schüsse zerfetzen die Nacht wie Wunderkerzen. Endlose Verhöre enden ergebnislos. Nie gehen die Recherchen, denen Rosis Filme nachgehen, auf. Sein Geheimnis bleibt: die Macht hinter der öffentlichen Macht.

Die eingreifende Form seiner frühen Filme läßt Rosi im Spätwerk hinter sich wie einen explosiven Augenblick, in dem die Wirklichkeit des gestrigen wie heutigen Italiens sich offenbarte. An diese Stelle tritt ein Moment von Wahrheit, der sich in implosiver Stille bekundet, d.h. in äußerst angespannter Reflexion des politischen Geschehens. Die Leidenschaft wich der aufgeklärten Resignation, das Eingreifen dem Begreifen.

Rosi wurde 1922 in Neapel geboren, der Metropole des *mezzogiorno*, des Südens, von dessen Prägung er sich nie lösen sollte. Erst nach der Befreiung Neapels durch die amerikanische Armee 1944 konnte Rosi in den Medien arbeiten, zunächst als Buchillustrator, später als Sprecher, Autor und Regisseur bei Radio Neapel. 1948 kam er zum Film. Er wurde Regieassistent bei Viscontis Film LA TERRA TREMA – EPISODIO DEL MARE (DIE ERDE BEBT, I 1948). Dieser Klassiker des Neorealismus enthält in seiner Form schon einen Widerruf des Realismus, denn LA TERRA TREMA ist eine anklägerische Chronik sizilianischer Fischerleute und zugleich hochstilisiertes Pathos antiken Zuschnitts: die Tragödie inmitten der Chronik. Rosi blieb bei Visconti, arbeitete mit an dessen Filmsatire BELLISSIMA (I 1951), assistierte auch Antonioni und übernahm Synchronregie für ausländische Filme. Für kein Handwerk der Industrie war er sich zu schade. 1958 konnte er mit seinem ersten Spielfilm debütieren: LA SFIDA (*Die Herausforderung*, I 1958). Er spielt in Neapel und wirft ein grelles Schlaglicht auf die Mafia, die dort Camorra heißt.

Linear erzählt LA SFIDA die Geschichte des Kampfes eines einzelnen gegen das Gemüse-Syndikat der Camorra. Der einzelne unterliegt. Das war abzusehen, im Gegensatz zur Lösung des Falls. Zuvor versucht der Einzelkämpfer in heiterster Umgebung beim Mittagsmahl am Meer mit seinen leutseligen Gegnern zu verhandeln. Blicke und Gesten knüpft die Kamera spazierenderweise an. Ein Schwenk streift über die Szene der scheinbaren Harmonie und vereint visuell, was sozial getrennt scheint. Aber in diesem Kampf sind das napoletanische Bürgertum und Gangstertum untrennbar. Die Auflehnung wird bei Rosi nicht heroisiert. Sie verläuft sozusagen planmäßig fatal. Mit hartem Licht und schroffer Körperlichkeit zeichnet der Film den Ausdruck, die Arroganz der unkontrollierten Macht.

Zeigte LA SFIDA den Kampf eines einzelnen mit der Gegenmacht von außen, so spiegelt sich dieser Kampf in Rosis Film LE MANI SULLA CITTÀ (HÄNDE ÜBER DER STADT, I 1963) von innen. Hier liegt der dramaturgische Zeigefinger mitten im Nervengeflecht mißbrauchter, im Monopol verquickter Macht. Ein Baulöwe in Neapel läßt mit Polizeischutz Armenviertel räumen. Unter dem Vorwand, die Armen vor dem Einsturz baufälliger Gebäude in der Unterstadt zu bewahren, spekuliert der Unternehmer (Rod Steiger) mit dem freigeräumten Terrain, auf das er zum Schaden der entwurzelten Bewohner massenhaft Wohnblöcke setzt, deren Mieten unbezahlbar sind. Der Fiktion von damals wuchs die Wirklichkeit rasch nach. Im Nachspann zu diesem Film mußte der Regisseur darauf hinweisen, daß sein Film Fiktion sei. Doch nicht fiktional genug, war die Antwort der Wirklichkeit. Im Stadtrat von Neapel gab es aufgrund dieses filmischen Pamphletes zur grundsätzlichen Veränderung in der Baupolitik die heftigsten Auseinandersetzungen.

Der Titel verrät, wie Rosi arbeitet: LE MANI SULLA CITTÀ, das war seine drastisch körperliche Metapher, die nicht auf Gottes schützende Hand abzielte, sondern die Bewegungen sichtbar machte, die Stadtpolitik von Menschenhand bestimmten. Die Bewegung des Geldes wäre nicht abzubilden. Es bleiben dreckige Hände, bei Rosi: zum Greifen fern. Die Kamera kreist oft im Hubschrauber über der alten, verkommenen, doch vitalen Metropole. Aber sie deckt die Dächer des Elends nicht auf; nur einen, den alle erleichtert zum Schurken ernennen.

Rosis unbekanntester Film I MAGLIARI (AUF ST. PAULI IST DER TEUFEL LOS, I/F 1959) zählt doch zu seinen besten. Der Titel – etwa »TeppichHändler« oder »Stoff-Hausierer« – bezeichnet einen Clan von Napoletanern. Dieses Mal sind es Arbeitsemigranten, die in Hannover, in der Heide und in Hamburg ihr Auskommen suchen. Den kleinen und großen Gewinnlern des deutschen Wirtschaftswunders drehen diese Hausierer minderwertige Waren an. Neben spektakulären Bandenkämpfen, die dem Film im deutschen Verleih den unmöglichen Titel AUF ST. PAULI IST DER TEUFEL LOS eintrugen, steht die Beziehung eines jungen Arbeitslosen (Renato Salvatori) zu einer deutschen Frau (Belinda Lee), die als Prostituierte zur Frau an der Spitze der Mafiamacht aufstieg.

Die gleichsam dokumentarische Qualität des Films ist der Blick von außen, die atmosphärische Dichte, die aus den Vagheiten des Lichts im Hamburger Hafen, der Hektik des wirtschaftlichen Aufstiegs auch soziale Dichte gewinnt. Aus der Sicht der Arbeitsemigranten wird das Wirtschaftswunder weniger wunderbar. Das Dunkel hat seinen Preis. Traurig, auf dem Markt gescheitert, in der Moral siegreich nimmt der junge Italiener Abschied vom Versprechen der jungen Bundesrepublik.

Die Emigration hinterließ ein Vakuum, das seinerseits einen Sog erzeugt, der die arbeitslose Jugend Italiens in einen Leer-Raum riß, den die Institutionen wie Schule, Kirche oder Gewerkschaft nicht füllen konnten. Der Süden des Landes »glaubt« nicht an die zentrale, ordnende Vernunft des Staates, der ihn zu oft in den Katastrophen, ob Erdbeben oder Fremdherrschaft, allein gelassen hat. In diesem Vakuum stößt die Gegenmacht, die zur Deckung ihrer Machenschaften in Allianz mit der öffentlichen Macht operiert: In seinem wohl berühmtesten Film WER ERSCHOSS SALVATORE G.?, der im Original nur den Namen des legendären sizilianischen Bandenführers: SALVATORE GIULIANO trug. Hier gab Rosi die Position des Chronisten, der anklagt, auf. Es gibt keine ganze Wahrheit, die zu dokumentieren wäre. Es gibt nur Partikel, Fragmente, Ansichten von Wahrheit, die man in Form eines Puzzle zusammenlegen kann, vorausgesetzt, man hat die Kraft und den Mut, sich einen Gesamteindruck verschaffen zu wollen. Wieder einmal wirbelte Rosi den Staub auf, der sich auf die ungeklärten Verflechtungen von Mafia, rechtskonservativen Parteien und anarchischem Banditentum im Sizilien der frühen Nachkriegszeit gelegt hatte. Das Parlament in Rom debattierte Rosis Film, aber zu neuen Ergebnissen kam Rosis Recherche nicht. Das war vielleicht auch nicht seine Absicht. Das war nur sein journalistischer Ausgangspunkt, von dem aus er zu einer Montageform des fragmentierten Blicks auf die Ereignisse stoßen sollte. SALVATORE G. ist eine Chiffre, so, als sollte der ganze Name nicht preisgegeben oder sogleich ins Gebiet der Filmkunst entrückt werden.

Von den Gerichtsverhandlungen gegen die Bande des Giuliano geht eine höchst verschachtelte Form der Rückblenden aus. Je heftiger diese Bewegungen des Dokumentarischen und des Fiktiven aneinanderstoßen, desto stärker scheint die Zeit, die an dieser Grenze verläuft, still zu stehen. Aus dem Dunkel zieht Rosi nur einen Augenblick der Wahrheit, und diesen Augenblick bricht er in Facetten auf. Kämpften die Banditen für ein unabhängiges Sizilien? Oder waren sie nur das Instrument der konservativen Kräfte im Kampf gegen die Bauernbewegung und die Parteien der Linken? War Giuliano ein Held oder ein gemeiner Arbeiterschlächter?

Eine eindeutige Zuschreibung ist bei Rosis Bildern nicht möglich. Sein Film ist ein Plädoyer für mündige Zuschauer, sich selbst ein Bild zu machen. Nützlich ist dabei der Einblick in die Möglichkeiten politischer Optionen, die real damals bestanden, sonst wird man der Figur, die schillert, nicht gerecht. Denn 1945 war Sizilien von Rom die Autonomie versprochen worden. Die christdemokratische Regierung unter De Gasperi änderte die Pläne. Die Mafia, von Mussolini von der Insel vertrieben, von der amerikanischen Befreiungsarmee aus New York nach Palermo reimportiert, half der Regierung. Jeder Händedruck ein großes Händewaschen, solche Gesten inspirieren Rosi.

Über den Aspekt der Rückwanderung und der internationalen Verflechtung im Drogenhandel drehte Rosi seinen Film LUCKY LUCIANO (I/F 1973) mit Gian Maria Volonté. Wo Giuliano noch im weißen Staubmantel kommandierend durch die Berge huschte, tritt der Boß Luciano wie ein glatter Funktionär auf. Die Massenbewegung verschwindet zugunsten einer Charakterstudie, die festhalten will: Welche Maske trägt das Gesicht der

Macht? Der Film über Giuliano ist der ungleich reichere in den kinemato-graphischen Formen. Der Leichnam des Banditen wird wie eine Ikone der Volkstrauer ausgestellt. Salvatore, d.h. »der Erlöser«, wird zur Legende, und Rosi zeigt, wie das passiert.

Die sizilianischen Frauen sind die stärkste Kraft in diesem Film. Einzeln kaum wahrnehmbar, an den Rand gedrängt, ans Haus gefesselt, vereinen sich die Dorfbewohnerinnen, als die Polizei, um die Verhaftung des Ban-ditenführers zu erpressen, die gesamte männliche Dorfbevölkerung als Geisel abtransportiert. Die Frauen protestieren. Aber wie diese Maßnah-me gefilmt wird, ist einzigartig. Der Protest ist ein großes visuelles Cre-scendo, eine Flut anbrandender Leiber, die sich der Kamera entgegen-stemmt und mit einer Bewegung alles auszulöschen scheint, was diese Kamera zuvor behauptet hatte.

Zu Rosis Stilmerkmalen gehört die überlappende Bewegung in den Kame-raschwenks. Ein Objekt fällt beim Panoramaschwenk aus dem Bildfeld. Unerbittlich zieht die Kamera weiter und erfaßt ein unerwartetes Objekt, das nun dem Auge des Zuschauers gleich verdächtig und tatträchtig scheint. Rosi interessiert sich für den Ort, an dem sich Legenden bilden. Die visuellen Bewegungen in seinen Filmen sind Reflexe eines Spürinstinkts.

Rosis Helden haben keinen Lebenslauf, kaum einen Aufstieg. Ihr Weg wird als Auf-Riß wiedergegeben. Sie ziehen als arme Schlucker in die Welt, um manches Mal als reiche, doch todesgezeichnete Träumer zurückzukeh-ren. Ein gemachter Mann ist ein ruinierter Mann. Die sozialen Strukturen, sprich: Klassenverhältnisse, erlauben keine solche Entwicklung in har-monischer Norm. Rosis Helden leiden am Übersprung von der Agrarge-sellschaft ins Industrieproletariat. Gegen Fremdausbeutung hilft ihnen nur organisierte Selbstausbeutung. Für die Zukunft sieht Rosi eher schwarz. Er ist ein unbeirrbarer Zweckpessimist. Das macht seine Filme offen und irritierbar. Vielleicht ist seine tiefe Melancholie in Fragen des gesell-schaftlichen Wandels aus eigener Kraft ein Erbteil der spanischen Herr-schaft, die über vierhundert Jahre auf Neapel lastete. Rosi leugnet diese Erbschaft nie.

In Spanien drehte er den Märchenfilm C'ERA UNA VOLTA (SCHÖNE ISA-BELLA, I/F 1967) mit Sophia Loren und Omar Sharif in den Hauptrollen und die Filmoper CARMEN (I/F 1984), aber auch den Stierkämpferfilm IL MOMENTO DELLA VERITÀ (AUGENBLICK DER WAHRHEIT (I/E 1965), ein Männerfilm, Rosis erster Farbfilm in Technicolor und Breitwand. Der Schaulust des Machismo ist hier aktionssatter Raum gegeben. Miguel, ein junger Arbeitsemigrant aus Andalusien, will in Madrid, der Hauptstadt, als Torero reich und berühmt werden. Der Habenichts wird ein Habe-Alles, zum Instrument einer Schaulust, in der sich der Zuschauer in der Arena mit dem im Kino vereint. Bedeutsam ist der Film, indem er Rosis Schwä-chen einmal zeigt. Der Film ufert am glamourösen Rande in Belanglosigkeit aus. Die Tuchfühlung mit der Materie, die Rosis Filme spielend einbringen, ist hier vermieden. Die unverletzbare Körperlichkeit der Männer wird wie in SALVATORE GIULIANO ikonengleich ausgestellt. Sieht man den jungen Landarbeiter in der trostlosen Heimat, die er für seinen Traum verläßt, so gibt es kaum Berührung mit dem Getreide. Das weht als Goldregen durch die flirrende Sommerluft und gerät schon zum Zeichen, ehe noch die Materie wirklich abgebildet ist. Rosi wählte hier extreme Brennweiten für das Kamera-Objektiv. Nur scheinbar holen sie die Dinge nah heran, tatsächlich entrücken sie das Gefilmte. Aus den Bildern ist die räumliche Dimension weggedrückt. Hier sieht man eher die Kondition, ein Mann zu sein, als den Mythos, ein Mann zu werden. Zu viele Bildklischees umstellen den Stierkämpfer. In späteren Filmen wird es Rosi mehr mit der Materie als dem Mythos halten. Durch Reduktion wird er gewinnen, was die Abstraktionen wie Ideologie und Geschichte ihm verbargen. Um einen Satz von Leonardo da Vinci abzuwandeln: in Rosis Filmen geht die Erkenntnis durch die Sinne.

Zu lange Zeit war Rosi von den Ritualen der Macht fasziniert, auch wo diese Macht eine Macht der Destruktion war. So wie in IL MOMENTO DELLA VERITÀ ein Stier nach dem anderen getötet wird, rafft die Kamera blutige Höhepunkte in Rosis Kriegsfilm UOMINI CONTRO (DAS BATAILLON DER VERLORENEN, I/Y 1970). Dem Gemetzel suchte die Kamera durch extreme, virtuose Beweglichkeit zu entsprechen, aber entsprach sie dabei nicht eher einer visuellen Tötungsmaschine, die mit jedem Klicken der Blende einen Schock erbeutete? Auch den Männern, die »dagegen« sind, räumt Rosi keine Hoffnung ein. Die Gerechten werden verheizt. Warum sollen sardinische Schafhirten gegen die Österreicher kämpfen? Wo doch schon Norditalien für sie feindliches Ausland ist. Wenigstens diesen Aspekt gilt es festzuhalten: Rosi nahm sich oft der binnenitalienischen Minderheiten an, denen kein Bewußtsein für ihre Klasse, für ihren Staat erlaubt war.

Aus der Sicht der Opfer die Dossiers der Geschichte neu zu schreiben war eine Chronistenpflicht, die sich der Regisseur in seinem Doku-Drama (dramaturgisch mißlungen) über den italienischen Erdöl-König IL CASO MATTEI (DER FALL MATTEI, I 1972) – erneut mit Gian Maria Volonté – auch sichtlich selber zuschrieb: Rosi tritt da in eigener Sache als der bohrende Rechercheur Rosi auf, der einen vergessenen Fall über den ungeklärten Tod des bedeutenden Staatsfunktionärs Mattei aufrollt. Zu den herausragenden Filmen muß man den zu den Parlamentswahlen von 1975 gedrehten Film CADAVERI ECCELLENTI (I 1976) zählen; der unzweideutige Titel – *Erlesene Leichen* – wurde im deutschen Verleih etwas blaß zu DIE MACHT UND IHR PREIS.

Lino Ventura ist als Kommissar Rogas einer Serie von Justizmorden auf der Spur. Der erste Mord passiert, nachdem ein alter hoher Richter die

Katakomben von Palermo verlassen hatte. Dort werden »erlesene Leichen« zur Schau gestellt. Im Tageslicht von der Schönheit einer Bougainvillea-Blüte geblendet, wird der Richter aus einem Hinterhalt niedergestreckt. Je enger das Gestrüpp aus Morden, Mafia und Machenschaften wird, desto deutlicher stößt der Ermittelnde auf ein Komplott, das von ganz »oben« angestiftet scheint. In den Ministerien deckt Ventura eine Verschwörung auf. Er glaubt zu erkennen, daß die Ermordung der Richter zur Vertuschung eines Staatsstreichs von rechts dienen sollte. Die Rechte schiebt die Verbrechen linken Gruppen in die Schuhe, um sich sodann, auf dem Höhepunkt des Terrorismus, als Retter der Nation zu feiern.

Der Kommissar bleibt bescheiden. Er fährt mit der Straßenbahn. Er ist unkorrumpierbar und sucht den Rat eines Journalisten der Kommunistischen Partei, mit dem er befreundet ist. Als Vorlage diente der Kriminalroman *Il contesto* (1971) des sizilianischen Autors Leonardo Sciascia.[1] Im Roman hatte noch Kommissar Rogas den Journalisten erschossen. Im Film ist dies eine Behauptung der Regierung, die sich vor der Aufdeckung der Pläne zum Putsch schützen will, im Einvernehmen mit Sciascia fand Rosi die ihm typische Lösung: ein offenes Ende. Denn beide, der Kommissar wie der Journalist, werden im Museum, wo sie sich unbelauscht wähnten, erschossen aufgefunden. Rosi enttarnte taktische Lügen aller Parteien. Kein Wunder, daß besonders die linke Presse Italiens ihn für diese Provokation schmähte.

Wo Rosi in früheren Filmen die Dunkelzonen der Politik ausleuchtete, wirft er hier ein grelles Licht auf die Ruinen der Politik: den Machtzerfall, wie er sich in den Palästen und den Limousinen und den Uniformen spiegelt. Die Interessen der Macht liest der Film an deren Preis ab, den Insignien. Oft schnellt die Kamera an die schwindelhaft hohen Decken der getäfelten Höhlen der Palazzi, um von oben dem Schauspiel der Machtausübung zuzusehen. So erkennt der Zuschauer überwältigt, wie zwergenhaft die Opfer sind, wie hoch die Machthaber sind, bevor sie fallen. Im Abspann zum Film wird behauptet, die Handlung, die man mit dem Putsch in Chile oder mit der Watergate-Affäre in Washington in Verbindung bringen könnte, sei frei erfunden. Das war Rosis taktisches Argument, um mit seiner Anklage nicht selbst zum Angeklagten potentieller Täter zu werden. Daß solche Schutzbehauptungen in Rosis Filmen nötig sind, beweist, wie frisch er seine filmischen Formen der Wirklichkeit abgenommen hat. So herrscht in ihnen manches Mal mehr Abdruck als Ausdruck.

Mit dem Ende des Terrorismus in Italien ist auch ein Ende der eingreifenden Filme erreicht. Rosis Form wandelt sich. Sie wird implosiv. Szenen wie von den protestierenden Frauen in SALVATORE GIULIANO sind nun nicht mehr denkbar. Das Aufbegehren wird überformt und überschattet.

Rosi nähert sich Anfang der achtziger Jahre deutlich dem Einfluß seines Meisters Luchino Visconti zu, der allem Elend, das er zeigte, nicht nur Form, sondern Manier verlieh. Rosi sah in seinen Anfängen davon ab; dann sah er es sich ab.

Wo Italien am ärmsten ist, in der südlich Neapel gelegenen Provinz Lukanien, spielt Rosis wohl schönster Film CRISTO SI È FERMATO A EBOLI (CHRISTUS KAM NUR BIS EBOLI, I/F 1979). Er beruht auf dem gleichnamigen Roman, den der Turiner Arzt, Maler und Schriftsteller Carlo Levi gleich nach dem Zusammenbruch des Faschismus 1945 publizierte.[2] Levi wurde von Mussolini nach Lukanien verbannt wie viele christliche und kommunistische Widerstandskämpfer. Ihnen wollte man in einer Gegend, wo kein Industrieproletariat zu agitieren war und die Landbevölkerung in gleichsam mittelalterlicher Dumpfheit lebte, eine Gelegenheit zur Besinnung auf nationale Werte geben. Die Gelegenheit war günstiger als Mussolini ahnte.

Der Roman ist eine eindringliche Chronik. Gian Maria Volonté, Rosis Held der Zwiespältigkeit, spielt den Arzt Levi, der in der Verbannung inmitten der Dumpfheit eine erwachende Menschlichkeit erfährt. Der Film beginnt mit dem Abtransport des Verbannten. Er darf auf der Reise nicht sprechen. Je weniger er sagt, desto größer werden die Augen. Die Reise ans Ende des Tages zeigt, daß Licht der einzige Luxus ist. Diese Augen aus den Dunkelzonen des Nordens müssen im Süden Anpassungsarbeit leisten. Sie werden dafür schärfer sehen lernen. Die Helle, die in Lukanien nie heiter ist, negiert die Abgrenzungen der Farben, die bei Rosi so gefiltert werden, als strebten sie gegen weiß. Der Held Levi ist zunächst geblendet. Das lähmt ihn nicht. Seinen Reformideen als Arzt im Exil abzuschwören, sah er keinen Grund. Durch tätige Hilfe, durch vorsichtiges Eingreifen, durch das Abbilden der Erfahrung stellt er sich der Herausforderung, an der sein Widerstand gegen die Obrigkeit sich härtet. Der faschistische Bürgermeister will das gegen den Arzt verhängte Berufsverbot nicht aufheben, auch nicht, als eine Epidemie in der Bevölkerung grassiert. Erst als die Tochter des Bürgermeisters erkrankt, darf der Arzt gerufen werden: von der Frau des Bürgermeisters, die eine heimliche, doch praktische Politik gegen den Politiker durchsetzt. Levi nutzt das Privileg zu einer kleinen Erpressung. Fortan darf er die gesamte Dorfbevölkerung versorgen. Politik ist keine abstrakte Rede. Rosi erweist, daß sie ein Aktionsradius ist, der am eigenen Leib beginnt und in der Berührung mit dem fremden nicht endet.

Die Montage der Bilder dient nicht mehr dem schockhaften Aufdecken des Verborgenen. Soziale Räume prallen nicht mehr aufeinander, sondern werden gleichsam mit offenen Türen einander verbunden. Neugier, nicht Überrumpelung ist das ästhetische Verfahren. Da ist für einen individuellen Helden privater Tapferkeit nicht mehr Platz als für das Sozialportrait einer ganzen Region. An die Stelle des einstigen Engagements tritt für Rosi die Empathie. Der Sinn für Solidarität geht darin nicht verloren. Noch heute ist Lukanien eine Landschaft für die ins Vergessen Verbannten. Hier wird keiner reich am Tourismus. Hier ist traditionelles Auswanderungsgebiet, das nichts Exportfähiges produziert als Landarbeitersöhne, die seit der Jahrhundertwende denn auch das Weite suchten und es in Amerika fanden. Der italienische Bevölkerungsanteil in den Stadtteilen Bronx und Brooklyn stammt größtenteils aus Kalabrien und Lukanien. Auch von den traurigen Gestalten, die zwischen Brooklyn und Eboli pendelten, die ihre Arbeitskraft gegen die Hoffnung auf ein besseres Leben tauschten, erzählt der Rosi-Film: Der Friseur im Dorf klemmte sich ein Foto des amerikanischen Reformpräsidenten F.D. Roosevelt hinter den Spiegel. Rosi erzählt von der *condition inhumaine*, unter Umständen der Würdelosigkeit, menschliche Würde zu bewahren, wenn nicht, sie neu zu erfinden.

Rosis Film TRE FRATELLI (DREI BRÜDER, I/F 1981) ist eine Elegie der Enttäuschung. Denn hier muß der Zuschauer entdecken, daß auch der subjektive Faktor Politik macht. Das ist der erste Film des Regisseurs, der mit einem friedlichen Tod beginnt und der mit einem Tableau der Trauer endet. Dazwischen liegt ein verzagtes Innehalten, Ratlosigkeit und Melancholie. Eine alte Mutter in Apulien stirbt, und der Vater (Charles Vanel) ruft seine Söhne an das Totenbett. Der Richter (Philippe Noiret) kommt aus Rom, der politisierte Fabrikarbeiter aus Turin (Michele Placido) und der Lehrer für schwererziehbare Kinder (Vittorio Mezzogiorno) aus dem Norden des Landes. Eine Familie, aber drei Möglichkeiten, in Italien Mann zu sein und mit dem Tod umzugehen.

Der Lehrer hält seine Hände nah ans Bett der Mutter. Der Richter hat sie in Würde und Distanz gefaltet. Der Arbeiter, lässig an die Mauer gelehnt, hält sie hinter seinem Rücken. Heidnische Rituale, heftiges Klagen und städtische Unfähigkeit zu trauern stehen im ländlichen Raum. Am Schluß des Films lehnt sich der Lehrer aus dem Fenster und sieht auf die Brüder, die ihn nicht am Fenster sehen und die sich verstört im Innenhof einen Platz für ihren Schmerz suchen. Der alte Vater ahnt, daß mit seinen Söhnen des Südens kein Staat zu machen ist. Davon träumte aber noch 1936 der russische Erzähler Andrej Platonov, dessen Erzählung *Der dritte Sohn* (1936) Rosi zu diesem Film inspirierte. Dort waren die Söhne noch starke Vertreter eines strahlenden Kommunismus, auf deren Schultern der alte Vater zu Grabe getragen werden wollte. Rosis TRE FRATELLI trägt diese Hoffnung auf Geborgenheit und Ganzheit in einer Anschauung zu Grabe. Die Enttäuschten müssen mit ihrer selbstverschuldeten Kopflosigkeit auskommen.

Wo Rosi in seinen früheren Filmen die Körpersprache zünden ließ und die Kamera über die Schauplätze peitschte, hält er hier ihren Gang gedrosselt. Lieber fährt er dem Weg eines Gedankens nach, als diesen umstandslos abzuschneiden. Der Film spricht beiläufig und eindringlich. Diese Brüder reden zuviel und sagen zuwenig. Sie tauschen Ansichten aus, die sie nicht teilen. Sie begegnen sich im Haus der Eltern wie Politiker zu einem Koalitionsessen. Sicher, jeder der Brüder hat seinen hilflos schönen Versöhnungstraum, aber das Reich ihrer Träume ist kein gemeinsames Land mehr. Einzig aus der Rolle fällt das Bündnis zwischen dem Großvater und seiner kleinen Enkeltochter. Beide fallen aus der Trauerzeit und stützen sich bei diesem Sprung. Der alte Vanel ist ein großartiger Darsteller des Nebensächlichen, wo seine Filmsöhne an den Hauptsachen kleben und deshalb nie zur Sache kommen. Vanel schneidet ein Brot an und sieht einer Fliege nach, die über den Wasserkrug läuft. Er öffnet die Augen nur halb, aber er zieht sich die Welt in seinen Blick. Bewegt er nur einen Muskel über dem Jochbein, so meint man als Zuschauer, in diesem zerklüfteten Gesicht einen Erdrutsch zu spüren. Der alte Mann nimmt die Hoffnungslosigkeit an. So behauptet er sich gegen seine Söhne: ohne Verzweiflung, die jenen so teuer und tränenreich ist.

Eine ziemliche Enttäuschung für Freunde des Regisseurs war der mit aufgeblasenem Produktionsetat gedrehte Film nach der gleichnamigen Erzählung (1981) des kolumbianischen Autors Gabriel García Márquez: CRONACA DI UNA MORTE ANNUNCIATA (CHRONIK EINES ANGE-KÜNDIGTEN TODES, I/F 1987). Die raffinierte Bauform der Erzählung ließ sich nicht einfach in die filmische Form übersetzen. Zudem erlag Rosi der Spekulation, ein exotischer Schauplatz, eine tropikalische Stimmung und eine mörderische Geschichte böten Augenfutter genug, um die Schwächen der Faktur seines Films zu überdecken.

Nach dem gleichnamigen Roman (1966) der französischen Autorin Edmonde Charles-Roux drehte Rosi soeben seinen neuesten Film: DIMENTICARE PALERMO (PALERMO VERGESSEN!, I/F 1989) ab. Er kehrt zu seinen Anfängen zurück. Nur bekundet er selber, die Viscontische Form werde das Publikum überraschen. Die Mafia, nun modern aufgerüstet: in der Hauptrolle Jim Belushi als amerikanischer Erfolgspolitiker, der sich um das Amt des Bürgermeisters von New York bewirbt und der seine Hochzeitsreise mit einer Journalistin (Mimi Rogers) auf dem Landgut der Vorfahren verbringt. Unruhige Wochen, heißt es in der Vorschau dazu.

Rosi, der als legitimer Erbe des Neorealismus begann, schuf laute, brachiale Filme. Jetzt, wo in Italien kein historischer Kompromiß sich abzeichnet, werden seine Filme leiser, zweiflerisch. d.h. nicht Verzicht auf eine radikaldemokratische Anschauung. Das weist aber auf eine Läuterung der Form, die zu oft im Gerichtsduell zur Redeschlacht verkam. Rosi bleibt ein führender Vertreter des politischen Films.

Erstveröffentlichung in: Europäische Filmkunst. Regisseure im Portrait, hg. v. Jörg-Dieter Kogel, Frankfurt/Main 1989, S. 130-141 [Anm. s. S. 481].

Neorealismo: Ein Angriff der Chronik auf die Story

Man filme Lebensläufe unserer Zeit. Den Schlosser zum Beispiel, den
Landarbeiter [...]. Nicht nur, um die technische Seite seiner Tätigkeit
[...] zu zeigen [...], nein! Ich meine die menschliche Seite, von der
Geburt an, das Zimmer der Eltern, den Spielplatz, die Schule, die Lehre,
die Kaserne, die Liebschaft, das Vergnügen, die politische Versammlung,
die Krankheit, das Altern und das Sterben. [...] Wie lebt der Mensch?
Dies zu zeigen, halte ich für wertvoller als die gefilmten Ausgeburten
einer Phantasie, die Himmel und Hölle braucht, um sich auszudrücken
und um nichts zu sagen. [...] Man filme also nicht nur wilde Völker-
stämme, [...] sondern man filme das Nächste, das uns so fremd ist, die
Köchin, den Strizzi, den Leutnant, was vielleicht gar nicht interessant,
aber voller Bedeutung ist für unser Leben.[1]

Dieser ästhetische Entwurf gleicht einer Kampfansage, die in einem Posi-
tionsstreit unter narrativen Techniken sich gegen Formalismus (»gefilmte
Ausgeburten einer Phantasie«) und sich für Realismus (»Wie lebt der
Mensch?«) ausspricht. Das Programm wird über die Benennung von
Schauplätzen entworfen. Statt einer Fabel und der kanonisierten Einheit
von Zeit und Raum wird eine Chronik in Form einer Vielheit von Zeit und
Raum entworfen. Das Vorgefundene wird höher veranschlagt als das
Erfundene. Die Schauplätze einer Sozialisation (zum Beispiel eines
Schlossers) sind mit dem Versprechen auf mehr Spannung belehnt als
imaginierte Räume einer fiktiven Geschichte. Die Wirklichkeit sei heller
als die Phantasie, nämlich da, wo sie der menschlichen Neugier schon so
entrückt ist, daß sie kaum wahrgenommen wird. Das Unscheinbare wird
gegen das Spektakuläre, das »Leben« gegen das »Schauspiel« ausgespielt.
Der zitierte Autor hält eindeutig ein Plädoyer für die uns umgebende
Lebenswelt. Seine Forderung kommt einem Manifest des sogenannten
Neorealismo gleich und ist doch ein revolutionärer Vorgriff auf einen noch
nicht entwickelten kinematographischen Realismus, wie ihn der deutsche
Autor Franz Blei in einem Brief an Kurt Pinthus für dessen Anthologie *Das
Kinobuch* (1913/14) beitrug.
Bleis Bemerkung reagierte auf ein Krisensymptom, in dem die Vorherr-
schaft dänischer Melodramen und italienischer Kolossalfilme gebrochen
wurde und die zyklische Gegenströmung zu jenen Genres der extremen
Formalisierung erfolgte. Auch die Filmpoetik war dem ständigen Streit
zwischen dem Erfundenen und dem Vorgefundenen unterworfen.
Die Filmindustrie diktiert das Drehbuch des narrativen Films. Das Hand-
werk, das seine dokumentarischen oder experimentellen Fähigkeiten der
Integration verweigert, antwortet mit Mitteln des nicht-narrativen Films.
Zu allen kritischen Zeitpunkten der Filmgeschichte wird im Krisenphäno-

men eine Auflösung jener einander feindlichen Tendenzen transparent. Einerseits griff der frühe Tonfilm die experimentelle Dimension auf, unterbrach sie aber doch zugleich durch das Diktat der Dialoge nach Mustern des abgewrackten Theaters. Der Tonfilm der dreißiger Jahre entdeckt die realistische Dimension hauptsächlich auf der Tonspur, die jedem der Charaktere in der Wahl des Timbres, der Kadenz der Stimme eine akustische Maske des Sozialcharakters verlieh. Im Deutschen Reich entstand der Proletarische Film als ein Genre, in Frankreich zur Zeit des *front populaire* der poetische Realismus von Carné und Renoir.

Der Faschismus in Europa schnitt diese Tradition, wo sie drohte, geschichtsmächtig zu werden, ab. Der Illusionismus überformte die dargestellte Realität. Die ästhetische Machtergreifung des faschistischen Kinos bestand darin, den kinematographischen Raum, der zuvor von polyphoner Komplexität bestimmt war, durch monotone Linearität zu besetzen. Erst der Nachkriegsfilm, der sich als Mittel der politischen Befreiung verstand, befreite den deutschen wie italienischen Film von der Vorherrschaft der Vertikalität, des oktroyierten Rechtecks, der gestaffelt linearen Ausrichtung. Der *Neorealismo* macht Schluß mit der Zentralachse, der Hierarchisierung der Formen, kurz: einer Ästhetik unter dem permanenten Zwang zur Selbstüberbietung. So ist OSSESSIONE (BESESSENHEIT, I 1943, Luchino Visconti) ein realistischer Film wie DIE MÖRDER SIND UNTER UNS (D 1946, Wolfgang Staudte). Beide Filme sind Abrechnungen und Kassensturz, entschiedene Schritte zu einem »neuen« Film. Das Neue suchte Traditionen und wählte einen militanten Begriff, der sich auf die Filme Frankreichs vor 1940 bezog. Der junge Visconti war ein fauler Schüler von Jean Renoir, Staudte ein schlechter Schüler des verschollenen Genres des Proletarischen Films der Weimarer Republik.

Die Schrittmacher des *Neorealismo* suchten das Neue und waren doch bei der Realisierung angewiesen auf den Produktionsapparat des Alten. Die Kino-Maschine, die den *Neorealismo* hervorbrachte, ist in ihren wichtigsten Maschinisten und lastenden Strukturen die gleiche, die in Italien wie in Deutschland zuvor den faschistischen Film hervorgebracht hatte.

Der *Neorealismo* war, getragen von einer breiten kollektiven Bewegung der italienischen Künstler der Nachkriegszeit – Malern wie Renato Guttuso, Carlo Levi[2], den Schriftstellern Elio Vittorini und Cesare Pavese –, der Vorgriff auf eine soziale Utopie der einst versöhnten Klassen, so wie es Pasolini in seinem frühen Roman *Il sogno di una cosa*[3] ausgedrückt hatte: *Der Traum von einer Sache* (kein kryptisches Marx-Zitat) war die Schnittstelle von offener Form und utopischem Vorgriff. Die Sache: das war der Realismus; der Traum: das war das Neue. Die offene Form als höchste Komplexion der kinematographischen Mittel, die Genres unrein mischt und eine gezielte Regelverletzung inszeniert, sollte das Versprechen des *Neorealismo* sein. Eingelöst wurde es allerdings erst eine Generation später, in den sechziger Jahren, in Italien, der Bundesrepublik Deutschland und in Japan, also den Folgestaaten der einst faschistisch verbundenen Achsen-Mächte. Die Filme von Rosi, Pasolini und Olmi, die Filme von Kluge und Reitz, die Filme von Oshima vollzogen den Realismus, der nun der militanten Vorform, »neo« zu sein, nicht mehr bedurfte.

Der Neorealismus war mithin »neu« nicht, weil es einen alten Realismus gab, auf den er sich hätte legitim beziehen können (und nicht als Importformel aus dem Vorkriegs-Frankreich), sondern der Realismus war neu darin, daß es vor ihm keinen alten gab.

Die philologischen Debatten um die Herkunft und Ableitung des Begriffes kreisen, wie bei Nominalisten üblich, um die ständige Vordatierung eines vermeintlichen Ursprungs des Begriffes. Den Zugriff auf die klassische Quelle reklamierte Visconti, der zu seinem Film OSSESSIONE schrieb: »Was den Begriff *Neorealismo* angeht, so entstand er aus einer Korrespondenz, die ich mit Mario Serandrei führte, der noch heute mein Cutter ist. Er sah die ersten Muster von OSSESSIONE und schrieb mir: ›Dieses Filmgenre, das ich zum ersten Mal sehe, würde ich neorealistisch nennen.‹«[4]

Abgesehen davon, daß Viscontis Film schon 1942 gedreht wurde und die Begriffsbelehnung durch den Cutter erst 1963 an den Tag kommt, ist es sinnvoller, Definitionen neorealistischer Kunst weniger an der Begriffsgeschichte als an der sich wandelnden Formensprache, der Faktur der Filme festzumachen.

Dazu gehe ich auf einen prägenden Vertreter jener Kunstrichtung in der Malerei der vierziger Jahre zurück, der in seinen Tableaux an kollektiver Bewegung in den Aufbruch zur Utopie ausdrückte, was die Filmregisseure damals vorzugsweise als einen individuellen Aufbruch in die Utopie darstellten. Renato Guttuso, der Maler der Landarbeiteraufstände in Sizilien und im Friaul, hielt schon 1942, also dem Entstehungsjahr von Viscontis Debütfilm, programmatisch in einem Aufsatz fest, was die Vorbedingung für einen künftigen Realismus sein sollte:

Ein Apfel, eine Flasche, ein Antlitz, Menschen in Krieg, in Frieden, Engel im Himmel, Ekstasen der Heiligen, Massaker, Verdammte in der Hölle, Kreuzigungen oder Konzerte, Zeitungen, Kinos, Museen, Straßen, Landschaft, Mietshäuser und verschlossene Zimmer, ungemachte Betten, verlassene und zerfallene Dinge. Die Malerei ist die Form unserer Koexistenz in jedem und in allen diesen Elementen.[5]

Dieser Katalog macht der Kunst eine neue Rechnung auf: Wo Franz Blei in seinem Brief zu Kinodramen 1913 eine Enthierarchisierung der Zeit gefordert hatte, fordert Guttuso 1942 eine Enthierarchisierung der Dinge. Zwangsläufig ist das Resultat eine Mischform der Genres, die den bisher gültigen Kanon zerbricht. Nicht länger *eine* Form des Lebens, sondern die Polymorphie des Lebens ist Programm. Das Paradox, die Lakonik, die Ellipse sind dessen rhetorische Übersetzung. Der bisher ausgesparte Alltag muß sich fortan in Reibung, nicht in Harmonie behaupten.

Der bis zum Zusammenbruch des italienischen Faschismus (1943; die »soziale Republik von Salò« hier einmal außer acht lassend) ausgesparte Alltag in Malerei, Film und Literatur wurde kompensiert durch die Fremderfahrung, die damals führende Intellektuelle als Vermittler der US-amerikanischen Literatur durchmachten. Mitte der dreißiger Jahre bereits korrespondiert Cesare Pavese mit literarischen Agenten in New York und Chicago (auf Englisch übrigens), um sich zeitgenössische und klassische Bücher zur Übersetzung empfehlen zu lassen. Pavese vollzog, was er in seinen *Schriften zur Literatur* treffend »Die Entdeckung Amerikas« nannte.[6]

Pavese übersetzte, von Turin ins kalabresische Exil verbannt, unter anderen die Autoren Sinclair Lewis, Sherwood Anderson (dieser ihm besonders nahestehend als wahlverwandter Autor), Herman Melville, John Dos Passos, Walt Whitman (dessen Gedichte der ›hymnischen‹ Melancholie Paveses Gedichtband *Lavorare stanca*[7] beeinflussen sollten), des weiteren William Faulkner, Richard Wright und Gertrude Stein, einmal abgesehen von den Klassikern der englischen Literatur. Verlagspartner, Freund und Agent dieser Übersetzungen Paveses war in Mailand Elio Vittorini, der für den Verlag Bompiani das berühmte, eine ganze Generation beeinflussende Paket amerikanischer Erzähler zusammenstellte und selber als Übersetzer von Erskine Caldwell und John Steinbeck tätig wurde.[8]

Cesare Pavese, der in seinem privaten Leben der amerikanischen Schauspielerin Constance Dowling verbunden war, schrieb auch an Drehbüchern zu den neorealistischen Filmen wie RISO AMARO (BITTERER REIS, I 1949, Giuseppe De Santis) oder FUGA IN FRANCIA (I 1948, Mario Soldati) mit, in beiden Fällen war seine Expertise als Piemontese für das Ambiente der Schauplätze gefragt. Für die Tageszeitung L'*Unità* verfaßte Pavese (am 20. Mai 1945) den programmatischen Aufsatz »Ritorno all' uomo« (»Rückkehr zum Menschen«), der zum Credo einer Generation von neorealistischen Künstlern werden sollte:

Natürlich durften wir damals nicht zugeben, daß wir in Amerika, in Rußland, in China und wo auch immer die menschliche Wärme suchten, die das offizielle Italien uns nicht gab. [...] Die harten und fremdartigen Darstellungen in jenen Romanen und die Bilder jener Filme gaben uns zum ersten Mal die Gewißheit, daß die Unordnung, die Erschütterungen und die Unruhe unserer Jugend und unserer ganzen Gesellschaft sich in einem neuen Stil und in einer neuen Ordnung lösen und beruhigen konnten. [...] Wir empfanden alle, daß man in unserer Zeit die Worte zu der konkreten und nackten Klarheit zurückführen sollte. [Sentiamo tutti di vivere in un tempo in cui bisogna riportare le *parole alla solida e nuda nettezza*].[9]

Der *Neorealismo* des italienischen Nachkriegsfilms und der Literatur ist ein Derivat des amerikanischen Vorkriegsfilms und der Literatur. Die Vision, die Pavese davon überriefert, ist, daß die fremdgespiegelte Realismuserfahrung eine »harte« sei, die sich als Gefäß der eigenen Unruhe und Erschütterung anbiete. Paveses Forderung, mit den alten und neuen Bildern umzugehen, basiert auf dem ästhetischen Programm der äußersten Reduktion: Dem »ritorno all'uomo« entspräche ein »ritorno« »alla solida e nuda nettezza«, der »konkreten und nackten Klarheit«.

Der *Neorealismo* war eine dominierende Linie der Nachkriegskunst, allerdings auch nicht so konsensfähig, um ein Monopol durchzusetzen. Wenn die Geschichtsschreibung später einzig die neorealistische Linie als rettenswert darstellt, so geht bei dieser Operation die breite Strömung des Antirealismus, der alten tränenreichen Tradition des Illusionismus und Sentimentalismus der italienischen Kunst verloren. Einem Chronisten des Films wie Rossellini stand ewig ein Sentimentalist wie De Sica gegenüber. Dieses Dilemma der Genrekonkurrenz muß gegenwärtig und als inkompatibler Widerspruch geduldet bleiben. Aus dem literarischen Umfeld von Pavese und Vittorini gibt es hierzu ein Zeugnis der Autorin Natalia Ginzburg, die in ihrem Rechenschaftsbericht *Lessico Famigliare* (1963) sich der ästhetischen Flügelkämpfe erinnert:

Die Nachkriegszeit war eine Epoche, in der alle glaubten, Dichter und zugleich Politiker zu sein, [...] nachdem während vieler Jahre die Welt verstummt und versteinert war. [...] Dann aber zeigte es sich, daß die Wirklichkeit nicht weniger komplex, geheimnisvoll und dunkel war als die Welt der Träume. [...]
Es gab damals zwei Möglichkeiten des Schreibens: die eine war eine einfache Aufzählung von Tatsachen, die alle einer grauen, regnerischen und kümmerlichen Wirklichkeit [...] entnommen waren; die andere war eine Vermischung der Tatsachen mit Gewalt und Tränenseligkeit, stockenden Seufzern und Schluchzern. In beiden Fällen wurden die Worte nicht ausgewählt [...].[10]

Setzt man hier zur Tätigkeit des Schreibens die des Filmens, so ergibt sich leicht die Aporie des *Neorealismo*, über die »Aufzählung von Tatsachen« hinaus deren »Vermischung« mit »Gewalt und Tränenseligkeit« zu sein. Beide Poetiken regierten die Nachkriegszeit auch im Film; und es sind nicht immer die sogenannten schlechteren, wiewohl minder geachteten Filme, die der kanonisierten Genreteilung von Tatsachen und Tränen folgten. Es gingen ja beide Poetiken simultan oft durch den gleichen Autor und den gleichen Film, wie das Beispiel Roberto Rossellini belegt, das man nicht einmal in frühes oder mittleres Werk zu trennen hätte, um der bezeichnenden Aporie allein in einem Film wie GERMANIA ANNO ZERO (DEUTSCHLAND IM JAHRE NULL, I/D 1948) oder PAISÀ (PAISA, I 1946) sich zuschauend inne zu werden.

Wichtigste Errungenschaft über das konventionelle Erzählkino war die Zerlegung der *story* in Episoden, die Gleichwertigkeit der Menschen und Dinge und das Eigenleben der Schauplätze, an denen sich das Erfundene mit dem Vorgefundenen durchkreuzte. Die Konfliktlösung der Filmfabeln wird nicht mehr vom *fatum* der Macht bestimmt, das die Gefühle der Menschen in eine Propagandalinie formte; sie wird im *Neorealismo* bestimmt von der Kontingenz des Alltags. Der Entmachtung der Gloriole lief die Ermächtigung der Misere parallel. Kaum dem Faschismus entronnen, warf sich das Kino dem Fatalismus an den Hals. So wird der *Neorealismo* auch zu einem Terrain, auf dem die politischen Energien neu verteilt werden.

Die »Aufzählung von Tatsachen« war nach der Entwertung der Propaganda die Losung des Tages. Für die Periode 1945 bis 1950 wurden etwa 400 Bände an Erinnerungen an Krieg und *resistenza* publiziert, denen zwischen 1950 bis 1955 noch einmal, so hat es Thomas Bremer ausgezählt, etwa 200 Bände an Dokumentarberichten und Tagebüchern folgten.[11]

So wie Vasco Pratolini 1947 seine Berichte *Cronaca famigliare* und *Cronache di poveri amanti* nannte, so schrieb sich eine Flut von Filmen der Wahrheitsemphase, schon im Titel das Moment der Zeit festzuhalten, ein: GERMANIA ANNO ZERO; LA VITA RICOMINCIA (ZU NEUEM LEBEN, I 1945, Mario Mattoli); NEL MEZZOGIORNO QUALCOSA È CAMBIATO (I 1949, Carlo Lizzani); ANNI DIFFICILI (KRITISCHE JAHRE, I 1948, Luigi Zampa); GIORNI DI GLORIA (GLORREICHE TAGE, I 1945, Marcello Pagliero, Giuseppe De Santis, Mario Serandrei, Luchino Visconti); CRONACA DI UN AMORE (CHRONIK EINER LIEBE, I 1950, Michelangelo Antonioni).

In allen diesen Filmtiteln wird die Zeit als Verlaufsform hin zum Neuen thematisiert. Der Chronik-Charakter bricht sich auch in den Titeln mit auffälligen Ortsangaben eine Bahn: ROMA CITTÀ APERTA (ROM, OFFENE STADT, I 1945, Roberto Rossellini); ROMA CITTÀ LIBERA (I 1946, Marcello Pagliero); SOTTO IL SOLE DI ROMA (UNTER DER SONNE ROMS, I 1948, Renato Castellani); STROMBOLI – TERRA DI DIO (STROMBOLI, I 1949, Roberto Rossellini); VULCANO (I 1949, William Dieterle); GENTE DEL PO (I 1947, Michelangelo Antonioni).

In den filmhistorischen Untersuchungen wurden jene neorealistischen Filme, die sich mit vorgefundenem Material befaßten, stets höher eingestuft als jene, die auf ein erfundenes Material zurückgriffen. Es sollte aber nicht vergessen werden, daß der neorealistische Film viele seiner Stoffe der Literatur verdankte: LADRI DI BICICLETTE (FAHRRADDIEBE, I 1948,

Vittorio De Sica): gleichnamiger Roman (1945) von Luigi Bartolini; IN NOME DELLA LEGGE (IM NAMEN DES GESETZES, I 1949, Pietro Germi): Roman *Piccola pretura* (1948) von Guido Lo Schiavo; IL MULINO DEL PO (I 1948, Alberto Lattuada): gleichnamige Romantrilogie (1938-1940) von Riccardo Bacchelli; LA TERRA TREMA – EPISODIO DEL MARE (DIE ERDE BEBT, I 1948, Luchino Visconti): Erzählung *I Malavoglia* (1881) von Giovanni Verga; ANNI DIFFICILI: Roman *Il vecchio con gli stivali* (1945) von Vitaliano Brancati.

Es wäre auch angebracht, an die nichtrealisierten Projekte zu erinnern, die der Poetik des *Neorealismo* scheinbar nicht konform gingen: So hatte Visconti, bevor er das Elend sizilianischer Fischer (LA TERRA TREMA) in Form einer antiken Tragödie inszenierte, den Stoff *Unordnung und frühes Leid* (nach Thomas Manns Novelle von 1926) verworfen; hatte Vittorio De Sica, bevor er LADRI DI BICICLETTE inszenierte, den Stoff »Un cœur simple« (nach Gustave Flauberts Erzählung von 1877) verworfen.

LA TERRA TREMA beginnt mit einem Rolltitel und einem Voice-over-Kommentar des Autors Visconti, der darauf hinweist, daß sein Film auf Fakten beruhe, daß die Häuser, die Boote, die Menschen, die man sehe, aus dem kleinen Ort Aci Trezza am Ionischen Meer bei Catania in Sizilien stammten. Am Anfang steht die genaue geographische Vernetzung. Mit allen Mitteln seines Ausdrucks will Visconti Authentizität bezeugen, und nachdem einmal der reale Schauplatz etabliert ist, liest man im Untertitel zum Film die erzähltechnische Bezeichnung EPISODIO DEL MARE. Man kann diese sich wiederholende Rhetorik des Authentischen mit einigem Recht als eine von der Poetik des *Neorealismo* gebotene Konvention lesen, die eingangs ein zum Zuschauer geneigtes Verhältnis etabliert. Die kinematographische Sprache, der Visconti sich *danach* bedient, ist dann alles andere als realistisch. Um die krasse Abweichung vom Regelkanon seiner Generation zu verdeutlichen, könnte man sich eines Ausdrucks der Kunstkritik bedienen und behaupten: So wie Rossellini in seinen Filmen dem Prinzip der *linea* folgt, so folgte Visconti dem Prinzip der *maniera*. Neu an dieser Sicht ist einzig, daß Visconti in der Präsentationsform seines Films dem Druck der neorealistischen Erzählkonvention nachgab, um dann im Inneren des Werkes dessen Material manieristisch zu entfalten. Das nahm dem Werk nichts von der ästhetischen und politischen Wirkungskraft, im Gegenteil.

Vielleicht bedurfte es gerade dem Insistieren auf dem Gebrauch komplexer Mittel, um in Viscontis Filmen der Vision von einer Utopie Raum zu geben. Das Naturereignis »Erdbeben« wird zur sozialen Metapher der Revolte der Fischer, deren Scheitern nicht in Resignation einmündet. Einmal hat einer an dem »Traum von einer Sache« festgehalten, sich mit seiner Familie in einer Kooperative zu organisieren, die klassenüberspannende Versöhnung von Besitzlosen und Besitzenden, von Aristokraten und Proletariern, von Kommunisten und Kirchenfürsten zu propagieren. LA TERRA TREMA ist Viscontis Vision von der sozialen »Bruderschaft«, der *fraternité*, dem solidarischen Umgang in Form körperlicher Komplizenschaft. Ein Vorbote dieser Solidarität war schon die Figur des »Spagnolo« in Viscontis OSSESSIONE, der »Spanier« deshalb heißt, weil er eine Vergangenheit als Kämpfer für die Republik hat.

So wie die *maniera* die Bündelung der *linea* zu raffinierter Fülle ist, so ist die *linea* das Versprechen zur Reduktion der Fülle. Diesem Prinzip folgte der Regisseur Rossellini in seinen Filmen. Sein 1945 entstandener PAISÀ, an dem Klaus Mann als Englisch schreibender Drehbuchautor maßgeblich beteiligt war, ist der klassische Vertreter des Episodenfilms, der ob seiner linearen Erzähltechnik auf eine utopische Dimension deshalb nicht verzichtet. Das Titelwort drückt den Doppelsinn von »Landsmann« und »Verbrüderung« aus, »paisà« ist napoletanischer Dialekt für »com/paesano« und schließt Solidarität aus dem gleichen Dorf wie den Fremden im Dorf in sich ein. Hier ist es titelgebend für die Episode in Neapel, in der ein betrunkener schwarzer G.I. sich von einem kleinen »scugnizzo« (»Straßenjunge«) die Militärstiefel entwenden läßt, den Jungen verliert, wiederfindet, in einer Erdhöhle, in der der Waisenjunge haust, dann aber auf seine Stiefel verzichtet. Joe und Pasquale, zwei am Rande der Gesellschaft Stehende, verbrüdern sich. Das Elend macht sie solidarisch.

PAISÀ erzählt in seinen sechs Episoden vom Vormarsch der US-amerikanischen Truppen in Italien. Die Dramaturgie folgt dabei keiner psychologischen Linie, sondern der geographischen: Die erste Episode spielt in Sizilien, die letzte im Norden, der Po-Ebene. Die Linie erobert ein Territorium: Die spatiale Entwicklung verläuft dabei von innen nach außen. Das Studio wird verlassen und in die Landschaft verlegt. Der *Neorealismo* entdeckt den Italienern Italiens vergessene Provinzen, in denen sich die Realität zeigt, die in den faschistischen Filmen ausgeklammert wurde: der industrielle Norden in Dichotomie zum agrarischen Süden. Mit den Landstrichen werden Dialekte entdeckt, mit den verschiedenen Sprachebenen die Diversität des Fremden. In der ersten Episode von PAISÀ sind es die sizilianischen Dialekte, dann das Amerikanische der G.I.s, das Österreichische der deutschen Soldaten. Rossellini orchestriert seine Tonspur vielstimmig und vielsprachig. In STROMBOLI – TERRA DI DIO wird Englisch, Deutsch, Französisch, Spanisch und Italienisch gesprochen. In der Kloster-Episode von PAISÀ reden die Amerikaner Italienisch, in der Florenz-Episode die Italiener Englisch, in der letzten Episode in der Po-Ebene hört man, wie die Partisanen aus allen Ecken Italiens zusammengewürfelt Italienisch mit napoletanischem, toskanischem oder emilianischem Einschlag sprechen. Bei strenger Linearität der visuellen Strategie

Rossellinis ist doch immer eine akustische Polyphonie gewahrt. Traf das für die Originalversionen zu? Ja, und zwar nur für sie, denn auch für den italienischen Verleih wurde diese Vielstimmigkeit durch die Vereinheitlichung einer Postsynchronisation nivelliert. Der Parameter des Direkttons ist bis heute ein Fremdkörper in der Filmästhetik Italiens.

Als Vittorio De Sica seine Filme SCIUSCIÀ (SCHUHPUTZER, I 1946) und LADRI DI BICICLETTE drehte, ging er zwar mit seinem bedeutenden Drehbuchautor Cesare Zavattini, dem Chefideologen des *Neorealismo*, von der einfachen Aufzählung der Tatsachen aus, doch die kinematographische Umsetzung neigte dann eher der Poetik der »Tatsachen und Tränen« (Ginzburg) zu. Die Rechtfertigung im Medium der Schrift, die der Regisseur nachlieferte, betont dagegen die Rahmenkonvention des Realismus: »Mein erklärtes Ziel ist es, das Dramatische in den Alltagssituationen aufzuspüren, das Wunderbare in der kleinen Chronik, ja in der allerkleinsten Chronik, die von den meisten abgehakt und abgetan wird.«[12] Die Zielrichtung dieser poetologischen Operation ist gegeben: Nicht dient sie der Veralltäglichung oder Dedramatisierung, vielmehr hält sie es mit der Dramatisierung des Alltags, wozu weder Kindertränen noch Mandolinenmusik wie in LADRI DI BICICLETTE notwendig wären, sondern eine Großaufnahme des Gesichts des kleinen Jungen vollkommen hinreicht, der seinen bestohlenen Vater zum Dieb werden sieht. De Sica, ein Gegenpol zu Rossellini, ist der konventionellen Tradition des *spettacolo* verpflichtet, die er mythisch auflädt, ohne dadurch den Alltag zu verklären. Die beiden Jungen in SCIUSCIÀ träumen im Gefängnis vom Schimmel, der sie in die Utopie davontrüge: Auf diese Weise fügte Zavattini, der Autor, das »Wunderbare« (»il meraviglioso«) in die Chronik ein. Im Innenhof des Jugendgefängnisses dürfen die Priester mit einem Wanderkino gastieren. In der Wochenschau, die über das aufgespannte Bettuch flackert, erfolgt in Schriftform wieder die Realismuskonvention der Chronik von Tatsachen, hier mit politischer Emphase aufgeladen. Die Wochenschau kündigt sich an als »Notizie del mondo libero« (»Nachrichten aus der freien Welt«). Was De Sicas Film selbstreferentiell von der Realismuskonvention hält, gibt er kund, indem er das Wanderkino der gastierenden Priester sogleich, kaum hat man General MacArthur bei den besiegten Japanern gesehen, in Flammen aufgehen läßt. Die kinematographische Operation, die De Sica in SCIUSCIÀ am häufigsten einsetzt, ist die vertikale Kranfahrt im Inneren des Gefängnishofes, die derart die Schauplätze räumlich übereinander anordnet. Das Wunderbare, das sich ereignen soll inmitten des elenden Alltags, wird von der Kamera als eine Strategie des schwebenden Blicks eingeführt. Die sentimentale Musik tut ein Übriges, um das Elend an die Melodie, die Trauer an die Mandolinen zu verraten. War schon der Titel SCIUSCIÀ eine napoletanische Lehnprägung des amerikanischen »shoeshine«, mit dem sich die Jungen den Befreiern andienten (denn italienisch hieße Schuhputzer »lustrascarpe«), so zeigt die häufige Verwendung vertikaler Kranfahrten in De Sicas Filmen das Ausmaß des ästhetischen Importes amerikanischer Erzähltechniken. Das unverschämt sentimentale Gegenstück zu SCIUSCIÀ wäre der Film PROIBITO RUBARE (RAZZIA IN NEAPEL, I 1948, Luigi Comencini), in dem ein Jugendpriester das ethische Gebot aufstellt, das den Titel zum Film liefert: »Du sollst nicht stehlen!« Aber stärker als das Vorbild katholischer Moral ist das Modell des amerikanischen Films, der eine umstandslose Utopie des Machbaren propagiert. Nicht genug damit, daß der Hauptdarsteller des Jugendpriesters, der eine Kinderkommune in Neapel aufbaut, frappant dem Hollywood-Star Spencer Tracy ähnelt. Er darf seinen Filmkindern sogar explizit von Father Flanagan erzählen, der die Slum-Kinder von der Straße holte, um mit ihnen eine Jugendstadt aufzubauen. Der Film hieß BOYS TOWN (TEUFELSKERLE, USA 1937), Norman Taurog drehte ihn für die MGM, Spencer Tracy spielte den Father Flanagan. Die Utopie hat einen Ort: eine sauber gestrichene Baracke im Hafenviertel von Neapel, an deren Wänden Kindersonnen prangen. Diese Filme unterliegen der Rhetorik des Populismus. Die ihnen innewohnenden Konzepte werden gleichsam nominalistisch mitverfilmt. Die Tatsache wird an den Tränenfluß angeschlossen, die Träne und das Lachen werden Bestandteil der Anleitung zur Wirkung.

Erklärtermaßen amerikanische Filme wollte der Regisseur Giuseppe De Santis drehen. Als einzigem unter den herausragenden Regisseuren des *Neorealismo* gelang ihm die explosive Verbindung von Erotik und Politik. Die erotischen Reize, wie sie De Santis in seinen Filmen CACCIA TRAGICA (TRAGISCHE JAGD, I 1947) und RISO AMARO einsetzte, waren an politische Signifikate gebunden, die im Laufe der Rezeptionsgeschichte des Films verlorengingen. Für die Dreharbeiten zu RISO AMARO stellte der Erbe der FIAT-Werke in Turin, Giovanni Agnelli, ein Familienlandgut im Norden der Stadt zur Verfügung, was den Regisseur nicht daran hinderte, aufgebrachte Fabrikarbeiter auf dem Bahnhof gegen die Arbeitsbedingungen in den FIAT-Werken Lingotto mit Transparenten protestieren zu lassen.[13] In der Wirkung des Kultfilms zum *Neorealismo* RISO AMARO spricht man nur noch von den Kameraeinstellungen durch die Schenkel der Reisarbeiterinnen, ohne sich zu erinnern, daß jene »Reisarbeiterinnen« (»le mondine«) durch Boykottdrohungen ihre Reisarbeit zu verbessern suchten. Georges Sadoul, der marxistische Filmhistoriker der fünfziger Jahre, lobte an RISO AMARO das soziale Portrait der Landarbeiterinnen als »wahrheitsgetreu«, um sogleich die »krassen Effekte« des Films zu verdammen.[14] Ihm mag gedämmert haben, was die Hauptdarstellerin, Silvana Mangano, zu ihren Dreherfahrungen in der »Abenteuerlichen Geschichte des italienischen Films«[15] den Autoren Faldini und Fofi berichtete:

Ich habe mich darauf eingelassen, RISO AMARO zu drehen, eher aus der Notwendigkeit, Geld zu verdienen, als aus dem lebhaften Wunsch heraus, eine Filmkarriere aufzubauen. Ein gut Teil des Publikums hält aber immer noch an der Silvana Mangano fest, die es in RISO AMARO gesehen hat, und kommt vielleicht zu meinen späteren Filmen nur in der Hoffnung, meine entblößten Beine zu sehen (nella speranza di vedere le mie gambe scoperte).[16]

In den Filmen von De Santis ist zu entdecken, was auch die Filme von Visconti auszeichnete: »die Choralität« (»la coralità«) der Massenszenen. Nicht mehr ist die Masse in rechteckigen Ornamenten angeordnet, sondern in fließender, wogender Bewegung drängt sie sich ans Objektiv. Die nicht lösbare Verbindung von privatem Konflikt und öffentlichem Aufruhr hielt De Santis mittels seiner Technik der Plansequenzen fest, die sich nicht mit der dramatisierten Sicht der alltäglichen Dinge begnügen, sondern die aufgefundenen Fakten einer komplexen Beurteilung unterwerfen. Die Plansequenzen bei RISO AMARO oder in CACCIA TRAGICA sind sehr elaborierte Kranbewegungen der Kamera, die eben in ein und derselben Einstellung inkompatible Welten sichtbar machen. Dennoch sieht auch dieser Regisseur, der in seinen Filmen Kontingenz und *maniera* verbindet, sich der von allen Regisseuren jener Generation geübten Realismus-Konvention verpflichtet: RISO AMARO beginnt mit einer dramatischen Konfrontation eines Gesichts zum Publikum, dabei entfernt die Kamera sich und zieht das Bild zur Totale auf. Das Gesicht hat nun Hand und Fuß, der Mann ist Radioreporter, der über die sozial unwürdigen Bedingungen der Reisarbeiterinnen berichtet.

Der *Neorealismo* suchte die Enthierarchisierung der Genres. Das gelang nur mittels der politischen wie ästhetischen (Durch-)Brüche, Schnitte und Verwerfungen. Der *Neorealismo* ist Reichtum und Reduktion zugleich. Er blickte auf Menschen und Dinge als verdinglichte Menschen und belebte Dinge. Er schuf die schöne Unordnung von unten. Das brachte Verwirrung in die Theorie, die mit diesem Wechselbalg, diesem Mischgenre in Verlegenheit umging. André Bazin und Siegfried Kracauer amalgamierten den *Neorealismo* ihren Generalforderungen, nach denen das Kino sich auszurichten hätte. Den Diskurs über die Aneignung der kulturellen Strömung in der italienischen Nachkriegszeit zu führen bliebe einem anderen Kapitel vorbehalten. Ich wollte weniger auf den Begriffsstreit als auf die Faktur aufmerksam machen.

Die Aufsätze der Regisseure sind *eine* Quelle, ihre Filme eine andere, die mehr Aufschluß gibt über inhärente Widersprüche von Absicht und Wirkung. Im Namen des Besonderen, der ästhetischen Individuation führte der *Neorealismo* einen Angriff auf die narrativen Konventionen des Systems der Filmindustrie. Erklärtermaßen will diese Nicht-Kunst keine Kunst sein und auf diese Weise an der Kunstgeschichte teilhaben. Der Protest brauchte eine neue Kunst. Der *Neorealismo* war eine Strategie der Vielfältigkeit, sie durchzusetzen.

Die Neorealisten hatten Lehrer. Sie waren aber keine Schule. Sie hatten keine Schüler. Es fehlte ihnen an einer Basis bei den Zuschauern. Nach den einschneidenden Wahlen vom 18. April 1948, die der »Democrazia Cristiana« fast die absolute Mehrheit eintrugen und den Auszug der Sozialisten und Kommunisten aus der Regierung zur Folge hatten, erlahmte der Aufschwung.

Die Regierung De Gasperi brauchte schnelle Wunder. Vittorio De Sica war mit MIRACOLO A MILANO (DAS WUNDER VON MAILAND, I 1950) zur Stelle. Der *Neorealismo* war am Ende. Die Story hatte seinen Angriff überlebt. Die Ruinen waren abgeräumt. Die Stadt franste zur Steppe aus. Der *Neorealismo* ist für Filmhistoriker eine nützliche Briefkastenadresse. Ansonsten bezeichnet er die Periode des italienischen Films von 1945 bis 1948.

Erstveröffentlichung: Vortrag an der Freien Universität Berlin, 14.12.1989; gekürzte Fassung abgedruckt in: *epd Film* 3/1991, [Anm. s. S. 481f.].

Zwischen Stadt und Steppe
Film und Architektur im italienischen Neorealismus

Über das Thema »Film und Architektur im italienischen Neorealismus« zu sprechen bedarf gleich eingangs einer Klärung von Tautologien. Italien als das klassische Land der Architektur, der Neorealismus als die Theorie des Vorgefundenen, Film und Architektur als Medien der Artikulation von Lebenswelt, das ergibt keine Addition von Kunstmitteln, das läuft auf eine Subtraktion ästhetischer Elemente hinaus. Was zu sehen bleibt, ist ein Zwischenzustand: in der Anschauung wie in der Theorie. Was der Faschismus groß gebaut hatte, lag im Neorealismus klein darnieder. Was die Traumfabrik von Cinecittà als organisiert störungsfreie Studiowelt gefilmt hatte, war im politischen wie auch im künstlerischen Sinne zur Ruine verkommen. Der Perfektion folgte die Notlösung wie die Reduktion dem Überfluß. Was der Krieg an Künstlichkeit in der geschlossenen Form (Studio) erreicht hatte, ging über in die Nachkriegszeit, die den Anspruch auf Wirklichkeit und Wahrhaftigkeit reklamierte. Der Film des Neorealismus floh das Studio und suchte das Freie, verließ in der Erzähltechnik die geschlossene Form, um sich in den programmatisch erklärten Aufbruch mit einer offenen Form zu stürzen.

Worauf es bei der Themenstellung ankommt, ist, den Zusammenhang zwischen Gefilmtem und Standpunkt des Films zu erkennen. Im Neorealismus entdeckt Italien sich selbst als Artikulationsform von Stadt und Land, nicht länger als Artikulation von bestehenden Kunstgenres, die gleichermaßen den Hollywoodfilm und das Kino der Nazis prägten. Der neorealistische Film zeigt – so wäre die Tendenz aus dieser Haltung auszutreiben – weniger das Gebaute als vielmehr die erst politische, dann ästhetische Zertrümmerung des Gebauten. Der neorealistisch ideale Ort und Schauplatz ist die Zwischenzone: aus dem Studio in die Straße, aus der Straße an den Stadtrand, vom Stadtrand ins Ödland. Klassischer Topos des neorealistischen Films von Rossellini bis hin zu Pasolini ist das schwer einzugrenzende Gelände zwischen Stadt und Steppe.

Im filmästhetischen Bereich entsprach dieser Zwischenzone der beständige Wettstreit von dokumentarischen und fiktionalen Elementen. Wie daraus sich die Rhetorik des Authentischen, zum Beispiel in LA TERRA TREMA – EPISODIO DEL MARE (DIE ERDE BEBT, I 1948, Luchino Visconti) entwickelt, werde ich später noch zeigen. Alle Filme vereint, daß im Ausdruck der verwüsteten Natur sich die Verwüstung von Gesellschaft spiegelt, daß die gefilmte und filmisch hergestellte Ruinenästhetik den Widerspruch von anerkannter deklassierter Lebenswelt wie aber auch deren sozialer Verklärung in sich barg. Je bedrohlicher die Trümmer des Faschismus in die Nachkriegsfilme hineinragten, desto stärker war die Evasion durch Sentiment. Hübsche Kinder und adrette Frauen, moralisch glänzende Figuren bewegten sich in jenen stumpfen Schatten der Architektur. Das räumliche Elend wurde gleichsam mit Gefühlsornamenten umbaut, ja oft auch umstandslos verstellt. Die kurze Zeit nur vorherrschende Ruinenästhetik wich einer christlich-sozial bestimmten Aufbaumoral.

Aus den Kasernen, die in der Zwischenzeit zur Metapher von Mietskasernen wurden, entstanden wieder Kasernen für jene Bewohner, denen der Bau intentional galt: den Soldaten, während die Flüchtlinge, Verarmten und Deklassierten des städtischen Proletariats an den Stadtrand ausgesiedelt und ihre »Mietskasernen« zu Palazzi des sozialen Wohnungsbaus erklärt wurden. Das ist der historische Schritt vom Film RISO AMARO (BITTERER REIS, I 1949, Giuseppe De Santis) zu MAMMA ROMA (I 1962, Pier Paolo Pasolini).

In die römische Siedlung an der Peripherie, genannt Pietralata, gelangte zum Höhepunkt des Neorealismus der polnische Schriftsteller Marian Brandys. Er beschrieb den Schauplatz, an dem der Film L'ONOREVOLE ANGELINA (ABGEORDNETE ANGELINA, I 1947, Luigi Zampa) mit Anna Magnani gedreht worden war. Die einzige Wasserstelle für die Siedlung wird wie folgt beschrieben: »Das Gebäude war eine alte, dem Umfallen nahe Latrine. Direkt neben den Kloakenöffnungen floß aus einem kleinen Hahn ein dünner Wasserstrahl [...]. ›Das ist faschistische Baukunst‹, sagte Antonia ernst [...].«[1] Der polnische Reporter notiert eine sarkastische Wendung der alten politischen Ordnung, mit der die Insuffizienz der

Ruinenästhetik der neuen politischen Ordnung charakterisiert werden soll. Denn eine baufällige Latrine an sich würde niemand für Baukunst, geschweige denn eine faschistische halten: Die zynische Demontage öffentlicher Verwaltung ist gemeint.

An diesem Schauplatz sollte ein lustiges Waschfest für Anna Magnani gedreht werden. Doch woher sollte das Wasser fließen? Brandys berichtet:

> Deshalb wurde an einem Tag das bewerkstelligt, was man während der faschistischen zwei Jahrzehnte und der zwei Nachkriegsjahre nicht geschafft hatte. Auf Lastwagen der Lux-Film wurden aus Rom die erforderlichen Einrichtungen herangebracht, und in Pietralata wurde fließendes Wasser installiert [...]. Diese Tatsache wurde auf dem Filmstreifen verewigt, dann wurde die wasserspendende Einrichtung wieder verpackt und auf den Autos der Lux-Film nach Rom zurückgebracht. Die Bewohner von Pietralata können seitdem wie früher den kleinen Wasserhahn in der Latrine benutzen.[2]

Dieser Hintergrund straft den Vordergrund Lügen: Auch der Neorealismus kochte und filmte nur mit Wasser, und sei es mittels eines transportablen Tricks. Die materielle wie ästhetische Insuffizienz *als solche* zu zeigen war nicht im Programm jener Kameraleute, die im Laufe eines ereignisreichen Übergangs sich von Kalligraphen zu Dokumentaristen wandeln wollten. Ihr Vorhaben blieb in der Transitstation hängen. Die Erfüllung des neorealistischen Programms erfolgte erst zwei Jahrzehnte später in den Filmen und Romanen von Pier Paolo Pasolini.

In seinem Roman Una vita violenta[3] gab der Autor und Regisseur einen lakonischen Abriß der sozialen Nichtkarriere, die der Vater des jungen Helden Tommasino machte, nachdem die Familie eines Straßenkehrers nach der Kapitulation von 1943 in Rom eintraf. Pasolini gibt im folgenden Ausschnitt aus dem Roman den Topos des Nichtwohnenkönnens in der Nachkriegszeit in Form eines architektonischen Kataloges wieder; ich resümiere das zunächst gebaute, dann depravierte Elend mit den Schlüsselworten: »Schule, Dorf, kleines Haus, Stall, irgendwo mitten auf der Straße, Schuppen, Garage, unter den Bogengängen, im Inneren eines zerfallenen Palazzo, Trümmer, eine Burg, Baracke, Hütte, Wohnhäuser mit seltsamen Formen, Behausungen, nahe gelegene Vorstädte, ein elendes Loch.« Und nun der Text im Kontext zum Schauplatz (den der polnische Autor beschrieben, der italienische Film nicht beschrieben hatte), von Tektur und Architektur in der Peripherie von Pietralata:

> Als sie dort eintrafen, erschöpft, ausgehungert, mit wunden Füßen, schlimmer dran als die Zigeuner, brachte man sie mit den anderen Flüchtlingen in einer Schule des Maranella-Viertels unter.

Daheim in seinem Dorf hatte Signor Torquato alles verloren; das kleine Haus war den Luftangriffen, der Stall dem Artilleriebeschuß zum Opfer gefallen, und den Rest hatten die Panzer besorgt. [...] Da erschienen Milizsoldaten, verluden die Menschen gewaltsam auf Lastwagen und setzten sie mit den wenigen Habseligkeiten, die sie am Leibe oder in der Hand trugen, irgendwo mitten auf der Straße wieder ab. So hatte man sich denn, so gut man eben konnte, mit der Lage abgefunden. Jeder für sich, und Gott für alle! Der eine riskierte zweitausend Lire im Monat für einen Schuppen, der andere kroch in einer Garage unter, ein Dritter baute sich unter den Bogengängen oder im Inneren eines zerfallenen Palazzo aus den herumliegenden Trümmern eine winzige Burg.
Damals fand die Familie Puzzilli Unterkunft in jener Baracke zwischen Pietralata und Montesacro, am Abhang, der zum Aniene hinunterführt; ein Bauer, der auf dem Schwarzen Markt reich geworden und geschnappt worden war, hatte ihnen die Hütte überlassen. Seitdem rührten sie sich nicht mehr vom Fleck. Zuerst suchte Torquato sich sein Auskommen mit Gelegenheitsarbeiten zu verschaffen, dann stellten sie ihn bei der Stadtverwaltung ein, und er wurde Straßenkehrer.
Er hatte eine Eingabe nach der anderen gemacht, um nach dem Friedensschluß wieder zu einem Haus zu kommen: an die Stadt, an das Flüchtlingsamt, an die Priester, an alle Heiligen. Aber die Monate, die Jahre verstrichen, und sein Haus – es war immer noch die Baracke in dieser kleinen Ansiedlung, die im Sommer stets in Flammen aufzugehen drohte und im Winter beinahe vom Schlamm zum Fluß hinabgeschwemmt wurde. Allmählich hatte sich Torquato damit abgefunden, hier Wurzeln zu schlagen und mit Weib und Kindern sein Dasein zu fristen.
Doch da fing man eines Tages an, ringsherum Wohnhäuser zu errichten, an der Via Tiburtina, etwas oberhalb der Festung. Die Gesellschaft, die dort baute, war die INA-Case, und überall, auf den Feldern und den Anhöhen, wuchsen langsam Häuser aus dem Boden. Sie hatten seltsame Formen: spitze Dächer, Balkone, Dachluken, runde und ovale Fenster. Die Leute fingen an, diese Behausungen »Alice im Wunderland«, »Märchenstadt« und »Jerusalem« zu nennen, und alle lachten darüber; aber die Menschen, die so armselig in den nahegelegenen Vorstädten hausten, dachten bei sich: »Aaaah, endlich wird man auch mir einen Harem bauen.« Und es gab keinen unter den Barackenbewohnern, den Ausgebombten und Flüchtlingen, der nicht versucht hätte, eine Eingabe durchzubringen, um aus seinem elenden Loch herauszukommen.[4]

Eindringlicher, als es jeder positivistische Katalog vermöchte, ist in dieser Passage die Varianz der Erscheinung (»Haus«) ebenso lakonisch dargestellt wie die Invarianz der Substanz: Menschenwürdige Häuser sind es nicht. Für jeden hier bekannten Typus der Ruinenästhetik ließe sich in den neorealistischen Filmen ein Beleg finden, ist man denn auf ein Inventar architektonischer Zerstörung wie Rekonstruktion aus. Der Film taugte zu dieser Aufgabenstellung nur wenig. Aufschlußreicher wäre nicht die Frage nach der Vielfalt der Erscheinungsformen von Stadt und Haus, sondern die nach dem sozialen Kern jener Ruinenästhetik, die den visuellen Drehpunkt des neorealistischen Films in Italien ausmachte.

Erstveröffentlichung: Vortrag im Deutschen Architektur- und Filmmuseum, Frankfurt/Main 28.10.1990, [Anm. s. S. 482].

V. FRANZÖSISCHES KINO

In wessen Namen?
Jean-Pierre Melvilles L'ARMÉE DES OMBRES

Paris, im zweiten Besatzungsjahr 1942. Eine Kamera ist in Kniehöhe auf den Triumphbogen gerichtet. Die Straßen sind leergefegt. Im Off Marschmusik, dann links im Bild eine kleine graue Larve, die am Triumphbogen nach rechts einschwenkt und – immer größer wachsend – die Champs-Elysées abwärts frontal auf die Kamera zumarschiert. Deutsche Truppen im perfekt gedrillten Stiefeltakt, der so unnachahmbar ist, sagt Melville, »daß ich ihn mit deutschen Komparsen nachsynchronisierte«.[1] Sie drohen uns zu überrollen, bis der Regisseur die starre Einstellung einfriert und der Vorspann abrollt.

Die Perspektive erfaßt das fremde Militär gegen den öden Himmel, fehl auf diesem leergewaschenen Platz, eingerahmt von den symbolträchtigen Plastiken »Auszug der Revolutionsarmee 1792«[2] und »Triumph von 1810«[3] (Frieden von Wien). Das will sagen: das Große bleibt groß nicht und klein nicht das Kleine, es kommt schon ein Tag, an dem auf diesem Platz de Gaulle die Parade der Sieger abnehmen wird.

Der Regisseur Melville, selbst militanter Widerständler und im Auftrag der provisorischen Regierung Frankreichs in London, scheint von diesem Besatzungstrauma geprägt, dem er schon einmal im Debütfilm nachgab, in LE SILENCE DE LA MER (DAS SCHWEIGEN DES MEERES, F 1947), wo der Krieg gegen die Barbarei noch im Namen der Kultur geführt wird. Das hatte damals den Zuschnitt von Ernst Jünger, nach dessen Ebenbild der deutsche Offizier ganz auf den noblen Gott in Frankreich hin gescheitert war. Nie löste Melville sich ganz aus dieser aristokratischen Haltung, deren Selbstauflösung in Anarchie seine Filme doch vorantrieben.

Immer sind seine Figuren Gezeichnete, von der Kälte der Kommunikation Stigmatisierte, die ohne festen Wohnsitz in Randzonen treiben, ihre Wohnungen wie Straßen benutzen und Straßen wie Geschäftsräume. Der Unterschlupf auf Abbruch, die Hoffnung auf Kredit, die Schönheit nur in Schäbigkeit und die filmischen Mittel reduziert auf das Nötigste, an dieser Beherrschung des Handwerks erkennt man die Schrift Melvilles. Oft schickt er Figuren aus, deren Handeln verwandte Energien freisetzt, die für eine Expedition ins Reich der Unterwelt nötig sind. Einziges Gepäckstück auf dieser Reise ist eine Bestimmtheit der Figuren, die man analog Flaubert die *impassibilité*: den Gleichmut, nennen müßte. Nicht Pessimismus, sondern den Mut zur Hoffnungslosigkeit.

L'ARMÉE DES OMBRES (ARMEE IM SCHATTEN, F/I 1969) kämpft im Dunkeln gegen das gleißende Licht der Besatzer. Dieser Kampf ist lautlos, geführt von Leuten, die Patrioten aus Zivilcourage und keine Militärs sind. Kein Kampf der Partisanen, eher eine Sabotage in den Institutionen. Man muß nur sehen, mit welcher intensiven Gelassenheit Melville seine Figuren der Aktion aussetzt, wie beherrscht ihre Gesten, wie undurchdringlich ihre Mimik, wie choreographisch ihre Blickballette, wie bedächtig ihre Tarnung ist. Als Funktionäre des Vichy-Regimes Lino Ventura im Lager abführen, wirft der seine Näharbeit – auch das muß sein – nicht einfach hin. Er beißt erst den Faden ab, bevor er geht. Später entspannt sich eine Zuneigung, unmerklich, zur Widerständlerin Mathilde, die Simone Signoret mit Klasse verkörpert. Diese Zuneigung aber drückt sich in der Präzision der Arbeit aus, inhaftierte Genossen zu befreien. In finsteren Zeiten kennt die Sorge nur einen Ausdruck: die Sorgfalt.

Eine Arbeit auch der schmutzigen Hände, die nicht unterschlägt, wie gräßlich und grotesk die Exekution eines jungen Verräters (der Verrat blieb ungeklärt) vollzogen wird, wenn kein Schuß fallen darf, kein Messer zur Hand ist und der Kader zum Küchenhandtuch greifen muß. Muß? In wessen Namen, wessen Auftrag legitimiert sich der Mord an Genossen, wo der Feind so übermächtig ist? Der Widerstandschef – Mathematikprofessor – erstellt zu dieser Frage Hypothesen, die auf ein perfides Raisonnement hinauslaufen. Mord im Namen der Organisation sei nur ein kollektiv vollzogener Selbstmord, vom Opfer gewollt, um dem Feind zuvorzukommen und die Genossen nicht schlimmer zu gefährden. Aber Melville inszeniert keine Argumente zur Parteilichkeit, sondern exekutiert in langen, streng stilisierten Einstellungen seinen Fatalismus, in dem es kein Entrinnen gibt. Wir werden in den Bann der Einfühlung geschlagen. Wir haben kein Argument gegen die Bilder, die unseren Widerstand gegen unmenschlichen Widerstand artikulieren können. Melville spannt uns fest in den Pflock der Emotion und führt uns wie Hitchcock durchs Labor der widersprüchlichen Empfindungen. Kaum atmet man auf, daß ein Kurier die Kofferkontrolle der Deutschen – durch einen Trick, ein fremdes Kind auf den Arm zu nehmen – unterlief, wird er an der U-Bahn kontrolliert. Diesmal von Franzosen, die er argumentativ foppen kann. Da herrscht vorsätzlich Verwirrung in der Topographie, die uns von Lyon nach Paris, von Marseille nach London schickt und durch einen Schnitt uns vom Hotel des Widerstands ins Gestapo-Hotel fast absichtslos hineinstolpern läßt: in wessen Namen, auf welcher Seite? – Melville bekennt in einem Interviewbuch[4] zu seinem Werk, er habe keinen dokumentarischen Bericht zur Résistance drehen wollen. Den gleichnamigen Roman von Joseph von Kessel – ein Autor, der übrigens Buñuel zu BELLE DE JOUR (BELLE DE JOUR-SCHÖNE DES TAGES, F/I 1966) inspirierte – wollte er seit dem Erscheinen 1943 verfilmen. Er hat 26 Jahre warten müssen. Diese Verbissenheit ins Sujet erklärt vielleicht, daß es ihm, wie er zugibt, eher um ein retrospektives Nachsinnen (rêverie), um eine nostalgische Pilgerfahrt zur Résistance ging. Doch zwischen den Heiligen streifen die Helden als Wölfe.

Erstveröffentlichung: Frankfurter Rundschau, 21.1.1978 [Anm. s. S. 482].

Robert Bressons LE DIABLE PROBABLEMENT

Robert Bresson ist einer der große Außenseiter unter den Filmregisseuren, der oft fünf Jahre warten muß, bis er die Mittel zu einem neuen Film aufbringen kann. Er steht abseits der Industrie: Keiner seiner Filme entpuppte sich je als Kassenrenner, und doch wächst die Geltung von Bresson. Mit LE JOURNAL D'UN CURÉ DE CAMPAGNE (TAGEBUCH EINES LANDPFARRERS, F 1950) erzielte er in den fünfziger Jahren bei der Kritik den Durchbruch, die damals den religiösen Film aufkommen sah und Bresson als Parteigänger der Kirche unter den Künstlern willkommen hieß. In seinem Film UN CONDAMNÉ À MORT S'EST ÉCHAPPÉ (EIN ZUM TODE VERURTEILTER IST ENTFLOHEN, F 1956) widerlegte Bresson diese christliche Spekulation. Für ihn gibt es keine Hoffnung, die man an den Schöpfer delegieren könnte, nur die Hoffnung, die der Mensch aus Selbstbestimmung gegen die Fremdverfügung behaupten kann.

Bressons Filme wirken streng und spröde. Sie verzichten auf etablierte Stars. In ihnen wirken nur Laien mit, obwohl der technische Stab aus erstklassigen Profis besteht – so arbeitet Bresson seit seinem Film QUATRE NUITS D'UN RÊVEUR (VIER NÄCHTE EINES TRÄUMERS, F 1971) mit dem Kameramann von Luchino Visconti. Das Ergebnis aber steht genau am Gegenpol zu Visconti, denn Bresson entwickelt seine Stoffe aus der Beschränkung von Opulenz und Sinnlichkeit, aus der minimalen Bewegung der Kamera, aus einem spärlichen Dekor, in dem freilich die Gefühle und Leidenschaften der agierenden Menschen sich umso sinnlicher entfalten, je beschränkter der Rahmen erscheint. Die Armut in Bressons Filmen ist eine Täuschung, die nur den Reichtum seiner Erfindungen, seiner Darbietungskraft verbergen soll. LE DIABLE PROBABLEMENT (DER TEUFEL MÖGLICHERWEISE, F 1977) wurde auf der Berlinale 1977 uraufgeführt und gelangte, noch vor seiner Ausstrahlung durch das ZDF, in die Programmkinos. Die Aufnahme war durchaus geteilt beim Publikum, die Kritik aber war sich einig, daß Bresson mit diesem Alterswerk – das der Jugend gilt – seinen wichtigsten Film geschaffen hat.

Irgendwann im Film erleben wir eine Busfahrt, und die Mitfahrenden diskutieren in völlig absurder Form, wer uns wohl manipuliert. Antwort eines Reisenden: »Der Teufel möglicherweise.« Bresson greift diese Zufälligkeit auf und schreibt die allgemeine Umweltverschmutzung, ja: –zerstörung dem Teufelswerk zu. Im Vordergrund steht das Agieren von vier Jugendlichen im heutigen Paris: Charles und Michel lieben die Mädchen Alberte und Edwige. Aber nichts ist sicher, die Beziehungen zerfallen, lösen sich auf, um sich neu zu bilden. Charles ist am Rande eines Nervenzusammenbruchs, geht zum Psychoanalytiker, der ihn nur verhöhnt und mit dem Rat entlässt, sich umzubringen. Charles nimmt ihn ernst.

Ein Drogenabhängiger, der ohne Geld auch eben ohne Drogen ist, wird von ihm überredet, Charles auf dem Friedhof von Père Lachaise zu erschießen. Damit beginnt der Film und blendet dann die sechs Monate zurück. Zwei Themen verknüpfen sich in diesem Film: die verzweifelte Anstrengung, die die Jugendlichen im Kampf gegen die Zerstörung der Natur unternehmen, und ihre eigene Verzweiflung, daß dieser Kampf – mit ihren Mitteln – sinnlos ist.

Charles ist ein paradoxer Held, der sich wie ein kleiner Bruder von Raskolnikow allen anderen moralisch überlegen fühlt. Meine Krankheit, sagt er dem Psychoanalytiker, ist, daß ich klar sehe. Dennoch ist seine Energie gebremst, durch seine Ablehnung jeglicher Politik, durch das Vergnügen, das Charles in der Verzweiflung findet.

Der Film ist in sehr tiefes Dunkel getaucht: An den Seine-Quais, auf dem Friedhof, in den Wohnungen der vier jugendlichen Freunde herrscht wenig Licht. Sie sind Gefangene ihrer Moralität wie der auferlegten Ohnmacht, ihre Maßstäbe der Umwelt aufzuerlegen. Aber wozu noch diese Anstrengung, wenn die Natur schon denaturiert, die Luft verpestet, die Wälder abgeholzt, das Meer vergiftet sind? Bresson hat einen Katastrophenfilm gedreht, ohne daß gleich Feuer im Empire State Building ausbricht, ein wildgewordener King Kong in den Straßen Frauen überfällt: Bresson widmet sich der alltäglichen, fast unsichtbaren Katastrophe der Vergiftung des Planeten, die auch schon jene angefressen hat, die sie mit Tapferkeit bekämpfen.

Erstveröffentlichung: *Hessischer Rundfunk*, 8.9.1978.

Geschlossene, heitere Gesellschaft
Doillons LA FEMME QUI PLEURE und LA DRÔLESSE

Sein erster Film, den man bei uns sah, hieß LES DOIGTS DANS LA TÊTE (DIE FINGER IM KOPF, F 1974) und hatte, wohl seines verunglückten Titels wegen, nicht den Erfolg, den er verdiente. Dabei hatte dieser kleine, unscheinbare Film, der erzählt, wie ein Bäckerlehrling in Paris eine junge Schwedin trifft und darüber den Kopf, seine Arbeit und seine Freunde verliert, durchaus ein glückliches Maß an Witz und Genauigkeit. Diese Balance stellt sich nicht eben oft ein. Doillon zeigt aber in seinen beiden neuen Filmen, daß er als Stilmittel beherrscht, was man soziale Lakonie nennen könnte: ein überschaubarer Ort, meist Innenräume, bewegliche Beziehungen und ein Standpunkt, auf dem die Figuren sich quälend, aber nie ohne Ironie abmühen. Diesem Prozeß schaut man mit Neugier zu, etwa um zu sehen, ob am nächsten Tag vielleicht eine Veränderung am Standort eingetreten ist. Doillons Figuren drängen sich mit einer Vertrautheit auf, aus der man gern eine Bekanntschaft entwickeln würde. Man könnte sie, spontan, zum Essen einladen.

Diese Eigenschaft, Sympathie als Teil des Handwerks einzubringen, hat Truffaut zu einer schönen Kritik von LES DOIGTS DANS LA TÊTE bewogen, die übrigens in seiner Sammlung *Die Filme meines Lebens,*[1] aus schierer Willkür oder Schlamperei vermutlich, nicht übersetzt wurde: »Ein Film in Schwarzweiß, ohne Zoom, ebenso ernsthaft kadriert wie LA MAMAN ET LA PUTAIN (DIE MAMA UND DIE HURE, F 1973, Jean Eustache), ohne Effekte inszeniert, aber: inszeniert. Bressons Einfluß ist sichtbar, als glückliche Spur.«[2]

Doillons Glück ist sein Verzicht auf Rigorismus, ohne an sozialer Schärfe zu verlieren. Wenngleich seine Filme wie LA FEMME QUI PLEURE (DIE FRAU, DIE WEINT, F 1979) oder LA DRÔLESSE (EIN KLEINES LUDER, F 1979) bevorzugt in geschlossenen Gesellschaften spielen, so *spielen* sie doch eben auch darin, manchmal melancholisch, meistens heiter. Ihre Heiterkeit entspringt der Selbstironie, die das Pathos des Leidens, das sich in seinen Filmen als Thema aufdrängt, in der Form durchkreuzt.

LA FEMME QUI PLEURE thematisiert mit geradezu physischer Aufdringlichkeit den Leidensdruck, unter den eine junge Frau, von Liebesverlust bedroht, sich setzt wie unter einen Leistungsdruck. Sie produziert zuviel davon, und Doillon zeigt, wie sie schließlich die ziellose Energie ihrer Ratlosigkeit in eine produktive Wut umlenkt. Der Mann – vom Regisseur, der sparen mußte, selber dargestellt – geht fremd, die Frau vernachlässigt ihr Kind, lockt schließlich die Rivalin ins Haus, um sodann als Mutter und Hausfrau die Abtrünnigen massiv in den Griff zu kriegen. Die *ménage à trois* ist, auch in der malerischen Abgeschiedenheit der Provence, kein neues Thema. Doillon verachtet das »sozial relevante« Themenkino. Er spürt den Variationen, der Auswirkung nach. Kino im Konjunktiv, als Möglichkeitsform, die Denkbares ausprobiert und durchspielt. Die alte Chemie der Wahlverwandtschaften.

Zum Beispiel wie zwei Frauen, die vom Rollenklischee her sich hassen müßten, im Zweckbündnis zusammenfinden, ja sogar versuchen selber miteinander zu schlafen, um den Mann, ihren Gockel, strafend auf den Hof zu schicken. Jedes Beziehungsspiel wird bis zum Ende ausgestanden, ob nun die eigene Frau sich plötzlich zur zweiten Tochter verwandelt, die Geliebte sich plötzlich als Mutter aufspielt: Die Einfälle sollen wie Coups überrumpeln, stets aber entpuppt sich, daß nur ein neuer Vorhang, höhnisch beklatscht, auf der Bühne aufgezogen wird. Endlose Diskurse über die Intelligenz der Liebe, Schuld und Vergebung werden ausgebreitet, aber nicht wie bei Bergman auf silbernen Tabletts gereicht, sondern zwischen Tür und Angel ausgekippt. Ein schönes Durcheinander herrscht da, das Buffo mit Brio mischt und mit dem allgegenwärtigen Versöhnungswunsch böse Schlitten fährt. LA FEMME QUI PLEURE ist der Film eines Regisseurs, der das Weinen, das Heulen und Zähneklappern nicht als Werbefilm für Augentropfen inszeniert, sondern als Verzweiflungskampf um Anteilnahme, der den Zuschauer so angeht, als wollte er ihn in Mitleidenschaft ziehen. Mir fiel dazu die Szene ein, die Franz Hessel, ein im Schatten Benjamins vergessener Essayist, notierte. Eine Frau wies seinen Trost mit dem schroffen Wort »une femme, ça pleure comme ça pisse« – »eine Frau weint, wie sie pinkelt«,[3] zurück. Ehe hier Entrüstung aufkommt: genau diesen Anspruch, der unter den Lebenssäften keine moralischen Hierarchien errichtet, nimmt Doillon in seiner Konsequenz ernst.

LA DRÔLESSE dagegen, sein jüngster Film, wendet das Prekäre ins Heitere, wie es schon der Titel ausdrückt. Wieder geht es um eine befremdliche, nie drollige Erfahrung eines jungen Paares der Provinz. Aber die Partner, die sich hier in Angstlust und Drolerie zusammenfinden, gelten der Konvention nach kaum als Paar. Ein dreißigjähriger Bauernknecht, von etwas süßer Doofheit, entführt ein etwa zehnjähriges Schulmädchen und hält es auf dem Dachboden versteckt. Ein retardierter Mann, ein frühreifes Kind in einem spannenden, gewaltfreien Verhältnis.

Das sieht nach sozialem Märchen aus, und manches Mal gemahnt die junge Madeleine an eine Enkelin von Maude, im Schatten junger Mädchenblüte. Die Spannung des Films gilt nicht dem Ausgang, dem gicrigen Blick auf unterdrückte Sexualität, sondern dem spielerischen Umgang, den entdramatisierten Szenen. Da heischt der Unterdrücker als Unterdrückter Mitleid, schon bald kehrt das Spiel sich um, und das Opfer probiert seine Allmacht über den Mächtigen aus. Allmählich kristallisiert sich der Freiraum heraus, über den beide verfügen, indem sie ihre Angst ablegen. Sie kann gehen, wann sie will, und diesen Kinderwunsch nach Grenzenlosigkeit erfüllt er ihr. Selber aber ist er zu schüchtern, guten Tag zu wünschen, weil er – noch – nicht weiß, was er sich wünschen darf.

Erstaunlich ist die Weite, die Doillon auf engstem Raum inszeniert, ohne Zuflucht zu Symbolen oder aufgesetzter Dramatik zu nehmen. »Ich atme erst gut, wenn alles um mich geschlossen ist. Je enger ich an der Mauer stehe, desto wohler fühle ich mich«, erklärte er auf einer Pressekonferenz beim Hamburger Filmfest. Diese Mauern sind, in seinen Filmen, verschiebbar, und es ist faszinierend, der Kamera bei der Freilegung zuzusehen. Dabei ist der Speicher einer französischen Scheune kein attraktiver Schauplatz. Die sehr flüssige, unaufdringliche Auflösung macht die Schäbigkeit und Enge der Szene bewußt und erträglich. Die vielen Abblenden, die jedes Zeitgefühl zerdehnen, legen scheinbar Spannen von Tag und Nacht in die Szenen. Tatsächlich wirken sie wie Staustufen, an denen die thematisch bedingte Dramatik der Filme sanft gebrochen wird. Es sind dies zudem die Stellen, an denen die der geschlossenen Gesellschaft Entronnenen sich ihrer Freiheit innewerden.

Erstveröffentlichung: Geschlossene, heitere Gesellschaft. Ein Talent aus Frankreich. Jacques Doillons DIE FRAU, DIE WEINT, *Die Zeit*, 16.11.1979 [Anm. s. S. 482].

Melville, der Immoralist

LE SILENCE DE LA MER (DAS SCHWEIGEN DES MEERES, F 1947, Jean-Pierre Melville). Nach der klassischen Erzählung von Vercors. Widerstand als Hermetik der Form, Widerstehen als lakonische Innenspannung. Rückzug vorm Außenfeind durch Selbstversenkung in die Prosa des 18. Jahrhunderts, in eine Transparenz, die Emotionen abkühlt, fast neutralisiert. Nicole Stéphane, die im Melville-Film LES ENFANTS TERRIBLES (DIE SCHRECKLICHEN KINDER, F 1950) sich subversiv entfesseln darf, muß hier verschnürt und still sitzen. Neunundachtzig Minuten schlägt sie in Anwesenheit des deutschen Offiziers die Augen nieder, um sie in der letzten Minute lang zu einem »Adieu!« aufzureißen. Wenn dieser Film wie einer von Bresson beginnt, um wie einer von Cocteau zu enden, ist das kein unüberbrückbarer Gegensatz. Schließlich haben jene schon anläßlich von LES DAMES DU BOIS DE BOULOGNE (DIE DAMEN VOM BOIS DE BOULOGNE, F 1945, Robert Bresson) zusammengearbeitet. Und der Stoff war von Diderot. Im Rigorismus der Form hat man das Zeitalter der Aufklärung sich bisher zu wenig vorgestellt. Hier hat der Mutismus eine Leidenschaft, die aus der scheinbaren Unbeweglichkeit der Dialogstrukturen ein heftiges, ein implosives Theater macht.

Frankreich unter faschistischer Besatzung. Fast könnte man Treblinka vergessen. Die Deutschen schicken ja lauter Literaten, die höchstens im Tagebuch der Obersten Heeresleitung Krieg führen. Wir haben die Musik, sagen sie, gönnerhaft, euch lassen wir die Literatur. Was Okkupation ist, soll wie eine Einverleibung unter Gleichgesinnten, doch leider nicht gleich Starken wirken. Vercors, das zeigt sich erst in Melvilles Adaptionsweise, die ihm innewohnenden Gemeinplätze zu materialisieren, ist das Gegenstück Frankreichs zu Ernst Jünger.

Melvilles Figuren leben nicht. Sie machen, an der Front des Realismus, bloß Theater. Sie werden als Gefäße mit Ideen abgefüllt. So schwappt manche Reflexion über ihren Kopf hinweg. Ausgetauscht werden die Ansichten zum Allerallgemeinsten. Damit Privates sich nicht zeigt, wird das Öffentliche bemüht, das sich schamlos decouvriert. So tritt neben den Schauplatz die rhetorische Figur des *pars pro toto*. Daher das Schleppende in den Bewegungen, das Gravitätische im Versuch, sich nicht zu bewegen.

Der Zugriff des Ganzen auf das Bruchstück macht die Situation so unerträglich, daß man ihr nur noch mit Regungslosigkeit begegnen kann. Mit der bekannten *impassibilité*.

Der deutsche Offizier, zwangseinquartiert, monologisiert seinen Versöhnungswunsch vor sich her. Der Alte und seine junge Nichte werden beim Versuch beobachtet, nicht zuzuhören. Der Zuschauer leidet unter diesem Entscheidungskampf, wem seine Aufmerksamkeit zu gelten hat und wem er sie mit moralischem Recht entziehen muß. Der Onkel ist der Erzähler im historischen Präsens. Er spricht fast ohne Ton, um seine Wörter nicht mit privatem Sinn aufzuladen.

Die Kamera von Henri Decaë hält auf Schulterhöhe. Was an Atmosphäre an behagliches Umfeld erinnert, schneidet er weg. Jede Einstellung teilt mit, diese Figuren bewegen sich in einem vorherbestimmten Rahmen. Sie ahmen nicht die Unendlichkeit alltäglicher Kontingenz nach. Oft stehen die Gesichter in abgedunkelten Räumen im Profil gegen das Nichts gezeichnet. Jede Geste wirkt geführt, jede Hand wie von Fäden gezogen. Melville steht über diesem Schauplatz und läßt die Puppen tanzen. Ihm ist es gleichgültig, wer im Namen der Kultur Krieg führt gegen die Barbarei. Der moralische Diskurs ist schwächer als das Schweigen des Meeres. Melville führt eine Verhaltensstudie unter den Bedingungen des Immoralismus vor. Das taten die französischen Moralisten auch. Ohne die einschneidende Form und die kalte Wut eines Diderot hätte das Engagement von Voltaire weniger Sinn.

LES ENFANTS TERRIBLES. Ein Theaterfilm, nach einem Roman von Cocteau, der für Melville das Drehbuch schrieb und in der Hauptrolle seinen Geliebten Edouard Dermithe unterbrachte. Thematisiert die Klaustrophobie, verläßt in der Regel nie den Schauplatz eines geräumigen Zimmers, abgedunkelt mit schweren Vorhängen. Im Théâtre Pigalle gedreht, die Bühne als Sprungschanze in die tiefste Morbidität hinein. In einer katholisierenden Übersetzung der Nachkriegszeit hieß der Roman *Die Kinder der Nacht*[1]. Der Schrecken sollte ihnen entzogen, das schwebende Spiel mit der Geschwisterliebe, Eifersucht und Fatalität durchkreuzt werden. Die trockene Lakonie dieser frühen Prosa von Cocteau fand ihre filmische Umsetzung in seinem Film LE SANG D'UN POÈTE (DAS BLUT EINES DICHTERS, F 1930, Jean Cocteau), den er unmittelbar im Anschluß an die Fertigstellung des Romans *Les Enfants terribles* schrieb. Melville übersetzt und übersteigert Cocteaus Gestus in einen Ausdruckswillen, dem man die Anstrengung in jeder Phase der Bewegung ansieht. Vorlage und Film verhalten sich zueinander wie eine Radierung und ein Ölgemälde. Trotzdem wird der Zuschauer von Melville nicht in die Theatralität entlassen, sondern ins Gefängnis der Innenräume eingeschlossen. Einerseits schafft die Musik von Vivaldi in ihrer terrassenförmigen Steigerung eine raumbildende Wirkung, andererseits besteht die

Kamera von Henri Decaë auf Einstellungen aus der größtmöglichen Distanz. Diese Figuren scheinen weit entfernt, aber wenn sie in Gang kommen, bedrohen sie gleich die Physis des Zuschauers.

»Ungeheuer sind die Vorrechte der Schönheit. Sie wirkt selbst auf jene, die sich ihrer nicht bewußt werden.«[2] Ein Zitat aus dem Roman, das als Devise auch den Film beherrscht. Unentrinnbarkeit und demonstrierte Schönheit, dazu ein Hohngelächter auf die bürgerliche Moral und Haltung zur Kunst, auch darin manifestiert sich ein Immoralismus, den bei Melville zuzugeben sich die Kritik geniert.

L´AÎNÉ DES FERCHAUX (DIE MILLIONEN EINES GEHETZTEN, F/I 1963). Wie oft bei Melville will das Drehbuch einen Action-Film, der unter den Bildern erstarrt, der sich verhakt im Gestrüpp blinder Motive und entlegener Sackgassen. Der Lichthof um ein Gefühl strahlt heller als ein stimmiges Beziehungsgeflecht zur angespielten Person. In den Farben allein, die eine Leidenschaft aus dem Spektrum herausfiltern, steckt schon die Abscheu vorm mittleren Realismus der Wahrscheinlichkeit: Hält ebenso intensiv an der Materie wie an der Situation fest. Der Startlärm einer TWA-Maschine will nicht aufhören. Die Autofahrten durch Paris und New York machen den Eindruck von Realzeit. Die Landschaft von Virginia und Louisiana, über Nationalparks und Highways, feiert die Dekadenz des Südens und seinen glänzenden Zerfall.

Das Dekor spielt eine Rolle und bildet einen Raum, wo es sonst zur Tapete verkommt. Das Palais des Bankdirektors, das drittklassige Hotel, in dem der Boxer logiert, die Milchbar unterwegs in den USA, die schäbige Fluchthütte, in der die beiden Brüder, blutsverwandt durch Gier nach Geld, unterkriechen. Die Objekte, die ins Bild rücken, evozieren keine Stimmung. Sie beanspruchen die Aufmerksamkeit eines erstklassigen Kleindarstellers. Es gibt keine Hierarchie in den Erscheinungen. Auch ein Gesicht ist nicht mehr als bewegliche Masse an Ausdruck, die mal hier, mal dort benötigt wird.

In Louisiana ist die Endstation. Nach Caracas werden die beiden Männer nie gelangen. Ein Auslieferungsantrag lähmt ihr Vorwärtskommen. Was man nicht in Handlungsmustern erzählen kann, ist die innere Verfassung der Helden zueinander. Wie sie sich selber ausgeliefert sind, verfolgen, unterdrücken, Räuber und Gendarm im kleinen Maßstab spielen, bis es blutiger Ernst wird. Dann ist der Film schon aus. Der korrupte Bankier, dessen Name Kruppstahlmentalität verhieß, stirbt an Herzversagen. Nicht ohne zuvor dem jungen Sekretär den Tresorschlüssel in Caracas überreicht zu haben und gerührt »Mein Sohn« zu hauchen.

Das darf nicht wahr sein. Denn nicht um Überlieferung der Tradition des Finanzverbrechens geht es, sondern um die Archaik unter dieser Maske. Der Darwinismus ist, unter Brüdern, die sich auflauern, gleich stark. Das Mißtrauen des Älteren, seine Gerissenheit macht der Jüngere durch brutale Rücksichtslosigkeit wett. Das wachgehaltene Interesse am Kampf dieser beiden ist wichtiger als sein Ausgang. Wie sie sich in der Fremde verlieren, sich immer tiefer in eine Herr-Knecht-Situation verstricken, die mit jeder Sequenz eine umgekehrte Konstellation erreicht. Beileibe nicht dialektisch fortschreitend, sondern nur mutig im Schlamm des Fatalismus versackt. Die Gegebenheit bei Melville ist, daß seine Helden weder Vor noch Zurück kennen. Sondern ihre Bestimmung in einer finalen Bewegung erreichen, die spiralenförmig in sie selber führt. Bevor sie anfangen, haben sie schon abgeschlossen. Das Testament, das jetzt entfaltet wird, ist nur noch Protokoll eines in Schönheit ritualisierten Abgangs. Der von eigener Hand inszenierte Tod wird als kleines Kunstwerk gefeiert, das ein für allemal mit der Schäbigkeit eines verplemperten Lebens aufräumt. Die Dialoge beschränken sich auf Mitteilungen, die manches Mal direkt dem Publikum gegeben werden. Das klingt wie ein innerer Monolog durch Verzicht auf direkte Ansprache des Partners. Verdopplungen des Ich: Charles Vanel ist bloß älter als Jean-Paul Belmondo; nicht anders, nicht besser. Das ist ein schönes Gespann des Immoralismus, das hier zusammenfindet. Sieht man einerseits die Verdopplung, kann andererseits die Reduktion nicht mehr als Kälte der Verzweiflung gelten. Was so leidenschaftslos klingt in diesen Dialogen, ist der Monolog, der sich selber nachlauscht, der bloß in sich ein Echo bildet. Diese Sätze haben mit dem jungen Brecht ebensoviel gemeinsam wie mit der modernen Bilderfahrung vom Zusammenwachsen der Metropolen. Die Stadt wird die Wildnis, sie zu begehen ein Irrlauf im Dickicht der Städte. In ihr sich zu verlieren die ebenso naive wie romantische Sehnsucht. Man kann neben die Filmbilder von Melville die tropischen Farben des Zöllners Rousseau halten.

In dem durch implosive Gesten, gedrosselte Fahrten gestauten Bild geht es nicht um die Abfuhr der Spannung, sondern um ein Nebeneinander von Erwartungen. Bei der Fahrt durch die Südstaaten gibt es einen Halt auf einer großen Autobahnbrücke. Es wird gebadet, ein Mädchen ist im Spiel, Anhalter. Ablenkungsmanöver vom Coup der Rache des Alten. Dreimal wird die Brücke fotografiert, mit schöner Herbstlandschaft, aber leer. Ein Anlaß zur Spekulation, jetzt führe der Alte allein mit dem Wagen weg. Oder überführe den Jungen und das Mädchen auf der Brücke. Oder lauerte ihnen unter der Brücke auf. Die Brücke verbindet nichts. Die Akteure befinden sich außerhalb des Bildfeldes. Man hört sie nicht einmal. Aber man ahnt, daß ihre Konstellation sich jetzt entscheidend verändern wird. Vielleicht können die Helden noch selber entscheiden, aber wenn wir sie wiedersehen, wird alles anders. »Nun nimmt das Schicksal seinen Lauf«, sagt Belmondo im inneren Monolog. Das ist ein Satz, mit dem die Vertrauten der Herrschenden die fatale Wende in Opern einsingen.

Aber nicht in dramatische Einzelbilder löst Melville die Szene auf. Er baut Tableaus, die er beharrlich nebeneinandersetzt. Er konstruiert die Gleichförmigkeit, die Wiederholung der Bildmotive, je sprunghafter die Handlung weglaufen will. Der Gleichförmigkeit im ästhetischen Bereich entspricht die Gleichgültigkeit im Psychologischen. Melville legt seine Fundstücke zu Augenblicksbeschreibungen vor, anstatt auf linearer Entwicklung und Stimmigkeit zu bestehen. In seinen Figuren, die alles hinter sich und wenig vor sich haben, kommt die Zeit zum Stillstand. Die Aura, die sie um sich mit Hutkrempen, erlesenen Stoffen und lividen Farben breiten, ist eine Abschiedsgeste an die Gegenwart. Jeder Melville-Film stellt eine Freifahrt in den aristokratischen Selbstmord aus.

Erstveröffentlichung: der Text stammt von 1982 und erschien in: Karsten Witte: Im Kino – Texte vom Hören und Sehen, Frankfurt/Main 1985, S. 57-61 [Anm. s. S. 482f.].

Ein Fall, viele Türen
Bressons L'ARGENT

Eine kleine metallische Tür schnappt automatisch ein. Das Bild ist wieder vollständig schwarz, bis auf die Titel des Vorspanns, der nun abläuft. Straßengeräusche verraten, der Kamerablick ist im Freien, das sich ihm nicht eröffnet, sondern verschließt. Der Ton lenkt die Wahrnehmung auf einen Ort, den wir erst später lokalisieren können. Die erste Einstellung von Bressons neuem Film schlägt das Thema an, dem das Augenmerk gilt: das Öffnen und Schließen von großen und kleinen Räumen, in denen etwas zirkuliert, das Gefühle bindet wie sie löscht: das Geld. Hinter der kleinen metallischen Tür liegt ein Geldautomat, der Kundenschalter einer Bank.

Die gewöhnliche Zirkulation des Geldes zu zeigen, wie es durch verschiedene Hände und soziale Schichten wandert, hatten besonders Experimentalfilmer der zwanziger und dreißiger Jahre im Sinn. In dem Querschnittsfilm K. 13513 – ABENTEUER EINES ZEHNMARKSCHEINS (D 1926, Berthold Viertel) wurde das inflationäre Berlin gestreift, in L'ARGENT (DAS GELD, F 1928, Marcel L'Herbier) das Treiben an der Pariser Börse. Beide Filme hielten den rasanten Ortswechsel im Schnitt schon für analog der Bewegung des Geldes selber. Das war ihr gleichsam neusachliches Interesse.

Für Bresson hängt am Geld, wer immer es berührt, Schuld und Schamlosigkeit. Die Geschichte, die er hier erzählt, ist eine jenseits psychologischer Wahrscheinlichkeit. Es ist ein radikaler Versuch, klassenspezifisch die Zirkulation des Geldes festzumachen, die nicht neutralisiert, sondern polarisiert. Um es vorwegzunehmen: die Schamlosigkeit der Bürger büßt der zunächst schuldlose Arbeiter mit Schuld. Die moralische Bewegung, die Bresson dem Film einspeist, mündet in tiefster Fatalität. Auch für die Jungen gibt es keinen Freispruch.

L'ARGENT (DAS GELD, F 1982, Robert Bresson), abstrakt genommen, ist keine Geschichte wert. Die Prüfung moralischer Wasserzeichen ist das Ziel dieser lakonischen, schmucklosen und doch sehr spannenden Untersuchung. »Abenteuer eines falschen Fünfhundert-Franc-Scheins« könnte dieser Film nicht heißen. Er gibt nur vor, dessen Irrwege konsequent zu verfolgen. Er verfehlt sie selber.

Ein Gymnasiast aus gutbürgerlichem Hause betritt das Büro seines Vaters. Es sei der Monatserste. Der Vater gibt seinem Sohn Taschengeld. Nicht genug, dessen Schulden zu bezahlen. So hilft ein Schulfreund aus mit Falschgeld, das die Schüler in einem Fotoladen weitergeben, dessen Inhaber es einem jungen Fahrer einer Ölfirma andreht, der es im Café nicht einlösen kann. Polizei, Gericht, Entlassung. Jetzt steht der Fahrer, Yvon Targe ist sein Name, mit seiner kleinen Familie da, arbeitslos. Die Komplizentour bei einem Bankraub wird ihm vermasselt. Er wandert hinter Schloß und Riegel.

Bresson hat in allen seinen Filmen das Gefängnis als zentrale Metapher der schuldlosen Verstrickung in Schuld gewählt. Denn das Gefängnis ist der Ort, wo Menschen aus dem sozialen Verkehr gezogen sind. Dort kommen Bressons Figuren zu sich selbst. Der Name des Protagonisten in diesem Film bedeutet soviel wie »Riegel«. Er, sagt die ihm verliehene Metapher, schließt die Türen, die sich ihm öffnen, mit selbstbestimmter Fatalität.

Der Unschuldige wird unausweichlich zum Täter. Er beichtet gleichermaßen erst mit seiner Tat. Danach gilt er als Krimineller, vorher aber galt er gar nichts mehr. Targe, von aller Welt verlassen, findet eine soziale Rolle wieder, die ihm abhanden kam. Er gesteht alle von ihm begangenen Morde. So kann er von der Welt wieder angenommen werden. Arbeitslos wird er nicht mehr sein.

Bresson gibt ihm eine Parallelfigur bei, den jungen Angestellten des Fotoladens, wo die gutbürgerliche Schuld von schmuckbehängten Händen zierlich mit Schmiergeld bereinigt wird. Lucien, der Angestellte, der Targe ins Unglück durch Berechung riß, beginnt seine moralische Laufbahn mit einem kriminellen Akt. Danach erst will er sühnen, indem er die aus Geldautomaten geraubten Mittel an Mittellose verteilt. Das sind zwei Wege der Revolte: Der eine Mann lehnt sich auf gegen die Schuld, der andere unterwirft sich ihr, grundlos.

Die Bilder und Töne dieses Films moralisieren nicht. Sie erzählen ihre Geschichte in klassischer Exposition, Engführung und Ende auf sehr kühle und schnelle Weise. Es gibt in den Sequenzen keine Entwicklung, kein Mittelstück, keine Rückblenden, nur ein Vorwärtsdrängen. Bresson schafft eine atemberaubende Zeitraffung, indem er bloß den Angelpunkt einer Episode zeigt, an dem sie der nächsten angeschlossen wird. Targe wird zu drei Jahren Freiheitsentzug verurteilt. An der Tür des Gerichtssaals warten stumm seine Frau, seine kleine Tochter. Die Türen sind nicht verschlossen, aber der Kamerawinkel ist so steil gewählt, daß Türen sich perspektivisch schließen. Eine halb geöffnete Tür in diesem Film wirkt schon fast wie ein innerer Schnitt im Bild.

Vom Gerichtssaal schneidet Bresson zur Tür eines Gefangenentransporters im Innenhof des Gefängnisses. Targe betritt das Reich der ständig verschlossenen Türen, die nur durch Lichtstreifen an der Schwelle und Schritte im Hof den Raum ›abbilden‹, der dahinterliegt. Das Dazwischen fehlt, der Umweg, das Planlose. Bressons Figuren stolpern von einer Bestimmung in die andere. »Die Welt wird enger mit jedem Tag«, sagt bei Kafka eine Maus zur Katze. »Du mußt nur die Laufrichtung ändern«, antwortete die Katze und fraß sie.[1]

Diesen Spielraum gibt es bei Bresson nicht mehr. Mit jedem Film macht er die Welt, wie er sie sieht, enger. Auch Innenräume werden nicht mehr ganz gezeigt, Figuren an der Schulter, an den Knien abgeschnitten. Der Blick der Kamera ruht auf den Türlinken und auf den Händen derer, die sie niederdrücken. Das zeigt nicht nur die Handelnden als Gefangene, das sperrt außerdem noch den Blick des Betrachters ein. Oft wird ihm nur ein Spaltbreit auf das Geschehen gegönnt, als sitze er im Panzer, als müsse er auf dem Schauplatz der Leinwand tastend manövrieren.

Die Keuschheit der sparsamen Gesten, die Zartheit der Zuwendung von Targe zu einer älteren Frau, der er Haselnüsse pflückt, und die hier allein Gesichtern eingeschriebene Scham, sich durch einen individuellen Ausdruck preiszugeben, verstärken nur die Wucht der Vorherbestimmung, die über dem Film lastet.

Die einzige Rettung, die auch nur für Augenblicke gilt, um dann im nächsten Bild als fromme Illusion entlarvt zu werden, bilden die intensivierten Wahrnehmungen von Details. Bresson fragmentiert in seinem Blick die Dinge. Das Ganze auf der Leinwand sei das Unwahre. Umso verhängnisvoller ›schön‹ erscheinen dann Details, die immer wieder im Bild den Zusammenhang des Ganzen repräsentieren. Die Gewalt, die davon ausgeht, ist eine ästhetische. Wenn Targe die Schöpfkelle, die er gegen einen Gefängniswärter erhob, fallen läßt und die Kamera den Weg des klirrenden Objekts verfolgt, dann blitzt die Schöpfkelle wie eine Himmelswaffe auf.

Die Moral des Films ist es, zeigt Bresson, eine Moral der Bilder und Töne zu haben. Hier sind sie so klar zu sehen und so hell zu hören, daß sie dem Zuschauer/-hörer eine Ahnung von lauterer Wahrnehmung vermitteln. Geld stinkt nicht, gut; aber der Blick aufs Wasserzeichen schärft die Augen.

Erstveröffentlichung: *Frankfurter Rundschau*, 13.12.1983 [Anm. s. S. 483].

Er pfeift auf Bizet
Godards PRÉNOM CARMEN

Der Mann mault, spielt den eingebildeten Kranken und fleht um Fieber, damit er in der Klinik bleiben darf, in die ihn sein Bewußtsein selber einlieferte. Er zieht sich aus dem Filmgeschäft ins Bett zurück, wirft ein Aperçu (»mal vu« – »schlecht gesehen«) in die Schreibmaschine und streift seine Schlafmütze über den Kopf. Humor hat der Mann, Biß auch, wenn er sich als ein liebenswürdig verrücktes Ekel präsentiert und als Onkel Jean in Jean-Luc Godards 48. Film auftritt: Das ist Godard höchst unprivat in seinem jüngsten Film, der an Tollheit und Übermut, an Schärfe und Melancholie alles in den Schatten stellt, was derzeit jüngere Regisseure vorlegen. Schon deshalb ist PRÉNOM CARMEN (VORNAME CARMEN, F 1983) der jüngste Film, der jetzt zu sehen ist. Die Intelligenz zeugt seine Spannung. Ein Dokumentarfilm über die Arbeit eines Streichquartetts, ein Kriminalfilm, ein Liebesfilm, ein Tonfilm, ein Hörbild? Dieser Film ist alles, nur keine Verfilmung der Oper *Carmen* (1875) von Bizet, wie sie nach der getanzten Fassung von Saura[1] bald als gesungene Version von Rosi[2] zu erwarten ist. Godard läßt im Café zwei Takte von Bizets Musik pfeifen, mehr nicht. Lieber hält er sich an Beethovens Streichquartette (Nr. 9, 10, 14-16), die Arbeit an der Musik, wo sie sichtbar wird in den Körpern der Musiker, die mit ihrer Musik atmen. Das führt zu keiner Klassikerverehrung, sondern ergibt einen körperlichen Sinn für die autonome Wahrnehmung von Bild und Ton. Godard schärft den Zuschauersinn für Diverses. Die geringste Abweichung vom Erwarteten interessiert ihn, nicht die exzentrische, denn damit machte man besser Melodramen. »Schlecht gesehen«, meint der Regisseur in der Klinik. Aber dafür gut gehört, könnte man ergänzen. Nicht aus Resignation, sondern aus Selbstkritik. Man kann ja die Schärfe nachziehen, besser sehen lernen, die Welt auf den zweiten Blick erfassen.
Eben noch übt das Streichquartett selbstversunken, da löst sich das Gesicht einer Frau aus dem Ensemble, um in einer Kriminalgeschichte aufzutauchen. Eben wird eine Bank überfallen, da wälzt sich ein junges Paar im Blut mit einer Leidenschaft, die sich töten will und gleichwohl lieben kann. Ein Ballett aus Gewalt und Zärtlichkeit; Gesten, die beschützen und die abrupt einreißen, was sie schützen wollten; Körper, die sich berühren, ohne je zu verschmelzen. Godards Film vibriert mit einer Erotik, deren Kraft im blitzschnellen Übergang, in kaum faßlicher Energieverwandlung liegt. Das ist das trügerische Glück, das hier zum Greifen fern ist.
Natürlich gibt es Fragmente der Erinnerungen an Bizet, wie auch nicht. Carmen bleibt »Carmen«, versachlicht sich scheinbar durch den Zusatz »Vorname«. Sergeant José wird Polizist Joséph, von Carmen in Augenblicken der Vergessenheit amerikanisch »Joe« genannt, was der so Angesprochene gleich berichtigt. Die Schmugglerbande ist eine Terroristen-

gruppe, die Banken ausraubt und Industriellentöchter entführt, und zwar im eigenen Namen, nicht in dem des Volkes. Escamillo schließlich, bei Bizet der eitle Stierkämpfer, der Josés fatale Eifersucht erregt, wird zum banalen Zimmerkellner degradiert, auf den Carmen ein flüchtiges, bloß taktisches Interesse verschwendet.

Das ist der Skandal: Eine Frau, gewöhnlich Objekt des Begehrens, verschwendet eigenes Begehren. Sie gibt es als unerschöpflich aus. Sie nimmt den Männern das Heft, in dem die Wünsche reguliert sind, aus der Hand. Carmen hat Lust – und das ist Godards politische Dimension –, der Welt zu zeigen, was eine Frau mit einem Mann alles machen kann. Lust allein genügte nicht: Sie der Welt zu zeigen ist entscheidend, jedenfalls für einen Film. Godard führt im erotischen Diskurs einen versteckten Diskurs über die Moralität der Filmarbeit. Truffaut dagegen, heute sein bester Widersacher, vertrat stets die dürftige Auffassung, Film sei, mit schönen Mädchen schöne Dinge zu machen.

Godards Schönheit ist schroff. Sie lockt und beleidigt, sie zwingt zu unerhörtem Staunen und schneidet da, wo das Staunen in Bewunderung umschlägt. Es sind die Grenzen zum Schmerz oder zur Lust, die er als Schnittpunkte wählt. Eben noch bebten die Körper von Carmen und Joséph und schienen ganz mit dem Signalrot ihrer Hemden zu verfließen, da liegen sie auch schon in Haß und Wut verkrallt auf den Fliesen des Badezimmers, aufgestachelt von der Eifersucht, die nichts besseres kennt als die Habgier der Sinne.

Es wird in Intervallen auch eine Geschichte erzählt. Aber die Pausen, das Schweigen, die tosenden Wellen des Meeres, die tonlosen Zwischenbilder von der Autobahnbrücke sind ebenso gut Teil der Geschichte. Was Story war, ist seiner Gradlinigkeit enthoben. Der einzelne Augenblick, vollzogen mit Gefühlsbewegungen, die sich vom Bildrand her entladen, gewinnt Gewicht. Man könnte die Geschichte einer Besessenheit auf vielen Ebenen nacherzählen, eingeteilt in die Kapitel Liebe, Kampf und Film, oder in eins genommen: Film.

Ton und Bild sind kontrapunktisch geführt. Sie betonen ihre Form. Sie spiegeln keine Außenwelt. Sie weigern sich, der allgemeinen Erwartung vom mittleren Realismus nur ein Medium zu sein. Der Ton hat die materielle Funktion, hörbar zu machen, was die Kamera in ihrem Ausschnitt nicht mehr erfaßt. Verweilt sie im Krankenzimmer von Onkel Jean und bildet die Groteske seiner Grantigkeit ab, dann führt der Ton vor, was dem Raum als Nebenschauplatz folgt: die Küche. Die Tonspur läßt die Räume ineinander spazieren und später vom festen Zusammenhang ablösen. Das Meer tost in Trouville, aber die Möwen können auch in Paris kreischen, wenn Filmarbeit bedeutet, nicht die Bilder des Allgemeinen zu bedienen, sondern als besondere zu schaffen.

PRÉNOM CARMEN erzählt von keinem Zusammenhang, der fürs Leben gilt, sondern von einem, der für ein Gefühl, eine Leidenschaft unter besonderen

Bedingungen gelten mag. Die *Macht* der Gefühle scheint Godard nicht zu interessieren. Diese Domäne läßt er Alexander Kluge. Was Godard fasziniert, ist die Körperlichkeit der Gefühle, ihre Rhythmisierung in den heftigsten Bewegungen, deren Impuls bei Kluge zum Beispiel da unterbunden wird, wo seine Theorie textuell, erzählend eingreift.

Dies ist ein Film der Verschiebungen. Er hört mit den Augen und sieht mit den Ohren. So hat es einen Sinn, wenn das Streichquartett bei der Durchführung eines Themas, das doch Beethoven schrieb, nun Möwenschreie als fremde Töne spielt; wenn man die Gerichtsverhandlung gegen den Polizisten Joséph, der aus Liebe zu Carmen ihr Komplize wurde, an ganz fremdem Ort hören kann, noch ehe der Schauplatz der Verhandlung ins Bild kommt. Diversität statt Konsequenz, und in der Betonung des Diversen die radikalste Konsequenz, das ist Godards Leitsatz der Montage. Es ist auch seine letzte Freiheit: die Welt, die verrückt spielt, nach musikalischen Gesetzen neu zusammenzulegen, um ihr wenigstens hörbar, wenn nicht visuell eine Struktur abzupressen.

Bei aller Trauer, die Finger vom Film kann der eingebildete Kranke nicht lassen. Er macht sinistre Scherze über die Jugend und klammert sich bei Regieverhandlungen, wo es in Wahrheit um eine Entführung geht, an einen Fotoband zu Buster Keaton. Stoizismus lautet die Lektion. Godard wird hier der Mann, der nie lachte. Deshalb ist er mit der Mokanz noch nicht am Ende. Carmen stirbt, und, sterbend, philosophiert sie mit dem tadellos höflichen Zimmerkellner. »Wie nennt man das, wenn alles verloren ist, die Welt in Schutt und Asche, und der Tag beginnt?« Das Personal im Pariser Intercontinental-Hotel ist gut geschult und antwortet: »Das nennt man die Morgenröte, Mademoiselle.«

Der Dialog macht aus dem Sterben einen Witz, der darin liegt, daß die Philosophie des Fatalismus, mit dem der Film ausklingt, gleichzeitig etwas ganz anderes meint. Er zielt auf die Frage der Moralisten, wie Filme machen? LE JOUR SE LÈVE (DER TAG BRICHT AN, F 1939) war ein Film von Marcel Carné, in dem ein Proletarier einen Rivalen erschoß und sich vor der Polizei versteckt. Das nennt man die MORGENRÖTE,[3] und das war ein Film von Luis Buñuel, in dem ein Arbeiter einen Industriellen erschoß, der ihn ins Elend entließ. Aber nicht um inhaltliche Entsprechungen zu PRÉNOM CARMEN oder cineastische Anspielungen geht es hier. Der Hochmut Godards tut etwas, was er sonst nie tut. Er beruft sich auf andere. Er muß einsam sein. Der Realismus und der Surrealismus sind die von ihm beschworenen Komplizen. Was den Rhythmus der Gefühle bei der Filmarbeit bestimmt, den dieser Film so wunderbar leicht und fesselnd zugleich erfaßt, hatte Jean Renoir in seinen *Schriften* so ausgedrückt:

Man kann sich nicht in die Filmwelt wagen, ohne daß man sich von Komplizen umgeben weiß. Ein Film, das ist wie ein Ding, das man dreht. Oder auch eine Erkundung. Kein Profi dächte je daran, ganz allein die Bank von Frankreich auszurauben, noch dächte ein Forscher daran, sich allein in den Dschungel zu wagen. Es ist weniger eine Frage der physischen Gefahr, sondern, daß ein einzelner, angesichts eines fürchterlichen Vorhabens, Gefahr läuft, von der Panik erfaßt zu werden.[4]

PRÉNOM CARMEN ist ein Film, in dem sich die Lust mit der Panik verbündet.

Erstveröffentlichung: *Die Zeit*, 20.7.1984 [Anm. s. S. 483].

Ein abgerissenes Glitzern
Chéreaus L'HOMME BLESSÉ

Lyon, 31. Juli, am Vorabend der großen Ferien. Ganz Frankreich verreist, nur die Emigrantenfamilie Borowiecki nicht. Sie schickt ihre Tochter als Au-Pair-Mädchen nach Frankfurt. Der Aufbruch zum Bahnhof ist eine Katastrophe. Das Abschiedsessen war zu schwer. Die Abendschwüle lastet. Die Atmosphäre ist gereizt. Der Koffer will sich nicht schließen, das Streichholz zündet nicht, die Tochter mault, der Sohn räkelt sich lustlos. Vier Menschen liegen auf dem Sprung. Der Bahnhof wird die Schanze ihrer Talfahrt werden. Ein verspäteter Zug, ein Abendgewitter, und schon bricht diese Familie auseinander.

Die Kamera nimmt den achtzehnjährigen Sohn Henri aufs Korn. Der fängt den begehrlichen Blick eines älteren Herrn auf, um ihn in Panik ebenso rasch abgleiten zu lassen. Blickbewegungen verflüssigen sich, geraten in Fahrt und erstarren wieder. Henris Flucht vor dem einen Mann entpuppt sich als Suche nach einem anderen Mann. Aus dem noch eben unbeschriebenen Blatt wird im Nu ein mit Blicken tätowierter Körper. Der Bahnhof zu mitternächtlicher Stunde ist für den Jungen Henri der Durchlauferhitzer ungeahnter Begierden.

Patrice Chéreau, Theaterintendant in Paris-Nanterre, mit Wagner-Inszenierungen in Bayreuth berühmt geworden, hat diesen Film, seinen dritten, schon 1983 in Cannes vorgestellt: L'HOMME BLESSÉ (F 1983) kommt jetzt in Originalfassung mit etwas holprig übersetzten Untertiteln als DER VERFÜHRTE MANN ins Kino. Der Film hat einen mitreißenden Rhythmus, darstellerische Kraft und eine Vision, die an Genet sich messen darf. Wer am Ende der Verführte ist, der Junge, der Verräter, dem seine Liebe unerwidert gilt, oder der Zuschauer, der in dieses mitleidlose Spiel verwickelt wird, steht noch dahin.

Henri bricht aus seiner Selbstversponnenheit gewaltsam aus. Zugeknöpft verließ er die Wohnung der Eltern. Die Mutter redet zu viel, der Vater

(Armin Müller-Stahl) zu wenig. Im Wartesaal des Bahnhofs, auf dem Henri fieberhaft umherzieht, um den faszinierenden Mann der Nacht des Sommergewitters wiederzufinden, springt ihm der oberste Kragenknopf auf. So kann er seinen Kopf freier in jede Richtung drehen und einsaugen, was ihm häusliche Enge versagte. Jean-Hugues Anglade spielt diesen Jungen auf eine Weise, die der Regisseur in seinen zum Drehbuch veröffentlichten Arbeitsnotizen als »Verwirrung eines eigensinnigen Kindes« beschrieb, das die »unmögliche Leidenschaft zu einem Monstrum packt.«[1]

Vittorio Mezzogiorno, bekannt geworden durch seine Darstellung des Rebellen in Francesco Rosis TRE FRATELLI (DREI BRÜDER, I/F 1981), spielt dieses »Monstrum« als einen Mann ohne auffällige Vorlieben oder Verabredungen: Jean Lerman bleibt, auch wenn man ihm nahekommt, ein Rätsel. Er lebt mit einer gutmütigen Frau, organisiert den Bahnhofsstrich, gibt selbst der Polizei noch Tips und geht mit dem Jungen, der sich ihm rettungslos anvertraut, auf Diebstouren. Jean ist stark, aber gemein, ebenso verkommen wie verführerisch.

Chéreau und sein Drehbuchautor Hervé Guibert erzählen, zum Glück der Spannung ihrer Geschichte, nichts zu Ende. Sie schildern angeheizte Wünsche und abgerissene Blicke. Der Schaulust wird ständig in die Parade gefahren, das bleibt die einzig hier erlaubte Bewegung. Schauplätze, die am Rande liegen, bilden die Geschichte. Jahrmärkte, Bahnhöfe, Bolzplätze, Neubauten, Betonkeller. Überall ist Ödland.

Jeder Schauplatz hat seine eigene Farbe. Lautlos gleitend bewegen sich Figuren darin wie Kellerasseln über Fliesen. L'HOMME BLESSÉ ist eine Reise durch den Tunnel der Sinne. Ein junger Mann wird initiiert in einen fremden Stamm. Am Ende der Nacht gehört er dazu.

Den Zwischenträger macht der soignierte Herr am Bahnhof, dessen flehentliche Blicke auf den Jungen immer wieder durch den Schnitt zerschlagen werden. Das Lustprinzip des Films heißt Aufschub. Der unglückliche ältere Herr vom Bahnhofsbuffet ist der freundliche Doktor Bosmans, der das Paar, das er zusammenführt, unter die Fittiche seiner Resignation nimmt. Er spielt den Vater der Gelegenheit, und der Schauspieler Roland Bertin macht das, ohne je lächerlich mit der Wimper zu zucken. Dankbar ist diese Rolle nicht, zumal sie der Mystifikation im Film Vorschub leistet. Besonders, wenn der Junge an der Hand dieses verkleideten Vergil in danteske Höllenkreise vorstößt.

Bosmans führt Henri an einen nebulösen Ort und spitzt verzückt die Ohren. Der Parkplatz könnte ein Schrottplatz oder Liebesfriedhof sein. In den Augen des entsetzten Jungen spiegelt sich das Grauen, dessen er gewahr wird.

Der makabre Witz der Szene ist, daß der Begleiter Bosmans keinen Blick auf den Schrott im Nebel wirft. Dafür lauscht er umso süchtiger, welche »seraphische Musik die Liebe der normalen Paare« produziert. Wo der

Junge jeden Schauplatz der Passion mit aufgerissenen Augen abgrast, urteilt der Alte wie ein Konzertliebhaber: mit geschlossenen Augen. L'HOMME BLESSÉ ist keine Dokumentation über die harschen Sitten der Jugendprostitution. Eher ist es ein Film, der eine Verführung erzählen will. Wie ein junger Mann heillos von Sinnen kommt, ist eine Phantasie, keine Reportage. Deshalb braucht die Kamera den Freiraum des Ödlandes, die vielen Zwischenstufen von Stadtsteppe und Neubauten. Renato Berta, der Schweizer Kameramann, der für Tanner, Godard, Rohmer und Straub/-Huillet arbeitete, ist ein Rigorist, der hier für einen geometrisch gezogenen Rahmen des Bildes sorgt. Der Schnitt verhilft dazu, von einem Schauplatz in den nächsten vorzudringen, so schnell als würde ein Wunschblick den Ortswechsel bewirken. Im Grunde der Wahrnehmung des Jungen verschmilzt das ganze Terrain, wo immer er seinen Fuß hinsetzt, zum Tunnel seiner Angstlust, die ihn stärker als sein Wille abwärts reißt.

»Die Jugend vieler von uns hatte so etwas wie ein abgerissenes Glitzern; und dann gab es eben jenen geheimnisvollen Glanz einiger weniger, die wirklich strahlten, jener Jungen, deren Körper, Blicke und Gesten eine Anziehungskraft enthielten, die uns zu ihrem Spielzeug machten. So wurde ich von einem dieser Männer wie vom Blitz getroffen.« Das steht nicht im Tagebuch des verführten Mannes. Das stand im *Tagebuch eines Diebes* von Jean Genet.[2]

Genets Stilitano entspräche hier Jean. Der Hinweis ist sprechend. Chéreaus zweiter Film sollte auf diesem *Tagebuch eines Diebes* beruhen. Der Regisseur nahm Abstand. Sein dritter Film beunruhigte sich über jenes Buch dermaßen, daß statt einer Verfilmung eine Arabeske herauskam: DER VERFÜHRTE MANN hört noch im Tode nicht auf, einer fremden Linie nachzulaufen.

Erstveröffentlichung: *Die Zeit*, 2.8.1985 [Anm. s. S. 483].

Godards DÉTECTIVE

Einen Godard-Film zu erzählen gleicht dem vergeblichen Versuch, ein Puzzle, aus dem die wichtigsten Steine entwendet wurden, zusammenzusetzen. Etwas fehlt immer. Das Bild, das sich nicht fügt, bleibt vorläufig. Die Lücken sind sichtbarer als das Gefügte. Ein Godard-Film ist der Rest, der nie aufgeht, denn die wichtigen Steine, die zum Bild der Perfektion fehlten, hat der Regisseur selbst entwendet. Er sucht die Imperfektion. Er bequemt sich höchstens zu einem vorläufigen Film. Fertig ist er nie. Aber, da alle Zuschauer so heftig danach suchen, halten diese Filme die Sinne wach. Anstatt daß Godards Filme ihnen etwas geben, müssen sie, die Zuschauer, den Filmen etwas lassen, das sie so leicht nicht hergeben: Aufmerksamkeit.

Im neuesten Godardfilm geht es um nichts anderes als die angestrengte Beobachtung, das Streifen der Blicke, das Flüchtige. Berühren der Interessen, und das schließliche Entgleiten aller gesammelten Eindrücke. Ein zerstrittenes Ehepaar steht zwei Familien gegenüber. Eine heillose Verwirrung hebt an, auf nichts anderes ausgerichtet als die Gewißheit der Heillosigkeit. Das Paar will sich trennen. Er ist Pilot, sie ist Managerin seines Flugtaxiunternehmens. Er schuldet seiner Frau Geld, sie braucht es, um nach der Scheidung auf eigenen Füßen zu stehen. Der Pilot aber hat das Geld verliehen: an einen Box-Manager, der diese Summe in sein neues Boxtalent investierte. Seinerseits schuldet er einem alten Mafioso einen Betrag in gleicher Höhe.

Keiner kommt zu seinem Geld, das sich in undurchschaubaren Interessen verflüchtigte. Jeder aber kommt in Kontakt mit jemandem, der außer Geld noch sinnliche Interessen verfolgt. Die Nichtliquidität macht hier Gefühle locker. DÉTECTIVE (DETECTIVE, F 1985) ist das Gruppenportrait der totalen Frustration. Da die nicht allegorisch vor den Familienfotografen tritt, ist die Frustration auch eine lebendige, nicht faßbare Erscheinung. Sie taucht Mal hier, mal da auf und hinterläßt schale Wünsche, trockenes Bedauern und eine witzige Spur im Bild. Der Witz erwächst aus dem Durchkreuzen. Die Wünsche der drei so heterogenen, ja verfeindeten Familien in DÉTECTIVE laufen durcheinander. Godard sieht ab von der Verknüpfung der Geschichte. Er verwirrt die Fäden, und seine Kamera verfolgt sie. Das einzige, woran der Zuschauer sich halten kann in diesem Puzzle-Film, sind die Gesichter und Gesten der gealterten Stars. Sie erinnern müde an das Gestern, ohne es zu wiederholen. Da tritt Claude Brasseur als Pilot auf: ein Hauptdarsteller in Godards BANDE À PART (DIE AUSSENSEI-TERBANDE, F 1964), und Jean-Pierre Léaud als Detektiv: gleichsam die verfettete Legende der alten *Nouvelle Vague*, denn Léaud, dieser philosophische Zappelphilipp des französischen Films, ist Godard seit dessen LA CHINOISE (DIE CHINESIN, F 1967) verbunden. Die Hauptdarstellerin Nathalie Baye ist die jüngste der hier versammelten Godard-Familie: Sie trat in seiner Rückkehr zum Kino, dem Film SAUVE QUI PEUT (LA VIE), (RETTE SICH WER KANN (DAS LEBEN), F/CH/BRD/A 1980) auf. Als Fremdkörper wirkt dagegen der Rock-Star Johnny Halliday, der das Gespenst von einem Boxmanager abgibt.

Godard will seine Stars kaum zum Spielen bewegen. Er arrangiert sie wie zufällig, aber nie willkürlich als Teil des Dekors, als bewegliches Teil, das akustische Signale von sich gibt. Der Schauspieler ist ein Sprach-Darsteller. Sein Dialog dient nicht der Verständigung, eher dessen Verhinderung. Die mal seichten, mal tiefsinnigen Sätze, die hier auf der Leinwand fallen, fallen in den Zuschauersaal hinab. Sie meinen nicht mehr das Gesagte, sie besagen, was gemeint ist. So werden sie zu Zeichen eines Systems, in das die Zuschauer mit einbezogen werden. An sie ergeht die Aufforderung, mit dem Film zu spielen. Denn erzählt wird nicht. Das Drama ist passiert. Was bleibt, ist, die Trümmer als Spielzeug anzunehmen. Die Dialoge in DÉTECTIVE gleichen Aphorismen und Maximen. Ihr Inhalt ist von großer Abstraktion. So paßt er auf der Leinwand wie vor ihr. Sätze fallen da wie: »Im Theater spielt man, im Kino hat man schon ausgespielt«, oder: »Der Kommentar ist der wahre Fürst, der mit seinem Scharfblick die Welt erschließt.« Wenn ein Kommentar die Welt, die sonst nicht sichtbar scheint, erschließen muß, scheint der Text schon weit entrückt, der Sinn verloren. Durch sein Mittel der einfachsten Illusionskonvention fordert Godard die Zuschauer auf, nicht bloß einen Sinn anzunehmen, sondern mit allen Sinnen möglicherweise verschiedene Lesarten des filmischen Textes zu versuchen. Denn der Sinn ist Godard zerfallen.

Was bleibt, ist die Kontingenz, die allgemeine Vorläufigkeit. Die Figuren dieser Filme haben die Verständigung aufgegeben. Daher lesen sie so besessen. In fast jeder Einstellung von DÉTECTIVE greifen die nicht handelnden Helden zum Buch. Noch wenn ein Paar ins Bett geht, hält es zärtlich als Dritten im Bunde umklammert: ein Buch. Sei es von Antoine de Saint-Exupéry (Nachtflug¹ liegt im Koffer des Piloten) oder von Leonardo Sciascia, dessen Mafia-Romane der alte Mafioso liest. Bücher zur Arbeit, zum Frühstück und zur nächtlichen Umarmung, gelesen von Buchmenschen, die Namen aus Shakespeare-Dramen tragen oder wie Legenden der Filmgeschichte heißen. Godard entfesselt ein Medien-Kaleidoskop.

Es könnte auch anders sein, z.B. wie in einem Roman von Dostojevskij oder einem Melodram von Douglas Sirk. Godard bevorzugt ein aleatorisches Prinzip in seinen Filmen. In der Kunst, der Musik der Moderne ist das längst klassisch, im Film aber, der vermeintlich am meisten avancierten Kunst, noch zum Erstaunen anstößig. Die Modernität Godards bedarf keiner Entschuldigung mehr. Denn sie schärft den Blick für das Besondere, je allgemeiner die Figuren in seinen Filmen reden.

Zu Beginn von DÉTECTIVE wird eine Video-Kamera gezeigt, die das Außen einer Pariser Straße in das Innere eines Hotelzimmers einspielt. »Es sieht so aus als ob«, sinniert der Detektiv Léaud. Er könnte auch die abgegriffene Formel: »Kombiniere ...« benutzen. Aber dieser Detektiv ist nicht scharfsinnig, er ist Teil des Chaos, das er durchleuchten will. Die äußere Welt bleibt ihm ein Als-Ob. Dazu ein Beispiel aus der Ton-Montage. Die Szene spielt bei der Boxer-Familie. Ziemlich schnell geht ziemlich vieles durcheinander.

Wir sehen ein attraktives junges Mädchen Klarinette spielen, eine andere Schönheit probiert vor den Augen des Boxers verschiedene Blusen an, der alte Trainer liest eine Reportage aus der Zeitung vor, im Fernseher läuft ein Boxkampf, der junge Boxer springt aus dem Bett ins Badezimmer. Was beeindruckt, ist die visuelle Ordnung in der Gleichzeitigkeit der vielen Bewegungen. Jede Geste ist wie eine Stimme im Orchester, das den kleinen Raum erfüllt. Man kann seine Aufmerksamkeit verschieben, mal auf das Detail mal auf das Ensemble achten. Wenig später ertönt zu einer anderen Szene aus Schuberts unvollendeter Sinfonie (1828) der zweite Satz, der an dem Takt abbricht, als die Klarinette ihr klagendes Motiv beginnt. Darum ging es dieser Tonblende. Das Instrument der Klarinette führt das Ohr des Zuschauers/ -hörers auf die frühere Szene zurück, in der ein Mädchen Klarinette übte. Montage für das Auge und Bildverknüpfungen für das Ohr, Godards Filme wenden sich an alle Sinne, die trotz der Reizüberflutung gewöhnlich unterfordert sind.

Erstveröffentlichung: Radio Bremen, 15.5.1986 [Anm. s. S. 483].

Das Schreiben ist stärker als alle Gewalt
Marguerite Duras im Gespräch

Karsten Witte: Montaigne sagte: »Jeder Himmel ist mir gleich«.[1] Er reiste wenig, er beschrieb den Himmel. Auch in Ihrem Werk stellt sich eine Lebenswelt als Einheit dar. Sie sprechen über alles, und Sie schreiben über wenig. Unser Gespräch ergibt, vielleicht, ein schönes Durcheinander. Fangen wir an? In Ihrem Büchlein La pute de la Côte Normande (1986) teilen Sie mit, daß Luc Bondy Sie zu einer Inszenierung Ihres Stücks La maladie de la mort (1982; dt. EA: Die Krankheit Tod, 1985) an der Berliner Schaubühne aufgefordert habe. Nach drei Anläufen geben Sie auf. Aus welchem Motiv, dem gegenwärtigen politischen Klima, der deutschen Geschichte?
Marguerite Duras: Das spielte mit, das auch. Aber ich habe es nicht gesagt, weil ich finde, daß man nie wieder darüber sprechen soll. Das ist vorbei.
KW: Kennen Sie Berlin?
MD: Ja, ich kannte Berlin. Einmal wollte ich für zwei Wochen bleiben und bin nach drei Tagen nach Frankreich zurückgefahren. Die Leute waren freundlich. Das war es nicht. Wissen Sie, nach all dem Nazi-Horror konnte ich den Klang des Deutschen nicht ertragen.
KW: Man hätte ein anderes Stück als La maladie de la mort wählen können.
MD: Die Reise, von der ich sprach, liegt rund zwanzig Jahre zurück. Doch was das Angebot der Schaubühne angeht, muß ich sagen, die Vorstellung, drei Monate ununterbrochen in Deutschland zu leben und nach Frankreich zurückzukommen, um mich zu amüsieren, Luft zu schnappen, das wäre mir frivol und schwierig erschienen. Eines Tages werde ich sicher fahren. Ich bin jetzt bekannt, wie man mir sagt.
KW: Unter Ihren ins Deutsche übersetzten Büchern, und das ist seit Un barrage contre le Pacifique (1950; dt. EA: Heiße Küste, 1952) fast die Hälfte Ihrer Werke, scheint mir La douleur (1985; dt. EA: Der Schmerz, 1986) eines

der wichtigsten, beunruhigendsten zu sein. Sie haben, wie Claude Lanzmann mit seinem Film SHOAH (F 1985), gezögert, diese Albtraumerfahrung nach dem Holocaust zu veröffentlichen.

MD: Weiß das deutsche Publikum von SHOAH, daß es sein Land ist? Gibt es noch Wirklichkeit in der Tatsache, wenn man die Schrecken vierzig Jahre danach zeigt und sagt, Dein Land hat sie begangen? Ich frage mich, ob man sich dessen inne wird. Das waren die Alten, wird man sagen, wir nicht.

KW: Sie zögerten, *La douleur* zu publizieren?

MD: Nein. Ich sagte mir, das ist zu stark, das ist zuviel, was nun merkwürdig ist, da ich doch zu den Modernen zähle. Weil es so persönlich ist, gilt das Buch als zu stark für den Leser. Ich dachte, ich könnte es nicht aus der Hand geben, ans Licht bringen. Ja, das ist das passende Wort. Es wäre zu hart für den Leser. Es ging dennoch gut in Frankreich, weniger gut als *L'amant* (1984; dt. EA: *Der Liebhaber*, 1985). Aber das Buch war ein fabelhaftes, einzigartiges Phänomen. Die Auflage betrug mehr als hunderttausend: eine Million. Über das Buch *La douleur* hat die literarische Kritik dann nichts verlauten lassen.

KW: Gab es keine politischen Kommentare aus der Sicht der Résistance?

MD: Man sagt immer, das sei etwas großes, ein großer Text. Da gab es nichts zu qualifizieren, da gab es nur zu sehen. Ein Tagebuch des Schmerzes, wenn Sie so wollen. Das entging der Kritik. Es war eine Art Übertretung.

KW: Die Verbindung von Politik und Poetik liegt für mich in einem Nebenwerk, den Reportagen, die Sie für die Zeitung *Libération* schrieben: *L'été 80* (1980; dt. EA: *Sommer 1980*, 1984). In diesem Buch steckt eine große Apokalypse und eine kleine Hoffnung, unzertrennlich. Ausschnitte aus diesem Text lesen Sie auf der Tonbandkassette *La jeune fille et l'enfant* (1981). Die Intertextualität hat sich jedoch aufgelöst. Die politischen Reflexionen fallen unter den Tisch. Es bleibt die poetische Erzählung.

MD: Bedauern Sie das? Ich hatte nicht vor, jemandem etwas zu nehmen. Ich wollte jemandem etwas geben: den Kindern. Was ich besonders in *L'été 80* liebe, ist die Kindergeschichte mit dem Haifisch. Die Kindergeschichte steckt in dem Kind, darin liegt die Poesie. Das wollte ich ihnen zeigen: das Meer, die Sonne, den Krieg, die Ferne, verwoben in die Geschichte des Hais und des kleinen Jungen. Ich habe Kinder sehr gern.

KW: Die Kinder-Version bedeutet für Sie keine Reduktion des Politischen?

MD: Nein, der Text liegt ja auch in seiner Gesamtheit vor. Darin steckt das Visionäre des Wirklichen. Um es direkt zu sagen, das Meer ist schrecklich. Das Meer ist seine eigene Transfiguration.

KW: Heißt das, das Meer dient als Metapher für den Krieg zwischen Licht und Schatten?

MD: Das Meer als Kraft in jedwedem Sinn: die lebendige, brutale, sanfte, schöne und tödliche Kraft, alles steckt darin.

KW: Sie schmuggeln Bemerkungen über das Fernsehen ein: über unsere Regierenden, die Hungeropfer in Uganda, die Streiks auf der Leninwerft in Polen. Haben Sie das, nach der in Prag verlorenen Utopie, als Erneuerung einer politischen Hoffnung gesehen?

MD: Die Ereignisse in Gdansk habe ich wie ein Morgenrot gesehen, auf die ich mit Liebe, mit uneingeschränkter Liebe meinerseits antworte. Ich bin vor fünfzehn Jahren nach Polen gefahren, um Autorenrechte abzugelten. Das war gut, ich kaufte den Kaviar und aß ihn mit den Polen, die keinen hatten. Ich hatte einen Freund da, der auch Sartres Übersetzer war. Wie heißt er doch gleich? Unterschwellig handelt L'été 80 von Jalta, wo man nach meiner Meinung nach den Naziverbrechen das größte Verbrechen gegen die Menschheit beging und ganze Länder annullierte. Heute gibt es in Europa eine Bewegung der Jugend, die sich Rußland gegenüber eine Art Jungfräulichkeit erschleichen will.

KW: Hat Ihnen die Pariser Schülerrevolte vom Dezember 1986 einen gewissen Enthusiasmus eingegeben?

MD: Aber ja! Aber ich habe nichts getan, keinen Artikel geschrieben. Im Gegensatz zu den Texten, die ich 1968 schrieb.

KW: Und die zum ersten Mal in Les yeux verts (1980; dt. EA: Die grünen Augen, 1987) veröffentlicht worden sind. Hoffentlich müssen die Leser nicht wieder so lange warten.

MD: Ich habe immer Texte, die auf sich warten lassen. Jetzt habe ich ein sehr interessantes Buch abgeschlossen, dafür halte ich es jedenfalls, d.h. La vie matérielle (1987; dt. EA: Das tägliche Leben, 1988), einfach deshalb, weil es darin nicht um Literatur geht. Sondern um das Haus, die Frau, die Justiz, das Verbrechen, die Küche, die Homosexualität, das Theater.

KW: Ist das noch ein LASTWAGEN² mit 32 Tonnen Phantasie?

MD: Nein, der LASTWAGEN reichte nicht aus. Spreche ich in La vie matérielle über das Haus, nenne ich es »la casa«. In gewissem Sinne ist dies neue Buch erschöpfend. Aber so zu sprechen ist ein bißchen abstrakt. Sie müssen streichen, wenn ich etwas sage, das Ihnen nicht paßt.

KW: Yann Andréa sagt in seinem Buch M.D. (1983; dt. EA: M.D., 1986) über Sie, daß alle Worte sichtbar werden. Sie selber sagen es, als Zitat in seinem Buch. Mir gefällt das, wenn man annimmt, daß Ihr ganzes Werk unter dem Einfluß, in der Wahrnehmung eines kinematographischen Schreibens liegt. Woher kommt diese Obsession mit den Zügen, den Gesten, den Objekten der sichtbaren Welt?

MD: Es gibt eine doppelte Bewegung in dem, was ich vermutlich mache, in dem, was ich vielleicht bin. Es gibt eine Bewegung, das Wort wieder aufzuforsten. Das Wort muß mit der Sache zusammenwachsen, das Wort Gottes muß das Wort Gott decken. Das Wort existiert, was man von Gott nicht weiß, aber die Existenz des Wortes ist umfassender, länger als das Objekt. Die Wörter verlieren sich nicht, die Objekte schon, sehen Sie.

Diese doppelte Bewegung macht das Kino aus, ohne es zu wollen. So ist es nur normal, daß das Kino die Wörter aufforstet. Sprechen Sie das Wort »Verbrechen« aus, hat es nicht mehr den gleichen Sinn wie zuvor.

KW: Der französische Autor und Übersetzer Georges-Arthur Goldschmidt berichtete kürzlich in einer Kolumne in der *Frankfurter Rundschau* von Dialogen, die Sie mit Staatspräsident François Mitterrand führen. Mit ihm waren Sie in der gleichen Widerstandsgruppe, in der Mitterand den Decknamen Morland trug.

MD: Es gibt schon viele Dialoge. Mitterrand will noch zwei, also werden wir noch zwei Gespräche führen. Dann gehen die zum Verleger Gallimard.[3] Es gibt schon Leute, die das auf dem Theater spielen wollen. Ich würde es schon einmal szenisch lesen, aber nicht jeden Abend, zumal Mitterand nicht mitmachen kann. Die erste Unterhaltung betraf unsere Geschichte des Widerstands.

KW: Die Befreiung des Konzentrationslagers Dachau.

MD: Ja, das.

KW: ›Die Wörter sichtbar machen‹. Sie werden sichtbar durch Farben. Ihr letzter Roman trägt den Titel *Les yeux bleus cheveux noirs* (1986; dt. EA: *Blaue Augen schwarzes Haar*, 1987). Diese Farbkombination einer erotischen Faszination taucht schon im frühen Roman *La vie tranquille* (1944; dt. EA: *Ein ruhiges Leben*, 1962) aus den vierziger Jahren auf, dann auch in Filmen wie AURÉLIA STEINER (F 1979). Die Kombination steht für eine verlorene Liebe.

MD: Sie ist emblematisch.

KW: Ich habe ein Zitat, das die Faszination nicht erschöpft, doch vielleicht bezeichnet. Die Frau, die sich im Roman *Les yeux bleus cheveux noirs* nach einem Mann verzehrt, der für sie nicht zu haben ist, sagt: »Diese Liebe zu erleben ist ebenso furchtbar wie die unermeßliche indische Weite.«[4] Ist diese Metapher der unermeßlichen Weite für einen westlichen Leser zu ermessen, diese Anspielung auf eine tropische Welt, wie Sie sie während Ihrer Jugend in Indochina erlebten?

MD: Der Zuschauer muß wissen, daß ich eine Erfahrung der unermeßlichen indischen Weite habe. Und daß ich diese sichtbar machte durch die Erfindung zweier Figuren: der Bettlerin und des Vize-Konsuls. Nicht zu vergessen Anne-Marie Stretter. Das ist eine vollkommen künstliche, verschobene Geschichte, die sich nicht in Indien, sondern in Indochina zutrug. Der indische Wald zieht alle diese Elemente in den Abgrund. Ich zögere überhaupt nicht mehr, solche Bilder zu zeigen. Es stört mich nicht, wenn die Leute sie nicht verstehen. Hier spielen die Wörter eine Rolle. »Immensité indienne« – »indische Weite«, das wirft man nicht in den Papierkorb.

KW: Sie sagten eben nicht »Leser«, als wir über den Roman sprachen, Sie sagten »Zuschauer«, ist das nicht bezeichnend? Sie sehen einen Raum, in dem Sie etwas sichtbar machen.

MD: Ich finde es ganz unglaublich, daß man in Bezug auf Bücher nicht auch von Zuschauern spricht. Nicht, um es gesetzmäßig zu sagen, im Rahmen der Orthodoxie, aber man sollte sagen, das Buch, der Roman, das Gedicht hat einen Zuschauer. Mit dem Wort »Leser« stößt man an ein Buch, weiter nichts. Mit dem Wort »Zuschauer« durchquert man es wie eine Leinwand. Dieser Ausdruck übersetzt die Aneignung besser. Eine Osmose. Der Zuschauer ist ein Bewohner. Im anderen Begriff des Schauspiels: Leser nimmt man weniger wahr, weil man zu nah dran ist.

KW: Diese zerstreute Wahrnehmung steigert sich noch bis zur Nicht-Wahrnehmung. An einer anderen Stelle Ihres neuen Romans heißt es: »Und beide schlagen die Augen nieder. Sie blicken einander nicht an, vielleicht zu Boden, auf das Weiß der Laken. Sie haben Furcht davor, daß ihre Augen einander ansehen. Sie rühren sich nicht mehr. Sie haben Angst davor, daß ihre Augen einander sehen.«[5] Diese Strategie der Blickvermeidung mag einem durchschnittlichen »Zuschauer« fremd vorkommen. Hängt das mit Ihren tropischen Erfahrungen zusammen, dem Code der Scham in Asien, wie man ihn am Blickverhalten in japanischen Filmen so gut ablesen kann?

MD: Das stimmt. Es gibt da eine Inszenierung der Augenlider, der Blickrichtung, die zu einem Code werden.

KW: Mir ist es eine Erfahrung mit japanischen Filmen. Ist es für Sie eine in Vietnam gelebte Erfahrung?

MD: Vielleicht. Die Blickvermeidung ist eine weitere Barriere zwischen den Einzelnen. Und zwischen dem Schauspiel und den Zuschauern. Sie wissen, wenn Sie nicht auf den Code achten, dann begreifen Sie das Schauspiel nicht ganz und gar. Wenn Sie einen sehr schwierigen japanischen Film Bauern in Norddeutschland oder in Südfrankreich zeigen, würden die auf Anhieb sagen: Na, die machen ja Sachen, was soll das bedeuten. Was sie zu sagen haben, können sie nicht sofort ausdrücken. Zeigen Sie aber den gleichen Bauern in Norddeutschland oder in Südfrankreich einen aktuellen Film im Fernsehen, verstehen sie den sofort, ganz einfach. Sehe ich einen japanischen Film, dann bin ich ganz begeistert. Doch gibt es in der Liebe zu einer Kunst oder einem Autor, wenn Sie so wollen, eine anhaltende Verehrung. Selbst wenn Sie ein Jahr verbringen, ohne einen dänischen Film zu sehen, obwohl Sie das dänische Kino lieben, hören Sie nicht auf, es während dieses Jahres zu lieben. Wenn ich aber keinen japanischen Film sehe, höre ich auf, das japanische Kino zu lieben.

KW: Aber Sie müßte doch der Minimalismus, die ästhetische Reduktion darin frappieren.

MD: Nein, dafür bin ich nicht. Ich bin dafür, die Sachen zu verbergen, verschwimmen zu lassen. Diese minimalistische Kunst existiert genauso in den USA, auch in Europa gab es sie, wie allerorten. In Japan ist alles von minimalistischem Zuschnitt. Das ist fast ein klimatischer Zustand (durée), keine Gegebenheit der Kunst, glaube ich.

KW: Bleiben wir ein wenig im Bereich des Films. Es scheint, Ihre Filme sind ein vollkommen persönliches Unternehmen, in dem Sie sich als *ciné-aste-auteur* realisieren, während Ihre Filme gleichzeitig von einer vollkommen anonymen Art sind, in der sich jedweder Zuschauer realisieren kann. Schreiben Sie Ihr Filmwerk einem Gegenstrom der Filmgeschichte zu wie z.B. Robert Bresson oder Straub/Huillet? Das läge doch näher als die Japaner.

MD: Ich weiß nicht, ich denke es nicht. Ich weiß zum Beispiel, daß ich in seinen Augen zähle.

KW: In Bressons Augen?

MD: Das ist das Kino, aber ja. Das sagte ich in einem Artikel, ein Film von Bresson, das ist Kino. Er erfindet das ganze Kino in einem Film. Und vor diesem Film hat es überhaupt nichts gegeben. Ich weiß, daß er mich auch liebt, Bresson. Es gibt solche Strömungen.

KW: Und das Kino von Straub/Huillet? Sie sprechen in dem Essayband *Outside* (1981) über deren Film OTHON[6]. Was sagt Ihnen das?

MD: Das habe ich aus den Augen verloren, so, wie man von einem Weg abkommt. Ich hatte immer etwas gegen Klassenfahrten. Sie verstehen, das Schulhafte daran. Es gibt bei Straub einen konstanten Lehrauftrag.

KW: Gibt es nicht auch eine unterirdische Verbindung zwischen dem Straub/Huillet-Film OTHON und Ihrem Film IL DIALOGO DI ROMA (I 1982) in der Art, vollkommen anonym, ja abwesend mit einer Stadt umzugehen?

MD: Sobald Sie sich vom Realen entfernen, sich vom Realen lösen, um vom Realen zu sprechen, selbst in einem Hotelzimmer, machen Sie ›Straub‹.

KW: Die einen nennen es Didaktik, die anderen: Strenge. Verbindet Sie das nicht mit Straub/Huillet?

MD: Es gibt einen sehr didaktischen Film, der unausstehlich ist. Das ist mein Film JAUNE LE SOLEIL (F 1971).

KW: Der war nie im Verleih. Was hat es damit auf sich?

MD: Nichts hat es damit auf sich. Der Film ist wie ein verlassener Hund, herrenlos, aber ruhig.

KW: Wo treibt er sich denn herum? Vielleicht im Schrank mit Manuskripten?

MD: Ich muß den Film mit Schwarzfeldern verlängern, die Einstellungen voneinander trennen, um Zeit zu geben, sie zu vergeuden. Das ist ein tragischer Film, gemessen an seiner Geschwindigkeit.

KW: Wie geht das zusammen, Tragik und Geschwindigkeit?

MD: Ich gehe mit einer wahnsinnigen Geschwindigkeit vorwärts. Ich versuche alles reinzupacken, woran ich seit dem Krieg, seit der Nachkriegszeit geglaubt habe, diese große Bewegung, die uns in eine Art Brüderschaft der Linken hineintrug, ich sage nicht: in eine Partei, eine Brüderschaft der Linken, die Europa beinahe zum Verhängnis geworden wäre. Zum Glück sind wir nicht alle aufgebrochen, ist das geplatzt. Ich versuche das alles zusammen in JAUNE LE SOLEIL unterzubringen. Die Bewegung des Films ist sehr schön. Ich will ein Theaterstück daraus machen. Es gibt da eine Art neuer Einwohner, Juden und Portugiesen. Die Stadt heißt »Staadt«. Das ist wirklich das Äußerste, es gibt da nicht einmal eine Straße. Das Ende ist stattlich (*superbe*).

KW: Es scheint, daß Sie viel Ärger mit Ihren Produzenten haben?

MD: Wissen Sie, was die Leute machen? Sie nehmen die Filme, die sie traurig und nicht sehenswert finden, und schmeißen sie in den Mülleimer. Da sie die Eigentümer sind, kann niemand sie belangen. Ich muß Ihnen einfach mitteilen, daß zwei meiner Filme Teil eines Konkursverfahrens sind. Alle meine Filme, praktisch. Mich geht das nichts an. Schließlich haben die Produzenten Pleite gemacht. Gérard Depardieu hat LE CAMION und SON NOM DE VENISE DANS CALCUTTA DÉSERT (SEIN VENEZIANISCHER NAME IM VERLASSENEN CALCUTTA, F 1976) zurückgekauft, wußten Sie das? Nicole Stéphane, die Produzentin, hat mir DÉTRUIRE, DIT-ELLE (ZERSTÖREN, SAGT SIE, F 1969) geschenkt.

KW: Als geborene Rothschild hat Mme. Stéphane Ihnen auch die Dreherlaubnis im Palais Rothschild für INDIA SONG (F 1975) erwirkt. Trotz der sogenannten Randaufmerksamkeit (*marginalité*) für Ihr Kino hatten Sie immer große Filmstars zur Verfügung: Jeanne Moreau und Gérard Depardieu in NATHALIE GRANGER (F 1972), Delphine Seyrig, Michael Lonsdale und Matthieu Carrière in INDIA SONG, Robert Hossein in LA MUSICA (F 1967), Madeleine Renaud, Jean-Pierre Aumont und Bulle Ogier in DES JOURNÉES ENTIÈRES DANS LES ARBRES (GANZE TAGE IN DEN BÄUMEN, F 1976). Das ist eine bedeutende Liste.

MD: Will man Schauspieler sein, ist man bereits marginal. Das ist ein sehr gefährlicher Beruf. Ständig ist man in Gefahr, wie im Mittelalter; wenn man etwas verfehlt, bleibt einem nur noch der Tod.

KW: Sagen wir, daß diese Schauspieler ein inneres Leben in Ihren Filmen führen. So werden sie überleben.

MD: So ist es, die Leute beneiden mich schon darum. Die Produzenten zum Beispiel. Depardieu sagt, Duras-Drehbücher lese ich gar nicht. Ich weiß, sie sind genial, muß ich das noch sagen? Ich nehme die Rollen an, ohne sie zu lesen. Ich weiß, mir gefällt, was sie schreibt. Ich werde ihr die Antwort nicht erst in zwei Wochen geben. Ich schaue nur nach, wann geht's und sage sofort zu.

KW: Man erkennt diese Haltung an seiner Darstellung in LE CAMION. Die Improvisation wird sichtbar. Erregte die Tatsache, daß Sie mit Stars arbeiten, nicht die Neugier des großen Publikums? Ist Ihre Wahl nicht auch ein Mittel zur Verführung für das marginalisierte Kino?

MD: Sie behaupten also, ich hätte diese Schauspieler nicht in Hinsicht auf den Wert, den sie für mich haben, ausgesucht, sondern in Hinsicht auf einen Vermittlungsversuch?

KW: Im unschuldigsten Sinne. Die Verführung an sich ist nicht gemein.

MD: Sicher, so was gibt's. Aber an mir ging das vorbei. Jeanne Moreau,

Bulle Ogier, Madeleine Renaud waren sehr glücklich, mit mir diese Filme zu drehen. Vielleicht irren Sie sich in dieser Frage. Diese Schauspieler wissen, daß sie in armen, in elenden Filmen spielen und dabei keinen Sou verdienen. Daß sie in armen Filmen spielen, macht sie noch charmanter.

KW: Diese Haltung kann ich schwer verstehen. Wie sollten die gleichen Schauspieler dann in kommerziellen Filmen spielen?

MD: Darum geht es nicht. Aber, was soll's, das macht nichts.

KW: Um auf meinen Lieblingsfilm LE CAMION zurückzukommen: gleich zu Beginn gibt es in dem Raum, der »Das dunkle Zimmer / Die Dunkelkammer« heißt, einen Dialog zwischen Gérard Depardieu und Ihnen, der in drei Etappen eine Poetik des Films entwirft. Depardieus Frage lautet: »Das ist ein Film?«. Und Ihre Antwort ist: »Es wäre ein Film gewesen. (Pause) Ja, das ist ein Film.«

MD: Das ist weniger eine Synthese im dialektischen Sinn, wie Sie annehmen, das ist ein Infragestellen, ein Untergraben, wenn Sie so wollen. Stellen Sie einen beliebigen Film vor und behaupten: Das ist ein Film, werden die Leute lachen, nicht wahr? Das wäre sinnlos. In LE CAMION mache ich mich über das Kino lustig.

KW: Sagen wir, das Zitat bezeichnet eine Suche, keine Synthese, zur Natur oder auch Kunstfertigkeit des Kinos. Man könnte glauben, Ihre Filme öffnen eine Tür ins Reich des Konjunktivs. Robert Musil glitt mit seinem Roman Der Mann ohne Eigenschaften (1930-1952) ins Mögliche. Halten Sie sich für eine realistische Regisseurin?

MD: Nein. Überhaupt nicht utopisch, überhaupt nicht träumerisch! Wenn ich einen Film mache, befinde ich mich in der Totalen, in der Schrift. Das entzieht sich der Kategorisierung.

KW: Gibt es nicht einen gewollten Bezug auf Musil, wenn Sie den Namen AGATHA für ein Buch, für einen Film wählten?

MD: Nein, gar nicht. Absolut nicht. Agatha (1981) bzw. AGATHA ET LES LECTURES ILLIMITÉES (F 1981) soll besagen, daß man dieses Buch, diesen Film nie abschließen könnte. Man zögert. Es ist grenzenlos wie Musil.

KW: Also gibt es einen gewollten Bezug?

MD: Ja, absolut, unbedingt. Ich habe das schon woanders erklärt, mich ausführlich dazu geäußert. Über den Bereich Konjunktiv sprechen Sie, nicht ich. Jetzt, wo Sie mich an Agatha erinnern, muß ich sagen, in der Tat, ja, es gibt einen ganzen Abschnitt im Buch, der im Konjunktiv geschrieben ist, ein bißchen störend, nicht der beste Abschnitt, als die Hauptpersonen ihr Spiel treiben. Das ist ein etwas zweifelhaftes Gelände. Auf Musil kam ich erst kürzlich. Das ist fünf Jahre her. Ich hatte eine Alkoholentzugskur hinter mich gebracht. Wissen Sie das? Da hatte ich viel Zeit. Ich konnte nicht schreiben. Ich war in einer Art Dauerkoma. Ich fing an, Musil zu lesen, und konnte nicht mehr aufhören. Ich las wie eine Irre.

KW: Was bestach Sie an dem Musil-Roman?

MD: Schwer zu sagen. Es war die Komplexität und die immense Reinheit. Vor etwa fünfundzwanzig Jahren habe ich versucht, Musils Stück *Die Schwärmer* (1921) zu adaptieren. Aber es war unmöglich. Sie kennen das Stück?

KW: Ich habe es gelesen und in der Inszenierung von Hans Neuenfels gesehen. Außerdem gibt es noch den Film.

MD: Der Mann, der hier die Musil-Rechte inne hat, will von einer Bearbeitung nichts wissen. Er will, daß man das Stück spielt, *telle quelle*. Ich hätte es gern zusammengeschnitten.

KW: Und auch auf der Bühne inszeniert?

MD: Ich inszeniere gern meine eigenen Sachen. Da es mich ja noch gibt, muß ich es tun. Kommen in den Stücken Wörter vor, die mich stören, dann kann ich sie einfach streichen, ohne jemanden um Erlaubnis zu fragen.

KW: Die Widmung in Ihrem so überaus erfolgreichen Roman *L'amant* gilt Bruno Nuytten, womit manche Kritiker nichts anfangen konnten. Nuytten ist Ihr Kameramann in vielen Filmen, darunter auch in LE CAMION. Wie arbeiten Sie mit ihm zusammen in Hinblick auf das Verhältnis von Bild und Text? Intervenieren Sie noch, wenn er die Bilder dreht?

MD: In jedem Augenblick, wenn der Film gedreht wird. Am Morgen sage ich ihm, was ich während des Tages vorhabe. Im allgemeinen gebe ich ihm nur die Richtung an, die wir dann von Tag zu Tag weiterverfolgen. Aber ich lege mich nicht von vornherein fest. Das kann man nicht. So geht das nicht.

KW: Sie inspizieren den Drehort, die Außenaufnahmen, Sie bestimmen die Einstellungsgröße, gut. Zu welchem Zeitpunkt tritt die Stimme aus dem Off, Ihre Stimme, Ihr Text hinzu?

MD: Bei der Montage des Films. Bruno ist vollkommen mit der Absicht meiner Texte vertraut.

KW: Schreiben Sie die Texte vor oder nach den Dreharbeiten?

MD: Das weiß ich nicht mehr. Bei einigen Kurzfilmen hat man mich nachher wissen lassen, es gäbe zu viele Bilder. Also habe ich die überzähligen Bilder durch Texte ersetzt, so auch im Falle eines meiner schönsten Filme: LES MAINS NÉGATIVES (F 1979).

KW: Das nennt man Arbeitsökonomie. Sie lassen nichts verderben.

MD: Ich bin eine gute Hausfrau. Nein, keine gute Hausfrau, aber eine gute Regisseurin. Haben Sie zum Beispiel meinen Film CÉSARÉE (F 1979) gesehen? Der ist wunderbar, mit den Statuen, die sich aus dem Rasen erheben. Diesen Film bewundert alle Welt. Für mich ist er geheimnisvoll. Wie der Film LES MAINS NÉGATIVES, der zwischen fünf und sieben Uhr früh gedreht wurde, mit all den Schwarzen, die Paris sauber fegen. Da zählt nur das Bild, nichts als das Bild.

KW: Sehen Sie die Muster nach den Dreharbeiten an?

MD: Ich bin in allen Stadien des Films dabei. Bruno (Nuytten) macht die Farbbestimmung. Davon verstehe ich nichts. Ich sage ihm, ich mag nicht, wenn der Film zu hart, zu hell ist, und er greift meinen Wunsch auf. »Farbbestimmung« – solche Wörter gibt es nicht in der Literatur. Wie finden Sie das Buch?

KW: Welches?

MD: Das. *Les yeux bleus cheveux noirs*. Gefallen Ihnen die gespielten Szenen, die theatralischen Partien? Das Paar, das ist der Kampf. Der vergebliche Kampf. Finden Sie nicht?

KW: Dieser »vergebliche Kampf« gehört, finde ich, als Untertitel, zum Roman Ihrer Kollegin Marguerite Yourcenar, den sie *Alexis ou le traité du vain combat* (1929; dt. EA: *Alexis oder der vergebliche Kampf*, 1956) nannte. Das ist eine ähnlich unmögliche Beziehung.

MD: Haben Sie mein Buch *La pute de la Côte Normande* gelesen?

KW: Mit einem Zitat aus jenem Buch zu Ihrer nicht zustandegekommenen Arbeit an der Berliner Schaubühne begann unser Gespräch. Mir gefiel das Buch, eher ein kleines Heft, weniger. Die darin zur Schau gestellte Offenheit scheint mir nicht ganz aufrichtig. Dieser Kampf zwischen einer Person, die schreibt, und einer anderen, die das Schreiben stört. Sie haben zuviel Mitleid mit dem Störenden.

MD: Ich glaube, Sie können sich das nicht vorstellen. Ich habe keineswegs Mitleid. Ich bin vollkommen unter Einfluß. Yann ist in seiner Leibhaftigkeit erfaßt, in seiner Brutalität, in seinem Körper. Die Beleidigungen sind schrecklich. Aber so weit muß Literatur schon gehen. Sonst ist sie nicht interessant.

KW: Der Unterschied ums Ganze liegt darin, daß Sie von wirklichen Menschen reden, ihre Namen preisgeben. Sie haben nach meiner Meinung gefragt.

MD: Schamlos ist das. Gebe ich nicht die Namen preis, dann drücke ich mich. Man muß Namen nennen.

KW: Dann ist alle Materie autobiographisch.

MD: Nicht jederzeit. Nein, das sage ich nicht. Ich behaupte nicht, das sei eine Verhaltensregel oder eine Ethik. Aber es gibt manchmal unerträgliche Momente des Erstickens. Ich habe das aufs Papier geworfen, in zwei Stunden habe ich das gemacht. Das ist wie ein Tagebuch, wirklich, ich habe mich dessen entledigt. Und das konnte ich nur so. Ich war an einem Punkt, wo ich es anders nicht hätte machen können.

KW: Das wollten Sie als Buch erscheinen lassen?

MD: Das habe ich gewollt. Yann sollte Geld erhalten. Ich glaube nicht, daß das zynisch ist. Das ist die Reinheit. Ihre Position war zu erwarten. Sie appellieren an die alte Scham, das alte Schuldgefühl des Schriftstellers: man darf nicht die Regel des Nicht-Skandals verletzen. Ich glaube, diese Sachen muß man herausschreien. Damit uns das nicht am Schreiben hindert. Das Schreiben ist stärker als alles, es ist stärker als alle Gewalt. Bei mir kommen diese Dinge im Leben vor. Mein Verleger weinte, als er das las, und am nächsten Morgen lag es gedruckt vor.

KW: Die Gewalt im Buch La pute de la Côte Normande geht doch von demjenigen aus, der die Schreibende stört.

MD: Sie werden doch nicht etwa Mitleid mit den Schriftstellern haben? Denn wir sind heute die Barbaren. Übrigens, so war es immer.

KW: In welcher Welt?

MD: In unserer Welt. Mit Barbarei meine ich das, was Sie meinen, d.h.: einen Zustand der Natur, in dem es kein einziges Kollektiv mehr gibt. Ein Schriftsteller, der nicht die Fähigkeit besitzt, alle Regeln zu verletzen, ist kein Schriftsteller. Der sollte sich schlafen legen oder spazieren gehen, aber kein Schriftsteller sein. Ich habe begonnen mit dem Roman Un barrage contre le Pacifique, und das war ein gewaltiger Skandal, als das erschien. Keine Sekunde dachte ich, daß ich anders könnte, keine Sekunde.

KW: In Ihrem nächsten Buch La vie matérielle gehen Sie noch weiter. Darin steckt eine Menge Sprengstoff. Haben Sie die Absicht, noch weitere Filme zu drehen?

MD: Sie fragen mich nach . . .? Ja, ich habe ein Stück geschrieben. d.h. Die Koreaner[7]. Das ist ein wilder Text. Ich darf so was sagen. Was Ihnen noch besser gefiele: er ist barbarisch.

KW: Werden Sie weiter Filme machen?

MD: Nein. Dazu habe ich im Augenblick wenig Lust. Ich werde jetzt Theater machen.

KW: Was hat es mit Ihren »Koreanern« auf sich?

MD: Der Vorhang geht auf, dann sehen Sie Koreaner, der Vorhang geht zu, und das Stück ist aus.

Das Gespräch fand im Januar 1987 in Paris statt; aus dem Französischen von K. Witte.

Erstveröffentlichung in: Marguerite Duras: Die grünen Augen. Texte zum Kino, München 1987, S. 183-195 [Anm. s. S. 483].

Duras zum 75. Geburtstag

In seinem vor kurzem veröffentlichten Erzählband Kleine Mißverständnisse ohne Bedeutung schickt der italienische Schriftsteller Antonio Tabucchi einen seiner traurigen Helden auf die Suche nach dem richtigen Film für die Spätvorstellung. Es gibt ein John Ford-Festival, das gilt als ›köstlich‹ und des Wiedersehens wert. »Die Alternative dazu ist die französische Retrospektive, langsame Szenen und Intellektuelle mit Schal, und dann die Komplikationen der Duras, nein uninteressant«[1], befindet der Kinohungrige, der sich am Ende für das Melodram CASABLANCA (USA 1942, Michael Curtiz) entscheidet.

Am Gegenpol des klassischen Erzählkinos aus Hollywood, das in der kleinen Szene mit Beispielen von John Ford und Michael Curtiz bestückt wurde, steht das Kino der Marguerite Duras. Es gilt dem italienischen Berichterstatter als langsam und kompliziert. Es scheint sich der einfachen Aneignung, die das pure Action-Kino verspricht (und selten hält), zu verweigern. Setzt man statt Tempo die Drosselung, an die Stelle der Komplikation die Arabeske, dann hat man zwei Stilmittel zur Hand, die das Schreiben und das Filmen der Duras seit langem prägen. Uninteressant muß das nicht sein; spannend kann es werden, läßt man sich in der Haltung wartender Neugier darauf ein.

Jahrzehntelang war Duras eine geachtete, aber nicht berühmte Autorin. Erst im Alter von siebzig Jahren gelang ihr mit dem Roman L'amant (1984; dt. EA: Der Liebhaber, 1985) ein Welterfolg, in dessen Aufwind auch die früheren Werke bei uns bekannter werden. Zur Zeit wird das Frühwerk aus den vierziger und fünfziger Jahren entdeckt. Verwirrend erscheint das jeweils jüngste Opus binnen kurzem übersetzt, so daß man in der Flut der Neuerscheinungen zu Duras noch kaum eine Linie der Qualität ausmachen kann. Die Folge ist, daß Kritiker (wie in der letzten Literaturbeilage der Zeit zu lesen war)[2], in den frühen Romane der Duras »Fehltritte« ausmachen, so, als dürfe man Bücher wie ungeratene Kinder beurteilen. Dabei geht es bei diesem so umfangreichen Œuvre darum, schon historische Phasen in der Produktion einzuschätzen.

Marguerite Duras ist ein Kind der Kolonien. Sie wurde 1914 im Gebiet des heute südlichen Vietnams geboren als Tochter von im Schuldienst tätigen Eltern. Zweisprachig wuchs sie dort auf, woraus später der Mythos vom »Tropikalismus« entstehen sollte, wie er in ihrer Erzählung Des journées entières dans les arbres (1954; dt. EA: Ganze Tage in den Bäumen, 1964) und auch in ihrem gleichnamigen Film (F 1976) zum Tragen kam. Das Abitur absolviert sie in Saigon, geht dann zum Studium nach Paris, heiratet den kommunistischen Autor Robert Antelme, arbeitet im Kolonialministerium als Sekretärin und debütiert, noch unter deutscher Besatzung mit Zensurgenehmigung des bekannten Literaturoffiziers Gerhard Heller; Les Impudents (1943; dt. EA: Die Schamlosen, 1999) hieß der Roman, der bis heute von Duras zur Wiederveröffentlichung nicht zugelassen ist: ob aus politischen Gründen, steht dahin.[3] Unter ihrem bürgerlichen Namen, der heute wie ein Pseudonym erscheinen muß, soll Duras sogar eine Geschichte des Landes Vietnam geschrieben haben: Auch die ist unauffindbar.

Zwei frühe Romane aus der Nachkriegszeit, die beide die schwere Jugend in Vietnam und die mühselige Existenz im Ministerium behandeln, sind jetzt auf deutsch greifbar: Un barrage contre le Pacifique (1950; dt. EA: Heiße Küste, 1952) und Le Marin de Gibraltar (1952; dt. EA: Der Matrose von Gibraltar, 1956). Beide Romane wurden verfilmt wie auch die Erzählung Moderato Cantabile (1958, dt. EA 1985).[4] So kam Duras, die als alleinerziehende Mutter, von der Partei verstoßene Kommunistin, nicht gerade erfolgreiche Autorin einen materiell schweren Stand hatte, ins Filmgeschäft. Für Alain Resnais schrieb sie das 1960 erschienene Drehbuch zum Film HIROSHIMA MON AMOUR (F 1959), was ihr den internationalen Durchbruch sicherte. Die sechziger Jahre der Duras waren geprägt von der Arbeit für das Theater. Sie inszenierte ihre eigenen Stücke. Oft waren die Vorlagen frühere Erzählungen gewesen, oft sollten diese Vorlagen für spätere Filme liefern. Das Variationsprinzip der Musik ist das der Durasschen Stoffe, in unendlichen Arabesken gewendet, die Vielfalt der Formen dabei mit der Reduktion des Stoffes verbindend.

1966 dreht Duras ihren ersten eigenen Film, LA MUSICA (F 1967), dem viele folgen sollten. Aufgrund der intensiven Erfahrung auf Pariser Bühnen kann die Regisseurin sich dabei der Mitarbeit ihrer berühmten Freunde unter den Darstellern versichern. Jeanne Moreau, Delphine Seyrig, Robert Hossein sind unter den Mitwirkenden. Die Filme sind keineswegs nur langsam und kompliziert, wie sie der italienische Autor eingangs empfunden hatte: In NATHALIE GRANGER (F 1972) z.B. erleben wir einen hinreißend komischen Auftritt von Gérard Depardieu in seiner ersten Filmrolle als Vertreter von Waschmaschinen, der Jeanne Moreau, die freundlich ablehnt, unbedingt eine Maschine verkaufen will.

Der an Formen reichste Film der unerhörten musikalischen Tonspur mit dem stets neu variierten Tango ist INDIA SONG (F 1975), der wiederum Stoffe der Duras aus der tropikalischen Periode mischt und wendet. Delphine Seyrig und Mathieu Carrière wirken darin mit. Die so komplex auskomponierte Tonspur zu INDIA SONG dient dann als Ausgangspunkt zum Experiment des Films SON NOM DE VENISE DANS CALCUTTA DÉSERT (SEIN VENEZIANISCHER NAME IM VERLASSENEN CALCUTTA, F 1976), für den Duras neue Bilder fand, so, als wolle sie den Assoziationsreichtum der alten Tonspur für neue Phantasien überprüfen. Im Film LE CAMION (DER LASTWAGEN, F 1977) gibt es keine Spielszenen mehr. Duras und der Schauspieler Depardieu sitzen sich in ihrem Landhaus gegenüber und verlesen einen Text, in dem eine Handlung um einen Lastwagen herum ersonnen wird. Kaum ein Zufall, daß Beethovens Diabelli-Variationen hier so bestimmend zu hören sind, daß man meinen könnte, ihr Rhythmus hätte auch den Schnitt der Bilder bestimmt.

In den jüngsten Romanen wie Emily L. (1987; dt. EA 1988) wird das Erzählen immer so zweifelhaft, daß die Textur droht sich in vielen Fäden zu verlieren. Das scheinbar Kunstlose ist eine dieser Autorin typische Gegenbewegung, sich gegen den Erfolg, der sie festschreiben will, zu wehren. Jedes Buch ist ein neues Risiko im Versuch, der Fertigkeit, die angenommen wird, zu entrinnen.

Erstveröffentlichung: *Norddeutscher Rundfunk*, 4.4.1989 [Anm. s. S. 483].

DURAS ZUM 75. GEBURTSTAG

»Ich habe vergessen«
HÔTEL TERMINUS – Ophüls' Dokumentarfilm über Klaus Barbie

Ein Bahnhofshotel mit dem abgründigen Namen »Endstation« wurde zum Hauptquartier der Gestapo in Lyon, als die Nazis Frankreich besetzten. SS-Hauptsturmführer Klaus Barbie belegte mit seiner Truppe sechzig Zimmer in jenem ›Hotel‹, das durch sein Wirken zur grausamen Endstation für viele Widerstandskämpfer gegen die Okkupation wurde. Barbie, der vollkommen Skrupellose, der seine Opfer mit Lederhandschuhen blutig schlug und ihnen Nadeln bis in die Lungen stach, der den Stellvertreter de Gaulles in Frankreich, Jean Moulin, zu Tode quälte, ist der Inbegriff des Monströsen, ganz im Gegensatz zur Verkörperung des banal-bösen Schreibtischtäters Adolf Eichmann.

Fast vierzig Jahre lang konnte dieser Kriegsverbrecher seiner Strafe entkommen. Anstatt ihn an die Franzosen auszuliefern, benutzten ihn die Amerikaner nach dem Krieg als Spion gegen die KPD in Bayern. Kroatische Faschisten im Verein mit dem Vatikan schmuggelten Barbie und Eichmann über die sogenannte »Rattenlinie« aus Europa nach Lateinamerika. Leni Riefenstahls Kameramann Hans Ertl trat in Bolivien als rettender Engel Barbies auf und vermittelte ihm eine neue Existenz als Señor Altmann. Als Waffenschieber, Holzkaufmann und Kriegsgewinnler, der in Vietnam mitverdiente, als Sicherheitsberater und Folterknecht des Diktators Hugo Banzer und der bolivianischen Kokainbarone hat Barbie nie aufgehört, sichtbar monströs zu bleiben.

Fröhliche Weihnachten!
Wie kann man diesen Mann zeigen? Marcel Ophüls, der in großen Dokumentationen die Geschichte des Zweiten Weltkriegs in Form der Zeugenvernahme nachgestaltete, hat den Mut, die Komplizen wie die Opfer des Grauens um einen imaginären Tisch zu versammeln. Erst die Montage seines 267 Minuten langen Films HÔTEL TERMINUS (HOTEL TERMINUS – LEBEN UND ZEIT VON KLAUS BARBIE, USA/F 1988) erweist die Verflechtung aus Schuld ohne Sühne, aus Lügen in freundlichster Absicht, aus Teilhabe an den verübten Verbrechen durch angestrengte Blickvermeidung. Ophüls öffnet den Nachgeborenen Augen und Ohren durch seine Art, mit der er alle Beteiligten zum Sprechen bringt.

Der Frager nimmt korrekt gekleidet am Couchtisch Platz, während die alten Geheimagenten, die Barbie jahrzehntelang dem Zugriff der Justiz entzogen, in den Ohrensesseln unterm Weihnachtsbaum jovial geschwätzig ihre Taten herunterspielen. Ophüls spielt zum Schein mit. Wie als habe er eine Wendung des Ungeheuerlichen nicht recht verstanden, fragt er nach, wiederholt ungläubig einen Halbsatz, um ihn so ins Helle zu heben. Wenn das Wort durch die Erfahrung des Holocaust nicht ein für alle Mal gebunden wäre, könnte man meinen, Ophüls übe einen kaustischen Witz, den er als Sarkasmus ausgibt.

Ein Beispiel zur Zivilcourage, die für solche Untersuchung in vielen Ländern und Sprachen, zwischen Trier und La Paz, in Lyon und Augsburg nötig ist: Barbie war persönlich verantwortlich für den Abtransport der Kinder eines jüdischen Heimes in Izieu. Ophüls klingelt an der Wohnungstür des ehemaligen Gestapo-Chefs in Toulouse. »Darf ich Sie fragen, worin bestand die reichsfeindliche Tätigkeit eines zweijährigen Mädchens?« Der Befragte hält eine Entschuldigung mit der Verwaltungsvorschrift der Vernichtung immerhin für notwendig, ehe er die Tür zuschlägt, um nicht mehr zu hören, was Ophüls ihm wünscht: »Fröhliche Weihnachten!«

Dank der Medienkampagne von Beate und Serge Klarsfeld gelang es 1983, Klaus Barbie von Bolivien nach Frankreich auszuweisen. In La Paz verfügte er noch über ein eigenes Schloß, um seine Gefängniszelle von innen zu verschließen. In Lyon, nach der Verurteilung zur Haft auf Lebenszeit, büßt Barbie nun seine Verbrechen gegen die Menschheit: die einzigen, die juristisch nie verjähren. Für Gespräche steht der Inhaftierte nicht zur Verfügung. Der Film muß sich hier fremden Materials bedienen, das vom französischen Fernsehen stammt. Der letzte Satz, den Barbie, schon im Flugzeug nach Frankreich, nun auf Spanisch, äußert, ist die ungeheuerliche Behauptung: »Ich habe vergessen.« Vergessen sucht er in der Lektüre der *Ilias*, dem Epos um die Schlacht von Troja.

Einen stillen Hymnus auf die Résistance sangen schon die Spielfilme, die mit den Mitteln der klassischen Reduktion und Verlangsamung arbeiteten: Robert Bressons UN CONDAMNÉ À MORT S'EST ÉCHAPPÉ (EIN ZUM TODE VERURTEILTER IST ENTFLOHEN, F 1956) oder Jean-Pierre Melvilles L'ARMÉE DES OMBRES (ARMEE IM SCHATTEN, F 1969). Beide Filme spielen in Lyon, dem Schauplatz von Barbie und seinen Henkershelfern. Ophüls' Dokumentation geht einen anderen Weg. Sie breitet das Drama in der Recherche aus.

HÔTEL TERMINUS geht nicht chronologisch vor. Die Zeit von Barbie ist bestimmender als sein persönliches Wirken in ihr. Die Geschichte vollzieht sich in seinen Opfern mehr als im eigenen Leben. Der Film beginnt mit einer barbarisch gefingerten »Mondscheinsonate«[1]. Man weiß zur Genüge, daß die Henker Klassik liebten, aber wie sie mit ihr umgingen, muß man auch einmal hören. Hier wird es simuliert.

Dann ein Gruppenfoto: drei Männer auf einer feucht-fröhlichen Sylvesterparty, Barbie in der Mitte. Die Leuchtreklame des offensichtlich heute noch unter altem Namen firmierenden Hotels »Terminus« in Lyon.

Ophüls versammelt Billardspieler in einem Bistro. Ein jüdischer Überlebender, ein ehemaliger Hotelpage, dann scheinbar Desinteressierte: Ophüls bringt sie in seinem Spiel zusammen, das Vernetzung von Lebensläufen heißt, auch wenn die einzelnen Biographien sich dagegen sperren. Der Schnitt setzt die beiläufigen Äußerungen der Spieler zum Barbie-Prozeß so zusammen, als würde ein Round-Table-Gespräch geführt. Aber die Cutter sind es (Albert Jurgenson und Catherine Zins), die den realen Ort im Sprung durch Raum und Zeit in einen Schauplatz des Eingedenkens verwandeln. Die fürchterlichen Wohnzimmergeheimnisse, die in den verschiedenen Kontinenten ausgeplaudert werden, fallen durch den aufdeckenden Schnitt des Films nie dem Vergessen anheim. Die Produktionsfirma des Films, der weder mit deutschen noch französischen Fernsehgeldern, sondern mit amerikanischem Privatkapital finanziert wurde, trägt den programmatischen Namen »The Memory Pictures Co«.

Das Kreuzverhör mit Bildern wird oft mit historischem Material geführt, das eben nicht als Beleg aufs Stichwort dient, sondern die gleiche Freiheit, ja Frechheit erfährt, die Ophüls seinen Zeugen zukommen läßt. Ein elsässischer Polizist, ehemals im Dienste der Miliz ein Zuarbeiter der Gestapo, glaubte sich großzügig, wenn er Gefangene mit Beziehungen zur Industrie laufen ließ. Wie eine bildliche Ohrfeige wird in die Aussage das Werbeplakat einer Käsesorte eingeblendet, deren Emblem die lachende Kuh ist. Und was geschah mit denen, die ohne Beziehung zu Industrie-Emblemen waren? Denen wurde nicht geholfen.

Die historischen Filmquellen werden nicht identifiziert. In einen Aufmarsch der HJ wird das Lied aus der Ufa-Komödie GLÜCKSKINDER (D 1936, Paul Martin) eingeblendet: »Ich wollt', ich wär' ein Huhn«, schmettern da Fritsch und Sima bei der Verfertigung eines Omeletts, schon marschieren die deutschen Christen auf, dröhnt Goebbels Stimme metallisch-martialisch.

Klänge der Barbaren

Wo der Regisseur und sein deutscher Regie-Assistent vor verschlossenen Türen blieben, üben sie das Rollenspiel im Schnee. Marcel Ophüls und Dieter Reifarth führen wie zwei böse Kinder die schäbigen Ausflüchte vor, denen sie allerorts begegneten. Wo sie nicht weiterkamen, half ihnen auch der Slapstick in Form einer Keystone-Komödie weiter.

Bis zum Erbrechen wird im Ton deutsches Liedgut unterlegt. Was immer die Wiener Sängerknaben anstimmen, es handelt vom Abschied und vom Wandern. Ist der Klang durch den Mißbrauch der Barbaren reinzuwaschen? Ist das die Tonspur des kaustischen Witzes, wie eine Endlosschleife »Muß i denn ...« einzusetzen?

Marcel Ophüls, der nach seinen Dokumentationen über den Nürnberger Prozeß,[2] über die stille Kollaboration in Clermont-Ferrand[3] das Angebot der Paramount ausschlug, Albert Speers Erinnerungen in die Form eines Spielfilms zu bringen (Robert Redford als Speer, Orson Welles als Göring und Joel Grey, der Ansager aus CABARET,[4] als Goebbels!), hat sich für das kollektive Drama entschieden. Er versteckt sich nicht hinter der Sachlichkeit des Historikers: Wie Claude Lanzmann in SHOAH (F 1985) polnischen Antisemiten gegenüber wütend wird, so wird Ophüls hier erfinderisch, um seiner Wut einen neuen Ausdruck zu geben. Wir wissen, daß Barbie im Gefängnis sitzt. Ophüls aber sucht ihn auf der ganzen Welt. Er scheut auch nicht davor zurück, ihn in den Büschen deutscher Vorgärten entdecken zu wollen, bis ihn die Eigentümer des Grundstücks verweisen, die das Kommando über Gartenzwerge führen.[5]

Erstveröffentlichung: Die Zeit, 21.4.1989 [Anm. s. S. 484].

Kritik des kolonialen Blicks
CHOCOLAT von Claire Denis

Das deutsche Kolonialhaus in der Berliner Kantstraße ließ 1901 eine Anzeige[1] erscheinen: »Wählt deutschkoloniale Ostergeschenke! Aus feinstem Kamerun-Kakao: Neger, Kaffern, Soldaten der Schutztruppe, Elefanten, Hasen, Kaffernkraale, Osterglocken.«
Die damals deutsche Besatzung des westafrikanischen Landes war kein Glasperlenspiel, sondern mit kaiserlichem Segen der Versuch, dem Reich einen Platz an der Sonne zu erobern. Von 1918 bis zur Unabhängigkeit der meisten afrikanischen Staaten um 1962 war Kamerun unter französischer Verwaltung. Die Regisseurin Claire Denis wuchs in Nordkamerun als Tochter eines Kolonialbeamten auf. Als Assistentin hat sie lange mit Wim Wenders zusammengearbeitet, der ihren Debütfilm CHOCOLAT (CHOCOLAT – VERBOTENE SEHNSUCHT, F 1988) koproduzierte.
Gegenlicht am atlantischen Strand von Limbe, ein Vater spielt mit seinem Sohn am Wasser, eine weiße Frau sieht den beiden zu. Später wird diese Französin mit dem schwarzen US-Amerikaner durch den Regenwald zum Flughafen fahren. Der Mann sucht nach historischen Wurzeln, die Frau nach familiären Erinnerungen. Der Amerikaner transportiert die Französin bloß in ihre Vergangenheit, dann ist diese Figur entlassen.
Ein kleines Mädchen namens France lebt mit ihren Eltern in den fünfziger Jahren auf dem Außenposten Mindif im Norden der Kolonie, an der Grenze zum Tschad. Die Gegend ist ein bekannter Schauplatz in der französischen Literatur. André Gide reiste da mit offenen Augen durch und konnte den Besatzern ein flammendes »J´accuse!« entgegensetzen. Der Poet und Ethnologe Michel Leiris verweilte auf einer Expedition in jener Gegend und schrieb ein Tagebuch, das er Phantom Afrika nannte. »Wenn die Kolonisierten nur ein wenig stärker wären, um uns auf ihre Weise eine Lehre zu erteilen!«[2]
Die kleine France wächst behütet auf. Sie verbündet sich mit dem schwarzen Hausboy Protée (Protheus) und sieht, was er sieht und was von den weißen Erwachsenen übersehen wird. Das Kind und der Diener verbinden

421

sich im Staunen und im Schweigen. Ihre Reaktion auf ungeheure Dinge, die im scheinbar friedlich geregelten Kolonialhaushalt passieren, ist das Nichtfassenkönnen, das sie einmal naiv, dann wieder im stummen, aber nicht hilflosen Protest verarbeiten. Das kleine Mädchen wird zur Komplizin der Perspektive des erwachsenen Schwarzen. Ihr Bündnis ist die Entdeckung des Films.

Auch der Hauptdarsteller des Protée ist eine Entdeckung: Isaach de Bankolé, ein Schauspieler aus Martinique, wurde bisher in seinen Filmrollen als gutmütiger Komiker verheizt. Die Regisseurin idealisiert vielleicht die behütete Kindheit, doch nie die autonome Wahrnehmung derer, die um sie waren. Das wird zur Politik im Film CHOCOLAT, bildlich zu fragen, wer wen in welcher Weise sieht.

Der französische Militärkommandant oder seine so sanfte Frau äußern einen Befehl oder einen Wunsch an der häuslichen Tafel. Schon streckt sich aus dem Off ein schwarzer Arm ins Bild, den Wunsch zu erfüllen. Kaffee wird gereicht. Die Kamera zeigt, daß sich ein weißer Kopf nicht wendet, um den Blick des angesprochenen schwarzen Dieners zu suchen. Die Diener reagieren darauf mit einem betretenen Erkennen, einem aus Machtlosigkeit gezügelten Schweigen, das doch eine eigene Beredsamkeit entwickelt. Denn dieses Schweigen ist das Arsenal, aus dem das Wissen ersteht, wie die kommende Unabhängigkeit zu meistern sei.

CHOCOLAT ist ein wunderbarer Film der bedachten Bilder. Deren Widersprüche werden nicht durch eine Schockmontage aufgedeckt, sondern durch Plansequenzen (in einer Einstellung gedreht), die in ihrem unablässigen Schwenken den Blick eben nicht wenden können vom Schock, der allmählich in die ausgestellte Schönheit einbricht. Wer könnte die Landschaft, die uns der Film entdeckt, treffender beschreiben als Michel Leiris: »Weite Täler, Hochebenen. Vereinzelt stehende, pyramidenförmige Felsspitzen. Welch eine Schönheit des Raums! [...] der Glanz der roten Erde unter den schwarz verbrannten Bäumen. [...] Ein Land, in dem man leben müßte. Eins mehr. Aber allzu viele gibt es denn auch wieder nicht.«[3]

Man versteht, warum sich der Kameramann für das Material Agfa-Gevaert und nicht etwa für das Angebot von Fuji entschieden hat: Agfa dämpft, wo Fuji puscht, und hier kommt es auf eine nie blendende Nuance an. Dennoch hat die soziale Zeichnung einige grelle Töne, zum Beispiel, wenn auf dem Außenposten die Selbstherrlichkeit einer notgelandeten französischen Gruppe einbricht und allerlei Kolonialfratzen die kontemplativen Bilder stören. Aber Claire Denis gelingt es, ihr ästhetisches Prinzip durchzuhalten. Die Minimalisierung der Unruhe erbringt ein Maximum an Spannung in den Bildern. Das ist die Schönheit von CHOCOLAT.

Erstveröffentlichung: *Die Zeit*, 25.8.1989 [Anm. s. S. 484].

VI. WESTAFRIKANISCHES KINO

Bildwechsel in Schwarz und Weiß

Berliner Bäckereien bieten ein Fettgebäck an, das sie »Kameruner« nennen, und was auswärts »Berliner« heißt, nennen sie »Pfannkuchen«. Mit der Entfernung wächst der Appetit auf das Exotische wie auf das Vorurteil. Der Stadtteil Gallus wird im übrigen in Frankfurt oft »Kamerun« genannt. Das ist ein heruntergekommener Schimpf so schlimm wie »Kanaker«, der einst aus Neu-Kaledonien kam. Unser Wissen über Kamerun, sein Land, sein Volk, hat Platz auf einer Briefmarke deutscher Kolonialzeit, die man als Knabe brav von den Großvätern des Reiches übernahm. In Meyers Lexikon von 1927 steht der betreffende Artikel zwischen Kameralwissenschaft und Kames: gewisse Glazialbildungen, siehe Eiszeit. Der Name »Kamerun« leitet sich aus dem portugiesischen Wort für Krabbenfluß ab. Eine afrikanische Entsprechung – wie Burkina Faso für das alte Ober-Volta – wurde bis heute nicht gebildet.

Kameruns Geschichte scheint mit den Hamburger Handelshäusern Woermann, Jantzen & Thormählen zu beginnen. Den im Lexikon unterschlagenen Übergang vom afrikanischen Reich zur Kolonie faßt eine in der ehemaligen Kolonialmacht Frankreich geschriebene Geschichte Kameruns so: »Im Süden mußte man bis zum 15. Jahrhundert warten, bevor man von der Anwesenheit ausländischer Schiffe sprechen hörte. Zu dieser Zeit begannen die Portugiesen mit den afrikanischen Westküsten Handel zu treiben.«[1] Welche Ungeduld auf Seiten der Eroberer, die noch nicht da sind – »man mußte warten« –, aber schon ein Leihsubjekt vorausschicken. Verräterisch genug, wurde der Handel nicht mit den Küstenbewohnern, sondern den Küsten als Objekt getrieben. Diese Sinnausrichtung der Geschichte Afrikas auf eurozentrische Achsen findet sich noch in einem 1977 veröffentlichten Buch.

»Vieles über Afrika Mitgeteilte«, leitete Carl Einstein seine Arbeit zur Afrikanischen Plastik ein, »ähnelt einer schönen bodenlosen Erzählung. Zeit und Raum verharren fragwürdig im ungewissen Schlummer des Mythologischen [...].«[2] Aus diesem Schlummer ist nicht nur Afrika, sondern auch das Interesse an ihm erwacht. Was bodenlos schien, war die Vielfalt der Kulturen, der Ethnien und der Sprachen. Als die deutschen Kaiser noch Analphabeten waren, gab es in Timbuktu bereits die erste schwarzafrikanische Universität. Der Kolonialismus hat auch diese Kunde und Erkenntnis unterdrückt.

In Togo traf Hubert Fichte einen Spezialisten der Kräuterheilkunde: »Einmal abgesehen von den Weltsprachen, welche afrikanischen Sprachen beherrschen Sie?« Und Prof. Ahyi antwortete, daß er Fon, Bariba, Yoruba, Gege, Peda, Guin, Ewe, Ife, Akposso, Basar, Kotokoli, Kabye, Tschokossi, Bambara, Thoma, Guese, Woloff und Serer[3] spreche, wenngleich mit den Einschränkungen von »ein wenig« und »ein bißchen«, gibt das eine

Ahnung der Differenz. Kamerun umfaßt zweihundert verschiedene Ethnien und hat hundert Sprachen. Landessprachen sind Französisch und Englisch. Die afrikanische Sprache, so erfuhr ich, dient ausschließlich der Verständigung im familiären Clan.

Beim Überfliegen der Sahara träumte ich Schuberts Lied vom unglückseligen Atlas. Beim ersten Schritt in den Flughafen Douala verfliegt der Traum. Über dem Regenwald liegt eine faule Schwüle. Die Luft nach dem Gewitter ist so dicht, daß sie den Regenbogen räumlich abbildet. Ich sehe, ein Märchenwunsch, sein Ende. Der Eintritt ins Land ist hart. Die Souveränität wird ausgeschöpft als eine der Blicke. Jeder Stempel ist ein Hoheitsakt, jede Kontrolle eine Begnadigung. Es ist, als müßten die fragenden, zweifelnden oder bloß suchenden Blicke der ankommenden Weißen schon an der Zollschranke niedergeschlagen werden.
Die Beschaffenheit meines Gepäcks ist pädagogisch. Ich führe Filmbücher und Videokassetten ein. Ein Schreiben des Ministeriums für Information und Kultur bestätigt meinen Auftrag, beim kamerunischen Fernsehen künftige Regisseure in Filmgeschichte auszubilden. Nach dem Blick auf das Schreiben ist der Einlaß ein freundlicher Wink. Nach Yaoundé, der Hauptstadt, muß ich hier umsteigen. In der Wartehalle hüpft ein zehnjähriger Junge neben meinen Sitz, um seinen Kaugummi im Aschenbecher auszuspucken. Ich nehme ihn aus den Augenwinkeln wahr. Hat er in Kniehöhe ein Loch in der Hose? Als ich mich ihm zuwende, sehe ich: Er trägt kurze Hosen und ein helles Pflaster auf der dunklen Haut. Obwohl auch das Pflaster ein Loch verdeckt, springt die Perspektive.
Das ist die erste Übung in Schwarz und Weiß. Man kann die Lichtquellen auch einfach umkehren und mit dem Pathos der Aufklärung wie Jean-Paul Sartre im Vorwort zu Senghors Anthologie schwarzer Poesie sagen: »Die schwarzen Fackeln werden ihrerseits die Welt erhellen, und unsere weißen Köpfe werden nur im Wind bewegte Lampions sein.«[4]

Wo sich vier Wände zu einem Raum schließen, liegt in der Achse dessen, der eintritt, das Bild des Präsidenten Biya. Vertreter der Einheitspartei, dessen Vorsitzender er ist, begrüßen den Vorsitzenden in Kleidern, die aufgedruckt dessen Bild vorzugsweise auf der Brust oder am Gesäß tragen. Er vervielfältigt sich nicht in den Herzen, sondern auf der Haut der Bürger. Diese Jubelkleider traten an die Stelle der Tätowierung, die allerdings nicht abzulegen oder umzutauschen war. Der tätowierte Leib, sagte Carl Einstein, sei dem Allgemeinen sichtbar hingegeben, und dies erwerbe an ihm greifbare Form. Sprachrohr der Regierung ist die *Cameroon Tribune*, eine Zeitung, die täglich französisch geschrieben und ins Englische übersetzt wird. Der Kommentar vom 2. Juli 1986 zur Verabschiedung des Bundeshaushaltsplans durch das Parlament lautet:

Jeden Tag liefert uns Präsident Paul Biya den schlagenden Beweis seines festen Willens, unser Land an die sonnigen Ufer der Erneuerung zu führen, obwohl uns einige Köpfe weismachen wollen, es gebe Zweifel an der durchgängigen neuen Dynamik. Unsere heilige Pflicht der Nation gegenüber heißt für uns aber, diese ebenso mutige wie verantwortungsvolle Politik konkret und entschlossen zu unterstützen. So werden wir ein immer stärker werdendes Kamerun bauen können, ein Vaterland, das der Zuneigung seiner Kinder würdig ist.

Auch Druckerschwärze mag ein Akt der Tätowierung sein, die am Leser greifbare Form erwirbt. Die Rhetorik, die hier üppige Blüten treibt, ist die letzte Zuckung des Revolutionspathos von 1789, das auch die Dekolonisierten nicht ablegten.

»Vermischte Meldungen«: Devise der Regierung, die 1982 das blutige Regime des Ahidjo stürzte, ist »Demokratisierung, Strenge und Moralisierung«. Das schlägt sich im Ungetrennten von Nachricht und Kommentar nieder. In Fako habe ein Hausaffe beim Spielen einen dreijährigen Jungen in den Schwanz gebissen. Glück im Unglück, sagt der Krankenhausarzt. Er konnte mit der Reparatur gleich die fällige Beschneidung vornehmen. Die Mütter von Kleinkindern werden darauf hingewiesen, daß Hosen nicht nur eine »Sicherheitswaffe« für die Genitalorgane sind, sondern auch das »respektable Zeichen eines modernen Lebens.« Das Thema Geburtenkontrolle gilt als delikat. Die Propaganda benutzt folgendes Argument: »Die Weisheit, wo Platz für einen ist, ist auch Platz für zwei, mag stimmen. Gewiß einfacher aber ist es, vier Bananen für vier Kinder aufzuteilen als für zwölf.« Nicht nur ist das tägliche Brot die Banane, auch die Verteilungsprobleme in afrikanischen Familien scheinen arithmetisch schwieriger, als der Kontinent der Schlüsselkinder es sich ausmalt.

Einen Deutschen nach Kamerun zu schicken, der dort Filmgeschichte auf Französisch lehrt, das läßt sich nur dem Aberwitz vergleichen, den es bedeutet hätte, einen Syrer, der im alten Rom Sallust studiert hätte, zum Unterricht der Geschichte nach Gallien zu entsenden. Um einzuüben, wie das Weiß zurücktritt, frage ich, welche Rollen es beispielsweise in Chaplin-Filmen für Schwarze gebe. Die Studenten haben auf die Nebenfiguren nicht geachtet, die in meinem Blick plötzlich den Rahmen der Geschichte sprengen. In THE KID (USA 1920) ist es der süße kleine Boy, der mit einem trinkgeldgewinnenden Lachen unter der Mütze, nur vom Riemen zusammengehalten, der Diva den Rosenstrauß des Impresario überreicht. In MODERN TIMES (MODERNE ZEITEN, USA 1936) ist es eine dicke, im Fleisch zerfließende Frau im Polizeiauto, das Verdächtige von der Straße einkassiert. Charlie kehrt ihr den Rücken zu. Die Grüne

Minna schaukelt so stark, daß unser Komiker mehrfach in den Schoß der Dicken fällt, die ihn rüde abschiebt. Im ersten Fall ist der Effekt die Rührung über den »Sarotti-Mohr«, im zweiten Schadenfreude über Unförmigkeit. Die »Farbigen«, schrieb der Filmhistoriker Sadoul über Hollywood, »sind alle kindisch, abergläubisch, naiv, sinnlich oder verbrecherisch.«[5] Diesen Katalog der Vorurteile hatte Chaplin, das Ghettokind der Londoner Slums, nebenbei erschöpft.

Wir fahren nach Osten, Bertoua, in Richtung Zentralafrikanische Republik, am Laufe des Nyong, am Laufe des Sanaga-Flusses. In der Regenzeit ist die Piste aus rotem Lehm ausgewaschen, felsbucklig, glitschig, höhlenartig vertieft. Die Straße ist nicht befestigt, schutzlos jeder vegetativen Kreuzundquerbewegung ausgeliefert. Abgeschlagene Zweige auf der Piste sind eine Warnung. Vor uns hat sich ein Sattelschlepper mit tausend Flaschen Bier quergelegt. Mit dem Buschmesser wird eine Umgehungsschneise geschlagen und von den Passagieren des Landbusses im Pausenpalaver begutachtet. Die Nacht kommt früh, sie fällt in Äquatornähe wie ein Bühnenvorhang über das Land. Die Eindrücke, vom Jeep aus wahrgenommen, haften nicht. Sie löschen sich wie Kinobilder wechselseitig aus. Zeburinder trotten vorbei. Kinder baden. Säuglinge verkrallen sich mit beiden Händen in die schlauchartigen Brüste der Mütter. Geschwister liegen einander in den Haaren zur Entlausung. Junge Männer kreisen ein frisch geputztes Motorrad ein. Frauen tragen schwere Bündel Brennholz auf dem Kopf nach Hause. Die Hütten aus Holz und Lehm haben keine Fenster und kein Fundament. Die Töpfe hängen an der Tür. Alte Männer mit kalebassengroßem Kropf beugen sich über ein Brettspiel. Mädchen, sich rhythmisch wiegend, reichen die zur Neige gehende Flasche süßen Palmweines herum. Jungen vor der Adventistenkirche kicken einen schlaffen Fußball. Manche Bälle fangen sie mit vorgewölbtem Bauch ab. Dann prallt das Leder auf die daumengroßen Stummel, die von ihrer Nabelschnur stehenblieben. Arbeiter installieren aus Holzstreben Fernsehantennen auf dünne Dächer. Jäger pflocken erlegtes Wild auf. Frauengruppen im hellblauen Kleid der Einheitspartei tanzen auf einer Versammlung der Einheitspartei, wobei die Männer, zusehend, im Schatten auf Baumstämmen ruhen.

Prüfungsfragen in einem Schulbuch zur Geographie Kameruns:

Hat die Kolonisierung nur unheilvolle Wirkungen gezeigt? Nennen Sie die Gründe, warum Kamerun ein Agrarland ist! Was wissen Sie über die Produktion von Kakao, Kaffee, Bananen und Baumwolle: Anbaugebiete und Gründe, die die Entwicklung hemmen? Wie läßt sich aus Wasser Strom gewinnen? Was ist ein Atomkraftwerk? Die Industrie

braucht zur Entwicklung Kapital: Was ist das Kapital? Welche Landes-
behörden helfen der Industrie?

Und Aufgabe 98 lautet schließlich: »Beschreiben Sie einem ausländischen
Freund die touristischen Schätze Ihres Landes, um ihn für einen Besuch
zu erwärmen!«
Am Zeitungsstand erwerbe ich die neue Nummer der Zeitschrift *Commu-
nautés africaines*. Sie macht auf sich aufmerksam mit folgender Werbung:
Man finde darin, wie man Schulkreide herstellt, wie man das Kassenbuch
führt, Fischkultur und Kleintierzucht verbindet und eine Augenentzün-
dung, die Krätze oder eine Schniefnase heilt. Man kann praktisch nie
genug – oder nie praktisch genug sein.

Wie sich der Fatalismus im Film der dreißiger Jahre Frankreichs ausdrük-
ke? Ich sehe keine Möglichkeit, den Begriff in die Vorstellungswelt der
Studenten zu übersetzen. Augustine beschreibt, was sie im Film LE JOUR
SE LÈVE (DER TAG BRICHT AN, F 1939, Marcel Carné) gesehen hat – als
erklärte Raucherin: Jean Gabin entschließe sich zum Selbstmord erst, als
ihm die Streichhölzer ausgehen. Denn Zigaretten seien im Päckchen noch
gewesen. Gabin, unentwegter Raucher, mußte verzweifelt sein. Voilà,
Begriffe macht man sich unabhängig vom dramatischen Zusammenhang
der Geschichte, von den Konzepten der Historiker. Augustine rettete
gegen die Synthese ein übersehenes Detail. Mochte der Film in Facetten
zerfallen, jede einzelne leuchtete, wo ein Begriff stumpf blieb.

Ein kamerunischer Historiker habilitiert sich an der Universität Stras-
bourg mit einer Untersuchung zur Politik der römisch-katholischen Kirche in Afrika. Einer der gelehrten Prüfer weist die Argumente des Kandidaten als unannehmbar zurück und begründet seine Art von Kompetenz
mit dem Hinweis, er habe, vor akademischen Ehren, ein Vierteljahrhun-
dert als Frankreichs Statthalter in Westafrika gewirkt. Der Kandidat,
heute mit einer Professur in Yaoundé ausgestattet, warf dem Statthalter
entgegen: »Ich dagegen bin in Afrika als Kolonisierter geboren.«
Die protestantischen Missionare kamen 1845 aus Berlin und Basel nach
Kamerun. Sie richteten Krankenhäuser und Druckereien ein. Die katholi-
sche Mission kam erst 1890. Sie richtete auch Krankenhäuser, aber zudem
Schulen ein. So holte sie den Vorsprung rasch ein. Denn die Erzeugnisse
jener Druckereien zu lesen mußte man in Schulen lernen.

Georges singt. Um acht Uhr abends öffnet das Kino Capitole die Pforten.
Eine Stunde später baut die Vorgruppe auf. Eine Stunde später wird der
Star erwartet. Eine Stunde später tritt der Star auf: ein ehemaliger Chor-
knabe aus Kamerun, den Gospel Singers entwachsen, Abitur in Lyon, ein

Studium der Wirtschaftswissenschaften in Paris geschmissen, heute ein Sänger mit sechs Schallplatten Rückenwind. Nach einem scharfen Bad der Gefühle in Rock, Blues, Big Band und karibischen Klängen, das die Vorgruppe aus der Hafenstadt anrichtet, springt der fesche Georges in weißer Uniform auf die Bühne, ein Traumprinz wie Johannes Heesters aus verschollenem Zelluloid. Der Traum endet. Die Hose rutscht. Bei den Zuckungen aus dem Zentrum rutscht sie tiefer, und der Sänger, der mit Mühe das Mikrophon, die Schnur, seine Einsätze an die Blechbläser und den Griff an den Hosenbund koordiniert, bricht in einen Schütteltanz aus, der ihm frenetischen Applaus einträgt. Von links fällt mir eine Dame in Rot, von rechts in Grün in den Arm, um mir das Geständnis abzuquetschen, ob Georges nicht herrlich sei. Die Schirmherrschaft des Abends hat die Brauerei übernommen, deren Bier wahr wie die Freundschaft sei. Eilig wird dem Sänger ein Fläschchen gereicht, während das Fernsehen das Licht setzt, das die Bühnentechnik nicht liefert. Georges trinkt erst, als die Lampen abgeschaltet sind.

Neben dem Baßgitarristen steht ein Gehilfe, der dem Meister mit einem Handtuch den Schweiß von der Stirn abwischt. Ein anderer zieht ihm das Geld aus den Taschen, das die Fans, die ununterbrochen auf die Bühne stürmen, dem Sänger zustecken. Einige produzieren sich, heftig aus dem Saal angefeuert, mit einem Tanzsolo, das sich neben den schlotternden Hosen des schlingernden Stars sehen lassen kann. Immer wieder wird dessen triefende Stirn mit Tausend-Franc-Scheinen (DM 6,50) beklebt. Georges, der über die Bretter stakt, als habe er Schlittschuhe statt seiner Lackstiefel an, wird ein Fetisch, dem man sichtbar Verehrung zollt.

Von den Rändern der Bühne arbeiten sich Zwischen-Nummern vor. Eine dicke Sängerin im Kostüm der kamerunischen Farben legt sich an der Rampe nieder und donnert mit einer Stimme los, die alle Spatzen von Paris zerrupfte. Ein Komikertrio des Militärs spult die Tumbheit akrobatisch ab. Bauchtänzer, deren Kunst jeden Club Europas zu Orgien verführte, treten lachend hervor. Singt Georges noch? Die Szene ist ein Varieté, das den Saal anstiftet. Besonderen Jubel erringen die Szenen, die in virtuoser Form Körperbewegungen vorführen, die virtuell der Vermehrung von Körpern dienlich sind. Und läßt sich der alte Chorknabe zum sentimentalen Ausklang im Parkett nieder, unwiderstehlich in Augenhöhe, nun im Kostüm eines Pagen vom Adlon-Hotel, zeichnen sich, als er sich wendet, auf seinem Hosenboden Spuren des roten Lehms ab, der in diesem Land durch jede Ritze dringt. Um Georges makellos zu halten, springt aus dem Chor ein Vokalist hinzu, vollführt eine groteske Nummer, während der er die Hose des Helden durch rhythmisches Handauflegen entfleckt. Das Publikum genießt das Spiel als doppelten Anschlag, auf den Hintern und das Image des Beklatschten.

Ein Fußballverein nennt sich »Scorpion«, ein anderer »Caiman«. Beides sind gefährliche Tiere. Zur Übertreibung, die Gegnern Angst macht, gehört die

Vergrößerung der Gefahr. Der Skorpion-Verein wird in der Bildunterschrift zum »Wolf mit Fangzähnen« aufgeblasen. Die Fußballer von Mutengene heißen »Top Tarzan«. Auch das ist afrikanisch. Die Analogien sollen zur Deutung der Dinge verhelfen. In Süditalien bedeutet »Afrika« soviel wie »Armut«. Der Filmhistoriker Sadoul sprach im Zusammenhang mit den Produktionsbedingungen des Neorealismus von einem »fast afrikanischen Elend.«[6]

Die Studenten vor mir, aufgefordert, Chaplins Technik des Komischen zu beschreiben, erwähnen die multiple Verwendung des gleichen Objektes. Charlie, vom Kid zum Essen gerufen, ziehe den Fuß aus dem Loch der Bettdecke zurück, um sich die Decke, nun den Kopf im besagten Loch, als Poncho überzustülpen. Der Beschreibende sagt aber »Boubou« und meint das kleidartige Gewand hiesiger Muselmanen. Als die Tontechnik in Dreyers VAMPYR (F/D 1932) erörtert wird, der alte Mann mit der Sichel geschultert am Fluß die Glocke anschlägt, um die Fähre zu rufen, wird diese Fähre als Piroge (»Einbaum«) beschrieben. Von den in Paris und London studierten, von Kamerun leicht entrückten Studenten werden diese Beschreibungsversuche als unzulässige Eingemeindungen verschrien. Schon meine Frage nach der Aktualität von Sekten, anläßlich des Films METROPOLIS (D 1927, Fritz Lang), genierte sie. Tradition gilt ihnen als Rückstand. Sie verfechten Rimbauds Forderung: »Man muß absolut modern sein.« Auch um den Preis, daß die Absolutheit Rückschritt bewirken könnte.

Der Generalsekretär der Unesco besichtigt den Sultanspalast in Foumban, der kulturellen Hauptstadt des Volkes der Bamoun im Westen Kameruns. Der Palast wurde mit Hilfe der Unesco renoviert. Der Generalsekretär, ein Mann aus Senegal, wird als »ein Bruder unseres Kontinents« begrüßt. Während der in Ewondo-Sprache zelebrierten Messe der St.-Paul-Gemeinde in Yaoundé begrüßt der Priester die wenigen Weißen als »Brüder vom anderen Kontinent«, als würde Afrika sich nur wie ein Faltblatt zu Europa denken. In der Eucharistie dieser Messe, mahnt ein strenger Priester, der in der Menge der Gläubigen zur Austeilung der Ehrerbietung zirkuliert, liege der Akzent auf körperlicher Teilnahme, der Entäußerung innerster Gefühle. Die Frohe Botschaft werde mit Händeklatschen begleitet, das Credo mit einem heftigen Sich-an-die-Brust-Schlagen und dann ausgestreckten Händen, die Hilfe vom Herrn erflehen. Fromme Gaben, seien es Geldstücke oder Naturalien, bringe man direkt zum Altar. Das Agnus Dei verlange, die Hände in Richtung Boden zu senken, um den Frieden im Herrn zu erlangen.
Die Kirche ist kein Gebäude, sie ist eine Befindlichkeit im Vorort der Armen, ein ewiger Rohbau auf einem Parkplatz für Bulldozer neben

einem Lager für Eisenstangen. Über Holzsparren auf niedrigen Mauern erhebt sich ein Aluminiumdach. Den Boden bildet der gestampfte Lehm. Als Bänke dienen ungehobelte Baubretter, auf zerbrochene, zum Vermauern ungeeignete Steine gelegt. Das wackelt, das drückt in den Staub, das demütigt auf höheren Befehl. Der Raum ist kein Kirchenschiff, sondern eine Halle, in der man sich ungegliedert sammelt. Der Altar könnte ein Schulpult, eine Marktablage sein.

Frauenchöre sitzen sich gegenüber. An den Balafons, einer Art Xylophonen, sitzen Männer. Die Frauen singen und ziehen fliegenwedelschlagend durch die Halle. Die Gemeinde fällt mit rhythmischen Stößen und Rufen ein. Ein Blinder findet nach dem Gebet seinen Stock nicht mehr. Eine Mutter erhebt sich. Neun Kinder folgen im Gänsemarsch. Eine Choristin legt ihren Kittel ab. Auf dem Hemd über ihrer mächtigen Brust spannt sich die Schrift »Body Power«. Ein Betrunkener, seine Dreiliter-Palmweinflasche hinter sich herzerrend, läuft für japanische Autos Reklame. Ein Junge will das Kleingeld, das ihm die Mutter für die Kollekte zusteckte, nicht in die Kokosschale werfen. Vor der Kirche wartet der Bruder, der am Strand eine lila Lutschmasse im Plastikbeutel kaufen will. Ein am Arm verletztes kleines Mädchen, das die blutigen Finger aus dem verklebten Verband regt, wetzt aus Langeweile über Gottes Wort in Ewondo seine Zähnchen am Holzbalken, um den die Großfamilie sich schart. Babys werden gestillt, Blinde geleitet, während der Priester in seiner französischen Predigt die Gemeinde von Ndjong-Melén daran erinnert, daß der Kirchenvater Augustin ein Afrikaner war.

Im Schatten des Finanzministeriums liegt, von einer kleinen Mauer umgeben, ein altes deutsches Kolonialhaus. Major Dominik residierte hier. Im ersten Stock ist ein vernachlässigtes Museum mit Schätzen der Kleinplastik zu sehen. Vor dem Haus steht ein verfallenes Stück der »Schandmauer« (der Ausdruck hat seine Geschichte), an der Major Dominik widerspenstige Kameruner von der kaiserlichen Schutztruppe hinmetzeln ließ. Auf dem benachbarten Soldatenfriedhof ist mit Anstrengung ein verwittertes Gedenken zu entziffern. »Hier ruht Carl Wilhelm Voß, geb. d. 16. Okt. 1876 zu Sußnick-Ostpreussen, ermordet d. 11. März 1907 in Eduma bei Jaunde.« Der schwarzen Opfer wurde nicht gedacht. Im Lebensbericht des Kameruners Jean Ikelle-Matiba, der unter dem Titel *Adler und Lilie in Kamerun* – die Fauna soll wohl für das Reich, die Flora für die Mission einstehen – deutsch erschien, liest man über die Segnungen der Schutztruppe:

Der Schwarze wurde zum Gegenstand herabgewürdigt, und er sollte den Weißen als Gott ansehen. Aus dieser Rangordnung ergab sich die Grußpflicht der Eingeborenen dem Europäer gegenüber. Sobald ein Weißer durch die Straße schritt, mußten alle anderen Leute einen großen Bogen machen und die Kopfbedeckung abnehmen, sonst setzte es Prügel.[7]

Noch hat Kamerun vier fernsehfreie Tage. Das staatliche Fernsehen sendet seit Juni Wochenendprogramme. Welche Zeichen setzt man als Anbeginn? Aus dem Weltall fällt ein orangener Stern ins Bild, zerbirst, und aus den Trümmern, die zur Erde sinken, legt sich wie ein Puzzle in den Landesfarben Rot, Grün und Gelb die Form Kameruns zusammen, die, von Bezirksgrenzen umzogen, sich in die Horizontale absenkt und sanft auf den Klangteppich der Nationalhymne gebettet wird. Die Provinzen werden benannt, und aus der nun irdisch gewordenen Materie schießt wie ein Zauberpilz der Fernsehturm, der Wellen aussendet, die ins All zurückschwirren und Kamerun mit der Welt vernetzen. Aus den Wellen fällt ein Sechseck, in dem die Schrift »CTV« (Cameroon Television) erglüht: emblematisch so, daß das hohe C in Form einer mütterlichen Schleife die Sache TV umschlingt. Die Sendung hat noch nicht begonnen, das Zeichen aber ist gesetzt. Sie steht im Schutze des Staates.

Vor dem Hintergrund eines üppigen Blumenbeetes erscheint, in Irisblenden eingeführt, als solle die Schaumgeburt der Venus ferngesehen werden, die Ansagerin. Ihren rasierten Schädel schmückt einzig eine in die Stirn gedrehte Locke. Ich fürchte, diese Frau dürfte bei uns nicht ein Rock-Konzert ansagen. Mit verführerischer Stimme behauptet sie nun, sicher zu sein, daß man mit ihr gemeinsam einen angenehmen Abend, den man nicht bedaure, verbringen werde.

Es folgen zwei Redakteure am Tisch. »Good evening, Charles.« »Bon soir, Eric.« »Les informations.« »The News.« Jeder berichtet in seiner Sprache, erst Charles französisch, dann Eric englisch. Das gibt es in der Schweiz, in Belgien oder in Kanada nicht: die Zweisprachigkeit in einem Medienprogramm. In der Darbietung der Nachrichten sind Abweichungen zu beobachten. Die Redakteure benutzen für die Reportagen das gleiche Ausgangsmaterial, schneiden es aber anders. Im Maße wie der frankophone Redakteur die in- und ausländischen Angelegenheiten übertrieben darstellt, mildert sie der anglophone Redakteur. Der geübte Zuschauer erkennt die Differenz, nimmt die ihm nicht erklärte Lücke in Bildbruchstücken wahr.

Heute ist Nigers Staatschef zu Besuch. Der öffentliche Markt und die Ämter wurden geschlossen, die Populationen, wie es amtlich heißt, zur Begrüßung auf der Straße aufgebaut. So groß war der bei der Basis bestellte Jubel, daß die Zugführer am Bahnhof die Züge stundenlang nicht abfahren ließen. Die Kamera sammelt stolz Blicke über die unbewegten Koffer ein. Die Passagiere, die auf ihnen sitzen, jubeln nicht.

Ein Schriftband, verheißungsvoll von Disco-Musik angezogen, sagt »im Ausland« an. Angeklagt wird die Boykottschwäche Englands und der USA gegen Südafrikas Apartheid, gefeiert die Märchenhochzeit eines Bürgers Windsor und sodann die Schriftfahne erneut ausgerollt. Nach dem Ausland aus akutem Anlaß ein Sprung zurück ins Inland. Der Staatschef richtet einen Appell an die Bevölkerung, die Geburtenkontrolle zu berücksichtigen. Die gleichen Bilder, die eben noch jubelnde Kinder zu Ehren von Nigers Staatschef darstellten, dienen jetzt dazu, außer Rand und Band geratene Kinder als bedrohliche Horden vorzuführen.

Comics für die Kleinen, in Japan und den Niederlanden hergestellt, über eine Firma in Köln verliehen. Folgt die Serie: Große Baustellen. Heute wird der Neubau des Sendezentrums der Cameroon Television, von einer deutschen Firma besorgt, vorgestellt. Ein Zoom auf eine rote Kiste mit dem Transporthinweis »oben« zeigt es. Erklärt wird es nicht. Als geradezu erotisches Objekt erfaßt die Kamera die Klimaanlage, mit Sphärenklängen unterfüttert. Man sieht schwarze Handlanger, weiße Monteure. Sie sprechen nicht. Zwei französische Toningenieure, bei der Schallisolierung des Studio 1 beschäftigt, werden befragt, wie viele Studios es im Sendezentrum geben wird. Sie zählen von eins bis acht. Die Moderatorin mit perlendem Französisch ist begeistert und umarmt die Herren, die das nicht erwartet hatten. Enthusiastisch richtet sich der Blick der Kamera mit einem Zoom ins Freie. Das Fernsehzentrum, sieht jetzt jeder, liegt in städtebaulich-herrscherlicher Achse zum Palast des Präsidenten.

Das Pausenzeichen ist eine graphische Gebrauchsanweisung für den Alltag, keine Reklame für Freizeitprodukte, sondern für die sorgsame Verwertung jener Produkte: »Lassen Sie keinen Müll vor dem Haus herumfliegen, so verhüten Sie Millionen Bakterien!« Das kurze Zwischenspiel nennt sich »Podium«. Eine Sängerin mit eingeschränktem Hüftradius läßt sich tanzend über einen kleinen See der Hauptstadt rudern. In nicht enden wollenden Überblendungen wird ihr Gesicht schließlich von sich selber ausgelöscht. Das Boot schwankt. Eine Abblende läßt den dünnen Gesang ersterben.

Auftritt für den Zauberer »Satana«, der den Trick vorführt, aus einem sechsmal umgewendeten, »leeren« Sack sechs Seidenschals zu ziehen, was ein sorgfältig ausgewähltes Studiopublikum auf einem Dutzend Hokkern vor lauter Frenesie zusammenbrechen läßt. Satana zieht dankend den roten Fez vom kahlen Kopf.

Ich warte auf den Abendspielfilm. Eine Ausschußproduktion der Gaumont-Film aus den sechziger Jahren. Mireille Darc im ledernen Minirock als mürrische Mutter. Der Film gibt vor, sich der palermitanischen Mafia zu widmen. Die Herren Redakteure fragen nun zweisprachig das verehrte Publikum:

Welche Lehre ziehen wir aus diesem Film? Aus dem Teufelskreis der Mafia steigt man wie bei der Droge nur als Toter aus. Viele Zuschauer haben unseren letzten Spielfilm BYE BYE, BRASIL[8] nicht geschätzt. Bleiben Sie heute ruhig in Ihrem Sessel. Sehen Sie, was der Film Ihnen bietet. Ein Junggeselle, nicht wahr, sollte nicht den Ehemann und Vater spielen. Das versteht jeder.

Lieber diesen Schuß verordneter Moralisierung als eine weitere Folge von THE OLD FOX[9] vom letzten Samstag. Nach der ersten Münchner Autonummer war es klar: der alte Fuchs war Lowitz. Ich wünschte mir, ohne die Absage unter der tollsten Haarlocke abzuwarten, eine gute Nacht.

Erstveröffentlichung: *Frankfurter Rundschau*, 6.9.1986 [Anm. s. S. 484].

Afrikanische Bilder

In Mailand besuchte ich einmal eine Diskothek, die sich »Neue Idee« nennt. An der Elfenbeinküste in Westafrika sah ich eine windschiefe Imbißbude, die sich »Zur guten Idee« nennt. Die Diskothek war aus Chrom und Leder eingerichtet, die Bude war mit einem unzulänglichen Wellblechdach gedeckt, durch das tropischer Regen auf die Maisklößchen floß, die ich in der Hand hielt. Da stellte sich im Vergleich der beiden besuchten Stätten die Frage: Ist eine neue Idee besser als eine gute Idee? Der Unterschied entscheidet über eine Haltung. In Europa scheint »neu« besser als »gut« zu sein. Die Innovation macht den Reiz aus, der zyklisch wiederkehrt. In Westafrika ist nicht unbedingt das Neue gut, kann das Gute besser als das Neue sein. Recycling ist das Reizwort: Was läßt sich mit dem Industriemüll anfangen, den uns die Erste Welt durch Importgüter hinterläßt? Die Imbißbude »Zur guten Idee« bietet Biermarken an, die in europäischer Lizenz an der Elfenbeinküste gebraut werden. Der aufgeweichte Boden der Bude ist übersät mit den ausgetrunkenen Bierdosen. Kleine Jungen heben sie auf und tragen sie fort. Die Brüder werden daraus Werkzeuge des Alltags fertigen. Auf dem Markt sehe ich einen Aktenkoffer, der mit dem Blech einer alten Tomatendose beschlagen ist. Das ist in Westafrika eine gute Idee.

Bei der Zwischenlandung des Flugzeugs in Lagos/Nigeria besetzt eine Prozession von Marktweibern schwitzend und schwatzend die freien Plätze. Noch in der engen Röhre auf schmalem Mittelgang balancieren die Frauen ihre Waren würdig auf dem Kopf. Was sie tragen, setzen sie unter sich ab. Vergeblich will ein Steward sie bewegen, die Säcke und Ballen im Stauraum über den Sitzen abzulegen. Die Frauen bestehen darauf, ihre Ware unter Augenkontrolle zu halten, wie auf dem Markt. Schwer lassen sie sich in den ausgeleierten Sitzen nieder, lieber stehen sie, schauen vorwärts und seitwärts, um den Überblick auf die Mitreisenden zu halten. Die

Sicherheitscharade des Flugpersonals ignorieren sie vollständig. Die technischen Hinweise gehen unter in lauten Rufen nach allen Richtungen. Das ist kein Linienflug, das ist ein Betriebsausflug der Marktweiber von Lagos ins benachbarte Accra. Neben mir sitzen der Sohn und die Mutter. Der Sohn schreibt für die Mutter die Ausreisekarten, die Mutter reißt für den Sohn die Spucktüten aus den Sitztaschen heraus. Darin verstaut sie eine Flasche Gin, dann ihren Paß. Die Tüte, die sie ungeniert aus der Sitztasche vor mir reißt, füllt sie mit den dürftigen Plastikgabeln und Kleinbehältern, die vom Essen übrig bleiben. Der Rohstoff dient zur Ausrüstung des Alltags aus Bedürftigkeit. Einige der Frauen mit weit gebundenem, nicht geschnittenem Tuch um die maßlos breiten Hüften tragen Schnittnarben auf der linken Wange. Einige Narben gleichen sich im rituellen Muster. Die rühren nicht von einem Haushaltsunfall in der Hütte her, die stammen von einem Fetischpriester, der ihnen als Kindern eine Zugehörigkeit einritzte, die sie zeichnet.

In Kamerun wird mir der Dokumentarfilm eines Münchener Regisseurs gezeigt, der sich seit langem engagiert mit der deutschen Kolonialgeschichte Afrikas befaßt. Im WDR-Fernsehfilm DIE MULATTIN ELSE ODER EINE DEUTSCHE ART ZU LIEBEN (BRD 1988) hat Peter Heller eine Spur rekonstruiert. Sie führt zur Mulattin Else, die in Westkamerun am Hofe des Sultanspalastes von Foumban lebt. Ihr Vater, erzählt sie stolz, war der damalige Gouverneur von Puttkamer gewesen. Es erweist sich aber, daß der Vater nur ein lebenslustiger Vetter des Gouverneurs war, der nach seiner Rückkehr aus Kamerun in München eine zweite Tochter zeugte. Die macht der Regisseur ausfindig. Die Halbschwestern schicken sich Video-Postkarten, die Mulattin weint vor Glück, die deutsche Adelsfrau bleibt hart. Sie glaubt, ihr Vater habe die Afrikaner »befriedigt«, weil sie den sklavischen Sinn des lügerischen Worts »befrieden« nicht kennt. Alte Fotos zeigen das Schloß des deutschen Gouverneurs, in dem die Frauen der kolonialen »Schutztruppe« allen Ernstes »Dornröschen« spielten, während ihre Männer aufsässige Schwarze an den Galgen brachten. Dennoch findet der Film noch alte zittrige Kameruner, die mit hellem Kinderton aufsagen: »Unser Kaiser heißt Wilhelm II. und seine Gemahlin Auguste Viktoria.«

Das erinnert mich an einen Film aus Senegal, der das bittere Landleben in der Savanne zeigt. In einer armseligen Dorfschule müssen die kleinsten Kinder den Satz des schwarzen Lehrers nachsprechen: »Ludwig XIV. war der größte König Frankreichs. Er hieß der Sonnenkönig. Unter seiner Herrschaft blühten die Künste und die Literatur.« Die Pädagogik der Kolonialmächte Afrikas löschte noch die letzten Spuren afrikanischer Geschichte, die christliche Missionare wenigstens in Aufzeichnungen überlieferten. Man muß daran erinnern, daß zu einer Zeit, in der die deutschen Kaiser noch nicht einmal schreiben konnten, im afrikanischen Mali-Reich die Universität Timbuktu Mittelpunkt einer intellektuellen

Welt gewesen ist. Gegen diese Erinnerung versinkt die Spur der von Putt-kamers in Kamerun im heißen Sand.

In einem Seminar mit Filmregisseuren aus Ghana diskutieren wir Fragen der Wahrnehmung. Wie sehen Afrikaner europäische Filme, wie sehen Europäer afrikanische Filme? Es stellt sich im Gespräch eine unterschied-liche Abstufung der Sinne heraus. Ein Ghanaer sagt, der Bildrhythmus in Afrika sei von Natur aus langsam, er macht die unbarmherzige Sonne, das feuchtheiße Klima von vierzig Grad noch im Februar dafür verantwort-lich. Sein Kollege ist mit dieser Erklärung nicht einverstanden. Sei der Bil-derrhythmus auch langsam, der Ton- und Musikrhythmus sei es nicht. Er hat beobachtet, daß die Zuschauer im Saal bei der Filmvorführung, noch bevor die eigentliche Kino-Action eingetreten sei, sich anfeuernd mit den flachen Händen auf die Schenkel schlagen. Der Appell ans Ohr sei schnel-ler als der Appell ans Auge. Europäische Filme, in denen die Männer stets merkwürdige Mäntel trügen, die eine Handlung möglicherweise behin-dern könnten, werden in Ghana mit dem Markenzeichen der Langeweile versehen. Diese »Mantel-ohne-Degen-Filme« heißen »Kot-Kot«, das stammt vom englischen Wort *coat* für Mantel.

Europas alternative Mütter, und auch Väter, tragen ihre Kleinkinder in einem Gestell vor dem Bauch. Sie verlieren sie nicht aus den Augen. Sie halten ihnen einen Spiegel vor, der Vater, Mutter und Kind in ein ödipales Dreieck bindet. Afrikanische Mütter dagegen – die Väter würden kaum ein Werkzeug tragen – tragen ihre Kleinkinder in ein Tuch eingeschlagen auf dem Rücken. Kein Gestell hält sie vom wärmenden Hautkontakt ab. Die Kinder sehen auf dem Rücken nicht der Mutter in die Augen, sondern in ihrer Perspektive: die Welt vor ihnen. Es ist leicht einzusehen, wie aus europäischer Haltung eine Psychologie des Individuums entstehen konnte, aus afrikanischer Haltung dagegen eine Physiologie des Verbund-Wesens. Wo europäische Mütter an der Erziehung arbeiten, erziehen afrikanische Mütter durch ihre Arbeit. Dazu brauchen sie freie Hände und freies Blick-feld vor sich. Ihre Kinder auf dem Rücken werden so seltener mit dem Wunsch- und Drohblick der Mütter konfrontiert, stattdessen: mit der Außenwelt, die sachlich droht und sachlich wünscht.

Neben dem alten Sklavenhaus auf der Insel Gorée, von der aus die Portu-giesen Millionen Westafrikaner nach Brasilien verschleppten, will ich ein Schild fotografieren. Ein dreijähriges Kind läuft ins Bild, ich setze ab. Man darf sich kein Bildnis machen, ungefragt. Schon kommt in Rage der große Bruder angerannt, der sein Schwesterchen an sich reißt, als hätte ich ihr den linken Arm angefressen. Ich solle gefälligst verschwinden, mich aus dem Staube machen! Der freie Schwarze will an historischem Orte einen weißen Sklaven verjagen, der auf der Suche nach afrikanischen Bildern ist. Wie eine objektive Strafe scheint es, oder wie ein Zauberbann, sind fast alle meine Fotos hoffnungslos überbelichtet. Es ist allein technisch nicht einfach, so empfindliches Filmmaterial zu kaufen, das extremes Schwarz in extremer Helligkeit abbildet. Ein Bruder der Familie kommt vorbei, den Streit zu schlichten. Regt euch nicht auf. Wir sind eben schwarz, und du bist eben weiß. Darüber kann man sich nicht ärgern. Vielleicht kennt er bessere Gründe.

Erstveröffentlichung: *Radio Bremen*, 21.3.1988.

Regenzeit: Kamerun lesen

Kamerun beginnt im Wedding. Von der Müllerstraße läuft in Richtung Afrikanische Straße die Kameruner Straße. An der Ecke Kameruner Strasse und Guineastraße steht eine Spezial-Reinigung. An der Ecke Kameruner Straße und Afrikanische Straße steht in Nähe der Reihenhäuser des Architekten Mies van der Rohe vor einem Zaun, an dem die letzte Winde blüht, ein Schild aus Holz, und darin eingekerbt: Kleingarten Verein Kamerun. Welche Gefühle die Leute, die hier wohnen, dem Fremden gegenüber entwickeln, der sie vom Kontinent Charlottenburg besucht, wird in der strahlenden Oktobersonne klar. Sie treten drohend an den Zaun, um den Blick abzuwehren, der von der öffentlichen Straße auf das Privatgrundstück fällt. Kamerun im Wedding ist keine Siedlung, sondern eine Wagenburg, die in der Abwehr fest zusammensteht. Der Zugang zu den Häusern der Kameruner Straße 20-23 wird durch ein eigenes Schild mit Pfeil angezeigt, über dem eine Feuerversicherung sich empfiehlt. Dieses Zeichen unterscheidet Wedding von Kamerun.

In der Staatsbibliothek steht eine Bibliographie[1] der deutschen Schriften über Kamerun, sie umfaßt 343 Seiten. So beginnt Kamerun lesen: *Märchen aus Kamerun* (1889), Nord-Kamerun (1895), »Wanderungen und Forschungen im Nordhinterland von Kamerun« (1902), »Mit Pinsel und Palette durch Kamerun« (1912), »Märchen, Fabeln, Rätsel und Sprichwörter der Kamerun-Neger« (1926), »Wie Kamerun erworben wurde, und was Hamburg dazu tat« (1935). Das deutsche Kolonialhaus, Berlin W., Kantstraße 22, rückt in der deutschen Kolonialzeitung vom 14.3.1901 eine Anzeige ein: »Wählt deutschkoloniale Ostergeschenke! Aus feinstem Kamerun-Kakao: Neger, Kaffern, Soldaten der Schutztruppe, Elefanten, Hasen, Straußeneier, Kaffernkraale, Osterglocken, Kokosnüsse, u. dergl. Man verlange den ausführlichen Oster-Prospekt umsonst.«

»Der Streit zwischen Papier, Feder und Tinte. Eine Haussa-Fabel«, entnommen dem Buch *Deutsch-Kamerun. Wie es ist und was es verspricht:*

437

Papier, Feder und Tinte hatten sich Häuser gebaut, ein jedes nach seiner Art. Sie lebten in Freundschaft miteinander [...]. Aber einstmals gerieten Feder und Papier miteinander in Streit. Das Papier sprach: »Es paßt mir nicht, daß du mir auf den Rücken steigst und Striche darauf machst.« Die Feder antwortete: »Ich hatte meine Nase [...] in das Haus der Tinte gesteckt, und als ich sie wieder herauszog, war sie ganz schwarz geworden.« Da sprach die Tinte: »Warum, liebe Feder, willst du Feindschaft stiften zwischen mir und dem Papier? Wenn du deine Nase in dein eigenes Haus stecken wolltest, gäbe es unter uns keinen Streit. Aber du betrittst jedes Haus wie ein Dieb.« Die Feder erwiderte: »Das kommt davon, daß ich eine Seele habe.« »Du verstehst zu lügen,« antwortete die Tinte. »Du sagst, du hättest eine Seele? Für was hältst du dich eigentlich?« Da sprach die Feder: »Du weißt es freilich nicht, aber ich bin so gut wie eine lebende Seele. Jeden Tag ergreift mich mein Herr, und er ist es, der mich in dein Haus entsendet. Komme ich dann heraus, so mache ich Striche auf dem Rücken des Papiers [...]. Ich lasse mich aber von euch nicht zur Rede stellen. Bleibt, wo ihr seid.« So schieden sie voneinander, und jeder zog sich in sein Haus zurück.[2]

Anflug auf Douala, die Hafenstadt Kameruns im westlichen Regenwald. Der Schritt ins Freie ist ein Stolpern ins Gewächshaus. Stehende Luft und faule Schwüle. Der Flughafen sieht aus, als hätte man Pfahlbauten in Beton gegossen und an die niedrigen Decken Eierkartons, in denen vereinzelt Funzeln dämmern, geklebt. Kamerun-Wedding liegt hinter mir. Dies ist der Charme von Kamerun-Schönefeld. Hier führen Feder, Tinte und Papier ihren Bürgerkrieg um Bescheinigungen. Drei Akrobaten in Uniform turnen durch Zollkabinen, um ihre Einlass verheißenden Stempel in einem einzigen Stempelkissen zu baden. Das Papier ist schon morgens von der Feuchtigkeit der Luft gesättigt, so daß es schwer zu zerreißen ist. Nach einem Gewitter ist die Luft so dicht, daß sich der Regenbogen räumlich abbildet. Ich sehe sein Ende und kann es nicht fassen.
Es regnet. Es regnet nicht, es schüttet. Die Wolken fallen als Pfützen nieder. Man läuft nicht mehr, man watet im lauwarmen Wasser. Ein Schirm nützt nichts. Ein Schirm stört die Aussicht auf die rettende Insel Land. Der Regen macht die Leute nicht heiterer. Sie nehmen ihn hin. Sie können sich ihm nicht verschließen. Es ist Regenzeit. Da läßt sich schwer zwischen naß und trocken unterscheiden. Die Feuchtigkeit kann man anfassen. Sie läuft nur langsam ab. In der Nacht zum 3. Juli fielen in Douala 1,40 Meter Niederschlag. Nicht meßbar waren die Schäden der Armen, die in den Tälern wohnen. Falls sie ein Bett hatten, mußten sie es an die Decke hängen, sich bei Verwandten auf höher gelegenen Hügeln in Sicherheit bringen, um am Morgen im Tal, durch das der Sturzbach fegte, ihre Hütten nicht mehr wiederzufinden. Sind einige Stadtteile nicht mehr über Wege

zugänglich, balancieren die Bewohner sich über die Eisenbahnschienen einen Weg. Manchmal führt dieser Weg direkt in den Tod. Dann hagelt es Klagen. Man weiß auch, wie schnell der Hagel schmilzt. Die Leute laufen weiter über die Schienen, auf denen Züge fahren.

Der Regen kühlt die Schwüle ab. Ich habe Mittagspause in Yaoundé und krieche zum Schutz vor dem Regen im Gebäude des Zentralmarkts unter. Es gleicht einer Wagenburg aus Beton in ovaler Form. Innen im Hof führt eine Rampe, auf der die Stände sich aufbauen, spiralförmig aufwärts. Außen zur Straße führt die Gegenrampe abwärts. An den Scheitelpunkten des Ovals stehen zwei Türme für die Treppenhäuser. Von der Glasmurmel bis zum Buschmesser, von Vaseline bis zum Spirituskocher, von Sandalen aus Gummireifen zum Hausfrauenkittel wird angeboten, was die Industrien von Taiwan und Hongkong für den Billigmarkt der Verbraucher in der Dritten Welt herstellen. Es ist Mittagspause und plötzlich so still, dass man die Regentropfen im Hof auf die Blechtöpfe der Garküchen schlagen hört. Die Bewegung zweier sich durchschlingender Spiralen von Käufern und Bietern kommt zum Erliegen. Es ist, als schliefe der Koch im Austeilen der Ohrfeige ein. Auf den Ballen der Nylontextilien rollen sich die Frauen zur Ruhe. Die Männer hocken sich um ein Würfel-Brettspiel in vier Farben. Ich sehe zu. Man stört sich nicht an mir. Schlimmstenfalls sieht man durch einen Weißen hindurch. Ich nehme Platz auf einem ausrangierten Brett, das, da ich mit den Beinen wippe, unter mir zusammenbricht. Das Geräusch geht im Trommelwirbel des Mittagsregens unter. Einem Jungen, der seine Ware auf einem Tablett über einer Stoffrolle auf dem Kopf jongliert, kaufe ich ein Stück Brot und ein gekochtes Ei ab. Für den Preis meines Lunchpakets dürfte ich im Hotel, in dem ich untergebracht werde, den Kaffee nicht einmal riechen. Der Regen verändert sich. Der Feinstrahl, der nicht abläuft, sondern sich in Hemd und Hose bohrt, tritt ein.

Auf der Terrasse des Cafés »Zum roten Esel« trinke ich ein Bier und kaue aufgeweichte Erdnüsse von einem ambulanten Verkäufer, der seinen Rucksack öffnete, um mir Masken aus der Eisengießerei anzubieten. Ich lade ihn ein zu einem Bier auf der Terrasse des »Roten Esels«. Er schimpft auf die griechischen Händler namens Kritikos und Mavromatis. Die Griechen Kameruns seien die Libanesen Ghanas: Gewerbetreibende, Fremde, die den Ghanaern und den Kamerunern den Mut zum Erfolg nehmen. Ich frage, ob er in seinem Rucksack auch einen Stadtplan der Hauptstadt hat, den ich seit Wochen zu erwerben suche. Nein, es gebe keinen, und wenn, könne er ihn selber sowieso nicht lesen. Er, sage ich, brauche wohl keinen. Er könne die Stadt lesen. Ich müsse einen Plan lesen, um mich in der Stadt zurechtzufinden. Die Mittagspause ist beendet. Das Bierglas in der Regenpfütze auf dem Metalltischchen des »Roten Esels« klirrt. Im Inneren des Cafés werden die Videomaschinen und die Music-Box wieder angeworfen.

An Tischen vereinzelte Gäste rücken im Klang ihrer aufgedrehten Kassettenrecorder zusammen. Ein kleiner, schräger Krieg der Töne bricht aus.

Im Tropenanzug, mit einem zu engen Hemd kolonialen Zuschnitts, das Körperfett wölbt jede Naht auf, sein Kopf betont die Kugelform des ganzen Körpers, verschanzt er sich an seinem Schreibtisch. Weiß ich nicht, was er denkt, sehe ich doch, was er nicht hat, eine dünne Haut. Ich werde, als Kurzzeitspezialist für Filmgeschichte eingeflogen, dem Direktor des Fernsehausbildungszentrums vorgestellt. Er redet. Ich höre ihm zu. Er spielt, wenn er redet, mit dem Stift, der ihn dazu verleitet, Rechtecke aufs Papier zu zeichnen, deren Blätter er unermüdlich zu einem Stoß zurechtstaucht. »Il faut apprendre le métier.« – »Man muß das Handwerk erlernen.« Dafür sei ich da. Afrikanische Filme könne ich doch in Paris sehen. Er stehe noch mit einem Bein in der Tradition des Heimatdorfes, mit dem anderen in der Hauptstadt, die über keine Tradition verfüge. Unser Präsident, ja, der wisse, bei zweitausend Kassetten seiner Sammlung, klassische Musik zu schätzen. »Mais nous, les autres.« – »Aber wir, die anderen.« Die nächste Station, deren Abstufung diplomatisch eingefädelt wird, ist ein Besuch im Ministerium für Information und Kultur. Je höher die Charge der Macht, desto kälter ist die Luft in den Vorzimmern konditioniert. Ein tritt der Staatssekretär. Das Parlament, das soeben den Nationalhaushalt verhandele, habe mehr Ausgaben für die Erziehung als für die Verteidigung vorgesehen. Der Nachricht kann ich kein Kompliment verweigern. Den Staatssekretär, der einst im Bundesamt für Statistik in Wiesbaden ein Praktikum absolvierte, freut es, daß ich von den kamerunischen Filmen, die er nennt, in Berlin erfuhr. Ich möchte die Filme sehen. Das bedürfe seiner schriftlichen Empfehlung. Die Regisseure solle ich nicht fragen. Durch das Vorzimmer der Sekretärinnen tritt unangemeldet, liebenswürdig, urban ein Herr im fabelhaften Maßanzug und wünscht mir einen guten Aufenthalt in Kamerun. Er wärmte den Raum mit seiner Herzlichkeit. Es war der Minister für Information und Kultur. Er war formlos. Er hatte Form.

André Gides Tagebuch seiner Kongo-Reise löste in Paris politischen Wirbel aus. Gide deckte 1925 die Mißstände französischer Kolonialherrschaft in Westafrika auf. Fortsetzung von *Voyage au Congo* (1927) war *Le Retour du Tchad* (1928). Hier beschrieb Gide eine Reise durch Kamerun, ohne das Land zu benennen. Sein Titel schont die französische Empfindlichkeit. Kamerun war offiziell nie französische Kolonie, sondern nach 1918 nur französisches Mandatsgebiet, im Auftrage des Völkerbunds zu verwalten. Gides Reisebuch manifestiert einen ausgeprägten Mangel an Interesse für das Land, das er bereist.

Gide lässt sich im Einbaum über Flüsse rudern und sorgt sich um das gestiegene Fieber seines Gefährten Marc Allégret, der Schwierigkeiten hat, seine Filmaufnahmen zustande zu bringen. Gide notiert nichts über Flora, Fauna, über Stammesriten oder Handelsbräuche. Er liest Joseph Conrads Roman *The Heart of Darkness* (1899). Kamerun liegt, mindestens geographisch, im Herzen der Finsternis, die Conrad als mythologischen Raum in Afrika entdeckte.

Gide bewundert die bunten Blitze, die bei kamerunischen Gewittern niedergehen, und registriert Herzklopfen beim Lesen der Goethe-Verse in *Faust II* (1832). Diese Eingeborenen, notiert er, im Einbaum gerudert, *The Heart of Darkness* lesend, diese Eingeborenen, der Natur so nahe, denen man doch ein gewisses Geschick bei so einfachen Aufgaben unterstellen darf, sind von unglaublicher Dummheit und Ungeschicklichkeit, wenn es darum geht, eine neue Geste zu erfinden! Die so einfache Aufgabe, an der Gide die Schwarzen scheitern sah, bestand darin, mit dem Einbaum im reißenden Fluß ein Nilpferd zu umschiffen.

Michel Leiris, Forscher, enttäuschter Surrealist und lustloser Zivilisationsflüchtling, schrieb sein Buch *L'Afrique fantôme*[3] wenige Jahre später als Gide. »Früher«, schreibt Leiris, »habe ich Gide immer vorgeworfen, im Bericht seiner Afrikareise zu häufig von seinen Lektüren, von Bossuet oder Milton zum Beispiel, zu sprechen. Ich merke jetzt, daß das ganz natürlich ist. Die Reise verändert einen nur momentan.«[4]

Der Künstlerclub des nationalen Sportinstituts lädt ein zu einer Darbietung im Kongreß-Palast. Der Kongreß-Palast ist ein Geschenk der Volksrepublik China an das kamerunische Volk. Die chinesischen Elektriker, die die Beleuchtung der Bühne regeln, blieben als Geschenk in Kamerun. Es soll ein bunter Abend werden. Der Taxifahrer fährt so schnell, als wolle er über die sieben Hügel der Hauptstadt fliegen. Ich bin betäubt und zu früh am Kongreß-Palast. Ich nehme auf den Stufen des Palastes Platz. Wie unter den Schwarzen Nordamerikas tut sich hier Schmuckbedürfnis kund. Nur ist man hier nicht aufgetakelt, sondern angezogen. Stoffe, Farben und Schnitte beziehen ihren Glanz nicht aus New York, sondern Paris. Die jungen Männer drücken sich körperlich unbefangen aus, was unter amerikanischen Männern nicht denkbar wäre. Auf dem Flughafen sah ich Soldaten, die zärtlich zusammen durch die Hallen schlenderten. Die eine Hand auf der Schulter des anderen Mannes, die andere Hand mit den Fingern in die schatullenförmig geschlossene Hand des Freundes geschoben. »Wir sind sehr zugänglich. Uns muß man anfassen, wenn man uns mag«, werden die Studenten im Kurs zur Filmgeschichte sagen.

Der bunte Abend des Künstlerclubs des Nationalen Sportinstituts beginnt. Der chinesische Elektriker richtet eine Lampe am Vorhang. Ein zu spät eintreffender Mann in Lederjacke schiebt drei Frauen seiner Begleitung in prächtiger afrikanischer Kleidung in die erste Reihe. Die Conférence, zwischen Fotos des Landespräsidenten rechts und links der

Bühne, erfolgt auf Englisch, dann Französisch. Nach der Pause ist die Ansage des Programms erst französisch, dann englisch. Der Sprachenstreit ist ausgewogen. Zu einer französischen Musik, die taktweise wie Musette, taktweise wie Militärmarsch klingt, tanzen Frauen mit Hula-Hoop-Reifen und Basträckchen. Der bundesdeutsche Film TANTE WANDA AUS UGANDA (BRD 1957, Géza von Cziffra) könnte nicht mehr verlangen. Das Publikum geht begeistert mit. Ein Turner, der sich dem Flickflack seiner Gruppe verweigert und stattdessen mit dem verlegenen Gesicht eines Clowns, der doch kann, was er verweigert, über die Bühne flitzt, ist im Saal Grund, sich in heftigen Lachkonvulsionen zu ergehen. Kein Darsteller der dann folgenden Farce zwischen einem Häuptling der Tradition und einem windigen Abgeordneten des Fortschritts erhält den Applaus, den der Flitzer einsteckt. »Die Teilnahme des Zuschauers«, schrieb Pierre Haffner in seinem *Versuch über die Grundlagen des afrikanischen Kinos*, sei »wirkliche Anteilnahme an einem Schauspiel, sei's im Kino, sei's im Theater [...].«[5]

»Vermischte Meldungen«: In einem Hotel der Hauptstadt wurde ein Mann, fünfzigjährig, nur mit Socken bekleidet, tot im Bett aufgefunden. Seine Begleitung, eine hübsche kleine Kreatur, wie der Portier aussagte, war verschwunden. Woran starb Monsieur X? Der Kommissar fragte sich, starb der Mann an seinem schönen Tod? Der Berichterstatter kommentierte, wir können das Betragen von Familienvätern nur beklagen, die dem Vergnügen, auf die Gefahr hin, daran zu sterben, nicht widerstehen. Das ist der Ton, den der Landesvater hausväterlich verordnete. Er nennt es das politische Programm der Moralisierung. Worüber aber die Hauptstadt lachte, war der vermischte Sinn der Meldung, den frankophone Leser als anzüglich lasen. Denn die Socke, mit der der Tote bekleidet war, hat im Französischen den Nebensinn von Kondom. Der schöne Tod, den der Polizeikommissar als Todesursache annahm, ist der Orgasmus. Zwei junge Frauen sitzen mit niedergeschlagenen Blicken, die Hände in den Schoß geklemmt, betreten auf einem Sofa. Das zweite Foto des Reporters der Hauptstädtischen Nachrichten zeigt verkohlte Stämme, auf denen eine Hütte stand. Die beiden Frauen teilen sich einen Liebhaber. Gestern Nacht, er ist Mechanikerlehrling, wurde er von beiden abgewiesen. Die Frauen gingen lieber allein Java tanzen. Um acht Uhr früh kehrten sie heim. Der Lehrling, eifersüchtig und betrunken, hatte die Hütte in Brand gesteckt. Zwei schlafende Kinder kamen in den Flammen um. Die Zeitung rügt die tanzenden Frauen und empfiehlt Nachsicht für die Umstände der Verzweiflungstat des Mannes.

Ich bin zum Abendessen bei einem der Studenten und seiner Frau eingeladen. Er heißt Vincent, sie, da sie sich weigert, einen christlichen Vornamen (im Englischen ist der *christian name* der Vorname schlechthin) anzunehmen, Gobe. Am Stadtrand der Hauptstadt inmitten von Hütten aus Holz und Lehm, um die der Rauch offener Feuerstellen vermischt mit den Abgasen der Autos und dem roten Staub der Erde steht, taucht ein kleiner Bungalow auf. Mein Gastgeber stammt aus einer »Chef«-Familie des Douala-Volkes von der Westküste. Sein Großvater hieß Wilhelm und war ein Fürst im Gefolge des Königs Rudolf Douala Manga Bell. Diesen König schickten die Deutschen erst zur Offiziersausbildung nach Potsdam und dann, wegen politischer Unbotmäßigkeit der deutschen Kolonialverwaltung gegenüber, aufs Schafott in Kamerun. Vorgestern wurden kamerunische Kadetten in den Offiziersrang erhoben. Der Präsident ergriff das Wort. In seiner Ansprache zählte ich viermal »feierlich«, zweimal »die große Familie« und dreimal »unser geliebtes Vaterland«. Die Feierlichkeiten erhalten historische Namen. Diese Erhebung kamerunischer Kadetten in den Offiziersrang erhält den Namen des Königs Rudolf Douala Manga Bell, eines großen Widerstandskämpfers. Eine seiner Schwiegertöchter, Manga Bell, wurde Joseph Roths Freundin.

Vincent und Gobe sprechen die Douala-Sprache untereinander. Mit mir reden sie Französisch. Vincent studierte an der Sorbonne Philosophie. In seinem Studierzimmer liegen neben Kriminalromanen die Schriften von Jacques Lacan. An den Wänden hängen Filmplakate. PARIS, TEXAS und STRANGER THAN PARADISE. Kamerun ist fremder als das Paradies. Ein Land, in dem man leben müßte, schrieb Leiris. Eins mehr. Aber allzu viele gibt es denn auch wieder nicht.

In einem Fotoband zur Geschichte der Stadt Douala, den Vincent mir wie ein Familienalbum zeigt – »als mein Großvater starb, lag wegen des Trauerzuges der Verkehr einer Zweimillionenstadt lahm« –, in einem Fotoband, den ich durchblättere, finde ich als Bildlegende zum Neuen Krankenhaus: »Hier arbeitete als Arzt Louis-Ferdinand Céline.« Célines Aufzeichnungen, eher administrativer Natur, liegen im Staatsarchiv von Yaoundé. Was wir lesen können, ist Célines Komödie in fünf Akten, *L'Église* (1933). Die da als tchouco-maco-bromo-crovenisch bezeichnete Republik könnte als realen Hintergrund der Satire die Republik Kamerun haben.

Gobe kocht kamerunisch. Als Vorspeise gibt es Avocados mit Petersilie und einer Pflaumenfrucht, die säuerlich und ohne Entsprechung zu einer europäischen Geschmacksvorstellung bleibt. Dazu süße Bananen, geröstet. Das Nationalgericht Ndolé, Rindfleischwürfel in ein Gemüseblatt eingeschlagen, das leicht bitter, auf dem Weg von Spinat zu Mangold, schmeckt. Der gekochte Fisch, zur Gänze in den Topf geworfen, wird bei Tisch zerteilt. Den Fischkopf, den die Köchin ihrem Mann zugeteilt hatte, läßt er sich von ihr wieder abnehmen. Männer äßen keinen Fischkopf. Nicht in Kamerun. Heißt das, frage ich, daß von den essenden Frauen ebenso viel Geschick wie Unempfindlichkeit erwartet wird?

Eben noch sprach der Philosoph von den Verinnerlichungs-Mechanismen der Afrikaner. Jetzt schweigt er zu Lacan und schiebt den Fischkopf ab. Das könne und wolle er nicht erklären. Das könne ich, selbst wenn ich es wolle, nicht verstehen. »Sieh' mal, wenn du dein Netz aus dem Fluß ziehst«, lese ich im Roman *Perpétue und die Gewöhnung ans Unglück* des kamerunischen Exilautors Mongo Beti, »nimmst du den Weißfisch, den Karpfen, die Plötze, den Brassen und die Barbe, aber das übrige wirfst du weg: das ist Dreck. Genauso ist es, wenn du einem Weißen zuhörst. Etwas davon behältst du, und auf das andere verzichtest du. So muß man es machen.«[6] Ein Soziologe spräche hier von interkultureller Differenz. Er spräche noch, wo die schiere Differenz ihn schweigen lassen sollte. Was man einzig versteht am Fischkopf des Philosophen: daß man ihn nicht versteht, den Fischkopf nicht, den Philosophen nicht. Wir erfrischen uns an geviertelten Papayafrüchten, mit Limonensaft beträufelt.

Der Direktor des Staatlichen Fernsehens lädt zum Empfang. Sein Haus liegt inmitten einer Slumgegend, über die mehrere Orkane, Abrißpläne und keine Urbanisation hinwegfegten. Das Haus hat, was ein politisch Leitender und Mitglied des »Bureau Central«, eine Art ZK der hiesigen Einheitspartei, sich als Traum des französischen Provinzschlößchens vorstellen mag: Weite, Repräsentanz, Nachtwächter, teure Teppiche, Wandstrahler aus Kristall, Kettenhunde, Couchen aus Chintz und Louis-Seize-Sesselchen, die man nicht besetzen darf. Neben dem Kamin hängt im weißlackierten Rahmen eine fett signierte Herbstlandschaft in Öl. Eine Jagdpartie in Nordwesteuropa. Freunde des Fernsehdirektors aus dem Transportministerium und ein Priester, den ich des Zuschnitts seiner Kleider wegen zunächst für einen späten Maoisten hielt, sind im Salon zu warmem Sekt und der Tagesschau versammelt. Einweihungen, Urkunden, Reden und Reisen des Präsidenten. Das Gesicht des redenden Präsidenten wird stets von drei Mikrophonen verdeckt, die Hauben in den Landesfarben Kameruns, Grün, Rot, Gelb tragen. Der Kameramann steht in gebührender Entfernung, unten, im Parkett. Er blickt zum Präsidenten auf. Die Fernsehzuschauer blicken zum Präsidenten auf. Wenn Ronald Reagan im Winter vor dem Weißen Haus »Cameroon's firm, stable and free enterprise« lobt, dann steht der Präsident Kameruns würdig daneben und zwirbelt in der kalten Luft von Washington, die seine Stimmbänder lädiert, seinen Schnurrbart. Reagan erklärt der Welt, daß Kamerun pro Kopf das höchste Einkommen in Schwarzafrika erziele. In einem fleißigen, stabilen Land würde man gern investieren.

Das war ein Rückblick auf die Reisen des Präsidenten. Jetzt reist der Papst in Kolumbien, und man sieht Bilder von Corazon Aquino auf Wahlreise durch die Philippinen. Die zwei Moderatoren überbrücken diese Panne der Technik mit souverän improvisierten Kommentaren, ohne mit rotem

Kopf auf die Taste Sendestörung zu drücken. Doch die Herren Politiker auf den Chintz-Couchen amüsieren sich königlich über die Leute, die sie für ihre Hofnarren halten. Montag früh werden Rüffel verteilt. Es folgen die Cartoons und der Sport. Die Herren erheben sich von den Chintz-Couchen und verabschieden sich. Der Direktor des staatlichen Fernsehens möchte mich kennenlernen. Er plaudert. Ich höre zu. Das Fernsehen bleibt brüllend laut eingestellt. Als Boris Becker mit seinem Schläger erscheint und nur noch das Flirren geschlagener Bälle an mein Trommelfell peitscht, ist Gelegenheit, den Direktor des staatlichen Fernsehens darum zu bitten, den Ton etwas leiser zu stellen, daß wenigstens ich ihn verstünde. Der Angesprochene gibt mir während einer Applaussalve für den deutschen Sportler zu verstehen, den Ton leiser zu stellen, das ginge nicht. Sein Sohn, auf Urlaub in Frankreich, habe die Fernbedienung versteckt. So plaudert der Direktor, gegen das Gequieke von Goofy, der auf dem Bildschirm erscheint, er, der Direktor, habe, als er gerade etwas Geld frei hatte, einen kleinen Besitz bei Cannes gekauft, sehr günstig, sein Schwager habe eine Okkasion ausgespäht.
Bilder afrikanischer Heilkunst folgen. Eine junge Frau gesundet von ihrer Tuberkulose. Durch Trank und Tanz versetzt ein Heiler sie in einen komaartigen Schlaf. Nach Tagen erwacht die genesende Frau und kauft ein Lamm, das geschlachtet wird. Langsam wird das Messer durch die Kehle gezogen. Das Blut des Lamms stürzt in eine bereitgehaltene Schüssel, in die Frauen der Bekanntschaft der Patientin ihre Finger tauchen und Amulette werfen, wobei sie mit dem Blut sich wechselseitig die Stirn betupfen. Der Heiler greift zur Rasierklinge, schneidet eine Stelle an der Schulter der Patientin auf und saugt ihr Blut mit einem Bockshorn ab. Wären derlei Bilder, noch unter der Flagge ethnographischer Dokumente, im deutschen Fernsehen denkbar? Wir können kein Blut sehen, geschweige denn an seine Heilkraft glauben. Am nächsten Tag finde ich unter den Annoncen des Hauptstädtischen Journals:

Ja, die Gesundheit ist ein Schatz, ist das Leben. Ich habe noch eine Hoffnung: Dr. Allen Ajah, Diplom in moderner Medizin und Astrologie, wird alle Ihre Gesundheitsprobleme lösen. Wenn Sie an einer geheimnisvollen oder unheilbaren Krankheit leiden, wenn Sie trotz zahlreicher Behandlungen nicht geheilt wurden, verzweifeln Sie nicht. Konsultieren Sie schleunigst Dr. Allen Ajah, 150 Meter nach der Kapelle von Tsinga (Kreuzung, 8. Bezirk, rechts), täglich, oder schreiben Sie Postfach 1234 Nlongkak.

Aus einem Handwörterbuch des Jahres 1985: »Neger« heißt erstens Neger, zweitens der, der für einen anderen arbeitet. »Parler petit nègre« heißt nicht wie ein kleiner Neger sprechen, sondern kauderwelschen.

»Travailler comme un nègre« heißt nicht wie ein Neger arbeiten, sondern wie ein Pferd. Was in diesem Handwörterbuch keinen Platz findet, ist die Begegnung der dritten Art, dem Film und Theater geläufig: ein Hilfsmittel für geistesschwache Darsteller, die keinen Text memorieren können und das, was sie sagen, dem Blick der Kamera entzogen, weiß auf schwarz, von einer Tafel ablesen.

Wie mir Sylvestre, Busfahrer und mein Gewährsmann in der täglichen Lektüre des Landes, erklärt, heiße in seiner Sprache Ewondo das, was man französisch mit »Nichtangriffspakt« bezeichnet, »einen Baum des Friedens pflanzen«. Vielleicht erschiene dem Philologen des Handwörterbuches eine solche Freiheit der Übersetzung als Kauderwelsch.

Gibt es ein Handwörterbuch der Schwarzen für Weiße? »Nicht, daß ich wüßte«, sagt Sylvestre:

> Mein Großvater, der an der Küste aufwuchs, wo die niederländischen Handelsherren Kontore, aber keine Konzessionen hielten, war bei einem solchen Kaufmann angestellt. Die Bezeichnung, die man den Weißen gab, rührte von dem Geräusch her, das sie produzierten. Sie hießen *les claques*, weil sie auch im subtropischen Kamerun ihre schwarzen Holzschuhe trugen. Nahten die *claques*, eilte das Geräusch ihnen voraus und warnte die Afrikaner, daß ein Patron im Anmarsch sei.

Der Schwarze nennt den Weißen nach dem Eindruck der Sinne, den er von ihm gewinnt. Der Weiße nennt den Schwarzen nach dem Sinn, den er in Verwertung hat. Der Sinn heißt Arbeit, die Bedeutung Heidenarbeit.

Bildwechsel: Am Nachmittag sehe ich einen Klassiker des afrikanischen Films, LE MANDAT (Die Postanweisung, Senegal 1968) von Sembène Ousmane. Das Kino nennt sich nicht wie die übrigen der Hauptstadt nach den Prätentionen altrömischer Schaustellerei »Rex«, »Portiques« oder »Odéon«, sondern »Abbia«, nach einem afrikanischen Brettspiel. Das Abbia umfaßt achthundert Plätze, von denen am Nachmittag zur Vorstellung eines Klassikers des afrikanischen Films zwanzig Plätze besetzt sind. Die Abendvorstellung ist reserviert für Filme wie DEATH WISH (EIN MANN SIEHT ROT, USA 1974, Michael Winner), DEATH ON THE NILE (DER TOD AUF DEM NIL, GB 1977, John Guillermin). In den Vorstädten, den *quartiers*, tragen die kleinen Kinos, in denen französische Verleiher ihre Kopien verschrotten, die Namen der Lokalität: »Mfoundi«, »Fébé«, »Mefou«, »Djounhgolo«.

Was mir bei Ousmanes Film, in Afrika unter Afrikanern gesehen, auffällt, ist die starke Drosselung im Rhythmus der Erzählung. Kein Schnitt erfüllt die Funktion, Zeit zu raffen. Im Gegenteil, rafft der Held in gemessenem Umstand sein faltenreiches Kleid, so entfaltet er mit jedem Schnitt ein

Stück Zeit, die schlechthin zur Falte wird. Was ich sehe, nehme ich wahr. Ich nehme, was ich sehe, für wahr. So mag die Haltung eines Zuschauers im Kinematographentheater der zehner Jahre in Mitteleuropa gewesen sein. Unmöglich, darin zu unterscheiden, was inszeniert, was dokumentarisch sei. Im Zweifelsfall entschied ich mich fürs Dokument. Denn ich habe keine Ahnung, worin die virtuelle Abweichung von der Wirklichkeit, die Kunst ermöglicht, hier bestünde.

Wie Weiße Schwarze sehen, erfuhren wir bald darauf im Kurs zur Filmgeschichte. In Werner Herzogs Film AGUIRRE, DER ZORN GOTTES (BRD 1972) wird Otello, der Sklave Pizarros, auf die Expedition nach Eldorado nur mitgeschleppt, weil er schwarz ist, und in dieser Eigenschaft wird er zur Schlacht nackt vor den spanischen Soldaten vorangetrieben, weil seine Hautfarbe den Indios Furcht einflössen soll. Zweitens darf er dem Usurpator von Eldorado das Essen aufdecken und drittens eine Kraft der Vision entwickeln: Otello halluziniert das Schiff im Baum, an dem das Floß der Konquistadoren vorübertreibt. Otello träumt von einer Freiheit, die einigen seiner Brüder erst die bürgerliche Revolution bescheren wird.

Mvet, ein Bantu-Wort, ein Musikinstrument, ein kurzer Dokumentarfilm (LE MVET, Kamerun 1972, Moïse Zé Lecourt) aus dem Kreis des kamerunischen Fernsehausbildungszentrums, ein Dokument über den Spieler dieses Musikinstruments. Man sieht die Herstellung des dreisaitigen Instruments aus Bambus-Stöcken und Bambus-Fäden, die als Saiten dienen. Es klingt, als würde eine metallische Gitarre gleichzeitig gezupft und geschlagen. Es klingt nicht wie eine Gitarre. Es klingt ganz anders. Es klingt wie etwas, das wir noch nicht gehört haben. Wir hören, was wir schon einmal gehört haben. Deshalb klingt das Mvet wie eine metallische Gitarre. Auf dem Mvet werden keine Lagerfeuerlieder begleitet, sondern Geschichtsepen erzählt und vorgeführt, zu Sprache, Gesang, Tanz und Ekstase gebracht. Der Mann, der spielt, hat das Instrument gebaut. Er spielt und entschwindet auf einer Piroge in den Regenwald. Der Film stammt aus dem Archiv. Er ist mit französischer Hilfe gedreht. Der Ethnologe und Regisseur Jean Rouch förderte LE MVET.

Kamerunische Behörden, klagt der Regisseur des Dokuments, hätten ihn nicht gefördert. Der Mvet-Spieler ist kein Musiker, er ist ein Eingeweihter. Erst nach harten Prüfungen sei er der Kenntnis der oral tradierten Epen würdig. Zur Initiation müsse er ein Opfer erbringen. Mit rituellem Blut sei es nicht getan. Er müsse ein Auge, ein Bein oder sein Geschlecht opfern oder jemanden aus der eigenen Familie dem Kreis der Eingeweihten vorschlagen. Dieses vollbrachte Opfer diene dann bei der Kunstausübung des Mvet-Spielens der Konzentration. Stets sei der Aspirant sich inne, was er für die Gabe, eingeweiht zu sein, bezahlt habe. Nachts erscheint mir Michel Leiris im Traum. Wie ich sagen könne, der Surrealismus sei tot. Er lebe doch. Afrika werde kein Phantom sein. Ich würde es bedingt, er bestimmt erleben. Afrikas Zukunft beginne, wenn er in Afrika begraben würde. Das wäre der letzte surrealistische Akt, um den ihn Dalí und Buñuel beneideten.

Raconte, histoire! Erzähle deine Geschichte, Geschichte, erzähle dich! Das »Centre culturel camerounais« ähnelt einem in den fünfziger Jahren aufgegebenen Kino, in dem die Scheinwerfer zerrissene Vorhänge, Spinnengewebe und wuchernde Elektrokabel vor einer mit rotem Lehm geschändeten Leinwand beleuchten. Für heute Abend angekündigt waren die Ballerinen der Sozial- und Sanitärstation von Nkolndongo. Sie treten nicht auf. Das Programm beginnt mit einem Mvet-Spieler. Geistesabwesend sieht er vom Geräusch im Saale ab und versenkt sich in sein Spiel. Je leiser er spielt, desto mehr wächst seinem Spiel Aufmerksamkeit zu. Der Spieler scheint sich zum Zupfen der Saiten, zum Zeigen der besungenen Figur eine dritte Hand ausgeliehen zu haben, so fern ist er uns, so fern ist er sich. Eingeweihte geben sich am schäbigen Schauplatz nicht zu erkennen. Grußlos, gesammelt verläßt der Mvet-Spieler die Bühne.

Eine Frau, die hinkt, tritt auf. Sie führt ihren Gang zur Bühnenmitte nur vor, um den Stuhl des Eingeweihten abzuräumen. Für diese Arbeit erhält sie Applaus. Ein Gitarrist tritt auf, der einen Stuhl sucht. Er tritt ab, tritt auf mit seinem Stuhl, stimmt die Saiten und fegt mit einer Stimme, die Louis Armstrongs Kehle zu einer Nagelfeile degradieren soll, über das Mikrophon: »Oh when the Saints go marching in«. Der Sänger kommt nicht weit. Er verschluckt sich am eigenen Lachen. Er räumt das Feld.

Es treten auf Awoula Awoula[7] und seine Truppe, zum Abend der Gaukler um das Tam-Tam im Dorf versammelt. Die Bretter sind das Dorf, ein Tam-Tam ist das Tam-Tam. Awoula Awoula ist Erzähler, und er läßt sich bitten. Er fragt: »Raconte?« – »Erzählen?« Der Saal ruft: »Raconte!« Er fragt: »Histoire?« – »Geschichte?«. Der Saal ruft: »Histoire!« Ein alter Kinderwunsch bricht sich Bahn. Der Wunsch ist Teil der Erzählung, der Name des Erzählers ist Teil der Darbietung. Man muß den Namen des Erzählers nennen, ehe er beginnt. »Verehrtes Publikum«, sagt er. »Ihr seid keine Zuschauer. Ihr seid die Darsteller. Das ist das Schauspiel in Afrika. Ihr wißt Bescheid.«

»Awoula Awoula«, ist die kollektiv gemurmelte, chorisch versetzte Antwort aus dem Saal. Awoula Awoula erzählt vom Vielfraß, der auszog, ein Wildschwein zu erlegen, es aber nicht in sein Haus tragen kann. Denn auf seiner Schwelle sitzt ein Zauberhuhn, das den Weg für den Vielfraß und sein Wildschwein nur freigeben will, errät der Jäger den Namen des Zauberhuhns. Vielfraß ist in Verlegenheit, kehrt um und sucht den Hexer auf. Der Hexer verrät den Namen des Zauberhuhns: Chara Mara Hatsi. In Vorfreude aufs Essen kehrt der Jäger heim. Unterwegs findet er grünen Pfeffer, der ihn gut als Beigabe zum Wildschwein dünkt. Darüber vergißt er den Namen des Zauberhuhns, das ihn, böse wie es ist, mit einem Schlag aufs Geschlecht von der Schwelle stößt. Vielfraß sucht wieder den Hexer auf. Der Hexer will Geld für seinen Rat. Vielfraß gibt sein Geld. Auf dem Rückweg findet er Papayafrüchte. Da er im Genuß seiner kurzfristigen Befriedigungen den bannbrechenden Namen des Zauberhuhns wieder vergißt, verpaßt ihm das Zauberhuhn einen Schlag aufs Ohr. Awoula Awoula. »Nicht wahr«, sagt Awoula Awoula, auf der Rampe sitzend, halb zur Bühne, halb in den Saal gerichtet, »das könnte so bis zum Morgengrauen weitergehen.« Die Gnade des freien Zugangs zum Wildschwein wird Vielfraß nach vielen Verirrungen am Wege erst zuteil, als ihn Hexer und Zauberhuhn aller seiner Mittel und Kräfte beraubt haben. Von Gier verzehrt bricht der unglückliche Jäger, das Triebziel vor Augen, am Herd zusammen.

Nach der Moralisierung ein Schwank. Ohne Kostümwechsel spielt der Erzähler Awoula Awoula einen Häuptling, das Zauberhuhn sein zänkisches Weib. Sie hat einen in Teig gewickelten Igel im Feuer. Der Häuptling bringt einen Freund zum Essen mit. Und ein Kochbuch. Denn er, der Häuptling, wolle künftig eine zivilisierte Küche. Vergeblich sucht die Frau im Kochbuch nach einem Igelbraten. Durch das Warten sieht der Häuptling sich vor seinem Freund blamiert. Er verlangt laut nach der Vorspeise. Die Vorspeisen werden serviert. »Was, Avocados aus dem Eisschrank? Die sind ja elastisch!«

Wer wollte denn hier die zivilisierte Küche? Lass mich in Ruhe, Alter. Ich lese in deinem Kochbuch. 20,5 Gramm Salz, 300 Gramm Maniok-Gemüse, 50,8 Gramm grüner Pfeffer. Was zum Teufel sollen die Gramms und Kommas in meinem Essen, ich will meinen Igel!

»Weib, du bist entlassen. Sechs Monate Urlaub wegen Inkompetenz beim Kochen.« Die Frau des Häuptlings bricht nicht in Tränen aus. Sie wehrt sich gegen diesen Vorwurf im Namen der zivilisierten Küche. Sie greift zum Kochbuch und prügelt den Käufer des Kochbuchs weich. »Awoula Awoula!«
Die Ehepaare im Saal, Tränen der glücklichen Einsicht im Auge, fallen sich in die Arme. Der Tam-Tam-Trommler treibt das Publikum in die Begeisterung, die im Ruf: »Raconte histoire!« einmündet. Der Mvet-Spieler, der unbemerkt zwischen Wildschwein und Igel wieder auftrat, um am Rande der Szene, halb in den Vorhangstoff hineingelehnt, halb die Hände an die Kalebassen haltend, das Schauspiel durch seine Präsenz zu begleiten, erhebt sich. Wenn er sein Instrument ergreift, schwingen die Bambus-Saiten. Das hört man nicht. Das sieht man. Als das Publikum aus dem Saal strömt, sieht man den Mvet-Spieler, den Eingeweihten, im Overall eines Tankwarts unter Freunden scherzen. Die Aura schwindet nicht. Sie erwächst dem Unerkannten.

Das Ende der Ausbildung. Bevor der Direktor des Ausbildungszentrums frohe Ferien wünscht, bildet er in afrikanischer Mentalität aus. Die Deutschen dächten zu logisch. Afrikaner brauchten das Palaver, die Bedenkzeit, die Rücksprache mit den alten Chefs im Dorf, im Ministerium. Ganz irrig, gefährlich sei es, von einem Afrikaner eine Antwort mit der Frist bis übermorgen zu erwarten. Werbe ein junger Mann beim Vater der Braut um das Mädchen, werde er herzlich eingeladen auf Tage und Wochen. Gefällt der Bräutigam der Braut nicht oder ist er zu arm, um ihre Aussteuer zu zahlen, werde man ihm erst am Abend vor seiner Abreise mit einem Nein antworten. So wird Bedenkzeit eine Dimension der Zeit, die kurzfristig überhaupt nicht vorstellbar ist. Im Klima der Regenzeit zerfließt die Zeit. Das Klima erlaubt ihr nicht zu rasen oder still zu stehen. Die Zeit ist im Fluß, der das Bedenken wäscht.

Nach zähflüssigen Bitten, Mahnungen und Verhandlungen mit subtropischer Geduld im Ministerium für Information und Kultur, wo mir ausgeschriebene Dienstanweisungen des Staatssekretärs, kamerunische Filme zu sehen, wieder verschwinden, die Sekretärinnen in den weniger gekühlten Vorzimmern die stimulierende Kraft der Rockmusik erklären und der Philosophie studierende Assistent des Direktors der Kinematographie verriet, der größere Teil des kamerunischen Filmarchivs sei während eines kleineren Machtwechsels vom Cousin des Vorsitzenden der Kinoverleiher direkt an ambulante Filmvorführer im Busch verscherbelt worden, treffe ich auf die Filmkopien kamerunischer Produktion, auf die ich wartete. Was ich sehe, hat die Buschexpedition schon hinter sich. Das Zelluloid scheint gefoltert. Ausgeschlagene Perforation, horrende Klebestellen, fehlende Startbänder und Überblendungszeichen, Tonsprünge, das kommt auch in Berliner Kinos vor. Aber die Staubschicht, die sich diesen Filmen einfrißt, macht ihnen im inneren Bilde Konkurrenz.

Daniel Kamwa ist Hauptdarsteller, Drehbuchautor, Regisseur und Produzent in einem. Sein Film POUSSE-POUSSE (*Rikschafahrer*, Kamerun 1975) ist vor zehn Jahren gedreht. Kamwa erzählt die Geschichte eines kleinen Lastentransporteurs, der mit seinem Fahrradkarren (*Pousse-Pousse* ist Pidgin-Französisch wie das Wort *Coupe-Coupe* für Buschmesser) in der Hafenstadt Douala Waren transportiert. Der Mann heißt wie sein Arbeitsinstrument. Pousse-Pousse will heiraten und hat nicht genug Geld, seine Frau vom Schwiegervater freizukaufen. Unter ihnen bricht die alte Rivalität der kamerunischen Völker, der Bamileké, die als handelstüchtig gelten, und der Haussa, die als rückständig gelten, auf. Die Töchter rebellieren. Man verkauft uns wie Ziegen, klagen sie. Die Mutter der Braut, die das Paar gegen den Willen des Vaters vereinen will, fragt ihren Mann: Hast du die Kinder ganz allein gemacht?
Der Karren von Pousse-Pousse dient zum Transport der Schauplätze. Vom

Hafen zum Markt, vom Markt zur Hütte. Seinen Affen verkauft der Bräutigam einem polnischen Matrosen für vier Flaschen, mit denen er seinen geizigen Schwiegervater bestechen will. Es wird im Film viel Bier und Palmwein getrunken, Maniok zerrieben und zerstampft, in Bananenblätter eingerollt und verschnürt, Ndolé gekocht. Das erscheint mir, am Ende meines Aufenthaltes, dokumentarisch, nicht inszeniert. Kracauers Forderung in der Filmtheorie nach der bloß angedeuteten Erzählung wird hier Wirklichkeit. Der Exotismus ist eine Wahrnehmung der Ferne: aus der Ferne.

Das Hochzeitsessen in POUSSE-POUSSE ist kein fröhliches Familienfest. Es ist ein Geschäftsessen. Schütten Mitglieder der verhandelnden Parteien den ersten Schluck Palmwein hinter sich aus, könnte man das für eine hygienische Maßnahme halten, Pilze, die sich womöglich in der Flasche auf dem Wein gebildet haben, zu entfernen. Derlei Trinksitten sieht man in italienischen Filmen. Die Hygiene ist aber nicht die erste Sorge des Kameruners. Die Hygiene geht weit über seinen individuellen Körper hinaus. Der erste Schluck des Weines gilt den Geistern der Ahnen des Trinkenden. Diese Geste wiederholt sich in der Wirklichkeit, nach Sichtung der Filme, beim Abschiedsfest mit den Studenten. Schien der Film POUSSE-POUSSE ein Dokument, so scheint der Film MUNA MOTO (*Das Kind des Anderen*, Kamerun 1975, Jean-Pierre Dikongué Pipa) eine Vision. Der Regisseur ging mit MUNA MOTO nach Venedig und sagte zu seinem Film: »In MUNA MOTO ist alles Liebe; die Bäume, die Blätter, die Luft, alles atmet die Liebe der Natur, die Liebe der Menschen und insbesondere die Liebe dieses Mädchens zu dem jungen Mann. In allem, was sie sieht, sieht sie gleichzeitig ihn, jedes Ding ist ein Teil von ihm.«

Kamerun ein Dokument, Kamerun eine Vision der sozialen Frage: wieviel Erde braucht ein Mensch, wieviel Frauen braucht ein Mann? Zeigte POUSSE-POUSSE einen Aufsteiger im städtischen Proletariat, so zeigt MUNA MOTO einen Absteiger ins Landproletariat. Die Frau, die er liebt, kann er nicht kaufen. Die Frau, die er liebt, wird von einem anderen Mann gekauft. Diese Landproletarier hatten nicht einmal die Gelegenheit der Industrialisierung, um zu verelenden, weil für sie, am Nullpunkt der Entwicklung geboren, kein Aufstieg vorgesehen ist. Bleibt die Vision vom zerrissenen Glück des jungen Paares, das die Natur beleben muß, um das Feuer der eigenen Leidenschaft anzufachen, das panerotisch lieben muß, weil die Verhältnisse keine individuelle Liebe vorsehen. MUNA MOTO zeigt und verbirgt eine sich selbst nicht bewußte Körperlichkeit der Raumerfahrung, die in den geheimnisvollen Bereich vorstößt, der Afrikanern im Bild noch sichtbar sein mag, uns aber ins Off verbannt. Wir ahnen nicht, wo das Rätsel liegt.

Erstveröffentlichung: *einspruch. Zeitschrift der Autoren*, 4/1989 [Anm. s. S. 484].

Blickvermeidung und Blickschärfung
Überlegungen zum afrikanischen Film

1.

Woldemar kehrt aus London nach Berlin zurück und berichtet den Barby-Schwestern von einer Sightseeing-Tour. Sein Bericht aus Westeuropa wird überboten, denn Armgard und Melusine scherzen über ein Revue-Theater Unter den Linden. Dort zeige man »Die Mädchen von Dahomey«, eine Nummer über die sagenhaften Amazonen des westafrikanischen Königreiches (die heutige Volksrepublik Benin). Diesen Hinweis auf den exploitablen Showcharakter des Exotischen findet man, zum politischen Höhepunkt des kaiserlich deutschen Imperialismus in Westafrika, in Fontanes Roman *Der Stechlin* (1899).

Klaus Kinski in der Rolle des brasilianischen Sklavenhändlers *en gros* namens Felix de Souza trainiert auf dem Platz vor der alten portugiesischen Festung Elmina (im heutigen Ghana) die weibliche Palastgarde des Königs von Dahomey. Die Amazonen sind in massenhafter Formation angetreten, so, als habe Leni Riefenstahl aus dem Off einen deutlichen Wink gegeben. Später werden die ghanaischen Statistinnen sich lachend und singend nicht nur dem Sklavenhändler andienen, sondern, vermeintlich »ungeniert«, sich der Kamera andrängen, um die sie sich unbekleidet scharen müssen. Postkoloniale Bilder im zeitgenössischen Film COBRA VERDE (BRD 1987) von Werner Herzog, die noch die sexuelle Attraktion kolonialisieren, fungieren, um den Schauwert »Afrika« zu erhöhen. Nichts hebt Herzogs Film von der gehemmten Schaulust der Forschungsreisenden zur Kolonialzeit ab, die Berichte lieferten wie *Afrika, nackt und angezogen*[1] oder *Dunkel lockender Erdteil*[2].

Die Kritik aus afrikanischer Sicht an COBRA VERDE, ich zitiere aus der *Ghanaian Times* vom 6. Februar 1988, ist ein Defensivakt, der ästhetische Bedenken an die ökonomische Bilanz verkauft, denn es stand die Beteiligung der koproduzierenden GFIC (Ghana Film Industry Corporation) auf dem Spiel. Immerhin räumt die Kritik ein, daß dem Regisseur von der Regierung des Landes Mali die ursprünglich erteilte Dreherlaubnis für den Film entzogen worden sei. Das Drehbuch bedeute einen »insult to the black race«.

Der Verdacht wird ausgeräumt, indem die Kritik an den Bildern durch die pure Begeisterung über die Produktion des Films, in der Afrikaner sichtbar werden, überformt wird. Wie sehen Europäer afrikanische Filme, wie sehen Afrikaner *ihre* Filme, ist die Frage, der folgende Überlegungen anhand von Filmen aus Kamerun, Ghana, Senegal, Elfenbeinküste und Mali gelten. Durchaus kulturpolitische Intention ist es dabei, den eurozentrischen Blick und die fast schon gentechnisch verankerte Kodifizierung von Hollywood-Normen im westlichen Wahrnehmungsapparat ein wenig zu schwächen; lernen Filmhistoriker doch gerade mühsam und zögernd, die Geschichte des japanischen Films als ein Europa nicht-kompatibles Wahrnehmungssystem zu begreifen.

Hintangestellt bleiben, fürs erste, spezifische Formen der Distribution und Rezeption von afrikanischen Filmen in Afrika. Insofern wird der Paradigmenwechsel nicht radikal vollzogen, wenn er nur auf Differenz und Bildwechsel beharrt. Auch wird der Produktionszusammenhang von politischer Geschichte und der Ausbildung von Genres nicht vertieft. Warum zum Beispiel dominiert in den frankophonen Ländern der Spielfilm, während im anglophonen Bereich der Dokumentarfilm Fuß faßt, wohingegen in Afrikas lusophonen Ländern (Angola, Mozambique) genreunspezifisch eine vorhandwerkliche Produktionsstufe, ethnographische Filme von Europäern, vorherrschend ist.

2.

Claire Denis, langjährige Regieassistentin von Wim Wenders, die zur französischen Kolonialzeit im muslimischen Norden Kameruns aufwuchs, debütierte bei den Filmfestspielen in Cannes 1988 mit ihrem Spielfilm CHOCOLAT (CHOCOLAT – VERBOTENE SEHNSUCHT, F 1988). Darin erzählt sie die Geschichte der behüteten Sozialisation eines sechsjährigen Mädchens, das als Tochter des Verwaltungsoffiziers zwischen dem französischen Milieu (das Haus) und der geheimen Komplizenschaft zum schwarzen Hausboy (die Erfahrung des Landes, der Weite) in extreme Zuneigungen eingespannt wird. Was das Kind sieht, wird gelenkt durch die Aufmerksamkeit auf den Diener. Beider Wahrnehmung verbindet das Staunen, das Schweigen, das Nichtfassenkönnen dessen, was sie sehen. Diese Außenseiter gehen ein Blick-Bündnis ein, das beiden einen Zuwachs an Erkenntnis gibt.

Die Plansequenzen der Kamera binden die Schönheit des Landes, den Schock des Verhaltens der Besatzer in eine Bewegung ein. Die Minimalisierung der Unruhe schafft eine Maximierung der Spannung zwischen Behüten und Aufdecken. Das ist die Strategie des Films: Aus dem Off reicht ein schwarzer Arm den Kaffee an den Tisch der Weißen. Ein weißer Kopf hebt oder wendet sich nicht, der Wunsch wird von den Lippen, nicht von den Augen abgelesen. Die Wahrnehmung von Schwarzen durch die Weißen (es sind die fünfziger Jahre vor der Unabhängigkeit der Staaten Afrikas) ist eine Verweigerung, ein intentionales Übersehen.

Die Wahrnehmung von Weißen durch die Schwarzen hingegen ist ein allmähliches Erkennen, ein gezügeltes Schweigen aus Machtlosigkeit. Aber in diesem Arsenal werden unzählige Gesten und Blicke gesammelt, aus denen sich für die Zeit der Unabhängigkeit eine neue geschärfte Wahrnehmung armieren läßt. Schließlich deutet die Funktion der hier verwandten Plansequenzen auf einen ästhetisch wie politisch fließenden

Übergang, ein Schwenk, der beide Wahrnehmungsstrategien (die Blick-vermeidung wie die Blickschärfung) auf einen fälligen Bildwechsel hin-lenkt. (Im übrigen hat sich die kamerunische Koproduktion von CHOCO-LAT gegen diesen Titel gewandt und stattdessen »Home« vorgeschlagen.)

3.

Die Architektur, Plastik und Literatur Afrikas sind zweitausend Jahre alt, seine Kinematographie zählt erst zwanzig Jahre und datiert mit staat-licher Förderung erst seit den Tagen der Unabhängigkeit. Der Senegalese Sembène Ousmane (auch ein bedeutender Realist afrikanischer Literatur) präsentierte 1963 auf dem Festival in Tours seinen Film BOROM SARRET (*Der Fuhrmann*, Senegal/F 1962); in Venedig 1988 wurde sein Film CAMP DE THIAROYE (*Camp der Verlorenen*, Senegal/Tunesien/Algerien 1988) gezeigt. Ousmane ist ein Pionier des afrikanischen Erzählkinos, das er mit klassenspezifischen Portraits aus der Epoche der Dekolonisierung beliefert. Sein Kino liegt auf progressistischer Linie, die einerseits die Ver-bürgerlichung der politischen Kader, andererseits das Festhalten an animistischen Traditionen bekämpft. Der Regisseur gilt als der bekannte-ste Repräsentant schwarzafrikanischen Kinos: Deshalb sei an dieser Stel-le vom unbekannteren Nachwuchs die Rede, der zudem überwiegend nicht mehr an den Filmhochschulen in Moskau, Havanna, Paris oder München ausgebildet wurde, sondern an der bislang einzigen Filmakade-mie Westafrikas, dem NAFTI (National Film and Television Institute) in Ghanas Hauptstadt Accra. In den Leitlinien zur Ausbildung heißt es, sich gegen den eurozentrischen Blick abgrenzend: »His/her orientation as an African is not disturbed by direct alien cultures or values which tend to subvert creative identity and individual self-confidence.«
Als der mauretanische Regisseur Med Hondo seinen historischen Spiel-film SARRAOUINA (Burkina Faso/F 1986) dem Widerstand einer Königin gegen die Kolonialherren widmete, erklärte er im Internationalen Forum des Jungen Films der Berlinale 1987: »Unser Kontinent hat die reichsten Bodenschätze und dennoch die ärmsten Bewohner. Was uns fehlt, sind die Minen der Imagination, aus denen wir Bilder unserer Geschichte gewinnen.« In welchen Bildern bekundete sich afrikanische Identität, Selbstvertrauen in die Kraft der eigenen Geschichte? Zumeist in jenen Fil-men, die sich autonome Traditionen noch nicht durch die internationalen Koproduktionen enteignen ließen. Die autonome Tradition, die es in allen Medien der Kunst Afrikas zu beachten gilt, ist die Oralität von Kul-tur, der Ereignischarakter des Erzählens, zu dem sich die soziale Gruppe eines überschaubaren Zusammenhangs (z.B. Dorfbewohner) um einen *griot* (d.h. Erzähler, Magier, Eingeweihter, Sänger, Musikant) versammelt. Im ghanaischen Film NO TEARS FOR ANANSE (Ghana 1969) des Regisseurs Sam Aryeetey wird eine solche Erzählsituation ausdrücklich als Rahmen

abgebildet. Aus dem Kreis der Versammelten heraus wird ein kombiniertes Stück Musik-Theater geboten, das auf europäische Wahrnehmung ebenso naiv wie brechtisch gebrochen wirkt: Jeder Mitwirkende ist Zuschauer, der vom Film virtuell die Bannzone verletzt und ins Parkett zum dort versammelten Publikum sieht. Die Mitwirkung des Publikums im Saal bei Vorführung des Films gleicht einer gleitenden Imitation des Geschehens, das kommentierend begleitet und überboten wird.

NO TEARS FOR ANANSE ist eine Komödie aus dem Alltag der Landbewohner. Der Titelheld scheint todkrank und will, bekundet er, nicht unter der Erde, sondern an einem Baum bestattet werden. Trauernd muß nun der Sohn das Feld bebauen. Die Ernte wird ihm aber entwendet. Der auferstandene Titelheld verzehrt die fremden Früchte allein am Feuer. Nichts muß er mehr teilen. Der Sohn will den Erntedieb fangen, indem er auf dem Feld einen Menschenfetisch mit Klebstoff bestreicht. Ananse bleibt an diesem Fetisch kleben. Kein Überreden in keiner Sprache, ob Ga, Akan, Fanti oder Hausa, Englisch, Französisch oder Deutsch hilft zur Ablösung. Bei Tageslicht wird der scheintote Egoist an der Schandsäule dem sozial korrigierenden Spott der Allgemeinheit ausgesetzt.

So einfach die Struktur des Komödienschemas erscheint, so polyphon sind hier Gesten und Töne im dramaturgischen Wechsel gesetzt. Das Genre des Films wäre mit Musical oder Komödie unzureichend beschrieben. Ebenso zutreffend könnte die Bezeichnung Lehrstück oder Fabel sein. So ungeübt unsere Wahrnehmung afrikanischer Kultur ist, so ungelenk klingen auch die Hilfskonstruktionen, mit denen wir Inkommensurables, um dem die Differenz auszutreiben, rhetorisch zudecken.

Im Film FAD'JAL (Senegal 1979) der Senegalesin Safi Faye (die beim Ethnographen Jean Rouch in Paris und in afrikanischen Feldstudien ausgebildet wurde) scheint der ethnographische Erkenntniswert der gleichsam dokumentarischen Schilderung von der Veränderung im dörflichen Leben für Ungeschulte nicht faßbar zu sein. Archaisch inszeniert wirkt der Beginn: Der Großvater sitzt unter einem gigantischen Baum, die Enkel hören ihm zu. Der Stamm faltet sich in Form von Elefantenhaut zu Nischen, in denen die jungen Zuhörer sozialen Exempeln des richtigen und falschen Verhaltens lauschen. Im Verlaufe eines Rechtsstreites um einen schmalen Streifen Grundbesitz, der nicht bebaut wird, lautet ein entscheidendes Argument: »Ein Feld, auf dem ein Huhn ist, ist kein Feld mehr, sondern eine Wohnung.« Das klingt sehr komisch, das ist sehr ernst. Im Zyklus der Arbeit an der Ernte schließt sich die Erfahrung des Alltags, der unmerklich sich im Verlauf des Films verändert, der scheinbar monochrom und mutmaßlich monoton dahinläuft. Hätten wir das Huhn auf dem Feld rechtzeitig erkannt, wäre die Monotonie der Phänomene nicht mehr dieselbe gewesen. Was in der Differenz abzulesen ist, liegt in der kulturellen Autonomie der Afrikaner beschlossen. Die Differenz, das ist die Vorstellung von Zeit, die, durch kein Montagegesetz elliptisch gerafft, zu Sprüngen verleitet, zu Blöcken verdichtet, sondern als Verlaufszeit des Erzählens wieder eingesetzt wird. Nicht die Beschleunigung der Zeit (kein ästhetisch, sondern ökonomisch induziertes Gesetz europäischer Kunst: kraft Taylorisierung in den zwanziger Jahren), sondern die Einsetzung von Realzeit wäre hier ein Schlüssel zum Verständnis afrikanischer Filme.

Ein ghanaischer Regisseur erklärte mir: »Eure Filme sind bloß visuell so schnell, dafür musikalisch furchtbar langsam.« Lehrsatz daraus wäre: eine neue Priorität der Sinne untereinander zu erkennen und anzuerkennen. In Konsequenz hieße das womöglich, annähernd gesagt: Afrikanische Filme sind nicht vom Bildrhythmus her, sondern vom Tonduktus her montiert.

Belegbar ist diese Hypothese durch eine Äußerung des senegalesischen Regisseurs Babacar Samb-Makharam:

> Ich habe mich über meine französische Cutterin geärgert, die meinen Anweisungen nicht folgen wollte: Meine kulturellen Wurzeln gehen nicht auf die griechische Kunst, sondern auf Negermasken zurück. Außerdem beziehe ich die orale Tradition Afrikas mit ein. Das erklärt beispielsweise die Länge meiner Einstellungen.[3]

Lange Einstellungen und Oralität stehen in einem bedingenden Verhältnis zueinander, das allerdings die Grundregeln normativer Montagekunst im Film in Frage stellt. Etwaige Analogien zu avancierten Regisseuren in Europa wie Angelopoulos oder Straub/Huillet sind nichtig im Augenblick, da man nach Herstellungsweise und Funktionsform in deren Filmen fragt.

Das narrative Kino ist in Afrika kein metaphorischer Hilfsbegriff, sondern oft nur eine in die avancierte Form übersetzte und gerettete Fortsetzung oraler Überlieferung. Der Film DJELI (Die Kaste, Elfenbeinküste 1981) des Ivorers Fadika Kramo-Lanciné nennt sich im Untertitel »Conte d'aujourd'hui« – »Erzählung von heute«. Der Konflikt entzündet sich an der Vorherrschaft der Tradition in einem muslimischen Dorf des Nordens der Elfenbeinküste. Ein Student, eine Studentin wollen heiraten. Der Mann stammt aus einer Djeli-Familie (Eingeweihte), die Frau aus einer Mandingo-Familie (Nicht-Eingeweihte). Die Tradition bildet im Einspruch der Alten die Tautologie aus, Tradition sei Tradition. Aber politisch fand ein Machtwechsel statt: Der Statthalter der Religion muß seine Entscheidungsbefugnis an den Unterpräfekten abgeben. Dem Heiratsbegehren der jungen Leute steht nichts mehr im Wege, außer der folgend hochgradigen Kodifizierung ihres Ehelebens. Im Maße wie europäisch-westlich-amerikanische Filme von der Tradition des Einstellungswechsels im narrativen Fluß bestimmt sind, sind afrikanische Filme von der Tradition des Tons, der Sprache bestimmt. Dialoge bestehen partienweise aus Sprichwörtern. So wird die dramaturgische Situation, in der man Gefahr zu unterlaufen hätte, mit kodifizierten Sätzen bezeichnet, die etwa lauten: »Man lächelt dem Kaiman zu, wenn er schon unsere Finger im Maul hat.« Oder: »Wenn man Fleisch hat, geht man zu dem, der Feuer hat.« Ich vermute, die in unseren Ohren klingende Ambivalenz wird in afrikanischer Wahrnehmung eindeutig bestimmbar sein. Die technisch avancierten Mittel, die in DJELI zum Einsatz kommen: wie ausgiebige Zooms und *frozen frames*, bezeugen nur eine aufgesetzte Modernität in der Darbietung, keineswegs ein Abweichen vom narrativen Diskurs. DJELI ist ein mediokres Zeugnis des formenreichen ivorischen Kinos, dessen Sprache nichts anderes als einen Aufruf artikuliert, sich aus den Gesetzen altafrikanischer Tradition zu lösen. Afrikanische Filme zehren wesentlich von ihrer Appellfunktion.

So ist es Sinn und Zweck der Kunst in Afrika nicht, Abbild einer Götterwelt oder auch einer Priesterwelt – oder gar einer herrschenden weltlichen Macht – zu sein, sondern: zur Sicherung des Lebens unmittelbar Wirkung auszuüben. Um dies leisten zu können, muß die Kunst ihrem ganzen Wesen nach wirksam sein. Sie muß etwas von derjenigen Kraft enthalten, die nach außen wirkt,

schrieb Werner Schmalenbach.[4]

4.

Gelingen kann die Sicherung des Lebens in den Zeichen der Kunst nur, wenn die Bilder der Geschichte erkannt und gesichert werden. Hegels Diktum, Afrika sei ein geschichtsloser Kontinent, wirkte verhängnisvoll in der Anschauung von afrikanischer Kunst. Die Tradition oraler Überlieferung wurde noch einmal im Vorspann zum senegalesischen Film FAD'JAL beschworen, wo es hieß: »Un vieillard qui meurt est une bibliothèque qui brûle.« – »Ein Greis, der stirbt, ist wie eine Bibliothek, die brennt.« Im Film A DEUSE NEGRA (*Die schwarze Göttin*, Nigeria/Brasilien 1978, Ola Balogun) gibt die afrikanische Gegenwart den Auftrag, nach der Epoche brasilianischer Geschichte zu forschen, die zum Zwangsexil der Afrikaner wurde, bis Brasilien zum Ende des 19. Jahrhunderts die Sklaverei abschaffte und einen Menschenschinder wie Cobra Verde arbeitslos machte. Ein guter Teil der Freigelassenen kehrte auf den alten Kontinent zurück. Zu dieser Produktion des Regisseurs Ola Balogun wirkten Nigeria und Brasilien zusammen. Die brennenden Gegenwartsprobleme von Lagos wie Rio werden ausgeblendet. Nach einer Tele-Einstellung auf die nigerianische Metropole sieht man einen jungen Mann aus Lagos mit seinem Fotoapparat durch die Favelas von Rio streichen. In der Armut regiert die Güte: Ein Großvater nimmt sich des Fremden an, dessen Enkelin führt ihn ins Dorf Esmeralda, in dem sein Vorfahr einst versklavt wurde. Der Ahne war ein Held und Freiheitskämpfer gegen die brasilianischen Hazienda-Herren; der Nachfahr ist ein Träumer, der aus einer Ohnmacht in die Reinkarnation fällt. Fünfzig Minuten des Films gelten der Gegenwart, zwanzig Minuten der Vergangenheit. Das Erwachen des Nigerianers wird durch die Liebe einer Brasilianerin bewirkt. Die Gegenwart birgt das Versprechen, mittels einer neuen Ehe zwischen den Kontinenten eine bessere Geschichte für die Zukunft zu erzeugen.

Der bloß schattenhafte Umriß der individuellen Charaktere wird ausgeglichen durch die Deutlichkeit sichtbarer sozialer Formen. Der afro-amerikanische Kult des Candomblé, der Ritus in der Trance, der prophezeienden Geisterstimmen in der Phase der Reinkarnation, die modernen Tanzgruppen in der Samba-Schule von Rio und Bahia, das Zuckerrohrschneiden der alten Sklaven in der Rückblende beanspruchen mehr Filmzeit als die individuelle Handlung um den an sich kaum signifikanten Helden. Sie nehmen dessen Platz ein.

Die Differenz zum eurozentrischen Code bestünde in einer kleinen Aufmerksamkeitsverschiebung. Die scheinbar langatmigen, für einige auch langweilig wirkenden Kollektiv-Szenen zeigen, daß die Verankerung des Einzelnen im Sozialen die Handlung repräsentiert. Die Gewichtsverlagerung, dieser Prioritätenwechsel in dem, was Aktion ausmacht, wäre zu lesen als intentionale Bewußtseinslöschung vom Individuum, das Europa und Nordamerika so heilig und teuer ist. Als Hubert Fichte auf einer seiner Forschungsreisen in Brasilien einer Darbietung des Trance-Kultes beiwohnen durfte, notierte er, auch er, der in die Differenz doch Eingeweihte: »Ein bißchen langweilig für den Neuankömmling – für den Kenner vom Understatement des Orthodoxen. Die Götter zögern herabzusteigen. Dann wenig spektakuläre Ekstasen.«[5] Die Gleichförmigkeit einer Erscheinung, einer filmischen Bewegung wird mit Langeweile korreliert, woraus sich der Umkehrschluß ergibt, daß die Wirkung Nicht-Langeweile mit dem raschen, akzelerierten Formenwechsel korreliert ist.

Bildtheoretisch ausgedrückt: die Repräsentanz einer durchgehenden Bewegung in der ästhetischen Organisation des Raumes wird im afrikanischen Film höher valorisiert als die Vereinzelung, als die Fragmentierung des Blicks auf etwa ein Ding-Detail oder den Aspekt, den Ausschnitt eines mimisch-gestischen Ausdrucks. Schematisiert, um eine Tendenz zu bezeichnen: das Referenz-System afrikanischer Filme ist die Totale, das des europäisch-amerikanischen Films die Großaufnahme. Herrscht hier das Pathos der Innerlichkeit (Großaufnahme, emotionale Konflikte, Schuß-Gegenschuß-Auflösung), so dort: das Pathos der Äußerlichkeit (Totale, soziale Konflikte, Gruppenbilder statt Individuum).

In dem nigerianisch-brasilianischen Film A DEUSE NEGRA gibt es eine einzige Großaufnahme: nämlich von der titelgebenden schwarzen Göttin –

als Filigran, als Amulett, als Antlitz. Zur Schlußeinstellung des Films verschmelzen in weicher Unschärfe die Schichten von Geschichte und Gegenwart, von Kunst und Konflikt zu einem rätselhaften Bild der Statik. Noch einmal muß ich, da es filmwissenschaftlicher Grundlagen zum afrikanischen Film ermangelt, Anleihen bei der Kunstgeschichte machen, die eine Erkenntnis virtueller Analogie lieferte. Werner Schmalenbach, der sich seit dreißig Jahren mit diesem Thema befaßt,[6] schrieb 1988:

> Daß afrikanische Plastik sich fast immer in einem Status großer Ruhe verhält, scheint ihrem Dynamismus zu widersprechen. In Wahrheit aber ist dies geradezu dessen Voraussetzung. Körperliche Aktivität, also die Darstellung agierender, auch szenisch miteinander agierender Menschen, ist so selten, daß man sie bloß als Ausnahme zu notieren hat. [...] Zur Ruhe der afrikanischen Figuren gehören Eigenschaften wie Frontalität und Symmetrie [...].[7]

5.

Stellte der Film A DEUSE NEGRA die mythisierte Form einer Rückkehr in afrikanische Geschichte dar, so wagt sich der Film SAARABA (Senegal/ BRD 1988, Amadou Saalum Seck) an die demythisierte Rückkehr eines in Europa erzogenen Afrikaners in eine ihm entfremdete Gegenwart. Der junge Senegalese Amadou Saalum Seck, an der Hochschule für Fernsehen und Film in München ausgebildet, legte hier in Koproduktion mit dem Kleinen Fernsehspiel des ZDF seinen Abschlußfilm vor, der in seinem Ursprungsland keinen Verleih gefunden hat. Die Widmung des Films SAARABA (der Titel ist die vereitelte Verheißung einer Utopie) gilt dem Hauptmann Thomas Sankara (das ZDF schreibt für den französischen Rang des »capitain«: »Kapitän«, als gäbe es in der Sahelzone eine Marine). Diese Widmung ist eine politische Hommage an den im Putsch ermordeten Präsidenten von Burkina Faso (das ehemalige Obervolta), der für die radikale Erneuerung westafrikanischer Politik eine große Hoffnung darstellte.

Nach siebzehn Jahren in Paris kehrt der Senegalese Tamsir in die Heimat zurück. Sein Paß ist abgelaufen. Der Onkel des Heimkehrers will ihn im Büro unterbringen, der aber kehrt ins Dorf seiner Familie zurück und legt europäische Kleidung ab. Dem sterbenden Vater vertraut er sein Credo an: »Ich möchte mich von den Irrtümern der Weißen fernhalten und meine Tradition erforschen, aber die Technik der Weißen ist unabdingbar an unser Jahrhundert gebunden.« Der Vater antwortet mit einer Weisheit der Ahnen: »Es ist besser, seiner Epoche als seinem Vater zu ähneln. Ein Zwilling deines Vaters wirst du nie.« Es gibt keinen Weg zurück in die Tradition, es gibt nicht einmal einen autochthonen Weg. Die Generationsgenossen des Tamsir wissen keinen Ausweg. Sie dealen mit Medikamenten, kiffen und solidarisieren sich oberflächlich mit ihren Märtyrerbrüdern in den Gefängnissen von Südafrika. Die Intellektuellen unter ihnen hören schwarze Musik aus der Karibik und stellen neben die Schallplatten das Buch L'Afrique (1982) von Leni Riefenstahl.

SAARABA, der den Weg ins Paradies weisen sollte, ist das Dokument einer politischen Desillusionierung. Wo die einheimische Tradition zur Folklore verkam, jedweder individuelle Protest verhallt, die Korruption der Gefühle triumphiert, sucht der Heimkehrer einzig die Allianz zum Dorfaußenseiter, der ihn auf dem Motorrad nicht ins Paradies, sondern in den Tod fährt. SAARABA ist eine geduldige Überprüfung des Grundgefühls der Entfremdung, die innen und außen herrscht. Die gegenwärtige Lage, die Seck aufzeigt, ist prekär und haltlos. Wieder werden Figuren nicht in individueller Vertiefung, sondern in sozialer Breite als Teil ihres umfassenden Familienverbundes vorgestellt, doch sind die Bande zerrissen. Narrativ bestimmt ein gedehnter Duktus diesen Film, der einzelne Szenen, die dramaturgisch Höhepunkte sind, der Realzeit annähert. Der Film, der sich der Publikumserwartung von der Appellfunktion verweigert, ist eine rückhaltlose Bestandsaufnahme der Generation der heute Dreißigjährigen, von denen die Kraft zur politischen Erneuerung in Westafrika nicht erwartet wird.

Diese Erwartung hingegen erfüllt der Regisseur Souleymane Cissé aus Mali, dessen überragend innovativer Film YEELEN (YEELEN – DAS LICHT, Mali/F 1987) den Spezialpreis der Jury in Cannes 1987 erhielt, auf Festivals in Locarno und Berlin gezeigt wurde und in den westdeutschen Kinos zu sehen war.

Wie der Filmhistoriker Férid Boughedir in seinem Aufriß »Zwanzig Jahre afrikanisches Kino« schrieb,

> sprengt Souleymane Cissé die geläufigen Codes des Kinos von innen heraus auf, um seine eigenen zu schaffen. Diese Filme, die Fragen stellen, ohne jemals Schlußfolgerungen aufzudrängen, haben keine wirklichen Helden, es sei denn einfache Leute. [...] Die Kraft der Filme von Souleymane Cissé kommt ohne Zweifel aus der Tatsache, daß er einer der ersten afrikanischen Filmregisseure ist, die keine Rechnung mit Europa zu begleichen haben. Diese Abrechnung fehlt in allen Filmen. Sie sind vielmehr eine direkte Auseinandersetzung mit der eigenen Gesellschaft auf der gegenwärtigen Stufe ihrer Entwicklung. [...] Vielleicht wird aus dieser unabhängigen Spur das beste afrikanische Kino von Morgen entstehen: ein Kino, das jenseits der andauernden Konfrontation Afrika-Okzident, Tradition-Modernität sein wird.[8]

Der Film YEELEN zeigt eine scheinbar zeitlose Agrargesellschaft am Beispiel des Volkes der Bambara in Mali. Der dramaturgisch treibende Vater-Sohn-Konflikt treibt hier nicht Charaktere, sondern Eigenschaften und

Verhaltensmuster aus: Wie dem Vater der Zorn, so ist dem Sohn die Angst–, und beiden die unablässige Verfolgungsbewegung zugeordnet. Über die Herrschaft animistischer Religion hinaus führt der Film den Diskurs der vier Elemente: Feuer, Wasser, Erde, Luft. Das irrationale Eingreifen des Animismus zwingt die Regie dazu, die Irrealität der Dinge real zu zeigen. Das gelingt durch Beschwörungen, Gebete und Verwandlungen als Akt, in die Natur verwandelnd einzugreifen. Der Ansturm der Sinne wird als Dematerialisierung ins Bild gebracht. Der Farbe der Natur ordnen sich assimilierend die Farben der Haut, der Kleidung unter. YEELEN hat ein Geheimnis, das es nicht preisgibt.

Denn die Sprichwörter der Männergeheimbünde der Eingeweihten finden eine bildliche Entsprechung nur als Evokation, als Andeutung, in der sich, vermutlich, der Entwurf zu einer Kosmogonie verbirgt. Die Eroberung des Landschaftsraumes erfolgt einzig durch horizontale Schwenks: Nur wenn dem Vater wie dem Sohn magische Eigenschaften für einen Augenblick der Auseinandersetzung um die Herrschaft verliehen werden, erfolgen vertikale Schwenks entlang den Personen und ihren Zauberstäben.

Der Gehalt dieses Films ist kaum zu erschließen, es sei denn, man stehe ethnologisch in der Tradition der Bambara.[9] In europäischen Mustern gedeutet handelt es sich in YEELEN um einen pikaresken Erziehungsroman, dessen Erziehungsfelder Straßen und Wege sind. Ein Unschuldiger zieht aus in die Welt, um mit dem Auszug das Bewußtsein von Schuld oder Schuldfähigkeit zu erlernen. Aber diese Einordnung in europäische Muster – eine Kritik bemühte den Topos des Ödipalen – ist genauso verhängnisvoll neokolonialistisch wie Pasolinis emphatische Studie von 1967, die er als Film APPUNTI PER UN' ORESTIADE AFRICANA (SKIZZEN FÜR EINE AFRIKANISCHE ORESTIE, I 1969) nannte: Junge Studenten aus Uganda sollten in einem Spielfilmprojekt die griechische Orestie nachspielen; ihr Schwarzsein sollte als Versprechen auf archaische Exotik gelten, die nicht ihr Afrikanertum, sondern vielmehr das Wilde der griechischen Barbarei bezeugte.

Vielmehr geschehen in YEELEN Zeichen und Wunder, die ihre Basis nicht im Filmtrick haben, sondern im Fetischismus. Der junge Mann, der in die Welt zur Wanderschaft auszieht, verhext seine Häscher, die ihn zu Unrecht als ordinären Viehdieb verdächtigen. Der Beschuldigte kann sich bewähren, indem er weitere Zeichen seiner Wundertaten setzt. Nicht die geringste Leistung ist es, ethnische Klüfte zu überwinden: auf magische Weise, die keiner visuellen Deformation bei ihrer Einführung bedarf. In diesem Film herrscht viel Helle, aber wenig Klarheit. Der Diskurs gilt dem Licht, nicht den Metropolen. Das Agens der Handlung ist die Quintessenz, die über den Elementen liegt. YEELEN ist ein Film, der seinen Diskurs nicht *über* Afrika führt, sondern *mit* dem Kino. Sein Titel heißt DAS LICHT. Seine Inszenierung ist die organisierte Verteilung des Lichts, die Teilung in Helligkeit und Dunkelheit, in artikulierte und nicht-artikulierte Töne, die das Aufkommen des Lichts am Horizont begleiten.

Die Montage verletzt alle Regeln der Schuß-Gegenschuß-Dramaturgie. Sitzen Mutter und Sohn zu Beginn des Films einander gegenüber, um über den rächenden Vater zu reden, dann erfolgt in der inneren Organisation der Einzelkader keine Zuwendung der Personen zueinander. Vielmehr richten diese sich frontal ins Publikum und im schroffen Winkel von neunzig Grad von ihrem Gesprächspartner ab, zu dem die Montage eine glaubwürdige Blickachse bilden müßte.

In den innovativen Filmen Afrikas geht es nicht mehr um die Einspiegelung von Welt, sondern um die Schaffung einer Welt, wie sie noch kein Zuschauer je gesehen hat. Der Film wird, wie die avancierte afrikanische Literatur von Thiong'o bis Adiaffi, eine kosmogone Arbeit, die mit einer neuen Imagination auch eine neue Wahrnehmung schafft. Es ist an Europa, von Afrika zu lernen, seine Sinne in eine andere Richtung zu lenken. Zu lange haben diese Sinne sich in ihrer Selbstermächtigung als kleine »Theoretiker«[10] behauptet, ohne je ins *terrain vague* einer Fremderfahrung sich zu wagen, das diese Theoretiker aus dem Häuschen: ins Freie brächte. Der afrikanische Film lehrt die europäisch kodifizierte Theorie vom Film wenn nicht das Fürchten, dann doch das Zweifeln. Und der systematisierte Zweifel ist (ich erinnere mich einer Formulierung Ernst Blochs): der wichtigste Stachel des wissenschaftlichen Fortschritts.[11]

Erstveröffentlichung in: *Films de l'Afrique*, hg. v. Festival Internazionale del Film Locarno, 1989 [Anm. s. S. 484f.].

Zelluloid: das wilde Tier
Kino aus Afrika

Zwei Männer fahren nachts im Jeep über eine Landstraße bei Lagos. Plötzlich überfahren sie etwas, das wie ein zuckendes Lebewesen aussieht. Im Mondlicht müssen sie erkennen, daß hinter ihnen keine tote Schlange liegt, sondern ein Haufen zerrissenes Zelluloid. Am Steuer sitzt der nigerianische Autor Wolé Soyinka, der spätere Nobelpreisträger für Literatur, der seinem Begleiter, einem amerikanischen Journalisten, eine Lehre des Dschungels erteilt:»Man sucht das wilde Tier, und alles, was man findet, ist ein Stück Film.«

Gewöhnlich ergeht es einem Zuschauer von Filmen aus Afrika ähnlich. Denn hinter allem, was nach Film aussieht, sucht er nach dem Schrecken, der vom Wilden ausgeht. Angesichts der Filme aus Europa wird müde abgewunken. Das neue, von Hollywood unabhängige Kino präsentierte 1989 in Locarno einen Film im Wettbewerb, der den programmatischen

Titel PRISONERS OF INERTIA (NEW YORK ODYSSEY, USA 1989, Zanna Devinne, Deirdre Gainor) trug. Das Bekannte scheint ausgereizt. Selbst die Varianten möglicher Geschichten sind zu Ende erzählt. Die Natur des Zuschauers ist es, ein »Gefangener der Untätigkeit« zu sein. Dafür ist er ein Weltmeister im Abfliegen von fremder Phantasie. Afrika scheint da ein beliebtes Schaufenster, in dem Versprechen locken, die kein europäischer Film mehr auszustellen hat.

Sieht man genauer ins Schaufenster hinein, schaut eine Vision heraus. Das hatte man nicht erwartet, daß Filme aus Afrika in erster Linie einmal Filme sind, die mit den gleichen Mitteln gemacht, den gleichen Mängeln behaftet sind. Der Vorspann zeigt es, fast alle Filme der afrikanischen Woche auf dem Festival von Locarno sind mit den Augen eines europäischen Kameramannes gesehen. Die Professionalisierung, die von westlichen Koproduzenten den afrikanischen Kollegen abverlangt wird, heißt notwendig, die technische Fertigungsqualität zu verwestlichen, unserem Standard anzupassen.

Da lief vor vielen tausend Zuschauern auf der Piazza Grande der Film: YAABA (Großmutter, Burkina Faso/CH/F 1989, Idrissa Ouédraogo). Eine schöne kleine Geschichte über die Allianz der Außenseiter, die von den Mächtigen an den Rand gedrängt wurden: Kinder und Alte verbünden sich. Das erste Bündnis aber gingen der Kameramann Matthias Kälin und der Regisseur Idrissa Ouédraogo ein, die gemeinsam ihren Blick auf die beherrschende Weite des sozialen Umfelds und die darin verschwindende Enge der individuellen Geste richteten. YAABA hat eine Sympathie für die Balance, für die Zuwendung zur Harmonie einer überschaubaren Gruppe. Wo gibt es das noch?

Wo aber gibt es ein afrikanisches Dorf ohne Transistorradio, Konservendosen, Sandalen aus Autoreifen? Wo leben die glücklichen Bewohner des Paradieses ohne Hungerbäuche und entzündete Augen? Sie leben und werden sichtbar in jedem Dokumentarfilm. Ein Film aus Afrika, das ist eine afrikanische Vision der Welt. Nicht mehr, nicht weniger. Die Besonderheit darin liegt in der sexuellen Anmaßung der Männer (BAL POUSSIÈRE, Elfenbeinküste 1988, Henri Duparc), in der Last des Alltags, die die Frauen tragen: auf den Köpfen. Im Film MORTU NEGA (Guinea-Bissau 1989) von Flora Gomes sieht man die Frauen Wasserkrüge, Brennholz, Raketen balancierend. Sie sorgen an allen Fronten für den Nachschub. Sie untergraben die öffentlichen Anordnungen, die von den Dorfältesten ausgehen. Nicht nur die sozialen Rollen sind anders verteilt. Auch die Gesten, die einem Tag Figur und Rhythmus geben, sind andere. Ein kleiner Junge schüttet sich aus einer Kürbisschüssel Wasser auf die Hand, um das Gesicht zu waschen. Die Hand schrubbt nicht die Haut, sie fährt in vertikalen Bahnen vorsichtig wie zur rituellen Geste übers Gesicht. Ein Handwerker rüstet altes Wellblech zu Kanistern um. Er formt seine Hand zu einem Werkzeug. Die Hand ist geschmeidig. Sie schafft spielend Übergänge zwischen hart und weich. In diesen Händen liegen Hammer und Seide zugleich.

Eine Romantisierung? Eine politische Verklärung? Nicht notwendig, denn vor jeder Zuordnung steht der Blick auf die Verschiedenheit. So steht am Ende eines afrikanischen Films wie YAABA nicht die Hauptfigur im Mittelpunkt. Die wird ja vorsätzlich verkleinert, um sich aufzulösen in der Balance des sie umfassenden kleinen Kosmos. Dazu muß man das Tempo drosseln, keine rasanten Schnittfolgen setzen. In YAABA laufen die Kinder vom Vordergrund ins Innere des Bildes, bis sie sich am Horizont des Sandmeeres verlieren oder finden, je nachdem. Die Wahrnehmung hängt entscheidend von unserer Bereitschaft zum Blickwechsel ab.

Der klassische Konflikt in diesen Filmen ist der zwischen Stadt und Land. Oft wollen Regisseure für einen Übergang plädieren, der in beide Richtungen offen bleibt. Was soll man davon halten, wenn man an so wenig sich halten kann? Wenn einem die Spielweise der Darsteller merkwürdig verlangsamt vorkommt? Man kann sich des Eindrucks nicht erwehren, daß den Schauspielern das Spiel eine gewisse Peinlichkeit bereitet. Aber sie wollen gar nicht durch Einfühlung überzeugen. Sie finden es hinreichend, ein Beispiel abzugeben. Zu zeigen, daß sie spielen, ist gerade nicht ihre Art der Verfremdung, sondern der Vertrautheit mit den einheimischen Reaktionen ihres Publikums.

Da sieht man Bilder, die unverbunden bleiben wie in TOUKI-BOUKI (TOUKI-BOUKI – DIE REISE DER HYÄNE, Senegal 1973) von Djibril Diop Mambéty, aber doch einen assoziativen Faden haben. Ausgerechnet Mambéty will demnächst Dürrenmatts Stück *Der Besuch der alten Dame* (1956) verfilmen.[1] Die Rechte hat er schon, die Legitimation schon lange. In jedem Stück Schweizer Schokolade steckt eben afrikanischer Kakao.

Erstveröffentlichung: *Die Zeit*, 18.8.1989 [Anm. s. S. 485].

SAMBA TRAORÉ von Idrissa Ouédraogo

Der afrikanische Film, dessen Wesen umso heftiger erforscht wird, je schwächer er sich auf dem Markt behauptet, braucht keine Definition, sondern Anschauung. Wie es die Gesetze der Aufmerksamkeit verlangen – der Silberne Bär zur Berlinale 1993 –, wird ein solcher Film in der Regel über seine Herkunft, weniger über seine Machart bestimmt. Man sollte sich jedoch daran gewöhnen, auch über *den* afrikanischen Film nicht als ethnologisch bedeutsames Exotikum zu reden, sondern, wie afrikanische Regisseure es zu Recht verlangen: ihn endlich als Film zu behandeln, d.h. nach den Regeln der Kunst.

An diesem Regisseur aus dem westafrikanischen »Land der Aufrechten« (das bedeutet »Burkina Faso«, das im Lexikon von 1992 immer noch unter dem französischen Kolonial-Namen »Ober-Volta« geführt wird) ist nicht nur die kinematographische Begabung auffällig, sondern vielmehr die Kontinuität, in der er sie entfalten konnte. Ouédraogo, der in Paris und Kiew Film studierte, ist in Europa mit dem Spielfilm YAABA (*Großmutter*, Burkina Faso/CH/F 1989) bekannt geworden. Darin verbünden sich heranwachsende Kinder, die vom sozialen Leben noch ausgeschlossen sind, mit einer alten, als Hexe geltenden Frau, die vom sozialen Leben schon wieder ausgeschlossen wurde. Solidarität, die als hartnäckige Sanftmut, und gesellschaftliche Einsicht, die als heiteres Spiel daherkamen – an derlei war das Publikum eines afrikanischen Films bisher schlecht gewöhnt.

SAMBA TRAORÉ (Burkina Faso/F/CH 1992) bringt die schuldproduzierende Tat noch vor dem Vorspann hinter sich. Eine Tankstelle wird nachts ausgeraubt. Mordopfer sind zu beklagen. Die Zeitungsjungen rufen es in den Straßen aus. Schnitt, die Stadt wird verlassen. Der Raubmörder kehrt heim ins Dorf als Fremder. Die Spannung zwischen elendem Ballungsraum und Traditionsidylle ist aber kein Thema des Films. Samba trägt die Stadt, die ihn zeichnete, in die Dorfstrukturen hinein. Ebenso wird seine künftige Frau den Schatten einer städtischen Erfahrung nicht los. Der Mann wirbt um eine selbstbewußte Frau, die von einem verstorbenen Geliebten einen kleinen, hellwachen, zwischenträgerischen Sohn hat. Mit dem neuen Rad, den Stiefsohn auf der Stange, fährt Samba ins Feld zum Fluß. Die umworbene Frau geht vor ihm her. Dann schiebt der Mann sein Rad. Die Sequenzauflösung zeigt alle drei Personen vereint auf einem Rad. Es will scheinen, sie gehörten zusammen. Es sind diese gelungenen Ellipsen, die den Stil des Films ausmachen – lakonisch, scheinbar realzeitlich und eben doch zeitverdichtet erzählt.

Dem Paar in schwieriger Kommunikation ist ein Paar in verarmten Umständen beigestellt. Das ist ein kurzer Mann und eine dicke Frau, die in komischer Funktion, als Freundschaft getarnt resolut kommentierend ins Geschehen eingreifen. Der Film erzählt beiläufig seine Handlungsanleitung. Denn mit dem Reichtum, den der Heimkehrer sonnig ins Dorf trägt, bleibt der Albdruck des gewaltsamen Erwerbs verbunden. Nachts fährt Samba aus dem Schlaf, um das Überfallgeschehen, das ihn einholt, abzuschütteln. Dem strahlenden Mann, der alle beschenkt, zittern die Backen. Ihm ist die Polizei auf der Spur, wenn auch nicht auf den Fersen. Denn das Ermitteln vergißt die Dramaturgie zugunsten trügerischer Hoffnung. Beim Versuch, dem Freund sein Verbrechen zu gestehen, gibt es behutsame Schienenfahrten um den Nichtgeständigen. Beim Versuch, der Geliebten, die sich sorgt, Aufklärung zu geben, gibt es komplizierte Schärfenverlagerungen vom einen auf das andere Gesicht. Nicht die Handhabung der Apparate ist von Belang, sondern der Raum, der mit ihrer Hilfe erforscht wird. Es ist dies der psychologische, ja der intime Raum, der im afrikanischen Film bislang einem unerklärten Abbildungsverbot unterlag. Wann drang eine Filmkamera je nachts in eine Hütte ein, um in der Vereinigung eines Paares den Zerfall seiner Beziehung zu zeigen?

Die Narration der Schuldabtragung nimmt mehr Platz ein als die Narration der Schuldverbergung. Großartige Landschaftsbilder, die abgeräumte innere Verfassungen spiegeln, liegen dazwischen, epische Viehauftriebe und einsame Ritte durch die Ebenen. Schließlich sitzt Samba frierend in der Asche seines abgefackelten Hauses. Die Strafe des Kollektivs ereilte ihn noch vor der Justiz. Die Farben verlieren ihren Glanz, der die Figuren in Harmonie geborgen hatte. Der Schluß ist außerordentlich hart kopiert. Der kleine Sohn, der während des Films als Späher die Blicke hin und her trug, hat mit der Mutter und dem Bruderkind das Nachsehen. Wird der Mann, der den plötzlichen Reichtum über die armen Leute brachte, wiederkehren? Der Traum vom schnellen Geld, vom leichten Glück wird endlich ausgefressen von einem harten, gleißenden Licht. So zeigt ein afrikanischer Film schattenlos Grenzwerte der Blendung. Mit Ouédraogos Filmen tritt ein Genre ins Zeitalter der Reife.

Erstveröffentlichung: *epd-film*, 10/1993.

ANHANG

ANMERKUNGEN

Minenspiel [Einleitung]

1 Wie, um die Aktualität dieser Texte zu beweisen, erscheinen zur Zeit DVD-Editionen einiger wenig oder kaum noch bekannter Filme, die Witte bespricht: etwa von Regisseuren wie Thomas Brasch, Souleymane Cissé, Keisuke Kinoshita oder Peter Pewas und machen so z.T. unzugängliche Filme erstmals verfügbar.

2 Grundlage aller publizierten (Film-)Texte Wittes sind seine Filmtagebücher, in denen neben Filmanalysen auch das weite Netz der Literatur-, Kunst- und Wissenschaftsverweise gespannt ist. Eine ausführliche Darstellung des Nachlasses gibt Rainer Herrn: Was bleibt? – Notizen zum Nachlass von Karsten Witte, in: Schreiben über Film. Hommage an Karsten Witte, hg. v. Stefanie Diekmann, Berlin 2010, S. 9-26. Der Band enthält Aufsätze zu den verschiedenen Textsorten und Publikationsformen Wittes.

I. (WEST)DEUTSCHES KINO

Zwei Gretchen im Glück?

1 Verfilmung des Romans Zündschnüre von Franz Josef Degenhardt, Hamburg 1973 [Anm. d. Hg.].

2 Vgl. Interview mit Edgar Reitz, in: Die Filmemacher – Zur neuen deutschen Produktion nach Oberhausen 1962, hg. v. Barbara Bronnen, Corinna Brocher, München, Wien 1973, S. 101-114 [Anm. d. Hg.].

Dekonstruktion. MOSES UND ARON von Straub/Huillet

1 OTHON – LES YEUX NE VEULENT PAS EN TOUT TEMPS SE FERMER, OU PEUT-ÊTRE QU'UN JOUR ROME SE PERMETTRA DE CHOISIR À SON TOUR (OTHON – DIE AUGEN WOLLEN SICH NICHT ZU JEDER ZEIT SCHLIESSEN, ODER VIELLEICHT WIRD ROM SICH EINES TAGES ERLAUBEN SEINERSEITS ZU WÄHLEN, BRD/I 1970, Straub, Huillet) [Anm. d. Hg.].

2 2. Mos. III, 8. 17. XXXIII [Anm. d. Hg.].

3 Martin Walsh: Political Formations in the Cinema of J. M. Straub, in: Jump Cut, No. 4, Dec. 1974, S. 12, Übers. v. KW [Anm. d. Hg.].

4 Interview mit Straub/Huillet, in: Die Filmemacher – Zur neuen deutschen Produktion nach Oberhausen 1962, hg. v. Barbara Bronnen, Corinna Brocher, München, Wien 1973, S. 42.

5 Die Formulierung ist ein Schlagwort der Nouvelle Vague, die auch der Neue Deutsche Film übernommen hat. Sie wird Rossellini als dem Vater der moralischen Erneuerung des Kinos nach 1945 zugeschrieben. Vgl dazu Roberto Rossellini: Il mio metodo. Scritti e interviste, Venedig 1987 [Anm. d. Hg.].

6 Hartmut Bitomsky: Die Röte des Rots von Technicolor. Kinorealität und Produktionswirklichkeit, Neuwied, Darmstadt 1972, S. 44 [Anm. d. Hg.].

Schlöndorffs DIE VERLORENE EHRE DER KATHARINA BLUM

1 Frankfurter Allgemeine Zeitung, 8.10.1975.

2 GRUPPENBILD MIT DAME (BRD/F 1977, Aleksandar Petrović) [Anm. d. Hg.].

3 ANSICHTEN EINES CLOWNS (BRD 1975, Vojtěch Jasný) [Anm. d. Hg.].

4 Vgl. Herbert J. Gans: Die Beziehung zwischen Produzent und Publikum in den Massenmedien. Eine Analyse der Filmproduktion, in: Massenkommunikationsforschung, Bd. 1, hg. v. Dieter Prokop, Frankfurt/Main 1972, S. 216 [Anm. d. Hg.].

Reitz' STUNDE NULL

1 Erich Kästner: Der tägliche Kram. Chansons und Prosa 1945-1948, Zürich 1948, S. 97 [Anm. d. Hg.].

Wie sich der deutsche Film den Mustergatten wünscht

1 Alfred Bursche: Auf dem Weg zum Poetischen. Streiflichter auf die Filmereignisse der letzten Monate, in: Das Reich, Nr. 6, 11.2.1945, S. 4 (Rubrik: Literatur, Kunst, Wissenschaft) [Anm. d. Hg.].

2 Franz-Josef Wuermeling (CDU, Familienminister im Kabinett Adenauer von 1953-1962); hier zit. nach Knut Hickethier: Zum Verständnis von »Medienpädagogik« und »Mediendidaktik« – Geschichtliche Entwicklungen und Tendenzen, in: Lernen mit Medien, hg. v. Fernuniversität Hagen u. FEoLL, Hagen 1982, S. 39 [Anm .d. Hg.].

Berliner Geisterbahn

1 Ernst Bloch: Berlin aus der Landschaft gesehen, in: ders.: Der unbemerkte Augenblick. Feuilletons für die Frankfurter Zeitung 1916-1934, hg. v. Ralf Becker, Frankfurt/Main 2007, S. 291-302, hier S. 291 [Anm. d. Hg.].

Die Kontingenz von Kraut & Rüben: DEUTSCHLAND IM HERBST

1 DEUTSCHLAND IM HERBST (BRD 1978, Alf Brustellin, Rainer Werner Fassbinder, Alexander Kluge, Maximiliane Mainka, Edgar Reitz, Katja Rupé/Hans Peter Cloos, Volker Schlöndorff, Bernhard Sinkel) [Anm. d. Hg.].

2 Siegfried Kracauer: Für eine qualitative Inhaltsanalyse, dt. EA in: Ästhetik und Kommunikation, 7/1972, Übers. v. KW, S. 53-58, hier S. 58 [Anm. d. Hg.].

3 Heinrich Böll: Die verschobene Antigone, in: ders.: Werke. Bd. 1, Hörspiele, Theaterstücke, Drehbücher, Gedichte 1952-1978, hg. v. Bernd Balzer, Köln 1978, S. 609-615 [Anm. d. Hg.].

4 Klaus Theweleit: Männerphantasien. Bd. 1, Frauen, Fluten, Körper, Geschichte, Frankfurt/ Main 1977, S. 270 [Anm. d. Hg.].

Hans Jürgen Syberberg: HITLER, EIN FILM AUS DEUTSCHLAND

1 FRITZ KORTNER PROBT KABALE UND LIEBE (BRD 1965); KORTNER SPRICHT MONOLOGE FÜR EINE SCHALLPLATTE (BRD 1966); DIE GRAFEN POCCI (BRD 1967); SEX-BUSINESS MADE IN PASING (BRD 1969); WINIFRED WAGNER UND DIE GESCHICHTE DES HAUSES WAHNFRIED VON 1914-1975 (BRD 1975) [Anm. d. Hg.].

2 HITLER – EIN FILM AUS DEUTSCHLAND (BRD 1977) [Anm. d. Hg.].

»Manchmal hilft auch dieser eine Tag«

1 Rosa von Praunheim: Armee der Liebenden oder Aufstand der Perversen, München 1979 [Anm. d. Hg.].

2 Vgl. Vito Russo: The Celluloid Closet. Homosexuality in the Movies, New York 1981 [Anm. d. Hg.].

3 Vgl. Michail Bachtin: Literatur und Karneval. Zur Romantheorie und Lachkultur, München 1969 [Anm. d. Hg.].

4 Auf diesen Zusammenhang hat Susan Sontag in ihrem Aufsatz »Fascinating Fascism« aufmerksam gemacht; leider ist der Teil, der dieser Frage galt, bei uns in der Übersetzung durch Die Zeit unterschlagen worden. Vgl. Susan Sontag: Verzückt von den Primitiven. Leni Riefenstahl und die bleibende Faszination faschistischer Kunst, in: Die Zeit, Nr. 19 & 20 vom 2. und 9.5.1975.

Portrait des Filmemachers Edgar Reitz

1 »Made in Germany« ist einer der Arbeitstitel für den Spielfilm-Zyklus HEIMAT – EINE CHRONIK IN ELF TEILEN (BRD 1981-1984, Edgar Reitz) [Anm. d. Hg.].

2 Interview mit Edgar Reitz, in: Die Filmemacher – Zur neuen deutschen Produktion nach Oberhausen 1962, hg. v. Barbara Bronnen, Corinna Brocher, München, Wien 1973, S. 101-114, hier S. 101.

3 Der Schneider von Ulm und das Kino. Gespräch mit Edgar Reitz, in: F – Filmjournal, 5/1978, S. 4-10 u. S. 44-47, hier S. 45.

4 Alexander Kluge: Über Edgar Reitz, in: Frankfurter Rundschau, 21.11.1974.

5 Tribüne des Jungen Deutschen Films IV. Edgar Reitz, in: Filmkritik, 3/1967, S. 128-132, hier S. 128.

6 Wie sie filmen, wie sie filmen möchten. Edgar Reitz und Johannes Schaaf im Gespräch, in: film, Sept. 1967, S. 20-22, hier S. 22.

7 Gespräch mit Edgar Reitz, in: film, Nov. 1969, S. 20-25 u. S. 29, hier S. 20.

8 Ebd., S. 29.

9 Edgar Reitz: Der Film verläßt das Kino, in: film, Mai 1968, S. 1f.

10 Joachim von Mengershausen: Wir arbeiten ganz anders als der Jungfilm. Gespräch mit Ula Stöckl, Edgar Reitz und Alf Brustellin, in: Filmkritik, 10/1971, S. 542-547, hier S. 546 [Anm. d. Hg.].

11 Edgar Reitz: Erinnerungen aufarbeiten! HOLOCAUST, eine Station ästhetischer Marktbereinigung, in: medium, Mai 1979, S. 20-22, hier S. 21.

12 Alexander Kluge, Edgar Reitz: IN GEFAHR UND GRÖSSTER NOT BRINGT DER MITTELWEG DEN TOD, in: Kursbuch, 41/1975, S. 41-84, hier S. 66f. [Anm. d. Hg.].

13 DEUTSCHLAND IM HERBST (BRD 1978, Alf Brustellin, Rainer Werner Fassbinder, Alexander Kluge, Maximiliane Mainka, Edgar Reitz, Katja Rupé/Hans Peter Cloos, Volker Schlöndorff, Bernhard Sinkel) [Anm. d. Hg.].

Politik am eigenen Leib

1 Interview mit Lilienthal im ZDF-Journal, Nr. 3, 17.1.1980.

Fassbinders BERLIN ALEXANDERPLATZ: eine Zwischenbilanz

1 Rainer Werner Fassbinder: Alfred Döblin. Berlin Alexanderplatz, in: Die Zeit-Bibliothek der 100 Bücher, hg. v. Fritz J. Raddatz, Frankfurt/Main 1980, S. 361-369, hier S. 367 [Anm. d. Hg.].

2 Vgl. dazu v.a. Siegfried Kracauer: Von Caligari zu Hitler. Eine psychologische Geschichte des deutschen Films [1947], Kapitel II: Die Nachkriegszeit (1918-1924), hg. v. K. Witte, Frankfurt/Main 1984, S. 47-138 [Anm. d. Hg.].

Tafelbild für die Commune

1 Die »Vorlage« ist das 1914 geschriebene Gedicht »Un coup de dés jamais n'abolira le hasard« von Stéphane Mallarmé [Anm. d. Hg.].

2 Karsten Witte: Interview mit Straub/Huillet, in: Herzog/Kluge/Straub, hg. v. Peter W. Jansen, Wolfram Schütte, Berlin 1976, S. 205-218, hier S. 206 [Anm. d. Hg.].

3 Stéphane Mallarmé: Un coup de dés, in: ders: Œuvres Completes, texte établi et annoté par Henri Mondor et G. Jean Aubry, Paris 1945, S. 455-477, hier S. 455 [Anm. d. Hg.].

4 OTHON – LES YEUX NE VEULENT PAS EN TOUT TEMPS SE FERMER, OU PEUT-ÊTRE QU'UN JOUR ROME SE PERMETTRA DE CHOISIR À SON TOUR (OTHON – DIE AUGEN WOLLEN SICH NICHT ZU JEDER ZEIT SCHLIESSEN, ODER VIELLEICHT WIRD ROM SICH EINES TAGES ERLAUBEN SEINERSEITS ZU WÄHLEN, BRD/I 1970, Straub, Huillet) [Anm. d. Hg.].

5 K. Witte: Interview mit Straub/Huillet, a.a.O., S. 208 [Anm. d. Hg.].

6 Max Kegel: Die Pariser Kommune, in: ders.: Auswahl aus seinem Werk, hg. v. Klaus Völkerling, Berlin 1974, S. 13f., hier S. 14 [Anm. d. Hg.].

7 Hugo Friedrich: Mallarmé. Le Nénuphar blanc. (Aus einer Vorlesung), in: ders.: Romanische Literaturen, Aufsätze I, Frankreich, hg. v. Brigitte Schneider-Pachaly, Frankfurt/Main 1972, S. 227-236, hier S. 227 [Anm. d. Hg.].

Der Regisseur Peter Pewas

1 Pewas wurde 1984 in der Kategorie »Langjähriges und hervorragendes Wirken im deutschen Film« von der deutschen Filmakademie mit dem Filmband in Gold ausgezeichnet [Anm. d. Hg.].

2 Vgl. Hans Ulrich Kurowski, Andreas Meyer: Der Filmregisseur Peter Pewas. Materialien und Dokumente, hg. v. Stiftung Deutsche Kinemathek, Berlin 1981 [Anm. d. Hg.].

3 Alle vorgehenden Zitate aus dem Brief des Reichsfilmintendanten Hans Hinkel an Reichsminister Joseph Goebbels betreffs der Vorführung von DER VERZAUBERTE TAG in der Luftschutzgemeinschaft vom 7.7.1944, zit. n.: Kurowski, Meyer: Der Filmregisseur Peter Pewas, a.a.O., S. 43 und S. 74 [Anm. d. Hg.].

4 Drehbuchautor und Produzent ist Gerhard T. Buchholz [Anm. d. Hg.].

Ein deutscher Traum vom Realismus: Wolfgang Staudte

1 Vgl. Adolf Heinzlmeier, Berndt Schulz: Happy-End. Berühmte Liebespaare der Leinwand, Frankfurt/Main 1981 [Anm. d. Hg.].

2 Vgl. Eva Orbanz (Red.): Wolfgang Staudte, hg. v. Stiftung Dt. Kinemathek, Berlin 1977 [Anm. d. Hg.].

3 Wolfgang Staudte: Der Heldentod füllt immer noch die Kinokassen, Vortrag für die Université Radiophonique Internationale, Paris 1959; Wiederabdruck in: Theodor Kotulla: Der Film. Manifeste, Gespräche, Dokumente, Bd. 2: 1945 bis heute, München 1964, S. 193-195, hier S. 193 [Anm. d. Hg.].

4 Ebd. [Anm. d. Hg.].

5 Das Drehbuch wurde abgedruckt in: Filmstudio Nr. 49/50, 1.4. u. 1.7.1966, Frankfurt/Main [Anm. d. Hg.].

6 Vgl. Siegfried Kracauer: DER BLAUE ENGEL [1930], in: ders.: Von Caligari zu Hitler. Eine psychologische Geschichte des deutschen Films, hg. v. K. Witte, Frankfurt/Main 1984, S. 418-421 [Anm. d. Hg.].

7 Vgl. dazu etwa die Kritiken zu DER UNTERTAN von B.K. in: Christ und Welt, Nr. 13, 28.3. 1957, sowie E.S. in: Deutsche Zeitung, 30.3.1957; dieser Tenor findet sich aber auch noch in den Kritiken zu Staudtes späteren westdeutschen Filmen wie ROSEN FÜR DEN STAATSANWALT (BRD 1959) und KIRMES (BRD 1960) [Anm. d. Hg.].

8 Simone Signoret: La nostalgie n'est plus ce qu'elle était, Paris 1976; dt. EA: Ungeteilte Erinnerungen, Köln 1977 [Anm. d. Hg.].

9 Vgl dazu: Wolfgang Staudte über die Produktionsbedingungen seiner Filme. Interview, in: Orbanz (Red.): Wolfgang Staudte, a.a.O., S. 65-84, hier S. 71ff. Vgl. auch: Spur der Filme. Zeitzeugen über die DEFA, hg. v. Ingrid Poss, Peter Warnecke, Berlin 2006, S. 100-104 [Anm. d. Hg.].

10 DER MAULKORB (D 1938, Erich Engel) [Anm. d. Hg.].

11 Vgl. Rolf Hochhuth: Eine Liebe in Deutschland [1978], Reinbek b. Hamburg 1983 [Anm. d. Hg.].

Geglückte Lösung

1 LA INSURRECCIÓN (DER AUFSTAND, Costa Rica/BRD 1980, Peter Lilienthal) [Anm. d. Hg.].

Alexander Kluge: Die Macht der Gefühle

1 Alexander Kluge: Die Macht der Gefühle, Frankfurt/Main 1984 [Anm. d. Hg.].

2 Ebd., S. 212 [Anm. d. Hg.].

Geschichte, Made in Germany

1 Ernst Bloch: Das Prinzip Hoffnung [1954-59], 3 Bd., Frankfurt/Main 1980 [Anm. d. Hg.].

2 HEIMAT (D 1938, Carl Froelich) [Anm. d. Hg.].

3 Der Darsteller des »amerikanischen« Paul (Dieter Schaad) scheint mir übrigens sehr kli-
schiert den Onkel aus Amerika abzugeben, aber das Glück des Films ist es, daß jeder seiner Fehler gleich produktiv von einem anderen Darsteller verarbeitet wird.

HEIMAT – eine Wiederkehr?

1 So verzeichnet es das Grimmsche Wörterbuch [Anm. d. Hg.].

2 HOLOCAUST – THE STORY OF THE FAMILY WEISS (HOLOCAUST – DIE GESCHICHTE DER FAMILIE
WEISS, USA 1978, Marvin J. Chomsky, 4 tlg. Serie) [Anm. d. Hg.].

3 Edgar Reitz: Liebe zum Kino. Utopien und Gedanken zum Autorenfilm 1962-1983, Köln
1983, S. 109 [Anm. d. Hg.].

4 Heinrich Heine: Nachtgedanken, in: ders.: Sämtliche Werke in vier Bänden, Band I,
Gedichte, hg. v. Erhard Weidl, 6. Aufl., München 1992, S. 290-291, hier S. 290 [Anm. d. Hg.].

5 Bertolt Brecht: O Deutschland, bleiche Mutter, in: ders.: Die Gedichte von Bertolt Brecht
in einem Band, hg. v. Elisabeth Hauptmann, 7. Aufl., Frankfurt/Main 1992, S. 487-488,
hier S. 487 [Anm. d. Hg.].

6 DER VERLORENE SOHN (D 1934, Luis Trenker) [Anm. d. Hg.].

7 Ernst Bloch: Das Prinzip Hoffnung [1954-1959], Bd. 3, Frankfurt/Main 1980, S. 1628
[Anm. d. Hg.].

Dame und Dandy. Ulrike Ottingers Filme

1 MADAME X – EINE ABSOLUTE HERRSCHERIN (BRD 1978, Ulrike Ottinger) [Anm. d. Hg.].

2 L'UNE CHANTE, L'AUTRE PAS (DIE EINE SINGT, DIE ANDERE NICHT, F 1977, Agnès Varda)
[Anm. d. Hg.].

3 Sexualisierung im Umbruch. Gespräch mit Felix Guattari, in: Felix Guattari: Die Mikro-
Politik des Wunsches, Berlin 1977, S. 71-81, hier S. 8of. [Anm. d. Hg.].

4 Ralph-Rainer Wuthenow: Muse, Maske, Meduse. Europäischer Ästhetizismus, Frankfurt/
Main 1978, S. 185 [Anm. d. Hg.].

5 Vgl. Siegfried Kracauer: Theorie des Films. Die Errettung der äußeren Wirklichkeit, hg. v.
K. Witte, Frankfurt/Main 1985, S. 371ff. Witte hat den hier aufgeführten Gedanken zu den
phänomenologischen und lebensphilosophischen Grundlagen des Denkens von Kracauer in seinem Nachwort zum Ornament der Masse ausgeführt. Vgl. Karsten Witte: Nachwort,
in: Siegfried Kracauer: Das Ornament der Masse, hg. v. K. Witte, Frankfurt/Main 1977,
S. 333-347, hier S. 341f. [Anm. d. Hg.].

Im Laufe des Lichts

1 »Wenn mein Schatz Hochzeit macht« ist das erste Lied aus Gustav Mahlers erstem Lieder-
zyklus »Die Lieder eines fahrenden Gesellen« von 1896 [Anm. d. Hg.].

Gay- oder Schwulenfilm

1 Vgl. Parker Tyler: Screening the Sexes: Homosexuality in the Movies, New York 1972. Gays
and Film, hg. v. Richard Dyer, London 1977. Vito Russo: The Celluloid Closet. Homosexuality in the Movies, New York 1981 [Anm. d. Hg.].

2 Vgl. Herbert Marcuse: Repressive Toleranz [1965], in: Robert Paul Wolff, Barrington
Moore, H. Marcuse: Kritik der reinen Toleranz, Frankfurt/Main 1966.

3 Vgl. Max Colpet: Rossellini und »Das Jahr Null«. Weißbrot, Spaghetti und Anna Magnani,
in: ders.: Sag mir wo die Jahre sind, München 1976.

4 Jean-Paul Sartre: Saint Genet, Komödiant und Märtyrer, in: ders.: Gesammelte Werke,
Schriften zur Literatur 3, hg. v. Traugott König, Reinbek b. Hamburg 1982, S. 517-518
[Anm. d. Hg.].

5 Die Ausstellung, die vom 26. Mai bis 8. Juli 1984 im Berlin-Museum stattfand, trug den
Titel »Eldorado: homosexuelle Frauen und Männer in Berlin 1850-1950; Geschichte, Alltag und Kultur« [Anm. d. Hg.].

6 Ziegler erwarb sich 1985 durch einen politischen Skandal zweifelhaften Ruf. In der Kieß-
ling-Affäre hatte das Bonner Verteidigungsministerium einen der höchstrangigen deutschen NATO-Generäle in Brüssel, Günter Kießling, beschuldigt, schwul oder vielmehr in
einer Schwulenbar in Köln gesehen worden zu sein. Auf der Suche nach einem Experten
ließ das Verteidigungsministerium den schwulen Schweizer Schriftsteller nach Bonn reisen, um Zeugnis abzulegen und die Herrschaften aufzuklären, was als schwul gelte und
was nicht. Der Autor spielte in dieser Angelegenheit eine höchst kontroverse Rolle.

7 Ich erwähne dies, weil es die Aussage der Regisseurin Ula Stöckl bestätigt, daß es sehr
schwierig ist, öffentliche Subventionen für Minderheiten-Filme zu bekommen.

8 Klaus Mann: Die Linke und das »Laster«, EA in: Europäische Hefte, Nr. 36/37, 24.12.1934,
S. 675-678; jetzt unter dem von Mann gewählten Titel »Homosexualität und Faschismus«
in: Klaus Mann: Zahnärzte und Künstler. Aufsätze, Reden, Kritiken 1933-1936, hg. v. Uwe
Naumann et al., Reinbek b. Hamburg 1993, S. 235-242, hier S. 239 [Anm. d. Hg.].

DER PASSAGIER – das Passagere

1 Marguerite Duras: Book and Film, in: dies.: Die grünen Augen. Texte zum Kino, München
1987, S. 95-99, hier S. 98 [Anm. d. Hg.].

2 Thomas Brasch: Vor den Vätern sterben die Söhne. Prosa, Berlin 1977 [Anm. d. Hg.].

3 Thomas Brasch: Kargo. 32. Versuch auf einem untergehenden Schiff aus der eigenen
Haut zu fahren, Frankfurt/Main 1977 [Anm. d. Hg.].

4 Thomas Brasch: Lovely Rita, Rotter, Lieber Georg. Theaterstücke, Frankfurt/Main 1989
[Anm. d. Hg.].

5 Michel de Montaigne: Du repentir, in: ders.: Les Essais [1580-1588], Livre troisième, Chapitre II, Paris 2009. Dt. Übers.: Michel de Montaigne: Von der Reue, in: ders.: Die Essais,
III. Buch, Kap. 2, Stuttgart 1996, S. 85-294, hier S. 285f. [Anm. d. Hg.].

6 Heinrich Heine: Gedichte, hg. v. Bernd Kortländer, Stuttgart 1993, S. 16 [Anm. d. Hg.].

7 Das Zitat ist zusammengesetzt aus den Bestellungen einer Pressekonferenz vom
17.1.1940, Anweisung 116 (Bundesarchiv Koblenz ZSg 101/15), und dem Presse-Rundschrei-
ben Nr. II/20/40 vom 18.1.1940 (Archiv des Instituts für Zeitungswissenschaft in München),
zitiert nach: Joseph Wulf: Kultur im Dritten Reich, Bd. 4: Theater und Film im Dritten Reich
– Eine Dokumentation, Frankfurt/Main, Berlin 1989, S. 444 [Anm. d. Hg.].

8 Jurek Becker: Bronsteins Kinder, Frankfurt/Main 1986, S. 197 [Anm. d. Hg.].

9 Leni Riefenstahl: Memoiren. 1945-1987, Frankfurt/Main, Berlin 1992, S. 62f. [Anm. d. Hg.].

Der Preis der Melancholie

1 DER TOD DES EMPEDOKLES (BRD/F 1987, Jean-Marie Straub, Danièle Huillet) [Anm. d. Hg.].

Versteckte Zeichen und Signale

1 Rainer Werner Fassbinder: Klimmzug, Handstand, Salto mortale – sicher gestanden. Über
den Filmregisseur Werner Schroeter, dem gelang, was kaum je gelingt – anläßlich seiner
NEAPOLITANISCHEN GESCHWISTER, in: ders.: Filme befreien den Kopf. Essays und Arbeitsnotizen, hg. v. Michael Töteberg, Frankfurt/Main 1984, S. 76-80, hier S. 76 [Anm. d. Hg.].

2 Ebd., S. 78 [Anm. d. Hg.].

3 Ebd., S. 79 [Anm. d. Hg.].

4 Charles Baudelaire: L'invitation au voyage, in: ders.: Sämtliche Werke, Briefe, Bd. 3, Les
fleurs du mal / Die Blumen des Bösen, hg. v. Friedhelm Kemp u.a., München 1975, S. 158,
Übers. v. KW [Anm. d. Hg.].

5 Vgl. Susan Sontag: Notes on Camp, New York 1964; dt. in: dies.: Kunst und Antikunst. 24
literarische Analysen, München 2003 [Anm. d. Hg].

6 Wim Wenders: Die phantastischen Filme von Werner Schroeter über künstliche Leute, in:
ders.: Emotion Pictures. Essays und Filmkritiken 1968-1984, Frankfurt/Main 1986, S. 14-
16, hier S. 15 [Anm. d. Hg].

7 Werner Schroeter: Der Herztod der Primadonna, in: Der Spiegel, H. 40 (1977), S. 261-267 [Anm. d. Hg.].
8 Ebd., S. 264f. [Anm. d. Hg.].
9 Vgl. Siegfried Kracauer: Theorie des Films. Die Errettung der äußeren Wirklichkeit, hg. v. K. Witte, Frankfurt/Main 1985, S. 333ff. [Anm. d. Hg.].
10 Giuseppe Fava: Passione di Michele [1980], Messina 2009 [Anm. d. Hg.].

Ein gnadenloses Märchen

1 Zuerst erschienen: Ingeborg Bachmann: Ludwig Wittgenstein. Zu einem Kapitel der jüngsten Philosophiegeschichte, in: Frankfurter Hefte, H. 7 (1953), S. 7-18 [Anm. d. Hg.].
2 Zitat aus einem Brief von Gustave Flaubert an Louise Colet vom 5./6.7.1852, zit. n. Ingeborg Bachmann: Malina, Frankfurt/Main 1980, S. 96 [Anm. d. Hg.].
3 Die Legende »Die Geheimnisse der Prinzessin von Kagran« ist Teil des ersten Kapitels des Romans Malina; vgl. ebd., S. 62-69 [Anm. d. Hg.].

Verfranzte Welt

1 Die Filmserie mit dem FBI-Agenten Lemmy Caution beginnt mit BRELAN D'AS (F 1952, Henri Verneuil) und geht zurück auf eine Kriminalromanserie von Peter Cheyney, die dieser 1936 mit This Man is Dangerous beginnt. Eddie Constantine spielt Lemmy Caution erstmals in LA MÔME VERT DE GRIS (IM BANNE DES BLONDEN SATANS, F 1953, Bernard Borderie); berühmt wird die Figur durch Godards ALPHAVILLE, UNE ÉTRANGE AVENTURE DE LEMMY CAUTION (LEMMY CAUTION JAGT ALPHA 60, F 1965); letztmals spielt Constantine die Figur Lemmy Caution in ALLEMAGNE NEUF ZÉRO (DEUTSCHLAND NEU(N) NULL, F 1991, Jean-Luc Godard) [Anm. d. Hg.].

Im Prinzip Hoffnung – Helmut Käutners Filme

1 Carl Zuckmayer: Engele von Loewen, Frankfurt/Main 1955.
2 Helmut Käutner: Abblenden. Sein Leben, seine Filme, hg. v. Willibald Eser, München 1981, S. 245.
3 Vor allem von Regisseuren begründete Gruppe, die sich um die Erklärung des »Oberhausener Manifests« vom 28.2.1962 bildete (u.a. Alexander Kluge, Edgar Reitz, Herbert Vesely) [Anm. d. Hg.].
4 Peter Buchka: Süddeutsche Zeitung, 22.4.1980; vgl. auch Käutner: Abblenden, a.a.O., S. 253.
5 Teile des Textes stammen aus dem Lied »Der Chanson vom Aberglauben«, das aus der »Nachrichter«-Produktion Die Nervensäge, Premiere am 4.5.1934 stammt. Die politischen Bezüge wurden vermutlich im Umfeld des Lieds gesprochen [Anm. d. Hg.].
6 Der Film basiert auf Zuckmayers Roman Engele von Loewen, a.a.O. [Anm. d. Hg.].
7 Vgl. Heike Kühn: Der dritte Ort, in: Kalter Krieg. 60 Filme aus Ost und West, hg. v. Stiftung Deutsche Kinemathek, Berlin 1991, S. 162-182.
8 Vgl. Ovid: Metamorphosen, 10. Buch, Vers 243-297 [Anm. d. Hg.].
9 Vgl. Karen Ellwanger: Frau nach Maß. Der Frauentyp der vierziger Jahre im Zeichensystem des Filmkostüms, in: Inszenierung der Macht. Ästhetische Faszination im Faschismus, hg. v. Neue Gesellschaft für Bildende Kunst, Berlin 1987, S. 119-128.
10 Vgl. Louis Marcorelles: Käutner. Le Dandy, in: Cahiers du Cinéma, Nr. 73, Juli 1957, S. 26-34, Übers. v. KW.
11 Henning Harmsen: Im Slalom durch die Nazizeit. Zu Helmut Käutner und seinen Filmen im Dritten Reich (Teil I), in: Neue Zürcher Zeitung, 20.6.1975, S. 73-74.
12 Der deutsche Film, Nr. 11/12, Mai/Juni 1941.
13 Ebd.
14 Uwe Johnson, in: Der Tagesspiegel, 11.11.1964.
15 Peter Schult: Besuche in Sackgassen. Aufzeichnungen eines homosexuellen Anarchisten, München 1978, S. 44.

16 Vgl. Helmut Käutner: Farbe als Kunstmittel des Films, in: Film-Kurier, Nr. 133, 14.10.1943; Nachdruck in: Käutner, hg. v. Wolfgang Jacobsen, Hans Helmut Prinzler, Berlin 1992, S. 111-112 [Anm. d. Hg.].

17 Vgl. Hans Leip: Das Tanzrad oder die Lust und Mühe eines Daseins, Berlin 1979, S. 118f.

18 Hans Hellmut Kirst: Monpti, in: Münchner Merkur, 16.9.1957.

19 Enno Patalas: Monpti, in: Filmkritik, Oktober 1957.

20 Anonym: Das edelste Requisit, in: Der Spiegel, Nr. 34, 19.8.1959, S. 50.

21 Alfred Andersch: Die Rote, in: ders.: Gesammelte Werke, Bd. 1, Zürich 2004, S. 274f. [Anm. d. Hg.].

22 Vgl. ebd., S. 382 [Anm. d. Hg.].

23 Gertrud Koch: Die Einstellung ist die Einstellung. Visuelle Konstruktionen des Judentums, Frankfurt/Main 1992, S. 240.

24 Vgl. Helmut Käutner: Demontage der Traumfabrik, in: Film-Echo Nr. 5/1947; Nachdruck in: Käutner, hg. v. Jacobsen, Prinzler, a.a.O., S. 113-114 [Anm. d. Hg.].

25 Helmut Käutner, Ernst Schnabel: In jenen Tagen. Geschichte eines Autos erzählt von Helmut Käutner und Ernst Schnabel. Drehbuch, Hamburg, Flensburg 1947, S. 257.

26 Joachim G. Boeckh: Ist der Nationalsozialismus tot?, in: So lebten wir. Ein Querschnitt durch 1947, hg. v. Hans A. Rümelin, Willsbach, Heilbronn 1947, S. 126.

27 Käutner: Demontage der Traumfabrik, a.a.O., S. 113 [Anm. d. Hg.].

28 Natalia Ginzburg: Mein Familienlexikon, Olten 1975, S. 197f. Ital. EA: Lessico Famigliare, Mailand 1963, S. 173 [Anm. d. Hg.].

29 Jannings spielte die Titelfigur in ROBERT KOCH, DER BEKÄMPFER DES TODES (D 1939, Hans Steinhoff) [Anm. d. Hg.].

30 Vgl. Ernst von Salomon: Der Fragebogen, Hamburg 1951 [Anm. d. Hg.].

31 Vgl. Michael Töteberg: Filmstadt Hamburg. Von Hans Albers bis Wim Wenders, vom Abaton zu den Zeise-Kinos, Hamburg 1990, S. 178.

32 Vgl. Anonym: Das edelste Requisit, in: Der Spiegel 34, a.a.O. [Anm. d. Hg.].

33 Carl Zuckmayer: Des Teufels General, I. Akt, 14. Szene.

34 Vgl. Russel A. Berman: A return to Arms: Käutner's THE CAPTAIN OF KÖPENICK, in: German Film and Literature. Adaptions and Transformations, hg. v. Eric Rentschler, New York, London 1986, S. 161-175.

35 Käutner: Abblenden, a.a.O., S. 194 [Anm. d. Hg.].

36 Enno Patalas: ZU JUNG (THE RESTLESS YEARS), in: Filmkritik, Januar 1959.

37 Vgl. Käutner: Abblenden, a.a.O., S. 194 [Anm. d. Hg.].

38 Walther Schmieding: DER REST IST SCHWEIGEN, in: Ruhr-Nachrichten, 19.7.1959.

39 Martin Ripkens: SCHWARZER KIES, in: Filmkritik, Mai 1961; noch schärfer war die Ablehnung bei Karena Niehoff im Tagesspiegel vom 18.5.1961, überschrieben »Käutners deutsche Geröllhalde«.

40 Fritz Göttler: Ein Mikrokosmos, märchenhaft und grotesk, in: Süddeutsche Zeitung, 18.1.1992.

41 Vgl. Alfred Andersch: Brief an seine Mutter vom 31.8.1961, in: ...Einmal wirklich leben. Ein Tagebuch in Briefen an Hedwig Andersch, 1943 bis 1975, Zürich 1986.

II. ZUR THEORIE VON FILMKRITIK UND FILMGESCHICHTSSCHREIBUNG
Thesen zum Verhältnis von Filmkritik und -produktion

1 Claus von Bormann: Der praktische Ursprung der Kritik, Stuttgart 1974, S. 9.

2 Leipziger Stadtanzeiger von 1841, zit. n. Heinz Buddemeier: Panorama, Diorama, Photographie. Entstehung und Wirkung neuer Medien im 19. Jahrhundert, München 1970, S. 226f.

3 Frz. Orig.: Charles Baudelaire: Salon de 1959, in: Revue Française, Paris 1859, zit. n. Buddemeier: Panorama, Diorama, Photographie, a.a.O., S. 295 [Übers. d. Hg.].

4 Harry Alan Potamkin: The Compound Cinema, New York 1977, S. 47.

5 Kurt Pinthus: Der Zeitgenosse. Literarische Portraits und Kritiken, Marbach 1971, S. 175.

6 Heinz Lüdecke, in: Arbeiterbühne und Film, 12.12.1930, Reprint Köln 1974, S. 20.

7 Lichtbildbühne, 21.11.1930; Kursivierungen v. KW.

8 Siegfried Kracauer: Über die Aufgabe des Filmkritikers [1932], in: ders.: Kino, Frankfurt/ Main, 1974, S. 9-11, hier S. 11 [Anm. d. Hg.].

9 Vgl. ebd. [Anm. d. Hg.].

10 Siegfried Kracauer: Georg Simmel [1920], in: ders.: Das Ornament der Masse, Frankfurt/ Main 1977, S. 209-248, hier S. 247 [Anm. d. Hg.].

11 Potamkin: The Compound Cinema, a.a.O., S. 50.

12 Kracauer: Über die Aufgabe des Filmkritikers [1932], in: ders.: Kino, a.a.O., S. 9f. [Anm. d. Hg.].

13 Rudolf Arnheim: Der Filmkritiker von morgen [1935], in: ders.: Kritiken und Aufsätze zum Film, hg. v. Helmut H. Diederichs, München, Wien 1977, S. 172-176 [Anm. d. Hg.].

14 Herbert J. Gans: Die Beziehung zwischen Produzent und Publikum in den Massenmedien. Eine Analyse der Filmproduktion, in: Massenkommunikationsforschung, Bd. 1, hg. v. Dieter Prokop, Frankfurt/Main 1972, S. 216.

15 Ernst Bloch: Vom Hasard zur Katastrophe. Politische Aufsätze aus den Jahren 1934-1939, Frankfurt/Main 1972, S. 175.

Wie Filmgeschichte schreiben?

1 Vgl. Bertolt Brecht: Kleiner Beitrag zum Thema Realismus, in: ders.: Werke. Große kommentierte Berliner und Frankfurter Ausgabe, Band 21, Berlin, Weimar, Frankfurt/Main 1992, S. 548-550 [Anm. d. Hg.].

2 Ulrich Gregor: Geschichte des Films ab 1960, München 1978 [Anm. d. Hg.].

3 Marc Ferro: Cinéma et Histoire, Paris 1977 [Anm. d. Hg.].

»Die Augen wollen sich nicht zu jeder Zeit schließen«

1 Die Zeitschrift Film erschien erstmals 1963 in München und wurde von Hans-Dieter Roos und Werner Schwier herausgegeben [Anm. d. Hg.].

2 Walther Schmieding: Kunst oder Kasse. Der Ärger mit dem deutschen Film, Hamburg 1961, S. 15.

3 Joe Hembus: Der deutsche Film kann gar nicht besser sein, Bremen 1961, S. 163.

4 Enno Patalas: German Cinema since 1945, in: Cinema. A Critical Dictionary, Bd 1, hg. v. Richard Roud, New York 1980, S. 435.

5 Eric Rentschler: West German Film in the Course of Time, New York 1984, S. 37.

6 Film, Juli 1969, S. 7.

7 OTHON – LES YEUX NE VEULENT PAS EN TOUT TEMPS SE FERMER, OU PEUT-ÊTRE QU'UN JOUR ROME SE PERMETTRA DE CHOISIR À SON TOUR (OTHON – DIE AUGEN WOLLEN SICH NICHT ZU JEDER ZEIT SCHLIESSEN, ODER VIELLEICHT WIRD ROM SICH EINES TAGES ERLAUBEN SEINERSEITS ZU WÄHLEN, BRD/I 1970, Straub, Huillet) [Anm. d. Hg.].

8 Der Vorläufer der Filmkritik war Film 56, eine 1956 gegründete Zeitschrift, die wie später die frühe Filmkritik von W. Berghahn, U. Gregor, T. Kotulla, E. Patalas, R. Thiel, H. Ungureit herausgegeben wurde und bis 1957, bis zum ersten Heft der Filmkritik erschien [Anm. d. Hg.].

9 »Die Sinne sind daher unmittelbar von ihrer Praxis Theoretiker geworden.« Karl Marx: Ökonomisch-philosophische Manuskripte, Hamburg 2005, S. 91 [Anm. d. Hg.].

»Im Paternoster durch die Phänomene«

1 Vgl. Siegfried Schober: Rossellini und die wiedergewonnene Wahrnehmung, in: Filmkritik 1/69, S. 25-27 [Anm. d. Hg.].

2 Herbert Linder: Zum Selbstverständnis der Filmkritik, in: Filmkritik 4/67, S. 232-234, hier S. 233 [Anm. d. Hg.].

3 Vgl. Willi Winkler: Der Fremde, in: Die Zeit, 10.4.1987 [Anm. d. Hg.].

4 Vgl. Hans-Christoph Blumenberg: Die schärfste Droge, in: Die Zeit, 11.11.1983 [Anm. d. Hg.].

5 Vgl. Hans-Christoph Blumenberg: Odysseus, in: Die Zeit, 29.10.1982. Die erste HAMMET-Kritik von Blumenberg hieß: Hammet kam nur bis Hollywood, in: Die Zeit, 28.5.1982 [Anm. d. Hg.].

6 Robert Bresson: Notes sur le cinématographe, Paris 1975; dt. EA: Notizen zum Kinematographen, Berlin 2007 [Anm. d. Hg.].

7 Roland Barthes: Mythen des Alltags, Frankfurt/Main 1964 [Anm. d. Hg.].

8 Karsten Witte: Lachende Erben – Toller Tag, Filmkomödie im Dritten Reich, Berlin 1995 [Anm. d. Hg.].

9 Vgl. Hartmut Bitomsky: Die Kotflügel eines Mercedes-Benz, in: ders.: Kinowahrheit, hg. v. Ilka Schaarschmidt, Berlin 2003, S. 44-100, hier S. 66 [Anm. d. Hg.].

Von der Diskurskonkurrenz zum Diskurskonsens

1 Frieda Grafe, Enno Patalas: Wie sich in Ozu-Filmen orientieren, in: dies.: Im Off. Filmartikel, München 1974, S. 174.

2 Bernhard Riff bezieht sich auf den Regisseur und Drehbuchautor Sadao Yamanaka, mit dem Ozu befreundet war. Dieser soll ebenfalls eine sehr niedrige Kameraposition verwendet und den Begriff geprägt haben. Vgl. Bernhard Riff: Ozu Yasujiro. Die Position des Hundeauges oder der Luxus der Einfachheit, in: Kinoschriften, Jahrbuch der Gesellschaft für Filmtheorie, Nr. 1, Wien 1988, S. 18 [Anm. d. Hg.].

3 Georg Simmel: Philosophische Kultur [1911], Berlin 1983, S. 152.

4 Junichiro Tanizaki: Lob des Schattens. Entwurf einer japanischen Ästhetik [1933], Zürich 1987, S. 23 u. S. 53.

5 Vgl. Henri Bergson: Das Lachen, Frankfurt/Main 1988, S. 33; franz. EA: Le rire, Paris 1900.

6 Willi Winkler: Der Fremde, in: Die Zeit, 10.4.1987 [Anm. d. Hg.].

7 Gregor Dotzauer, in: Frankfurter Allgemeine Zeitung, 16.9.1987.

8 Claudius Seidl, in: Süddeutsche Zeitung, 20.8.1987.

9 Kenneth Anger: Hollywood Babylon, Reinbek bei Hamburg 1979 [Anm. d. Hg.].

10 Vgl. Erwin Panofsky: Stil und Medium im Film & Die ideologischen Vorläufer des Rolls-Royce-Kühlers, Frankfurt/Main 1999, S. 19-59, hier S. 51 [Anm. d. Hg.].

11 Andreas Kilb: Im Tal der Phantome in: Die Zeit, 11.9.1987 über THE DEAD (DIE TOTEN, GB/USA/BRD 1987, John Huston).

12 Claudius Seidl über Robert Townes TEQUILA SUNRISE, USA 1988, in: Tempo, März 1989, S. 132.

13 Hugo von Hofmannsthal: Reden und Aufsätze, Bd. 1, Frankfurt/Main 1979, S. 380.

14 Sergej M. Eisenstein: Das Alte und das Neue, zit.n.: Theorie des Kinos, hg. v. K. Witte, Frankfurt/Main. 1973, S. 12.

III. JAPANISCHES KINO
Mit Lust die Zeit totschlagen

1 Fritz Morgenthaler: Verkehrsformen der Perversion und die Perversion der Verkehrsformen. Ein Blick über den Zaun der Psychoanalyse, in: Sinnlichkeiten. Kursbuch 49, hg. v. Karl Markus Michel, Harald Wieser, Berlin 1977, S. 135-151, hier S. 136 [Anm. d. Hg.].

2 QUE VIVA MÉXICO! (UNTER MEXIKOS SONNE, Mexiko/UdSSR, Dreharbeiten 1930-1932, unvollendet, Sergej M. Eisenstein) [Anm. d. Hg.].

Kino als Reich der Sinne

1 »Obwohl Oshimas Film die Sprengkraft der Sexualität in ihrer Asozialität sucht und darin revolutionäre Momente findet, scheint mir der Film trotz der Einbeziehung der Partialtriebe als in jeder Sexualität enthaltener einem phallokratischen Diktat zu gehorchen, das Mann und Frau gleichermaßen betrifft. [...] Die Perversion, die der Film darstellt, ist nicht die des Lustmords, wie es sauertöpfische Richter argwöhnten, es ist die alltägliche des phallokratischen Fetischismus, die uns schließlich mit dem Film identifiziert und uns daran betroffen macht. Schließlich wird der Lustgewinn nicht aus dem zugefügten

Schmerz gewonnen, sondern aus den Zuckungen des Penis, wenn der Hals gewürgt wird. Um im Bilde zu bleiben: Die Kehle wird zugedrückt, um die Herrschaft des Penis im wahrsten Sinne des Wortes aufrechtzuerhalten, der Mann stirbt an sich selbst.« Gertrud Koch: Radikalität des Eros, in: Frauen und Film, 17/1978, S. 36-37, hier S. 37 [Anm. d. Hg.].

Frauen unterwegs

1 Roland Barthes: Das Reich der Zeichen, Frankfurt/Main 1981, S. 149 [Anm. d. Hg.].

Der mittlere Realist

1 Das Internationale Filmfestival Locarno entdeckte 1983 Mikio Naruse für Europa und widmete ihm eine Retrospektive. Zur Auswahl der Filme merkte Karsten Witte an: »Das nun von Locarno gepackte Paket umfaßt zwanzig Filme, wovon immerhin zwölf die Produktionszeit 1951 bis 1966 spiegeln. Aus den vierziger Jahren wurde kein einziger Film gewählt. Das scheint mir ein Fehler aus falscher Rücksicht, denn in dieser Zeit drehte auch Naruse Propagandafilme gegen China, die amerikanische Filmarchive als Beutestücke zurückhalten.« [Anm. d. Hg.].

2 Akira Kurosawa: Something Like an Autobiography, New York 1982, S. 113, Übers. v. KW [Anm. d. Hg.].

3 Witte bezieht sich auf Luis Buñuels LA ILUSIÓN VIAJA EN TRANVIÁ (Die Illusion fährt mit der Straßenbahn, Mexiko 1954) [Anm. d. Hg.].

4 Brief Viscontis an seine Drehbuchautorin Suso Cecchi d'Amico vom 12.9.1956, in: L'illustrazione italiana, Nr. 10, April/Mai 1983, S. 22, Übers. v. KW [Anm. d. Hg.].

»Um jeden Preis ein vereinzelter Rebell«

1 Nagisa Oshima: Die Ahnung der Freiheit. Schriften, Berlin 1982; frz. EA: Ecrits 1956-1978. Dissolution et jaillissement, Paris 1980.

2 Peter Buchka: Veräußerlichung der Gewalt. Nagisa Oshimas neuer Film »FURYO – MERRY CHRISTMAS, MR. LAWRENCE«, in: Süddeutsche Zeitung, 3.12.1983.

3 Klaus Kreimeier: Gefallene Engel. West-östliche Schicksalsoper: Oshimas neuer Film FURYO, in: Frankfurter Rundschau, 13.12.1983.

4 Frieda Grafe über Nagisa Oshimas Die Ahnung der Freiheit. Schriften, Berlin 1982, in: Süddeutsche Zeitung, 18.11.1983 [Anm. d. Hg.].

5 Nagisa Oshima: Die sexuelle Armut, in: ders.: Die Ahnung der Freiheit, a.a.O., S. 146-153, hier S. 147 [Anm. d. Hg.].

6 Ebd., S. 153.

7 Ebd.

8 Vgl. Nagisa Oshima: Yukio Mishima oder Der geometrische Ort eines Mangels an politischem Bewußtsein, a.a.O., S. 129-136 [Anm. d. Hg.].

9 Marguerite Yourcenar: Mishima oder Die Vision der Leere, München 1985 [Anm. d. Hg.].

10 Nagisa Oshima: Ecrits 1956-1978, a.a.O.

11 Regisseur wird im Französischen mit réalisateur übersetzt, während régisseur mit Aufnahmeleiter ins Deutsche übersetzt wird [Anm. d. Hg.].

12 Nagisa Oshima: Die Ahnung der Freiheit, a.a.O., S. 44.

13 Ebd., S. 56.

14 Ebd., S. 67.

Alles ist möglich

1 AI NO CORRIDA (IM REICH DER SINNE, J/F 1976, Nagisa Oshima) [Anm. d. Hg.].

2 Laurens van der Post: The Seed and the Sower, London 1963 [Anm. d. Hg.].

3 MISHIMA (MISHIMA – EIN LEBEN IN VIER KAPITELN, USA 1985, Paul Schrader) [Anm. d. Hg.].

4 Nagisa Oshima: Die Ahnung der Freiheit. Schriften, Berlin 1982.

Die unendliche Familie
1 Georges Sadoul: Geschichte der Filmkunst, Frankfurt/Main 1982, S. 383 [Anm. d. Hg.].
2 Noël Burch: To the Distant Observer – Form and Meaning in the Japanese Cinema, London 1979 [Anm. d. Hg.].
3 Vgl. ebd., S. 286 [Anm. d. Hg.].
4 Regula König, Marianne Lewinsky: Entretien, in: Keisuke Kinoshita. Entretien, Etudes, Filmographie, Iconographie, hg.v. Regula König, Marianne Lewinsky. Editions du Festival international du film, Locarno 1986, S. 17-61, hier S. 38-40 u. S. 52-55, Übers. vermutlich v. KW [Anm. d. Hg.].

IV. ITALIENISCHES KINO
Hoffnungslos schön
1 Walter Benjamin: San Gimignano [1929], in: ders.: Gesammelte Schriften, Bd. IV. 1, hg. v. Rolf Tiedemann et al., Frankfurt/Main 1977, S. 364-366, hier S. 364 [Anm. d. Hg.].

Der späte Manierist
1 Bernardo Bertolucci: Interview, in: Rolling Stone, Nr. 137, 21.6.1973, S. 35, Übers. v. KW.
2 Arnold Hauser: Sozialgeschichte der Kunst und Literatur, 2 Bd., München 1953. Ders.: Philosophie der Kunstgeschichte, München 1958. Ders.: Der Manierismus. Die Krise der Renaissance und der Ursprung der modernen Kunst, München 1964 [Anm. d. Hg.].
3 Hauser: Der Manierismus, a.a.O., S. 13.
4 Ebd., S. 110.
5 Ebd., S. 119.
6 Attilio Bertolucci: Viaggio d'inverno, Mailand 1971, S. 33, Übers. v. KW [Anm. d. Hg.].
7 Bernardo Bertolucci: In cerca del mistero, Mailand 1962, S. 83.
8 »A Pasolini«, ebd., S. 58.
9 Eleanor Coppola: Vielleicht bin ich zu nah. Notizen bei der Entstehung von APOCALYPSE NOW, Reinbek b. Hamburg 1980, S. 231.
10 Die Zeile »...Wald der Symbole« / »...des forêts de symboles« stammt aus Charles Baudelaires Gedicht »Correspondances«, das in dessen Gedichtband Les Fleurs du Mal, erstmals 1857 erschienen, enthalten ist [Anm. d. Hg.].
11 Michael Rutschky: Erfahrungshunger. Ein Essay über die siebziger Jahre, Köln 1980, S. 199.
12 Hauser: Der Manierismus, a.a.O., S. 13.
13 Charles Maurice de Talleyrand (frz. Politiker und Bischof, 1754-1838) zugeschriebenes Bonmot, das in PRIMA DELLA RIVOLUZIONE im Vorspann als Insert erscheint: »Celui qui n'a pas vécu avant la révolution ne sait pas ce qu'est la douceur de vivre« [Anm. d. Hg.].
14 Raimund Hoghe, Ulli Weiss: Bandoneon – für was kann Tango alles gut sein? Texte und Fotos zu einem Stück von Pina Bausch, Darmstadt 1981, S. 15.
15 Vgl. den Katalog zur Ausstellung der Staatlichen Kunsthalle Berlin/West: Realismus. Zwischen Revolution und Reaktion 1919-1939, München 1981, S. 48ff.
16 Franco Fornari: NOVECENTO, in: La Repubblica, 29./30.8.1976. Zit. n. d. Übers. v. Arno Widmann, in: Filmfaust, Nr. 3, 1977, S. 70.
17 Maurice Merleau-Ponty: Das Auge und der Geist. Philosophische Essays, Hamburg 1984, S. 117.
18 Interview mit Bertolucci, in: Rolling Stone, 15.11.1979, S. 52, Übers. v. KW.
19 Vgl. Bernardo Bertolucci im Gespräch, in: Francesco Casetti: Bernardo Bertolucci, Florenz 1975, S. 6.
20 Vgl. Casetti: Bertolucci, a.a.O. S. 24.
21 Hauser: Der Manierismus, a.a.O., S. 119.
22 Bertolucci: In cerca del mistero, a.a.O., S. 15, Übers. v. KW.
23 Hauser: Der Manierismus, a.a.O., S. 110.
24 Gespräch mit Bertolucci, in: Etudes Cinématographiques, Nr. 122-126, Paris 1979, S. 13, Übers. v. KW.

25 Theodor W. Adorno: Minima Moralia. Reflexionen aus dem beschädigten Leben, Frankfurt/Main 1964, S. 17.

26 Vgl. Bernardo Bertolucci, in: Kim Arcalli: Montare il cinema, Venedig 1980, S. 76.

27 Georges Bataille: Der heilige Eros, Berlin 1979, S. 18; EA: L'Erotisme, Paris 1957.

28 Caroline Sheldon: Lesbierinnen und Film, in: Gislind Nabakowski, Helke Sander, Peter Gorsen: Frauen in der Kunst, Frankfurt/Main 1980, Bd. 1, S. 119.

29 Interview Bertolucci in: Rolling Stone (1973), a.a.O., S. 34, Übers. v. KW.

30 Vgl. Politeia, in: Platons Sämtliche Werke, Bd. 3, Reinbek b. Hamburg 1980, S. 224-227 (das Höhlengleichnis).

31 Vgl. Susan Sontag: Fascinating Fascism, New York 1975.

32 Julio Cortázar: Reise um den Tag in achtzig Welten, Frankfurt/Main 1979, S. 233.

33 Coppola: Vielleicht bin ich zu nah, a.a.O., S. 107.

34 Interview mit Vittorio Storaro, in: Positif, Nr. 222, 9/1979, S. 43, Übers. v. KW.

35 Laurens Straub in seiner Replik auf Alf Mayer, in: medium, 11. Jg., Nr. 6, 1981, S. 28.

36 Merleau-Ponty: Das Auge und der Geist, a.a.O., S. 16.

37 Hauser: Der Manierismus, a.a.O., S. 119.

38 Interview mit Bertolucci, in: Filmcritica Nr. 305/306, Mai/Juni 1980, S. 203, Übers. v. KW.

39 PARTNER bezieht sich auf Dostojevskijs Dvojnik/Der Doppelgänger (1846); STRATEGIA DEL RAGNO geht zurück auf Jorge Luis Borges Erzählung Tema del traidor y del héroe/Das Thema des Verräters und des Helden (1944); IL CONFORMISTA basiert auf Alberto Moravias gleichnamigem Roman (1951) [Anm. d. Hg.].

40 Bertolucci: Interview in: Rolling Stone (1973), a.a.O., S. 35, Übers. v. KW.

»Ein Film muß immer eine Spur von Geheimnis enthalten«

1 Witte spielt hier auf eine ›neorealistische Komödie‹ DUE SOLDI DI SPERANZA (FÜR ZWEI GROSCHEN HOFFNUNG, I 1952, Renato Castellani) an [Anm. d. Hg.].

2 Vgl. Pier Paolo Pasolini: Scritti corsari, Mailand 1975. Dt. EA: Freibeuterschriften, Berlin 1978.

3 Das »Erdbeben von Irpina/Terremoto dell'Irpina« erschütterte im November 1980 v.a. die Regionen Kampanien und Basilicata zwischen Neapel und Potenza.

4 Tommaso Di Ciaula: Tuta blu. Ire, ricordi e sogni di un operaio del Sud, Mailand 1978. Dt. EA: Der Fabrikaffe und die Bäume. Wut, Erinnerungen und Träume eines apulischen Bauern, der unter die Arbeiter fiel, Berlin 1979. Der nach dem Roman gedrehte Film hat den Titel TUTA BLU (I 1982, Tommaso Di Ciaula, Nicola Cirasola) [Anm. d. Hg.].

5 Michel de Montaigne: Les Essais [1580-88]; dt.: Die Essais, Stuttgart 1996 [Anm. d. Hg.].

6 Leonardo Sciascia: Il contesto, Turin 1971; dt. EA: Der Zusammenhang, Berlin 1974 [Anm. d. Hg.].

7 Lea Massari spielt Luisa Levi, die Schwester Carlo Levis in CRISTO SI È FERMATO A EBOLI [Anm. d. Hg.].

8 CARMEN (I/F 1984, Francesco Rosi) [Anm. d. Hg.].

9 ANDALUSISCHE NÄCHTE (D 1938, Herbert Maisch) [Anm. d. Hg.].

Rossellinis STROMBOLI – TERRA DI DIO

1 Interview mit Rossellini, in: Cahiers du Cinema, 37 (1954), Übers. v. KW. Vgl. auch die dt. Übers.: Interview 1, in: Roberto Rossellini, hg. v. Peter W. Jansen, Wolfram Schütte, München 1987, S. 59-74, hier S. 59 [Anm. d. Hg.].

Roberto Rossellini

1 Rossellinis sog. »Kriegstrilogie« besteht aus den Filmen UN PILOTA RITORNA, L'UOMO DALLA CROCE (beide I 1942) und LA NAVE BIANCA (I 1943) [Anm. d. Hg.].

2 Diese späten Filme Rossellinis sind: VIVA L'ITALIA (GARIBALDI, I 1961), BLAISE PASCAL (I 1972), AGOSTINO D'IPPONA (AUGUSTINUS, I 1972), CARTESIO (DESCARTES, I 1974), IL MESSIA (DER MESSIAS, I 1975) [Anm. d. Hg.].

3 Roberto Rossellini: Un esprit libre ne doit rien apprendre en esclave, Paris 1977, Übers. v. KW [Anm. d. Hg.].

Zeit der »Zwischenräume«: Luchino Visconti

1 TOSCA (I 1941, Carl Koch), Jean Renoir drehte lediglich die fünf ersten Szenen des Films [Anm. d. Hg.].

2 Luchino Visconti: Cadaveri, in: Cinema, Nr. 119, (Rom) 10.6.1941, Übers. v. KW [Anm. d. Hg.].

3 Hans Werner Henze: Versuch über Visconti [1958], in: ders.: Musik und Politik. Schriften und Gespräche 1955-1975, München 1976, S. 62-70, hier S. 63f. [Anm. d. Hg.].

4 Luchino Visconti: Von Verga zu Gramsci, in: Der Film. Manifeste, Gespräche, Dokumente, Bd.2: 1945 bis heute, hg. v. Theodor Kotulla, München 1964, S. 68-72, hier S. 68ff. Ital. Orig.: L. Visconti: Da Verga a Gramsci, in: Vie Nuove, Nr. 42, 22.10.1960 [Anm. d. Hg.].

5 Henze: Versuch über Visconti [1958], in: ders.: Musik und Politik, a.a.O., S. 65f. [Anm. d. Hg.].

6 Camillo Boito: Senso. Das geheime Tagebuch der Contessa Livia, Reinbek b. Hamburg 1987, S. 13ff. [Anm. d. Hg.].

7 Luchino Visconti: SENSO (Drehbuch), in: Spectaculum. Texter moderner Filme, hg. v. Enno Patalas, Frankfurt/Main 1961, S. 275-338, hier S. 334 [Anm. d. Hg.].

8 Henze: Versuch über Visconti [1958], in: ders.: Musik und Politik, a.a.O., S. 72 [Anm. d. Hg.].

9 Visconti: Von Verga zu Gramsci, in: Der Film, a.a.O., S. 70ff. [Anm. d. Hg.].

10 Giuseppe Tomasi Di Lampedusa: Il gattopardo, Mailand 1958; dt. EA: Der Leopard, München 1959, S. 52 [Anm. d. Hg.].

11 Tomasi di Lampedusa: Der Leopard, a.a.O., S. 203f. [Anm. d. Hg.].

12 Heide Schlüpmann: Die brüchige Haut. Zur Erotik des Zerfalls in Luchino Viscontis DER LEOPARD, in: Frauen und Film, Nr. 40, 1986, S. 30-36, hier S. 33f. [Anm. d. Hg.].

13 Hans-Christoph Blumenberg: DIE VERDAMMTEN, in: Film, Nr. 12/1969 [Anm. d. Hg.].

14 Helma Sanders-Brahms: Zarah, in: Jahrbuch Film 1981/82, hg. v. Hans Günther Pflaum, München, Wien 1981, S. 165-172 [Anm. d. Hg.].

15 Das Gedicht entstammt dem Zyklus Sonette aus Venedig, die Platen 1825 erstveröffentlichte [Anm. d. Hg.].

16 Siegfried Kracauer: Geschichte – Vor den letzten Dingen, hg. v. K. Witte, Frankfurt/Main 1971, S. 18 u. S. 20 [Anm. d. Hg.].

Chronist der Leidenschaften: Francesco Rosi

1 Leonardo Sciascia: Il contesto, Turin 1971; dt. EA: Der Zusammenhang, Berlin 1974 [Anm. d. Hg.].

2 Carlo Levi: Cristo si è fermato a Eboli, Turin 1945; dt. EA: Christus kam nur bis Eboli, Zürich, Wien 1947 [Anm. d. Hg.].

Neorealismo: Ein Angriff der Chronik auf die Story

1 Franz Blei: Kinodramen. Ein Brief [1913], in: Das Kinobuch [1913/14], hg. v. Kurt Pinthus, Zürich 1963, S. 149f.

2 Carlo Levi ist in Deutschland v.a. als Schriftsteller bekannt, insbesondere durch seinen Exil-Roman Cristo si è fermato a Eboli, Turin 1945; dt. EA: Christus kam nur bis Eboli, Zürich, Wien 1947. In Italien ist er aber ein ebenso berühmter Maler [Anm. d. Hg.].

3 Pier Paolo Pasolini: Il sogno di una cosa, Mailand 1962; dt. EA: Der Traum von einer Sache, Berlin (Ost) 1968 [Anm. d. Hg.].

4 Luchino Visconti: Gespräch mit Giuseppe Ferrara, in: Aspekte des italienischen Films, hg. v. Ulrich Gregor, Bad Ems 1969, S. 58.

5 Renato Guttuso: Paura della pittura, in: Neorealismo – poetiche e polemiche, hg. v. Claudio Milanini, Mailand 1980, S. 25, Übers. v. KW.

6 Cesare Pavese: Schriften zur Literatur. Die Entdeckung Amerikas/Literatur und Gesellschaft/Der Mythos, Hamburg, Düsseldorf 1967; ital. EA: La letteratura americana e altri saggi, Turin 1951 [Anm. d. Hg.].

7 Cesare Pavese: Lavorare stanca. Poesie, Florenz 1936; dt. in: Cesare Pavese: Gedichte, München 1962 [Anm. d. Hg.].

8 Vgl. Elio Vittorini: I libri, la città, il mondo. Lettere 1933-43, Turin 1985.

9 Cesare Pavese: Schriften zur Literatur, a.a.O., S. 248f. [Anm. d. Hg.].

10 Natalia Ginzburg: Mein Familienlexikon (1965), Olten 1975, S. 197f.; ital. EA: Lessico Famigliare, Mailand 1963 [Anm. d. Hg.].

11 Thomas Bremer: Den Menschen neuschaffen. Kriegserfahrung und Sozialproblematik im neorealistischen Roman, in: Italienischer Neorealismus, Text und Kritik, 63/1979), S. 7.

12 Vittorio De Sica: Perché LADRI DI BICICLETTE, in: La fiera letteraria, 6.2.1948, zit. n.: Neorealismo – poetiche e polemiche, hg. v. Claudio Milanini, a.a.O., S. 58, Übers. v. KW [Anm. d. Hg.].

13 Heute organisiert die FIAT-Stiftung internationale Kongresse, auf denen gelehrte Forscher das Elend des Neorealismo in den bequemen Grand Hotels studieren.

14 Georges Sadoul: Geschichte der Filmkunst, Wien 1975, S. 361; frz. Orig.: Histoire de l'art du cinéma, Paris 1949.

15 L' avventurosa storia del cinema italiano, hg. v. Franca Faldini, Goffredo Fofi, Mailand 1981.

16 Ebd., S. 155, Übers. v. KW.

Zwischen Stadt und Steppe

1 Marian Brandys: Spotkania Włoskie, Warschau 1949; dt. EA: Begegnungen in Italien, Dresden 1953, S. 76 [Anm. d. Hg.].

2 Brandys: Begegnungen in Italien, a.a.O., S. 76f.

3 Pier Paolo Pasolini: Una vita violenta, Mailand 1959; dt. EA: Vita Violenta, München 1963 [Anm. d. Hg.].

4 Pier Paolo Pasolini: Vita Violenta, München ²1983, S. 232f.

V. FRANZÖSISCHES KINO
In wessen Namen?

1 Vgl. Jean-Pierre Melville: »Ich schaffte es, weil ich nicht wußte, daß es unmöglich war«. Melville über Melville und das Kino, in: Jean-Pierre Melville, hg. v. Peter W. Jansen, Wolfram Schütte, München, Wien 1982, S. 103. Vgl. auch Rui Nogueira: Kino der Nacht. Gespräche mit Jean-Pierre Melville [1973], Berlin 2002, S. 182 [Anm. d. Hg.].

2 François Rude: Départ des volontaires de 1792 (1833) [Anm. d. Hg.].

3 Jean-Pierre Cortot: Le Triomphe de 1810 (1833) [Anm. d. Hg.].

4 Vgl. Nogueira: Kino der Nacht, a.a.O.

Geschlossene, heitere Gesellschaft

1 François Truffaut: Les films de ma vie, Paris 1975; dt.: Die Filme meines Lebens, Frankfurt/Main 1997 [Anm. d. Hg.].

2 Ebd. S. 459, Übers. v. KW [Anm. d. Hg.].

3 Vgl. Franz Hessel: Nachfeier, (EA) Berlin 1929.

Melville, der Immoralist

1 Jean Cocteau: Les Enfants terribles, Paris 1929; dt. EA: Die Kinder der Nacht, München, Basel 1953 [Anm. d. Hg.].

2 Cocteau: Les Enfants terribles, a.a.O., S. 14, Übers. v. KW. Vgl. auch die dt. Übers.: Die Kinder der Nacht, a.a.O., S. 11 [Anm. d. Hg.].

Ein Fall, viele Türen
1 Vgl. Franz Kafka: Kleine Fabel, in: ders.: Sämtliche Erzählungen, hg. v. Paul Raabe, Frankfurt/Main 1969, S. 320 [Anm. d. Hg.].

Er pfeift auf Bizet
1 CARMEN (E 1983, Carlos Saura) [Anm. d. Hg.].
2 CARMEN (F/I 1984, Francesco Rosi) [Anm. d. Hg.].
3 CELA S'APPELLE L'AURORE (MORGENRÖTE, F/I 1955, Luis Buñuel) [Anm. d. Hg.].
4 Jean Renoir: Au revoir Jacques, in: ders.: Écrits (1926-1971), Paris 1974, S. 277-279, hier S. 277f., Übers. v. KW [Anm. d. Hg.].

Ein abgerissenes Glitzern
1 Patrice Chéreau, Hervé Guibert: L'homme blessé. Scénario et notes, Paris 1983, S. 193, Übers. v. KW [Anm. d. Hg.].
2 Vgl. Jean Genet: Journal du voleur, Paris 1949, S. 27, Übers. v. KW. Vgl. auch die dt. EA: Tagebuch eines Diebes, Hamburg 1961 [Anm. d. Hg.].

Godards DÉTECTIVE
1 Antoine de Saint-Exupéry: Vol de Nuit, Paris 1931; dt. EA: Nachtflug, Berlin 1951 [Anm. d. Hg.].

Das Schreiben ist stärker als alle Gewalt
1 Vgl. Michel de Montaigne: Apologie de Raimond Sebond, in: ders.: Les Essais [1580-88], Livre deuxiéme, Chapitre XII., Paris 2009, Übers. v. KW; vgl. auch: Michel de Montaigne: Apologie des Raimond Sebond, in: ders.: Die Essais, II. Buch, Kap. 12, Stuttgart 1996, S. 205-233, hier insbes. S. 206ff. [Anm. d. Hg.].
2 LE CAMION (DER LASTWAGEN, F 1977, Marguerite Duras) [Anm. d. Hg.].
3 Die Gespräche erschienen erstmals 1986 unter dem Titel *Marguerite Duras – François Mitterrand: Entretiens in Paris*; sie sind heute greifbar unter dem Titel: Marguerite Duras, François Mitterrand: Le bureau de poste de la Rue Dupin et autres entretiens, Paris 2006 [Anm. d. Hg.].
4 Marguerite Duras: Blaue Augen schwarzes Haar, Frankfurt/Main 1987, S. 94 [Anm. d. Hg.].
5 Ebd., S. 122 [Anm. d. Hg.].
6 OTHON – LES YEUX NE VEULENT PAS EN TOUT TEMPS SE FERMER, OU PEUT-ÊTRE QU'UN JOUR ROME SE PERMETTRA DE CHOISIR À SON TOUR (OTHON – DIE AUGEN WOLLEN SICH NICHT ZU JEDER ZEIT SCHLIESSEN, ODER VIELLEICHT WIRD ROM SICH EINES TAGES ERLAUBEN SEINERSEITS ZU WÄHLEN, BRD/I 1970, Straub, Huillet) [Anm. d. Hg.].
7 *Les coréens* (Die Koreaner) ist eine Theateradaption ihres Romans *Emily L.* (1987; dt. EA: *Emily. L.*, 1988), die Duras 1989 für das Théâtre de Bobigny plant. Später wird der Titel noch in *Darling, my darling* geändert, kommt aber letztlich nie zur Aufführung. Vgl. Laure Adler: Marguerite Duras, Paris 1998; dt. EA: Marguerite Duras. Eine Biographie, Frankfurt/Main 2000, S. 613ff. [Anm. d. Hg.].

Duras zum 75. Geburtstag
1 Antonio Tabucchi: Piccoli equivoci senza importanza, Mailand 1985; dt. EA: Kleine Mißverständnisse ohne Bedeutung, München, Wien 1986, S. 66 [Anm. d. Hg.].
2 Es handelt sich um den Artikel von Gerd-Peter Eigner: Marguerite Duras oder: Reden, um zu reden, in: Die Zeit, Nr. 13, 24.3.1989 [Anm. d. Hg.].
3 Seit 1992 wird *Les impudents* in Frankreich wieder verlegt [Anm. d. Hg.].
4 Es handelt sich um folgende Verfilmungen: THIS ANGRY AGE (HEISSE KÜSTE, I/USA/F 1958, René Clément); THE SAILOR FROM GIBRALTAR (NUR EINE FRAU AN BORD, GB 1967, Tony Richardson); MODERATO CANTABILE (STUNDEN VOLLER ZÄRTLICHKEIT, I 1960, Peter Brook) [Anm. d. Hg.].

»Ich habe vergessen«

1 Ludwig van Beethoven: Klaviersonate Nr. 14 (1801) [Anm. d. Hg.].
2 THE MEMORY OF JUSTICE (NICHT SCHULDIG?, USA/BRD/GB 1976) [Anm. d. Hg.].
3 LE CHAGRIN ET LA PITIÉ (DAS HAUS NEBENAN – CHRONIK EINER FRANZÖSISCHEN STADT IM KRIEGE, F/CH/BRD 1969) [Anm. d. Hg.].
4 CABARET (USA 1972, Bob Fosse) [Anm. d. Hg.].
5 Als außerordentlich spannend, ja atemberaubend, erwies sich der politische Essay, den der englische Autor Tom Bower schrieb: *Klaus Barbie – Karriere eines Gestapo-Chefs*, Berlin 1984.

Kritik des kolonialen Blicks

1 Vgl. Deutsche Kolonialzeitung vom 14.3.1901 [Anm. d. Hg.].
2 Michel Leiris: L'Afrique fantôme, Paris 1934; dt. EA: Phantom Afrika, Frankfurt/Main 1980, S. 211 [Anm. d. Hg.].
3 Ebd., S. 236ff. [Anm. d. Hg.].

VI. WESTAFRIKANISCHES KINO
Bildwechsel in Schwarz und Weiß

1 Anne Debel: Kamerun in Farbe, Paris et. al. 1977, S. 95 [Anm. d. Hg.].
2 Carl Einstein: Afrikanische Plastik, Berlin [1922], S. 9 [Anm. d. Hg.].
3 Hubert Fichte: Psyche: Glossen, Frankfurt/Main 1990, S. 164 [Anm. d. Hg.].
4 Jean-Paul Sartre: Orphée noir, in: Léopold Sédar Senghor: Anthologie de la nouvelle poésie nègre et malgache de langue française, Paris 1969, S. 9, Übers. v. KW [Anm. d. Hg.].
5 Georges Sadoul über King Vidors HALLELUJAH (USA 1930), in: ders.: Geschichte der Filmkunst, Wien 1975, S. 230.
6 Ebd., S. 360.
7 Jean Ikelle-Matiba: Adler und Lilie in Kamerun. Lebensbericht eines Afrikaners, Herrenalb/Schwarzwald 1966, S. 99.
8 BYE BYE BRASIL (F/BR/ARG 1979, Carlos Diegues) [Anm. d. Hg.].
9 Englischer Titel der seit 1976 laufenden deutschen Fernsehserie DER ALTE. Siegfried Lowitz spielte bis 1986 Kommissar Kress [Anm. d. Hg.].

Regenzeit: Kamerun lesen

1 Max F. Dippold: Une bibliographie du Cameroun. Les écrits en langue allemande, Burgau 1971 [Anm. d. Hg.].
2 August Seidel: Deutsch-Kamerun. Wie es ist und was es verspricht, Berlin 1906, S. 201.
3 Michel Leiris: L'Afrique fantôme, Paris 1934; dt. EA: Phantom Afrika, Frankfurt/Main 1980 [Anm. d. Hg.].
4 Michel Leiris: Phantom Afrika, a.a.O., S. 237.
5 Pierre Haffner: Essai sur les fondements du cinéma africain, Abidjan/Dakar 1978, S. 53, Übers. v. KW [Anm. d. Hg.].
6 Mongo Beti: Perpétue und die Gewöhnung ans Unglück, Berlin 1977, S. 115; frz. EA: Perpétue et l'habitude du malheur, Paris 1974 [Anm. d. Hg.].
7 Pierre Evina Ngana alias Awoula Awoula [Anm. d. Hg.].

Blickvermeidung und Blickschärfung

1 Kasimir Edschmid: Afrika, nackt und angezogen, Frankfurt/Main 1929 [Anm. d. Hg.].
2 Vermutlich handelt es sich um: Geo T. Mary: Im schwarzen Erdteil. Die faszinierende Geschichte der Erforschung Afrikas, Tübingen, Basel 1978 [Anm. d. Hg.].
3 Vgl. Guy Hennebelle: Les cinémas africains en 1972, in: L'Afrique littéraire et artistique, Paris 1974, zit. n. Pierre Haffner: Essai sur les fondements du cinéma africain, a.a.O., S. 99, Übers. d. Hg. [Anm. d. Hg.].

4 Werner Schmalenbach: Kraft und Maß – Zur Ästhetik der schwarzafrikanischen Kunst, in: Afrikanische Kunst, aus der Sammlung Barbier-Mueller, hg. v. W. Schmalenbach, Genf, München 1988, S. 15.

5 Hubert Fichte: Xango, die afroamerikanischen Religionen, Frankfurt/Main 1976, S. 10.

6 Vgl. Werner Schmalenbach: Die Kunst Afrikas, Basel 1953.

7 Werner Schmalenbach: Kraft und Maß, a.a.O., S. 19.

8 Férid Boughedir: Zwanzig Jahre afrikanisches Kino, in: Journal Film. Die Zeitschrift für das andere Kino, Heft 14, April/Juni 1987, S. 9.

9 Wie es die in Abidjan lehrende Romanistin Madeleine Borgomano versuchte, der ich den theoretischen Zugang zum afrikanischen Film verdanke.

10 Witte bezieht sich hier vermutlich auf Alexander Kluges Gedanken, die Sinne als kleine Theoretiker aufzufassen, den er von Karl Marx übernimmt: »Die Sinne sind daher unmittelbar von ihrer Praxis Theoretiker geworden.« Karl Marx: Ökonomisch-philosophische Manuskripte, Hamburg 2005, S. 91 [Anm. d. Hg.].

11 Vgl. Ernst Bloch: Tübinger Einleitung in die Philosophie I, Band I, Frankfurt/Main, 1963, S. 24f.

Zelluloid: das wilde Tier

1 HYÈNES – DER BESUCH DER ALTEN DAME, Senegal/CH 1992, Djibril Diop Mambéty [Anm. d. Hg.].

PERSONENREGISTER

DANKSAGUNG

Unser besonderer Dank für die Unterstützung bei der Konzeption, Textauswahl und Redaktion gilt Christine Noll Brinckmann und Reinald Gußmann. Rainer Herrn danken wir
für seine langjährige Begleitung und großzügige Förderung des Publikationsvorhabens.

Zu großem Dank sind wir auch den Studierenden des Masterstudiengangs Filmwissenschaft an der FU Berlin verpflichtet, die in dem Projekt *Nachlasseditionen* Wittes Werk –
von seinen publizierten Büchern bis zum einzelnen Manuskript aus dem Nachlass – mit
aufgearbeitet haben; namentlich sind dies: Katrin Ehlen, Julia Fritsche, Christian Lippe,
Claudia Relota, Danièle Sackmann, Tim Schenkl, Andreas Scholz, Moritz Schumm,
Vanessa Url, Efrat Yahel, Wenyan Ye, Thomas Zimmer.

Für Übersetzungen und Beratung bedanken wir uns bei Kayo Adachi-Rabe (zum japanischen Kino) und Françoise Kuntz (fürs afrikanische Kino, Übersetzungen aus dem Französischen).

Dank gebührt auch folgenden Institutionen und Personen für Ihre Unterstützung bezie-
hungsweise ihr freundliches Einverständnis zur Publikation von Texten:
DEFA-Stiftung, Berlin: Helmut Morsbach | Klaus Dermutz | Deutsche Kinemathek – Muse-
um für Film und Fernsehen, Berlin: Rainer Rother, Werner Sudendorf, Gerrit Thies, Thorid
Zänker | edition text + kritik im Richard Boorberg Verlag | Roswitha Flucher | Freunde und
Förderer des Filmmuseums Berlin e.V.: Gero Gandert, Helwig Hassenpflug | Hessischer
Rundfunk, Dokumentation und Archive, Frankfurt/Main: Michael Crone, Günay Defterli |
NDR: Dr. Wang | Radio Bremen: Jörg Dieter Kogel | Stadt Frankfurt/Main: Henning Hoff-
mann | Andreas Kilb | Gertrud Koch | Peter Lilienthal | Jean Mascolo | Katja Nicodemus |
Oshima Productions, Tokyo: Eiko und Nagisa Oshima | Ulrike Ottinger | Hans Helmut
Prinzler | Fritz J. Raddatz | Francesco Rosi | Alexandra Schneider | Richard Stradner | Ula
Stöckl | Katharina Sykora.

Unser persönlicher Dank gilt Ralf Dittrich und Dorothee Schöndorf.